新世纪法学教材

叶 青 主编

刑事诉讼法学

（第四版）

XingshiSusongfaxue

上海人民出版社
北京大学出版社

第四版修订说明

2018年10月26日第十三届全国人大常委会第六次会议以98.8%的赞成率表决通过《关于修改〈中华人民共和国刑事诉讼法〉的决定》。《决定》共26条，内容主要涉及：监察与刑事诉讼的衔接机制、刑事案件认罪认罚从宽制度的程序化、刑事缺席审判制度的新规定。相对于1996年和2012年两次《刑事诉讼法》的"大修"，这次《刑事诉讼法》的修改，是紧紧围绕党中央的重大决策部署，特别是对深化国家监察体制改革、反腐败追逃追赃，深化司法体制改革，进一步完善以审判为中心的刑事诉讼制度，推进国家治理体系和治理能力现代化而作出的修改，意义重大。

本次是第四次对教材的修订，一方面是因为国家最高立法机关对《刑事诉讼法》作了重大的修改；另一方面也是"刑事诉讼法学"课程教学的需要。刑事诉讼法是专门机关办理刑事案件的操作规程，也是当事人及其他诉讼参与人在刑事诉讼活动中享有权利和履行义务的法律依据，它是一部操作性与实践性很强的部门法。"刑事诉讼法学"作为一门专门讲授刑事诉讼立法与实践的课程，讲授内容的准确性、时效性和完整性，决定了它的教学质效与水平。为此，我们华东政法大学诉讼法学研究中心刑事诉讼法教研室的全体同仁，在前三版教材内容的基础上，根据2018年《决定》的主要修改内容，以及近些年来刑事诉讼法学界的最新理论研究成果，增写或删改了相应的章节，并对教材引用的《刑事诉讼法》法条序号作了相应的调整。我们特别需要说明的是，因最高人民法院、最高人民检察院并未及时地对各自所作的司法解释（最高人民检察院2012年11月22日发布的《人民检察院刑事诉讼规则（试行）》、最高人民法院2012年12月20日发布的《关于适用〈中华人民共和国刑事诉讼法〉的解释》）作出修改，所以本次教材修订时，除2018年刑事诉讼法《决定》已删除的条款所作的适用解释外，保留了原先的司法解释内容，以方便读者和学生学习时参考与运用。

考虑到本教材编写的延续性与现实性，在仍由叶青教授任主编，王俊民教授、张栋教授任副主编的同时，增加了王戬教授一同担任副主编，一起负责全书的通稿、定稿工作。陈邦达副教授担任本教材第四版的学术秘书。作者撰稿或修订分工如下：

叶　青（华东政法大学教授、博士生导师、法学博士）：第一章、第六章、第十九章、第二十章；王晓华（华东政法大学讲师、硕士生导师、法学博士）负责第六章的修订；

邓晓霞（华东政法大学副教授、硕士生导师、法学博士）：第二章、第二十一章、第二十六章；

周登谅（华东理工大学教授）：第三章；

张　栋(华东政法大学教授、博士生导师、法学博士):第四章、第五章、第二十二章;

周雪祥(华东政法大学副教授):第七章、第八章;

王俊民(华东政法大学教授、硕士生导师):第九章、第二十四章;陈邦达(华东政法大学副教授、硕士生导师、法学博士)负责修订;

许建丽(华东政法大学副教授、硕士生导师):第十章、第十一章;

刘　红(华东政法大学副教授、法学博士):第十二章、第十五章第一至四节;

王　戬(华东政法大学教授、博士生导师、法学博士):第十三章、第二十三章;

孙剑明(华东政法大学副教授、硕士生导师):第十四章、第十六章、第二十七章;

杨可中(华东政法大学副教授、硕士生导师):第十七章、第十八章;程衍(华东政法大学助理研究员、法学博士)负责修订;

陈海锋(上海社会科学院法学研究所副研究员、硕士生导师、法学博士):第二十五章;

封安波(华东政法大学副教授、硕士生导师、法学博士):第二十八章;

王涛(华东政法大学讲师、法学博士):第十五章第五节。

本教材的修订得到上海人民出版社屠玮涓编辑、北京大学出版社王业龙主任的大力帮助,在此我们深表谢意。本教材的第四版修订出版还得到了上海市教委地方高水平大学一流法学学科建设项目“刑事诉讼法学创新团队建设计划”资助。由于编著者学术水平有限,加上时间较紧,教材内容难免有所偏颇,恳请诸位读者批评指正。

叶　青

2019 年 9 月 15 日于华政园

目　录

第二编　审 前 程 序

第三编　审 判 程 序

第五编　刑事特别程序

第一编　刑事诉讼法学总论

第一章
刑事诉讼法学概述

本章提要：本章对刑事诉讼、刑事诉讼法、刑事诉讼法学的概念和相关问题作了系统阐述。学习本章内容应掌握以下要点：(1)诉讼的概念及其演变；(2)刑事诉讼的概念与特征；(3)刑事诉讼法的概念、表现形式、渊源及其与刑法的关系；(4)刑事诉讼法学的研究对象；(5)刑事诉讼法的目的和任务。

第一节　刑事诉讼和刑事诉讼法

一、诉讼的词义及其演变

“诉讼”一词是由“诉”和“讼”两字组成的。“诉讼”一词在中国古代文献中的词义十分丰富而多义。“诉”，在字形上，从言从斥，指以言词斥责为诉。其字又与“告”相通，即告发、控告、告诉的意思。在我国古代典籍中，一般不用“诉”字表达法律含义，而多使用“告”的术语。《秦简》里即有如“公室告”“非公室告”“告人”“告不审”“告不听”“诬告”等。东汉的许慎在《说文解字》中称，“诉，告也”，“讼，争也”。《汉律》《魏律》中有“告劾”的记载。南北朝的律典中也有“告劾”“告言”的记载。

“讼”，在字形上，从言从公，指言之于公为讼。《周易·讼卦》注释道：“讼，争也，言之于公也。”《六书故》上也有：“讼，争曲直于官有司也。”“讼”，其基本字义是“争”“争辩”，即将争议或纠纷提交官府，在官吏面前争辩是非曲直。另外也有“告”的意思。在我国古代法律典籍中，“讼”的内容一般指民事审理，而刑事审理则多以“狱”字表达。《周礼·秋官·大司寇》有“抑两造禁民讼”，“以两剂禁民狱”。后汉经学大师郑玄注曰：“争罪曰狱，争财曰讼”，即以财货相告者曰“讼”，告诉冤枉者曰“狱”。可见，“诉讼”一词，从原有词义上讲，指当事人将争议之事告于官府，并在官吏面前进行争辩以求得解决的意思。不过，从可考的西汉和西汉以前的文献资料中，还未见“诉”与“讼”两字的合用。自东汉起，方出现“诉讼”一词。《后汉书·陈宠传》中说：“西周豪右并兼，吏多奸贪，诉讼日百数”。《唐六典》卷三十：“审查冤屈，躬亲狱讼，务知列生之疾苦，诉讼之曲直，必尽其情理。”至于“诉讼”一词入律文，则始于元朝。元英宗至治三年(1323 年)成《大元通制》，第十三篇以“诉讼”命名，规定有关刑事、民事案件的告诉和审判事宜。其后，明清刑律中也有“诉讼”的规定。总之，从中国法制史演进这一角度看，我国历代(至少唐宋之前)通称“诉讼”为“讼”，或为“狱”“狱讼”，称审理案件为“听讼”“断狱”“折狱”“察狱”“治狱”，或“听讼断狱”“听讼折狱”等。

在欧美各国，诉讼法中的诉讼，英语为 procedure，源于拉丁文 precessus，原意是向前运动、发展的意思。英语诉讼的含义为进行、过程、手续、方法等。我国学者意译为“程序”，在作为特定的法律用语时，多意译为“诉讼”一词。

法社会学家罗杰·科特威尔在其所著《法律社会学》中认为诉讼是当某个个人或者一个群体或组织心有不满，提出了请求，而其要求又遭到拒绝后所产生的社会关系。也就是说，当社会关系中的不同主体基于不同的利益要求而发生冲突，这种冲突不能或不宜以自行和解、第三者调解甚至国家管理机关的行政性处理等方式解决，需要交付法律解决机制作出法律评判时，就产生了诉讼。可见，诉讼是一种重要的法律机制和社会冲突处理机制。以诉讼方式、司法机关解决社会冲突问题的主张和实际做法，在诉讼法理上被称为诉讼主义。

二、诉讼的基本要素

诉讼，作为解决纷争的特定活动，必须具备以下四个基本要素：

(一) 案件事实

这种案件事实需要通过诉讼加以解决，如商店被盗；某兄弟二人因继承遗产争执不下；某单位不服主管行政机关的罚款处理，等等。没有发生需要通过诉讼加以解决的民事纠纷、刑事犯罪或行政争议事件，诉讼也就不会发生。构成案件事实，需要具备以下两个条件：

1. 有冲突主体

冲突离不开一定的主体，没有冲突主体就没有冲突，也就没有法律事实可言。对于冲突主体有不同的认识，有的认为包括角色、群体、部分、社会和超社会单位。有的则认为就包括自然人和法人。从我国现阶段社会来看，构成法律事实冲突的主体应为自然人、法人和其他组织更为贴切。根据《民事诉讼法》第 49 条和最高人民法院《关于适用民事诉讼法若干问题的意见》第 40 条的解释规定，其他组织是指合法成立、有一定的组织机构和财产，但又不具备法人资格的组织。在刑事诉讼中过去只把自然人作为犯罪主体，作为追诉的对象，随着社会的发展，由计划经济走向市场经济，犯罪主体也在发生变化，单位犯罪出现了。《中华人民共和国刑法》第 30 条规定：“公司、企业、事业单位、机关、团体实施的危害社会的行为，法律规定为单位犯罪的，应当负刑事责任。”这里的事业单位是指依照法律或行政命令成立、从事各种社会公益活动的组织，它既包括国家事业单位，又包括集体事业单位；机关是指行使党和国家的领导职能和保卫国家安全职能的单位，包括国家机关、党政机关和军事机关；团体是指各种群众团体组织，包括工会、共青团、妇联、学会、协会、宗教团体、基金会等。将自然人、法人和其他组织作为社会冲突的主体，无论民事、行政法律领域，还是刑事法律领域，都是比较妥当的。

2. 内容有违反法律的规定

凡是作为主体的客观行为与现行法律规定相违背，就可以成为案件事实。案件事实的存在，虽然是所有冲突处理机制运作的前提条件和物质基础，但纷争的大小、激烈程度，特别是性质的差异，会决定适用何种冲突处理机制。例如，刑事案件性质的纷争，除选择刑事诉讼这种特定形式外，其他诉讼形式或诉讼外的处理机制均是不准许的。

（二）当事人

当事人，即通常所说的原告和被告。当事人是指以自己的名义进行诉讼，与案件有直接利害关系，并受人民法院裁判约束的公民、法人或者其他组织以及行政机关。他们是诉讼的直接参加者，与诉讼结果有直接的利害关系，并依法在诉讼中享有权利和承担义务。冲突发生后，认为利益受到侵害的一方当事人，往往会以原告的身份向司法机关提出控告，引起诉讼，也产生被告。可以说，没有当事人，就没有诉讼。当然，对这问题也不能作简单化理解，无论在封建专制时期的纠问式诉讼中，还是在以国家追诉为主的现代刑事诉讼中，处于“原告”诉讼地位的指控、起诉一方，并不一定是或基本不是案件受害者本人或仅是代表受害者利益的其他人，如检察机关可以成为公益诉讼的原告。有些刑事案件，在立案或侦查阶段还可能没有明确的被告人。但是，任何诉讼都必须有追诉者与被追诉者，有控告人和被控告人，这一点是共同的。

（三）司法机关

双方当事人的冲突，若无专门机关居中裁判，冲突将永无休止。由特定的国家专门机关居中裁判，是诉讼构成的实质要件，是诉讼同其他解决冲突方法的区别所在。现代诉讼中，扮演居中裁判者角色的专门机关是法院。在我国，司法机关主要是指人民法院和人民检察院，但在刑事诉讼中，公安机关、国家安全机关被刑事诉讼法赋予侦查职能，行使着司法权中的侦查权①，所以，广义的司法机关也包括公安机关、国家安全机关。若当事人间的冲突不能通过和解、调解、协商或仲裁等非诉讼的方式加以化解，诉讼则是解决他们冲突的最后一道法律屏障。所以，任何冲突如果不是经由国家专门机关按照特定程序调查处理的，就不能称为诉讼。例如，由仲裁机构作为“公断人”调处，是仲裁；由人民调解委员会作为“公断人”调处，则是调解。当事人不服调解，可以再行诉讼；仲裁有错误，也可通过诉讼监督纠正；而诉讼有问题，则只能再通过诉讼纠正而别无他途。

---

① 根据《刑事诉讼法》第308条规定：军队保卫部门对军队内部发生的刑事案件行使侦查权。中国海警局对海上发生的刑事案件行使侦查权。对罪犯在监狱内犯罪的案件由监狱进行侦查。2018年修改的《刑事诉讼法》对人民检察院自侦案件的范围作了调整，对诉讼活动实行法律监督中发现的司法工作人员利用职权实施的非法拘禁、刑讯逼供、非法搜查等侵犯公民权利、损害司法公正的犯罪，可以由人民检察院立案侦查。贪污贿赂犯罪、国家工作人员的渎职犯罪等由监察机关调查。

(四)程序和规则

诉讼是国家专门机关的活动与当事人的活动的有机结合,目的在于正确地解决冲突。要达到这一目的,就必须对国家专门机关与当事人的活动进行规范,即规定开展这些活动的方式、方法及步骤。刑事诉讼是这样,民事、行政诉讼也是这样;古代是这样,现代更是这样。诉讼作为一种极强的"公力救济"手段,相比调解、仲裁,更强调程序的合法性。所谓权力越大,制约越严。若没有统一和稳定的裁判程序和规则,国家专门机关和当事人的活动就无章可循,一切就显得那么随意和自由,活动的无序性,过程的自主性,则无异于非诉讼方式,其结果的公正性和权威性也就无从谈起。人们之所以将与他人发生的冲突,在无法自己化解的情况下,最终诉诸司法机关,就是因为看中司法是依照法定的程序和规则进行的,且程序和规则适用于任何人而不可随意更改。公平、公正和公开的程序和规则构筑了诉讼的合法性和终局性。离开法定程序和规则的冲突解决方法,只能是冲突化解的桎梏。

从理论上讲,诉讼可分为狭义与广义两种表现形式。只要具备以上要素,诉讼即能成立。这便是狭义的诉讼含义,即国家专门机关在原告、被告双方当事人的参加下,依一定程序处理案件的活动。但是,诉讼活动往往不仅需要有国家专门机关及原告、被告双方参加,而且还需要有证人、代理人、辩护人、鉴定人、翻译人员等的参加。而作证、代理、辩护、鉴定、翻译的本身,也都是一系列的诉讼行为,而且是正确处理案件不可缺少的行为。所以,狭义的诉讼并不符合诉讼的实践,也不够准确。广义的诉讼更科学,它是指国家专门机关在当事人及其他诉讼参与人的参加下,依照一定程序处理案件的活动。

三、刑事诉讼的含义及特征

现代诉讼根据所要解决的案件事实的不同性质,分别采用不同的诉讼形式,因此,诉讼被明确划分为刑事诉讼、民事诉讼和行政诉讼三个不同范畴。

刑事诉讼,除具有诉讼的一般属性之外,还具有"刑事"这一限制词的特殊要求。所谓"刑事",就是触犯刑律、危害社会和需要受到刑罚处罚的犯罪事件。刑事诉讼所要解决的中心问题,就是犯罪嫌疑人、被告人的刑事责任问题,即解决犯罪嫌疑人、被告人的行为是否构成犯罪,应否处以刑罚,以及处以何种刑罚的问题。刑事诉讼的所有活动,可以说都是围绕这一中心问题而展开的。从另一个角度说,刑事责任这一中心问题,是通过"诉讼"的形式和方法来加以解决的。可见,刑事诉讼就是国家专门机关在当事人及其他诉讼参与人的参加下,依照法律规定的程序,解决被追诉者刑事责任问题的活动。这一活动具有下列特征:

(一)刑事诉讼是专门机关行使和实现国家刑罚权的活动

国家具有一系列权力,行使惩罚犯罪的刑罚权是其中一项十分重要的权力。刑事诉讼不同于其他形式诉讼的关键之处,就在于解决犯罪嫌疑人、被告人的刑事责任问题，这既是法律赋予专门机关的权力，也是专门机关应履行的职责。其他的机关、团体、组织或个人均无此权。可以说没有专门机关，就没有刑事诉讼。专门机关根据法律赋予的职权，办理刑事案件和执行刑事裁决，即对刑事案件进行侦查、起诉、审判和执行等活动，构成了刑事诉讼的主要内容。刑事诉讼的内容决定了刑事诉讼所采取的形式和程序的特点，与民事诉讼、行政诉讼有重大的差别，也体现了通过刑事诉讼来实现国家刑罚权的鲜明特点。

(二) 刑事诉讼是专门机关的活动与当事人和其他诉讼参与人的活动的有机结合

从刑事诉讼的开始到终结，专门机关都居于主导地位，但这并不意味着刑事诉讼仅仅是专门机关的活动。没有诉讼参与人，尤其是当事人，也就没有诉讼。刑事诉讼的中心问题在于解决犯罪嫌疑人、被告人的刑事责任，如果刑事诉讼没有犯罪嫌疑人、被告人的参加，刑事诉讼活动就失去了目的和意义，所以当被追诉者死亡，就不会对他再提起诉讼，已经发生的诉讼也要终止。如果没有自诉案件的自诉人向法院提起控诉，自诉案件的审理和裁决也不会发生。对于绝大多数刑事案件而言，没有被害人、证人、鉴定人、辩护人、代理人、见证人等参加诉讼，司法机关要查明事实，准确地解决犯罪嫌疑人、被告人的刑事责任，将成为一句空话。因此，当事人和其他诉讼参与人的活动，同样是刑事诉讼的重要内容。

(三) 刑事诉讼是严格依照法定程序进行的活动

刑事诉讼具有严格的法律性质，必须有步骤、按规律地进行。在刑事诉讼过程中，专门机关和诉讼参与人，都必须根据国家确立的刑事诉讼法律关系和刑事诉讼程序、规则进行，如果违反了刑事诉讼活动的客观规律，不依法办案，将会造成错案或引起相应的法律后果，轻则关系到公民的权利和利益的损害，重则涉及国家的稳定与安危。

(四) 刑事诉讼是国家用以调整社会关系的一种带有强烈约束性的特殊活动

在国家所拥有的各种社会调整手段中，刑事诉讼具有突出的地位。刑事诉讼调整的是社会根本利益中受到刑法保护并为犯罪行为侵害的那部分社会关系，这部分社会关系无法用其他社会或法律的调整手段加以调整，只能用刑罚这种极端形式强行实现其他手段实现不了的调整。

基于上述，我国刑事诉讼是指公安机关、人民检察院、人民法院在当事人和其他诉讼参与人的参加下，依照法律规定的程序，解决被追诉者刑事责任问题的活动。

四、刑事诉讼的表现形式

刑事诉讼有狭义和广义两种表现形式。狭义的刑事诉讼，即严格意义上的刑事诉讼，仅指审判期间的诉讼活动。这是基于法院和原告、被告为刑事诉讼主体的理论，刑事诉讼法律关系只是这三者之间的权利与义务关系，这种关系将审判置于核心地位。侦查只是起诉的前期准备，侦查与起诉都只是审判前的程序，执行只是审判的必然延伸，都不具有独立的程序意义。

从有权最终决定被告人是否有罪，是否应处以刑罚和应处以何种刑罚的意义上讲，从更能全面体现刑事诉讼法律关系和刑事诉讼各项基本原则与制度的意义上讲，审判固然是主要的诉讼阶段，但在侦查、起诉阶段，同样存在贯彻执行刑事诉讼的基本原则与制度问题。检察机关提起公诉，是在确认已查明犯罪事实和查获犯罪嫌疑人的基础上进行的，这种确认必须以侦查的事实为依据，如果将侦查排除在刑事诉讼程序之外，就会使公诉失去基础。至于裁判的执行，则是裁判实施的必然活动，没有执行，裁判便为一纸空文，毫无价值，刑事诉讼的目的也无从实现。当今世界上大多数国家，都是从广义上来规定刑事诉讼程序的。我国的刑事诉讼也以广义说为理论模式，即认为刑事诉讼始于立案侦查而终止于裁判的执行。因此，我国刑事诉讼的概念是侦查机关的侦查、检察机关移送起诉、公诉机关或自诉人的起诉、人民法院的审判和监狱等机关的执行活动的总称。

五、刑事诉讼法概述

（一）刑事诉讼法概念

刑事诉讼法是国家制定或认可的有关专门机关和诉讼参与人进行刑事诉讼活动的法律规范的总称。它是专门机关办理刑事案件的操作规程，也是当事人及其他诉讼参与人在刑事诉讼活动中享受权利和履行义务的法律依据。

刑事诉讼法是程序法，它主要规定刑事诉讼的任务，专门机关办理刑事案件的职责范围和专门机关之间的相互关系，诉讼参与人的范围及权利和义务，进行诉讼活动应当遵守的原则和制度，收集、审查、判断证据的规则，强制措施的种类及其适用，立案、侦查、起诉、审判、执行的步骤和方法，以及对侦查、审判、执行活动实施监督的程序和方法，等等。概言之，刑事诉讼法是规定用什么方法及如何揭露犯罪、证实犯罪和惩罚犯罪的国家基本法律之一。

在刑事诉讼理论上，刑事诉讼法的概念有广义和狭义之分。狭义的刑事诉讼法是单指一部统一的成文的刑事诉讼法典。如人类历史上第一部单独的刑事诉讼法典——1808 年《法国刑事诉讼法典》（又称《拿破仑刑事诉讼法典》）；1979 年 7 月 1 日第五届全国人民代表大会第二次会议通过的《中华人民共和国刑事诉讼法》[①]是我国第一部刑事诉讼法典。广义的刑事诉讼法是指有关刑事程序的全部法律规范。它既

---

① 《中华人民共和国刑事诉讼法》根据 1996 年 3 月 17 日第八届全国人民代表大会第四次会议《关于修改〈中华人民共和国刑事诉讼法〉的决定》第一次修正；根据 2012 年 3 月 14 日第十一届全国人民代表大会第五次会议《关于修改〈中华人民共和国刑事诉讼法〉的决定》第二次修正；根据 2018 年 10 月 26 日第十三届全国人民代表大会常务委员会第六次会议《关于修改〈中华人民共和国刑事诉讼法〉的决定》第三次修正。

包括狭义的刑事诉讼法，也包括国家有关机关制定的一切法律、法规、条例、规定和司法解释中有关刑事诉讼程序的规范。

(二) 刑事诉讼法的渊源

刑事诉讼法的渊源，也称刑事诉讼法的表现形式或刑事诉讼法的来源，指刑事诉讼法是何种国家机关创制和表现为何种法律文件，如法律、法规、条例等。就我国刑事诉讼法的渊源而言，具体表现为：

1. 宪法

宪法是国家的根本大法，规定了我国的社会制度、经济制度、政治制度、国家机构及其活动原则、公民的基本权利和义务，具有最高的法律效力，也是制定一切法律的根据。《刑事诉讼法》第 1 条明确指出："根据宪法，制定本法"。首先，刑事诉讼法是根据宪法规定的带有根本性的内容而制定的，如"国家行政机关、审判机关、检察机关都由人民代表大会产生，对它负责，受它监督"(《宪法》第 3 条)；"公民在法律面前一律平等""国家尊重和保障人权"(第 33 条)；"公民的人身自由不受侵犯"(第 37 条)。其次，宪法规定了一些与刑事诉讼直接有关的条文，如"任何公民，非经人民检察院批准或者决定或者人民法院决定，并由公安机关执行，不受逮捕"(第 37 条)；"人民法院审理案件，除法律规定的特别情况外，一律公开进行。被告人有权获得辩护"(第 130 条)；人民法院、人民检察院依照法律规定独立行使职权，不受行政机关、社会团体和个人的干涉(第 131 条、第 136 条)；"人民法院、人民检察院和公安机关办理刑事案件，应当分工负责，互相配合，互相制约，以保证准确有效地执行法律"(第 140 条)。这些条文成为刑事诉讼法的重要内容或基本原则，并相应地规定在刑事诉讼法中。

2. 全国人民代表大会制定的法律

如《中华人民共和国刑事诉讼法》《中华人民共和国监察法》《中华人民共和国人民法院组织法》《中华人民共和国人民检察院组织法》《中华人民共和国律师法》《中华人民共和国国家赔偿法》《中华人民共和国监狱法》等等。

3. 全国人民代表大会常务委员会制定的条例、决定、补充规定

如 2004 年 8 月 28 日通过的《关于完善人民陪审员制度的决定》；2005 年 2 月 28 日通过的《关于司法鉴定管理问题的决定》。

4. 全国人民代表大会及其常务委员会所作的立法解释

2012 年 12 月 26 日公布的《最高人民法院、最高人民检察院、公安部、国家安全部、司法部、全国人大常委会法制工作委员会关于实施刑事诉讼法若干问题的规定》(以下简称六机关《规定》)。

5. 我国最高司法机关就刑事诉讼法的实施所作的司法解释

如最高人民法院 2012 年 12 月 24 日公布的《最高人民法院关于适用〈中华人民共和国刑事诉讼法〉的解释》(以下简称最高法院《解释》)；最高人民检察院 2012 年 10 月 16 日公布的《人民检察院刑事诉讼规则(试行)》(以下简称最高检察院《规则》)。

6. 国务院及其主管部门根据宪法和法律依照职权颁布的行政法规、决定和命令、规章中的有关规定及所作的解释

如公安部1979年12月24日《关于刑事侦查部门分管的刑事案件及其立案标准和管理制度的规定》;林业部、公安部1985年6月20日《关于盗伐滥伐森林案件划归公安机关管辖后有关问题的通知》;公安部2012年12月13日以公安部令第127号公布的《公安机关办理刑事案件程序规定》(以下简称公安部《规定》)。

7. 有关国际条约

国际条约是国际法的主要渊源,本不属于我国国内法的范畴,但我国缔结或加入的国际条约是经过全国人大常委会批准的,体现了我国的国家意志,也属于我国国内法渊源之一,具有法律约束力。而且,根据维也纳《条约法公约》第27条规定:"当事国不得援引其国内法规定为理由而不履行条约"这一国际惯例,以及我国《民法通则》《民事诉讼法》的有关规定,国际法与国内法发生冲突,应当遵循国际法优于国内法的原则,适用国际条约。我国加入的国际条约与刑事诉讼直接有关的主要有:《禁止酷刑和其他残忍、不人道或有辱人格的待遇或处罚公约》《联合国少年司法最低限度标准规则》《反腐败国际公约》以及我国政府已签署尚待批准的《公民权利和政治权利国际公约》。

我国刑事诉讼法渊源的多样性,反映和适应了客观世界矛盾的普遍性和复杂性,因为无论多么成熟和完备的刑事诉讼法典,都不可能对刑事诉讼活动规范包罗无遗,客观上需要在法典以外适时地颁布一些以"决定""规定""通知"等为表现形式的刑事诉讼法规范,以此来弥补刑事诉讼法典的空白和滞后,增强刑事诉讼法典的可操作性,以满足刑事诉讼的实践需要。

但同时必须指出的是,在我国,刑事诉讼法典是刑事诉讼法规范的主要表现形式和核心,法典全面、系统地规定了整个刑事诉讼活动的原则、程序和方法,而其他法律、法规、条例中有关刑事诉讼程序的规定则是法典的补充。此外,法典的核心地位还表现在:第一,法典颁布前的一切法律、法规中有关刑事诉讼程序的规定,与该法相抵触的无效;第二,最高人民法院、最高人民检察院的司法解释,行政机关的行政解释和规定,必须与法典不相抵触方有效;第三,地方性法规中的有关规定只适用于该地区,而不具有适用全国的普遍效力。

(三)刑事诉讼法的效力

刑事诉讼法的效力,指刑事诉讼法的适用范围,即刑事诉讼法在什么地方、对什么人和在什么时间内具有效力。刑事诉讼法的效力主要表现为以下三种:

1. 刑事诉讼法的空间效力

刑事诉讼法的空间效力,指刑事诉讼法在什么空间范围内适用。中华人民共和国是独立的主权国家,凡在中华人民共和国领域内(包括领陆、领水、领空)犯罪需要追究刑事责任的案件,一律按照中国刑事诉讼法规定的诉讼程序处理。按照国际法和我国刑法以及外交特权与豁免条例的规定,我国的船舶、飞机无论处于何地,使馆、

领馆馆舍不论在何国,它们均为中国"领土"的延伸,凡在中国船舶、飞机、使馆、领馆馆舍内犯罪的,均适用中国刑事诉讼法。

随着我国对外交流的不断发展,为适应我国参加国际社会及与某些国际犯罪进行斗争的现实需要,我国政府参加签署了《关于在航空器内的犯罪和其他某些行为的公约》(《东京公约》),《关于制止非法劫持航空器的公约》(《海牙公约》)和《关于制止危害民用航空安全的非法行为的公约》(《蒙特利尔公约》),《关于防止和惩处侵害应受国际保护人员包括外交代表的罪行的公约》等,这些公约基本上规定了对于犯有国际罪行的罪犯实行"不引渡即起诉"的原则,为此,第六届全国人民代表大会常务委员会第 21 次会议于 1987 年 6 月 23 日决定:"对于中华人民共和国缔结或者参加的国际条约所规定的罪行,中华人民共和国在所承担条约义务的范围内,行使刑事管辖权。"这是在立法上对我国刑事诉讼法空间效力所作的一个极其重要的补充,使我国刑事案件的管辖权与国际普遍管辖原则相衔接。

2. 刑事诉讼法对人的效力

刑事诉讼法对人的效力,指刑事诉讼法对什么人的犯罪行为可以适用。凡是按照刑法规定构成犯罪,并且需要追究刑事责任的中国公民和外国人、无国籍人,一律适用中国的刑事诉讼法。但是对于享有外交特权和豁免权的外国人犯罪应当追究刑事责任的,则通过外交途径解决。

3. 刑事诉讼法的时间效力

刑事诉讼法的时间效力,指刑事诉讼法生效和失效的时间以及对刑事诉讼法生效以前的犯罪是否具有溯及力的问题。刑事诉讼法的生效时间,有两种情况:第一,从刑事诉讼法公布之日起施行。如 2018 年 10 月 26 日由第十三届全国人民代表大会常务委员会第六次会议通过的第三次修正案,自公布之日起施行。第二,在公布一段时间以后才生效实施。如 1979 年 7 月 1 日由第五届全国人民代表大会第二次会议通过的《中华人民共和国刑事诉讼法》,于 1979 年 7 月 7 日公布,于 1980 年 1 月 1 日起施行。法典的生效时间,采用第二种方法已成为各国立法的通例,目的在于为法典施行前做好充分的宣传和执法准备,以保证法典能正确实施。

刑事诉讼法的失效时间,指刑事诉讼法效力的终止。我国刑事诉讼法的失效主要有两种情况:第一,被国家立法机关明确宣布废止。如 1996 年 3 月 17 日通过的《全国人民代表大会关于修改〈中华人民共和国刑事诉讼法〉的决定》最后规定:"本决定自 1997 年 1 月 1 日起施行。《中华人民共和国逮捕拘留条例》、《全国人民代表大会常务委员会关于迅速审判严重危害社会治安的犯罪分子的程序的决定》、《全国人民代表大会常务委员会关于刑事案件办案期限的补充规定》同时废止。"第二,为自然失效。主要表现为旧法规被新法规所取代,被取代的旧法即失效。

刑事诉讼法的溯及力,指现行刑事诉讼法是否适用其发生效力之前发生的刑事犯罪案件。由于刑事诉讼法规定的是如何办案的程序问题,不是规定犯罪嫌疑人、被告人刑事责任轻重的实体问题,因而刑事诉讼法有溯及力,即不论办理的刑事案件是刑事诉讼法生效前或生效后的,现行刑事诉讼法一律适用。

第二节　刑事诉讼法与刑法的关系

一、传统关系说

刑事诉讼法与刑法同属于刑事法律体系，都是办理刑事案件时所要遵循的法律规范。但刑事诉讼法是解决刑事诉讼的程序问题，属刑事程序法；刑法是解决刑事诉讼的实体问题，属刑事实体法。刑事诉讼法规定进行刑事诉讼的原则、方式、方法和步骤，以及参与者的诉讼权利和诉讼义务等；刑法则规定什么行为构成犯罪以及如何惩罚等。刑事诉讼的过程既是运用刑事诉讼法的过程，也是运用刑法的过程。刑事诉讼一开始是立案阶段。应当由谁负责立案，立案应当办理哪些手续，立案后应当立即进行哪些工作等，这是程序问题。但是，应不应当立案，是否存在构成犯罪的事实和需要追究刑事责任，则属于实体问题。在诉讼进入到审判阶段后，同样会遇到这两方面的问题。审判分审判前的准备，开庭审判，法庭调查、法庭辩论和评议、宣判等步骤，这是程序问题。而审查被告人是否有罪，应当定什么罪名，是否科处刑罚，有无从轻或者从重情节等，则又是实体问题。所以，刑事诉讼始终都要通过某种程序表现出来，始终都要紧紧围绕犯罪嫌疑人、被告人的刑事责任这个实体问题进行。

刑事诉讼法与刑法的关系是刑事程序法与刑事实体法的关系，是形式与内容、手段与目的、方法与任务的关系，是相互依存，相辅相成，缺一不可的关系。“刑法是内容，刑事诉讼法是形式。刑法和刑事诉讼法这种结合和统一，可以说是刑事诉讼所要采取的诉讼形式和方法的结合和统一。”“程序法和实体法的统一，说明刑事诉讼法与刑法之间是形式与内容的统一，也是方法和任务的统一。”中国台湾学者蔡墩铭也认为：“刑法所规定者为刑罚权之内容，与此相对，刑事诉讼法所规定者为刑罚权实现之方法，由于二者之间均与刑罚权有关，故刑法被称为实体刑法，而刑事诉讼法被称为形式刑法。”在刑事诉讼中，对刑事案件的处理，如果没有刑事诉讼法的运用，便不能从司法程序上保证刑法的执行，刑法的任务就不可能实现，说到底，刑法中的规定便成为一纸空文。同样，如果没有刑法作为刑事诉讼的内容和标准，刑事诉讼法的所有规定就失去了目的和意义，刑事诉讼法的作用也不可能得到正确的发挥。

对刑事诉讼法与刑法这种密不可分的关系，从法律史上就能找到其渊源。不管是中国古代还是外国古代，凡具诸法合体特征的法律典籍，均将刑事诉讼法同刑法规定在一起。例如，公元前 407 年李悝所著的《法经》，是中国第一部比较完整的成文法典，共有盗、贼、囚、捕、杂、具六篇，盗、贼两篇为刑法的规定，囚、捕两篇则为刑事诉讼法的规定。法律演变至今，大多数国家在立法体例上都将实体法与程序法分开规定，但是不可能彻底分清，难免有交叉的内容。如我国《刑事诉讼法》第 61 条第 2 款规定：“对证人及其近亲属进行威胁、侮辱、殴打或者打击报复，构成犯罪的，依法追究刑事责任;尚不够刑事处罚的,依法给予治安管理处罚。”即是在程序法典中规定了实体法的内容。有的国家的刑事法律,例如《加拿大刑法典》,至今仍将实体法与程序法融为一体。

对刑事诉讼法与刑法这种密不可分的关系的论述最为经典、最有影响力的要数马克思的论断了,即“如果审判程序只归结为一种毫无内容的形式,那么这种空洞的形式就没有任何独立的价值了。在这种观点看来,只要把中国法套上一个法国诉讼程序的形式,它就变成法国法了。但是,实体法却具有本身特有的必要的诉讼形式。例如中国法里面一定有笞杖,和中世纪刑律的内容连在一起的诉讼形式一定是拷问——依次类推,自由的公开审判程序,是那种本质上公开的、受自由支配而不受私人利益支配的内容所具有的必然属性。审判程序和法二者之间的联系如此密切,就像植物的外形和植物本身的联系,动物的外形和血肉的联系一样。审判程序和法律应该具有同样的精神,因为审判程序只是法律的生命形式,因而也是法律的内部生命的表现。”①从刑事诉讼法的作用或称价值的角度看,传统的刑事诉讼法与刑法的关系论有着程序工具主义的倾向,视刑事诉讼程序为实现刑法的工具。这种传统观点对立法、对实践都产生了直接的影响。

二、现代关系说

传统观点强调了刑事诉讼法的“工具”价值,也即认为刑法与刑事诉讼法的关系是主从关系。刑法是内容和目的,刑事诉讼法是形式和手段。因此,传统观点也可称“主从论”。与“主从论”不同的观点主要有“从主论”和“同等论”。

“从主论”也称“阶位论”,认为程序法先于实体法产生。日本学者赤坂昭二认为:“从历史上看,法律首先是从程序法发展起来的,后来才有实体法。从逻辑上说,实体法作为下位阶梯的法,而实现实体法的诉讼法则属于上位阶梯的法。”“诉讼法才是实体法发展的母体。这不仅指的是久远的过去时代的事实,作为新的实体法或新的权利形成的母体,诉讼以及诉讼法的创造性功能在今天仍然不会丧失,只是变得不可视了而已。这样的功能不但不会丧失,而且在最近更呈现了活跃的倾向。”“从主论”者还举出程序创造实体的法律实例:古罗马《十二铜表法》规定了搜寻被窃物的一种特殊的搜查程序,即让人光着身子,只遮盖必须遮盖的部位,并且手端一只盘子。在执行此程序之后,如果找到了被窃物,盗窃者在早时曾被等同于现行窃贼。这种情况也被叫作“隐瞒盗窃”。如果窃贼让人在别人处找到被窃物,则叫作“坦白窃贼”;如果嫌疑者阻碍进行搜查,这叫作“拒认盗窃”。

“同等论”认为实体法和程序法之间的关系是同等关系。日本学者认为:“实体法和形式法如同一辆车的两个轮子,对诉讼都起作用,在它们之间不可能存在主从关

① 马克思:《第六届莱茵省议会的辩论(第三篇论文)》,载《马克思恩格斯全集》第1卷,人民出版社1956年版,第178页。

系。”我国学者也认为：“那种将程序看作刑事实体的附庸的观点，没有看到程序是以实效性的权威决定着刑事实体的现实形态。程序不是刑事实体的影子，而是可以使刑事实体美化或丑化的独立力量。”“只有当程序被抬高到与实体同等的高度，价值问题，如对公正、效益的探讨才不至于沦为空谈，而应成为司法现实。”有的学者认为，实体法与程序法在逻辑上是一对矛盾概念，按对立统一学说，实体法与程序法的分离是矛盾对立性的必然要求，实体法与程序法之间是相互独立的关系，谁也代替不了谁，两者都有其存在的价值。而按矛盾统一性的要求，实体法与程序法之间又相互依赖、相互保障、相互渗透。从诉讼价值的角度，持此观点的学者特别强调诉讼法“工具”价值外的其他“独立价值”。认为：诉讼法规定的程序保障体制强调了当事人的人格尊严和法律关系主体地位，体现了公正、民主和法制的观念，使诉讼具有理性活动的形象；诉讼法能够在某种程度上弥补实体法的不足，并创制实体法；诉讼法规定的民主、公正程序使判决得到社会公众的认可和尊重，也易为当事人从心理和行为上予以接受；等等。程序本位主义理论的代表人物是英国学者达夫(R.A. Duff)。他指出，从某种意义上讲，法律程序自身的公正性就意味着裁判结果的公正性。刑事诉讼过程是一个充满理性的过程，其理性表现在两个方面：其一，裁判结果须有理有据，必须有充分的论证过程，即一项裁判结果须通过严密的逻辑推理过程才能作出。其二，裁判结果必须向那些与裁判有利害关系的人和社会各界证明，使裁判的合理性得到他们的认同，向社会其他成员昭示其公正性，这个“公正性”就突破了程序本身，而具有社会的意义。正因为程序本身具有的理性，所以刑事诉讼也必须尊重当事人的理性主体地位，确保其具有参与诉讼的机会，并发挥自己的主观能动性，与其相对方展开论辩、交涉，用自己的行动影响与自己有利害关系的裁判结果。这本身就是社会民主进步的表现，体现了对当事人道德主体地位的尊重。

在刑事诉讼法和刑法之间的关系如何定位上反映出来的不同观点，体现了人类对刑事诉讼法价值认识的觉醒。传统的“主从论”易产生“重实体、轻程序”的实际后果；而“从主论”也易产生“唯程序”“程序至上主义”的另一种极端；“同等论”是以两只眼睛看世界，唯有此，当实体与程序产生冲突时，我们才会有一个理性的慎重的选择。

第三节　刑事诉讼法学的研究对象

一、刑事诉讼法学的研究对象

刑事诉讼法学是一个独立的法学部门。它同其他部门法学一样，虽然均建立在共同的经济基础之上，反映同一的社会意志，受共同的原则指导，具有内在的协调一致性，在内容上也有相同和交叉之处，但就其整个学科体系和全部内容而言，它有自己特定的研究对象。概括地说，即国家在运用刑事诉讼手段解决犯罪与刑罚问题时所发生的各种程序的法律现象，其核心问题就是刑事诉讼的立法和司法实践。

作为一门独立的部门法学，刑事诉讼法学的研究对象具体可以概括为以下五个方面：

（一）研究刑事诉讼的基本理论

刑事诉讼法学有其自身的发展历史和理论体系。刑事诉讼法学界对刑事诉讼现象的本质、规律的揭示，对刑事诉讼立法的准确含义及价值取向的认识，对刑事诉讼的结构模式、基本原则与制度、诉讼程序等重要理论，是刑事诉讼由感性认识上升到理性认识的结晶和成果。刑事诉讼法学要发展，要繁荣，固然要以刑事诉讼立法和司法实践为基础，同时也不能疏忽刑事诉讼的理论，很有必要对其具体内容、演进过程及对立法与司法实践的指导作用等进行研究和探讨。

（二）研究我国现行的刑事诉讼法和其他法律中有关刑事诉讼程序的规定

现行的《中华人民共和国刑事诉讼法》是1979年7月制定颁布的，是新中国成立以来颁布的第一部系统规定刑事诉讼程序的法律。这里所说的“其他法律中有关刑事诉讼程序的规定”，是指全国人民代表大会及其常务委员会通过的其他法律以及关于修改、补充法律的决定中有关刑事诉讼程序的规定和解释。如《中华人民共和国人民法院组织法》《中华人民共和国人民检察院组织法》《中华人民共和国律师法》等法律中有关刑事诉讼程序的规定等。科学地理解和阐述我国现行刑事诉讼法律的内容，对于准确地掌握刑事诉讼法，严格地遵守刑事诉讼法，具有重要意义。

（三）司法解释、行政解释和规定

最高人民法院、最高人民检察院、公安部、司法部及其他有关机关在法律授权范围内，对具体应用刑事诉讼法所作的司法解释、行政解释和规定。这类司法解释和行政解释只要不与现行的刑事诉讼法律及最高国家权力机关对刑事诉讼法律的有关决定相抵触，就具有法律效力，对司法机关就具有约束力，在刑事诉讼中必须遵照执行。因此，此类“司法解释”“行政解释”也属于刑事诉讼法学的研究对象。

（四）我国司法机关在适用刑事诉讼法的实践中的经验与教训

刑事诉讼法学是一门实践性极强的应用型学科。因而，刑事诉讼法学不但要研究刑事诉讼法律、法规、决定及司法解释，而且应对这些法律、法规、决定及司法解释的适用情况加以研究。对刑事司法实践中成功的经验加以总结和提炼，发现并解决在适用刑事诉讼法律、法规及司法解释时出现的各类问题。将司法机关适用刑事诉讼法的实践情况纳入研究范围，有利于加深对刑事诉讼法律的理解，检验刑事诉讼立法是否符合刑事诉讼活动的规律和实际需求，研究司法实践中出现的新情况、新问题，运用科学的理论，提出解决问题的方案，这有利于修改和完善刑事诉讼法律。

(五)外国刑事诉讼的立法和司法实践

刑事诉讼的立法和司法实践虽然离不开各国各地的具体情况,但刑事诉讼现象有其本质和内在的规律。通过研究外国刑事诉讼的立法和司法实践及历史演进过程,比较中外在刑事诉讼立法和司法实践上的差异,借鉴外国刑事诉讼的立法和司法实践的成功经验,有助于准确地揭示刑事诉讼现象的本质和规律,也有利于促进我国的刑事诉讼立法和司法实践的发展。

二、刑事诉讼法学的学习方法

(一)理解基本概念,掌握基本理论

学习刑事诉讼法首先应弄懂基本概念和基本理论,要弄懂每个概念,概念与概念之间、基本理论与基本理论之间的内在联系,可采用对比分析、综合归纳等方法,以达到完整、系统、准确地掌握基本知识的目的,通过对基本概念和基本理论的认识,就能对刑事诉讼法形成较完整和清晰的轮廓,有利于进一步认识和掌握刑事诉讼法。

(二)结合刑事诉讼法条文学习刑事诉讼法学理论

刑事诉讼法是根据宪法并结合刑事诉讼活动的实际需要制定的,从某种意义上说,刑事诉讼法条文是刑事诉讼法学的条理化,刑事诉讼法学是刑事诉讼法条文的理论化,两者相辅相成。因此有必要将两者结合起来一同研究,也只有这样,才能领会和熟谙法律条文的内容和含义,恰当地解释刑事诉讼法条文,从而有利于深入理解条文和理论之间的内在联系,有效地指导理论研究和司法实践。

(三)理论联系实际

理论是实际的抽象,要弄懂理论,采用联系实际的方法,能够使理论明白易懂,既便于记忆,更便于深化理解。何况刑事诉讼法学是实践性极强的学科,只有通过联系实际,将概念与案例结合,将课堂学习与课外实习见习结合,才能了解司法实践中出现的新问题、新情况,使研究有的放矢,学习内容符合司法实践的需要。

(四)结合研究学习有关的部门法学和边缘学科

如刑法学、民事诉讼法学、行政诉讼法学、监察法学、司法组织法学、律师学以及证据学、刑事侦查学、法医学、检察学、审判学等,这些部门法学和边缘学科与刑事诉讼法学在内容上有不少联系和交叉之处,通过比较,归纳、了解各自的特点、异同之处,有利于加深对刑事诉讼法学的理解,提高刑事诉讼法学的理论研究水平。特别需要指出的是,作为程序法的刑事诉讼法与作为实体法的刑法,存在着互相依存,相辅相成,缺一不可的关系,因此在学习刑事诉讼法学时,必须与学习以研究犯罪和刑罚为内容的刑法学相结合。

(五) 学习刑事诉讼法学，应坚持唯物辩证法和唯物史观

注意联系人类诉讼文化发展的线索，留意观察古今中外诉讼理论和程序制度的研究成果，从而深化自己对于刑事诉讼基本理论的认识，有利于全面地准确地掌握刑事诉讼法学的科学内涵。

第四节 刑事诉讼法的制定目的、任务和价值

一、刑事诉讼法的制定目的

我国《刑事诉讼法》第1条即开宗明义地规定："为了保证刑法的正确实施，惩罚犯罪，保护人民，保障国家安全和社会公共安全，维护社会主义社会秩序，根据宪法，制定本法。"众所周知，犯罪是一种具有严重社会危害性的行为，它侵犯公民的合法权利，危害国家安全，破坏经济建设，破坏社会秩序。正如恩格斯所说的："藐视社会秩序的最明显最极端的表现是犯罪。"在我国的社会主义初级阶段，还存在着形形色色的犯罪分子，而且改革开放以来，由于种种复杂的原因，犯罪率呈上升的趋势。国家只有通过制定刑事诉讼法，保证刑法的正确实施，有效地行使刑罚权，严肃地惩罚犯罪，才能保证公民的合法权利不受犯罪分子的侵害，保障国家安全和社会公共安全，维护社会主义社会秩序。

我国制定《刑事诉讼法》的目的有三：(1)保证刑法的正确实施；(2)惩罚犯罪，保护人民；(3)保障国家安全和社会公共安全，维护社会主义社会秩序。但我国也有学者则超越了刑事诉讼法的规定，更理性地归纳出制定《刑事诉讼法》的目的，具体为：一是保障刑法正确实施的工具作用；二是体现程序正义的独立作用。

二、刑事诉讼法的任务

我国刑事诉讼法的立法目的与任务是密切联系的。前者从宏观着眼，后者则规定了具体应完成的任务。《刑事诉讼法》第2条规定："中华人民共和国刑事诉讼法的任务，是保证准确、及时地查明犯罪事实，正确应用法律，惩罚犯罪分子，保障无罪的人不受刑事追究，教育公民自觉遵守法律，积极同犯罪行为作斗争，维护社会主义法制，尊重和保障人权，保护公民的人身权利、财产权利、民主权利和其他权利，保障社会主义建设事业的顺利进行。"对于我国刑事诉讼法的任务，可作如下理解：

(一) 保证准确、及时查明犯罪事实，正确应用法律，惩罚犯罪分子

打击犯罪是刑事诉讼法的主要任务，它要求公安司法机关依照刑事诉讼法规定的原则和程序，有效地行使法律赋予的职权，充分发挥主观能动性，及时地揭露犯罪、

证实犯罪、准确地惩罚犯罪。所谓准确地查明犯罪事实,一方面,要求公安司法机关必须实事求是,一切从实际出发,重证据,重调查研究。犯罪事实由于发生在过去,时间的不可逆性决定着它不可能重演,这就要求公安司法机关客观、全面地收集各种证据,准确地审查判断证据,以查明案件事实。另一方面要求对犯罪嫌疑人、被告人的行为定性准确,使有罪的人被判有罪,无罪的人被判无罪,既不能遗漏犯罪人使其逍遥法外,也不能对无罪的人适用刑罚。在认定某人有罪时,必须做到犯罪事实清楚、证据确实充分。既不能在证据确实、充分情况下优柔寡断,不敢认定,也不能在证据不足时草率、轻易下结论。对于证据不足的案件,要遵循"疑罪从无"的原则,或作出不起诉决定,或宣告无罪。切不可"疑罪从挂""疑罪从轻"处理。只有准确地查明并惩罚犯罪,才能有效地抑制犯罪,对社会上某些不稳定分子起到威慑作用,也才能树立起刑事司法公正、正义的形象和建立起公民对刑事司法的信赖和支持。否则,如果不能准确地查明犯罪事实,必然放纵犯罪或者冤枉无辜,这样就会助长罪犯的侥幸和抗拒心理,而被害人也可能因罪犯未得到应有的惩罚而心理不平衡,因而对社会产生一种逆反心理,对司法失去信心,甚至形成破坏社会秩序的潜在因素,一般公众对社会环境的安全也会产生疑虑,不利于社会秩序的稳定。因此,"对于犯罪最有力的约束力量不是刑罚的严酷性,而是刑罚的必定性",即准确性。

查明犯罪事实,不仅要准确,而且要及时。所谓及时,就是要求公安司法机关严格遵守诉讼期限,在法定期限内抓紧时间,尽快办案。司法机关要以最快的速度侦查破案、及时起诉和审判,给犯罪分子迅速打击,不得无故拖时间,贻误时机。为了保证及时办案,刑事诉讼法对于侦查、起诉、审判及拘留、逮捕等强制措施都有明确的期限要求,司法机关必须严格遵守,不得随意延长。司法实践表明,只有及时查处案件,才有利于收集证据,避免时过境迁,证据湮灭,影响案件事实的查明;只有做到及时,才能尽快地查获和惩罚犯罪分子,使无辜的人和依法不应追究刑事责任的被告人尽早从案件中解脱出来;只有及时办案,才能有效地制止犯罪,防止犯罪分子自杀、逃跑或继续危害社会,以防止或减少国家、集体和公民的损失,防止其利益再次受到侵犯;只有及时办案,才能减轻因捉摸不定给被告人带来无益的折磨,才能有效地节约司法资源。

准确和及时是辩证的统一,二者不可偏废,准确是目的,是前提,是对案件质的要求。及时是手段,是对案件时间量的要求。一方面,办案要及时,才能收集到充分、确实的证据。否则时过境迁,证据湮灭或隐匿,或者被伪造、破坏,就难以查明案件事实。另一方面,办案也要准确,而不能为了片面地追求办案数量和速度,置案件质量于不顾。及时是准确前提下的及时,及时离开了准确,也就失去其存在的意义,不是放纵罪犯,就是冤枉无辜。

要公正地惩罚犯罪分子,除了准确、及时地查明犯罪事实外,还应该正确适用法律。这要求司法机关严格按照刑事实体法的规定认定案件的性质、区分罪与非罪、此罪与彼罪、罪轻罪重、一罪与数罪等界限,正确地定罪量刑。做到有罪必罚,无罪不罚,罚当其罪,避免重罪轻判或轻罪重判等不公正对待犯罪人的现象出现。

（二）保障无罪的人不受刑事追究

打击犯罪，保障无辜是刑事诉讼任务的两个方面。这要求在保证刑法实施、惩罚犯罪分子的同时，要注意保障无罪的人不受刑事追究。为了保障无罪的人不受刑事追究，要做到以下几点：第一，立法上应该加强诉讼机制方面的监督和制约，以尽可能避免和减少错误，即使发生错误也能够及时得到纠正。第二，要求公安司法机关严格依照法定程序、制度办理案件，纠正"重实体，轻程序"的错误观念。实践证明，大多数冤假错案的发生往往是程序违法的结果。第三，在刑事诉讼过程中，要切实保障诉讼参与人依法行使诉讼权利，特别是要注意保障犯罪嫌疑人、被告人依法享有的辩护权。第四，贯彻"实事求是，有错必纠"的原则，一旦发现在认定事实上或者在适用法律上确有错误，应当坚决依法加以纠正。第五，实行"疑罪从无"原则。由于案件事实本身的复杂性，侦查技术设备、手段的局限性和办案的期限性，疑难案件的存在是必然的，对于证据不足、不能认定犯罪事实的案件应当实行"疑罪从无"原则，在侦查、起诉和审判阶段应当分别作出撤销案件、不起诉和无罪判决的裁决。

惩治犯罪与保护无辜，是刑事诉讼法的任务中对立统一的两个方面。一方面，只有准确地惩罚犯罪，才不会伤害无辜；另一方面，只有保障无罪的人不受刑事追究，才能充分调动广大人民群众的积极性，支持司法机关打击犯罪，协助司法机关查明案件事实真相，准确及时地惩罚犯罪分子。

（三）教育公民自觉遵守法律，积极同犯罪行为作斗争

自觉遵守法律，积极同犯罪行为作斗争，这是我国刑事诉讼法的任务，也是我国社会主义性质所决定的。我国刑事诉讼活动不是为惩罚而惩罚，为打击而打击，根本目的是为了教育人和改造人。从这一根本目的出发，要求做到以下几点：(1)通过惩罚犯罪，教育社会上那些不稳定分子及轻微违法行为的人懂得法不可违，使他们逐渐养成守法的习惯，或者不敢以身试法，或者迷途知返。(2)联系具体的刑事诉讼活动大力进行法制宣传，教育公民充分认识到犯罪的危害性，使他们懂得法律保护什么，反对什么，以及依法应具有的权利和义务；提高公民的法律意识和法律观念。(3)专门机关与群众相结合是我国刑事诉讼的一项基本原则，人民法院、人民检察院、公安机关进行刑事诉讼，必须依靠群众。这要求公安司法机关通过办案教育公民积极同违法犯罪作斗争，提高他们与犯罪行为作斗争的积极性和主动性。司法实践中，公民不敢作证、不愿作证、不愿出庭作证的现象还比较严重，影响到对犯罪的打击。这就要求通过法制教育，使广大人民群众意识到凡是知道案件真实情况的人都有作证的义务，作证是公民对国家、社会应尽的义不容辞的责任。

（四）维护社会主义法制，保护公民的人身权利、财产权利、民主权利和其他权利，保障社会主义建设事业的顺利进行

这是刑事诉讼法的根本任务。维护社会主义法制，就是要维护社会主义法制的权威和尊严，做到"有法可依，有法必依，执法必严，违法必究"。保护公民的人身权

利、财产权利、民主权利和其他权利，不仅在于通过惩罚犯罪，保护无罪的人不受刑事追究来保护被害人、无罪的人以及广大社会成员的人身权利、民主权利、财产权利和其他权利，还包括保障被追诉人的各种诉讼权利不受非法侵犯。

三、刑事诉讼法的价值

（一）刑事诉讼法对刑法实施的保证价值

刑事诉讼法对刑法实施的保证价值，这在诉讼理论上也被称为工具价值。它主要体现在以下几点：

1. 刑事诉讼法明确规定实施刑法的国家专门机关及其职权分工

如公安机关主要行使侦查权，人民检察机关行使批准逮捕权、公诉权和其他检察权，人民法院行使审判权，从而使国家刑罚权的行使从组织上得到保证。

2. 刑事诉讼法保证专门机关的权力行使和权力制约的统一

为保证有力地追究犯罪、惩治犯罪，刑事诉讼法赋予公安司法机关必要的相当大的权力，如有权采取搜查、扣押、拘留、逮捕、通缉等多种强制性措施，有权起诉、裁判等，即所谓生杀予夺之权。但是，对任何权力如果不加以制约、监督，就有可能导致权力的滥用，滋生腐败、枉法裁判。而制约权力的最有效措施就是以权力制约权力。为此，我国刑事诉讼法不仅规定人民法院、人民检察院、公安机关分工负责、互相配合、互相制约的基本原则，而且落实到一系列制度、程序中。从而使专门机关的权力行使，既有利于打击犯罪，又可有效地防止伤害无辜，侵犯人权。

3. 刑事诉讼法规定运用证据的规则，保证准确地认定案件事实

刑事诉讼法不仅规定以事实为依据、以法律为准绳的基本原则，还规定证据的法定种类以及忠于事实真相，全面合法地收集证据，严禁以刑讯逼供等非法手段收集证据，重证据而不轻信口供，证据必须经过法庭质证核实才能作为定案的根据等一系列规则，从而使司法工作人员按照辩证唯物主义的认识规律收集证据，运用证据，准确认定案件事实，为正确适用法律、公正处理案件提供前提条件。

4. 刑事诉讼法设计程序系统，尽量保证案件从实体上最终得到公正处理

我国刑事诉讼法规定案件的运行通常要经过立案、侦查、起诉、一审、二审等前后衔接的独立程序，前一程序为后一程序作准备，同时前一程序的缺陷、错误，又可通过后一程序得以发现、弥补和纠正。这种程序系统使司法工作人员对案件的认识，逐步深化，从片面到全面，从现象到本质，不断纠正对案件的错误认识，使案件在实体上得到公正的处理。

5. 刑事诉讼法保障刑法高效率地实施

高效率地办案，不仅节省司法资源，更重要的是能及时打击犯罪，及时解脱无辜。为此，《刑事诉讼法》不仅在第 2 条任务中明确要求“及时地查明犯罪事实”，而且规定了诉讼期限、简易程序等具体制度、程序，以保证案件得到正确而及时的处理。

（二）刑事诉讼法本身具有的价值

也就是诉讼法自身体现出来的不取决于实体法实施的价值，即刑事诉讼法的本体价值。主要表现在以下几个方面：

1. 体现出一个国家的现状

刑事诉讼法规定的诉讼结构、原则、制度、程序，体现出一个国家民主、法治、人权的现状和程度，是司法公正乃至社会公正的重要标志。而“公正”是人类社会永远追求的社会价值目标。我国刑事诉讼法规定的司法独立、审判公开、辩护制度、控辩式的审判方式以及严禁刑讯逼供等，显然都是民主法治精神的体现，司法工作人员在办案中严格遵守法定程序，就能实现程序公正。相反，如果司法工作人员违反法定程序、刑讯逼供、非法采证、秘密审判、剥夺被告人的辩护权等，即使案件在实体处理上没有错误，也会因其诉讼过程中的野蛮、专横，使当事人和社会公众不仅对实体处理是否公正发生怀疑，而且通过程序这个敏感的窗口对社会公正产生怀疑，对现实社会失去信心，甚至产生对抗情绪，这就从反面体现出诉讼程序本身的独立价值。

2. 刑事诉讼法在一定程度上弥补刑法的不足，并创制刑法

社会犯罪现象极端复杂，不断变化，最完备的刑法也不可能囊括一切，并预先规定未来的变化。因此，需要司法机关及其工作人员在依据刑事诉讼法办案的过程中，特别是在判决时，正确地理解和解释法律，加以裁判，而不是机械地适用法律，只起“售货机”的作用。在遵循罪刑法定原则的前提下，可以通过“判例”创制实体法的内容并在条件成熟时吸收到刑法典中或制定为单行的刑事法律。

3. 刑事诉讼法在特定情况下限制实体法的实施

因为司法权的一个重要特点是被动性，即实行不告不理原则。我国的刑事审判也实行这一原则，只有检察机关提起公诉或者当事人自诉的案件，法院才能受理。因此，如果自诉人不起诉，或者人民检察院根据《刑事诉讼法》第173条对于犯罪情节轻微的案件可以不起诉的规定不提起公诉，人民法院就不可能进行审判、惩罚按刑法规定构成犯罪的人。

总之，在现代法治国家，刑事实体法和诉讼法相互依存，相辅相成，构成统一的刑事法制体系，不能有主次、轻重之分。过去在理论界特别是在实务部门不同程度地存在着“重实体、轻程序”的倾向，应当加以纠正。

思考题：

1. 什么是刑事诉讼，它有何特征？
2. 试述刑事诉讼法和刑法的关系。
3. 简述刑事诉讼法关于惩罚犯罪与保障人权之间的关系。
4. 试述刑事诉讼法目的与任务的关系。
5. 试述刑事诉讼法的价值。

第二章
刑事诉讼法的历史发展

本章提要：本章系统地介绍外国刑事诉讼与中国刑事诉讼的历史发展，同时介绍奴隶制社会的神示证据制度、封建制社会的法定证据制度，以及资本主义时期大陆法系的自由心证证据制度和英美法系以证据规则为主的证据制度。学习本章应掌握以下要点：(1)弹劾式诉讼模式的内容与特点；(2)纠问式诉讼模式的内容与特点；(3)职权主义、当事人主义诉讼模式的内容与特点；(4)新中国刑事诉讼法的立法发展。

第一节　外国刑事诉讼法的历史发展

一、外国刑事诉讼立法的发展

（一）外国奴隶制社会的刑事诉讼立法

原始社会没有严格意义上的法，在原始社会中调整氏族成员行为的规范是风俗习惯，当时的风俗习惯既有实体性的也有程序性的，部落成员自觉遵守这些习惯，并以公众舆论与神明惩罚相联系的恐惧心理、集体情感维系着习惯的权威性。法律是随着人类文明进程的推进，随着国家的产生而产生的。随着人类社会出现的三次社会大分工，原始公社的解体，社会分裂为阶级，人类社会出现了第一个国家，即奴隶制国家。奴隶制国家将渗透了阶级内容的民族习惯和新确立的行为规则认可为法，形成了不成文的习惯法，以后又逐渐形成成文法，在当时表现为诸法合体的成文法中刑事诉讼这种国家活动就有了较统一的形式和程序制度，迄今发现的奴隶制国家的成文法典中最著名和最具代表性的有古巴比伦的《汉穆拉比法典》和古罗马的《十二铜表法》。

《汉穆拉比法典》是在公元前18世纪左右由古巴比伦王国第六代国王汉穆拉比在位时颁布的。该法典原文刻在黑色玄武岩的大椭圆形古柱上，故又称“石柱法”，它是人类历史上保存得最完整的成文法典。在古巴比伦王国刑事诉讼和民事诉讼没有明确的划分，《汉穆拉比法典》是诸法合体。该《法典》分序言、正文和结束语三部分。其中有大量的程序法规范，它对控告、传唤证人、举证责任、法官责任、神明裁判等都作了规定，如第1条至第5条属于保证法院公正裁判的规定。第1条规定：“倘自由民宣誓揭发自由民之罪，控其杀人，而不能证实，揭人之罪者应处死。"第 2 条规定："倘自由民控自由民犯巫蛊之罪而不能证实，则被控犯巫蛊之罪者应行至于河而投入之。倘彼为河所占有，则控告者可以占领其房屋；倘河为之洗白而彼仍无恙，则控彼巫蛊者应处死，投河者取得控告者之房屋。"又如第 126 条是关于作证宣誓程序的规定："倘自由民本未失物，而云：我失物，并诬告其邻人，则其邻人应对神发誓，检举其并未失物，而此自由民应按其所要求之物加倍交给邻人。"

古代罗马人在法律的划分、法律的一般理论和实施方法等方面作出了杰出的贡献。罗马法的全面发展持续了一千年，现今可考的罗马成文法典为《十二铜表法》。《十二铜表法》产生于约公元前 450 年，因把奴隶制法刻在十二块铜牌上而得名，该法按内容分为十二表，前三表是程序规范，如第一表传唤，第二表审理，第三表执行。第一表第 5 条规定："如当事人双方能自行和解，则讼争即认为解决。"第 7 条规定："诉讼当事人的一方过了午时仍不到场的，长官应即判到场的一方胜诉。"就《十二铜表法》程序部分的排列和规定而言，反映了当时立法者对诉讼活动客观规律的深刻认识，令人叹服。

除上述两法外，较早进入奴隶制国家的古埃及、古印度、古希腊等都制定了涉及刑事诉讼程序内容的成文法典，但因种种原因或没有保存或只有一些残存。例如同属两河流域国家但先于《汉穆拉比法典》的《苏美尔法典》、古希腊的《德拉柯法典》(公元前 621 年雅典执政官德拉柯制定)、《梭伦立法》(公元前 594 年雅典执政官梭伦制定)，等等。

继罗马法之后，公元 5—9 世纪的欧洲又形成日耳曼法。日耳曼法是在日耳曼国家中适用于日耳曼人的一系列法典的总称。尽管日耳曼法是日耳曼部落在原有习惯法的基础上发展而成的，却在西欧发展史上占有重要地位。日耳曼法确立了神明裁判制度和公开审判的原则，这对后世影响深远，至今审判公开原则已成为现代诉讼的一项重要原则。此外，属于日耳曼法的《萨克森法典》规定法院从黎明到日落进行审判，日落后法院不能再行使权力，如今一些国家将此类限制扩展到了逮捕和讯问等侦查程序。现代英美国家的陪审团制度也取法于那些实行日耳曼法的法兰克王国的相似制度。

奴隶制刑事诉讼立法反映了奴隶制社会的阶级本质，反映了奴隶制社会初期即从氏族制度过渡到奴隶制国家时期司法权与行政权的合一，而在奴隶制社会的强盛期，司法权则不同程度从行政权中被分离，刑事诉讼基本上实行弹劾式诉讼，神判色彩较浓重。

(二) 外国封建制社会的刑事诉讼立法

封建制生产关系在奴隶制社会末期产生和发展起来，进而占据主导地位，并最终导致奴隶制社会崩溃瓦解，人类进入封建社会。外国封建制刑事诉讼法是以存在 1 200 年之久的欧洲中世纪刑事诉讼法为代表的，因为古巴比伦、古埃及、古希腊或因战争或因分裂而亡都未进入封建社会，古印度也一直未形成统一的封建制国家。古罗马也因日耳曼人的南侵而亡，自公元5世纪日耳曼人入侵罗马帝国并建立法兰克王国开始，欧洲进入封建制的中世纪时代。法兰克王国是领主农奴制封建国家，其成文法主要有《蛮族法典》和《撒里克法典》，旨在确保地主阶级私有权，但仍带有奴隶社会法律的特征，且诉讼制度有较浓重的宗教色彩。法官由国王任命，人判神判并用。公元9世纪中叶法兰克王国分裂为法兰西、德意志、意大利三个封建王国，这些封建王国的刑事诉讼法既有《撒里克法典》内容的沿袭，又有伴随12世纪后罗马法的复兴，古罗马的诉讼制度赋予封建王权的新内容，至封建社会末期即君主专制时期，资本主义生产关系开始萌芽，封建制法律也不得不适应这一变化而调整自己的规范内容。在封建制度下法国的法律经历了由习惯法到罗马法再到王室立法的发展过程(9—18世纪)，1670年制定的刑事诉讼法是这一发展历程的重要成果之一。法国的司法审判先采用“神明裁判”与“司法决斗”，后采用法定证据制度，并实行纠问式诉讼模式。

日耳曼习惯法和罗马法对德国法的产生和发展产生了重要影响。德国封建社会的早期沿袭日耳曼人的习惯采取弹劾式诉讼。1220年德国编成《萨克森法典》，其中对刑事诉讼规则作出规定。《加洛林纳法典》共179条，包含刑法和刑事诉讼法两方面的内容，确立了纠问式诉讼模式，刑事诉讼分为侦查和审判两个阶段，实行“有罪推定”和刑讯制度，审理不公开，判决分为有罪判决、无罪判决和存疑判决。

俄国直接从部落习惯法转化为早期封建制法。11世纪出现的《罗斯法典》是在习惯法和立法的基础上汇编而成的。1479年颁布和1550年颁布的两部《律书》(前者称“大公律书”，后者称“沙皇律书”或“第二律书”)对法院的权限、诉讼费用、诉讼程序作出了规定。1649年制定的《会典》采用纠问式诉讼模式。1833年编纂《俄罗斯帝国法律全书》，该书在修订和补充时增补《1664年审判条例》作为第16卷，对法定证据制度作出详细的规定。

日本仿效中国隋唐法律制度进行本国法律的编纂，其第一部成文法《大宝律令》以唐朝《永徽律》为蓝本。同唐律一样，也是诸法合体、以刑为主的法典，此后制定的法律也有这一特点。日本古代的法律成为中华法系的组成部分。

英国法制的独立发展形成不同于欧洲大陆的显著特色。1066年诺曼人在威廉公爵的率领下侵入不列颠全岛，在英国建立起王权统治。国王向各地派出巡回法官并以巡回法官的判决为判例，在遵循先例的原则下通过这些判例使各地存在的习惯法逐渐统一，形成适用于全国的普通法，其后又陆续制定一些成文法，但大多是习惯法或判例汇集而成的。12—13世纪英国统治集团内部权力斗争加剧，诸侯为摆脱王权的控制而开始反对国王的战争，迫使国王约翰在1215年6月15日签署旨在限制国王权力的《自由大宪章》，其中第38条规定：“任何自由人如未经其同级贵族之依法裁判，或经国法判决，皆不得被逮捕、监禁、没收财产、剥夺法律保护权、流放，或加以任何其他损害。”由此确立了“正当程序”的原则，给英美法系各国的刑事诉讼法带来深远的影响。此外，在英国实行的对抗制诉讼程序和陪审团制度也延续至今。

(三) 资本主义国家的刑事诉讼立法

资本主义国家的刑事诉讼法是资产阶级革命胜利的产物。资产阶级革命在不同的国家有不同的发展过程,各国的历史条件也有差异,因而不同的资本主义国家的刑事诉讼法在表现形式上也有不同的特点。

以罗马法为传统的大陆法系国家在资产阶级取得政权后大力加强立法工作,健全资本主义法制,改变了中世纪的刑民混杂、实体法与程序法不分的法律体系,制定了各个部门的法典。1808 年法国制定的刑事诉讼法典是资本主义国家也是人类历史上第一部刑事诉讼法典。该法典是由拿破仑亲自主持编纂的,基本实行职权主义的诉讼模式,建立了起诉、预审、审判职权分离的原则和依重罪、轻罪、违警罪分设法院的司法体系,并确立了内心确信的证据制度和其他一系列具有现代精神的诉讼原则、制度和规则。《法国刑事诉讼法典》不仅对欧洲大陆诸国产生了深远的影响,而且影响远及欧洲其他地区、亚洲等许多国家,这些国家也相继制定了刑事诉讼法典。例如 1865 年意大利颁行《意大利刑事诉讼法典》,德国于 1877 年颁行《刑事诉讼法》,日本也于 1880 年颁行《治罪法》。这些国家的刑事诉讼法在资产阶级“民主”“自由”“人权”口号的指导下规定了一系列刑事诉讼原则,如司法独立、控诉原则(不告不理原则)、审判公开、言词原则(法庭审理必须以口头方式进行)、直接原则(法官、陪审官必须在亲自直接接触案件材料的基础上作出裁决)、被告人辩护权、无罪推定、自由心证,等等。

在自由资本主义时期大陆法系国家的刑事诉讼法相对稳定,到了帝国主义时期特别是第二次世界大战以前一些实行军国主义的国家,如德国、意大利、日本等,为实行法西斯化的需要破坏了原来刑事诉讼法中规定的民主原则,第二次世界大战结束后各国为适应新的形势需要纷纷修改或重新制定刑事诉讼法典。法国于 1957 年和 1958 年先后两次修订刑事诉讼法典,以后又多次修改。联邦德国于 1950 年彻底废除了纳粹时期颁布的法律,恢复了 1877 年的刑事诉讼法,并于 1965 年再次修改颁行。法德两国修改后的新刑诉法仍保持大陆法系职权主义诉讼的特点,但增添了许多加强诉讼民主、人权保障的内容。日本由于战后受美国影响较大,其 1948 年制定的新刑事诉讼法就较多地反映了英美刑事诉讼法的特点,具有较强烈的当事人主义色彩,如实行起诉状一本主义和令状主义、废除预审制、强化公审中心主义和控辩双方的对抗作用、限制口供的证据能力、限制传闻证据、赋予被告人以保释的权利等。更值得关注的是,二战后的意大利对 1930 年颁布的刑事诉讼法典进行过数次大的修改,1955 年通过的刑事诉讼改革法案仍保持大陆法系职权主义诉讼的特点,然而 1988 年对刑事诉讼法典的再次修改则移植了英美法系当事人主义诉讼模式,重新设计和调整了意大利的刑事诉讼程序。

英美法系国家的刑事诉讼法是以英国和美国为代表的。英国在封建时期的刑事诉讼制度就不同于中世纪的欧洲国家,它实行的是习惯法制度,属于普通法系,以法院的判例为法律的主要渊源。由于英国资产阶级革命的妥协性使这种状况基本保留了下来,因此英国没有一部完整的刑事诉讼法,所谓的刑事诉讼法只是习惯、判例和法令的总称。但在20世纪80年代以来英国也制定了若干用来规范刑事诉讼活动的成文法律，如1984年的《警察与刑事证据法》，1985年的《犯罪起诉法》，1997年的《治安法官法》，1994年的《刑事审判与公共秩序法》等。原为英国殖民地的一些国家，如加拿大、澳大利亚等国也基本上继承了英国的法律制度。

在法律传统上，美国源自英国普通法系，实行判例制度，没有系统成文的刑事诉讼法典。美国于1945年颁行《联邦刑事诉讼规则》，其后进行了多次修改，1967年颁行《联邦上诉程序规则》，1975年颁行《联邦证据规则》。美国刑事诉讼立法还有一个显著的特点，就是把刑事诉讼的一些人身权利保障和其他重要原则规定在宪法中成为宪法原则，例如美国1791年生效的宪法修正案第4—8条规定了一系列刑事诉讼原则，如公民不受无理逮捕、搜查与扣押；不得强迫任何人证明自己有罪；刑事被告人享有迅速公开审判、通知其被控犯罪的性质和理由，准予与对方证人对质，接受律师帮助等权利。

除美国外，其他一些原为英国殖民地的国家和地区，如加拿大、澳大利亚、中国香港等，基本沿用英国的刑事诉讼制度。其中加拿大的情形较为特殊，首先，它拥有一部全国统一适用的刑事法典，该法典自1892年问世以来，已历经百余年，虽不断地进行局部更新，但整体上仍维系旧的框架和格局。其次，该法典融刑事实体法与程序法一体，是一部综合的刑事法典，这显然与其他成文法国家刑法与刑事诉讼法分立的情况不同。最后，该法典虽然构成加拿大刑事立法的主干，但在适用时又直接受制于宪法，有别于在刑事司法中不直接适用宪法规定的一些国家。

（四）苏联及东欧社会主义国家的刑事诉讼立法

十月革命的胜利宣告了人类历史上第一个社会主义国家的诞生，年轻的苏维埃在面临打击剥削阶级的反抗，巩固新生政权的任务前将创立刑事法律作为极其重要的工作。1917年11月24日，俄罗斯社会主义联邦苏维埃共和国人民委员会颁布关于法院的第一号令，并在1918年又两次颁布号令，摧毁了旧法院、旧法律，建立了苏维埃法院和社会主义法律。1923年2月15日，全俄中央执行委员会批准施行《苏俄刑事诉讼法典》，其后进行多次修改增删，奠定了苏联社会主义刑事诉讼法的基础。1961年1月1日起又施行新的《苏联刑事诉讼法典》，并在1972年、1973年、1985年对该法典的157个条文作了新的修改和补充。

东欧的波兰、捷克斯洛伐克、保加利亚、罗马尼亚、南斯拉夫等国在革命胜利后相继制定颁布了刑事诉讼法典，1967年以后大多数国家又重新制定了新的刑事诉讼法典，如罗马尼亚、德意志民主共和国于1968年，波兰于1969年，匈牙利于1973年，保加利亚于1974年颁布了新的刑事诉讼法典。

二、外国刑事诉讼模式的沿革

刑事诉讼模式是不同刑事庭审方式的本质特征所构成的相互区别的诉讼类型，

从国外诉讼发展史来看大概经历了以下诉讼模式，即从早期的弹劾式、纠问式诉讼模式到近现代的职权主义、当事人主义诉讼模式。

（一）弹劾式诉讼模式

弹劾式诉讼模式主要在奴隶制和封建制早期的国家实行。较典型地体现在古罗马共和国时期、法兰克王国前期及英国的封建时期。

弹劾式诉讼的主要特征体现为：

1. 私人告诉，实行“不告不理”原则

在这期间，国家没有专门负责追诉犯罪的机关。对犯罪的控诉通常由被害人或其代理人作为原告直接提起，只有当原告起诉到法院或其他裁判机构后，诉讼才会被启动。没有原告，法官不主动追究。按古罗马时期的表述，即“无原告即无法官”，也就是实行“不告不理”原则。

2. 原告与被告的诉讼地位平等

双方享有同等权利，承担同等义务。审判以言词辩论的方式进行；审理中注重发挥争讼双方的作用，可以互相对质和辩论。

3. 法官处于消极仲裁者的地位

法官不在开庭前审查案件事实和核对证据，没有收集、调查证据的义务，只负责在法庭上听取当事人的陈述和辩论，审查当事人提供的证据，认定案件事实并作出裁决。

弹劾式刑事诉讼制度是人类文明的一大进步。它已具有了现代诉讼的基本结构。首先，它明确区分了控诉与审判职能，有利于防止法官集控诉和审判职权于一身，独断专行，滥用职权。其次，原告和被告诉讼地位平等，双方在法庭上进行平等的对抗和辩论，有利于法官听取双方的意见，居中进行裁判，公正处理案件。不过，在弹劾式诉讼模式下，由于缺乏专门的国家侦查和追诉机关，必然影响对犯罪的有效追究和及时惩罚，而且法官在法庭审理中过于消极的态度也不利于准确查明案情。

（二）纠问式诉讼模式

纠问式诉讼模式是继弹劾式之后出现并盛行于欧洲中世纪中后期的诉讼制度，是封建社会的主要刑事诉讼形式。

纠问式诉讼的主要特征体现为：

1. 司法机关主动追究犯罪，控诉与审判职能不分

由于未设立专门的侦查、起诉机关，侦查权、控诉权、审判权统一由司法官员行使，拥有司法权力的官员一旦发现犯罪，无论被害人是否提出控告，都可以依职权主动追究犯罪，即“不告也理”，控告权、审判权集于官吏一身是该诉讼形式的显著特点。

2. 实行有罪推定

在纠问式诉讼中，一旦被指控犯罪，在没有确定证据证明犯罪之前，先假定其有罪。在有罪推定的情形下，被告处于被追究的客体地位，不享有任何诉讼权利。口供

是定罪的主要依据。

3. 庭审前的调查活动是秘密进行的,审判一般也不公开

纠问式诉讼的审理不允许当事人在法庭上辩论,审讯通常不公开进行,判决主要以审讯被告人的书面记录为根据,审判往往采书面审理的方式。

4. 刑讯逼供盛行甚至合法化

纠问式诉讼通常与野蛮的刑讯紧密结合在一起。由于口供是定罪的主要依据,为了获取口供,对被告人广泛采用刑讯方式逼供,刑讯在当时具有公开性甚至合法化。

纠问式诉讼是封建专制集权在诉讼中的表现,与弹劾式诉讼相比,在诉讼的民主性方面无疑是倒退了,但它确立了追究犯罪的职权应由国家机关承担的原则,用法定证据制度代替神明裁判制度,这些都是诉讼制度上的进步。

(三) 职权主义诉讼模式

职权主义诉讼模式继承了纠问式诉讼的某些特征,主要为德国、法国等大陆法系国家所采用。与传统的纠问式诉讼有所不同的是,在职权主义诉讼中,开始出现了专门的追诉主体。早在12世纪,法国就出现了代表国家参加诉讼的代理人。这种代理人是现代检察制度的雏形。一般认为检察制度形成于17世纪,法国国王路易十四颁布法令要求各级法院设置检察官,检察官对刑事案件行使侦查起诉权,检察制度由此得以确立。

职权主义诉讼模式强调国家的干预和国家司法机关的职权作用:在侦查阶段,侦查机关的侦查行为通常不公开且自由度强,虽然目前大陆法系国家普遍允许律师参与侦查程序并承认嫌疑人的沉默权,但嫌疑人的权利仍受到一定的限制,控辩双方在事实上处于不平等的地位;在起诉阶段,检察官需将案卷材料、证据连同起诉状一并移送法院,以便法院在开庭审理前了解和熟悉案件的全部事实和证据,决定是否启动审理程序;在审判阶段,庭审以法官对案件的调查来推动,法官对查明案件事实负有责任并可采取必要措施主动收集证据,控辩职能弱化,双方虽有对抗性活动,但受到法官的限制和干预且不为法官所重视,追诉机关与嫌疑人地位不平等,警、检、法虽有职能分工,但在打击、控制犯罪的共同目标下共同应对被告人,庭前彻底审查、庭中的积极调查使法官缺乏中立立场且使控辩双方的有限对抗失去实际意义,在法庭上,由于攻防手段的悬殊,辩方难以真正与占优势的控方相抗衡。

职权主义是资产阶级将公正、理性、人权等观念融入纠问制度,同时摒弃其野蛮、落后的因素并在此基础上加以改造的结果,职权主义诉讼中控诉、辩护、审判职能分立,互相制约,以保障实现诉讼过程及结果的公正性。

(四) 当事人主义诉讼模式

当事人主义诉讼又称对抗制诉讼,主要为英美法系国家所采用。当事人主义诉讼由弹劾式诉讼发展而来,其主要特征是强调控辩双方当事人的平等地位,注重发挥

当事人双方的诉讼积极性。在侦查阶段，控辩双方当事人作为平等对抗的诉讼主体均有独立调查和收集证据的权利，法律赋予被告一系列的诉讼权利以保障被告方足以与控方相抗衡。在起诉阶段，检察官向法院起诉时一般都只需移送一份起诉状和证据清单，而案件材料及证据不随案移送，奉行"起诉状一本主义"，在美国，检察官可以同辩护方通过辩诉交易处理刑事案件。在审判阶段，案件事实的发现委之于控辩双方的举证和辩论，在法庭调查中实行交叉询问制度；法官保持消极中立的地位，一般不依职权主动地调查收集证据，庭审进程由控辩双方通过举证、质证、辩论来推动，法官处于主持者的地位而不是审问者的地位，其主要职责是评断控辩双方在举证、质证等活动中是否违反有关规则，并在此基础上进行裁判。

当事人主义诉讼模式和职权主义诉讼模式的关键区别在于控、辩、审三大诉讼主体发挥各自功能的方式不同。当事人主义诉讼模式是通过控辩双方作用与反作用来达到制约政府权力、揭示案件事实真相的目的。当事人诉讼模式体现了证据调查活动中的竞争机制，这种带有强烈对抗色彩的制度建立在这样的认识之上，即控辩双方的对抗被认为是发现案件真实的理想方式。职权主义的拥护者认为发挥法官的主观能动性有利于防止诉讼受控辩双方法庭技巧甚至伎俩的影响而难以发现案件的客观真实，法官主动依职权调查才是发现案件真实情况的法宝。从实际功效来看，两者各有所长，各有所短。在诉讼的公正性方面，当事人主义诉讼模式优于职权主义诉讼模式；在诉讼效率方面，职权主义诉讼模式优于当事人主义诉讼模式。职权主义诉讼强调打击和控制犯罪，关注刑事诉讼的安全价值，而当事人主义诉讼则强调正当程序，看重刑事诉讼的自由价值。由于两种诉讼模式各有优劣，近现代以来，特别是"二战"后两种诉讼模式相互借鉴、吸收、取长补短的趋势已经越来越明显。不同国家的诉讼模式也在不断地发生调整和改变。如"二战"后的日本，其刑事诉讼虽留有职权主义诉讼的痕迹，但主要表现为浓厚的当事人主义色彩。1988 年意大利对刑事诉讼法典的修改则移植了英美法系的对抗式诉讼结构，构建了以对抗为中心的刑事诉讼新模式，同时也保留了法官依职权进行调查的权利，强化了对犯罪嫌疑人、被告人诉讼权利的保障。

三、外国刑事诉讼证据制度的沿革

从国外的诉讼发展史来看，诉讼经历了神示裁判和证据裁判两大阶段，以神的启示作为判断案件事实手段的称为神示裁判制度，以证据作为判断案件事实的依据的称为证据裁判制度，主要有法定证据制度和自由心证证据制度两种。

（一）神示裁判制度

神示裁判制度主要发端和盛行于亚欧各国的奴隶制社会和欧洲的封建社会前期，指根据神的启示来判决诉讼中的是非曲直。在当时，神被奉为万物的创造者和宇宙的主宰，神意代表着公正、正义，违背神的旨意、欺骗神必遭天谴，在这一认识前提

下,人们以神的启示作为评判标准来处理争议和纠纷。神示裁判制度的证明方法主要有以下几种:

1. 诅誓

诅誓是以向神发誓为内容的证明方法。诅誓方法在公元前18世纪的古巴比伦王国的《汉穆拉比法典》中有明文规定。《法典》第126条规定:“设若某人并没有失落什么而声称‘我失落了某物’,并诬陷自己的邻居,而他的邻居应在神前发誓来揭穿他并没有失落什么,而他则应加倍偿还他的邻居自己所贪图的物品。”古代日耳曼法和西欧中世纪初期的《撒里克法典》中也有类似规定。

2. 水审

水审是用水来检验当事人的陈述是否真实或者被控告的人是否有罪的神示证明方法。其分为冷水审和热水审两种方法。冷水审是将被控告的人投入河水中来检验其是否有罪的方法。如《汉穆拉比法典》第2条规定:“设若某人控他人行妖术,而又不能证实此事,则被控行妖术的人应走近河边,投入河中。如果他被河水制服,则揭发者可以取得他的房屋;反之,如果河水为这人剖白,使之安然无恙,则控他行妖术的人应处死,而投河者取得揭发者的房屋。”沸水审是以在沸水中放置物件令被控告的人用手取出来验证其是否有罪的方法。烫伤后并经向神祷告或念咒语,在一定时间内如果烫伤痊愈或者有即将痊愈的迹象,则认定无罪;脓肿溃烂,则认定有罪。

3. 火审

火审是用火或烧热的铁器检验被控告的人是否有罪的方法。欧洲9世纪法兰克人的《麦玛威法》规定:“凡犯盗窃罪必须交付审判,如在神判中为火所灼伤即被认为不能经受火审的考验,处以死刑,反之,如不为火所灼伤则可允许其主人代付罚金,免处死刑。”

4. 决斗

决斗是由当事人使用武器对打以决胜负的神示证明方法。凡在决斗中获胜的一方便被认为是无罪的,失败的一方则被认为是有罪的。

5. 卜卦

卜卦即由当事人就争议事实向神祷告,然后进行占卜,法官根据卦象的内容判断何者胜诉的神示证明方式。

6. 十字形证明

十字形证明即由当事人双方对面站立,手臂左右伸直,使身体呈十字形,保持这一姿势时间最持久者胜诉的神示证明方法,为信仰基督教的民族所采用。

(二)法定证据制度

法定证据制度又称形式证据制度,是欧洲大陆封建制国家盛行的一种证据制度,主要内容是一切证据证明力的大小以及对它们的取舍和运用都由法律预先明文加以规定,法官在审理案件过程中不得自由评断和取舍,法官在审理案件中运用证据查证案件情况只需符合法律形式规定的各项规则,并不要求符合案件的客观真实情况。

法定证据制度将证据作了分类，并由法律预先确定各种证据审查判断的规则。其基本的划分是证据有完全和不完全两大部分。完全的证据就是法律规定能够认定案情的充分的确定的证据，如受审人的坦白、书证、两个与案件无关的证人的证言等；不完全的证据是指法律规定其证明力还不充分，因而还不足以认定案情的证据，它可以进一步划分为不太完全的、多一半完全的和少一半完全的证据。常见的不完全证据有受审人相互的攀供，表白自己的宣誓等。法定证据制度下运用证据的总的定案标准是在办理刑事案件过程中，若收集到完全的证据法官必须形成确信，认定被告人罪行属实，而收集到不完全的证据但不足以证实被告人有罪的，可以认定被告人有犯罪嫌疑并对其进行刑讯，如果经过刑讯仍然收集不到完全的证据时，法、德等国法律规定法官可以据此作出"存疑判决"。

法定证据制度及理论是随着封建集权制国家的建立而逐步发展起来的，其适应了封建地主阶级的中央集权统治需要，有利于巩固封建统治秩序，也稳定和促进了纠问式诉讼制度，体现了人类社会文明在诉讼实践中的成果，一定程度上推动了诉讼科学的发展。但其为少数封建地主阶级服务和形而上学、唯心主义的哲学论以及允许刑讯的历史局限性决定了这项证据制度的最终消亡。

（三）大陆法系的自由心证证据制度

由于法定证据制度所体现出的形而上学弊端严重压抑了人性的解放，强调解放人性和强化思想认识能力的资产阶级在夺取政权后毫不犹豫地否定了封建社会盛行的法定证据制度。资本主义社会的工业革命带来社会生产力的飞速发展，市场经济体制被普遍建立，这种追求平等和竞争的经济体制在很大程度上开始影响诉讼制度，具体体现为注重控辩双方的平等对抗、法官居中裁判，而法定证据制度下以严格的法律作为审查判断证据的标准使得法官在激烈的控辩对抗中无所适从，不能适应复杂案情的需要，因此，强调以人类共同理性作为审查判断证据标准的自由心证证据制度应运而生。

1808年法国颁行的《刑事诉讼法典》率先较详细地规定了自由心证证据制度，具体内容为："法律不要求陪审官报告他们建立确信的方法，法律不给他们预定一些规则，使他们必须按照这些规则来决定证据是不是完备和充分，法律仅要求陪审员深思细察，并本着良心、诚实探求已经提出的对于被告不利和有利的证据在他们内心产生了何种印象。"法律未向陪审员说："经若干证人证明的事实即为真实的事实"，也未说："未经某种记录、某种证件、若干证人、若干凭证证明的事实即不得视为已有充分证明的事实。"法律仅对陪审员提出这样的问题："你们是真诚地确信吗？"此即陪审中职责之所在。继法国之后欧洲大陆各国相继规定了自由心证证据制度，德国1877年刑事诉讼法规定："法院应根据从全部法庭审理中所得出的内心确信来确定调查证据的结果。"1892年俄国刑事诉讼法也有关于内心确信的规定。同时，自由心证的影响也波及亚洲国家，日本自明治九年（1876年）就开始采用自由心证证据制度。

自由心证证据制度否定了机械的法律规定，以"人类共同理性"作为审查判断证据的标准，法官依据自己的良心和理性自由地对各种证据的真伪、证据的取舍以及证据证明力的大小进行判断，不受一般规则的制约，自由心证证据制度的产生推进了诉讼的民主化进程，也推动了诉讼科学的进一步发展，把法官从法定证据制度的束缚下解放出来，有利于充分发挥法官的主观能动性，使他们能够根据自己的理智和信念来判断和认定事实，从而为发现案件的客观真实创造了条件。

需要指出的是，对于自由心证的理解和运用不当势必会造成司法专横与主观擅断，因此许多国家在赋予法官自由判断证据证明力的同时也规定了若干限制，其中包括：(1)内心确信必须是从本案情况中得出的结论；(2)必须是基于一切情况的酌量和判断；(3)所考察的情况必须不是彼此孤立的，而是它们的全部总和；(4)必须是对每一证据“依据证据的固有性质和它与案件的关联”加以判断的结果，法官必须在证据调查和辩论的基础上按照经验法则和逻辑要求合理地进行判断。

(四) 英美法系的证据制度

英国在长期的诉讼发展中没有形成盛行于欧洲大陆的纠问式诉讼，虽然证据制度在一定程度上存在形式主义特征，但并没有形成严格的法定证据制度，刑讯也不盛行，英国的证据法并不预先规定各种证据的证明力，而是确立一整套证据规则用于规范证据的采纳和判断，证据规则复杂而精密也是英美法系证据制度的突出特点。这些证据规则通常由相应的判例所确立，其宗旨是保障发现案件的真实，防止冤枉无辜。英美法系国家的证据规则具有严格性，通常有利于保障刑事被追究者的权益，具有较大的法治价值。另外，英美法系的证据规则与其诉讼机制的设置有密切关系，在英美国家由于陪审团成员的非专业化使法庭不得不建立起一系列的规则以排除那些可能对他们产生误导的证据。

英美法系国家的证据规则主要是可采性规则，具体包括关联性规则、意见证据规则、最佳证据规则、品格证据规则、传闻证据规则、非法证据排除规则等。随着英美法系国家刑事诉讼体制的改革与完善，这些证据规则也不断被丰富和发展，如美国刑事诉讼中对非法证据排除规则附加了诸如“必然发现”的例外、“善意”的例外、“稀释”的例外、“独立来源”的例外等，它们在诉讼中都发挥着举足轻重的作用。英美法系国家通过一系列判例确立的证据规则极大地丰富了诉讼证据制度的理论与实践，对英美法系以外的国家的证据立法和司法实践也将产生积极的影响。

第二节　中国刑事诉讼法的历史发展

一、中国奴隶制社会的刑事诉讼法

我国古代从夏商到西周是奴隶制国家，那时虽然没有刑事诉讼法的名称，但实际上已经有了刑事诉讼制度和审判制度与程序的规定。在我国虞舜时代，《尚书》中记载了虞、舜时期就有“皋陶”作为刑官，可见当时已有了刑事诉讼；在先秦的典籍中特别是儒家《周礼》中也明确记载了有关的诉讼制度，如五听制度，即“以五声听狱讼，求民情：一曰辞听；二曰色听；三曰气听；四曰耳听；五曰目听。”规定了两造审理及诉讼费用等内容，“明清于两辞”，“以两造禁民讼，入束矢于朝，然后听之；以两剂禁民狱，入钧金三日，乃致于朝，然后听之”，还规定了人证、书证等证据种类。当时已有刑、民之分，凡“以财货相告者”称为“讼”，凡“告以罪名者”称为“狱”，法官审理案件称为“听讼”“断狱”。公元前976年周穆王即位后便命令司寇制作《吕刑》，其中既有刑事实体法的规定，也有刑事程序法的规定。我国古代奴隶制的诉讼制度到了西周已发展得相当完备，从自诉、起诉、审理、上诉、判决到执行都有相应的规定。

我国奴隶制社会的刑事诉讼制度有如下特点：

（一）公开确认奴隶主在诉讼中的特权，否定奴隶有诉讼权利

我国西周时期实行“礼不下庶人，刑不上大夫”，刑事法律主要是为镇压奴隶而制定的，奴隶无权进行诉讼活动，奴隶主阶级即使犯了罪在法律上也享有豁免的特权，在诉讼中处于特权地位。如我国古代规定的所谓“凡命夫命妇，不躬坐诉讼”的诉讼制度，即凡大夫和大夫以上的贵族及其配偶为诉讼当事人的无须自己亲自受审，可以委派其子弟或下属代理，但普通平民进行诉讼均须自己亲自出庭受讯。

（二）国王掌握最高刑事司法权

在奴隶制社会确立王权至上的专制政体，国王是国家的最高统治者也是最高的司法审判官，掌握决定诉讼胜败的大权，重大案件由他最后裁决。早在《尚书·盘庚》中就有记载，商王自称：“惟予一人有佚罚”，明确宣布自己握有生杀予夺大权，在殷墟甲骨文的卜辞中也有“贞，王闻惟辟”，“贞，王闻不惟辟”的记载。

（三）司法组织渐完备，办案依一定的规则

据《周礼》《礼记》等记载，西周在中央司法机关设最高法院官大司寇卿一人为秋官之正；设小司寇中大夫二人为秋官之副；设士师下大夫四人为秋官之考，辅佐大小司寇工作。而士是一般法官，其品级有乡士、遂士、县士、方士、都士等，分别掌管六乡、四郊、六遂、邑、都家以及吏民之狱讼。在审级上据《礼记》记载，一个案件要经三个审级才能定案，乡士等将管辖区内的刑事案件审结后报朝廷大司寇，大司寇审结如还上诉的由大司寇报告周王，周王或令三公、六卿会审或直接由自己审理作出最后判决。周朝的民事案件要求双方当事人都要到庭，刑事案件要求原告交诉状，被告交辩状，并都要交一定的诉讼费用，刑事案件在交纳费用以后三日开庭，重大刑事案件规定受理后五六天至十来天开庭，疑难案件三年审结。

（四）刑事诉讼具有神判色彩

神判法同奴隶制社会生产力落后和文明开化程度较低有密切关系。我国古代就有以兽触人的神判法。东汉王充在《论衡·是应》中就有“皋陶治狱，其罪疑者，令羊触之，有罪则触，无罪则不触”的记载。《墨子·明鬼》中记载了齐庄王以神羊断两臣之三年之讼的故事，并称断案的结果“齐人莫不见，远者莫不闻，著在齐之春秋”。在诉讼中借助于“神”的力量来决定争讼的胜败，充分反映了当时人类认识能力的局限性。

二、中国封建制社会的刑事诉讼法

中国的封建社会从战国时期到明清经历了两千多年的漫长历史。在战国时期魏国的李悝编纂了《法经》，这是我国古代第一部比较系统的刑事法典，该法分为 6 篇，其中的囚法、捕法两篇属于刑事诉讼法的规定，商鞅变法后将《法经》加以完善形成《秦律》，汉承秦制在保留囚法、捕法等 6 篇的同时增设 3 篇，共 9 篇，改“法”为“律”，称《九章律》，但仍只有囚律、捕律有与诉讼有关的内容。魏时定魏法，共计 18 篇，晋更增为 20 篇，均含捕律、告劾律、系讯律、断狱律。南北朝删订律书，《梁律》改“捕”为“讨捕”；《齐律》设斗讼、捕亡两篇，北周改“告劾”为“告言”。隋《大业律》分告劾、捕亡、断狱诸篇，将“斗讼”改为“斗”。

唐朝制定的《唐律》为中华法系的代表。唐朝以隋代法律为蓝本，先后形成《武德律》《贞观律》《永徽律》和《开元律》。现仅有《永徽律》完整保存下来。《永徽律》是我国最早最完整的封建刑律，产生于我国封建社会的鼎盛时期，总结了封建法律制定和司法实践的经验，分 12 篇，共 502 条，其斗讼律规定如何控告犯罪，捕亡律规定追捕罪人之事，断狱律则集中规定审讯和决断案件。唐朝除“律”以外，还包括“令”“格”“式”三种，其中捕亡令等也含有刑事诉讼法的内容。唐代律令为后世法律树立了典范，影响远及日本、越南等东亚、东南亚诸国。

五代、宋、金都在唐律的基础上进行增减，与唐律大同小异。元代纂定新律，与唐宋有了一定的差异，称《至元新格》，共 20 篇，其第 13 篇为诉讼篇（与告劾律相同）、第 18 篇为捕亡，第 20 篇为平反（与前代断狱律相同），并改“斗讼”为“斗殴”，后又修订为《大元通制》。诉讼篇着重规定如何控诉犯罪，但其篇名“诉讼”后来演变为近现代的诉讼法典的名称。明律、清律集中国古代法律之大成，也设诉讼、捕亡、断狱诸篇，都是由唐律发展而来的。

我国封建制社会刑事诉讼制度的特点有：

（1）司法与行政不分，无独立的审判机构，由皇帝执掌最高审判权，实行皇权至上制度。皇帝被认为是“受命于天”，拥有国家最高的统治权，执掌国家的立法和司法权，地方审判权由地方行政官吏直接掌握，地方各级行政长官要亲自审理案件或者由辅佐官吏代行政长官处理案件，行政长官拥有决定权，在封建社会的各个朝代，中央和地方机构职权虽有变化，但皇权至上，司法与行政不分的制度并没有变化。

（2）维护封建等级特权制度。公开规定官僚和地主阶级享有特权，如秦律规定宗室贵族和有爵位者犯罪都可赎刑，汉朝有“先请”之制，对贵族官僚治罪要先奏请皇帝批准或减刑。魏律中有“八议”制度，法律规定对八种人犯罪可以享有宽免特权，

“八议”即议亲、议故、议贤、议能、议功、议贵、议勤、议宾。这八种人犯了死罪官府要先奏请审议，议定后再奏皇帝裁决，可以减免刑罚。唐律除规定“八议”外，还规定有“请”“减”“赎”“官当”等制度，进一步扩大了封建地主、贵族官僚在刑事诉讼中所享有的特权范围。唐律还规定根据提供证据人的社会地位高低来判断其所提供证据证明力的大小，地位高的人不仅在诉讼证据制度中享有特权，而且在审判制度上也享有特权，例如规定对享有“议”“请”“减”特权的人员在审判时就不得拷问。

(3) 刑讯逼供，罪从供定，实行口供中心主义。我国历代封建王朝的刑事诉讼法对刑讯逼供都有明文规定。根据《云梦秦简》的记载，秦王朝的律令中即有笞掠的规定：“凡讯狱，必先尽听其言而书之，各展其辞。虽知其言也，勿庸辄诘。其辞已尽书而无解，乃以诘者诘之。诘之又尽听书其解辞，又视其无解者以复诘之。诘之极而数池，更言不服，其律当笞掠者，乃笞掠。”①汉律规定：“会狱，吏因责如章告劾，不服，以掠笞定之。”②唐律中也有拷掠的规定。正如马克思所说：“中国法里面一定有笞杖，和中世纪刑律的内容连在一起的诉讼形式一定是拷问。”③

封建制刑事诉讼实行刑讯逼供制度与被告口供中心主义的证据制度密切相关，封建法律规定“断案必取输服供词”，“无供不录案”，因此口供是定案必不可少的证据，刑讯成了获取口供的必要手段，“捶楚之下，何求而不得?”我国自秦朝开始就有刑讯制度，到了魏晋南北朝时期刑讯已经合法化，自唐朝后法律上虽然出现了限制非法刑讯的规定，但实际上这些规定并没有起到阻止刑讯的作用，相反在某些方面非法刑讯还有所发展和泛滥，刑讯逼供是封建制刑事诉讼的本质特征。

(4) 设立较为完备的追诉程序，实行多级别的复审制度。秦汉以后至明清，被害人告诉、知情人告诉、官吏告发、犯罪人自首，均可成为司法机关审理案件的缘由，自隋唐始，审判机关发现犯罪可直接进行纠问，历代封建刑事诉讼法都重视强制措施在追诉、审判中的运用，法典中都有“捕亡”或类似专篇规定，规定的强制手段有逮捕、囚禁、追摄、勾问、保候等。在法庭审判上一般由一个法官独任，少数重大案件则由若干法官会同审判，如唐朝的三司(大理寺、刑部、御史台)推事、明朝的三法司(刑部、大理寺、都察院)及厂、卫会审等。

案件一般均应经过复审，如初审机关将案件主动移送上级审判机关复核审查，上级审判机关根据被告人初审判决不服的申诉进行复核复查，前者属移送复审，后者为申诉复审。另外，我国封建刑事诉讼法中较有特色的是死刑复核制度。自秦代开始，死刑案件通常要由中央有关司法机关审查后上请皇上核准，明清将死刑分为立决和秋后决两种，实行两种复核程序。对立决案件要求先报中央有关部门审核或会审后再报奏皇帝裁决。对秋后决的案件，明朝实行朝审制度，清朝实行秋审和朝审两种制度。死刑复核制度体现了“慎刑”思想。

---

① 《睡虎地秦墓竹简》，文物出版社 1978 年版，第 246 页。

② 《汉书》九传(三)，中华书局 1962 年版，第 2660 页。

③ 《马克思恩格斯全集》第 1 卷，人民出版社 1956 年版，第 178 页。

三、半殖民地半封建社会的刑事诉讼法

(一)清末时期的刑事诉讼法

1840年鸦片战争以后,中国逐步沦为半殖民地半封建社会,资本主义列强的侵入使中国的经济结构和阶级结构发生了显著变化,列强确立的领事裁判权攫取了清政府的一部分司法权。在这种情势下,清政府在进入20世纪后为顺应新的形势和收回治外法权,模仿西方资本主义国家的法制,开始了中国法制的改革和发展。1902年清政府下诏宣布立法的宗旨云:"参酌各国法例","务期中外通行","与各国无大悬绝",并设立法律修订馆,委派沈家本、伍廷芳等人为修律大臣负责修订现行律例。沈家本十分重视诉讼法的编纂,认为刑事与诉讼法为体和用的关系,"体不全,无以标立法之宗旨;用不备,无以收行法之实效。二者相因,不容偏废"。①

在他的主持下,积极翻译西方国家的法典、法规,并以资本主义国家特别是德、日等大陆法系国家的司法组织和诉讼程序法典为范本开始编纂诉讼程序与单独的法院组织法律。1906年4月25日编成《大清刑事民事诉讼草案》。《大清刑事民事诉讼草案》编成后,沈家本等奏请清廷批准试行,但是在各地方将军督抚都统等官僚的竭力反对下其试行遭到搁置,直至辛亥革命爆发仍未颁行。但从我国诉讼法的历史发展来看,这个草案却有一定的积极意义:(1)在我国历史上第一次把诉讼程序法与实体法分开。我国过去没有单独的诉讼法,而是将有关诉讼程序的内容附于实体法中。(2)正确反映了诉讼法与实体法的关系,两者相互依存,不可分割。(3)在我国历史上第一次规定了律师制度,该法典对律师资格、注册登记、职责、违纪处分等内容作了明确的规定。(4)反映了诉讼法制发展的潮流和趋势,体现了诉讼法在国家法制中的重要地位。

1906年12月12日编成《大理院审判编制法》。强调司法独立原则,并规定审判合议制度和检察官的审判监督机制。1907年编成《法院编制法》,也规定了大量审判及检察权行使的内容。

根据修律馆的分工,从1907年起由沈家本等人负责起草刑事诉讼律和民事诉讼律,于1911年1月24日编成《大清刑事诉讼律》草案,共6编515条,第1编总则,第2编一审,第3编上诉,第4编再理,第5编特别诉讼程序,第6编裁判及执行。该草案规定了告劾式诉讼程序,实行不告不理;检察官行使国家公诉权;审判官采用自由心证查明案件事实;采直接审判、言词辩论等原则,实行审判公开和辩护制度等等。该草案由于清末帝制的废除而未及颁行,但其仍多次为民国时期的国民政府和北洋军阀政府所援用,对我国诉讼法制的发展也起了一定的推动作用。

(二)中华民国时期的刑事诉讼法

中华民国分为三个时期:南京临时政府时期(1912年1月—1912年3月)、北洋

① 沈家本:《修订法律大臣沈家本等奏进呈诉讼法拟请先行试办折》,《大清法规大全》卷十一。

政府时期(1912—1928年)、南京国民政府时期(1927年4月—1949年4月)。

1911年10月10日,辛亥革命爆发,推翻了清政府,结束了长达二千多年的封建君主专制统治,成立了孙中山领导的南京临时政府。1911年12月各省都督的代表制定了《临时政府组织大纲》,是以美国的国家制度为蓝本,确立了三权分立原则,规定临时中央审判所行使司法权。1912年2月7日孙中山在南京公布《中华民国临时约法》,确认三权分立制度,规定法院是行使司法权的机关,实行司法独立和审判公开的原则,并规定了人民的诉讼权利。南京临时政府还颁布了大总统令废除了刑讯制度,规定"不论行政司法官署及何种案件一概不准刑讯,鞫狱当视证据之充实与否,不当偏废口供"。①此外,南京临时政府还草拟了《中央裁判所官职令草案》《律师法草案》,规定慎选法官,建立律师制度、陪审制度和辩护制度,要求诉讼文明执法,尊重法律并公开进行。南京临时政府虽然只存续了三个月,却在司法领域进行了多项重大改革,借鉴了欧美资产阶级的法律制度,否定了封建社会的苛政酷刑,将近代的法律思想和人道主义精神融入刑事诉讼制度中,尽管存在一定的局限性且未能完全付诸实施,但其历史功绩是不能抹杀的。

北洋政府时期,军阀专权,局势动荡。1912年袁世凯就任民国大总统之职,因民国法律还没有制定颁布,于是下令准许暂时援用清朝颁布的法律。1921年北洋政府将前清的《刑事诉讼律》修改为《刑事诉讼条例》,颁布后于1922年1月全面施行。北洋政府还于1914年颁布《地方审判厅刑事简易庭暂行规则》《审检厅处理简易案件暂行细则》和《私诉暂行规则》,于1920年颁布《处刑命令暂行条例》、1922年颁布《刑事简易程序暂行条例》等单行法规。此外,北洋政府还颁布了一系列刑事特别法规,如1912年的《戒严法》,1913年的《惩治盗匪法》,1914年的《治安警察法》,1915年的《陆军审判条例》和1918年的《海军审判法》。

国民政府期间立法院于1931年10月28日颁布《法院组织法》,1928年7月立法院颁布《中华民国刑事诉讼法》和《中华民国刑事诉讼法施行法》,1934年这两部法律得到修正并于次年颁布施行。此外,还制定了一系列单行法规,如1927年11月18日颁行《惩治盗匪暂行条例》,1931年1月31日颁布《危害民国紧急治罪法》,1948年4月2日颁布《特种刑事法庭审判条例》等。国民政府的《刑事诉讼法》是在继承北洋政府《刑事诉讼条例》基础上并进一步汲取德国、日本等大陆法系国家刑事诉讼法而制定的,该法采职权主义的诉讼模式,规定了起诉便宜原则、直接审理原则、自由心证原则、审判公开原则等。

四、新中国的刑事诉讼法

新民主主义革命时期,人民民主政权所从事的立法和司法活动为中华人民共和国刑事诉讼的立法和实践提供了一定经验。早在1931年以前,工农民主政权便在各

① 《辛亥革命资料》,中华书局1961年版,第215页。

根据地建立起革命法庭或裁判部，在中央实行审判权与司法行政权分离的“分立”制，在地方实行“合一制”，审判机关的组织体系分为四级，实行二审终审制。检察机关附设在审判机关内，实行“审检合一制”，工农民主政权通过颁布《裁判条例》和有关《司法程序》的训令，确立了一系列诉讼原则和审判制度，其中包括：审判权统一由司法机关行使原则、公开审判原则、禁止刑讯逼供原则、合议和陪审制度、死刑复核制度。抗日战争时期，冀鲁豫边区、陕甘宁边区等地的抗日民主政权颁布了单行保障人权的条例，如《陕甘宁边区保障人权财权条例》规定在司法活动中保障公民人身自由的程序要求。解放战争时期人民民主政权确立了合法的传讯、拘捕和搜查程序以及审判权统一由司法机关行使，禁止使用肉刑和乱打乱杀，实行案件复核、平反已决案件、便利群众的原则、制度。

1949 年 10 月 1 日中华人民共和国成立，标志着我国的法制建设和刑事诉讼立法进入一个新的历史发展时期，刑事诉讼法的发展经历了以下阶段：

(一) 新中国成立初期的刑事诉讼法规

从新中国成立初期到 1979 年的 30 年间，我国没有制定刑事诉讼法，只是在《宪法》和颁布的若干单行法律法规中规定了司法机关体系及若干刑事诉讼原则和程序。

中央人民政府于 1950 年颁布《人民法院组织通则》，1951 年 9 月颁布《中华人民共和国人民法院暂行组织条例》《中央人民政府最高人民检察署暂行组织条例》和《各级地方人民检察署组织通则》。1954 年 9 月，第一届全国人民代表大会在颁布宪法的同时颁布《中华人民共和国人民法院组织法》《中华人民共和国人民检察院组织法》，同年 12 月颁布《中华人民共和国拘留逮捕条例》。与此同时，刑事诉讼法的起草工作也在进行，1954 年中央人民政府法制委员会起草《中华人民共和国刑事诉讼条例》，1955 年最高人民法院下发《审理刑、民案件程序总结》，1957 年又在进一步调查研究、总结司法实践经验和借鉴外国立法例(主要是苏联)的基础上拟出《中华人民共和国刑事诉讼法(草稿)》，同年 6 月修订为《中华人民共和国刑事诉讼法(初稿)》。后来因种种原因而暂停，直到 1962 年中央主管部门在 1957 年初稿的基础上广泛征求意见反复修改，于 1963 年 4 月形成《中华人民共和国刑事诉讼法草案(初稿)》，条文有所删减，后因“四清”运动及“文化大革命”这一法律起草活动停顿。

(二) 我国第一部《刑事诉讼法》及其修改

1979 年 2 月，全国人大常委会法制工作委员会在 1963 年初稿的基础上起草新的《刑事诉讼法草案》(修正一稿、修正二稿)。1979 年 6 月，《刑事诉讼法草案》(修正二稿)提请第五届全国人民代表大会第二次会议审议，于 1979 年 7 月 1 日正式通过，同年 7 月 7 日公布，1980 年 1 月 1 日起施行。

此后全国人民代表大会常务委员会对刑事诉讼法又进行了若干修改、补充，主要的法律法规有《全国人民代表大会常务委员会关于迅速审判严重危害社会治安的犯罪分子的程序的决定》《全国人民代表大会常务委员会关于国家安全机关行使公安机关的侦查、拘留、预审和执行逮捕职权的决定》《全国人民代表大会常务委员会关于刑事案件办案期限的补充规定》。

1979 年《刑事诉讼法》是中华人民共和国第一部刑事诉讼法，实践证明它的实施对于惩治犯罪，维护社会治安，保障公民合法权益和完善社会主义法制发挥了重大作用，但随着我国市场经济的建立和社会主义民主与法制建设的不断发展，刑事犯罪日趋复杂，执法环境也发生了变化，因此有必要对刑事诉讼法进行补充和修改。根据第八届全国人民代表大会常务委员会的立法规划，全国人民代表大会常务委员会法制工作委员会从 1993 年起开始对《刑事诉讼法》的实施情况和存在的问题展开调查研究，广泛征求意见，并委托专家提出《刑事诉讼法修改建议稿》供立法部门参考。1995 年 12 月全国人民代表大会常务委员会法制工作委员会拟订《中华人民共和国刑事诉讼法修正案(草案)》提交全国人民代表大会常务委员会第十七次会议进行初步审议，1996 年 2 月对其进行第二次审议。1996 年 3 月 5 日召开的第八届全国人民代表大会第四次会议审议了《中华人民共和国刑事诉讼法修正案(草案)》。1996 年 3 月 17 日修正案以《全国人民代表大会关于修改〈中华人民共和国刑事诉讼法〉的决定》的名称通过，自 1997 年 1 月 1 日起施行。

为了更好地贯彻修改后的刑事诉讼法，1998 年最高人民法院、最高人民检察院、公安部、国家安全部、司法部、全国人大法工委联合制定、下发《关于刑事诉讼法实施中若干问题的规定》，最高人民法院、最高人民检察院、公安部也分别制定了关于执行中华人民共和国刑事诉讼法的司法解释、规则、规定等，这些规范性文件对于丰富我国刑事诉讼的立法起了积极作用。

1996 年《刑事诉讼法》的修改是我国刑事诉讼制度和司法制度的重大改革，反映了我国改革开放以来立法、司法领域发生的观念变化，不仅为实现司法公正提供了重要的立法保障，同时也促进了程序公正和保障人权意识的提高。

(三) 1996 年《刑事诉讼法》的特点

这次修改后的刑事诉讼法在内容上主要有以下特点：

第一，强化诉讼法治的理念，吸收无罪推定原则的合理内核。无罪推定最早是在启蒙运动中被作为一项思想原则提出来的。1764 年 7 月，意大利刑法学家贝卡利亚在其名著《论犯罪与刑罚》一书中，抨击了残酷的刑讯逼供和有罪推定，提出无罪推定的理论构想："在法官判决之前，一个人是不能被称为罪犯的，只要还不能断定他已经侵犯了给予他公共保护的契约，社会就不能取消对他的公共保护。"无罪推定原则是现代法治国家刑事司法通行的一项重要原则，是国际公约确认和保护的一项基本人权，也是联合国在刑事司法领域制定和推行的最低限度标准之一。1996 年的《刑事诉讼法》规定了"未经人民法院依法判决，对任何人都不得确定有罪原则"。该原则吸收了无罪推定原则的精神内核，并在具体的诉讼程序中体现了无罪推定的精神实质。例如，明确定罪权由法院行使，取消了由人民检察院确认被告人有罪的免予起诉制度；明确主要由控方承担证明责任，被告人不承担证明自己无罪的责任；在各诉讼阶段对证据不足的,即“存疑”,作有利于被告人的处理等。

第二,更加有利于打击犯罪、惩罚犯罪分子。刑事诉讼法是关于对犯罪分子如何追究刑事责任的程序法,修改后的《刑事诉讼法》根据惩治犯罪的需要对原刑事诉讼法中的一些规定作了重大改动,如修改了逮捕条件;修改了拘留条件,调整不同情况的拘留时限;明确规定适用取保候审、监视居住条件、期限,被取保候审、监视居住人应遵守的规定以及违反规定的惩罚措施;增加交纳保证金的规定等完善了强制措施;规定了简易程序及其适用条件等。这些规定对于提高司法机关的诉讼效率,准确、及时地打击犯罪和惩罚犯罪将发挥更大作用。

第三,对于公安、检察院、法院三机关的分工、互相配合和互相制约规定得更加具体、明确,便于操作。在刑事诉讼中,公、检、法三机关职权的科学分工有利于提高办案质量和效率。修改后的《刑事诉讼法》明确规定刑事案件的侦查、拘留、执行、逮捕、预审由公安机关负责,检察、批准逮捕、检察机关直接受理的案件的侦查、提起公诉,由人民检察院负责,审判由人民法院负责。此外还加强了检察机关法律监督的职能,取消了检察院的免予起诉,扩大了不起诉的适用范围。改革了庭审方式,注重发挥公诉人和辩护人在庭审中的作用,强化合议庭的作用,修改了开庭审理的条件,以期克服先定后审的弊端,公、检、法三机关具体而明确的分工有利于它们互相配合、互相制约,实现惩治犯罪,保护公民权利的根本任务。

第四,强化对公民合法权利的保护。在刑事诉讼中保护公民合法权利与打击犯罪具有同等地位的任务。修改后的《刑事诉讼法》明确规定未经人民法院依法判决,对任何人都不得确定有罪,区分“犯罪嫌疑人”和“被告人”的称谓;对犯罪嫌疑人的拘留、传唤持续时间不得超过12个小时;律师提前介入诉讼;对证据不足不能认定被告人有罪的应作证据不足、指控犯罪不能成立的无罪判决;赋予被害人当事人地位,享有申请回避、委托诉讼代理人的权利,可直接向人民法院起诉,不服一审裁判可申请人民检察院抗诉;保障证人及其近亲属安全;司法机关采取强制措施超过法定期限的,犯罪嫌疑人、被告人一方有权要求解除强制措施等。这些规定加强了对公民合法权利的保护,也是我国刑事诉讼民主化的进一步体现。

我国刑事诉讼法的修改是我国刑事诉讼实践经验的结晶,也是我国刑事诉讼制度的重大改革,这一改革更加有利于广大公民利用这部法律充分保护自己的诉讼权利,自觉与犯罪行为作斗争。

(四)2012年《刑事诉讼法》的修改及主要内容

1996年《刑事诉讼法》实施以来,在惩罚犯罪与保障人权两方面都发挥了积极的作用,随着我国市场经济、社会主义民主与法制建设的深入发展,该法的局限性也日益明显,难以适应现代司法实践的需要,迫切需要再次修改以适应我国民主与法制建设发展的新需要,解决司法实践中的突出问题。2003年《刑事诉讼法》的再修改被纳入第十届全国人大常委会立法规划。2004年底,中共中央转发《中央司法体制改革领导小组关于司法体制和工作机制改革的初步意见》,提出了改革和完善诉讼制度等十个方面的35项改革任务，其中许多内容涉及刑事诉讼法的修改。2009年，第十一届全国人大常委会再次将《刑事诉讼法》修订列入立法规划。与此同时，中央政法机关开始单独或联合出台司法解释或者规范性文件以推进刑事司法改革。其间比较重要的有：2010年出台的两个证据规定，即《关于办理死刑案件审查判断证据若干问题的规定》和《关于办理刑事案件排除非法证据若干问题的规定》；2010年的《关于规范量刑程序若干问题的意见（试行）》；2011年的《最高人民检察院关于办理当事人达成和解的轻微刑事案件的若干意见》等，这些司法解释为《刑事诉讼法》的修改作了理论和立法的铺垫，创造了良好的条件。2011年8月24日，《中华人民共和国刑事诉讼法修正案（草案）》（以下简称《修正案（草案）》）被正式提请第十一届全国人大常委会第二十二次会议进行初次审议。2011年12月26日，第十一届全国人大常委会第二十四次会议再次对《修正案（草案）》进行审议。2012年3月14日第十一届全国人民代表大会第五次会议通过《全国人民代表大会关于修改〈中华人民共和国刑事诉讼法〉的决定》。该法自2013年1月1日起施行。

此次修改的《刑事诉讼法》增、删、改共计149条，其中增加66条，修改82条，删除1条。其主要内容有：增加"尊重和保障人权"的规定；改革完善辩护制度，赋予侦查阶段聘请的律师以辩护人地位。强调实体辩护与程序辩护并重，扩大法律援助适用的阶段和案件范围；完善证据制度，增加规定"不得强迫任何人证实自己有罪"，增加了对非法证据的审查与排除规定；完善强制措施制度；改革完善了侦查阶段讯问犯罪嫌疑人程序，加强对公权力的制约，要求对讯问过程进行录音或者录像；完善侦查措施，增加技术侦查手段等特殊侦查手段；完善第一审程序中的证人、鉴定人出庭制度；扩大简易程序的适用范围；改革二审程序及死刑复核程序；完善执行程序，对暂予监外执行进行完善，创立了社区矫正制度；增设特别程序，包括未成年人刑事诉讼程序，当事人和解的公诉案件诉讼程序，犯罪嫌疑人、被告人逃匿、死亡案件违法所得的没收程序，依法不负刑事责任的精神病人的强制医疗程序。

此次《刑事诉讼法》的修改进一步体现了惩罚犯罪与保障人权并重、实体公正与程序公正并重的理念，进一步调整国家权力与公民权利的关系，调整了公安、司法机关的权力配置与平衡，着力解决司法实践中，尤其是冤错案件中暴露出来的诉讼程序问题。该法的再次修改也是我国刑事诉讼制度进一步民主化、法治化和科学化的体现。

（五）2018年《刑事诉讼法》的修改及主要内容

2018年10月26日，第十三届全国人大常委会第六次会议审议通过《关于修改〈中华人民共和国刑事诉讼法〉的决定》，对2012年《刑事诉讼法》进行修改，共作出26项决定，新增条款18条，将法条由290条增加到308条。2018年《刑事诉讼法》的修改主要涉及以下几个方面：

第一，完善《监察法》与《刑事诉讼法》的衔接。根据《监察法》的规定，公职人员的职务犯罪由监察委员会管辖。为保障监察体制改革顺利进行，此次刑诉法的修改调整了人民检察院的侦查职权，删去了人民检察院“贪污贿赂犯罪、国家工作人员的渎职犯罪”的侦查权，同时保留检察机关对部分案件的侦查权，有权对司法工作人员利用职权实施的非法拘禁、刑讯逼供、非法搜查等犯罪立案侦查。此外，还完善了监察机关移送案件的衔接机制，包括监察调查与审查起诉的衔接，以及留置与刑事诉讼强制措施的衔接等。

第二，建立刑事缺席审判制度。刑事诉讼法修改于特别程序中增设了缺席审判程序，对刑事缺席审判的适用范围、适用程序、权利保障、法律监督等问题作出了具体规定，构建了具有中国特色的刑事缺席审判制度，丰富了反腐败国际合作和追逃追赃工作的手段，对严厉打击惩处贪腐、恐怖主义等犯罪具有重大意义。

第三，规定认罪认罚从宽程序和速裁程序。刑诉法的修改在基本原则部分增加了刑事案件认罪认罚从宽原则，并在侦查、审查起诉、审判等各个诉讼环节增加了认罪认罚从宽处理的程序规定，增加了速裁程序，实现诉讼分流，解决了案多人少的矛盾。

第四，完善律师制度的新措施。值班律师制度首次被写入刑事诉讼法中。值班律师制度的建立是适应世界人权发展潮流、彰显司法人权的重要成果，也是我国司法人权保障制度建构和完善的一大亮点。

2018 年《刑事诉讼法》再修改对进一步完善中国特色刑事诉讼制度、推进国家治理体系和治理能力现代化具有重要意义，此次修改还体现与巩固了司法体制改革的成果，也是我国刑事诉讼法治建设与法治国家建设的进步。

思考题：

1. 什么是弹劾式诉讼和纠问式诉讼？
2. 试述职权主义诉讼模式和当事人主义诉讼模式的主要区别。
3. 试述我国刑事诉讼法的三次修改在人权保障方面有哪些进步与完善。
4. 试述 2018 年《刑事诉讼法》修改的主要内容。

第三章

刑事诉讼理论基本范畴

本章提要：本章对刑事诉讼理论范畴中的相关问题作了系统的阐述。刑事诉讼理论范畴，是对刑事诉讼法学基本理论的高度抽象和对刑事诉讼活动的规律与基本观念的概括、总结，主要包括刑事诉讼的目的、主体、客体、职能、结构、价值等范畴。学习本章应掌握以下要点：(1)刑事诉讼目的；(2)刑事诉讼主体；(3)刑事诉讼客体；(4)刑事诉讼职能；(5)刑事诉讼结构；(6)刑事诉讼价值。

第一节 刑事诉讼目的

一、刑事诉讼目的的内涵

作为刑事诉讼理论中一个基本理论范畴，刑事诉讼目的理论是在20世纪80年代末才逐渐被学者引入我国的诉讼法领域。对刑事诉讼目的等基本理论的研究则显示出我国刑事诉讼法学理论研究正向纵深发展。而研究刑事诉讼目的首先要解决的问题便是对其内涵作出正确的解释和界定。到目前为止，对刑事诉讼目的之内涵的界定，较有代表性的观点主要有以下两种：

其一，刑事诉讼目的是指国家进行刑事诉讼所要达到的具体目标，是统治者按国家和社会的需要基于对刑事诉讼固有属性的认识，预先设计的关于刑事诉讼结果的理想模式。①

其二，在界定刑事诉讼目的时应考虑两个方面的问题。第一，作为哲学范畴，目的是表示在人的有意识的活动中，按照自己的需要和对象本身的固有属性预先设计，并以观念形式预先存在于人们头脑之中的活动结果。第二，作为解决社会冲突的手段的属性，是特殊主体在特殊领域中实施的认识活动，是国家解决纷争、控制社会的手段。基于上述考虑，刑事诉讼目的，就是以观念形式表达的国家进行刑事诉讼期望达到的目标，是统治者按照自己的需要和基于对刑事诉讼及其对象固有属性的认识预先设计的关于刑事诉讼结果的理想模式。②

① 见陈光中、陈瑞华、汤维建：《市场经济与刑事诉讼法学的展望》，《中国法学》1993年第5期。

② 见宋英辉：《刑事诉讼目的论》，中国人民公安大学出版社1995年版，第2—3页。

不难发现，这两种观点对刑事诉讼目的的界定基本上是一致的。两者反映出的共同点有：首先，刑事诉讼目的具有国家性。刑事诉讼目的“虽然以观念的形式预先存在，但它是作为国家的意志而并非是直接的实践主体的意志体现于刑事诉讼的规范中的。……作为刑事诉讼目的，只能是国家的。”①其次，刑事诉讼目的具有客观性和进而作出的带有预期性的目标。第三，刑事诉讼目的具有国家强制性。作为一种国家意志的体现，刑事诉讼目的是以国家强制力为后盾的，只有这样才能保障其能够有效地得到实践。

应该说，上述特点已基本揭示刑事诉讼目的的内在属性，向人们展示刑事诉讼目的作为刑事诉讼基本理论范畴所具备的特质。所谓刑事诉讼目的，是指国家进行刑事诉讼所期望达到的，基于对刑事诉讼的基本规律和固有属性的理性认识而作出的预期目标。

二、刑事诉讼目的理论在我国的发展与现状

根据学界的考证，刑事诉讼目的理论的研究发源于美国和日本。从20世纪初已有学者对刑事诉讼目的进行研究，到了20世纪六七十年代刑事诉讼目的理论得到长足发展。诸如美国学者帕克(Packer)提出的“犯罪控制模式与正当程序模式”，格里费斯提出的“家庭模式与争斗模式”，日本学者团藤重光提出的“实体真实主义”，以及后来的一些日本学者提出的“正当程序主义”等学说，在西方法学界都产生了较为深远的影响。而这些理论直到20世纪80年代末90年代初才由台湾学者介绍传入大陆，根据陈瑞华教授的考证，刑事诉讼目的理论最早由台湾学者李玉娜介绍传到大陆。②从此大陆学者开始对这一理论展开了较为全面和深入的研究。经过十多年的探索和研究，我国的刑事诉讼目的理论已相对成熟。其间关于诉讼目的的研究经历了两个阶段：第一个阶段是将惩罚犯罪作为刑事诉讼的首要目的；第二个阶段则是将惩罚犯罪与保障人权并列作为我国的刑事诉讼目的。

关于刑事诉讼目的理论的内容，我国的理论主要存在以下三种观点：

（一）以惩罚犯罪作为刑事诉讼目的

这种观点实际上是受到刑事诉讼法相关条文的影响。该观点认为，我国刑事诉讼法的“基本功能是从诉讼程序方面保证刑法的正确实施。因此，保证正确有效地揭露犯罪、惩罚犯罪是刑事诉讼法的首要任务”。③这一观点在很长一段时间内是我国刑事诉讼法学中的通论，不少学者受其影响。例如有学者指出，“我国奉行的是以安全为核心的刑事诉讼目的体系，以有效控制犯罪作为基本目标”。④实际上，上述观点

① 见宋英辉：《刑事诉讼目的论》，中国人民公安大学出版社1995年版，第3页。

② 见陈瑞华：《刑事诉讼的前沿问题》，中国人民大学出版社2000年版，第97页。

③ 陈光中主编：《刑事诉讼法学》，中国政法大学出版社1990年版，第54—55页。

④ 见宋英辉：《刑事诉讼目的论》，中国人民公安大学出版社1995年版，第83页。

均受到我国立法的影响。1996 年《刑事诉讼法》第 1 条便开宗明义地规定：为了保证刑法的正确实施，惩罚犯罪，保护人民，保障国家安全和社会公共安全，维护社会主义社会秩序，根据宪法，制定本法。①可见，对法律条文加以解释的痕迹还相当明显。

（二）惩罚犯罪和保障人权并重的观点

在对前一种观点进行反思的基础上，有学者主张，我国刑事诉讼的基本目的应概括为惩罚犯罪与保障人权的统一。前一目的要求公安、司法机关依据刑事诉讼法规定的原则和程序，有效地行使法律赋予的职权，充分发挥主观能动性，及时地揭露犯罪，全面地证实犯罪，准确地惩罚犯罪；后一目的则要求保障无罪的人不受刑事追究、保护有罪被告人的合法权益以及辩护人的诉讼权利，同时还应保护自诉人、被害人、证人以及一般公民的合法权益。而保障人权的核心内容则主要是指保护被告人及其辩护人的权利。②这是我国学者首次将保障人权列为刑事诉讼的目的，它对于更新诉讼理念、发展刑事诉讼理念具有颇为重要的意义。

（三）直接目的与根本目的的层次说

尽管“惩罚犯罪与保障人权”的观点比先前的学说更加全面，但关于刑事诉讼目的理论的研究并未停止，在对刑事诉讼所体现的诸项价值进行综合评价和对刑事诉讼根本属性进行深入分析的基础上，我国学者提出，刑事诉讼目的可以分为直接目的与根本目的。直接目的应概括为“控制犯罪与保障人权”，根本目的则是维护我国宪法制度及其赖以巩固与发展的秩序。其中，“控制犯罪”的含义比“惩罚犯罪”更为广泛，将其作为刑事诉讼的直接目的也更确切。因为“惩罚犯罪”只强调适用实体刑法的后果，只反映刑诉法作为保证刑法得以适用的程序法的依附属性，因而它并不是刑事诉讼的目的，其目的在于通过适用刑罚等活动来抑制犯罪。③

三、刑事诉讼目的理论研究的反思

毋庸置疑，刑事诉讼目的理论的研究在我国已经得到长足发展并取得一定的成果。随着我们对诉讼理论进行深入的研究和探讨，尤其是近年来对于诉讼本质属性的研究中，已有的刑事诉讼目的理论的缺陷得以暴露。

（一）刑事诉讼目的“双重论”的理论误区

无论是“惩罚犯罪与保障人权”还是“直接目的与根本目的”，都可以被视为一种刑事诉讼的双重目的理论。两者共同关注的问题仍旧是惩罚（控制）犯罪与保障人

① 随后的两次（2012、2018）修订中，刑诉法第一条的内容均保持不变。

② 见徐静村主编：《刑事诉讼法学》上册，法律出版社 1997 年版，第 53—71 页。

③ 见李心鉴：《刑事诉讼构造论》，中国政法大学出版社 1992 年版，第 137—139 页。

权。值得指出的是，“双重论”在提出之后便得到了众多学者的肯定，并且直接体现在修订后的刑事诉讼法中。“双重论”的提出的确较大地推动了刑事诉讼法学理论研究的发展，但这一看似全面、辩证的理论实有重大的漏洞。

在对抗性模式下，刑事诉讼是通过控、辩双方的对抗和裁判者的居中裁判来查明案件事实，进而解决被告人的刑事责任问题。这一构造和运作表明，刑事诉讼显然不能单纯地被理解为一种打击犯罪的活动，因为除了检察机关实施指控以外，还有被告方的辩护和人民法院的居中裁判。况且，依大陆法之诉讼理论，检察机关在提起公诉时除了要实现追诉犯罪的目的外，还负有客观性及合法性的义务，即检察官在诉讼中不能被视为一方当事人，而是承担着“保障终局裁判之正确性与客观性”和“防止任何无辜者被恣意追诉或定罪”的“法律守护人”。①可见，即便检察机关有打击犯罪的追求，这也仅仅是其所展开的诉讼活动的组成部分，因而将打击犯罪作为诉讼目的难免有以偏概全之嫌。

另外，诚如我国学者所反思的“把打击犯罪仍然作为刑事诉讼的首要目的，则是对现代刑事诉讼目的理论的重大误读。……作为一种政治性的宣示口号，打击犯罪通俗易懂地表达了国家在对付威胁社会秩序的犯罪现象方面上所采取的鲜明立场，但它根本不是一个纯粹的法概念，与现代法律的价值追求相左，更不可能成为任何法的目的；……在现代文明社会，刑事诉讼法根本不是以暴制暴的打击犯罪法。因此，在法的基本范畴中，打击犯罪与现代法目的是毫不相干的，双重论明显违背了法的一般原理。”②

那么“双重论”中的“保障人权”能否被看作是一种修正或调和呢？进一步来说，将“保障人权”作为诉讼目的之一能否被看成是诉讼理论的进步呢？这其中也存有重大的误解。从表面上看，将“保障人权”作为诉讼目的的确能在一定程度上推进刑事诉讼中的人权保障，与以往侧重于“惩罚犯罪”相比，“保障人权”注重对诉讼中的弱者权利的保护，特别是在我国刑事诉讼立法的完善过程中，通过赋予犯罪嫌疑人、被告人及被害人以当事人的诉讼地位并规定了相应的诉讼权利，这使得这些主体能够获得更多的受保护的机会。但是，作为诉讼目的来讲的话，“保障人权”却显得颇为空洞，不能体现刑事诉讼究竟所为何事，难道控、辩、裁三方是为了保障人权才来参加诉讼的？我们不能否认，在刑事诉讼中应当保障诉讼参加人的人权，这早已成为当代各国所公认的做法，然而问题恰恰在于能否将保障诉讼参加人的人权作为诉讼的目的呢？两者显然不可混同。刑事诉讼目的应当有明确的指向，并且应体现刑事诉讼活动的特性，而人权保障则可以看作是具有较强共性的法律原则，在刑事诉讼中保障人权本就是对这种共性的体现，因而将“保障人权”作为诉讼目的则既无必要，也容易造成人们对于真正的诉讼目的的忽视。

因此，无论是“惩罚犯罪”还是“保障人权”，都没有真正揭示刑事诉讼的目的是什

---

① 林钰雄：《检察官论》，法律出版社2008年版，第14—17页。

② 郝银钟：《刑事诉讼目的双重论之反思与重构》，《法学》2005年第8期。

么，而将两者并立作为我国刑事诉讼目的的做法同样没能解决问题，甚至其危害更大，这也意味着我们需要对相关问题作出进一步的反思。

（二）刑事诉讼目的与刑事诉讼主体目的的混同

在明确了刑事诉讼目的"双重论"的理论误区后，另一个问题也值得我们关注，即刑事诉讼目的与刑事诉讼主体目的常常被混同。刑事诉讼是解决个人与国家之间所发生的利益冲突的过程。代表国家的控诉机关与被告人及其辩护人便处于一种直接对抗的状态中。显然，这种对抗状态使控辩双方各有各的目的，而不可能也不应当让一方的目的服务于另一方的目的。各诉讼主体的目的往往与其所承担的诉讼职能相对应。就控诉方而言，尽管当代检察理论认为检察官在诉讼中负有一定的客观性及合法性义务，但必须承认的是其在诉讼中的重要目的仍在于使其指控得以成立，从而实现追诉犯罪、维护社会公共秩序。就辩护方而言，其目的则表现为促使控诉方的指控不成立以免除或减轻可能遭受的惩罚。至于作为裁判方的法官，其在诉讼中应当利益无涉、保持中立，既不能和控诉方一起来追诉或打击犯罪，也没有义务帮助被告人来对抗指控。

就刑事诉讼目的而言，它应当具有概括性，也就是说刑事诉讼目的应当是各刑事诉讼主体所共同遵循的目的。单个刑事诉讼主体的目的显然不能替代刑事诉讼目的。考察我国现有的刑事诉讼目的理论，不难发现，无论是惩罚犯罪或控制犯罪，还是维护社会秩序等诉讼目的的价值预设，都是强调国家与社会的公共利益高于公民的个人利益。而保障人权的诉讼目的只是作为前者的辅助和补充。由此造成刑事诉讼目的理论内部严重的矛盾与失调。

首先，目前的诉讼目的理论显然不具备概括性。惩罚犯罪、控制犯罪的目的一般属于控诉机关，作为辩护方的被告人及其辩护人则期待能够通过正当法律程序来保障其合法权利，也就意味着这两个方面都无法单独成为刑事诉讼目的。

其次，倘若惩罚犯罪、控制犯罪作为刑事诉讼目的，其所带来的后果，就被告人而言，如果以此为目的则是否意味着被告人应当配合国家控诉机关来揭露自己的罪行呢？这显然是要求被告人自证其罪，那么将其称为辩护方也就成为多余；就法院而言，如果以此为目的则是否意味着法院应与控诉机关站在同一立场证实和惩罚犯罪呢？这显然违背了诉讼的基本法理，将裁判与控诉方的身份加以混同。反之，如果将保障人权作为刑事诉讼目的，也会遇到同样的问题，并且会更加偏离我国刑事诉讼的价值预设。

最后，将惩罚、控制犯罪与保障人权并重能否避免上述尴尬呢？简单的叠加根本无助于问题的解决，相反会使问题变得更加复杂。就刑事诉讼目的而言，诚如我国学者所指出的，"控辩双方各自的目标并不等于刑事诉讼目的，刑事诉讼目的应当是立法者对各方利益权衡后确立的理想目标"。①

---

① 陈瑞华：《刑事诉讼的前沿问题》，中国人民大学出版社2000年版，第113页。

(三)工具主义诉讼目的观之反思

在研究刑事诉讼目的时,仍有不少人无法摆脱程序法工具主义的影响。这表现为在论及刑事诉讼目的实现的意义时,学者们将之概括为有助于准确地实施刑事实体法,从而达到惩罚犯罪、保护人民,保障国家安全和社会公共安全及维护社会主义社会秩序的目的。然而,被告人与被害人的程序权利并未得到确立,在其所参加的诉讼活动中只能依附于国家公诉机关,被告人无法真正与国家公诉机关形成对抗从而维护自身的合法权益。

进一步来说,工具主义目的观造成这样一种局面,即无论是被告人,还是被害人以及证人、鉴定人、辩护人等诉讼参与人都成了刑事诉讼中人权保障的对象,从而混淆了当事人与一般诉讼参与人的区别,抹煞了实体性权利与程序性权利的界限。这对于现代刑事诉讼制度的建构显然是不利的。

四、我国刑事诉讼目的的定位

刑事诉讼是解决个人或组织同国家之间的冲突的专门活动。具体而言,它是由控诉方、辩护方以及裁判方共同参加和运作的“场”。应当承认的是,不同诉讼主体参加刑事诉讼的目的是不同的,这也是刑事诉讼得以存在的前提,因为如果这三方主体的目的是完全一致的话,刑事诉讼也就没有必要展开,相关的刑事诉讼程序也是多余的。

在承认不同诉讼主体持有不同诉讼目的的同时,并不意味着刑事诉讼目的是不起作用的。相反,刑事诉讼目的应该是更高层次的目的,它对各方的诉讼目的起着统率和指引的作用。刑事诉讼目的应当具备以下几个特性:

1. 整体性

刑事诉讼目的不是某一刑事诉讼主体的具体目的,而是整合了所有诉讼主体之目的并加以抽象为一个关于刑事诉讼结果的预期目标。

2. 单一性

刑事诉讼目的之所以能够统筹全局,其中关键的原因在于它应当是单一的而非复合的目的。复合意味着不同目的之间可能存在难以调和的矛盾,从而难以发挥指引和协调作用。

3. 客观性

刑事诉讼目的不是凭空就能捏造出来的,它是在对刑事诉讼基本规律和固有属性的理性认识的基础上总结得来的。

迄今为止,在人类社会的各种对抗中,刑事诉讼中国家与个人的对抗无疑是最为激烈的一种。控辩双方往往很难同时满意裁判的结果。但通过某种方式让双方都接收这个结果则是可能的。这种方式就是给予双方充分的机会参与诉讼、表达本方的观点并提出证据加以证明。当双方都享有充分的机会进行表达与对抗后,裁判结果也就更容易被他们接受,刑事诉讼的目的也就得以实现了。进一步来说,如果刑事诉讼程序的设计能够充分地尊重和体现控辩双方为之冲突的利益，将"潜在的实体冲突显现为程序冲突"，并"一步步地暴露证成和消解程序性冲突而达到对实体性冲突的消灭和控辩对立双方的心理调适"。[①]实际上，刑事诉讼目的在此已经得到体现。诚如学者指出的，"刑事冲突的消解是以刑事诉讼程序的公正为保障，以刑事诉讼程序的终结为标志的"，即刑事诉讼是以消解控辩双方的刑事冲突为目的。

消解控辩双方的刑事冲突，它从更高的层次上为刑事诉讼提出预期目标，也是对刑事诉讼基本规律和固有属性的正确认识和客观反映，同时它还避免了复合目的观内部存在难以调和的矛盾。因此，刑事诉讼目的可以界定为消解控辩双方的刑事冲突。

第二节　刑事诉讼主体

一、刑事诉讼主体理论的发展与变迁

刑事诉讼主体理论的形成肇始于18、19世纪欧洲大陆的宪政改革与司法改革。在此之前，欧洲大陆国家采用的是纠问式的诉讼模式，司法与行政不分，控诉与审判不分，司法官员是唯一的诉讼主体。刑事案件的被告人在诉讼中只是被追究、被拷问的对象，不仅不享有基本的辩护权，而且还承担着自证其罪的义务，因而被告人实际上是作为刑事诉讼客体存在的。不仅被告人如此，被害人也不具备现代意义上的诉讼当事人的地位和权利，也可能成为被拷问的对象。

经过宪政改革和司法改革，欧洲大陆的刑事诉讼中实现了司法与行政的分离、控诉职能与审判职能的分离。同时，被告人不再承担自证其罪的义务并获得了基本的辩护权。一系列的诉讼原则得以确立，其中包括不告不理、审判公开、一事不再理等。被告人的诉讼地位发生了显著的变化，逐渐由诉讼客体转变为诉讼主体。这在刑事诉讼中表现为，被告人可以与控诉方进行辩论与对抗，并对诉讼结局产生一定的影响。

伴随着纠问式诉讼模式的终结，被告人的诉讼主体地位逐渐得到确立。被告人成为诉讼主体的条件包括：(1)作为主体，该个体在诉讼中必须受到有人格的对待，即将他视为一个人、尊重他的尊严；(2)作为主体，其基本人权在诉讼中应得到国家立法和司法的有效保障；(3)作为主体，个人必须拥有参与涉及自身利益的决定过程及改善自身处境的机会和手段。[②]实际上，这一观点在一定程度上是受到19世纪启蒙思想的影响。德国先验唯心主义思想家康德曾指出，任何人都没有权力利用他人作为

① 见梁玉霞：《论刑事诉讼方式的正当性》，中国法制出版社2002年版，第57页。

② 见宋英辉主编：《刑事诉讼原理》，法律出版社2003年版，第175页。

实现自己主观意图的工具,每个个人永远应当被视为目的本身。①就刑事诉讼而言,被告人即便涉嫌犯罪,但他是以人的身份来参加诉讼的,其尊严应当受到维护,人权应当得到保障,也就是说,他应当被视作诉讼主体而非诉讼客体。可以说,确立被告人诉讼主体的地位,正是刑事诉讼主体理论产生的一项重要标志。

刑事诉讼主体理论在形成后,便产生了较为深远的影响。研究者一般将其与刑事诉讼法律关系及当事人的权利义务联系起来,从而确定刑事诉讼主体的范围。如台湾学者陈朴生认为:“诉讼,乃一程序,应由一定主体进行之。从其基本的法律关系言,乃当事人与法院之间的法律关系,……故诉讼,系由法院及两造当事人组织之,即以法院及当事人为其主体。至为辩护人、辅佐人、代理人之诉讼关系人及告诉人、告发人、证人、鉴定人等之第三人,虽为各个诉讼行为之主体,但与诉讼本身并无基本的法律关系。”②另一台湾学者林山田则认为:“法律行为中,享有权利,并负有义务之行为主体,为法律主体。刑事诉讼系一种法律行为,在诉讼法关系中,从事诉讼行为,以达诉讼目的之诉讼行为主体,为诉讼主体,包括法官、检察官、自诉人与被告等。”③可见,台湾学者对于刑事诉讼主体范围的界定基本上是限定为控辩双方和法院。此三方恰好是刑事诉讼构造的三方组合,缺少任何一方刑事诉讼便无法进行。

另外,苏联学者则坚持刑事诉讼主体即刑事诉讼法律关系的主体的观点,认为“诉讼活动的主体是享有一定权力或有全权侦查和审理刑事案件并积极参加这种案件的诉讼程序的人和机关。法院,这个实行审判的国家政权机关,是诉讼活动的主要主体。此外诉讼活动的主体还包括控诉人、被告人、辩护人、民事原告,以及民事被告。在侦查阶段,诉讼活动的主体是检察长、侦查员、被告人和被害人。”④这一观点对中国刑事诉讼法学界产生极大的影响。

与苏联学者的观点不同的是,日本学术界对刑事诉讼主体问题的认识则沿袭德国传统的刑事诉讼主体理论。如日本学者平野龙一指出,法院、检察官、被告人之间的持续交涉过程就是诉讼。如果没有这些人,那么,诉讼就不能成立。在这个意义上,把这三者称为诉讼主体。⑤不难发现,这与台湾学者对于刑事诉讼主体的认识颇为接近。

二、刑事诉讼主体理论在我国的发展

受苏联刑事诉讼主体理论的影响,新中国成立后的一段时期内,曾有学者主张将所有参与刑事诉讼的国家机关和诉讼参与人都视为刑事诉讼主体。至 20 世纪 70 年

---

① [美]E.博登海默:《法理学:法律哲学与法律方法》,邓正来译,中国政法大学出版社 1999 年版,第 72 页。
② 陈朴生:《刑事诉讼法实务》(增订版),台湾海天印刷厂有限公司 1981 年印,第 11 页。
③ 林山田:《刑事诉讼法》,台湾汉荣书局有限公司 1981 年版,第 45 页。
④ 转引自陈瑞华:《刑事诉讼的前沿问题》,中国人民大学出版社 2000 年版,第 152 页。
⑤ [日]平野龙一:《刑事诉讼法》,有斐阁 1958 年版,第 43 页。

代末和80年代初，相当多的学者基于“刑事诉讼是一种行政性治罪活动”的认识，认为被告人、被害人、辩护人等并不具有与国家专门机关进行平等对话、理性交涉的能力和资格，当然也就不具有刑事诉讼主体这一身份。①然而，对于苏联的刑事诉讼主体理论，学术界主要有两种看法。一是基本认可，即将刑事诉讼主体等同于刑事诉讼法律关系主体。持这种观点的学者认为，凡是在刑事诉讼中享有某种诉讼权利并承担某种诉讼义务的人，都应该是诉讼主体。但是由于他们各自在诉讼中所处的地位，所起的作用，以及同案件事实的关系和诉讼权利、义务内容的不同，他们彼此之间也存在明显差异。对于刑事诉讼主体可以划分为主要主体和非主要主体。前者如人民法院、人民检察院、公安机关、自诉人和被告人；后者如证人、鉴定人。②

另一种做法是，将刑事诉讼主体与刑事诉讼法律关系主体区分开来。比较有代表性的观点有以下几种：(1)根据刑事诉讼参与者在诉讼中所处的地位和所起的作用来界定刑事诉讼主体。因此，凡具有独立的诉讼地位，并对刑事诉讼的产生、发展和结局有决定性作用的机关和个人，就是刑事诉讼主体。因而，刑事诉讼主体包括公安机关、人民检察院、人民法院、被告人、自诉人、附带民事诉讼原告人和被告人。③(2)凡是在刑事诉讼中承担控诉、辩护、审判、监督职能的机关和个人都是刑事诉讼主体。据此，刑事诉讼主体包括执行控诉职能的公诉机关及协助的侦查机关、自诉案件中的自诉人；执行辩护职能的被告人及其法定代理人；执行审判职能的法院以及执行监督职能的专门机关。④(3)划定诉讼主体范围的界限，需要掌握两个标准：第一，必须符合诉讼主体理论产生和存在的目的；第二，必须符合“诉讼主体”自身的含义。就前一项标准而言，诉讼主体理论产生的目的在于确立被告人程序主体地位的需要，界定并保障各诉讼主体的权利义务关系。就后一项标准而言，诉讼主体在诉讼中享有能够根据自己的意志自主行动的权利，而不依附于其他的诉讼主体而存在。据此，我国刑事诉讼主体的范围包括：审判机关、检察机关、侦查机关、自诉人、被害人、犯罪嫌疑人、被告人。⑤

二、我国刑事诉讼主体范围的确定

(一) 确定刑事诉讼主体范围的理论依据

科学的理论依据，不仅能够帮助我们正确界定刑事诉讼主体的范围，而且有助于凸显刑事诉讼主体理论的价值，并推动刑事诉讼中相关理论的研究与发展。

1. “诉讼性”是确定刑事诉讼主体范围的法理依据

刑事诉讼基本构造的特点是，控、辩、裁三方分立构成刑诉构造的主体；控辩双方

① 见陈瑞华：《刑事诉讼的前沿问题》，中国人民大学出版社2000年版，第154—155页。
② 见王国枢主编：《刑事诉讼法学》，北京大学出版社1999年版，第33—34页。
③ 见胡锡庆：《略论我国刑事诉讼主体》，《法学研究》1986年第1期。
④ 见吴杰、宋英辉、洪道德：《刑事诉讼主体论》，《中外法学》1991年第4期。
⑤ 见宋英辉主编：《刑事诉讼原理》，法律出版社2003年版，第178—179页。

既对立又统一，既配合又制约，形成特有的相互关系。刑诉构造是指，由一定的诉讼目的所决定的，并由主要诉讼程序和证据规则中的诉讼基本方式所体现的控诉、辩护、裁判三方的法律地位和相互关系。①可以看出，控诉、辩护、裁判这三方主体之间所形成的权利义务关系构成刑事诉讼的基本框架。在一个完整的刑事诉讼中，三者缺一不可，否则诉讼将无法正常展开。不妨假设一下，在一个没有中立裁判者的程序中，只有控诉方与被控诉方的对抗，两者地位、力量相差甚远，对抗的结果是控诉方对被控诉方作出处置，显然这已经不是一种诉讼程序而是一种行政程序。同样，在一个没有控诉方的程序中，裁判者为了使程序得以运行下去就不得不身兼控诉者与裁判者的双重身份，前者负责与被控诉者进行对抗，将需要裁判的问题提交出来，后者则负责作出裁判，那么这样一种程序也不是典型的诉讼程序。

由上可知，典型的诉讼程序必须由控、辩、裁三方同时参加，并且都应当发挥特定的作用。既然控、辩、裁三方是刑诉构造中不可或缺的组成人员，那么这三方都应被视为刑事诉讼主体。这就是说，不仅作为控诉方和裁判方的国家专门机关是刑事诉讼主体，而且作为辩护方的被告人也是刑事诉讼主体。如果否认被告人的诉讼主体地位，那么刑事诉讼就会丧失诉讼性，进而刑诉构造也会演变为一种畸形的构造，脱离了“诉讼性”也就没有必要去确立刑事诉讼主体。

2.“主体性”是确定刑事诉讼主体范围的哲学依据

从哲学意义上讲，主体是相对于客体而言的。确定刑事诉讼主体在一定程度上也是为了将其与刑事诉讼客体区分开来。回顾刑事诉讼的历史，可以发现被告人正是经历了由诉讼客体向诉讼主体的发展和演变过程，换句话说就是被告人在诉讼中的“主体性”逐步得到确立的过程。

准确理解“主体性”的含义将有助于我们更加深刻地认识上述问题。关于“主体性”，我国学者在考察犯罪嫌疑人、被告人的主体性时曾指出，“应当看他们（犯罪嫌疑人与被告人）在诉讼中有无基本的人格尊严，能否在涉及个人基本权益的事项上拥有影响和选择权，能否积极主动地决定自己的诉讼命运”。②可见，作为诉讼主体的人格必须得到尊重，这种尊重则体现在他能够自主地参与和决定与自身权益有关的事项，而不须依附于他人来决定自己的命运。

（二）我国刑事诉讼主体的范围

基于上述理论依据，我国刑事诉讼主体范围的确定应考虑两个方面的问题：一是刑事诉讼主体应体现刑事诉讼基本构造的要求，符合“诉讼性”的基本诉讼理念；二是刑事诉讼主体应具备独立自主的意志，有权自主地参与并决定与自身权益有关的事项，并且不能依附于其他主体。因此，我国的刑事诉讼主体应包括：人民法院、检察机关、侦查机关、自诉人、犯罪嫌疑人、被告人。

---

① 见李心鉴：《刑事诉讼构造论》，中国政法大学出版社1992年版，第150页。

② 见陈瑞华：《刑事诉讼的前沿问题》，中国人民大学出版社2000年版，第158页。

值得指出的是，我们之所以没有将被害人列入刑事诉讼主体，其原因在于，尽管被害人在刑事诉讼中属于控诉一方并且往往同控诉机关一起执行控诉职能，但是在公诉案件中被害人只能依附于控诉机关，如何追诉犯罪的决定权则主要掌握在控诉机关手中，被害人的主体性便大大削弱。但这并不意味着被害人绝对不可能成为诉讼主体，在自诉案件中被害人就可以以自诉人的身份提起诉讼并成为刑事诉讼主体。因此，无需将之单列为刑事诉讼主体。况且，不将其作为刑事诉讼主体也不意味着被害人的合法权益得不到有效的保护。

另外，就证人、鉴定人、翻译人员和法定代理人、诉讼代理人而言，前者无法凭自己的意志参加到诉讼中并且与诉讼结果无直接利害关系，后者的诉讼地位的取得则是以被代理人的存在为前提，因而他们不能成为刑事诉讼主体。至于辩护人，其诉讼地位则较为特别。根据刑事诉讼法的规定，辩护人享有广泛的诉讼权利，可以独立地展开辩护工作，但从根本上说，辩护人在诉讼中并不具有自身的利益，其辩护工作的指向仍然是为了维护被告人的合法权益，因而辩护人也不宜作为刑事诉讼主体。

第三节 刑事诉讼客体

一、刑事诉讼客体理论的发展概况

从哲学认识论的角度来说，客体是与主体相对应的一个概念，它是主体认识的对象，因而刑事诉讼主体与刑事诉讼客体的基本关系便是认识与被认识的关系。关于刑事诉讼客体，我国刑事诉讼法并未作出明确的规定，并且相关理论的研究也远比不上刑事诉讼主体等范畴在理论界所受到的重视程度。近年来，刑事诉讼客体理论才受到学界的关注并被列入相关研究的范围内。

考察刑事诉讼客体的源流，一般认为它是德国、日本和我国台湾地区刑事诉讼法学中的重要概念。根据考证，诉讼客体理论在民国时期就有学者对此加以研究，其中较为成熟的观点是由蔡枢衡先生提出的。他认为，刑事诉讼客体是国家对于特定被告有无刑事处分权及其范围。由于每一案件都有一个特定的事实，此特定的事实所包含之实体法律关系，即为审判之客体。①同时，他还提出了“客体单一不可分”的理论，即“一个客体不得分为两个以上之单位”。

我国台湾地区刑事诉讼客体理论的研究是在民国时期研究的基础上发展起来的。现行台湾地区关于刑事诉讼客体理论的通说认为：刑事诉讼的客体是指刑事案件。比如蔡墩铭先生认为，刑事诉讼之客体为认定过程之刑事实体关系，藉以确定犯

① 见陈瑞华：《刑事诉讼的前沿问题》，中国人民大学出版社2000年版，第171页。

罪之成立及应予科处之刑罚。基于“判决确定之前,并无法律事实之犯罪存在,从而刑事案件之内容为犯罪嫌疑,而非真正之犯罪”的理由,他将刑事案件分为“侦查案件”和“起诉案件”两类。同时,有学者主张作为刑事诉讼的客体,案件由两个要素所构成:一为被告人;二为犯罪事实。另外,值得一提的是,刑事诉讼客体理论中有两大基本原理,即案件的单一性和案件的同一性。前者从刑事实体关系出发,主张同一刑事案件是不可分的,这里既包括被告的单一,也包括案件的单一;后者则强调案件在诉讼中应自始至终保持前后同一。①

然而,对于这一问题大陆学者却持有不同的看法。有学者认为,将“案件”作为刑事诉讼客体是不妥当的,原因在于案件的范围会随着诉讼的发展变化而进行相应的调整,以“案件”作为诉讼客体,在范围界定上往往宽严失当,令人无从把握,并且传统的“一人一事”的界定标准也会出问题。事实认定的终结并不意味着诉讼的结束,诉讼还要继续进行至被告人的刑事责任完全确定为止。因此,被追诉人的刑事责任问题才是刑事诉讼客体的核心内容。②

二、刑事诉讼客体的界定

综观刑事诉讼客体理论在我国的发展,尽管不同时期的学者对于该理论存在认识上的差别,但他们也有共同的地方。不难发现,他们均将刑事诉讼客体限制在刑事实体法律关系的范围内,都认识到刑事诉讼客体是与特定被告人的犯罪及可能带来的刑事处罚有关。但其差别也是明显的,与台湾地区的通说相比,大陆学者目光投得更远,在对前者观点进行深入思考和反思的基础上提出了刑事诉讼客体应当是被追诉人的刑事责任问题的观点。

应该说,对刑事诉讼客体作出明确的界定不仅是对这一基本理论范畴的必要解释,也将助益于我国刑事诉讼基本理论体系的研究与完善。

在如何界定刑事诉讼客体的问题上,应当考虑以下几个问题:

第一,从表面上看,将刑事诉讼客体界定为刑事案件似乎是恰当的,因为在整个诉讼过程中,无论是侦查、检察机关还是法院,都是围绕某一具体的刑事案件来展开工作的,从查获犯罪嫌疑人和犯罪事实,到将其交付审判这一过程符合认识论的基本规律,是诉讼主体对诉讼客体的认识过程。但倘若我们将刑事案件加以分解的话,便如学者所主张的案件应包括被告人和犯罪事实这两个构成要素,可以发现被告人已经在无形中被纳入刑事诉讼客体的范畴。尽管作为涉嫌犯罪的人,被告人势必与刑事案件发生联系并成为被调查的对象,但这并不意味着被告人丧失了诉讼主体的地位。可见,这一界定已经与刑事诉讼主体理论形成冲突。尤其值得强调的是,作为诉讼主体之一的被告人当然有权通过参与整个诉讼活动来影响最终判决的作出,也就

① 陈瑞华:《刑事诉讼的前沿问题》,中国人民大学出版社 2000 年版,第 172—175 页。

② 见宋英辉主编:《刑事诉讼原理》,法律出版社 2003 年版,第 187 页。

是说解决诉讼客体的问题时，被告人应当以主体的身份参加而不是被当作客体来处置。

第二，一般认为，刑事诉讼客体是刑事诉讼主体认识活动所针对的对象。然而这一对象究竟应当如何界定则反过来又影响诉讼客体理论的科学性。传统理论主张将刑事案件作为诉讼客体是值得商榷的。其缺陷在于对于问题的认识不够彻底。就案件的处理而言，尽管查获犯罪人、查明犯罪事实是进行诉讼所不可或缺的前提与基础，然而被告人刑事责任问题的解决意味着诉讼的真正终结。无论是控诉机关，还是被告人本人，他们所关注的不仅仅是案件事实的本身，更在于案件的处理结果，即被告人最终是否承担刑事责任的问题。而这一结果则是以正确认识案件事实，并由控辩双方尤其是被告人能够有效参与、平等对抗为保障的，只有这样对于案件的最终处理才具有正当性。刑事案件的构成要素固然是我们需要认知的对象，并且它对于案件的最终处理往往起到决定作用，但就其本身而言并不能作为诉讼客体。简单来说，就是被告人本人并不是诉讼客体，被告人的刑事责任问题才是诉讼客体。

第三，尽管将刑事案件当作诉讼客体的观点欠缺妥当，但是将案件的单一性和案件的同一性作为诉讼客体理论的理论基础却是可行的。案件的单一性表现为被告的单一和犯罪事实的单一。遇有共同犯罪或存在数个独立犯罪事实的情形，都应视为数个案件。案件单一性的功能在于单一案件确定单一的刑事责任，亦即一案一责任。只有这样，共同犯罪中给予不同的被告人分别作出判决确定各自的刑事责任才能得到合理解释。同理，对于一人犯数罪的案件，法院会依据各个不同的罪行作出判决再进行数罪并罚从而确定被告人的刑事责任，这也是对“一案一责任”原则的承认，不承认之，则数罪并罚也无从谈起。

案件的同一性则涉及判决与起诉之间的关系。一方面，法院的判决应当受到检察官起诉的犯罪事实的范围的限制，但对于其所引用的法律条文则可以适当变更；另一方面，就法院已作出判决的同一案件，检察官不得就该案件重新起诉。案件同一性的功能在于，同一案件只能作出一次刑事处罚，亦即一案一处罚。这与“一事不二诉”和“一事不二判”的原则是不谋而合的。一事不二诉，指就同一诉讼客体，不得提起两次起诉；一事不二判，指同一客体已经有实体上的判决，该判决也未受到合法的撤销，就不得再由同级或下级法院作出实体法上的裁判。

一案一责任、一案一处罚分别从实体法与程序法的角度来界定被告人的刑事责任问题，因而构成了刑事诉讼客体理论的基础。

综上所述，刑事诉讼客体是指刑事诉讼主体所共同关注的对象，其核心内容是犯罪嫌疑人和被告人的刑事责任问题。

三、刑事诉讼客体理论的功能与作用

如果说刑事诉讼主体理论的确立与完善体现了对人的尊重，那么刑事诉讼客体理论则为刑事诉讼主体各自所实施的诉讼行为提供依据并指明方向。其基本功能与作用表现在以下几个方面：

（一）为检察机关的起诉提供依据

在刑事诉讼中，检察机关以提起公诉为其主要职能。公诉案件在符合提起诉讼的条件时，检察机关负责将之起诉到法院。受诉讼客体理论的影响，检察机关只能就同一被告人的单一或数个犯罪行为和共同犯罪的被告人的单一或数个犯罪行为一次性地向法院提起公诉，而对于不同被告人的不同的犯罪行为则应分别提起公诉。亦即同一次起诉只能就单一的案件提起，不同的案件则应分别起诉。至于将同一被告人的数个罪行和共同犯罪被告人的数个罪行在同一次起诉中提起是因为它们之间存在较为密切的牵连性，前者系主体同一，后者则存在主体间的协作。一齐起诉便于法庭查明案情，防止法官作出前后矛盾的判决并有助于提高诉讼效率。

（二）为法院的审判提供依据

首先，诉讼客体明确了法院审理案件的范围。一般来说，法院只能就检察机关明确提起公诉的案件加以审理，未被起诉的案件则不在审理之列。而对于未被起诉却应当起诉的案件，应视其具体情况作出处理。如果案件简单且与已被起诉之案件联系紧密，可以要求检察机关追加起诉，如果案件较为复杂，不宜与本案一并审理，则可以要求检察机关另行起诉。

其次，就同一诉讼客体而言，检察机关若对其进行重复起诉，则法院可以作出不予受理的裁定，从而防止同一被告人因相同的案件而遭受数次追诉。

（三）为被告人的辩护提供依据

与检察机关的控诉和法院的裁判相比，被告人的辩护常常被忽略。然而，诉讼客体同被告人之间的密切联系，加之被告人是作为诉讼主体参加刑事诉讼的事实，要求我们应当将被告人的辩护纳入研究的范围。在案件进入审判程序时，被告人及其辩护人进行辩护和防御活动的依据便是诉讼客体。可以说，诉讼客体为被告人明确了辩护的范围和界限。

然而，诉讼中常常会出现控诉方在庭审中提出法庭审理范围之外的指控，亦即诉讼客体发生了变化。对此，目前的通说认为，导致这一变化的原因不外乎两种情况，一是事实变更，二是法律变更。就前一种情形而言，其客观后果是案件事实超出了原先起诉事实的范围甚至发生重大变更，对于此种情形由于原起诉的效力已难以涵盖目前的案件事实，故须经检察机关变更、追加起诉程序，应对新的案件事实进行调整并允许被告人就此与控诉方展开辩论。就后一种情形而言，案件事实并没有发生重大变化，但在对诉讼客体的认识上出现了分歧，如果适用法律发生变更即变更罪名对被告人的防御可能产生实质的不利影响时，法庭应当给予被告人提出异议的机会并给予其必要的时间进行准备。

第四节　刑事诉讼职能

一、刑事诉讼职能的概念

刑事诉讼职能，指根据法律的规定，国家专门机关和诉讼参与人在刑事诉讼中所承担的职责和所发挥的特定作用。

在刑事诉讼活动中，各个诉讼法律关系的主体都有其特定的诉讼目的。为了实现这些目的，他们担当不同的诉讼角色，通过其具体的行为来发挥不同的功能和作用。一方面，他们通过参与诉讼活动而形成相互间的较为复杂的诉讼法律关系；另一方面，不同的主体发挥的功能和作用的不同，在本质上是因为其所承担的职能不同。诉讼职能决定了其行为的性质、目标和方向。

典型的刑事诉讼至少应包括三方主体。首先是行使国家追诉权的侦查机关和检察机关，两者通过侦查、审查起诉、提起公诉、支持公诉等诉讼活动来追诉犯罪。其在诉讼中承担的是控诉职能。其次，行使辩护权的犯罪嫌疑人和被告人。最后，行使审判权的人民法院。这三方主体在诉讼中的目标不同，所承担的角色和功能也不同，同时都是诉讼中不可或缺的组成人员。因此，诉讼职能的界定应当围绕这三方主体展开。

二、刑事诉讼职能的范围

目前的通说认为，刑事诉讼职能采用“三职能说”，即控诉职能、辩护职能和审判职能。这三项职能构成刑事诉讼程序中最重要的内容，彼此之间相互联系、相互制约。

（一）控诉职能

控诉职能是指特定主体向人民法院提起诉讼并出庭支持公诉，要求追究被告人因其犯罪行为所应承担的刑事责任的职责与功能。

在我国，行使控诉职能的主体是控诉机关和被害人。也就是说，我国实行的不是单一的国家追诉权，也不是单一的当事人追诉主义，而是采用混合起诉主义。其中，国家公诉机关是主要的追诉主体，被害人提起的自诉则处于辅助地位。因此，起诉在我国又分为公诉和自诉。

根据刑诉法的规定，人民检察院是我国的专门行使公诉权的机关，提起公诉和出庭支持公诉是其行使公诉权的专门方式。一般来说，刑事案件经公安机关侦查终结、监察机关调查终结或检察机关自行侦查终结后移送检察机关审查起诉，对于那些符合起诉条件的案件，检察机关应当依法向人民法院提起公诉，开庭时还应依法出庭支持公诉。同时，由于侦查活动是提起公诉的前提条件和必要准备，两者均以揭露、证实并惩罚犯罪为诉讼目的，故侦查机关和起诉机关都是控诉职能的承担者。

实际上，绝大多数的刑事案件都是以公诉的方式提起的，但我国刑诉法也规定被害人在某些特定情况出现时可以提起自诉。《刑事诉讼法》第 210 条明确了自诉案件的范围：(1)告诉才处理的案件；(2)被害人有证据证明的轻微刑事案件；(3)被害人有证据证明对被告人侵犯自己人身、财产权利的行为应当依法追究刑事责任，而公安机关或者人民检察院不予追究被告人刑事责任的案件。值得指出的是，其中第三种类型的案件，我们称之为公诉转自诉，即检察机关或公安机关不予追究时，被害人可以自行提起。这里，被害人对于人民检察院的不起诉决定如表示不服，可以自收到决定书 7 日以内向上一级人民检察院申诉，要求提起公诉。上一级人民检察院若维持原不起诉决定的，被害人可以向人民法院起诉。另外，被害人也可以不经申诉而直接向人民法院起诉。被害人在公诉案件中处于辅助控诉人的地位，在自诉案件中则承担主要控诉职能。

（二）辩护职能

辩护职能是指针对控诉方的指控，对其进行反驳和申辩的职责和功能。辩护职能是与控诉职能相对应的一项职能。

在刑事诉讼中，犯罪嫌疑人、被告人是公诉机关和自诉人所指控的对象，因而辩护职能的主体便是犯罪嫌疑人与被告人，并且他们在整个刑事诉讼的过程中都有权行使辩护权以维护自身的合法权利。

考虑到犯罪嫌疑人、被告人在诉讼中往往难以凭借自身的力量来展开有效的辩护，所以辩护人的帮助辩护就显得格外重要。因而完整的辩护权应当既包含犯罪嫌疑人、被告人的辩护权，也包括辩护人的辩护权。

根据现行《刑事诉讼法》的规定，犯罪嫌疑人自被侦查机关第一次讯问或者采取强制措施之日起，有权委托辩护人；被告人有权随时委托辩护人。

总而言之，辩护职能的确立与完善，不仅有助于诉讼民主的实现，而且对于诉讼结构的完善、促进整个刑事诉讼的诉讼化都具有十分重要的意义。

（三）审判职能

审判职能是指人民法院对刑事案件进行审理并作出裁判所遵循的方式和所发挥的作用。

在我国，典型意义上的诉讼便体现在审判阶段。这是因为在审判阶段控辩双方同时参加并进行相互间的对抗，法庭则居中进行裁判，控、辩、裁三方共同参加并完成审判活动。通过审判活动，控诉与辩护之间进行对抗的效果得以体现，国家法律所规定的诉讼目的也得到实现，因而审判是整个诉讼活动的总结。审判职能的有效行使，对于完成刑事诉讼的任务，维护社会秩序与安全，解决控辩双方的冲突，都具有重要的意义。

除了通说所主张的“三职能说”，学界还存在“四职能说”、“五职能说”以及“七职能说”。

“四职能说”主张，在原有的三项职能的基础上增加检察机关的法律监督职能。这一学说主要是考虑到“三职能说”固然能反映传统刑事诉讼程序的特征，却忽略了我国检察机关除了负担控诉职能外，还有权对公安机关、法院的诉讼活动是否合法进行法律监督，并因此而实施一些特定的诉讼行为。检察机关的法律监督在我国的刑事诉讼中占有重要的地位。因此，主张将法律监督作为一项我国特有的诉讼职能。

“五职能说”认为，在控诉、辩护、审判和法律监督四大职能以外，还存在一项“协助司法职能”。在刑事诉讼中，诸如证人、鉴定人员、翻译人员等其他诉讼参与人，尽管其自身与诉讼结果并无利害关系，但是由于他们的参加可以协助司法机关和当事人发现案件事实真相，确保诉讼的顺利进行，因而，其所承担的职能也是不可忽略的。

“七职能说”则认为，刑事诉讼的顺利运作，离不开各个参与诉讼的人的分工合作，不同主体在整个诉讼中则扮演不同的角色、承担不同的职能。整个诉讼依立案、侦查、起诉、审判、执行的流程发展，各个流程中诉讼职能得以划分，这些职能的行使构成了完整的刑事诉讼。因此，刑事诉讼的职能包括：侦查职能、控诉职能、辩护职能、审判职能、执行职能、协助职能以及法律监督职能。

第五节 刑事诉讼结构

一、刑事诉讼结构的概况

刑事诉讼结构，又称刑事诉讼形式或刑事诉讼构造，作为刑事诉讼法学中一个基本理论范畴，起源于西方国家，并于20世纪80年代后半期经日本传入我国。之后，我国学者通过比较与借鉴西方国家的诉讼结构理论对其展开了深入的研究。

实际上，早在20世纪初西方学者就已经展开了对诉讼结构的研究。一般认为，现代诉讼结构理论的发源地在美国。20世纪60年代，美国学者帕克提出了著名的“犯罪控制模式”与“正当程序模式”的诉讼结构理论。后来，戈德斯坦提出“弹劾模式与纠问模式”，达马斯卡提出“当事人对立模式”和“非当事人对立模式”。而明确给诉讼构造作出界定的则是日本学者井户田侃，他认为在刑事程序中，诉讼主体为了达到各自的诉讼目的，必须以基本的诉讼法律关系为基础进行诉讼，而这种基本的诉讼法律关系就是刑事诉讼构造。①

在国内，较早系统研究这一理论的学者是李心鉴。在对日本的相关理论进行吸收和借鉴的基础上，他指出所谓刑事诉讼构造，是由一定的诉讼目的所决定的，并由主要诉讼程序和证据规则中的诉讼基本方式所体现的控诉、辩论、裁判三方的法律地位和

① 见李心鉴：《刑事诉讼构造论》，中国政法大学出版社1992年版，第3页。

相互关系构成。同时他强调,刑事诉讼构造的主体是控诉、辩护、裁判三方,而这三方的法律地位和相互关系则是刑事诉讼构造的核心内容,并且刑事诉讼构造作为手段,是为实现刑事诉讼目的服务的。这一观点一经提出便在学术界产生了较为广泛的影响。然而就诉讼目的与诉讼构造的关系,有学者提出了不同的看法,即不仅刑事诉讼目的决定着诉讼构造,而且刑事诉讼构造对目的也具有制约作用,刑事诉讼目的的实现有赖于刑事诉讼功能的发挥,而刑事诉讼功能又是由其构造本身所决定的。①可以说,对于诉讼目的与诉讼构造这两个基本范畴关系的深刻认识,不仅有助于建立科学的刑事诉讼基本理论范畴的体系,也有助于刑事诉讼构造理论自身的完善。

二、刑事诉讼结构的概念和基本类型

(一)刑事诉讼结构的概念

关于刑事诉讼结构的概念,我国学界的观点并不一致,并且在概念的名称上也有出入。总的来说,对于刑事诉讼结构概念的解释主要有以下几种观点:

第一,刑事诉讼形式,指"国家专门机关在当事人和其他诉讼参与人的参加下进行刑事诉讼的基本方式和结构"。②

第二,刑事诉讼形式,指进行刑事诉讼所采用的诉讼形式,具体来说就是司法机关和当事人在刑事诉讼中的地位、诉讼权利和义务及相互关系。③

第三,刑事诉讼结构,指国家为进行刑事诉讼而设立的框架,也是确定刑事诉讼主体范围、地位及其在刑事诉讼中的相互关系。④

在界定刑事诉讼结构时,需要考虑的问题包括:首先,刑事诉讼结构主要是规范刑事诉讼主体的行为。其次,刑事诉讼主体依其各自的职能实施具体的诉讼行为并形成相互之间的诉讼法律关系。最后,刑事诉讼结构由刑事诉讼目的决定,同时又反作用于刑事诉讼目的。

因此,刑事诉讼结构,指受一定诉讼目的决定并制约该目的,在刑事诉讼中所形成的控诉、辩护、裁判三方刑事诉讼主体的法律地位和相互关系。

(二)当代刑事诉讼结构的基本类型

1. 职权主义诉讼结构

一般认为,职权主义诉讼结构主要由大陆法系国家所采纳。其优势在于能够确保惩罚犯罪的高效率。这种结构的特点是:

(1)在侦查阶段,犯罪嫌疑人作为被侦查的对象,不享有与国家侦查机关平等的诉讼地位。侦查机关与犯罪嫌疑人是追诉方与被追诉方的关系,并且犯罪嫌疑人很

---

① 见宋英辉:《刑事诉讼目的论》,中国人民公安大学出版社 1995 年版,第 156 页。

② 陈光中主编:《刑事诉讼法学》,中国政法大学出版社 1990 年版,第 9 页。

③ 见陈卫东、张弢:《论我国的刑事诉讼形式》,《诉讼法学论丛》(1986—1987)。

④ 见胡锡庆主编:《新编中国刑事诉讼法学》,华东理工大学出版社 1998 年版,第 45 页。

难与侦查机关进行平等对抗，同时他负有容忍侦查机关讯问的义务。

(2) 在起诉阶段，主要实行起诉法定主义，即检察机关在证据充分时就必须提起公诉。起诉时，检察机关将全部案卷材料和相关证据一并移交法院审查。另外，职权主义一般禁止检察官与被告人之间进行类似于英美法系的辩诉交易。

(3) 在审判阶段，法官主导整个审判程序，从传唤询问证人、鉴定人，到讯问被告人都由法官负责。在必要时，法院有权直接收集证据以查明案情。另外，法官的职权及主导作用还体现在庭前审查中，法官在开庭前就可以审阅全部的案卷及证据材料，这种做法使其往往在庭前就形成预断，从而导致审判流于形式。

2. 当事人主义诉讼结构

当事人主义诉讼结构主要为英美法系国家所采纳，它侧重于对犯罪嫌疑人、被告人的人权保障，并且设计了一套较为复杂的诉讼规则，因而也导致诉讼效率低下的缺陷。其主要特点是：

(1) 在侦查阶段，犯罪嫌疑人与侦查机关是平等的诉讼主体，双方都有权收集证据来支持本方的主张。犯罪嫌疑人在讯问中享有沉默权。

(2) 在起诉阶段，实行起诉便宜主义，检察机关对于需要起诉的案件，在满足一定条件的情况下，可以作出不起诉的决定。同时，控辩双方可以进行辩诉交易，前提是被告人承认犯有某种罪行，而一旦被告人予以否认则案件应交付审判。

(3) 在审判阶段，审判的过程主要是由控辩双方控制，法官则处于消极中立的地位。

3. 混合式诉讼结构

这种诉讼结构是在对当事人主义和职权主义进行吸收和借鉴的基础上形成的，主要代表国家是日本。混合式诉讼结构既有当事人主义的因素，也有职权主义的因素。其主要特点是：

(1) 在侦查阶段，犯罪嫌疑人享有沉默权，可以委托辩护人帮助辩护，有权就非法拘禁申请法官进行审查。犯罪嫌疑人及其辩护人享有一定的侦查权。在侦查程序中，警察进行初步侦查，检察官进行补充侦查，在必要时检察官也可以进行自行侦查。

(2) 在起诉阶段，实行起诉书一本主义，即在起诉时仅向法院提交起诉书，内容大致包括：被告人的姓名、公诉事实、罪名。被告人及其辩护人有权查阅控诉机关所掌握的证据材料。对于检察官的不起诉决定，专门的检察委员会可以自行或根据申请人的申请对其加以审查，从而防止检察官滥用职权。

(3) 在审判阶段，当事人双方掌控证据调查的进行，对于鉴定结论和证人证言控辩双方可以进行交叉询问。法院则主要负责确认或变更证据调查的范围、顺序或方法，在听取当事人双方意见后，法院可以依职权展开必要的调查。

三、我国的刑事诉讼结构

一般认为，我国的刑事诉讼模式接近于大陆法系职权主义模式，近几年来随着司法改革的进行也吸收了英美法系当事人主义模式的一些要素。因此，可以说我国的诉讼结构实际上是处于发展和逐步完善的阶段。

根据主流观点，我国的诉讼结构是一种复合型的结构。在侦查和起诉阶段，强调办案机关的职权作用。侦查、起诉、审判之间是一种分工负责、互相配合、互相制约的关系。三机关分别承担一定的诉讼职能以追究犯罪，维护国家的法律秩序。诉讼程序由侦查到起诉再到审判逐步推进，因而形成了一种线形结构。在这种诉讼结构中，注重办案机关之间的配合和制约，重在揭露和证实犯罪，相应地也就造成了对犯罪嫌疑人、被告人诉讼主体地位的漠视。

1996年，我国《刑事诉讼法》经过第一次修正，控辩式的庭审方式取代了原先的纠问式的庭审方式。在审判阶段，法官负责主持庭审，引导诉讼活动的运行，但庭审不再是由法官包揽，而是加强了控辩双方的对抗，包括对证据的质证，对鉴定结论和证人证言的交叉询问等都是由控辩双方进行的。这样，我国的诉讼结构就形成了一种复合型的结构，它相对于过去较为单一的线形结构而言显然更能发挥案件当事人的积极性，并且这有助于刑事诉讼实现真正的诉讼化。

要深刻认识我国诉讼结构可以通过对不同诉讼阶段的结构的分析来实现。首先，侦查阶段的结构。在我国，侦查程序结构带有较为明显的纠问式的特点。侦查机关在实施各种专门调查工作和采取强制措施时，除逮捕需要由检察机关批准外，基本上都可以自行作出决定。犯罪嫌疑人不享有沉默权，法律规定其应如实作出供述。其次，起诉程序的结构。依据我国《宪法》和《刑事诉讼法》，检察机关不仅是行使控诉职能的检控机关，也是我国的法律监督机关。在这一阶段，所涉及的诉讼主体主要包括检察人员和被告人，另外由于被告人在此阶段可以委托辩护人，所以被告人可以在辩护人的帮助下行使辩护权。可见，起诉程序的构造一般只有两方主体，检察机关既是控诉方也是裁判方，因而实际上是行使了控诉与裁判的双重职能。最后，审判程序的结构。刑事诉讼法经过修改后，吸收了当事人主义的长处，采控辩对抗，审判居中的庭审方式。这一阶段的诉讼结构，在主体上包括控诉、辩护和审判三方主体；在运作方式上，弱化了法官的庭前审查，强化了控辩双方在庭审中的对抗。法官主要负责主持庭审，只在必要的情况下才依职权讯问被告人、询问证人。

通过对现行各个诉讼阶段诉讼结构的介绍，可以看出在侦查、起诉阶段，我国的刑事诉讼并不具备典型的控、辩、裁三方组成的构造，而往往是由追诉机关同时兼任裁判方。应该说这种模式有利于发挥侦控机关的积极性、提高追诉的效率，但其与诉讼规律却相违背，往往容易导致权力滥用，侵犯公民合法权利，尤其是犯罪嫌疑人的权利。因此，它有待于进一步的完善。而对其加以完善必须与诉讼的基本原理相契合。我们认为至少应当遵循和体现如下原理：

第一，控诉和裁判分离。如果承认侦查、起诉程序是诉讼程序，那么显然控诉和裁判的分离不仅应体现在审判程序中，也应当体现在侦查和起诉程序中。尤其需要指出的是，承担控诉职能的主体不能也不应当行使裁判职能。

第二，控辩平等对抗。控辩的对抗贯穿于整个刑事诉讼程序。控辩平等不仅是审判中的平等，也应确保在侦查、起诉中双方适当的平等。实现控辩平等的保障则是赋予犯罪嫌疑人、被告人以足够的权利，以及在辩护律师的帮助下行使辩护权。显然在缺乏侦查起诉中双方的平等的前提时，审判中的平等对抗是无法想象的。

第三，裁判者保持中立。根据诉讼的基本法理，裁判者必须以中立者的身份参加诉讼。只有中立，才能确保其所作出的裁判的公正性与权威性。

第六节　刑事诉讼价值

一、刑事诉讼价值的概念

作为哲学的一个基本概念，价值是指客体能够满足主体需要的功能或属性。价值存在于主体与客体的相互关系中，即作为主体的人存在某种需要，同时作为客体的事物能够满足主体需要的功能或属性，两者的结合便形成主客体之间的价值关系。这样的界定符合哲学认识论的要求，因而它属于认识论意义上的概念。

在我国，认识论意义上的价值概念对法学研究产生了深远的影响，这在刑事诉讼法学的研究中就表现为众多的研究者接受了上述关于价值的哲学解释并用于界定刑事诉讼价值。传统观点认为，刑事诉讼价值，指刑事诉讼立法及其实施能够满足国家、社会及其一般成员的需要而具有的功能或属性。

考察早期的研究成果，可以发现尽管研究者对于刑事诉讼价值的解释不尽相同，但基本上都是以哲学认识论中的价值概念为依据，并不约而同地将刑事诉讼价值界定为某一事物对主体需要的满足关系。应该说，单从认识论的角度来看，这一界定还是较为恰当的，但对于刑事诉讼而言，这样的界定恐怕难以体现其特有的价值。对此，我国学者早已进行了反思，其中较有代表性的观点是："对刑事诉讼价值的研究，应当摆脱哲学认识论的束缚，走向哲学伦理学的视角，即应当摆脱那种将价值定位于认识论上的主体与客体之间关系的观念"，之所以这样是因为，"刑事诉讼活动绝不仅仅是以维护国家和社会整体利益为目的的活动，刑事诉讼的总体目标应当是使国家、社会整体利益与嫌疑人、被告人个人利益得到大体上的平衡，并为此而确保诉讼过程的公正性、人道性和合理性。"①由此，该研究者提出了新的刑事诉讼价值的概念，即刑事诉讼价值是指刑事诉讼程序在设计和运作中所体现的基本价值标准。

对于价值问题固然需要从哲学的角度来认识，但是就具体的学科而言，更应当考虑到该学科的一些基本特点，并以此作为出发点来展开基本理论研究。传统的刑事诉讼价值概念带有明显的机械性的缺点，是对哲学中价值概念的简单套用，因而很难

---

① 陈瑞华：《刑事诉讼的前沿问题》，中国人民大学出版社2000年版，第84、85页。

用于指导刑事诉讼实践，并且也不利于刑事诉讼基本理论的研究。对于刑事诉讼价值的定位，在整个刑事诉讼制度体系中具有统筹全局的作用，它应当体现一些基本的价值标准，这些标准不能依附于某一方诉讼主体的利益而应当具备可以得到各方普遍接受的能力。我们在研究刑事诉讼目的时也得到了这样的启示，即刑事诉讼目的不是单个主体的目的，它是对整个诉讼的属性和规律的反映和总结，同时又对不同诉讼主体目的起到了统率和指引的作用。显然，将诉讼价值界定为有用性势必会落入工具主义的窠臼，从而无法真正揭示其内在属性。因此，刑事诉讼价值是指依国家立法机关通过立法所设计的，由特定诉讼主体及其他诉讼参与人参加的刑事诉讼程序自身所应当体现的基本价值标准。

二、刑事诉讼价值目标

传统观点认为，由于刑事诉讼主体需要的多层次性和多元性，所以刑事诉讼价值目标也就具有多样性。一般来说，刑事诉讼价值目标主要包括秩序、公正、效率、人权。实际上，上述价值目标的提出也经历了一个相当长的探索过程，从早期的以揭露、证实犯罪，恢复秩序为出发点的偏重于实体公正和秩序的价值目标，到经过理性反思后所得出的应兼顾效率和人权保障的价值目标，后者实际上体现了对于程序公正的追求。不难发现，由公正、秩序、效率、人权所组成的价值目标体系，揭示了刑事诉讼的实体目的，也揭示了刑事诉讼存在的正当性与合法性根基，因而被我国学者称为“目的价值观”。

然而“目的价值观”的缺陷在于，它并没有突破传统法律价值理论的窠臼，亦如有学者指出的，它没有对刑事诉讼中的价值问题作出具体的和有针对性的探讨，而这是由于我国长期以来片面重视哲学认识论、忽视哲学伦理学的结果，这种将价值定位于认识论上的主体与客体之间的关系的观念，只能推导出“价值就是有用性”的结论。① 诸如自由、人权、秩序、效率之类的价值既可以被视为一般法理学意义上的价值，也可以成为刑法、刑诉法、民法、民诉法等部门法的价值。这种生搬硬套不仅难以自圆其说，同时在某种程度上也容易形成对诉讼价值理论作出进一步探讨的障碍。同时，我国学者也指出，“刑事诉讼除了目的意义上的自由、秩序价值外，还必须具备一种形式价值，即刑事程序本身必须具备形式理性，保持中立、平等、公开和参与性，这些形式价值实际上也是对人的需要的满足，因此也应当是构成刑事诉讼价值体系的重要组成部分，刑事诉讼的价值体系应当是一个由目的价值系统和形式价值系统共同构成的多元价值体系。而对此，目的价值观的理论阐释是无能为力的。”②应该说，这一分析是颇为深刻的，这也意味着“目的价值观”最起码难以单独成为刑事诉讼的价值目标。

---

① 陈瑞华：《刑事诉讼的前沿问题》，中国人民大学出版社 2000 年版，第 84 页。

② 万毅：《刑事诉讼价值评论》，《法学论坛》2003 年第 5 期。

在对“目的价值观”反思的基础上，“过程价值观”逐渐进入我们的视野。该价值观是在这样一种认识的基础上提出的，即刑事诉讼绝不仅仅是一种以查明真相为目标的认识活动，还应包含着一系列诉讼价值的实现和选择过程。从哲学伦理学的角度来看，价值也就是人们值得追求和向往的“善”，而“善”又可以分为“作为方法的善”和“作为目的的善”。①据此，刑事诉讼的程序也可以有两项独立的价值标准：一是外在价值或工具价值；二是内在价值或固有价值。前者是指刑事诉讼程序对于实现某一外在目标是否存在有用性；后者是指刑事诉讼程序本身是否具有独立的内在优秀品质，使控辩双方真正受到公正的对待。

通过对上述两种价值观的介绍和分析可以发现，当代刑事司法中的价值目标是一个多层次、结构化的体系，这根源于诉讼中人的需要的多元化和诉讼价值目标设置的合理化。但对于两者的关系问题，我国学者也提出了进一步的看法，即“目的价值观”与“过程价值观”之间是相互统一、不可分割的。一方面，刑事诉讼的目的价值和形式价值之间具有内在的一致性，因为两者都是对人的需要的满足，缺乏目的价值或者缺乏形式价值，刑事诉讼都难以完全满足人的社会需要，都难以实现其解纷止争的社会功能。另一方面，刑事诉讼的目的价值与形式价值之间又是相互作用、相互影响的。形式价值是目的价值得以最终实现的有效保障，而目的价值又为形式价值提供了目标和导向。目的价值作为人的根本需求，具有静态性和恒常性，始终是人类社会存续发展不变的目标，但是，形式价值却具有动态性特征，对于形式价值，有一个随着时代发展而不断觉醒的认识过程。②之所以会提出这样的观点，很重要的原因在于，站在哲学伦理学的角度主张将刑事诉讼价值视为一种“善”的观点是值得商榷的，因为哲学伦理学同样离不开认识论的指导，所谓“善”与“不善”，也是以主体人的需要和认识为标准而划分的。离开主体的需要和认识，作为客体的刑事诉讼也就无所谓“善”与“不善”了。因此，应当从主客体关系的角度来认识刑事诉讼的价值，目的价值观并不必然导致“程序工具主义”，其缺陷在于将目的价值奉为刑事诉讼的唯一价值而忽略了过程价值的存在及其重要性。③

思考题：

1. 怎样理解我国的刑事诉讼目的？
2. 如何理解被害人在刑事诉讼中的主体地位？
3. 试述刑事诉讼客体的作用。
4. 试述职权主义诉讼结构与当事人主义诉讼结构的区别。
5. 什么是刑事诉讼职能？应当如何界定其范围？
6. 在理解刑事诉讼价值观时，“目的价值观”和“过程价值观”各自的意义何在？

① 见陈瑞华：《刑事诉讼的前沿问题》，中国人民大学出版社 2000 年版，第 85—92 页。

②③ 万毅：《刑事诉讼价值评论》，《法学论坛》2003 年第 5 期。

第四章

刑事诉讼的基本原则

本章提要:本章对刑事诉讼的基本原则作系统的阐述。刑事诉讼的基本原则在刑事诉讼法学体系中具有重要地位,是整个刑事诉讼运行机制的指导思想。正确认识和理解刑事诉讼基本原则,对于学习刑事诉讼法具有重要意义。本章内容在对刑事诉讼基本原则的主要概念进行分析的基础上,详细介绍我国刑事诉讼的基本原则和国际刑事诉讼的基本原则。

第一节　刑事诉讼基本原则概述

一、刑事诉讼基本原则的概念

刑事诉讼过程是由不同的诉讼阶段组成的,在每一个诉讼阶段,都有一些相应的诉讼原则和规则、制度对司法机关和诉讼参与人进行规范和约束。例如在侦查阶段,有及时、准确的原则;在审查起诉阶段,有国家公诉原则;在审判阶段,有不告不理、控审分离、直接言词原则,等等。虽然这些原则对于刑事诉讼的正常运作具有重要意义,但是在理论上很难将其纳入基本原则的范畴。

如何确定刑事诉讼的基本原则,在理论上存在多种不同的观点。有的主张,应当以刑事诉讼法所确立的原则为基本原则;有的主张在法律规定的原则基础上,还包括学理上的重要观点。有的认为基本原则和基本制度不必区分;有的认为基本原则和制度是不同的,需要加以区分;有的认为基本原则应是指导诉讼全过程,以及重要诉讼行为;有的认为基本原则只能是对诉讼全过程有指导意义。判断一个诉讼行为规范是否属于基本原则的范畴,应当从以下三个方面来考虑:

第一,我国《刑事诉讼法》对基本原则与任务作了专章规定,而且《宪法》和《人民法院组织法》《人民检察院组织法》都有规定,因而确立刑事诉讼基本原则,必须以法律规定为依据,但不能生搬硬套,应当根据法理要求,对基本原则进行概括和归纳。

第二,基本原则和基本制度应当加以区分。基本原则是一种抽象的概念,必须通过具体程序体现,但不同于具体程序与运作过程。基本制度是构筑一定体制或体现该体制精神的不可或缺的根本原则体系。因此,基本原则与基本制度有着根本的区别。

第三，作为诉讼基本原则应当对诉讼全过程具有指导意义，体现在诉讼的各个方面。如果只是在某一阶段具有指导意义，比如审判公开就只能作为审判阶段的基本原则，那么它就不能作为整个诉讼的基本原则。

可见，凡是法律在基本原则中作了规定，而不属于诉讼基本制度范畴，其行为对整个诉讼过程、对司法机关有重要指导意义的，都应作为诉讼基本原则。根据上述认识，我国刑事诉讼的基本原则是指由《刑事诉讼法》规定的，贯穿于整个刑事诉讼过程，对刑事诉讼的进行具有普遍指导意义，司法机关在诉讼中必须遵循的基本行为准则。

二、我国刑事诉讼基本原则的地位和特点

(一) 刑事诉讼基本原则的地位

刑事诉讼基本原则在刑事诉讼法律规范体系中处于承上启下的中介地位，既是联结刑事诉讼指导思想、目的、任务与具体诉讼制度、程序的桥梁，又是联结刑事诉讼原理与刑事诉讼具体法律规定的介质。

首先，刑事诉讼基本原则是刑事诉讼指导思想的体现，是为实现刑事诉讼目的和任务而服务的。刑事诉讼基本原则是刑事诉讼基本精神和指导思想的体现，是其表述的具体化。我国刑事诉讼的指导思想反映了我国《刑事诉讼法》的阶级属性，决定了基本原则所包含的社会主义民主和法制精神。刑事诉讼基本原则是实现刑事诉讼目的、任务的保障。刑事诉讼目的、任务反映出的价值取向，具体化于基本原则之中，再通过原则的贯彻最终实现刑事诉讼的目的和任务。刑事诉讼的目的和任务是对刑事诉讼立法和司法提出的目标要求，而具体体现刑事诉讼精神的基本原则对于刑事诉讼目的和任务的实现具有理论上和实践上的保障作用。

其次，刑事诉讼基本原则与具体诉讼程序紧密联系。刑事诉讼基本原则通过具体法律规定的实施，把诉讼程序性规范组织到一起，是具体程序性规范赖以成立的核心，程序的安排反映着贯彻基本原则的需要。相反，基本原则离不开具体程序性规范，它的实现只有依靠具体的程序性规范来保障，否则基本原则就是一纸空文。

因此，正确理解刑事诉讼基本原则的含义和作用，不仅可以提高实现刑事诉讼目的和任务的自觉性，而且有利于深刻了解和执行《刑事诉讼法》的具体程序规定。

(二) 我国刑事诉讼基本原则的特点

我国刑事诉讼基本原则有如下特点：

第一，确定司法机关的职权和相互关系。刑事诉讼基本原则规定侦查机关、检察机关和审判机关的职权，以及它们之间分工负责、互相配合、互相制约的关系，保障刑事司法权的运作。

第二，保障诉讼民主和诉讼监督。保障诉讼参与人依法享有诉讼权利原则、诉讼

监督原则等，突出地反映诉讼民主和诉讼监督的内容，有利于保障诉讼公正的实现。

第三，突出“以事实为依据，以法律为准绳”原则的核心地位，而其他各原则处于辅助地位。这是因为，准确认定案件事实是正确处理案件的前提和基础，而法律则是司法机关评判和处理案件的依据。

第四，具有抽象性和概括性，全面反映我国刑事诉讼的本质和主要特征，既有法律依据，又有理论概括。

第五，贯穿于整个诉讼过程，体现在刑事诉讼的各个方面，要求司法机关必须遵守的行为规范，对诉讼程序、诉讼结果具有重要影响。

三、刑事诉讼基本原则的价值与功能

刑事诉讼基本原则在刑事诉讼法律规范体系中的地位，决定其具有重要的价值和功能。

首先，刑事诉讼基本原则对于刑事诉讼立法及司法解释具有指导和规范作用。刑事诉讼立法及对法律条文的解释，需要以刑事诉讼原理为指导，体现刑事诉讼法的指导思想和立法精神。而刑事诉讼基本原则正是国家在刑事诉讼领域价值追求的总的体现，也是刑事诉讼原理和刑事诉讼法指导思想的具体化，因此它是设置具体的刑事诉讼程序规范的合理性基础和目标性指向。按照刑事诉讼基本原则的要求进行立法和司法解释，可以保障具体制度和程序的设计符合宪法原则和刑事诉讼原理，可以使法律条文的解释符合立法精神。

其次，刑事诉讼基本原则对于刑事诉讼实践具有指导作用。由于在刑事诉讼实践中，刑事案件的复杂多样性与法律规定的有限性之间必然存在很多矛盾。因而并非任何一个案件都有明确具体的法律规范可供适用。刑事诉讼基本原则具有抽象性的特点，相对于具体规范具有更强的包容性和更广泛的适用性。因此，刑事诉讼基本原则可以指导和保障法律的实践者正确理解法律规定，对法律规范作出合目的性的解释，并在此基础上正确适用法律于具体案件，从而解决诉讼实践中可能出现的新问题。

第三，刑事诉讼基本原则具有弥补法律规定不足和填补法律漏洞的功能。刑事诉讼法无论如何完备，都只能是相对的，都难以囊括实践中出现的所有问题。对于刑事诉讼法具体条文中没有规定或者规定不甚明确的问题，在实践中如何解决，需要以刑事诉讼基本原则为指导进行处理。

四、我国刑事诉讼基本原则的体系

刑事诉讼基本原则的体系是指由所有刑事诉讼基本原则共同构成的有机联系的整体。从刑事诉讼基本原则的依据来看，我国刑事诉讼基本原则集中规定在《刑事诉讼法》第一编第一章之中。其主要包括以下原则：(1)职权原则；(2)独立行使司法权原则；(3)专门机关与群众相结合原则；(4)以事实为依据，以法律为准绳原则；(5)公民适用法律一律平等原则；(6)司法机关分工负责，互相配合，互相制约原则；(7)法律监督原则；(8)各民族公民有权使用本民族语言文字进行诉讼原则；(9)未经审判不得定罪原则；(10)保障诉讼参与人依法享有诉讼权利原则；(11)认罪认罚从宽原则；(12)具有法定情形不予追究刑事责任原则；(13)国家司法主权原则。

此外，对于《刑事诉讼法》第 10 条规定的"人民法院审判案件，实行两审终审制"，第 11 条规定的"人民法院审判案件，除本法另有规定的以外，一律公开进行"，第 13 条规定的"人民法院审判案件，依照本法实行人民陪审员陪审的制度"，从内容上看，显然规定的是人民法院在审判阶段所应当遵循的审判制度，而不能作为基本原则来对待。

我国刑事诉讼的各项基本原则是一个互相关联、互相统一的整体，如果其中任何一项原则遭到忽视，必然影响对其他有关原则的贯彻，违背其中任何一项原则，都是对刑事诉讼法制的严重破坏，也都是对诉讼程序的严重违反。因此，对于刑事诉讼的各项基本原则，都必须准确地加以理解，认真贯彻执行。

第二节　我国刑事诉讼基本原则

一、职权原则

《刑事诉讼法》第 3 条规定："对刑事案件的侦查、拘留、执行逮捕、预审，由公安机关负责。检察、批准逮捕、检察机关直接受理的案件的侦查、提起公诉，由人民检察院负责。审判由人民法院负责。除法律特别规定的以外，其他任何机关、团体和个人都无权行使这些权力。人民法院、人民检察院和公安机关进行刑事诉讼，必须严格遵守本法和其他法律的有关规定。"该条规定表明侦查权、检察权、审判权由专门机关依法行使，理论上称之为职权原则。

职权原则可以从以下三个方面来理解：

第一，根据法律规定，只有公、检、法三机关有权行使侦查权、检察权和审判权，其他机关、团体和个人都无权行使这些权力。由此可见，侦查权、检察权和审判权具有专属性和排他性。刑事案件的侦查权，原则上只能由公安机关来行使。无论是立案调查、采取侦查手段还是适用强制措施，任何机构包括行政执法机构和个人均无权行使侦查权，除非法律另有规定。例如：(1)国家安全机关对危害国家安全的刑事案件行使侦查权；(2)人民检察院对由其直接受理的案件行使侦查权；(3)军队保卫部门对军队内部发生的刑事案件行使侦查权；(4)监狱对罪犯在监狱内犯罪的案件行使侦查权；(5)海关走私犯罪侦查部门对走私犯罪案件行使侦查权；(6)中国海警局对海上发生的刑事案件行使侦查权。而对于检察权只能由人民检察院行使，审判权只能由人民法院行使。

第二,侦查权、检察权、审判权必须分别由公安机关、人民检察院、人民法院行使。既不能由其中任何一个机关同时行使这三种权力,也不能相互混淆、相互取代。

第三,公安机关、人民检察院、人民法院行使职权,必须严格遵守法律规定。公检法三机关在进行刑事诉讼活动中,必须严格遵守《刑法》《刑事诉讼法》和其他法律的有关规定,依法办案,决不允许有法不依,滥用权力。

确立这一原则的意义在于:(1)有利于各专门机关正确行使国家权力,保障法律的统一性和权威性;(2)有利于保障刑事诉讼活动及时启动和正常进行,防止相互推诿、保障及时追究犯罪;(3)有利于保障公民合法权益,维护社会秩序。

贯彻职权原则的要求是:(1)侦查权、检察权、审判权由专门机关行使,这是国家赋予的权力,也是国家要求其应尽的职责。专门机关必须各司其职,各尽其责,防止相互推诿、有案不追诉。(2)专门机关追究犯罪必须依法进行,防止非法行为的发生;防止行政机关团体和个人对国家司法权的非法干扰;充分发挥检察机关的法律监督职能,加强依法监督,保障法律的正确实施。(3)严格遵守法定的程序办案,纠正重实体、轻程序的错误观念。在刑事诉讼中,能否严格依照法律程序办案,是衡量一个国家法治发展进程的重要标志,也是防止滥用司法权和保障公民合法权益的重要措施。对于违反法定程序的行为,必须依法追究,从而正确贯彻职权原则。

二、独立行使司法权原则

《刑事诉讼法》第5条规定:"人民法院依照法律规定独立行使审判权,人民检察院依照法律规定独立行使检察权,不受行政机关、社会团体和个人的干涉。"这一规定就是我们确立人民法院、人民检察院依法独立行使司法权原则的法律依据。这一原则在我国《宪法》和《人民法院组织法》《人民检察院组织法》中都有相关规定。

依法独立行使司法权原则主要包括以下三方面的内容:

(1) 人民法院、人民检察院在法律规定的范围内独立行使审判权、检察权,不受行政机关、社会团体和个人的干涉。人民法院和人民检察院是法定的司法机关,审判权和检察权也是宪法明确赋予人民法院和人民检察院的专门职权。因此,任何行政机关、社会团体和个人应当尊重、支持人民法院和人民检察院依法独立行使职权,而不得以任何方式干涉其行使法定职权。

(2) 人民法院行使审判权和人民检察院行使检察权,都必须严格遵守宪法和法律的各项规定。它们必须在法定的权限范围内开展工作;它们必须严格依照法律的规定行使职权,不得以任何借口而滥用职权,从而实现程序和实体的双重公正。

(3) 审判权、检察权是人民法院、人民检察院各自作为一个组织整体独立行使。也就是说,有权独立行使审判权、检察权的是人民法院、人民检察院,而不是某个审判人员和检察人员可以独立行使审判权或检察权。

贯彻独立行使司法权原则,有利于保障人民法院、人民检察院正确行使法律赋予的职权，充分发挥其职能作用，防止和排除行政机关、社会团体和个人对审判、检察工作的干扰，维护司法行为的纯洁性，树立司法机关的权威性，实现司法公正，保障法律的正确统一实施。

正确理解和执行独立行使司法权原则，应当注意处理好以下几个方面的关系：

(1) 正确处理党的领导和独立行使司法权的关系。作为执政党的中国共产党，是中国特色社会主义事业的领导核心。坚持党对司法机关的领导，是我国宪法的明确规定，也是人民法院、人民检察院依法独立行使审判权、检察权的保证。因此，各级人民法院和人民检察院在刑事诉讼中应当自觉接受同级党委的领导和监督，可以说党的领导与司法机关独立行使司法权在本质上是一致的。但自觉接受党的领导和监督，并不意味着党组织可以替代司法机关行使司法权，包办具体的业务工作。党的领导只能是组织上、思想上和政治上的，不是具体干涉司法业务工作。只有加强和改善党的领导，使之与司法机关的独立行使职权相结合，才能有效地保证法律的正确实施。

(2) 正确处理国家权力机关和独立行使司法权的关系。根据我国宪法的规定，各级人民法院、人民检察院都是由各级国家权力机关产生，都要对同级国家权力机关负责并报告工作，自觉接受监督。接受国家权力机关的监督与依法独立行使法定职权并不矛盾，而且有利于人民法院和人民检察院排除各种干扰，严格依法办案。各级国家权力机关如果发现人民法院、人民检察院处理具体案件有错误，有权提出纠正意见。各级国家权力机关对人民法院和人民检察院的监督应当以集体方式进行，不能代替、包办司法机关的具体工作，也不得随意干涉司法机关独立行使职权。

(3) 正确处理社会监督和独立行使司法权的关系。社会监督包括人民群众监督、社会团体监督、新闻舆论监督等。法律规定“不受行政机关、社会团体和个人的干涉”，这里的“干涉”特指干扰司法机关正常诉讼活动进行的非法行为，如以言代法、以权压法等，而不是正常的工作建议和批评意见。人民法院和人民检察院独立行使司法权与接受社会监督是统一的，而不是对立的。在司法实践中，司法机关实行的审务公开、检务公开，虚心听取各方面的批评和意见，就是人民法院和人民检察院自觉接受社会监督的一种有效形式，有利于人民法院、人民检察院及时改进工作，更加认真地履行自己的职责，增强法制的权威性。

三、专门机关与群众相结合原则

《刑事诉讼法》第 6 条规定：“人民法院、人民检察院和公安机关进行刑事诉讼，必须依靠群众”。这是确立专门机关和群众相结合原则的法律依据。

专门机关，指在刑事诉讼中依法行使侦查权、检察权和审判权的机关，主要是公安机关、人民检察院和人民法院。专门机关与群众相结合就是指公、检、法三机关在刑事诉讼中必须坚持贯彻执行群众路线，充分发挥人民群众的智慧和力量，把专门机关的业务工作与依靠广大群众很好地结合起来。

群众路线是我们党和国家的根本路线,也是我国司法工作的指导方针。专门机关与群众相结合原则是我国刑事诉讼独具特色的一项基本原则。刑事诉讼法对贯彻这一原则作了明确的规定,主要体现在以下几个方面:

(1) 方便群众揭露犯罪。《刑事诉讼法》相关条款规定:公安机关、人民检察院或者人民法院对于报案、控告、举报,都应当接受;报案、控告、举报可以用书面或者口头提出;侦查人员询问证人和被害人,可以到证人的所在单位或者住处进行等。

(2) 依靠群众,查明案情。例如《刑事诉讼法》第 52 条规定:"必须保证一切与案件有关或者了解案情的公民,有客观地充分地提供证据的条件,除特殊情况外,可以吸收他们协助调查。"

(3) 接受群众监督。例如人民法院审判刑事案件除法律规定不公开的外,一律公开进行,允许群众旁听,允许新闻记者报道。对不公开审理的案件,应当当庭宣布不公开审理的理由;实行人民陪审员制度;司法机关不予立案的,要将不立案的原因通知控告人,控告人如果不服,可以申请复议等多种形式接受群众监督。

专门机关与群众相结合,是长期以来我国司法实践经验的总结。坚持专门机关与群众相结合原则,在司法实践中具有重要意义。

首先,它有利于调动广大人民群众同犯罪作斗争的积极性。犯罪行为不仅危害了国家和社会的利益,也直接侵害了人民群众的个人利益,因此群众中蕴藏着与犯罪分子作斗争的主动性和积极性。司法机关只要依靠群众,发动群众,就能调动群众协助司法机关揭露犯罪、证实犯罪、惩罚犯罪,保障无罪的人不受刑事追究,从而实现诉讼任务。

其次,专门机关与群众相结合有助于及时揭露犯罪,证实犯罪。犯罪行为总是发生在一定的时间和空间内,针对一定的人和物。犯罪分子生活在人民群众之中,其犯罪行为所留下的痕迹,必然会被广大群众发现。因此,只要司法机关紧密联系群众,进行调查研究,发动群众提供线索和证据,就一定能够揭露犯罪,证实犯罪。

最后,专门机关与群众相结合,使司法机关将自己的职权活动置于广大人民群众的监督之下,可以增强司法人员的工作责任心,防止和减少工作中错误的发生。同时,有人民群众的参与和监督,可以约束司法人员的行为,预防或减少徇私舞弊、贪赃枉法等腐败现象的产生,保持司法廉洁,实现司法公正。

正确贯彻专门机关与群众相结合原则,司法机关必须做到以下几个方面:

(1) 牢固树立相信群众、依靠群众的观念,克服忽视或轻视群众的观念。在实际工作中,要相信群众的智慧和力量,积极地深入群众进行调查研究,收集证据。特别是在科学技术日益发达的今天,应当明确任何侦查技术都无法替代人民群众的智慧和力量,这也是唯物主义历史观的客观要求。

(2) 善于做群众工作,总结群众工作经验,深入实际,引导群众,发挥人民群众参与诉讼的积极性,同时采取各种措施方便群众参与诉讼。

(3) 尊重群众,尊重被害人、证人等诉讼参与人的诉讼地位,切实维护他们在诉讼中的合法权益。依法保障报案人、举报人和其他一切证人的权利,解除他们的后顾之忧。

(4) 在专门机关与群众相结合中，专门机关处于主导地位。刑事诉讼的整个过程都是由专门机关主持。群众提出的意见和群众提供的材料，必须由专门机关分析研究，去伪存真，不能盲目轻信。

四、以事实为根据，以法律为准绳原则

《刑事诉讼法》第 6 条规定："人民法院、人民检察院和公安机关进行刑事诉讼……必须以事实为根据，以法律为准绳。"这一规定确立了以事实为根据，以法律为准绳的原则，同时该原则也被我国宪法确定为进行诉讼的原则。该原则体现了我国实事求是的思想路线和依法办案的诉讼法治精神，在刑事诉讼基本原则体系中处于核心地位。

以事实为根据，是指在刑事诉讼中，司法机关及其工作人员对于刑事案件中的实体问题和程序问题作决定时，必须以查证属实的证据和依据这些证据所认定的案件事实为基础，而不能以主观臆断或者推测想象等作为根据。以事实为根据的"事实"，具体指查证属实的证据及依据这些证据认定的事实，包括实体法上的事实和程序法上的事实。实体法上的事实是指构成犯罪的事实以及证明犯罪情节轻重的事实，如犯罪的时间、地点、目的、手段、过程和危害结果等。程序法上的事实，指在刑事诉讼过程中，处理程序问题的事实，如羁押期限、回避、强制措施等适用的事实。

以法律为准绳，即要求司法机关在办理刑事案件过程中，所作出的案件实体问题和程序问题方面的决定，必须以刑事实体法和刑事程序法和其他法律的有关规定为标准。也就是说，刑事实体问题，必须坚持罪刑法定原则；刑事诉讼问题，必须严格遵守法律程序。

以事实为根据，以法律为准绳，是正确处理刑事案件不可分割的两个方面。两者互相联系，缺一不可。事实是前提，是基础和根据，法律是处理案件的标准尺度，离开了正确认定案件的事实，就缺乏定案的根据，更谈不上适用法律；反之，离开了正确应用法律，也就谈不上对正确认定的事实作出正确的处理。所以，以事实为根据，以法律为准绳，是一个有机的整体，只有将二者有机结合起来，才能保证刑事诉讼的正确进行。

贯彻该原则具有重要意义：(1)坚持党的实事求是的思想路线，在刑事诉讼中，要求办案人员深入实际，调查研究，以客观存在的事实作为处理案件的根据；(2)有利于维护法律的权威，保护国家利益和公民的合法权益；(3)有助于保障刑事诉讼任务的实现。由于以事实为根据，以法律为准绳原则在刑事诉讼基本原则中处于核心地位，它的贯彻执行，将能够带动其他原则的实现，从而实现诉讼任务。

正确贯彻该原则，首先，司法机关及其工作人员应当遵循唯物主义认识论的要求，客观全面地收集证据和认定案件事实，善于查明事实真相；其次，必须坚持重证据，重调查研究，不轻信口供，严禁刑讯逼供和以威胁、引诱、欺骗以及其他非法方法

收集证据。只有被告人口供,没有其他证据,不能对被告人定罪量刑;最后,司法人员应当不徇私、不枉法,坚持有法必依,执法必严,忠于事实,忠于法律。

五、司法机关分工负责,互相配合,互相制约原则

《刑事诉讼法》第7条规定:“人民法院、人民检察院和公安机关进行刑事诉讼,应当分工负责,互相配合,互相制约,以保证准确有效地执行法律。”我国《宪法》第140条对此有相同的规定。这是确立司法机关分工负责、互相配合、互相制约的原则的法律依据。

分工负责,指人民法院、人民检察院和公安机关在进行刑事诉讼时,应当严格依据法律规定的职权,各负其责,各尽其职,不允许互相取代或者互相推诿。根据《刑事诉讼法》的规定,在刑事诉讼中分工负责主要体现在三个方面:一是诉讼职能上的分工。侦查职能由公安机关行使。人民检察院、军队的保卫部门,监狱的侦查部门、海关走私犯罪侦查部门、中国海警局,对法律规定的特定范围的案件行使侦查职能;检察职能由人民检察院行使;审判职能由人民法院行使。二是职权上的分工。公安机关负责侦查、拘留、执行逮捕、预审;人民检察院负责检察、批准逮捕,对直接受理案件的侦查和提起公诉;人民法院负责审判。三是在受理刑事案件管辖上的分工。其中既有公、检、法三机关的立案分工,又有本部门受理刑事案件的级别分工,还有地方司法机关与专门司法机关受理案件的分工。

互相配合,指人民法院、人民检察院、公安机关在进行刑事诉讼时,应当在分工负责的基础上,互相支持、互相合作,协调一致,共同完成揭露犯罪、证实犯罪,惩罚犯罪,保障无罪的人不受刑事追究的诉讼任务。互相配合,指的是公、检、法三机关在诉讼过程中“职责关系”的配合,而不是“职能关系”的配合。“职责关系”就是公检法三机关在办案程序上的关系,主要体现在公安机关的侦查、检察机关的起诉、人民法院的审判的先后承接、互为基础的关系,如侦查是为起诉作准备和服务,而起诉是为审判作准备和服务。“职能关系”是指侦查职能、检察职能和审判职能之间的关系。各种职能都有其特定的运作目标,各个目标的实现,形成彼此制约机制,从而防止权力的滥用,保证准确执行法律,实现诉讼任务。因此,互相配合决不能是职能关系上的配合,否则必将模糊职能分工的界限,导致无原则的配合,不利于诉讼任务的实现。

互相制约,指人民法院、人民检察院和公安机关在刑事诉讼中,按照职能分工和诉讼程序的要求,相互约束,相互制衡,以防止可能发生的偏差和错误,及时发现和纠正错误,确保正确执行法律,完成诉讼任务。根据刑事诉讼法的规定,我国公、检、法三机关在刑事诉讼中的互相制约可以从以下两个方面来理解:(1)在公安机关和检察机关之间:一方面公安机关逮捕犯罪嫌疑人须经人民检察院依法审查批准,对人民检察院不予批准的,公安机关有申请复议和提请复核的权力;另一方面对公安机关移送起诉的案件,人民检察院有权依法决定不起诉,对人民检察院决定不起诉有异议的,

公安机关可以要求复议和提请复核。(2)在检察机关和审判机关之间:人民法院对人民检察院提起公诉的案件可以依法作出无罪或者免予刑事处罚的判决;人民检察院认为人民法院的判决、裁定有错误时,有权依法提起抗诉。

分工负责、互相配合、互相制约是一个有机联系的整体。分工负责是互相配合、互相制约的基础,没有明确的职权分工,就无所谓互相配合、互相制约。分工负责,有利于调动各方的积极性;互相配合,有利于完成共同的诉讼任务;互相制约,有利于充分发挥各机关的诉讼职能。互相制约是三个相互关系的核心。此外,互相配合和互相制约是辩证的统一,不能孤立地强调一面,忽视另一面。如果只讲配合、不讲制约,就会影响到诉讼中错误的及时发现和纠正;反之,只讲制约、不讲配合,就容易消耗力量,延误诉讼,不利于刑事诉讼顺利高效地推进,妨碍刑事诉讼任务的全面实现。因此,在司法实践中必须正确理解分工负责、互相配合、互相制约的辩证关系,才能正确贯彻实施这一原则。

正确贯彻本原则,首先要求公、检、法各机关在办案过程中,严格依照法律规定,积极主动地完成法律赋予各自的职责。其次,互相配合是建立在以事实为依据,以法律为准绳原则的基础上,反对不讲原则的配合。不允许越权的配合,做好本职工作就是最好的配合。配合的目的就是为了准确有效地打击犯罪,保护公民的合法权益,实现司法公开、公正。第三,在刑事诉讼中,在坚持互相制约的同时,要强化检察机关的法律监督职能。互相监督是不能代替人民检察院作为国家专门法律监督机关所进行的监督的。

六、公民适用法律一律平等原则

《刑事诉讼法》第 6 条规定:“人民法院、人民检察院和公安机关进行刑事诉讼……对于一切公民,在适用法律上一律平等,在法律面前,不允许有任何特权。”该规定确立了我国刑事诉讼中对一切公民在适用法律上一律平等的基本原则。同时,该原则也是“中华人民共和国公民在法律面前一律平等”的宪法原则在刑事诉讼中的具体体现。

公民适用法律一律平等原则,指司法机关在进行刑事诉讼时,对于一切公民,不分民族、种族、性别、职业、职务、社会地位、宗教信仰、家庭出身、教育程度、财产状况、居住期限等,在适用法律上一律平等,不允许有任何特权,也不允许有任何歧视。具体来说,本原则包含两方面的含义:第一,司法机关在进行刑事诉讼时,对一切公民的犯罪行为,不管其社会地位高低、家庭出身、宗教信仰如何,都必须严格依法处理。该立案的立案,该逮捕的逮捕,该起诉的起诉,该定罪判刑的定罪判刑,不允许任何人凌驾于法律之上、触犯法律而不受法律制裁的情形存在。第二,司法机关在进行刑事诉讼时,对于一切公民的合法权益,都必须依法予以保护。包括犯罪嫌疑人、被告人、被执行刑罚的罪犯的合法权益,都要依法保护,不得以任何借口限制或者剥夺诉讼参与人依法享有的诉讼权利,侵犯公民的合法权益。

公民适用法律一律平等原则,是我国人民民主专政的国家性质的必然要求,体现了我国社会主义法制的民主和平等的精神。切实贯彻本原则,有利于反对和防止各种特权,维护国家法律的统一实施;同时,还有利于增强广大人民群众主人翁的意识,调动他们自觉守法、护法的积极性,激发人民群众建设社会主义法治国家的热情。

在司法实践中贯彻公民适用法律一律平等原则时,应当注意以下几项要求:第一,司法机关进行刑事诉讼,必须严格执法,坚持司法公正。对于任何公民构成犯罪的行为,都要依法进行追究,不能"以罚代刑""以行政处分代替刑事处罚"。第二,对所有诉讼参与人都要平等对待,保障一切诉讼参与人充分行使诉讼权利,平等履行诉讼义务。例如,凡是知道案件事实的人,不论其社会地位高低,都应当履行作证的义务。第三,司法机关要给予一切公民平等的司法保护权。在刑事诉讼中,对于某些因经济困难或者其他原因没有委托辩护人的,本人及其近亲属可以向法律援助机构提出申请。对符合法律援助条件的,法律援助机构应当指派律师为其提供辩护。犯罪嫌疑人、被告人是盲、聋、哑人,或者是尚未完全丧失辨认或者控制自己行为能力的精神病人,没有委托辩护人的,公安司法机关应当通知法律援助机构指派律师为其提供辩护。犯罪嫌疑人、被告人可能被判处无期徒刑、死刑,没有委托辩护人的,公安司法机关应当通知法律援助机构指派律师为其提供辩护。未成年犯罪嫌疑人、被告人没有委托辩护人的,公安司法机关应当通知法律援助机构指派律师为其提供辩护。同时在最高人民法院关于执行刑事诉讼法的解释第 43 条中还规定了可以通知法律援助机构指派律师提供辩护的五种情形。第四,要求司法机关在进行刑事诉讼中,始终坚持以事实为根据,以法律为准绳。任何脱离和违背法律的行为,都是违背本原则的。

七、法律监督原则

《刑事诉讼法》第 8 条规定:"人民检察院依法对刑事诉讼实行法律监督。"该规定确立了人民检察院对刑事诉讼实行法律监督的诉讼原则。

法律监督原则,指作为国家法律监督专门机关的人民检察院,除履行法律赋予的诉讼职能外,还要对刑事诉讼全过程实行法律监督,及时发现并纠正刑事诉讼中的违法行为,保证法律的正确实施。

法律监督原则在刑事诉讼中具有特定的含义,它与公、检、法三机关互相制约不能等同。法律监督是宪法和刑事诉讼法赋予人民检察院的一项专门职能,是其他司法机关所没有的。这种监督是单向的。公、检、法三机关是互相制约中的互相监督,只能是专门机关监督的必要补充。把两种监督结合起来,是完成刑事诉讼任务的需要。此外,人民检察院在刑事诉讼中的法律监督与监察监督也不同。前者的监督对象是参加刑事诉讼活动的司法机关,监督的范围是司法机关在刑事诉讼中是否依法办案,监督的目的是保证在刑事诉讼中正确有效地执行法律,实现诉讼任务。这种监督的依据是刑事诉讼法,其结果是程序性的法律实施。而后者监督的对象是所有行使公权力的公职人员，监督的范围是监督对象在履行职务中是否违法及廉洁从政、道德操守等情况，监督的目的是保证所有行使公权力的公职人员正确行使权力，确保权力不被滥用，其结果是引起对构成职务违法职务犯罪的被监督对象追究法律责任。

人民检察院对刑事诉讼的法律监督贯穿于刑事诉讼的全过程，概括起来主要体现在以下四个方面：一是立案监督。人民检察院认为公安机关应当立案侦查的案件而不立案侦查的，或者被害人认为公安机关对应当立案侦查的案件而不立案侦查，向人民检察院提出的，应当要求公安机关说明理由；人民检察院认为其立案理由不能成立的，有权通知公安机关立案，公安机关接到通知后应当立案。二是侦查监督。人民检察院审查逮捕、起诉时，应当审查公安机关的侦查活动是否合法，发现违法情况，应当通知公安机关纠正，公安机关应当将纠正情况通知人民检察院；人民检察院还可以根据需要，派员参加公安机关对重大案件的讨论和其他侦查活动，发现有违法情况，有权要求纠正。值得注意的是《刑事诉讼法》第 117 条对当事人、辩护人、诉讼代理人和利害关系人的权利救济范围以及检察院的监督权作了专门规定：(1)采取强制措施法定期限届满，不予以释放、解除或者变更的；(2)应当退还取保候审保证金不退还的；(3)对与案件无关的财物采取查封、扣押、冻结措施的；(4)应当解除查封、扣押、冻结不解除的；(5)贪污、挪用、私分、调换、违反规定使用查封、扣押、冻结的财物的。受理申诉或者控告的机关应当及时处理。对处理不服的，可以向同级人民检察院申诉；人民检察院直接受理的案件，可以向上一级人民检察院申诉。人民检察院对申诉应当及时进行审查，情况属实的，通知有关机关予以纠正。三是审判监督。人民法院审判公诉案件，人民检察院应当派员出庭支持公诉，并对审判活动是否合法进行监督；人民检察院发现人民法院审判案件违反法定程序的，有权提出纠正意见；认为人民法院的判决、裁定有错误时，有权依法抗诉。四是执行监督。人民检察院发现执行机关执行刑罚的活动有违法情况时，应当通知执行机关纠正；如果认为人民法院的减刑、假释裁定不当的，有权提出书面纠正意见，人民法院应当在法定期限内重新审查。

贯彻法律监督原则，具有重要意义：保证在刑事诉讼中准确而有效地执行法律；防止滥用司法权，维护法制的权威性；保证准确地惩罚犯罪，有效地保障人权，实现刑事诉讼的任务。

八、各民族公民有权使用本民族语言文字进行诉讼原则

《刑事诉讼法》第 9 条规定："各民族公民都有用本民族语言文字进行诉讼的权利。人民法院、人民检察院和公安机关对于不通晓当地通用的语言文字的诉讼参与人，应当为他们翻译。在少数民族聚居或者多民族杂居的地区，应当用当地通用的语言进行审讯，用当地通用的文字发布判决书、布告和其他文件。"这一规定确立了使用本民族语言文字进行诉讼的原则，是我国宪法关于"各民族一律平等""各民族都有使用和发展自己的语言文字的自由"的规定在刑事诉讼中的具体体现。

这一原则主要包括以下内容：

(1) 各民族公民在刑事诉讼中,无论是当事人还是其他诉讼参与人,都有权使用本民族的语言文字进行诉讼。各民族公民在刑事诉讼中,有权使用本民族的语言进行陈述、回答提问、发表意见、进行辩论;有权用本民族的文字书写诉状、证词、供述和辩解、鉴定结论,以及其他有关意见或材料。

(2) 司法机关应使用当地通晓的语言、文字进行诉讼。如果诉讼参与人不通晓当地语言、文字,司法机关要为他们提供翻译。这一规定,不仅适用于我国的少数民族公民,而且适用于在少数民族地区参与诉讼的汉族公民,也适用于在我国参加诉讼的外国公民和无国籍人。

(3) 在少数民族聚居或者多民族杂居的地区,对案件的审理应当用当地通用的语言进行;起诉书、不起诉书、判决书、裁定书及其他诉讼文书,应当用当地通用的一种或几种文字;对于不通晓当地通用文字的诉讼参与人,向其送达的诉讼文书应当用他所通晓的文字,或者聘请翻译人员为其翻译诉讼文书的内容。

贯彻实施本原则具有重要意义。首先,有利于贯彻民族平等政策,加强民族团结,增强民族凝聚力;其次,有利于保障各民族的诉讼参与人能够平等地享有和充分行使各项法定的诉讼权利;第三,有利于及时查明案件事实,正确处理案件,保证诉讼的顺利进行;最后,有利于保证人民法院实现公开审判,有利于接受群众监督,加强对少数民族公民进行法制宣传教育,增强其法制观念。

贯彻本原则要求:(1)司法人员必须牢固树立民族团结的思想,克服大汉族主义和狭隘民族主义思想,在刑事诉讼中,坚决反对任何妨碍民族团结的行为。(2)必须大力加强对少数民族地区本民族司法干部的培养。这是实现民族平等的需要,也是保证刑事诉讼顺利进行,保证案件质量的需要。(3)在少数民族地区的司法机关中,应当配置或聘请适当的翻译人员,以保证诉讼的需要,保证司法机关和当地群众联系的需要。

九、未经审判不得定罪原则

《刑事诉讼法》第 12 条规定:“未经人民法院依法判决,对任何人都不得确定有罪。”这一规定确立了未经审判不得定罪原则。该原则吸收了西方无罪推定原则的合理内核,是对我国刑事诉讼制度的重大发展,体现了社会主义法制原则的精神。

未经审判不得定罪原则主要包括以下基本内容:

(1) 确定被告人有罪的权力由人民法院统一行使。对被告人的被控行为进行审理,并依法确认是否有罪,所犯何罪以及科处相应刑罚是审判权的固有之义,也是世界各国的立法通例。人民法院是我国法定的唯一审判机关,代表国家统一行使审判权。因此,由人民法院统一行使定罪权是其性质所决定的。

(2) 在人民法院依法作出的有罪判决发生法律效力之前,不得将任何人确定有罪。在刑事诉讼中,被追究刑事责任者,在被起诉到法院之前,都是处于犯罪嫌疑人的地位,而不是罪犯。在被起诉到法院后,是处于被告人的地位,只有被人民法院作了有罪判决后,才成为罪犯。

(3) 人民法院判决被告人有罪，必须严格依照法定程序进行公开、公正的审理，并给予被告人一切辩护上所需的保障。在法庭审理过程中，充分听取被告人及其辩护人的辩护意见，保障被告人的质证权，在获得确实可靠的证据的基础上对被告人作出是否有罪的裁决。

为了贯彻这一原则，我国刑事诉讼法在以下方面进行了规定和调整。一是改变了被刑事追诉者的称谓，区分犯罪嫌疑人和刑事被告人。公诉案件在提起公诉前将被追诉者称为犯罪嫌疑人，提起公诉后称为刑事被告人，同时取消了“人犯”这一明显带有有罪推定色彩的称谓，体现了科学合理性。二是取消了免予起诉制度。免予起诉是人民检察院对刑事追诉者作出的定罪免罚决定，其性质是有罪决定。这一规定使得检察机关拥有定罪权，侵犯了审判机关的定罪权的唯一性。取消免予起诉制度符合未经人民法院审判不得定罪原则。三是明确了举证责任由控方承担。控方指控被告人有罪，必须承担相应的举证责任。被告人一般不承担证明自己无罪的责任，不得因被告人不能证明自己无罪而推定其有罪。四是确定了疑罪从无原则。法律从两个方面对疑罪从无原则作了规定：在审查起诉阶段，对于经过两次补充侦查的案件，检察机关仍然认为证据不足不符合起诉条件的，应当作不起诉的处理；在审判阶段，对于证据不足，不能认定被告人有罪的，人民法院应当作出证据不足，指控的犯罪不能成立的无罪判决。《刑事诉讼法》第 52 条规定，严禁刑讯逼供和以威胁、引诱、欺骗以及其他非法方法收集证据，不得强迫任何人证实自己有罪。这些规定，突出地体现了无罪推定的精神。

贯彻未经审判不得确定有罪原则，有利于在刑事诉讼过程中区分犯罪嫌疑人、被告人和罪犯的不同诉讼地位；有利于保障公民合法权益；有利于体现诉讼民主、诉讼文明；有利于实现诉讼公正。

十、保障诉讼参与人依法享有诉讼权利原则

《刑事诉讼法》第 14 条规定：“人民法院、人民检察院和公安机关应当保障犯罪嫌疑人、被告人和其他诉讼参与人依法享有的辩护权和其他诉讼权利。”此法条将犯罪嫌疑人、被告人独立出来加以强调，凸显了对犯罪嫌疑人、被告人人权的尊重和保障。“诉讼参与人对于审判人员、检察人员和侦查人员侵犯公民诉讼权利和人身侮辱的行为，有权提出控告。”这一法律规定确立了我国刑事诉讼中保障诉讼参与人依法享有诉讼权利的原则。

保障诉讼参与人诉讼权利原则包括三个方面的内容：第一，人民法院、人民检察院和公安机关对所有诉讼参与人依法享有的诉讼权利，都应当给予保障。刑事诉讼并非专门机关单方面的活动，它有赖于诉讼参与人的共同参与。诉讼参与人都以不同的方式参与刑事诉讼活动。由于他们参加诉讼的法律关系不同，《刑事诉讼法》赋予各种诉讼参与人的权利也不同。保障诉讼参与人依法享有的诉讼权利，是揭露犯罪、证实犯罪、保障刑事诉讼顺利进行的必要条件。司法机关只有充分保障诉讼参与

人行使法定权利，才能保证正确地实现自己的诉讼任务。第二，对于未成年的犯罪嫌疑人、被告人的诉讼权利，依法应当给予特别的保护。《刑事诉讼法》第 281 条规定，“对于未成年人刑事案件，在讯问和审判的时候，应当通知未成年犯罪嫌疑人、被告人的法定代理人到场”。由于生理和心理等方面的原因，未成年人往往缺乏充分、合理地行使其诉讼权利的能力，这不仅会妨碍诉讼的顺利进行，也会影响到对未成年的犯罪嫌疑人、被告人的合法权益的保护。因此，在诉讼中，应当尽可能地通过各种途径来保障其合法权益的实现。第三，赋予诉讼参与人控告权。诉讼参与人在刑事诉讼过程中，如果遭受审判人员、检察人员和侦查人员对其诉讼权利、人身权利的侵犯，有权提出申诉和控告。这是赋予诉讼参与人采取法律手段维护自己合法权益的权利。

保障诉讼参与人依法享有的诉讼权利，具有重要的意义：实行这一原则是程序公正的必然要求，是司法文明的重要标志，也是社会主义民主和法制在刑事诉讼中的体现；实行这一原则，才能发挥诉讼参与人参加诉讼的积极性，协助司法机关查明犯罪、惩罚犯罪，保障当事人和其他诉讼参与人实体合法权益的实现；通过保障诉讼参与人依法享有的权利，有利于实现诉讼结果的公正，防止冤枉无辜，同时在诉讼过程中能够实现对诉讼参与人的人格尊重，有利于实现惩治犯罪与保障人权的统一。

在刑事诉讼中，切实贯彻保障诉讼参与人依法享有的诉讼权利原则必须做到以下两点：(1)审判人员、检察人员和侦查人员应当详尽告知义务，即应当详尽告知诉讼参与人依法享有的诉讼权利。我国现阶段公民的法律知识较为有限，作为刑事诉讼参与人，其法律知识也是有限的，如果不告知他们享有哪些法定诉讼权利，何时可以行使有关诉讼权利，他们的合法权利可能就不能及时行使，其合法权益可能得不到有效保护，势必影响整个诉讼的进程和诉讼任务的完成。(2)司法机关应当为诉讼参与人行使诉讼权利提供必要的便利和条件，不得故意刁难和妨碍诉讼参与人行使诉讼权利。例如，《刑事诉讼法》第 35 条规定，犯罪嫌疑人、被告人是盲、聋、哑人，或者是尚未完全丧失辨认或者控制自己行为能力的精神病人，没有委托辩护人的，人民法院、人民检察院和公安机关应当通知法律援助机构指派律师为其提供辩护。

十一、认罪认罚从宽原则

《刑事诉讼法》第 15 条规定："犯罪嫌疑人、被告人自愿如实供述自己的罪行，承认指控的犯罪事实，愿意接受处罚的，可以依法从宽处理。"这一法律规定确立了我国刑事诉讼中认罪认罚从宽原则。认罪认罚从宽，既作为一项基本诉讼原则，又是一项全新的刑事诉讼制度。适用此项制度的案件，由于控辩双方就指控事实、罪名不存在争议，审理的对抗性显著降低，可以在保证司法公正的前提下尽量简化处理，提高诉讼效率。

认罪认罚从宽制度既是实体法上的制度，也是诉讼法上的制度。主要包括“认罪”“认罚”“从宽”三方面的内容：“认罪”是指犯罪嫌疑人、被告人自愿、如实供述自己的罪行，对指控的犯罪事实没有异议。“认罚”是指明确表示愿意接受司法机关给予的刑法等处罚。从宽是指对于认罪认罚的犯罪嫌疑人、被告人，可以依法从宽处理。从宽既包括实体法上的从宽，如自首、坦白等情节的认定以及从宽幅度的认定，还包括适用轻缓的程序性处理，或是适用更为便利的诉讼程序。

贯彻认罪认罚从宽原则具有重要意义：(1)有利于宽严相济的刑事政策具体化、制度化，(2)有利于被追诉对象的人权保障；(3)有利于合理配置司法资源，实现司法公正和效率的统一；(4)有利于探索形成新的非对抗式的诉讼格局；(5)有利于推动以审判为中心的刑事诉讼制度改革。

认罪认罚从宽原则在刑事诉讼中的具体体现：(1)侦查阶段设置了告知程序。要求侦查人员在讯问时告知犯罪嫌疑人享有的诉讼权利，如实供述自己罪行可从宽处理和认罪认罚的法律规定；犯罪嫌疑人自愿认罪的，应当记录在案，随案移送并在起诉意见书中写明有关情况。(2)在审查逮捕阶段，要求在考虑逮捕的社会危险性时，应当将犯罪嫌疑人、被告人是否认罪认罚的情况考虑在内。(3)在审查起诉阶段，规定了认罪认罚从宽的权利告知，检察机关应当告知犯罪嫌疑人享有的诉讼权利和认罪认罚的法律规定，并且听取犯罪嫌疑人、辩护人或者值班律师、被害人及其诉讼代理人的意见；规定了犯罪嫌疑人自愿认罪，同意量刑建议和程序适用的，应当在辩护人或值班律师在场的情况下签署认罚具结书；规定了犯罪嫌疑人认罪认罚的，检察机关应当提出量刑建议，并随案移送认罪认罚具结书等材料。(4)在审判阶段，规定了告知权利和审查重点，审判长应当告知被告享有的诉讼权利和认罪认罚的法律规定，审查认罪认罚的自愿性和认罪认罚具结书内容的真实性、合法性；认罪认罚案件，人民法院依法作出判决时，一般应当采纳人民检察院指控的罪名和量刑建议。此外，刑事诉讼法还增设了速裁程序，加上原有的普通程序、简易程序，以认罪认罚制度体系化构建过程中形成了多元化的诉讼程序。

贯彻认罪认罚从宽原则要求：第一，要坚持贯彻宽严相济的刑事政策。充分、全面考虑被追诉人的人身危险性及犯罪行为的社会危害性，结合认罪认罚具体情况，严格确定是否从宽、从宽幅度，做到“该宽则宽，该严则严，宽严相济”。第二，要坚持罪刑相适应原则。依据犯罪的事实、情节及后果，提出符合法律规定的量刑建议，准确裁量，确保刑罚的程度与犯罪嫌疑人、被告人所犯罪行相适应。第三，要坚持证据裁判原则。认罪的情形与从宽量刑的幅度，必须以案件事实为依据，证据是认定案件必不可少的条件，必须依照法律收集、固定证据，严格审查、认定证据。

十二、具有法定情形不予追究刑事责任原则

刑事诉讼法确立了具有法定情形的不予追究刑事责任原则。《刑事诉讼法》第16条规定：“有下列情形之一的，不追究刑事责任，已经追究的，应当撤销案件，或者不起诉，或者终止审理，或者宣告无罪。”依法不追究刑事责任的情形有如下六种：

(1) 情节显著轻微，危害不大，不认为是犯罪的。犯罪的显著特征在于社会危害性，有些行为虽然具有社会危害性，但性质不严重，情节显著轻微，危害不大，没有达

到构成犯罪的程度,不应追究刑事责任,也就没有必要进行追诉。

(2) 犯罪已过追诉时效期限的。法律规定对已过追诉时效期限的不再追究刑事责任,是因为犯罪经过一定期限后,犯罪分子对社会已无危害,没有必要再追究其刑事责任。但是,人民法院、人民检察院和公安机关已经采取强制措施,而逃避侦查和审判的,不受追诉时效的限制。

(3) 经特赦令免除刑罚的。指虽然确有犯罪事实存在,但国家颁布了特赦令,不再予以追究犯罪人的刑事责任。特赦是国家针对特殊的罪犯赦免其刑罚的制度,特赦令具有特别法的效力。根据我国《宪法》第 67 条规定,全国人民代表大会常务委员会有权决定特赦,特赦可以减轻或者免除罪犯的刑罚。当最高国家权力机关已经发布特赦令,公、检、法机关就应当根据特赦令不再追究。

(4) 依照刑法告诉才处理的犯罪,没有告诉或者撤回告诉的。根据我国刑法规定,告诉才处理的犯罪有:侮辱罪、诽谤罪、暴力干涉婚姻自由罪、虐待罪、侵占罪。这些犯罪以被害人的告诉作为追究刑事责任的前提条件,被害人及其法定代理人没有告诉或者告诉后又撤回的,则不予追究刑事责任。

(5) 犯罪嫌疑人、被告人死亡的。指被告人在追诉前或在诉讼过程中已经死亡的。我国刑法实行罪责自负原则,被告人既然已经死亡,已无科刑对象,再继续追究其刑事责任就无实际意义。

(6) 其他法律规定免予追究刑事责任的。指除了刑事诉讼法和刑法规定的以外,其他法律中规定免予追究刑事责任的,人民法院、人民检察院和公安机关应当依法不予追究。

贯彻依法不予追究的原则,应当根据案件的不同情况和诉讼的不同阶段作出不同的处理。在立案前的审查中,如果发现存在上述六种情形之一的,作出不立案的决定。在立案后的诉讼过程中,发现案件具有上述六种情形之一的,应当根据相应的诉讼程序,作出相应的处理,终止诉讼活动。在侦查阶段应由侦查机关决定撤销案件;在审查起诉阶段,应由检察机关作出不起诉的决定;在审判阶段,属于《刑事诉讼法》第 16 条规定的第一种情形的或者被告人死亡,但根据已经查明的案件事实和认定的证据材料能够证明被告人无罪的,应当判决宣告无罪,属于其他情形的,应当裁定终止审理,宣告不予追究刑事责任。

实行依法不追究原则,可以保障国家追诉权能够得到统一正确的行使,防止扩大追诉范围,保障依法不应追究刑事责任的人不被追究,从而保护公民的合法权益。此外,实行依法不追究原则,也可以避免司法机关进行无效劳动,节省司法资源,提高诉讼效率。

十三、刑事司法国家主权原则

《刑事诉讼法》第 17 条规定:“对于外国人犯罪应当追究刑事责任的,适用本法的规定。对于享有外交特权和豁免权的外国人犯罪应当追究刑事责任的,通过外交途径解决。”这一规定确立了刑事司法国家主权原则，也是国家主权原则在刑事诉讼中的具体体现。

刑事司法国家主权原则，也叫追究外国人刑事责任适用我国刑事诉讼法的原则。其主要内容包括以下两个方面：

(1) 外国人在我国领域内犯罪，或在我国领域外对我国国家和公民犯罪的，凡应当追究刑事责任的，应由我国司法机关依照我国刑事诉讼法规定的程序进行追究。

这里的外国人，是指不具有中华人民共和国国籍的人，包括具有外国国籍的人，无国籍的人和国籍不明的人。外国人的“犯罪”，包括在我国主权领土范围内（领空、领陆、领水及我国的船舶、飞行器等）的犯罪，也包括在我国主权领土范围外针对我国及我国公民的犯罪。适用我国刑事诉讼法的程序，是指我国的司法机关对于外国人犯罪有司法管辖权，即立案侦查权，适用强制措施权、审判权和执行权。

(2) 对享有外交特权和豁免权的外国人犯罪应当追究刑事责任的，通过外交途径解决。这一规定是保证某些从事外交工作的外国人执行职务的需要，也是国际惯例和国与国之间平等互惠原则的要求。

根据 1986 年 9 月 5 日公布施行的《中华人民共和国外交特权与豁免权条例》的规定，享有外交特权和豁免权的人包括：外国驻中国使馆的外交代表以及他们的家属；来中国访问的外国国家元首、政府首脑、外交部长及其他具有同等身份的官员；途经中国的外国驻第三国的外交代表和与其共同生活的配偶及未成年子女；持有中国外交签证或者持有外交护照来中国的外交官员；经中国政府同意给予外交特权和豁免权的其他来中国访问的外国人士。

刑事司法国家主权原则，体现了我国作为一个独立主权的国家在司法管辖方面的独立性和尊严，有利于维护国家和公民的利益，维护国家主权和民族尊严；同时该原则要求对享有外交特权和豁免权的外国人予以特殊对待，符合国际惯例，有利于维护国家之间的平等互惠的原则，有利于开展和保持国家间的正常交往与和睦相处。

贯彻刑事司法国家主权原则，要求司法机关做到以下两个方面：一是对于外国人犯罪的案件，凡是依法有管辖权的，应当敢于行使司法管辖权，严格按照我国的法律规定，以及我国参加的国际条约的规定，认真追究其刑事责任，通过公正的诉讼程序来维护国家刑事司法主权。二是凡是属于享有外交特权和豁免权的人的犯罪案件，我国司法机关不得以任何借口行使刑事司法管辖权，只能通过外交途径解决。同时，对于任何国家，无论强弱、大小，都应同等对待。

第三节　国际通行的刑事诉讼基本原则

与我国刑事诉讼基本原则有很大区别的是，国外大多数国家在刑事诉讼法中并没有明确规定刑事诉讼基本原则，但这些基本原则却体现在有关刑事诉讼程序规定的字里行间,有一部分则体现在宪法、人权法或其他有关法规中。因此,对于国际通行的刑事诉讼基本原则而言,目前并没有明确统一的规定。其中,被当今世界大多数国家刑事诉讼立法和司法所奉行,同时被国际法律文件所确认的刑事诉讼原则中,最具代表性的便是联合国刑事司法准则。

联合国刑事司法准则,是由联合国通过国际法律文件的形式确认的,在刑事司法中应当遵循的基本准则,有的法律文书称为"国际刑事司法最低限度准则"。其宗旨在于促使世界各国在行使刑事司法权的过程中,一方面保障有效地追究犯罪,惩罚犯罪;另一方面保障司法公正,维护人权。其中,保障人权是联合国刑事司法准则的核心内容和侧重点。

联合国的刑事司法准则为世界各国打击犯罪、维护人权,甚至各国的刑事司法改革都提供了十分宝贵和重要的参考和标准,得到世界上大多数国家的普遍认可和推行。联合国制定的涉及犯罪和刑事司法内容的国际文件,有些性质上是国际公约,按照国际法上"条约必须遵守"的原则,凡签署、批准和加入的国家均有采取有效的立法、行政、司法或其他措施在本国实行的法律义务,有些则属于原则性的宣言或声明,签字国应当在本国立法和习惯法范围内考虑和尊重这些原则。结合联合国刑事司法准则和世界各国有关立法及司法实践的情况,在国际刑事诉讼中普遍适用的基本原则主要有:程序法定原则、司法独立原则、无罪推定原则、有效辩护原则、平等对抗原则、诉讼及时原则、禁止重复追究原则、国家追诉原则等。

一、程序法定原则

程序法定原则,又称为"程序法制原则",包括两层含义:一是立法方面的要求,即刑事诉讼程序应当由法律事先明确规定;二是司法方面的要求,即刑事诉讼活动应当依据国家法律规定的刑事程序来进行。

程序法定原则是现代法治国家对刑事诉讼的基本要求,旨在将刑事诉讼活动纳入法治的轨道,以防止国家专门机关滥用职权,保证刑事诉讼的民主性、公开性,从而顺利实现刑事诉讼的目的和任务。

在外国刑事诉讼中,程序法定原则在立法和司法上得到广泛的确立和适用。在大陆法系国家,如法国将程序法定原则界定为:"只有法律才能确定负责审判犯罪人的机关以及它们的权限,确定这些法院应当遵循什么样的程序才能对犯罪人宣告无罪或者作出有罪判决。所有这一切,都要由立法者细致具体地作出规定。"[①]法国1789年《人权宣言》第7条规定:"除非在法律规定的情况下,并按照法律所规定的程序,不得控告、逮捕和拘留任何人。"1791年法国宪法对此加以确认,并陆续被欧洲大陆国家所吸收。例如德国基本法第1—20条,可以直接推导出法制国家程序原则,即

① [法]卡斯东·斯特法尼等:《法国刑事诉讼法精义》,罗结珍译,中国法制出版社1999年版,第10页。

程序法定原则。[1]在英美法系国家，刑事程序法定原则具体表现为“正当程序”原则，其基本含义为：“除非事先经过依据调整司法程序的既定规则进行的审判，任何人不得被剥夺生命、自由、财产或者法律赋予的其他权利。”[2]刑事程序法定原则不仅为多数国家遵循，也得到联合国文件的认可，成为国际社会的法律准则。联合国《公民权利和政治权利国际公约》第9条第1款规定：“每个人都享有人身自由与安全的权利，任何人不得被任意逮捕或羁押，除非依据法律所规定的理由并遵守法定的程序任何人不得被剥夺自由。”由此可见，无论大陆法系国家还是英美法系国家，大多数在宪法或者宪法性文件中规定了程序法定原则。

在刑事诉讼领域贯彻刑事法定原则，按照各国立法与实践，要求做到以下几个方面：

首先，国家应保证刑事诉讼程序法定化。以法律的形式明确各诉讼主体在诉讼中的法律地位，所承担的诉讼职能，所享有的诉讼权利和负有的诉讼义务；科学地建构刑事诉讼的结构，正确处理控诉、辩护、审判三种诉讼基本职能间的相互关系；适当界定警察、检察、法院各国家专门机关之间的职权分工，合理配置司法资源；严密地设置诉讼程序，使各个诉讼环节、各项诉讼活动都有法可依、有章可循。

其次，各司法机关和诉讼参与人都要严格按照法律规定诉讼程序进行或参与刑事诉讼。在刑事诉讼中严格执行刑事实体法和刑事程序法，在遵守法律程序和探求实体真实发生碰撞时，坚持合法性优先，不允许以办案需要为借口违反法律。禁止刑讯逼供、非法搜查、非法拘禁。

第三，确立制裁性措施，明确违反法定程序所要承担的法律后果。刑事诉讼中贯彻程序法定原则，必须以制裁违法为后盾。例如，非法获取的证据不得作为定案的根据；违反法律程序办案要承担撤销判决或者败诉的法律后果等。

最后，建立必要的诉讼监督制约机制。为保障法律程序的遵守，需要建立切实有效的诉讼监督制约机制。例如，司法机关对执法机关权利行使的监督，法官审查签署逮捕令、搜查令制度，司法审查制度等。

二、司法独立原则

司法独立作为现代法治的一项基本原则，源于资产阶级启蒙思想中的三权分立学说。即国家权力分为立法权、行政权、司法权，由议会、总统（或内阁）、法院分别独立行使，彼此分立，互相制约。按照西方学者的解释，司法独立原则的基本含义包括两个方面：一方面，指司法权相对于国家立法权和行政权是分离和独立的，法院作为司法机关依法独立行使司法权，不受其他权力机关的干预；另一方面，法官审判案件时，其作为个体也是独立的，只依照法律和良心，独立对案件作出判决，不受任何机关

① [德]赫尔曼：《德国刑事诉讼法典》，李昌珂译，中国政法大学出版社1995年版，第12页。

② 参见《布莱克法律词典》“due process”条。

和人员的干预。

司法独立原则为各国宪法和法律所认可。法国 1791 年宪法规定，在任何情况下，司法权不得由议会和国王行使。德国 1919 年和 1949 年的基本法都规定，司法权赋予法官，司法权由法院行使，法官具有独立性，只服从于法律。美国联邦宪法第 3 条第 1 项规定："合众国的司法权属于最高法院及国会随时制定与设立的下级法院。"联合国文件规定的国际司法准则中也确立了这一对法治国家具有普遍意义的原则。

在刑事诉讼程序中，司法独立原则具体包括以下要求：第一，法院在刑事诉讼过程中行使司法职权的独立性。法院在行使司法权处理案件的过程中，不受立法机关、行政机关等的干预。法院作为司法机关，除了依据法律之外，不受任何外来力量的干预，在行使司法权的过程中始终是独立的。第二，法官办理刑事案件的独立性。法官在依法行使其司法权的过程中，相对于其同事、上级、上级法院的法官及所属的法院而言是独立的，即法官在审理案件的过程中，在作出司法裁判时不受其同事、上级、上级法院法官或者其所属法院系统的控制和干预，拥有独立的职权。

司法独立作为各国公认并为国际司法准则所规定的原则，是国家权力制衡理念的反映，是诉讼规律的体现，也是使刑事程序保持诉讼格局、实现诉讼公正的基本保障。为了保证法院和法官独立行使司法权，许多国家还采取一系列措施和制度。首先是法院的组织机构独立，即司法机关与立法和行政机关分开，自成体系，互不隶属；其次是实行法官终身任职制，法官高薪制，赋予法官司法豁免权等，为法官的身份和生活提供保障，解除其后顾之忧，以利其独立行使审判权。

三、无罪推定原则

无罪推定原则，指刑事诉讼中任何被怀疑犯罪或者受到刑事指控的人在未经司法程序最终确定有罪之前，在法律上应推定或假定其无罪，或者说不得被认定为有罪的人。无罪推定原则是现代各国刑事司法通行的重要原则，也是联合国在刑事司法领域制定和推行的最低限度标准之一。

无罪推定是针对封建专制制度下纠问式刑事诉讼中的有罪推定而言的，最早提出无罪推定思想的是 18 世纪中叶意大利著名法学家贝卡利亚。他在《论犯罪与刑罚》一书中指出："在法官判决之前，一个人是不能被称为罪犯的，只要还不能断定他已经侵犯了给予他公共保护的契约，社会就不能取消对他的公共保护。"①其后，无罪推定原则为资产阶级革命后的许多国家接受。在英美法系刑事程序中，无罪推定存在于证实任何犯罪的过程中。在大陆法系国家，也普遍确立了该原则。法国 1789 年《人权宣言》第 9 条规定："任何人在未经判罪前均应假定无罪。"意大利 1947 年宪法第 27 条规定："被告人在最终定罪之前，不得被认为有罪。"该项原则还被联合国法律文件所确认。1948 年联合国《世界人权宣言》第 11 条第 1 项规定："凡受刑事控告

① [意]贝卡利亚：《论犯罪与刑罚》，黄风译，中国大百科全书出版社 1993 年版，第 31 页。

者，在未经依法公开审判证实有罪之前，应视为无罪，审判时须予以答辩上所需之一切保障。”其首次在世界范围内为贯彻无罪推定原则提供了法律依据。1976 年生效的联合国《公民权利和政治权利国际公约》第 14 条第 2 项规定：“受刑事控告之人，未经依法确定有罪之前，应假定其无罪。”再次确认了无罪推定原则。

为了在刑事诉讼中切实贯彻无罪推定原则，许多国家的法律和国际公约提出了保障被告人诉讼权利的具体要求和措施，主要有以下几项：

第一，证明被告人有罪的责任由控告方承担，被告人没有证明自己无罪的义务。如果控告方不能证明被告人有罪，则应判决被告人无罪。第二，被告人有权拒绝陈述，即享有沉默权。司法机关既不能强迫被告人证明自己有罪，也不能因为被告人沉默而认定其有罪。第三，证明被告人有罪的证据不充分时应作出对被告人有利的解释，对被告人按无罪处理，即疑罪从无。第四，最终确定被告人有罪，只能是法院依照公开的、正当的程序，并在“审判时须予以答辩上所需之一切保障”的前提下作出的。

四、有效辩护原则

现代各国宪法和法律均规定被告人有辩护权，使被告人获得有效辩护成为各国刑事诉讼的一项重要原则。

辩护原则，是在确认犯罪嫌疑人、被告人辩护权的基础上，要求刑事诉讼活动体现和保障这一权利的诉讼原则。所谓有效辩护原则，主要包括以下几层含义：一是犯罪嫌疑人、被告人作为刑事诉讼的当事人在诉讼过程中应当享有充分的辩护权；二是应当允许犯罪嫌疑人、被告人聘请合格的能够有效履行辩护义务的辩护人为其辩护，包括审前阶段的辩护和审判阶段的辩护，甚至还包括执行阶段提供的法律帮助；三是国家应当保障犯罪嫌疑人、被告人自行辩护权的充分行使，设立法律援助制度确保犯罪嫌疑人、被告人获得律师的帮助。

有效辩护原则的确立，是人类社会文明、进步在刑事诉讼中的体现。有效辩护原则已经为各国宪法和刑事诉讼法普遍确认，成为刑事诉讼中一项基本原则。英国 1679 年《人身保护法》规定，被告人有答辩权。美国宪法第六修正案规定，在一切刑事诉讼中，受追诉方有权取得律师的帮助为其辩护。德国刑事诉讼法以专章的形式对辩护进行了规定，如德国刑事诉讼法第 137 条规定，被指控人可以在程序的任何阶段委托辩护人为自己辩护。此外，有效辩护原则在国际司法文件中也有体现。联合国《公民权利和政治权利国际公约》第 14 条规定：“在判定对他提出的任何刑事指控时，人人完全平等地有资格享受以下的最低限度保证……有相当的时间和便利准备他的辩护并与他自己选择的律师联络……”

有效辩护原则的确立是与先进的诉讼理念和诉讼构造紧密相联的，反映了人权保障的理念，体现了诉讼的文明进步。有效辩护原则成为维护犯罪嫌疑人、被告人人权的重要途径，随着诉讼法治的进步，有效辩护原则在以下方面得到进一步的发展：第一，辩护律师介入诉讼的时间大大提前。目前，各国普遍允许被告人或犯罪嫌疑人自被采取强制措施起,便有权聘请律师并获得法律帮助。例如,法国刑事诉讼法第63条规定,拘留20小时以后,被拘留人可以要求会见律师,律师可以在秘密得以保守的条件下会见被拘留人,律师可以向司法警官了解正在侦查的罪案性质。第二,明确规定被告人有获得法律帮助的权利。如果被告人因为经济困难或其他原因没有委托律师,要为其指定律师提供法律援助。如法国刑事诉讼法规定,如果被拘留人无法选定律师,或者无从与选定的律师取得联系,被拘留人可以要求律师公会会长为其指定一名律师。被拘留人的此项要求应该以一切方法毫不迟延地通知律师公会会长。

五、平等对抗原则

平等对抗原则又称“手段同等原则”,指对待被告人“在原则上应当如同对刑事追究机关一样予以平等地对待”。①

在古代弹劾式诉讼制度中,原告与被告处于平等对抗的地位,双方可以平等地进行辩论。但在封建纠问式诉讼中,控审不分并且实行有罪推定,被告人沦为诉讼客体,是刑讯逼供的对象,毫无诉讼地位可言,平等对抗原则不复存在。资产阶级的抗辩式诉讼,特别是英美法系的当事人主义诉讼模式,使得平等对抗原则得到充分的发展。在英美法系中,对人权的保障和对程序公正的追求,是其诉讼价值的主要取向。在英美法系的刑事诉讼中,被告人是执行诉讼辩护职能享受诉讼权利的一方当事人,是诉讼的主体;公诉人代表国家,被视为执行控诉职能的另一方当事人,与被告人处于对抗的平等地位,也是诉讼主体;法官是中立的裁判者,平等地对待控辩双方。被告人和公诉人在法庭审理过程中,诉讼地位完全平等,任何一方也不能凌驾于另一方之上,双方在平等的前提下,进行控诉和辩护的对抗。法官在听取控辩双方充分的论证和辩护的基础上依法进行裁判。随着世界范围内人权保障思想的广泛重视,平等对抗原则也逐渐被大陆法系国家接受,如德国刑事诉讼法即遵循“手段同等原则”,要求对于被告人,在原则上应当如同对待刑事追究机关一样予以平等对待。联合国的刑事司法准则也吸收了平等对抗原则,如联合国《公民权利和政治权利国际公约》第14条第3款规定,审判被控刑事罪时,被告得亲自或者间接诘问他造证人,并得申请法院传唤其证人与他造证人同等条件下出庭作证,在法庭上有权在同等条件下询问对他有利或不利的证人。

平等对抗原则的基本含义主要包括两个方面:一是控辩双方诉讼地位平等,都是诉讼当事人,任何一方不能凌驾于对方之上;二是控辩双方在平等的基础上进行对抗,即控诉方与辩护方在法庭审判中围绕被告人有罪与无罪、罪重与罪轻、证据是否充分、事实能否认定等问题,充分行使法律赋予的诉讼权利。

平等对抗原则主要体现在刑事诉讼中控辩平衡的要求上,在司法实践中主要适

① [德]赫尔曼:《德国刑事诉讼法典》,李昌珂译,中国政法大学出版社1995年版,第12页。

用于审判阶段,对于侦查阶段则很难实现。平等对抗原则作为当事人主义诉讼模式的标志,在当今世界各国刑事诉讼中,英美法系国家的平等对抗色彩要比大陆法系国家更加充分和明显。

六、诉讼及时原则

英国有句法律格言:"迟来的正义为非正义。"(Justice delayed is justice denied.)迟来的正义之所以为非正义,并不是因为实体结论发生了错误或者造成了实体上的不公正,而是由于实体结论的过迟产生而造成了程序过程上的不公正。这种正义的迟到现象所损害的是司法裁判的及时性(timeliness)。因此,在现代程序法治中,诉讼及时原则成为刑事诉讼活动的一项基本原则,在大多数国家得到遵守。诉讼及时原则,指诉讼活动,包括审前活动和审判活动,都应当尽可能迅速地进行,避免一切不必要的拖延,使刑事案件得到及时处理的一项诉讼原则。所谓不必要的拖延,指该拖延时间的行为有损诉讼公正及造成不必要的资源浪费。因此,诉讼及时原则并非要求不计手段与后果,一味追求诉讼的快速进行。诉讼及时,旨在保障程序法得到遵守、人权得到维护、司法资源得到充分利用。

在大陆法系,法国、德国在刑事诉讼法中没有明确规定诉讼及时原则。不过,在其刑事诉讼法中,有多处提到并强制性规定了诉讼及时的要求。例如,法国刑事诉讼中关于各种拘禁人身措施及羁押审查的时间规定及各种其他期限的规定等都体现了该项原则的要求。德国刑事诉讼在审判程序中同样体现着诉讼及时性的要求,如在审判阶段必须遵循的审理不间断原则,就是对诉讼及时原则的具体体现。在英美法系国家,诉讼的及时性同样得到强调。美国联邦宪法第六修正案规定,在一切刑事诉讼中,被告有权由犯罪行为发生地的州和地区的公正陪审团予以迅速和公开的审判。美国联邦刑事诉讼规则第 2 条规定,本规则旨在为正确处理每一起刑事诉讼提供规则,以保证简化诉讼,公正司法,避免不必要的费用和延缓。诉讼及时原则作为一项保障人权与诉讼公正的准则,也为许多国际性法律文件所明文规定。联合国《公民权利和政治权利国际公约》第 9 条第 3 款规定:"任何因刑事指控被逮捕或拘禁的人,应被迅速带见审判官或其他经法律授权行使司法权力的官员,并有权在合理的时间内受审或在审判前释放……"第 14 条第 3 款(丙)项规定:"受审时间不被无故拖延。"可以说,诉讼及时原则的要求,已经得到国际社会的共识。

诉讼及时原则在各国刑事诉讼中的体现,主要包括以下几个方面:首先,是诉讼期间的规定。各国刑事诉讼法普遍规定了诉讼的期间,如侦查羁押期间、法庭审理期间、上诉期间等。这些期间的规定,一方面,能使办案机关在法律规定的可以预见的一定时间内办理刑事案件;另一方面,通过期间的规定,可以防止诉讼的拖延,而将诉讼限定在法律规定的期间之内。其次,是关于集中审理的规定。集中审理是对法院审判活动的及时性要求,也是两大法系普遍要求的原则。如法国刑事诉讼法第 307 条规定:"法庭审理不得中断,应当持续进行直到重罪法庭作出裁定,宣布审判结束为止。”第三，是建立完善的程序体系和各种简化程序的适用。(1)根据案件不同设立不同的程序；(2)对于比较简单的案件，设立相对简化的程序；(3)在普通程序中减少某些诉讼环节。这些关于程序体系和简化程序的做法，都是为了在最大限度保证诉讼公正的前提下，尽可能加大刑事程序的运作效率，以便在整体上体现诉讼的及时性。

诉讼及时原则在司法实践中具有重要意义。诉讼及时原则是诉讼中人权保障的内在要求，是诉讼公正的保障，更是实现效率价值的要求，有助于树立法律的权威和发挥刑事司法的教育和威慑功能。值得注意的是，强调诉讼及时原则，并不意味着诉讼程序的运转越快越好。过于急速的诉讼程序运作，可能造成司法人员和诉讼参与人无法充分而有效地参与整个诉讼过程，其合法权益也可能因此而受到忽视。同时，过于快速的诉讼也会对司法的公正形象造成严重的损害。因此，贯彻诉讼及时原则，要求司法程序的运作不能拖延，也不能一味求快，必须处于过于迟缓和过于急速之间的状态，走向任何一个极端都是违背诉讼及时原则要求的。

七、禁止重复追究原则(一事不再理与禁止双重危险)

禁止重复追究原则源于古罗马法律精神，在大陆法系国家的诉讼制度中称作“一事不再理”原则，强调维护确定判决的“既判力”；在英美法系国家称作“禁止双重危险”原则，强调任何人不得因同一行为而遭受两次不利。这一原则在联合国《公民权利和政治权利国际公约》中也得到确立，该公约第 14 条第 7 项规定：“任何人已依一国的法律及刑事程序被最后定罪或宣告无罪者，不得就同一罪名再予审判或惩罚。”

禁止重复追究原则的含义，在理论上存在颇多争议，在不同的国家也存在不同的解释。大陆法系国家“一事不再理原则”包括两层含义：一是法院对于任何已经生效裁判予以处理的案件，不得再行审判；二是对于所有已被生效裁判确定为有罪或无罪的被告人，法院不得再予审判或科刑①。

在大陆法系国家，一事不再理原则通常与裁判的既判力联系在一起。在法国，“以同一罪行不受两次审判”这一法律格言所表达的一事不再理思想，在 1791 年法国宪法中得到确认。在德国，一事不两罚原则为德国基本法第 103 条第 3 项所规定，具有宪法层次的地位，其字面含义是指禁止对同一犯罪行为处罚两次。可见，一事不再理原则已经成为大陆法系国家普遍适用的诉讼原则。其具有以下特点：(1)一事不再理原则是为各国宪法所普遍规定的宪法性原则，也是刑事诉讼的基本原则；(2)一事不再理原则总是以法院的生效裁判为前提的，只要存在法院的生效判决，就存在一事不再理原则的适用问题；(3)一事不再理原则的宗旨都是强调法的安定性。

英美法系国家普遍采纳禁止双重危险原则，要求被告人不得因同一罪行而受到两次起诉、审判和科刑。美国宪法第五修正案规定，任何人均不得因同一罪行而两次受到生命或身体上的危险。双重危险的理论是为了避免三种明显的滥用：被无罪开

① 陈瑞华：《刑事审判原理论》，北京大学出版社 1998 年版，第 196 页。

释后的再次起诉;受到有罪判决后的再次起诉;对同一犯罪的多次处罚。根据美国联邦最高法院的判例,禁止双重危险原则要求:(1)若对被告人作无罪判决,则检察官无上诉权,即便该判决是因为法庭在审判中犯有某种对检察官不利的法律错误或者起诉权存在某种缺陷;(2)如果被法院判决有罪的被告人提起了上诉,上级法院可对其进行第二次审判,但如果被告人的有罪判决在新的审判中得到维护,法官一般不得对被告人判处更重的刑罚;(3)如果因证据不足而被法庭在判决前驳回,被告人一般不能受到第二次审判;(4)如果一项针对某一罪行而作出的判决已经得到执行,法庭不能对该项罪行实行两次刑事处罚。

一事不再理与禁止双重危险原则在基本精神及其得以确立的理念上是相通的。对于审判制度而言,应当尊重自己本身的法庭判决,不管罪行性质而使一个人受到无休止的追究是不合适的。但是,两者之间也存在某些差异。概括而言,一事不再理原则的着眼点在于程序的安定性,而禁止双重危险原则则侧重于避免被告人因同一罪行受到双重危险;一事不再理原则适用的前提是法院作出的生效判决,而禁止双重危险原则还包括了对检察官上诉的限制。

八、国家追诉原则

在刑事诉讼中,追诉权的行使方式,可以分为国家追诉和私人追诉两种。由国家机关代表国家追究犯罪而行使追诉权的,称为国家追诉主义;由被害人及其亲属或者其他的个人或团体以个人或团体的名义向审判机关提起诉讼而行使追诉权的,称为私人追诉主义。设立专门机关代表国家追诉犯罪行为,是在法国大革命以后大陆法系国家刑事诉讼中采用的典型追诉方式,这一追诉方式其后为英美法系国家所吸收,从而成为当代刑事诉讼中占据主导地位的追诉方式。因此,在现代世界各国有关刑事追诉权的理论和立法中,居于支配地位的观念,就是对犯罪的追诉权应当由国家控制,即对于刑事案件,以国家追诉为主,或者由国家垄断追诉权,从而国家追诉原则成为国际刑事诉讼的一项基本原则。

国家追诉原则,在大多数国家的宪法或刑事诉讼法中得到了明确规定。德国刑事诉讼法第 152 条第 1 款规定,“提起公诉权,专属检察院行使”,直接体现了这一原则。法国刑事诉讼法第 31 条规定:“检察官负责提起公诉,要求适用法律。”我国刑事诉讼法也确认了国家追诉原则。依照刑事诉讼法的规定,对于刑事案件的侦查权由公安机关行使,检察权由人民检察院行使;凡是需要提起公诉的案件,一律由人民检察院审查决定。

实行国家追诉原则是诉讼历史发展的必然要求。实行国家追诉原则是对犯罪本质的认识不断深化和国家权力强化的结果,也是人类对刑事诉讼秩序、公正和效益诸项价值强烈期待的结果。实行国家追诉在恢复被犯罪所破坏的社会秩序和实现社会正义方面,是任何私人追诉所无法比拟的。此外,实行国家追诉原则,对于查明刑事案件,追究犯罪、惩罚犯罪具有重要意义。对于绝大多数刑事案件来说,查明犯罪事实，是一个相当复杂的过程，由国家行使追诉权可以提供有效的追诉手段和措施，并且保证司法资源的投入，实现追究犯罪、惩罚犯罪的效果。

实行国家追诉原则，并不排斥或妨碍公民个人在追诉犯罪中作用的发挥。在世界各国，除许多国家允许被害人及其近亲属对某些犯罪可以直接向法院提起自诉外，即使是对于应当由国家专门机关追诉的犯罪，被害人等在追诉权的行使方面也发挥着重要的作用。

国际通行的刑事诉讼基本原则，除上述几项之外，还有公开审判原则、不告不理原则、控审分离原则、适度原则、自由心证原则等等。世界各国因政治、经济、历史、文化等诸多方面的差异，刑事诉讼价值观念和趋向也不尽相同，因此，对于各项刑事诉讼基本原则，即使是联合国文件和公约确定的刑事司法准则，各国的态度和认识以及在国内法中的贯彻也各自不同。但不容置疑的是，这些国际通行的刑事诉讼原则，是人类诉讼文化发展的宝贵财富，它对一国刑事诉讼打击预防犯罪、保障人权、增进社会的法制化及文明程度有着十分重要的借鉴价值。

思考题：

1. 如何理解刑事诉讼基本原则的概念？
2. 如何理解刑事诉讼基本原则在刑事诉讼法律规范中的地位及价值？
3. 如何理解“以事实为根据，以法律为准绳”原则在刑事诉讼基本原则中的核心地位？
4. 根据我国《刑事诉讼法》第 52 条规定的“不得强迫任何人证实自己有罪”，我国是否确立了该基本原则？
5. 如何理解“司法机关分工负责，互相配合，互相制约原则”的含义，以及该原则在司法实践中存在的问题？
6. 如何理解人民法院、人民检察院依法独立行使职权原则？
7. 如何看待国际刑事诉讼基本原则对我国刑事诉讼的影响？

第五章
刑事诉讼中的专门机关和诉讼参与人

本章提要：刑事诉讼中的专门机关和诉讼参与人是刑事诉讼的主体，在诉讼中各自发挥着重要的作用。我国刑事诉讼中的专门机关包括行使审判权的人民法院、行使侦查权、检察权、起诉权的人民检察院以及行使侦查权的公安机关，同时还包括依职权行使职能的国家安全机关、军队保卫部门、监狱等其他机关。诉讼参与人包括当事人和其他诉讼参与人。本章主要介绍各种专门机关的性质、任务、职权、组织体系和领导体制，以及各种诉讼参与人的概念、诉讼地位、诉讼权利和诉讼义务。

第一节　刑事诉讼中的专门机关

刑事诉讼中的专门机关，指依照法定职权进行刑事诉讼活动的国家机关，主要包括人民法院、人民检察院、公安机关。另外，还包括国家安全机关、军队保卫部门、监狱、海关缉私部门、中国海警局等。在刑事诉讼中，各专门机关的地位和作用是不同的，这些机关分别行使侦查、检察、审判、执行的职权，实行分工负责、互相配合、互相制约的原则，共同完成打击犯罪与保护人权的任务，保障公共安全，维护社会秩序.

一、人民法院

根据《宪法》第128条和《人民法院组织法》第2条的规定，人民法院是国家的审判机关。人民法院通过审判刑事案件、民事案件、行政案件以及法律规定的其他案件，惩罚犯罪，保障无罪的人不受刑事追究，解决民事、行政纠纷，保护个人和组织的合法权益，监督行政机关依法行使职权，维护国家安全和社会秩序，维护社会公平正义，维护国家法制统一、尊严和权威，保障中国特色社会主义建设的顺利进行。

《刑事诉讼法》第3条规定："审判由人民法院负责。"第12条规定："未经人民法院依法判决，对任何人都不得确定有罪。"可见，人民法院是唯一有权审理和判决刑事案件的专门机关，审判是刑事诉讼的核心阶段，只有经过人民法院审判，才能确定被告人是否有罪，应否判处刑罚及判处何种刑罚。

《人民法院组织法》第12条规定："人民法院分为：(一)最高人民法院；(二)地方各级人民法院；(三)专门人民法院。"第13条规定："地方各级人民法院分为高级人民法院、中级人民法院和基层人民法院。"

省、自治区、直辖市设高级人民法院。高级人民法院审判下列案件：(1)法律规定由其管辖的第一审案件；(2)下级人民法院报请审理的第一审案件；(3)最高人民法院指定管辖的第一审案件；(4)对中级人民法院判决和裁定的上诉、抗诉案件；(5)按照审判监督程序提起的再审案件；(6)中级人民法院报请复核的死刑案件。

省辖市、地、州、盟设中级人民法院。中级人民法院审判下列案件：(1)法律规定由其管辖的第一审案件；(2)基层人民法院报请审理的第一审案件；(3)上级人民法院指定管辖的第一审案件；(4)对基层人民法院判决和裁定的上诉、抗诉案件；(5)按照审判监督程序提起的再审案件。中级人民法院对其受理的案件，认为案情重大应当由上级人民法院审判时，可以请求移送上级人民法院审判。

市辖区、县、自治县、县级市、旗设基层人民法院。基层人民法院根据地区、人口和案件情况可以设立若干人民法庭，行使部分审判权。人民法庭是基层人民法院的组成部分，它的判决和裁定就是基层人民法院的判决和裁定。基层人民法院受理除上级人民法院管辖的第一审案件外的所有第一审案件。

专门人民法院是在上述普通法院之外设立的专门性人民法院。我国目前建立的专门人民法院有军事法院、海事法院、知识产权法院和金融法院等。其中，知识产权法院和金融法院不具有对刑事案件的管辖权。

最高人民法院是我国最高审判机关。最高人民法院审理下列案件：(1)法律规定由其管辖的和其认为应当由自己管辖的第一审案件；(2)对高级人民法院判决和裁定的上诉、抗诉案件；(3)按照全国人民代表大会常务委员会的规定提起的上诉、抗诉案件；(4)按照审判监督程序提起的再审案件；(5)高级人民法院报请核准的死刑案件。死刑立即执行除依法由最高人民法院判决的以外，应当报请最高人民法院核准。最高人民法院可以对属于审判工作中具体应用法律的问题进行解释，并发布指导性案例。

人民法院上下级之间是监督与被监督的关系。根据《宪法》第132条及《人民法院组织法》及《刑事诉讼法》的相关规定，上级人民法院监督下级人民法院的审判工作，最高人民法院监督地方各级人民法院和专门人民法院的审判工作。上级人民法院的监督不是通过对具体案件的指导实现的，各级人民法院依照职权独立地进行审判，上级人民法院不应对下级人民法院正在审理的案件作出决定，指令下级人民法院执行。下级人民法院也不应将案件在判决之前报送上级人民法院，请求审查批示。上级人民法院应当通过二审程序、审判监督程序、死刑复核程序维持下级人民法院正确的判决和裁定，纠正错误的判决和裁定来实现监督。这种审判监督表现在以下方面：(1)通过第二审程序审查下级人民法院未发生法律效力的一审裁判认定事实是否清楚，适用法律是否正确，诉讼程序是否合法，如有错误则按法定程序予以纠正；(2)通过审判监督程序纠正下级人民法院已发生法律效力的确有错误的裁判；(3)最高人民法院和高级人民法院通过对判处死刑立即执行和死刑缓期两年执行案件的死刑复核程序对下级人民法院审判的死刑案件实行监督；(4)最高人民法院通过依法解释法律、法令等方法，指导、监督各级人民法院的审判工作；(5)通过检查工作、总结经验、发现问题，对下级人民法院的审判工作实施监督和指导。

二、人民检察院

根据《宪法》第134条和《人民检察院组织法》第2条规定，中华人民共和国人民检察院是国家的法律监督机关，代表国家依法行使检察权。

(一) 侦查权、公诉权和监督权

根据《刑事诉讼法》第3条和第8条的规定，人民检察院在刑事诉讼中的职权包括三个方面:检察机关直接受理的案件的侦查；提起公诉；依法对刑事诉讼实行法律监督。

1. 侦查权

人民检察院是国家的刑事侦查机关之一。根据《刑事诉讼法》第19条第2款规定:"人民检察院在对诉讼活动实行法律监督中发现的司法工作人员利用职权实施的非法拘禁、刑讯逼供、非法搜查等侵犯公民权利、损害司法公正的犯罪，可以由人民检察院立案侦查。对于公安机关管辖的国家机关工作人员利用职权实施的重大犯罪案件，需要由人民检察院直接受理的时候，经省级以上人民检察院决定，可以由人民检察院立案侦查。"

2. 公诉权

人民检察院是国家唯一的公诉机关。除自诉案件以外的所有刑事案件，均必须由人民检察院向人民法院提起公诉，并派检察官出庭支持公诉。

3. 监督权

作为法律监督机关，人民检察院对立案、侦查、审判和生效裁判的执行是否合法、有效实行法律监督。

(二) 人民检察院组织设置

根据《宪法》和《人民检察院组织法》的规定，人民检察院的组织设置如下:

1. 最高人民检察院

最高人民检察院是国家的最高检察机关。其主要职责是:领导地方各级人民检察院和专门人民检察院的工作；对全国性的重大刑事案件行使检察权；对地方各级人民法院已经发生法律效力的判决和裁定，如果发现确有错误，依照审判监督程序提出抗诉；依法对监管场所的执法活动实行监督；依照法律规定提起公益诉讼；对诉讼活动实行监督；对最高人民法院的死刑复核活动实行监督；对报请核准追诉的案件进行审查，决定是否追诉；对检察工作中具体应用法律的问题进行解释；发布指导性案例；制定检察工作条例、细则和办法；管理和规定各级人民检察院的人员编制。

2. 地方各级人民检察院

地方各级人民检察院分为：(1)省级人民检察院，包括省、自治区、直辖市人民检察院；(2)设区的市级人民检察院，包括省辖市人民检察院，自治州人民检察院，省、自治区、直辖市人民检察院分院；(3)基层人民检察院，包括县、自治县、不设区的市、市辖区人民检察院。此外，省级人民检察院和设区的市级人民检察院根据检察工作需要，经最高人民检察院和省级有关部门同意，并提请本级人民代表大会常务委员会批准，可以在辖区内特定区域设立人民检察院，作为派出机构。人民检察院根据检察工作需要，可以在监狱、看守所等场所设立检察室，行使派出它的人民检察院的部分职权，也可以对上述场所进行巡回检察。省级人民检察院设立检察室，应当经最高人民检察院和省级有关部门同意。设区的市级人民检察院、基层人民检察院设立检察室，应当经省级人民检察院和省级有关部门同意。地方各级人民检察院的主要职责是：依照法律规定对有关刑事案件行使侦查权；对刑事案件进行审查，批准或者决定是否逮捕犯罪嫌疑人；对刑事案件进行审查，决定是否提起公诉，对决定提起公诉的案件支持公诉；依照法律规定提起公益诉讼；对诉讼活动实行法律监督；对判决、裁定等生效法律文书的执行工作实行法律监督；对监狱、看守所的执法活动实行法律监督。

3. 专门人民检察院

专门人民检察院是在最高人民检察院领导下，在特定的行业部门或组织系统内设立的检察机关。我国的专门人民检察院有中国人民解放军军事检察院等。军事检察院是设立在中国人民解放军中的专门法律监督机关，对现役军人实施的违反职责罪和其他刑事案件依法行使检察权。2016年7月，中央军委政法委在北京召开全军军事法院、军事检察院调整组建大会，明确了军事检察院由过去按照军兵种和武警系统设置调整为区域化设置。全军检察系统调整组建战区军事检察院、总直属军事检察院和基层军事检察院。这一重大调整“进一步明确了军事检察院是国家设在军队中的法律监督机关，在中央军委政法委和最高人民检察院领导下，依法独立公正行使检察权”。

我国检察机关实行双重领导体制：一方面，各级人民检察院由同级人民代表大会产生，对它负责，受它监督；另一方面，最高人民检察院领导地方各级人民检察院和专门人民检察院的工作，上级人民检察院领导下级人民检察院的工作，并可以直接参与指挥下级检察院的办案活动。在刑事诉讼中，这种领导与被领导的关系表现为：上级人民检察院，包括最高人民检察院可以直接参加并领导下级人民检察院对自侦案件的侦查工作；可以对下级人民检察院的审查批捕和审查起诉活动进行指导和作出指示；对上级检察机关的指令或决定，下级检察机关应当执行；上级检察机关可以决定撤销下级检察机关不正确的不起诉决定，可以向同级人民法院撤回下级人民检察院对同级人民法院提起的不正确的抗诉；最高人民检察院通过对检察工作具体应用法律问题的解释指导各级人民检察院的工作。

三、公安机关

我国公安机关是各级行政机关即各级人民政府的组成部分，是国家的治安保卫机关。公安机关的任务是：维护社会治安秩序，预防犯罪，侦查和打击危害国家安全的犯罪和其他刑事犯罪，保护国家、集体和个人所有的财产，保护公民的人身安全和其他合法权益，保卫人民民主专政，保卫社会主义制度，保障社会主义现代化建设的顺利进行。从性质上来看，公安机关与人民检察院和人民法院不同。根据宪法的规定，人民检察院和人民法院可由同级人大及其常委会产生并对其负责，因而属司法机关。公安机关属同级人民政府的一个职能部门，在性质上属行政机关。

公安机关均设置在各级人民政府之中。中央人民政府即国务院设有公安部，是全国公安机关的领导机关，负责领导和指挥全国的公安工作，并根据协议与国际刑警组织和国外、境外的警察机构，共同打击跨国、跨境的犯罪活动；省、自治区、直辖市的人民政府设有公安厅（局），领导和管理全省、自治区、直辖市范围内的公安工作；地区、省辖市、自治州人民政府设有公安处（局）；县、自治县，县级市人民政府设有公安局，直辖市和其他设区的市的市辖区人民政府设有公安分局。海关、铁路、民航、水运等系统的公安部门，是公安机关的组成部分。根据需要，在大中城市各街道办事处和县属的乡、镇设立公安派出所。公安派出所是基层公安机关的派出机构，履行基层公安机关的部分职责。

公安机关既是各级人民政府的职能部门，行使行政管理职能，也是参与刑事诉讼的重要专门机关，其工作范围和职权非常广泛。在刑事诉讼中，公安机关的主要任务是负责刑事案件的侦查和部分刑罚的执行。公安机关有权进行勘验、检查、搜查、扣押、鉴定、通缉、讯问犯罪嫌疑人、询问证人和被害人等活动；有权采用拘传、取保候审、监视居住、拘留等强制措施；有权提请检察机关批准逮捕，对人民检察院不批准逮捕的决定和不起诉的决定有权要求复议与提请复核；逮捕犯罪嫌疑人一律由公安机关执行，并负责对在押犯罪嫌疑人看管；对侦查终结的案件，有权提出起诉意见。此外，对于判处管制、宣告缓刑、剥夺政治权利、假释和暂予监外执行的罪犯，公安机关有执行、监督和考察的权能。

四、其他专门机关

刑事诉讼中的专门机关除了人民法院、人民检察院、公安机关之外，还有其他机关参与刑事诉讼，担负重要的刑事诉讼职能。

(一) 国家安全机关

国家安全机关是国家的安全保卫机关，是各级人民政府的组成部分。为了适应改革开放形势下对敌斗争的需要，加强同危害国家安全的犯罪作斗争，有效地保卫国家安全，1983年6月，第六届全国人民代表大会第一次会议决定设立国家安全机关。根据《关于国家安全机关行使公安机关的侦查、拘留、预审和执行逮捕的职权的决定》，国家安全机关承担原由公安机关主管的间谍、特务案件的侦查工作。《刑事诉讼法》第4条规定："国家安全机关依照法律规定，办理危害国家安全的刑事案件，行使与公安机关相同的职权。"由此进一步明确了国家安全机关在刑事诉讼中的地位和职权。

（二）军队保卫部门

军队保卫部门是中国人民解放军的政治安全保卫机关，负责侦查军队内部发生的刑事案件。1993年12月29日第八届全国人大常委会第五次会议通过的《关于中国人民解放军保卫部门对军队内部发生的刑事案件行使公安机关的侦查、拘留、预审和执行逮捕的职权的决定》规定，中国人民解放军保卫部门承担军队内部发生的刑事案件的侦查工作，同公安机关对刑事案件的侦查工作性质相同。军队保卫部门在刑事诉讼中，可以行使宪法和法律规定的公安机关的侦查、拘留、预审和执行逮捕的职权。《刑事诉讼法》第308条对此作出了进一步规定。

（三）监狱

罪犯在监狱内犯罪的案件，由监狱进行侦查。在侦查中，监狱享有与公安机关侦查案件相同的职权，如讯问犯罪嫌疑人、询问证人、勘验、检查、搜查、扣押、鉴定等。侦查终结后，监狱认为应当追究犯罪嫌疑人刑事责任的，将起诉意见书、案件材料和主要证据等一并移送人民检察院审查起诉。此外，根据《刑事诉讼法》和《监狱法》的有关规定，监狱在刑事诉讼过程中还享有一些其他职权，如在罪犯服刑期间，发现在判决时所没有发现的新的罪行，有权移送人民检察院处理；对罪犯应予监外执行的，有权提出书面意见，报省、自治区、直辖市监狱管理机关批准；被判处死缓的罪犯，在执行期间，如果没有故意犯罪的，2年后有权提出减刑建议，报省、自治区、直辖市监狱管理机关审核后，报请相应的高级人民法院裁定；对罪犯在执行期间具备法定的减刑、假释条件的，有权提出减刑或假释建议，报人民法院审核裁定；在刑罚执行过程中，如果认为判决确有错误或罪犯提出申诉的，有权转交人民检察院或人民法院处理。

（四）海关缉私部门

为了加大对走私犯罪的打击力度，严厉打击走私犯罪活动，1999年1月，经国务院批准，组建了走私犯罪侦查局（公安部第二十四局），设在海关总署，受海关总署和公安部双重领导，以海关总署领导为主。走私犯罪侦查局在广东分署、各直属海关及其分支机构设立了42个走私犯罪侦查分局和116个走私犯罪侦查支局。2001年，经国务院批准，海关总署广东分署、部分直属海关走私犯罪侦查分局列入所在省、自治区、直辖市公安厅（局）序列。2003年1月1日，经国务院办公厅批准，海关总署走私犯罪侦查局更名为海关总署缉私局，各海关走私犯罪侦查分局更名为海关缉私局，各海关走私犯罪侦查支局更名为海关缉私分局。缉私警察是对走私犯罪案件依法进行侦查、拘留、执行逮捕、预审的专职刑警队伍。各走私犯罪侦查机关负责其所在海关业务管辖区域内的走私犯罪案件的侦查工作。

(五) 中国海警局

中国海警局履行海上维权执法职责，对海上发生的刑事案件行使侦查权。2013 年 7 月 9 日，新版国家海洋局“三定”方案公布。2013 年 7 月 22 日，重组后的国家海洋局和中国海警局正式挂牌，中国海警局正式成立。2018 年 6 月 22 日，为了贯彻落实党的十九大和十九届三中全会精神，按照党中央批准的《深化党和国家机构改革方案》和《武警部队改革实施方案》决策部署，海警队伍整体划归中国人民武装警察部队领导指挥，调整组建中国人民武装警察部队海警总队，称中国海警局，中国海警局统一履行海上维权执法职责。根据 2018 年 6 月 22 日第十三届全国人民代表大会常务委员会第三次会议通过的《全国人民代表大会常务委员会关于中国海警局行使海上维权执法职权的决定》，中国海警局履行海上维权执法职责，包括执行打击海上违法犯罪活动、维护海上治安和安全保卫、海洋资源开发利用、海洋生态环境保护、海洋渔业管理、海上缉私等方面的执法任务，以及协调指导地方海上执法工作。中国海警局执行打击海上违法犯罪活动、维护海上治安和安全保卫等任务，行使法律规定的公安机关相应执法职权；执行海洋资源开发利用、海洋生态环境保护、海洋渔业管理、海上缉私等方面的执法任务，行使法律规定的有关行政机关相应执法职权。中国海警局与公安机关、有关行政机关建立执法协作机制。

第二节 诉讼参与人

一、诉讼参与人概述

诉讼参与人，指在刑事诉讼过程中享有一定的诉讼权利，承担一定的诉讼义务的除国家专门机关工作人员以外的人。根据《刑事诉讼法》第 108 条的规定，诉讼参与人是指当事人、法定代理人、诉讼代理人、辩护人、证人、鉴定人和翻译人员。

根据诉讼参与人与案件结局的利害关系及对刑事诉讼进程的影响，诉讼参与人一般可分为两大类：一是当事人；二是其他诉讼参与人。这两类诉讼参与人在诉讼地位、参与诉讼活动的范围和方式以及对刑事诉讼过程的影响程度等方面有着很大的差异。凡是与案件结局有着直接的利害关系，对刑事诉讼进程发挥着较大影响的诉讼参与人，就是当事人。当事人包括：被害人、自诉人、犯罪嫌疑人、被告人、附带民事诉讼的原告人和被告人。凡是与案件结局没有直接的利害关系，而是基于其他原因参加刑事诉讼的人，就是其他诉讼参与人，包括法定代理人、诉讼代理人、辩护人、证人、鉴定人和翻译人员。

诉讼参与人要成为当事人必须同时具备两项条件：(1)与案件的最终结局有直接的利害关系。这是实体条件。换言之，当事人的合法权益可能会受到刑事诉讼活动过程和结局的直接影响。这种影响既可以是有利影响，也可以是不利影响；这种合法权益可以是人的自由、财产、隐私，也可以是人的生命。刑事诉讼的开始和进行，使当事人的这些实体权益处于待判定的状态。刑事诉讼活动的最终结束，会使当事人的这些实体权益或者受到有利的影响，如获得财产、自由，权益得到恢复和补偿等；或者受到不利影响，如失去财产、生命、自由等。(2)当事人必须在诉讼中拥有较广泛的诉讼权利，并能对诉讼过程和诉讼结局发挥比其他诉讼参与人更大的影响。这是程序条件。一般而言，当事人在刑事诉讼中要么处于原告(公诉案件被害人除外)的地位，要么处于被告的地位，他们的诉讼活动对诉讼的启动、发展和终结起着关键的推动作用。

通常而言，当事人享有广泛的诉讼权利，如使用本民族语言文字进行诉讼的权利；在具有法定理由时有申请侦查人员、检察人员、审判人员或者书记员、鉴定人、翻译人员回避的权利；对于侦查人员、检察人员、审判人员侵犯其诉讼权利或者对其人身进行侮辱的行为，有进行控告的权利；在法庭审理过程中，有权参加法庭调查和法庭辩论，向证人发问并质证，辨认物证和其他证据，并就证据发表意见，申请通知新的证人到庭和调取新的物证，申请重新勘验或者鉴定，互相辩论的权利，等等。相较于当事人，其他诉讼参与人参加诉讼的目的是为了协助一方当事人充分有效地承担诉讼职能，或为诉讼各方提供证据材料，或为诉讼的顺利进行提供服务，这些诉讼参与人的实体权益不因刑事诉讼的进行而处于待定状态，也不会因为诉讼的结束而受到有利或不利的影响。诉讼参与人不承担独立的诉讼职能，不对诉讼的启动、发展和终结产生较大的影响和推动作用。

二、当事人

(一) 被害人

被害人是其人身、财产或者其他合法权益遭受犯罪行为直接侵害的人。在刑事诉讼中，被害人可能以多种诉讼角色参加诉讼活动：在人民检察院提起公诉的刑事案件中，以个人身份参与诉讼，并与人民检察院共同行使控诉职能的称为被害人；在法定的自诉案件中，被害人以自诉人身份提起刑事诉讼，称为自诉人；在刑事诉讼中，由于被告人的犯罪行为而遭受物质损失的被害人，有权提起附带民事诉讼，称为附带民事诉讼原告人。这里所称的被害人，仅指公诉案件中以个人身份承担部分控诉职能的诉讼参与人。《刑事诉讼法》第108条规定的被害人一般仅指公诉案件的被害人。需要注意的是，公诉案件被害人承担的控诉职能并不影响检察机关对公诉的提起，提起公诉只能由人民检察院代表国家进行，被害人是否要求对涉嫌犯罪的人进行追诉不影响公诉的进行。

被害人与其他当事人享有一些共有的诉讼权利，如有权使用本民族语言文字进行诉讼；对于侦查人员、检察人员和审判人员侵犯其诉讼权利和人身侮辱的行为，有权提出控告；对于符合法定情形的法定人员有权提出回避申请，对驳回申请回避的决定，有权申请复议一次；有权参加法庭调查、法庭辩论，在法庭上就起诉书指控的犯罪进行陈述，可以向被告人发问；有权向证人发问和质证；有权对已发生法律效力的判决、裁定，向人民法院或人民检察院提出申诉，等等。被害人在刑事诉讼中除享有一些共有的诉讼权利以外，还享有一些特有的诉讼权利，如对侵犯其合法权利的犯罪事实或者犯罪嫌疑人，有权向公安机关、人民检察院或者人民法院报案或者控告，要求公安司法机关依法追究犯罪、查获犯罪、惩罚犯罪，保护其合法权利；对公安机关应当立案而不立案的，有权向人民检察院提出意见，请求人民检察院责令公安机关向检察机关说明不立案的理由；自刑事案件移送审查起诉之日起，有权委托诉讼代理人参加诉讼，维护其合法权益；对人民检察院作出的不起诉决定不服的，有权获得不起诉决定书，并向上一级人民检察院提出申诉；对不服地方各级人民法院的第一审判决，有权请求人民检察院抗诉，要求提起公诉和进行申诉，等等。

被害人在享有上述诉讼权利的同时，还必须依法承担一定的诉讼义务，如应当如实向公安机关、人民检察院、人民法院及其工作人员作出陈述，如果故意捏造事实，提供虚假陈述，情节严重的，应当承担法律责任；接受公安司法机关的传唤，在特定案件范围下，接受公安司法机关对其进行人身检查的义务，按时出席法庭参加审判；在法庭上接受询问和回答，并遵守法庭纪律等。

另外，刑事诉讼法还确立了当事人和解的公诉案件诉讼程序，犯罪嫌疑人、被告人真诚悔罪，通过向被害人赔偿损失、赔礼道歉等方式获得被害人谅解，被害人自愿和解的，双方当事人可以和解。公安司法机关可以据此作出从宽处罚的建议或者决定，体现了法律对被害人当事人地位的保障。

（二）自诉人

自诉人是指在自诉案件中，以自己的名义直接向人民法院提起诉讼，要求追究被告人刑事责任的诉讼参与人。自诉人是法律规定的自诉案件中特有的当事人，相当于自诉案件的原告。自诉人通常是该案件的被害人。刑事自诉程序由于自诉人的告诉而启动，如果没有自诉人的告诉，就没有刑事自诉案件的审判。公诉案件中向公安司法机关控告和报案的被害人不属自诉人，无权直接启动审判程序。

自诉案件中，自诉人的地位相当于原告，承担控诉职能，具有独立、完整的诉讼地位。自诉人的起诉、撤诉、与被告人和解、上诉等行为，足以导致诉讼程序的开始、发展和终止。如果自诉案件中的被告人提出反诉的，自诉人则具有双重身份：在其自行提起的自诉中是自诉人，行使控诉职能；在反诉中是被告人，行使辩护职能。

自诉人在刑事自诉案件中的诉讼权利主要有：可以直接向人民法院提起自诉；可

以随时委托诉讼代理人；有权在提起刑事诉讼的同时提起附带民事诉讼；在告诉才处理的案件和被害人有证据证明的轻微刑事案件中，在人民法院宣告判决前，有权同被告人自行和解或者撤回自诉；在告诉才处理的案件和被害人有证据证明的轻微刑事案件中，有权在人民法院的主持下与被告人调解；对于符合法定情形的法定人员有权提出回避申请；有权出席法庭审判，参加法庭调查和法庭辩论，并对第一审人民法院尚未发生法律效力的判决、裁定提出上诉；对人民法院已经发生法律效力的判决、裁定提出申诉，等等。

自诉人在刑事自诉案件中的诉讼义务主要有：(1)按时出庭并遵守法庭纪律的义务。自诉人经两次依法传唤，无正当理由拒不到庭的，或者未经法庭许可中途退庭的，人民法院将按照撤诉处理。(2)承担举证责任的义务。自诉案件的证明责任由自诉人承担，自诉人对自己的主张和请求如果提不出证据证明，人民法院将说服自诉人撤回自诉，经说服不予撤诉的，人民法院将裁定驳回自诉。自诉人经说服撤回自诉或者人民法院裁定驳回起诉后，再次提起自诉时，自诉人应当提出新的足以证明被告人有罪的证据。(3)如实提供案件真实情况的义务，不得捏造事实诬告陷害他人或者伪造证据，否则应当承担法律责任。(4) 执行人民法院生效的调解协议、判决或裁定的义务。

(三) 犯罪嫌疑人、被告人

对公诉案件而言，犯罪嫌疑人和被告人是同一种人在不同诉讼阶段的不同称谓。受刑事追诉者在检察机关向法院提起公诉以前，称为“犯罪嫌疑人”，在检察机关正式向法院提起公诉以后，则称为“被告人”。在自诉案件中，自诉人直接向人民法院提起自诉，案件一经人民法院受理即直接进入审判阶段。因此，在自诉案件中，受刑事追诉者统称为被告人。

刑事诉讼是一种旨在对犯罪嫌疑人、被告人的刑事责任进行认定的活动。没有犯罪嫌疑人、被告人的参与，刑事诉讼就无法进行。犯罪嫌疑人、被告人一旦死亡，刑事诉讼活动即告终止。可以说，犯罪嫌疑人、被告人是刑事诉讼中的核心人物，具有十分重要的诉讼地位。一方面，犯罪嫌疑人、被告人是拥有一系列诉讼权利的诉讼主体，居于当事人的地位。这一地位标志着他们不是被动地接受传讯、追诉和审判，消极地等待国家专门机关处理的客体，而是可通过积极主动的防御活动与追诉一方展开对抗，并对裁判活动施加积极影响的独立的一方当事人。人类社会进步的历史，从一定意义上也可以说是被追诉者由诉讼客体向诉讼主体逐渐转化的演变过程。被追诉者诉讼权利的保障已经成为人权保障的热点和敏感问题。另一方面，犯罪嫌疑人、被告人对案件的陈述是审查认定案件事实的重要证据来源。根据《刑事诉讼法》的规定，严禁以刑讯逼供和以威胁、引诱、欺骗以及其他非法方法收集证据，不得强迫任何人证实自己有罪，以确保犯罪嫌疑人、被告人的供述出于自愿而不受强迫。尽管如此，犯罪嫌疑人对侦查人员的提问，应当如实回答，这是其法定的义务。而其对案件的供述和辩解对于查明案件真实情况，打击犯罪和保障无罪的人不受刑事追究具有非常重要的证据价值。

刑事诉讼中犯罪嫌疑人、被告人享有广泛的诉讼权利。这些诉讼权利按其性质和作用的不同,可分为防御性权利和救济性权利两种。防御性权利,指犯罪嫌疑人、被告人为对抗追诉方的指控、抵消其控诉效果所享有的诉讼权利,如有权拒绝回答侦查人员提出的与本案无关的问题;有权自行或在辩护人协助下获得辩护;有权参加法庭辩论,对事实的认定和法律的适用发表意见,并且可以与控诉方展开辩论;有权向法庭作最后陈述,等等。救济性权利,指犯罪嫌疑人、被告人对国家专门机关所作的对其不利的行为、决定或裁判,要求另一专门机关予以审查并作出改变或撤销的诉讼权利,如对法定人员符合法定情形时的回避申请权;有申请变更解除强制措施的权利;对审判人员、检察人员和侦查人员侵犯公民诉讼权利和人身侮辱的行为,有权提出控告;有提出上诉、申诉的权利,等等。

除了以上诉讼权利以外,犯罪嫌疑人、被告人还享有一系列程序保障。这些程序保障对维护犯罪嫌疑人、被告人的诉讼主体地位具有非常重要的意义。这些程序保障有:在未经人民法院依法判决的情况下,不得被确定有罪;获得人民法院的公开审判;获得人民法院独立、公正的审判;在刑事诉讼过程中,不受审判人员、检察人员、侦查人员以刑讯逼供、威胁、引诱、欺骗及其他非法方法进行的讯问;不受强迫证实自己有罪;不受侦查人员实施的非法逮捕、拘留、取保候审、监视居住等强制措施;不受侦查人员的非法搜查、扣押等侦查行为;在提出上诉时不得被加重刑罚,等等。

法律在赋予被追诉者诉讼权利的同时,也对其施加了一定的义务,根据刑事诉讼法的规定,犯罪嫌疑人、被告人必须承担的诉讼义务主要有:(1)接受追诉部门强制处分、协助国家机关顺利完成刑事诉讼的义务,在符合法定条件的情况下承受逮捕、拘留、监视居住、取保候审、拘传等强制措施。接受在以取得并保全证据为目的的检查身体和体液采集等措施。(2)对侦查人员的讯问,应当如实回答。(3)按时出席法庭审判,并遵守法庭纪律,听从审判人员的指挥。(4)对于生效的裁定和判决,有义务执行或协助执行。

(四)附带民事诉讼当事人

附带民事诉讼当事人包括附带民事诉讼原告人和附带民事诉讼被告人。《刑事诉讼法》第101条规定:“如果是国家财产、集体财产遭受损失的,人民检察院在提起公诉的时候,可以提起附带民事诉讼。”同时,法律增加了提起附带民事诉讼的主体:“被害人死亡或者丧失行为能力的,被害人的法定代理人、近亲属有权提起附带民事诉讼。”

在刑事诉讼中,附带民事诉讼原告人和被告人作为刑事诉讼的当事人享有的一般诉讼权利主要有:(1)使用本民族语言文字进行诉讼;(2)申请回避权;(3)对于侦查人员、检察人员和审判人员侵犯其诉讼权利和人身侮辱的行为,有权提出控告;(4)参加法庭调查和法庭辩论;(5)对于地方各级人民法院已经发生法律效力的判决、裁定,有权提出申诉,等等。

附带民事诉讼原告人和被告人作为刑事诉讼的当事人享有的特殊诉讼权利主要有:(1)委托诉讼代理人;(2)为了解决生产或生活上的困难,有权要求先予执行;(3)为了保证赔偿的实现,有权要求公安司法机关采取保全措施;(4)请求人民法院主持调解或者自行和解;(5)原告人可以撤诉,被告人可以反诉;(6)对地方各级人民法院第一审尚未发生法律效力的判决和裁定的附带民事诉讼部分,附带民事诉讼的当事人及他们的法定代理人有权对该部分判决提出上诉。

(五) 单位当事人

当事人通常都是自然人,但在一些特殊情况下,单位也可以成为刑事诉讼的当事人。随着我国社会主义市场经济的发展和改革开放的深入进行,单位作为犯罪嫌疑人、被告人、被害人以及附带民事诉讼原告人或被告人等参与刑事诉讼的情况越来越多。

1. 单位犯罪嫌疑人、被告人

单位犯罪已经成为一种普遍的社会现象。自1987年《海关法》颁布以来,我国已有数十部单行法律法规规定单位也可构成犯罪,并且规定了对有罪的单位适用"单罚制"或"双罚制"的刑罚处罚方式。1997年《刑法》确立了有关单位犯罪的制度。根据《刑法》第30条的规定:"公司、企业、事业单位、机关、团体实施的危害社会的行为,法律规定为单位犯罪的,应当负刑事责任。"第31条规定:"单位犯罪的,对单位判处罚金,并对其直接负责的主管人员和其他直接责任人员判处刑罚。"也就是实行所谓的"双罚制",既处罚单位,又处罚直接责任人员。

在单位犯罪的情况下,单位可以独立成为犯罪嫌疑人、被告人,与作为自然人的直接负责的主管人员和其他直接责任人员一起参与刑事诉讼。其中,主管人员和其他直接责任人员参与刑事诉讼的方式、享有的诉讼权利、承担的诉讼义务和普通的犯罪嫌疑人、被告人相同。但单位如何参与刑事诉讼却一直都存有争议,刑事诉讼法对此也没有作出明确规定。据此,相关司法解释专门对"单位犯罪案件的审理程序"作出了一些特别规定。根据这些规定,刑事案件被告人是单位的,代表被告单位参加刑事诉讼的诉讼代表人,应当是单位的法定代表人或者主要负责人;法定代表人或者主要负责人被指控为单位犯罪直接负责的主管人员的或者因客观原因无法出庭的,应当由被告单位委托其他负责人或职工作为被告单位的诉讼代表人出庭。在审判阶段,被告单位的诉讼代表人与被指控为单位犯罪直接负责的主管人员是同一人的,人民法院应当要求人民检察院另行确定被告单位的诉讼代表人出庭。

2. 单位被害人

被害人一般是指自然人,但单位也可以成为被害人。首先,单位会在物质、名誉、信誉等方面受到犯罪行为的侵害,受害单位和自然人一样,有得到物质赔偿的要求,也有追诉犯罪、惩罚犯罪行为人的愿望。其次,单位被害人具有进行诉讼活动的诉讼权利能力和诉讼行为能力,能够行使当事人的诉讼权利,并承担当事人的诉讼义务。单位虽然不能像自然人那样可以亲自进行诉讼,但可以通过代表人表述自己的意志,维护自己的合法权益。最后，允许单位以被害人的身份参加刑事诉讼，有利于保护国家、集体的合法利益，维护和发展社会主义市场经济。

单位被害人参与刑事诉讼时，应由其法定代表人作为代表参加刑事诉讼。根据刑事诉讼法的规定，法定代表人也可以委托诉讼代理人参加刑事诉讼。单位被害人在刑事诉讼中的诉讼权利和诉讼义务，与自然人作为被害人时大体相同，但也有其特殊之处，主要表现在单位被害人可以通过其法定代表人参加诉讼，行使诉讼权利，承担诉讼义务。单位法定代表人在诉讼中地位独特，既非被害人，也非证人，其代表单位所作的陈述在证据种类中属于被害人陈述，其参与诉讼行为的后果归于单位。

三、其他诉讼参与人

根据《刑事诉讼法》第 108 条第 4 项的规定，诉讼参与人包括当事人、法定代理人、诉讼代理人、辩护人、证人、鉴定人和翻译人员。因此，其他诉讼参与人是指除当事人以外参加刑事诉讼活动的人，包括法定代理人、诉讼代理人、辩护人、证人、鉴定人和翻译人员。他们在刑事诉讼中不是独立承担诉讼职能的诉讼主体，但他们同样依法享有参加诉讼活动所必需的诉讼权利，承担相应的诉讼义务。

(一) 法定代理人

法定代理人是由法律规定的对被代理人负有专门保护义务并代其参加诉讼活动的人。其代理权的产生是基于法律的规定，而不是基于被代理人的意思表示。根据《刑事诉讼法》第 108 条的规定，法定代理人的范围包括被代理人的父母、养父母、监护人和负有保护责任的机关、团体的代表。在上述人员中，只能由一种人作为其法定代理人。法定代理人是按照前者优于后者的顺序排列的。

在刑事诉讼中，法律一般只对未成年人、无行为能力人和限制行为能力人设立法定代理人。《刑事诉讼法》第 281 条规定："对于未成年人刑事案件，在讯问和审判的时候，应当通知未成年犯罪嫌疑人、被告人的法定代理人到场。"法定代理人参与刑事诉讼的职责是依法保护无行为能力人或者限制行为能力人的人身权利、财产权利、诉讼权利以及其他一切合法权利。同时，法定代理人有责任监督被代理人的行为。法定代理人有独立的诉讼地位，享有法律赋予的诉讼权利和承担相应的诉讼义务。法定代理人享有广泛的与被代理人相同的诉讼权利，但法定代理人不能代替被代理人作陈述，也不能代替被代理人承担与其人身有关的特定诉讼义务，比如不得代替被代理人进行供述、辩解或陈述等。

法定代理人的代理权限很大程度依附于被代理人的诉讼权利，如被告人、自诉人的法定代理人，不服地方各级人民法院第一审的判决、裁定的，有权向上一级人民法院上诉。而被害人的法定代理人对第一审的判决不服的，只能请求人民检察院抗诉，而无权独立地提起上诉。附带民事诉讼当事人的法定代理人，只能对地方各级人民法院第一审的判决、裁定中的附带民事诉讼部分提出上诉,无权对刑事部分提起上诉。

(二)诉讼代理人

诉讼代理人是基于被代理人的委托而代表被代理人参与刑事诉讼的人。依据《刑事诉讼法》第108条的规定,公诉案件的被害人及其法定代理人或者近亲属有权委托诉讼代理人;自诉案件的自诉人及其法定代理人有权委托诉讼代理人;附带民事诉讼原告人、被告人及其法定代理人有权委托诉讼代理人。

诉讼代理人不同于法定代理人。诉讼代理人是基于被代理人的委托,依据委托协议而进行的代理,因此,诉讼代理也称意定代理或授权代理。诉讼代理人的职责是帮助被代理人行使诉讼权利,在被代理人授权或者委托范围内进行诉讼活动,既不能超越代理权限,也不能违背被代理人的意志。

依据《刑事诉讼法》第33条和第47条的规定,律师、人民团体或者被代理人所在单位推荐的人、被代理人的监护人和亲友等可以被委托担任诉讼代理人。上列人员如果是正在被执行刑罚或者依法被剥夺、限制人身自由的人,不得担任诉讼代理人。

(三)辩护人

辩护人,指在刑事诉讼中接受犯罪嫌疑人、被告人及其法定代理人的委托,或者经法律援助机构指派,依法为犯罪嫌疑人、被告人进行辩护,以维护其合法权益的人。《刑事诉讼法》第34条规定:"犯罪嫌疑人自被侦查机关第一次讯问或者采取强制措施之日起,有权委托辩护人;在侦查期间,只能委托律师作为辩护人。被告人有权随时委托辩护人。"刑事诉讼法明确了律师在侦查阶段的辩护人身份,为其开展辩护活动提供了依据。《刑事诉讼法》赋予了辩护人的许多权利,规定了辩护律师的介入范围。刑事诉讼法明确规定,侦查阶段、批捕阶段、审查起诉阶段、庭前准备程序阶段,如回避、证人名单等重大程序问题以及死刑复核阶段,律师辩护都可以介入。

我国刑事诉讼辩护人有如下特征:(1)辩护人参加诉讼、进行辩护的权利源自犯罪嫌疑人、被告人的委托或法律援助机构的指派;(2)辩护人与犯罪嫌疑人、被告人是刑事诉讼辩护职能的承担主体,在刑事诉讼中与控方主张相对立;(3)辩护人参加诉讼的宗旨是协助犯罪嫌疑人、被告人行使辩护权,依事实和法律维护犯罪嫌疑人、被告人的合法权益;(4)辩护人是具有独立地位的、不附属于犯罪嫌疑人、被告人的诉讼参与人。

辩护人同代理人不同,辩护人在刑事诉讼中有独立的诉讼地位,他可以独立于犯罪嫌疑人和被告人的意见之外,以自己的意见进行辩护活动。由于犯罪嫌疑人和被告人在刑事诉讼中处于被动不利的地位,而诉讼的结果又与他们息息相关,所以,为了达到切实帮助犯罪嫌疑人和被告人的目的,以实现刑事诉讼中控诉和辩护的力量均衡,在原有会见权、阅卷权、调查取证权等权利基础上,修正后的刑事诉讼法又增加了一些辩护人权利,如明确规定了申请排除非法证据权利;凭三证会见及会见犯罪嫌疑人、被告人时不被监听；审查起诉之日起可查阅、摘抄、复制本案的案卷材料；有权申请人民检察院、人民法院调取侦查、审查起诉期间公安机关、人民检察院收集的证明犯罪嫌疑人、被告人无罪或者罪轻的而未提交的证据材料；对公安机关、人民检察院、人民法院及其工作人员阻碍其依法行使诉讼权利的，有权向同级或者上一级人民检察院申诉或者控告；对人民检察院批准逮捕提出意见；对于人民法院、人民检察院或者公安机关采取强制措施法定期限届满的，有权要求解除强制措施；死刑复核程序中有权发表辩护意见；言论豁免权等。

同时法律也规定了辩护人的一些义务，例如《刑事诉讼法》第 42 条规定："辩护人收集的有关犯罪嫌疑人不在犯罪现场、未达到刑事责任年龄、属于依法不负刑事责任的精神病人的证据，应当及时告知公安机关、人民检察院。"第 48 条规定："辩护律师对在执业活动中知悉的委托人的有关情况和信息，有权予以保密。但是，辩护律师在执业活动中知悉委托人或者其他人，准备或者正在实施危害国家安全、公共安全以及严重危害他人人身安全的犯罪的，应当及时告知司法机关。"

在我国刑事诉讼中，可以依法接受委托担任犯罪嫌疑人、被告人的辩护人的人包括：律师；人民团体或者犯罪嫌疑人、被告人所在单位推荐的人；犯罪嫌疑人、被告人的监护人、亲友。

(四) 证人

在刑事诉讼中，证人是指就自己知道的案件情况向公安机关、人民检察院、人民法院作出陈述的当事人以外的人。证人只能是自然人。国家机关、企业、事业单位或者人民团体，不能成为证人，因为他们不能像自然人一样感知案件事实，无法享有证人的诉讼权利和承担证人的诉讼义务。

《刑事诉讼法》第 62 条规定："凡是知道案件情况的人，都有作证的义务。"但"生理上、精神上有缺陷或者年幼，不能辨别是非、不能正确表达的人，不能作证人"。

证人是独立的诉讼参与人，同案件结果之间没有任何直接的利害关系，但证人证言的内容对查清案件事实、正确处理案件却非常关键，所以为了保障证人能够真实地提供证言，《刑事诉讼法》赋予了证人一系列权利，如证人有权查阅证言笔录，并在发现笔录的内容与作证的内容不符时要求予以补充或者修改；证人有权对于其因作证而产生的经济损失要求补偿；有权向人民法院、人民检察院、公安机关请求予以保护；被告人的配偶、父母、子女免证的特权；有权对于公安司法机关工作人员侵犯其诉讼权利或者人身侮辱的行为提出控告，等等。同时，证人也应依法承担如不得作伪证、遵守法庭纪律。《刑事诉讼法》第 193 条规定了对没有正当理由拒不出庭的证人的法律制裁，没有正当理由拒绝出庭或者出庭后拒绝作证的，予以训诫，情节严重的，经院长批准，处以 10 日以下的拘留。

(五) 鉴定人

刑事诉讼中的鉴定人是指接受公安司法机关的指派或者聘请，运用自己的专门知识和技能对刑事案件中的专门性问题进行分析判断并提出专业性鉴定意见的人。

为了保障鉴定人进行科学的鉴定,鉴定人有权了解与鉴定有关的案件情况,有权查阅与鉴定事项有关的案卷材料,必要时,经侦查人员、审判人员同意,可以参加勘验与检查;有权要求指派或者聘请的机关提供足够的鉴定材料,在提供的鉴定材料不充分、不具备作出鉴定结论的条件时,有权要求有关机关补充材料,否则有权拒绝鉴定。

我国刑事诉讼法对鉴定人制度主要规定以下内容:一是规定鉴定人所作的书面性意见为"鉴定意见"而非"鉴定结论",并将"鉴定意见"作为法定证据的一种;二是明确鉴定人出庭作证的条件和不出庭的后果。公诉人、当事人或者辩护人、诉讼代理人对鉴定意见有异议,人民法院认为有必要出庭的,鉴定人应当出庭作证。经人民法院通知,鉴定人拒不出庭作证的,鉴定意见不得作为定案根据;三是建立专家证人制度。刑事诉讼法规定公诉人、当事人和辩护人、诉讼代理人可以申请法庭通知相关专家出庭,就鉴定人作出的鉴定意见提出意见。

(六) 翻译人员

翻译人员,指在刑事诉讼过程中接受公安司法机关的指派或者聘请,为参与诉讼的外国人、少数民族人员、盲人、聋人、哑人等进行语言、文字或者手势翻译的人员。

为了翻译工作的准确及时,从而保障诉讼参与人的合法权益和刑事诉讼的顺利进行,翻译人员应当具备一定的条件,其要能够胜任语言文字翻译工作,有为当事人及其他诉讼参与人提供翻译的能力。翻译人员与案件或者案件当事人有利害关系的应当回避。在诉讼进行中,翻译人员有权了解与翻译内容有关的案件情况,有权要求公安司法机关提供与翻译内容有关的材料,有权查阅记载其翻译内容的笔录,如果笔录同实际翻译内容不符,有权要求修正或补充。

此外,翻译人员对提供翻译活动所获知的案件情况和他人的隐私,应当保密。应当如实进行翻译,如果有意弄虚作假,隐瞒、歪曲或伪造的,要承担法律责任。

思考题:

1. 简述《刑事诉讼法》对于控方和辩方权利的加强体现在哪些方面。
2. 我国刑事诉讼中的专门机关有哪些?
3. 我国刑事诉讼中的当事人是指哪些人?
4. 我国刑事诉讼中的其他诉讼参与人是指哪些人?
5. 简述《刑事诉讼法》中的"专家证人制度",与英美法系有什么区别。

第六章
刑事诉讼的基本制度

本章提要：本章对刑事诉讼的基本制度作了系统的阐述。学习本章应掌握以下要点：(1)刑事管辖制度；(2)刑事回避制度；(3)刑事辩护与代理制度；(4)刑事法律援助制度。

第一节 管辖制度

一、刑事管辖的概念

我国刑事诉讼中的管辖，是指公、检、法三机关直接受理具体案件和人民法院组织系统内审判第一审案件权限范围的划分。

管辖是一个涉及面广、牵扯部门多的复杂问题，因而立法者在确定管辖时就必须全面权衡，通盘考虑。既要考虑到便于司法机关及时收集证据、查清案件事实，又要考虑到便于人民群众参加诉讼；既要考虑到案件的性质、罪行的轻重、程序的复杂程度，又要考虑到各个司法部门和各级人民法院的职责、条件、工作负担的均衡；既要考虑到力求规定的明确细致，又要注意有一定的灵活性。

二、刑事管辖的意义

刑事管辖的意义主要体现以下几方面。

第一，管辖权是司法机关职权分工的具体化。明确管辖就可以充分发挥司法机关各部门应有的作用。我国刑事诉讼法针对公安机关、检察机关、审判机关的不同职能和现实条件，对公、检、法三机关受理案件的范围作了明确的分工，把绝大部分刑事案件交由公安机关立案、侦查。这一规定可以使具有长期同犯罪作斗争的丰富经验，又掌握必要侦查手段的公安机关有用武之地。同时也可以使人民检察机关重点查处有关损害司法公正与接受侵犯公民权利犯罪的案件，发挥其法律监督职能，维护国家政策、法律的统一实施；使人民法院的活动不脱离审判这个重心，集中力量对起诉到人民法院的案件，代表国家行使审判权。

第二,我国刑事诉讼法明确、合理地确定了各司法机关的管辖范围,这就可以保证各机关各司其职,充分调动司法机关广大干警的积极性,增强其责任感,防止因管辖不明而拖延诉讼和互相推诿,从而使案件得到及时、正确地处理。

第三,我国刑事诉讼法对管辖的规定,体现了原则性与灵活性相结合的精神。这既便于司法机关依法行使职权,又便于公民控告、检举犯罪和依法参加诉讼。

三、立案管辖的概念和划分立案管辖的根据

立案管辖,又称职能管辖,是指公安机关(包括国家安全机关)、人民检察院和人民法院之间,在直接受理刑事案件上的分工。

立案管辖所要解决的问题,是对一个具体案件应由公、检、法三机关中哪一个机关首先受理立案。根据我国长期以来的司法实践经验,立法上划分立案管辖的根据主要是以下几点:

(一) 犯罪案件的性质和严重程度

不同种类的犯罪案件性质和社会危害性的严重程度是不同的。这主要是由于犯罪分子的作案手段的不同,不同案件的侦破、证据的收集、审查判断难易程度上也会有很大的差别。因此,立法机关在规定公安司法机关的管辖范围时,就不能不考虑各类犯罪案件的性质和严重、复杂程度,并从案件自身的特点出发,确定它应由哪个机关直接受理更为合适。

(二) 有利于准确、及时地查明案情,有利于制服犯罪分子

我国刑事诉讼法对立案范围的划分,不仅要考虑到案件的性质和各机关的职责分工与具体任务,而且也要考虑到有利于准确、及时地查明案情,有效地同犯罪行为作斗争,制服犯罪分子。因为,我国刑事诉讼法的首要任务就是要从程序上保证准确、及时地查明犯罪事实,正确应用法律,惩罚犯罪分子,保证无罪的人不受刑事追究。为了准确地查明案件事实,就不能把那些案情复杂、性质严重的案件交由不专门从事侦查工作的司法机关负责,同时为了及时地查明案件事实,也没有必要把那些案情较为简单、情节轻微、危害不大的案件都交由专门侦查机关负责和直接受理。

(三) 同公安司法机关在刑事诉讼中的具体任务和职责相适应

我国的司法机关不同于“三权分立”政治体制下的西方国家仅仅只有法院一家,而是包括人民法院、人民检察院,广义的司法机关还包括有公安机关、国家安全机关。根据我国宪法和法律的规定,人民法院是国家的审判机关,人民检察院是国家的法律监督机关,公安、国家安全机关是国家的治安保卫机关。它们分别被赋予了不同的职能和使命。我国的《刑事诉讼法》就是根据这些部门的性质、职责分工和具体任务,对它们各自直接受理案件范围作了明确划分。在此意义上,“立案管辖”亦可被称为“职

能管辖”或“部门管辖”。

四、立案管辖的具体内容

(一) 人民法院直接受理的案件

人民法院直接受理的案件称为自诉案件。《刑事诉讼法》第19条第3款规定：“自诉案件，由人民法院直接受理。”第210条规定：自诉案件包括三种类型的案件：“(一)告诉才处理的案件；(二)被害人有证据证明的轻微刑事案件；(三)被害人有证据证明对被告人侵犯自己人身、财产权利的行为应当依法追究刑事责任，而公安机关或者人民检察院不予追究被告人刑事责任的案件。”由于自诉案件提起的条件，案件的性质、种类，以及在审理时可以适用的程序规定不同，刑事诉讼中的自诉案件分为一般自诉案件与救济性自诉案件。

1. 一般自诉案件

人民法院直接受理的一般自诉案件有两种：一种是告诉才处理的案件，另一种是被害人有证据证明的轻微的刑事案件。前者又可称为绝对自诉案件，后者又可称为相对自诉案件。

告诉才处理的案件，指的是只有由犯罪行为的直接受害者或其法定代理人提出控告，人民法院才能受理的案件。具体地讲，就是指《刑法》第246条第1款规定的侮辱、诽谤案；《刑法》第257条第1款规定的暴力干涉婚姻自由案；《刑法》第260条第1款规定的虐待案；《刑法》第270条规定的侵占案。

对于告诉才处理的案件，如果被害人因受强制、威吓等无法告诉的，人民检察院和被害人的近亲属代为告诉的，人民法院也应当受理。被害人是无行为能力人或者限制行为能力人以及由于年老、患病、聋、哑、盲等原因不能亲自告诉的，他的近亲属也可以代为告诉。

被害人有证据证明的轻微刑事案件，是指在性质上属于轻微刑事案件，同时被害人还必须有证据能够证明被告人确实实施了被指控的犯罪行为。

由人民法院直接受理的一般自诉案件有以下特点：

(1)有明确的原告人和被告人；(2)情节简单，因果关系清楚，无需进行专门侦查工作；(3)对社会的危害程度较其他刑事案件轻微。

人民法院在审理上述直接受理的刑事案件时，可以依法进行调解，也应当允许当事人在不违背有关法律的原则下自行和解。如果自诉人撤回起诉，应依法终止审理。如果发现直接受理的案件案情重大、复杂，需要侦查时，人民法院应将其移送公安机关侦查。侦查终结后，是否要向人民法院提起公诉，应由人民检察院决定。

2. 救济性自诉案件

救济性自诉案件，是指被害人有证据证明对被告人侵犯自己的人身、财产权利的行为应当依法追究刑事责任，而公安机关或者人民检察院已经作出不予追究被告人刑事责任决定，并由被害人向人民法院提出起诉的案件。

《刑事诉讼法》第180条规定:“对于有被害人的案件,决定不起诉的,人民检察院应当将不起诉决定书送达被害人。被害人如果不服,可以自收到决定书后7日以内向上一级人民检察院申诉,请求提起公诉。人民检察院应当将复查决定告知被害人。对人民检察院维持不起诉决定的,被害人可以向人民法院起诉。被害人也可以不经申诉,直接向人民法院起诉。人民法院受理案件后,人民检察院应当将有关案件材料移送人民法院。”由此可见,为体现对被害人权益的充分保护,立法规定被害人在刑事诉讼中享有最终起诉权,即不分案件种类,凡是被害人,均可以自诉人的身份,向人民法院提出起诉。当然,由于该类自诉案件与前述自诉案件在案件的性质、种类上存在较大区别,因此,这类自诉案件只有在公安机关或检察机关作出不予追究决定之后,被害人才能向人民法院提出起诉。《刑事诉讼法》第212条第1款规定,这类自诉案件在人民法院审理中“不适用调解”。

(二) 人民检察院直接受理的案件

《刑事诉讼法》第19条第2款规定:人民检察院直接受理立案侦查的案件范围如下:

一是人民检察院在对诉讼活动实行法律监督中发现的司法工作人员利用职权实施的非法拘禁、刑讯逼供、非法搜查等侵犯公民权利、损害司法公正的犯罪案件。《刑法》分则第九章规定的渎职犯罪案件:(1)司法工作人员玩忽职守案、滥用职权案(第397条第1款);(2)枉法追诉、裁判案(第399条第1款),民事、行政枉法裁判案(第399条第2款);(3)私放在押人员案(第400条第1款);(4)失职致使在押人员脱逃案(第400条第2款);(5)徇私舞弊减刑、假释、暂予监外执行案(第401条)、徇私舞弊不移交刑事案件案(第401条);(6)非法拘禁案(第238条);(7)非法搜查案(第245条);(8)刑讯逼供案(第247条);(9)暴力取证案(第247条);(10)虐待被监管人案(第248条)。二是对于公安机关管辖的国家机关工作人员利用职权实施的重大的犯罪案件,需要由人民检察院直接受理的时候,经省级以上人民检察院决定,可以由人民检察院立案侦查。

(三) 公安机关受理的案件

公安机关是国家的治安保卫机关,在刑事诉讼中的主要职能是负责侦查。在长期同犯罪的斗争过程中,公安机关积累了丰富的经验,而且掌握着必要的侦查手段。因此,《刑事诉讼法》第19条第1款规定:“刑事案件的侦查由公安机关进行,法律另有规定的除外。”即除人民法院、人民检察院直接受理的案件以外,其他刑事案件均由公安机关立案侦查。

国家安全机关具有国家公安机关的性质,《刑事诉讼法》第4条规定:“国家安全机关依照法律规定,办理危害国家安全的刑事案件,行使与公安机关相同的职权”。

我国刑事诉讼法之所以对公、检、法三机关的立案范围作出明确的分工,目的在于使各司法机关认真负起责任,及时迅速地查明案情,惩处犯罪分子。因此,司法机关办案时应严格遵守有关立案管辖的规定。

对于司法机关在立案管辖上的分工，不一定为所有的控告人、检举人和犯罪自首人所了解，因此，为了方便群众和及时处理案件，公、检、法三机关对于控告、检举和犯罪嫌疑人的自首，不论案件是否属于自己管辖，都应接受，不得相互推诿。对于不属于自己管辖的，在接受后应当移送主管机关处理，并且通知被告人、检举人；对于不属于自己管辖而又必须采取紧急措施的，应当先采取紧急措施，然后移送主管机关。

在司法实践中，有时会遇到一案涉及几个罪名，公安机关和检察机关都有权管辖的情况。对于这种案件，2012 年的《六机关规定》第 1 条明确规定："公安机关侦查刑事案件涉及人民检察院管辖的贪污贿赂案件时，应当将贪污贿赂案件移送人民检察院；人民检察院侦查贪污贿赂案件涉及公安机关管辖的刑事案件，应当将属于公安机关管辖的刑事案件移送公安机关。在上述情况中，如果涉嫌主罪属于公安机关管辖，由公安机关为主侦查，人民检察院予以配合；如果涉嫌主罪属于人民检察院管辖，由人民检察院为主侦查，公安机关予以配合"。现《监察法》规定所有行使公权力的公职人员的职务犯罪案件均由监察机关管辖受理，监察机关办理职务违法和职务犯罪案件，应当与审判机关、检察机关、执法部门互相配合、互相制约。被调查人既涉嫌严重职务违法或者职务犯罪，又涉嫌其他违法犯罪的，一般应当由监察机关为主调查，其他机关予以协助。

五、审判管辖

人民法院是国家的审判机关，它代表国家行使审判权。无论是公诉案件还是自诉案件，都要由人民法院进行实体上的审理。由于我国的法院组织系统内部存在着级别、地域、职权范围的不同，因此，刑事案件发生后，就必然存在着公诉机关或自诉人应该向哪一级中的哪一个法院提出起诉的问题。审判管辖就是解决这一问题的。所以，所谓审判管辖就是指人民法院组织系统内部，在审判第一审刑事案件上的分工。审判管辖包括级别管辖、地区管辖和专门管辖。

（一）级别管辖

级别管辖是指各级人民法院之间，即基层法院、中级法院、高级法院和最高人民法院之间，在审判第一审案件上的分工。

级别管辖的划分，目的在于便利、及时、正确地审判和保证办案质量。为此，立法者在确定级别管辖时已经考虑到下列几种因素：

1. 法院级别之高低

《人民法院组织法》把我国的法院组织系统分为四个不同的级别，即基层人民法院、中级人民法院、高级人民法院和最高人民法院。不同级别的法院，职责范围不同，它们之间在受理第一审案件的范围上也就应该有区别。级别低的法院，如基层人民法院，由于它设在基层，分布广，数量多，最接近群众，最靠近发案地点，因而我国刑事诉讼法规定，基层人民法院作为初级审判机关，绝大部分的刑事案件要由它受理审判。而级别较高的法院，其职责除了作为第一审审判案件外，还要负责对下级人民法院判决和裁定的上诉、抗诉案件进行审判，高级人民法院和最高人民法院还负有复核死刑案件，核准判处死刑缓期二年执行的案件的职责，因而，它们作为第一审管辖的案件范围就不宜过多。

2. 案件的性质

刑事案件虽然都是由犯罪行为引起的，但由于犯罪目的、犯罪的主体、犯罪侵犯的对象不同，案件的性质也有所不同。有的案件属普通刑事案件，有的案件则属危害国家安全案件；由于不同性质的案件在复杂程度和影响范围上有所不同，因而在划分级别管辖时就要注意把那些性质严重的案件的管辖权适当上收，而把那些性质不很严重的案件的管辖权适当下放，从而使各种不同性质的案件都得到及时、正确的处理。

3. 可能判处刑罚的轻重

在确定各级法院在审判第一审案件上的分工时，可能判处刑罚的轻重也是一个值得重视的因素。可能判处较重刑罚的案件，如果处理不当，则会严重侵犯公民的合法权益，造成无可挽回的后果，因此，我国刑事诉讼法明确地把判处无期徒刑、死刑的普通刑事案件，一律交由中级以上的人民法院管辖。也就是说，基层人民法院无权审判无期徒刑、死刑的刑事案件。

4. 社会影响的大小

案件的社会影响范围，同样关系到级别管辖的划分。对于那些影响大的案件，其管辖权就要由相应的较高级别的法院行使。如对于在全省有重大影响的刑事案件要由高级人民法院管辖，而那些具有全国性影响的刑事案件就要由最高人民法院管辖。

基于对以上各种因素的通盘考虑，我国《刑事诉讼法》第 19 条至第 23 条对级别管辖问题作了规定。这些规定有如下一些特点：

(1) 法律对中级人民法院的管辖范围规定得比较具体，对其他各级人民法院管辖范围只作了概括的规定。《刑事诉讼法》第 21 条规定："中级人民法院管辖下列第一审刑事案件：(一)危害国家安全、恐怖活动案件；(二)可能判处无期徒刑、死刑的案件。""高级人民法院管辖的第一审刑事案件，是全省(自治区、直辖市)性的重大刑事案件。""最高人民法院管辖的第一审刑事案件，是全国性的重大刑事案件。"

(2) 大量的第一审刑事案件，由基层人民法院审判。《刑事诉讼法》第 20 条规定："基层人民法院管辖第一审普通刑事案件，但是依照本法由上级人民法院管辖的除外。"这一规定表明，除危害国家安全案件、恐怖活动案件、判处无期徒刑、死刑的普通刑事案件，以及具有全省性、全国性影响案件以外的大量的普通刑事案件，要由基层人民法院受理，基层人民法院是第一审刑事案件审判的主要机关。

(3) 原则性与灵活性相结合，上级法院可以有条件地管辖下级法院管辖的某些案件。仅仅作出原则的划分是不够的，为了适应司法实践中可能出现的复杂情况，还必须有一定的灵活性。为此，《刑事诉讼法》第 24 条规定："上级人民法院在必要的时候，可以审判下级人民法院管辖的第一审刑事案件；下级人民法院认为案情重大、复杂需要由上级人民法院审判的第一审刑事案件，可以请求移送上一级人民法院审判。”这表明：第一，某些案件本来可以由下级人民法院管辖审判，但如果上级人民法院认为下级人民法院审理该案可能会出现某些困难、干扰或其他影响办案质量的情况时，就可以把案件提上来由自己进行第一审；第二，下级人民法院认为案情重大、复杂，需要由上级人民法院审判的第一审案件，可以请求移送上一级人民法院审判。这里需要注意的是，下级人民法院只能提出移送上一级人民法院审判的请求，而不能自行作出决定。只能在上级人民法院同意移送的情况下才能移送。

（二）地区管辖

所谓地区管辖是指同级人民法院之间按行政区域划分的对审判第一审刑事案件管辖权的分工。

地区管辖的划分，主要是从有利于人民法院就地调查，节约人力、时间，及时查明案情，便于诉讼参与人出庭和扩大法制宣传教育等考虑的。

基于上述考虑，《刑事诉讼法》第 25 条规定：“刑事案件由犯罪地的人民法院管辖。如果由被告人居住地的人民法院审判更为适宜的，可以由被告人居住地的人民法院管辖。”这就是说，我国刑事案件的地区管辖，实行以犯罪地人民法院管辖为主，以被告人居住地人民法院管辖为辅的原则。

关于犯罪地属于哪一个法院的辖区不够清楚，或者犯罪发生在两个地区交界处而有争议的案件，按刑事诉讼法的规定，应由争议法院的共同上级人民法院指定下级人民法院管辖。对于上级人民法院的指定管辖，下级人民法院应当服从并尽快受理。

如果某一人民法院受理了不属于自己管辖的或者不宜由自己管辖的刑事案件，它应接受上级人民法院的指定，将该案移送有管辖权的或更适宜管辖该案的其他人民法院。

有管辖权的人民法院因案件涉及本院院长需要回避等原因，不宜行使管辖权的，或者面临客观情况如在审理案件涉及同级人民政府的主要领导干部，可能会受到来自地方的各方面的干涉或压力，难以保障审判的公正时，则可以请求上一级人民法院管辖；上一级人民法院也可以指定与提出请求的人民法院同级的其他人民法院管辖。

（三）专门管辖

专门管辖，即是指专门人民法院的管辖范围。在我国，专门人民法院是指根据实际情况和审理案件的特殊需要成立的审理特定人员或者特定种类案件的人民法院。目前，依法设立的专门人民法院有军事法院、海事法院、知识产权法院、金融法院、互联网法院等。它们有各自独立的管辖范围。专门管辖所要解决的问题是：

（1）专门人民法院同地方人民法院在受理案件上的分工。专门人民法院是按照各种专门业务机构的组织体系建立起来的，它所管辖的案件是和有关专业部门的业务有联系的刑事案件，地方人民法院所管辖的是地方上发生的一般刑事案件。

（2）专门人民法院之间在受理案件上的分工。由于军事法院、金融法院等，都是专门法院，它们所受理的是和不同专业部门的业务有联系的刑事案件，因而专门管辖要进而明确各类不同的专门人民法院之间在受理案件上的分工，确定军事法院管辖哪些案件，金融法院管辖哪些案件。

(3) 每种专门法院系统内部在受理案件上的分工。

根据《刑事诉讼法》第 28 条："专门人民法院案件的管辖另行规定"。目前依法只有军事法院有权管辖刑事案件，所以在此侧重介绍军事法院的管辖范围。

军事法院管辖的案件主要是军人违反职责罪，同时也管辖现役军人的犯罪、在军队编制内的无军职人员的犯罪、普通公民危害与破坏国防军事的犯罪等。其中军人违反职责罪具体包括：

(1)军事法院直接受理的遗弃伤员案和虐待俘虏案。(2)由军事检察院立案侦查并提出起诉的武器装备肇事案，泄漏、遗失军事机密案，擅离职守或玩忽职守案，私放他人偷越国(边)境案，虐待部属案，违抗命令案，假传军令案，军事检察院认为需要自己直接受理的其他案件。(3)由军队保卫部门负责侦查、由军事检察院负责审查起诉的是为敌人或外国人窃取、刺探、提供军事机密案，逃离部队案，偷越国(边)境案，阻碍执行职务案，盗窃武器装备或军用物资案，战时自伤案，战时造谣惑众案，临阵逃脱案，故意谎报军情案，贪生怕死投降敌人案，掠夺、残害战区无辜居民案。

第二节 刑事回避制度

一、回避制度的概念

回避制度是指法律所规定的与案件当事人有某种利害关系的审判人员、检察人员、侦查人员，以及书记员、鉴定人、翻译人员，不得参加该案件诉讼活动的一种诉讼制度。

刑事回避制度既是一项古老的诉讼制度，也是现代世界各国所普遍适用的一项非常重要的司法制度。在西方国家，回避制度的建立，旨在确保法官、陪审员在诉讼中保持中立无偏的地位，使当事人受到公正的对待，获得公正审判的机会。因此，回避的对象主要限于法官和陪审员，回避也主要在法院审判阶段适用。

我国的回避制度则不仅适用于审判人员，而且也适用于检察人员、侦查人员，甚至适用于书记员、鉴定人、翻译人员等。这是因为上述人员在侦查、起诉、审判等各个诉讼阶段上如果有法定的妨碍诉讼公正进行的情形的，均不得主持或参与诉讼。

二、回避制度设立的目的和意义

设立回避制度的根本目的，是通过维护裁判者的中立来确保司法的公正，防止在处理案件时先入为主或徇私舞弊。所以，回避制度历来被称为公正司法的"第一道防线"。我国法律赋予了当事人及其法定代理人申请回避权，以保障他们的合法权益。

在诉讼活动中，审判人员、检察人员、侦查人员及其他有关人员遇有应当回避的情形时，应当自行回避。如果应当回避而没有回避的，当事人及其法定代理人有权要求他们回避。

实行回避制度的意义在于：(1)有利于案件的公正审理。如果办案人员同案件有利害关系或者其他特殊关系，就有可能偏袒一方，或者先入为主从而影响案件办理的客观公正性。严格执行回避制度，就有利于消除这些不公正的因素。(2)有利于消除当事人及其法定代理人的思想顾虑。如果办案人员应当回避而仍参加该案件的办理，即使案件处理得正确，也难以消除当事人及其法定代理人的怀疑。实行回避制度，就有助于解除他们的思想负担，维护公安司法机关的威信，减少不必要的上诉和申诉。

三、回避的适用情形和人员

(一) 回避的适用情形

根据《刑事诉讼法》第 29 条、第 30 条的规定，回避的适用情形是：

1. 是本案的当事人或者是当事人的近亲属的

本案的当事人，是指本案的被害人、自诉人、犯罪嫌疑人、被告人、附带民事诉讼的原告人和被告人；当事人的近亲属，是指上述人员的夫、妻、父、母、子、女、同胞兄弟姐妹。由于具有本项理由的上述人员与该案件的处理结果有着直接或间接的利害关系，由他们担任本案的侦查、检察、审判人员等，则极易从维护自身或者其近亲属的不正当利益出发，歪曲事实、曲解法律，从而不公正地处理案件，或者容易使人员对其是否能够正确地依法履行职责、秉公执法、公正处理案件产生怀疑，所以应当回避。

2. 本人或者他的近亲属和本案有利害关系的

办案人员或某些诉讼参与人虽然不是本案的当事人或者当事人的近亲属，但他们或其近亲属仍有可能与本案有利害关系。如办案人员或者他的近亲属与被害人或与犯罪嫌疑人、被告人有恋爱关系。既然办案人员或某些诉讼参与人本人或者他人近亲属与本案有利害关系，就有可能从个人私利出发而不能客观、公正地履行职责和处理案件，因此，他们应当回避。

3. 担任过本案的证人、鉴定人、辩护人、诉讼代理人的

这是因为证人具有不可替代性，办案人员事前既已了解案情，就有向公安司法机关作证的义务，成为案件的证人。在同一案件中，既作证人又作审判人员、检察人员、侦查人员，就容易先入为主，主观臆断，不利于客观全面地收集和分析判断证据，进而影响正确认定案件事实、公正处理案件。同样，担任过本案鉴定人、辩护人或者诉讼代理人的，基于履行法律赋予的特定诉讼职责，对案件已形成自己的看法并向公安司法机关提出，若再从事该案的侦查、起诉或审判工作，也会影响对案件的客观、全面、公正的处理，因此，基于一个公民在一个诉讼案件程序中只能扮演一个诉讼角色的原理，上述人员均应回避。

4. 与本案当事人有其他关系,可能影响公正处理案件的

这里所说的与本案当事人有其他关系,法律未作具体规定。它是根据回避制度的立法宗旨,赋予公安司法机关及有关公民的一项授权性规定,是对可能影响公正处理案件的不宜列举的情况而作出的原则性规定,并表明与本案当事人有其他关系,不是必须回避的理由,只有这种"其他关系""可能影响公正处理案件的",才是应予回避的条件或理由,从而要求理解与执行该项规定时,要紧密围绕回避的立法宗旨。从诉讼实践情况看,"其他关系"主要是指以下几种情况:是当事人的朋友;是当事人的亲戚;与当事人有过恩怨;与当事人有借贷关系,等等。

5. 审判人员、检察人员、侦查人员等接受当事人及其委托的人的请客送礼,违反规定会见当事人及其委托人的

这是因为审判人员、检察人员、侦查人员享有法律赋予的一定权力,他们的工作关系到对犯罪嫌疑人、被告人能否被依法公正追诉和裁判。可是,有的当事人及其委托人,包括控、辩双方的当事人及其法定代理人、诉讼代理人、辩护人以及亲朋好友等,千方百计单独私下约见有关办案人员或者请客送礼、拉关系、"走后门"、为当事人说情,企图左右办案人员,使法律的天平倾斜。而有的办案人员不顾《法官法》第 32 条第 1 款、《检察官法》第 35 条第 1 款、《人民警察法》第 48 条的规定,碍于人情或禁不住金钱、物质利益的诱惑,私自会见当事人及其委托的人,吃请、受礼,甚至索受贿赂,于是"吃人家嘴软、拿人家手短",办人情案、关系案、金钱案。这是社会上不正之风、腐败现象在公安司法队伍中的反映,是当前干扰公安司法机关严肃执法、秉公办案的重要因素之一。它的存在与蔓延,损害国家法制的统一、法律的尊严,败坏公安司法机关的形象,造成极为恶劣的社会影响。因此,修正后的《刑事诉讼法》增加了第 29 条的规定,将有关纪律进一步具体化,以促进办案人员及有关诉讼参与人反腐倡廉,确保案件的公正处理。在最高人民法院、司法部《若干规定》中,从三个方面对规范法官和律师相互关系,维护司法公正作出了规定,一是法官不得私自单方面会见当事人及其委托的律师;二是禁止法官和律师进行权钱交易;三是法官如果与本案当事人委托的律师有亲朋、同学、师生、曾经同事等关系,可能影响案件公正处理的,应当自行申请回避。这一规定是针对近年来出现的个别法官和律师串通,违反职业道德、纪律,损害当事人利益,影响司法公正,损害司法权威的现象,侧重于从加强廉政建设、严格职业纪律的角度规范法官和律师在诉讼活动中的相互关系,在法官和律师之间构筑一条"隔离带",以进一步加强对法官和律师的纪律约束。

根据《刑事诉讼法》第 30 条第 2 款的规定,审判人员、检察人员、侦查人员违反本条第 1 款规定的,应当依法追究其法律责任,即根据《法官法》《检察官法》《人民警察法》的相关规定分别给予警告、记过、记大过、降级、撤职、开除等行政处分。对索贿受贿构成犯罪的,应当依法追究其刑事责任。

(二) 适用回避的人员

《刑事诉讼法》第 29 条和第 32 条的规定,适用回避的人员为六种人:即侦查人

员、检察人员、审判人员以及在侦查、起诉、审判活动中的书记员、翻译人员和鉴定人。根据《刑事诉讼法》第239条、第256条的规定，原审人民法院对于二审发回重新审判的案件以及人民法院按照审判监督程序重新审判的案件，担任过有关案件一审或二审合议庭的全体成员，都属于回避的范围。

审判人员包括审判员、助理审判员和人民陪审员，以及有权参加案件讨论和作出处理决定的法院院长和审判委员会委员。检察人员包括直接负责自侦案件的侦查和直接负责公诉案件的批准逮捕、审查起诉、出庭支持公诉的检察人员，以及有权参与案件讨论和作出处理决定的检察长和检察委员会委员。

四、回避的处理程序

（一）回避的提出

根据刑事诉讼法和有关司法解释的规定，回避的提出，可以是自行回避，也可以是申请回避或指令回避。

（1）自行回避是指回避的适用人员在受理案件或受聘时发现自己有刑事诉讼法规定的回避情形的，应当主动提出回避，不承担该案的诉讼任务。如对再审案件，原合议庭组成人员应当自行回避。又如参加过本案侦查起诉的侦查人员、检察人员，如果调至人民法院工作，不得担任本案的审判人员，应当自行回避。

（2）申请回避是指当事人及其法定代理人、辩护人、诉讼代理人认为审判人员、检察人员、侦查人员及书记员、翻译人员、鉴定人有法定应当回避的情形，向人民法院、人民检察院或公安机关提出要求有关人员回避的申请。

（3）指令回避是指审判人员、检察人员、侦查人员、书记员、翻译人员、鉴定人有法定应当回避的情形而未自行回避，当事人及其法定代理人也没有提出申请要求他们回避，由办案机关有决定权的负责人或组织作出决定指令有关人员的回避。由此我们也可以从刑事诉讼法学理论上将我国回避制度概括为三种，即自行回避、申请回避和指令回避。

申请回避权是当事人及其法定代理人、辩护人、诉讼代理人的诉讼权利，刑事诉讼法并没有明确限定当事人及其法定代理人、辩护人、诉讼代理人提出回避的时间，因此，在刑事诉讼的各个阶段，当事人及其法定代理人、辩护人、诉讼代理人都可以提出回避的申请。同时，公安司法机关也有义务告知当事人及其法定代理人、辩护人、诉讼代理人有权申请回避。

（二）回避的决定

无论自行回避还是申请回避，回避决定都要由某个特定人或组织作出。根据《刑事诉讼法》第31条的规定，审判人员、检察人员、侦查人员的回避，分别由人民法院院长、人民检察院检察长和公安机关负责人决定；法院院长的回避，由本院审判委员会决定；检察长和公安机关负责人的回避，由同级人民检察院检察委员会决定；书记员、鉴定人和翻译人员的回避,在侦查阶段由侦查机关负责人决定,在审查起诉阶段由人民检察院检察长决定,在审判阶段由人民法院院长决定。

我国刑事诉讼法没有明确规定检察委员会和审判委员会成员的回避程序问题,但这一问题在司法实践中会经常出现。由于检察委员会和审判委员会都不是咨询性质的机构,而是实权性的机构,它们讨论和决定案件的活动分别是十分重要的检察和审判活动,因而这两个委员会的成员都履行着十分重要的司法职能。所以,我们认为检察委员会成员的回避应当由人民检察院检察长提交检察委员会讨论决定,但有关成员不得参加讨论;审判委员会成员的回避,则应由人民法院院长提交审判委员会讨论决定,有关成员也不得参加这一讨论。

(三)回避的复议

刑事诉讼中的“决定”,一般是一经作出即具有法律效力。但是,当事人及其法定代理人、辩护人、诉讼代理人对驳回回避申请的决定如不服时,可以申请复议一次。作出这一规定的目的,在于既能保障当事人和辩护人、诉讼代理人申请回避的合法权利,又可防止当事人、辩护人、诉讼代理人无根据地利用这一权利拖延案件的及时处理。

根据刑事诉讼法的立法精神,有权对驳回申请回避决定进行复议的是原作出该决定的有关组织或个人。对于复议的最终结果,有关组织或个人应及时告知申请复议当事人及其法定代理人。

(四)回避的效力

对侦查人员的回避作出决定前,侦查人员不能停止对案件的侦查。这是保持侦查工作连续性、及时性,保证完成侦查任务的需要。在侦查过程中,对鉴定人、书记员和翻译人员提出回避的,是否停止他们的诉讼活动,适用侦查人员的规定。被决定回避的公安机关负责人、侦查人员、鉴定人、书记员和翻译人员,在回避决定作出以前所进行的诉讼活动是否有效,由作出决定的机关根据案件情况决定。但是,对检察人员、审判人员的回避一经提出,诉讼活动一律暂停进行。

第三节　刑事辩护与代理制度

一、辩护制度的概念和基本内容

辩护制度,是法律规定的关于辩护权、辩护种类、辩护方式、辩护人的范围、辩护人的责任、辩护人的权利与义务等一系列规章制度的总称。它是“犯罪嫌疑人、被告人有权获得辩护”这一宪法原则在刑事诉讼中的体现和保障,是现代法治国家法律制度的重要组成部分。辩护制度的健全与完善，成为刑事诉讼民主化与科学化的重要标志。当代各国宪法和刑事诉讼法典中均规定了辩护制度的内容，所谓刑事辩护就是司法机关在查处刑事案件过程中，犯罪嫌疑人、被告人或其辩护人针对控告的内容所作的申辩和解释。刑事辩护权是专属于犯罪嫌疑人、被告人的一项最重要的诉讼权利，受到各国立法者的高度重视。

律师制度与辩护制度并不是同时产生的，它们的内容和范围也不尽相同，但是，律师制度确实是适应辩护制度的发展应运而生的。世界上最早的律师辩护制度出现在古罗马时代，古罗马原来并没有诉讼代理制度和律师制度。到古罗马共和国（前509—前27）初期，社会上出现了一种被称为“保护人”的人，在诉讼中代表被保护人进行诉讼活动，而被保护人“乃以其工作为报效”。这种“保护”既可以给被告人以法律帮助，又可以在法庭上对被保护人进行代理和辩护，后来逐渐发展为一种“自由职业”。由于这些人懂法善辩，所以又称“辩护士”。到了帝政后期，律师除必须具有行为能力、男性品行外，还必须受过5年法律教育。不能收受公费的规定也被突破，开始由法令明文承认准许，并规定限额，法令还规定，在约定之外，律师不得巧立名目收受费用，违者受开除处分。至此，律师受到国家法令的保护，成为社会上高尚的自由职业者，享有权利和履行相应的义务，从而形成初期的律师制度。

近代辩护制度，特别是律师辩护制度，是欧美资产阶级革命的产物，是资产阶级同封建司法制度特别是它的诉讼制度斗争的成果。中世纪欧洲各国进入封建君主专政时期，封建国家的法制体现了封建主的特权与专横。这一时期，多数国家为适应封建君主专制集权的需要，废除了古代弹劾式诉讼，改用纠问式诉讼，被告人不再享有辩护权，审讯秘密进行，广泛采用刑讯，因此，律师辩护制度被废止。公元17、18世纪，在资产阶级反封建的斗争中，资产阶级启蒙思想家，如英国的洛克和法国的伏尔泰、狄德罗等，提出用辩论式诉讼代替纠问式诉讼，当事人是诉讼主体，（尤其是被告人）有权为自己辩护并有权聘请律师或其他公民为自己辩护。诉讼中要体现“天赋人权”“人人平等”等民主思想。英国平均主义派领袖勒本在他的《人民约法》一书中，明确主张被告人应有权辩护或请别人协助辩护。由于罗马法的许多规定适合资产阶级的需要，资产阶级夺取政权后，参照罗马法的规定，相继规定了律师辩护制度。1679年《英国人身保护法》明文规定了诉讼中的辩论原则，并承认被告人有权获得辩护。1791年《美利坚合众国宪法》第6条修正案规定，在一切刑事诉讼中，被告人有权“以强制手段取得对于本人有利的证据，并受辩护人之助”。1808年法国《刑事诉讼法》，即拿破仑刑事诉讼法，系统地规定了诉讼中的辩论原则和律师辩护制度，明确了辩护权是法律赋予被告人针对指控进行辩解，以维护自己合法权益的一种诉讼权利。它是专属于被告人的一项十分重要的诉讼权利，被告人在认为必要时可以委托律师行使辩护权，为自己提供法律帮助。于是，律师辩护制度迅速在资本主义国家普遍建立和发展起来。资本主义律师辩护制度的产生和发展，具有重大的历史进步意义，但也不可避免地带有一定的局限性。

我国是社会主义国家，保护犯罪嫌疑人、被告人辩护权向来是我国刑事诉讼的一项重要原则。1954 年《宪法》将“被告人有权获得辩护”规定为宪法原则。为贯彻这一宪法原则，《人民法院组织法》第 7 条规定：“被告人有权获得辩护。被告人除自己行使辩护权外，可以委托律师为他辩护，可以由人民团体介绍的或者经人民法院许可的公民为他辩护，可以由被告人的近亲属、监护人为他辩护。人民法院认为必要的时候，也可以指定辩护人为他辩护。”可见，辩护人的范围是相当广泛的。特别是建立人民律师制度，实行律师辩护，正式提上了法制建设日程。从 50 年代后期开始到“文化大革命”期间，由于“左”的思想的干扰、影响，我国社会主义法制受到严重破坏，刚刚建立起来的律师制度遭到夭折，被告人的辩护受到限制甚至被剥夺，造成严重后果。党的十一届三中全会后，在党中央加强社会主义民主与健全社会主义法制的方针指引下，开始恢复与重建律师制度，1979 年 7 月第五届全国人大第二次会议通过了《刑事诉讼法》，不但规定了被告人的辩护权，同时对律师辩护制度给予法律保障。1980 年 8 月 26 日，第五届全国人大常委会第十五次会议通过了《律师暂行条例》。这一条例的颁布实施，成为我国律师辩护制度进入新时期的重要里程碑。鉴于《刑事诉讼法》实施 16 年后，我国社会主义民主和法治建设不断发展，社会情况有了变化，司法实践中积累了不少经验，也反映出一些问题，需要总结实践经验，顺应现代法制建设的发展，对《刑事诉讼法》进行了许多方面的补充、修改。2012 年《刑事诉讼法》对辩护制度作了重大改革和完善。

我国辩护律师的内容包括有辩护权、辩护种类、辩护方式、辩护人的范围、辩护人的责任、辩护人的权利与义务等。概括地讲，可归纳为以下三个方面：

(1) 犯罪嫌疑人、被告人有自行辩护的权利。任何人从他被指控犯罪时起，就享有自行辩护的权利。自行辩护就是犯罪嫌疑人、被告人本人对控诉进行反驳、申辩和解释，说明自己无罪或罪轻，应当减轻或免除刑事责任。犯罪嫌疑人、被告人的自行辩护权，不受诉讼阶段的限制，即不论在侦查阶段、审查起诉阶段，还是审判阶段，都享有自行辩护的权利。

辩护权是犯罪嫌疑人、被告人最基本的诉讼权利，没有辩护权，犯罪嫌疑人、被告的其他诉讼权利，就会失去存在的价值。法律赋予犯罪嫌疑人、被告人自行辩护的权利，也是诉讼民主化的重要体现。

(2) 犯罪嫌疑人、被告人有权获得辩护人的帮助。《刑事诉讼法》第 34 条规定，犯罪嫌疑人自被侦查机关第一次讯问或者采取强制措施之日起，有权委托辩护人；在侦查期间，只能委托律师作为辩护人。被告人有权随时委托辩护人。犯罪嫌疑人、被告人在押的，也可以由其监护人、近亲属代为委托辩护人。《刑事诉讼法》第 35 条规定，犯罪嫌疑人、被告人因经济困难或者其他原因没有委托辩护人的，本人及其近亲属可以向法律援助机构提出申请。对符合法律援助条件的，法律援助机构应当指派律师为其提供辩护。《刑事诉讼法》第 36 条规定，犯罪嫌疑人、被告人没有委托辩护人，法律援助机构没有指派律师为其提供辩护的，由值班律师为其提供法律咨询、程序选择建议、申请变更强制措施、对案件处理提出意见等法律帮助。

这里需要指出的是，所谓“第一次讯问”，应指立案后对犯罪嫌疑人进行的第一次讯问。因为只有在立案后，犯罪嫌疑人的身份才被确定，侦查机关对其进行的第一次讯问才是对犯罪嫌疑人依法进行的第一次讯问。

辩护人辩护和犯罪嫌疑人、被告人自行辩护是不同的，它们的主要区别：一是犯罪嫌疑人、被告人是当事人，是被指控犯罪，被追究刑事责任的人。犯罪嫌疑人、被告人自行辩护是犯罪嫌疑人、被告人为自身利益而进行辩护。辩护人不是当事人，不处于被指控、被追究的地位，他进行的辩护，不是为自身利益，而为维护他人的合法利益而进行的辩护。二是辩护是犯罪嫌疑人、被告人的权利，他可以行使，也可以放弃。对辩护人来讲，特别是辩护律师，辩护是他的职责，应当认真履行，不得随意放弃。三是犯罪嫌疑人、被告人自行辩护不受诉讼阶段的限制，在整个诉讼过程中，犯罪嫌疑人、被告人都享有自行辩护的权利。辩护人的辩护必须有合法的委托或指定，而且只能在法律规定的诉讼阶段才能参加诉讼。

鉴于二者上述区别，所以两种辩护既不能混淆，也不能相互代替。犯罪嫌疑人、被告人的自行辩护权不能因辩护人参加诉讼而取消。辩护人的辩护也不能因犯罪嫌疑人、被告人自行辩护而受到限制。

(3) 司法机关特别是人民法院，有义务保障犯罪嫌疑人、被告人获得辩护。在刑事诉讼中，司法机关始终处于主导地位，诉讼参与人的诉讼权利能否有效地、正确地行使，关键在于司法机关的保障和指导。从主体之间的权利与义务关系讲，犯罪嫌疑人、被告人享有权利，同时也就意味着司法机关要对犯罪嫌疑人、被告人承担相应的义务。因此，我国刑事诉讼法在规定犯罪嫌疑人、被告人享有辩护权的同时，也相应规定司法机关特别是人民法院有保证犯罪嫌疑人、被告人获得辩护的义务。比如在对犯罪嫌疑人、被告人进行讯问或审判时，应当告知他有申辩的权利；人民检察院自收到移送审查起诉的案件材料之日起 3 日以内，应当告知他有委托辩护人的权利；被告人是盲、聋、哑或未成年人而没有委托辩护人的，人民法院应当为他指定辩护人，等等。

二、实行辩护制度的意义

辩护制度作为现代法治国家法律制度的重要组成部分，鲜明地反映了一国诉讼制度和司法机关执法的民主性和公正性程度，对促进和保障司法公正、诉讼民主有着十分重要的意义。

第一，实行辩护制度，有利于公安司法机关正确处理案件，防止办案人员的主观片面性，做到兼听则明，以避免冤假错案的发生。

第二，实行辩护制度，有利于公安司法机关维护犯罪嫌疑人、被告人的合法权益。由于犯罪嫌疑人、被告人处于被追诉的地位，且人身自由往往也受到限制，因此，不能全面深入了解案情，也无法收集有利于自己的情况和材料，从而难以行使自我辩护的权利；加之，犯罪嫌疑人、被告人多数缺乏法律知识，不知道享有什么诉讼权利，应如何行使这些权利，也不知道自己的行为罪轻还是罪重，因此，大多数人不能正确运用法律为自己辩护，以维护自己的合法权益。而辩护人主要是辩护律师，既有法律知识,又有广泛的诉讼权利,便于全面具体地了解案情,运用其积累的辩护经验和技巧,帮助犯罪嫌疑人、被告人行使辩护权,保障他们应有的合法权益。

第三,实行辩护制度,还有利于更好地完成刑事诉讼法的教育任务。在法庭上,通过控、辩双方的辩论,可以使旁听群众全面了解案情,明辨是非,加强法制观念,发挥同犯罪作斗争的积极性,同时,有助于树立和宣传控诉与辩护平等的诉讼价值观,增强人们对司法公正观的认同。

三、辩护人的概念和范围

辩护人,是指接受犯罪嫌疑人、被告人的委托或人民法院的指定,帮助犯罪嫌疑人、被告人行使辩护权,以维护其合法权益的人。根据《刑事诉讼法》第33条的规定,辩护人的范围包括:

(一) 律师

律师是指依法取得律师执业证书,为社会提供法律服务的执业人员。虽然取得律师资格但未取得执业证书,并经注册登记的,仍不得以律师身份接受委托,履行辩护职责。《律师法》第13条规定:"国家机关的现职工作人员不得兼任职业律师。律师担任各级人民代表大会常务委员会组成人员期间,不得执业。"第36条规定:"曾担任法官、检察官的律师,从人民法院、人民检察院离任后两年内,不得担任诉讼代理人或者辩护人。"现役军人成为犯罪嫌疑人、被告人的,可以聘请军队中的或者地方的律师做辩护人。外国人、无国籍的犯罪嫌疑人、被告人委托律师辩护的,只能委托中国律师做辩护人。

(二) 人民团体或者犯罪嫌疑人、被告人所在单位推荐的人

这样规定,在我国律师队伍虽然迅速发展、但仍不能适应实际需要的情况下,对有效保护犯罪嫌疑人、被告人的合法权益是十分有利的,实践证明也是可行的。这里的人民团体,是指工会、妇联、共青团、学联等群众性团体。

(三) 犯罪嫌疑人、被告人的监护人、亲友

原刑事诉讼法只限定为被告人的夫、妻、父、母、子、女、同胞兄弟姐妹等近亲属和监护人可以接受委托做辩护人。修正后的刑事诉讼法实际上扩大了犯罪嫌疑人、被告人委托辩护人的选择范围,因为除了监护人,不再限定近亲属,做他的辩护人。这对犯罪嫌疑人、被告人能够及时委托到辩护人,解决请律师难的问题和维护其权益是十分有利的,也充分考虑了我国的国情,特别是解决了一个相当长的时期里,犯罪嫌疑人、被告人委托律师的经济承受能力与律师队伍数量和精力的承受能力方面的冲突问题。

《刑事诉讼法》第33条第2款、第3款及司法解释规定,下列人员不得被委托担任辩护人:(1)正在被执行刑罚的人;(2)依法被剥夺、限制人身自由的人;(3)无行为

能力或者限制行为能力的人;(4)人民法院、人民检察院、公安机关、国家安全机关、监狱的现职人员;(5)人民陪审员;(6)与本案审理结果有利害关系的人;(7)外国人或者无国籍人;(8)被开除公职和被吊销律师、公证员执业证书的人。但上述第(4)(5)(6)(7)(8)项规定的人员,如果是犯罪嫌疑人、被告人的监护人、近亲属,由犯罪嫌疑人、被告人委托担任辩护人的,可以准许。①

《刑事诉讼法》第33条对辩护人的数额作了明确限定,即犯罪嫌疑人、被告人"可以委托一至二人作为辩护人"。这就是说,一名犯罪嫌疑人、被告人最多可以委托两名辩护人,其中可以都是律师,也可以都是犯罪嫌疑人、被告人的监护人、亲友,还可以其中一名是律师,另一名是其他公民。在共同犯罪的案件中,由于犯罪嫌疑人、被告人之间存在着利害冲突,因此,一名律师不得同时接受两个以上(含两个)犯罪嫌疑人、被告人的委托,做他们的共同辩护人。在侦查期间,只能委托律师作为辩护人。

四、辩护人的诉讼地位和职责

根据对《刑事诉讼法》第108条第4项的理解,辩护人,包括辩护律师,在刑事诉讼中的法律地位是独立的诉讼参与人,是犯罪嫌疑人、被告人合法权益的专门维护者。他既不受公诉人意见的左右,也不受犯罪嫌疑人、被告人无理要求的约束;既不能成为"第二公诉人",也不是犯罪嫌疑人、被告人的代言人。在庭审中把辩护人,包括辩护律师视为"被告人"的做法是违法的。将辩护律师视为控诉和审判的异己力量的认识也是错误的。辩护律师与出庭公诉的检察人员的诉讼地位应当是平等的,他们均服从法庭审判人员的指挥,依法履行各自的诉讼职能。

《刑事诉讼法》第37条规定:"辩护人的责任是根据事实和法律,提出犯罪嫌疑人、被告人无罪、罪轻或者减轻、免除其刑事责任的材料和意见,维护犯罪嫌疑人、被告人的诉讼权利和其他合法权益。"我国《律师法》第28条也规定:"律师担任刑事辩护人的,应当根据事实和法律,提出证明犯罪嫌疑人、被告人无罪、罪轻或者减轻、免除其刑事责任的材料和意见,维护犯罪嫌疑人、被告人的合法权益。"

据此,辩护人的职责具体包括以下几个方面:

(1) 为犯罪嫌疑人、被告人辩护,首要的是应当依据事实和法律进行,不得捏造事实和歪曲法律。事实是根据,法律是准绳,对辩护人来说都是必须遵循的基本原则。尤其是受委托或指定的辩护律师,在履行职责过程中,不得帮助犯罪嫌疑人、被告人编造口供、串供、伪造、毁灭证据或者威胁、引诱证人提供不实证据。辩护人只有切实依据客观存在的案件事实和现行实体法、程序法的规定,才能提出中肯的辩护意见,才会收到应有的辩护效果。

(2) 辩护人通过提出犯罪嫌疑人、被告人无罪、罪轻或者减轻、免除其刑事责任的材料和意见,来维护其合法权益。这是辩护人进行的主要工作,也是辩护人维护犯

① 这些规定是依据六部委关于实施刑事诉讼法若干问题的规定所作的解释。

罪嫌疑人、被告人合法权益的正确途径。辩护人的职责应该说是多方面的,如为犯罪嫌疑人、被告人提供法律上的帮助,解答其提出的法律问题,讲解其在刑事诉讼中的权利、义务,为被告人代写法律文书;维护犯罪嫌疑人、被告人的诉讼权利,如维护其申请回避权、辩护权、上诉权,对侵犯其诉讼权利的行为,提出纠正的要求或向有关部门提出控告;结合办案,进行法制宣传教育,都是必要的、可行的,它们都是在维护犯罪嫌疑人、被告人的合法权益。

(3) 辩护人只有辩护的职责,没有控诉的义务。辩护人辩护的目的是维护犯罪嫌疑人、被告人的诉讼权利和其他合法权益。这是辩护人的职责所在,是法律赋予辩护人的义务。实践中,突出的一个问题是,辩护律师在履行职责过程中获悉犯罪嫌疑人、被告人犯有未被指控的其他犯罪,教育其坦白而犯罪嫌疑人、被告人并不听从辩护人的意见,辩护人该怎么办?一种意见认为,辩护人应拒绝为其辩护,同时向公安司法机关进行举报;另一种意见认为,应确定辩护律师的"职务秘密"原则,即辩护律师在履行职责过程中知悉的不利于被告人的情形,一般情况下有责任保密,而没有举报的义务。但涉及严重危害国家安全、社会公共安全和公民人身权的案件事实,在动员犯罪嫌疑人、被告人坦白无效的情况下,应当告知公安司法机关。对此,《刑事诉讼法》第 48 条作了明确的规定,即辩护律师对在执业活动中知悉的委托人的有关情况和信息,有权予以保密。但是,辩护律师在执业活动中知悉委托人或者其他人,准备或者正在实施危害国家安全、公共安全以及严重危害他人人身安全的犯罪的,应当及时告知司法机关。这是关于辩护律师的保密权利及其例外的规定。律师因为其职业特点,在履行职责过程中往往会知悉其委托人的有关情况和信息,包括其违法犯罪的情况和信息。律师对这些情况和信息予以保密,是取信于其委托人甚至取信于社会的一个基本要求和条件;否则,律师就很难获得其委托人的信任,不利于律师有效地履行职责,有可能从根本上动摇律师职业存在的社会基础。因此,规定律师对其执业活动中知悉的有关委托人的情况予以保密,是现代法治国家的普遍做法。因为这有助于维护辩护律师的执业形象和人格尊严,而且也与其所担负的诉讼职能相一致。为妥善处理好律师作为一般公民的义务和作为提供法律服务的执业人员的义务之间的关系,我国《律师法》则规定律师应当保守在执业活动中知悉的国家秘密、商业秘密,不得泄露当事人的隐私。至于法律所作的例外规定,它是要在辩护律师的职业保障和公共利益之间达到一个合理的平衡。对于一些特别严重且正在准备或者正在实施的犯罪,进行有效的预防和制止,从而避免或者尽可能降低其对社会的严重危害,从社会价值和利益上讲,要超过对辩护律师保密权利的维护。在这种情况下,辩护律师不仅不能主张其保密权利,而且有义务及时告知司法机关。

五、辩护的种类和方式

根据《刑事诉讼法》第 33 条、第 35 条的规定,我国辩护制度中辩护的种类有三种:

(一) 自行辩护

指犯罪嫌疑人、被告人自己针对指控进行反驳、申辩和辩解的行为。根据《刑事诉讼法》第 33 条的规定,犯罪嫌疑人在侦查阶段也都有权自行辩护。自行辩护是我国犯罪嫌疑人、被告人进行辩护的最重要的途径。

(二) 委托辩护

指犯罪嫌疑人或者被告人为维护其合法权益,依法委托律师或者其他公民协助其进行辩护。可分三种情形:(1)《刑事诉讼法》第 34 条的规定,被告人有权随时委托辩护人,即被告人知道有人向人民法院状告自己后即可委托辩护人,为自己辩护。(2)犯罪嫌疑人自被侦查机关第一次讯问或者采取强制措施之日起,有权委托辩护人。(3)《刑事诉讼法》第 34 条规定,人民法院自受理案件之日起 3 日以内,应当告知被告人可以委托辩护人。犯罪嫌疑人、被告人在押的,也可以由其监护人、近亲属代为委托辩护人。

(三) 指定辩护

指人民法院、人民检察院和公安机关为因经济困难或者其他原因而无力聘请辩护人的被告人指定承担法律援助义务的律师进行辩护。

我国的指定辩护现覆盖刑事诉讼全过程,但被指定的辩护人只能是承担法律援助义务的律师。

犯罪嫌疑人、被告人没有委托辩护人而具有下列情形之一的,人民法院、人民检察院和公安机关应当通知法律援助机构为其指派律师提供辩护:(1)盲、聋、哑人或者是尚未完全丧失辨认或者控制自己行为能力的精神病人;(2)未成年人;(3)可能被判处无期徒刑、死刑的人;(4)经法定程序鉴定依法不负刑事责任的精神病人;(5)缺席审判案件被告人及其近亲属没有委托辩护人的;(6)高级人民法院复核死刑案件,被告人没有委托辩护人的。

被告人坚持自己行使辩护权,拒绝人民法院指定的辩护人为其辩护的,人民法院应当准许。属于应当提供法律援助的情形,被告人拒绝指派的律师为其辩护的,人民法院应当查明原因。理由正当的,应当准许,但被告人须另行委托辩护人;被告人未另行委托辩护人的,人民法院应当在三日内书面通知法律援助机构另行指派律师为其提供辩护。

指定辩护是一种强制性规范,即一经人民法院指定,便具有强制辩护的效力,被告人有权拒绝不称职或不合心意的律师辩护,也可以另行要求指定其他辩护律师,但不得拒绝人民法院的依法指定,否则会给诉讼带来难以解决的矛盾,不利于法庭全面调查与审核事实和证据。通过法律援助的程序为被告人指定辩护,既有利于切实保障辩护的质量,同时也与国际法例相协调。联合国《关于律师作用基本原则》第 6 条规定:"任何没有律师的人在司法需要情况下均有权获得按犯罪性质指派给他的一名有经验和能力的律师,以便得到有效的法律协助,如果他无足够力量为此种服务支付费用，可不交费。”

我国进行辩护的方式分口头辩护与书面辩护两种。随着庭审方式的改革，辩护人应提高口头辩护的能力，以适应法庭辩论的需要。同时也应重视撰写和向人民检察院、人民法院提供书面辩护意见。尤其是在案件需要经检察委员会、审判委员会讨论或内部必要的审批程序的情况下（如涉外案件的审批程序），更应格外重视写好和提供辩护词，从而使得辩护意见能在起诉和审判程序中得到充分重视和采纳。

六、辩护人的权利和义务

辩护人依法享有诉讼权利和履行诉讼义务是正确开展辩护活动的重要保障。根据《刑事诉讼法》和《律师法》的规定，我国辩护人的权利主要有：

（1）独立辩护权。根据《律师法》的规定，律师依法在刑事诉讼中履行辩护职责，其人身权利和诉讼中的权利不受侵犯。

（2）阅卷权和会见通信权。辩护律师可以同在押的犯罪嫌疑人、被告人会见和通信。其他辩护人经人民法院、人民检察院许可，也可以同在押的犯罪嫌疑人、被告人会见和通信。《刑事诉讼法》第 39 条第 2 款、第 3 款规定，辩护律师持律师执业证书、律师事务所证明和委托书或者法律援助公函要求会见在押的犯罪嫌疑人、被告人的，看守所应当及时安排会见，至迟不得超过 48 小时。危害国家安全犯罪、恐怖活动犯罪，在侦查期间辩护律师会见在押的犯罪嫌疑人，应当经侦查机关许可。上述案件侦查机关应当事先通知看守所。辩护律师会见犯罪嫌疑人、被告人时不被监听。

（3）查阅、摘抄、复制案卷材料权。辩护律师自人民检察院对案件审查起诉之日起，可以查阅、摘抄、复制本案的案卷材料。其他辩护人经人民法院、人民检察院许可，也可以查阅、摘抄、复制上述材料。在法院审判阶段，辩护律师可以查阅、摘抄、复制“本案所指控的犯罪事实的材料”。其他辩护人经人民法院许可，也可以查阅、摘抄、复制上述材料。

（4）调查取证权。根据《刑事诉讼法》第 41 条、第 43 条的规定，辩护律师从审查起诉阶段始，经证人或者其他有关单位和个人同意，可以向他们收集与本案有关的材料，也可以申请人民检察院、人民法院收集、调取证据。辩护律师经人民检察院或者人民法院许可，并且经被害人或者其近亲属、被害人提供的证人同意，可以向他们收集与本案有关的材料。《刑事诉讼法》第 43 条第 1 款和《律师法》第 35 条规定，受委托的律师根据案情的需要，可以申请人民检察院、人民法院收集、调取证据或者申请人民法院通知证人出庭作证。律师自行调查取证的，凭律师执业证书和律师事务所证明，可以向有关单位或者个人调查与承办法律事务有关的情况。其他辩护人没有这项权利。

（5）提出意见权。《刑事诉讼法》第 173 条规定，人民检察院审查案件，应当听取辩护人或者值班律师的意见，并记录在案。辩护人或者值班律师提出书面意见的，应当附卷。也就是说，犯罪嫌疑人委托的辩护人在审查起诉阶段有权为委托人辩护，对此，人民检察院应当听取。

(6) 出庭质证、辩论权。根据《刑事诉讼法》关于第一审程序的规定，法庭调查阶段，辩护人在公诉人讯问被告人后，经审判长许可，可以向被告人发问(第 191 条)；经审判长许可，可以对证人、鉴定人发问(第 194 条)；法庭审理中，辩护人有权申请通知新的证人到庭，调取新的物证，申请重新鉴定或者勘验；有权申请法庭通知有专门知识的人出庭，就鉴定人作出的鉴定意见提出意见(第 197 条)。法庭审理过程中，对与定罪、量刑有关的事实、证据都应当进行调查、辩论。辩护人可以对证据和案件情况发表意见并且可以和控方互相辩论(第 198 条)。《律师法》第 30 条第 2 款规定，律师担任辩护人的，其辩论或者辩护的权利应当依法保障。

(7) 提出上诉权。《刑事诉讼法》第 227 条规定，被告人的辩护人，经被告人同意，可以提出上诉。为此，一审人民法院应及时将判决书送达被告人的辩护人，以利于辩护人行使这项权利，更好地维护被告人的合法权益。

(8) 申请解除强制措施权。《刑事诉讼法》第 99 条规定，辩护人对于人民法院、人民检察院或者公安机关采取强制措施法定期限届满的，有权要求解除强制措施。

(9) 拒绝辩护权。《律师法》第 29 条第 2 款规定："律师接受委托后，无正当理由的，不得拒绝辩护或者代理，但委托事项违法，委托人利用律师提供的服务从事违法活动或者委托人隐瞒事实的，律师有权拒绝辩护或者代理。"

(10) 保密权。《刑事诉讼法》第 48 条规定，辩护律师对在执业活动中知悉的委托人的有关情况和信息，有权予以保密。

(11) 申诉和控告权。《刑事诉讼法》第 49 条规定，辩护人认为公安机关、人民检察院、人民法院及其工作人员阻碍其依法行使诉讼权利的，有权向同级或者上一级人民检察院申诉或者控告。

辩护人的主要义务是：(1)会见在押犯罪嫌疑人、被告人时，要遵守看管场所的规定；(2)参加法庭审判时要遵守法庭规则；(3)辩护律师未经人民检察院或者人民法院许可，不得向被害人及被害人提供的证人收集与本案有关的材料；(4)辩护律师和其他辩护人不得帮助犯罪嫌疑人、被告人串供、隐匿、毁灭、伪造证据，不得威胁、引诱证人改变证言或者作伪证及进行其他干扰司法机关诉讼活动的行为，否则将被依法追究法律责任。(5)及时告知义务。辩护人收集的有关犯罪嫌疑人不在犯罪现场、未达到刑事责任年龄、属于依法不负刑事责任的精神病人的证据，应当及时告知公安机关、人民检察院。辩护律师在执业活动中知悉委托人或者其他人，准备或者正在实施危害国家安全、公共安全以及严重危害他人人身安全的犯罪的，应当及时告知司法机关；(6)辩护人应当向法庭出示物证，让当事人辨认，对未到庭的证人证言笔录、鉴定人的鉴定结论和其他作为证据的文书，应当当庭宣读。

根据《律师法》第 29 条第 2 款、第 33 条、第 35 条、第 36 条、第 42 条的规定，辩护律师还应：(1)不得私自接受委托，私自向委托人收取费用，收受委托人的财物；(2)不得违反规定会见法官、检察官；(3)不得向法官、检察官以及其他有关工作人员请客送礼或者行贿，或者指使、诱导当事人行贿；(4)不得提供虚假证据，隐瞒事实或者威胁、引诱他人提供虚假证据,隐瞒事实以及妨碍对方当事人合法取得证据;(5)不得干扰法庭秩序,干扰诉讼的正常进行;(6)保守履行辩护人职责中知悉的国家秘密和当事人的商业秘密,不得泄露当事人的隐私;(7)曾担任法官、检察官的律师,从人民法院、人民检察院离任后 2 年内,不得以律师身份担任辩护人;(8)必须按照国家规定承担法律援助义务,尽职尽责,为受援人提供法律服务,无正当理由,不得拒绝辩护。

七、刑事诉讼代理制度

(一)刑事诉讼代理的概念

刑事诉讼代理,指代理人接受公诉案件的被害人及其法定代理人或者近亲属、自诉案件的自诉人及其法定代理人以及附带民事诉讼的当事人及其法定代理人的委托,以被代理人的名义参加诉讼,进行活动,由被代理人承担代理行为法律后果的一项法律制度。

由于代理权限产生的根据不同,刑事诉讼中的代理分为法定代理与委托代理两种。法定代理,是基于法律规定而产生的代理;委托代理,是基于被代理的委托授权行为而产生的代理。由于代理产生的根据不同,导致代理人的范围、代理人的权限、代理人在刑事诉讼中的权利与义务等的不同。但代理人的共同点是必须在代理权限范围内进行代理活动。代理人在代理权限内的诉讼行为和法律行为与委托人自己的诉讼行为和法律行为具有同等效力,其法律后果由被代理人承担。

根据《刑事诉讼法》第 47 条的规定,下列人员可以被委托为诉讼代理人:(1)律师;(2)人民团体或者犯罪嫌疑人、被告人所在单位推荐的人;(3)犯罪嫌疑人、被告人的监护人、亲友。

《刑事诉讼法》《律师法》和最高人民法院、最高人民检察院、司法部、公安部《关于律师参加诉讼的几项具体规定的联合通知》《关于律师参加诉讼的几项补充规定》及六机关《规定》对刑事委托代理,主要是律师代理也作了规定。

关于刑事法定代理(主要是法定代理人、法定代理人的权利、义务),本书有关章节已有述及,这里不再赘述。而委托代理,既可以委托律师代理,也可以委托其他公民代理。本节重点在于阐述律师代理。所谓律师代理,是指律师在刑事诉讼中,接受被代理人的委托,以被代理人的名义在代理权限内实施代理行为的诉讼制度,分自诉案件中自诉人的代理、公诉案件中被害人的代理和附带民事诉讼当事人的代理。

委托律师代理的特点在于,代理权是基于委托人委托的意思表示而产生;代理的权限范围由委托人决定;代理人参加诉讼时,必须向受诉人民法院提交授权委托书和律师事务所证明律师身份的信函。

委托律师代理的权限范围分为一般委托代理和特别授权代理。前者,代理人只能代理被代理人进行诉讼行为,无权处分其实体权利;后者,代理人除代理被代理人进行诉讼外,可以根据被代理人的特别授权的内容,代为处分其相关的实体权利。

委托人有权改变授权内容或者解除代理权,代理人也可依法辞去代理,从而导致代理权的变更或解除。《律师法》第29条规定，委托人可以拒绝律师为其继续代理，也可以另行委托律师担任代理人。律师接受委托后，无正当理由的，不得拒绝代理，但委托事项违法，委托人利用律师提供的服务从事违法活动或者委托人隐瞒事实的，律师有权拒绝代理。但是，代理权的变更或解除，应当及时用书面形式通知人民法院。诉讼期间，委托人要求解除代理后另行委托的，应当允许，但案件经过合议，已经作出处理决定的，一般不宜再变更委托。案件终止或者被委托人丧失诉讼行为能力或者死亡的，代理人自行丧失代理权。

律师代理制度有利于维护自诉人、公诉案件被害人、附带民事诉讼当事人的诉讼权利；有利于司法机关严格诉讼程序，及时查明事实、分清是非，正确适用法律、公正处理案件，进而有利于宣传社会主义法制，提高公民的社会主义法律意识。

(二) 刑事诉讼代理的种类

1. 自诉案件中的代理

自诉案件中的代理，指在刑事自诉案件中，律师接受自诉人及其法定代理人的委托作为代理人参加诉讼。《刑事诉讼法》第46条规定，自诉案件的自诉人及其法定代理人，有权随时委托诉讼代理人。人民法院自受理自诉案件之日起3日以内，应当告知自诉人及其法定代理人有权委托诉讼代理人。这里，法定代理人委托诉讼代理人，应当为自诉人委托诉讼代理人，不是为自己委托诉讼代理人。诉讼代理人，是指公诉案件的被害人及其法定代理人或者近亲属、自诉案件的自诉人及其法定代理人以及附带民事诉讼的当事人及其法定代理人委托代为参加诉讼的人。自诉人及其法定代理人在人民法院立案前就可委托律师作诉讼代理人，包括向人民法院呈递列明代理人姓名的刑事自诉状；被告人在接到自诉人的诉状后，委托辩护律师的过程中，如果提起反诉，可以同时委托该辩护律师兼作诉讼代理人并办理代理委托手续，辩护、代理委托书均应递交人民法院。被告人在法庭审理中提起反诉并要其辩护律师兼作诉讼代理人的，反诉是否成立要待法庭决定，辩护律师是否接受委托及接受委托的法律手续、代理的准备工作等都需要研究、准备，因此在出现这种情况时，法庭应宣布延期审理。同理，自诉人在法庭上被被告人提起反诉，自诉人可以委托代理律师兼作辩护人，但反诉是否成立，要由法庭决定，代理律师是否接受委托兼作辩护人，要由受委托律师决定，即便接受委托，也要办理相应的法律手续，做好辩护的准备工作，因此，也宜请求法庭延期审理。

自诉案件中代理律师的诉讼权利主要是：经授权一般代理后，有纠正委托人起诉事实的权利，不能同意无根据的起诉事实和无法律依据的诉讼主张；可以由自诉人向人民法院提起诉讼（包括拟写诉状）；根据《律师法》第30条第1款的规定，代理律师依照《刑事诉讼法》的规定“可以收集、查阅与本案有关的材料”，即有权持单位介绍信和执业证件向有关单位进行访问，调查本案案情，有关单位、个人应当给予支持；可以到人民法院查阅人民检察院不起诉、被害人起诉后人民检察院移送给人民法院的有关案卷材料，了解案情；人民法院开庭审理时，代理律师有权应人民法院的通知到庭履行职务；经自诉人授权，有权代委托人依法申请法庭组成人员、书记员等回避；在法庭审理中于审判人员讯问被告人后，经审判长许可，可以向被告人发问，可以申请审判长对证人、鉴定人等发问或者经审判长许可直接发问，申请通知新的证人到庭，调取新的物证，申请重新鉴定或者勘验；法庭调查后，有权发言（发表代理词）并且可以和被告方展开辩论；有权代自诉人阅读审判笔录，如认为有错误或遗漏，有权请求补充或改正；对司法工作人员非法剥夺自诉人诉讼权利和人身侮辱等侵权行为，有权提出控告。

由于对自诉案件人民法院可以进行调解，自诉人在宣告判决前，可以同被告人自行和解或者撤回起诉。这些都涉及处分自诉人的实体权利问题，代理律师不经委托人特别授权无权代理。因此，代理人除代理被代理人进行诉讼外，要经被代理人特别授权，才能代为承认、放弃或者变更诉讼请求、进行和解、提起公诉等。

自诉案件代理律师也需要履行自己的诉讼义务，主要是：应按人民法院的通知及时到庭依法履行职务，不得借故妨碍诉讼的正常进行；依法出庭履行职务时，应严格遵守法庭的规则和秩序；严格遵守和执行法律规定的程序；协助自诉人（包括提起反诉的被告人）担负举证义务；对于人民法院已经生效的判决、裁定或者调解协议，代理律师认为是正确的，则有义务教育委托人认真遵守执行；对执业中接触到的国家机密、商业秘密和个人隐私，应当严格保守秘密；履行《律师法》规定的其他义务。

2. 公诉案件中的代理

公诉案件中的代理，指律师接受公诉案件中被害人及其法定代理人或者近亲属的委托，担任诉讼代理人的活动。这里的诉讼，既包括人民检察院提起公诉阶段的活动，也包括人民法院的审判活动。

《刑事诉讼法》第 46 条规定，公诉案件的被害人及其法定代理人或者近亲属，自案件移送审查起诉之日起，有权委托诉讼代理人。人民检察院自收到移送审查起诉的案件材料之日起 3 日以内，应当告知被害人及其法定代理人或者其近亲属有权委托诉讼代理人。第 47 条规定，委托诉讼代理人，参照本法第 33 条的规定执行。

上述法律规定说明：（1）公诉案件的被害人及其法定代理人或者近亲属，在该案发生后即可向负责该案侦查的机关控告举报犯罪，协助公安司法机关揭露、证实犯罪；作为该案的被害人及其法定代理人或者近亲属即可以提出附带民事诉讼，以便维护被害人的合法权益。但是，他们若委托诉讼代理人为上述诉讼行为，则只能在案件侦查终结并移送人民检察院审查起诉之日起进行。这样的限制，有利于侦查机关客观地侦查处置案件，防止不必要的干扰、影响。（2）法律只规定了委托诉讼代理人的起始时限，并未规定终止时限。这是因为，审查起诉阶段未委托代理人的，在同一案件的一审或二审程序中，依然可以委托诉讼代理人参加诉讼。案件一经审结，代理人的代理权即告终结。但是，被害人及其法定代理人、近亲属对生效裁判不服的，仍然有权委托律师代理申诉。（3）人民检察院有告知被害人及其法定代理人或者近亲属委托诉讼代理人的义务，其告知的最长期限是自收到移送审查起诉的案件材料之日起的 3 日以内，超过这一期限未予告知的，构成程序违法。（4）代理人的范围同辩护人的范围相同。其中主要是律师作代理人。(5)公诉案件中，被害人及其法定代理人或者近亲属委托的诉讼代理人，应当是被害人的代理人，不是被害人近亲属或其法定代理人的代理人。(6)公诉案件中被害人的诉讼代理人与自诉案件中自诉人的诉讼代理人不同，只能行使控诉职能，不能兼作辩护人、行使辩护职能。

公诉案件中被害人的代理人，根据委托人的一般授权，行使诉讼中的权利并履行相应义务。代理人的权利主要是：有权代理委托人向公安司法机关控告犯罪；可以收集、查阅与本案有关的材料；人民检察院决定不起诉的案件，被害人如果不服，代理律师有权在被害人收到不起诉决定书后的 7 日以内，代其向人民检察院提出申诉，也可经被害人授权代被害人向人民法院提起自诉；在法庭审理阶段，经审判长同意，可以向被告人、证人发问，可以参加法庭辩论等。

3. 附带民事诉讼中的代理

附带民事诉讼中的代理，指接受附带民事诉讼当事人及其法定代理人的委托，以诉讼代理人的身份进行的活动，是刑事自诉案件中诉讼代理与公诉案件中诉讼代理的重要组成部分。

《刑事诉讼法》第 46 条规定：公诉案件附带民事诉讼的当事人及其法定代理人，自案件移送审查起诉之日起，有权委托诉讼代理人。自诉案件附带民事诉讼的当事人及其法定代理人，有权随时委托诉讼代理人。人民检察院自收到移送审查起诉的案件材料之日起 3 日以内，应当告知附带民事诉讼当事人及其法定代理有权委托诉讼代理人。人民法院自受理自诉案件之日起 3 日以内，应当告知附带民事诉讼的当事人及其法定代理有权委托诉讼代理人。《刑事诉讼法》第 47 条规定：委托诉讼代理人，参照本法第 33 条的规定执行。

以上规定说明：(1)无论是公诉案件还是自诉案件，附带民事诉讼的当事人及其法定代理人都有权依法委托诉讼代理人，以维护委托方的合法权益。附带民事诉讼的当事人是指附带民事诉讼原告人、被告人。附带民事诉讼的原告是指在刑事诉讼中因被告人的犯罪行为而遭受物质损失并在刑事诉讼过程中提起附带民事诉讼的人，他既可以是被害人(包括被害单位)，也可以是死亡的被害人的近亲属或者因治疗、安葬被害人而受到物质损失的单位、个人。人民检察院在提起公诉的同时有权提起附带民事诉讼，但不是附带民事诉讼的原告人。附带民事诉讼的被告人，是刑事诉讼中受到附带民事诉讼的原告人或人民检察院的控告，应对因其犯罪行为遭受物质损失的人负有赔偿责任的人，通常是同一案件的刑事被告人，在特殊情况下，也可以是对刑事被告人的行为负赔偿责任的机关、团体。(2)刑事案件一经发生，作为该案的被害人及其法定代理人即可以附带民事诉讼原告人或其法定代理人的身份提起附带民事诉讼，但是，他们若以附带民事诉讼当事人或其法定代理人的身份委托诉讼代理人，则只能在案件侦查终结并移送人民检察院审查起诉之日起进行。自诉案件由于不涉及侦查、预审，附带民事诉讼当事人及其法定代理人可以随时委托诉讼代理人。(3)人民检察院、人民法院有告知附带民事诉讼当事人及其法定代理人有权委托诉讼代理人的义务。告知的最长期限分别是收到移送审查起诉的案件材料之日起的

3日以内或者受理自诉案件之日起的3日以内。(4)接受委托担任附带民事诉讼的诉讼代理人，可以是当事人的监护人、亲友或者所在单位推荐的人，主要的还是执业律师。

自诉人、被害人及其法定代理人委托的诉讼代理人，特别是代理律师，在其同时提起附带民事诉讼时，可以兼做附带民事诉讼原告人的代理律师。而刑事被告人或对被害人负有赔偿责任的机关、团体，或者法定代理人作为附带民事诉讼被告人的，可以委托原被告人的辩护律师作为诉讼代理人，但要征得该律师的同意，并应另行办理有关法律手续。

附带民事诉讼当事人的诉讼代理，分一般代理和特别授权代理。特别授权代理，要在授权委托书中注明授权内容，如授权代理律师代为承认、放弃或者变更诉讼请求，进行和解、调解等。委托书、特别授权委托书应由委托人签字后送交受案的人民法院。代理律师要在授权范围内进行活动，超越代理权限的行为是无效的。附带民事诉讼的代理律师，应当有权参与刑事案件的审理以便了解附带民事诉讼是否成立及民事赔偿的合理数额等。个别人民法院不允许代理律师参与该案刑事部分的审理，尤其在刑事部分审理前就要求代理律师动员被告人与附带民事诉讼原告人解决民事赔偿的做法，是违反刑事附带民事诉讼案件审理的基本原则的。

附带民事诉讼中的诉讼代理，实质是民事诉讼代理制度的移植，代理律师享有如《民事诉讼法》赋予代理律师的权利，也履行相应的义务。有些权利、义务则参见本节自诉案件自诉人的代理，公诉案件被害人的诉讼代理的有关论述。附带民事诉讼当事人的代理律师，其责任是在授权范围内维护委托方当事人的合法权益。

第四节　刑事法律援助制度

一、刑事法律援助的概念

法律援助，是指国家在司法制度运行的各个环节和各个层次上，对因经济困难及其他因素而难以通过通常意义上的法律救济手段保障自身基本社会权利的社会弱者，减免收费提供法律帮助的一项法律保障制度。在我国，刑事法律援助是指在刑事诉讼中，依照法律规定对那些经济困难无力支付诉讼费用，或者特定案件中的刑事被告人，由人民法院指定执业律师义务承担刑事辩护帮助的法律制度。具体而言：(1)刑事法律援助的性质属于律师提供的法律咨询、制作法律文书和刑事法庭辩护方面的法律服务，而不是由人民法院减免诉讼费用的司法求助。刑事法律援助也可称为给予被告人援助或者刑事辩护援助，其根本性质是法律服务。(2)政府是责任主体，律师是实施义务主体。刑事法律援助是政府行为，只有在国家承担此项责任时才是行之有效的。(3)刑事法律援助的对象是刑事被告人，而不是刑事被害人，也不包括非自然人的单位组织和政府。2003 年 7 月 16 日国务院通过《法律援助条例》，共分为总则、法律援助范围、法律援助申请和审查、法律援助实施、法律责任和附则 6 章，计 31 条。《法律援助条例》于 2003 年 9 月 1 日施行，是我国第一部有关法律援助制度的法规，标志着我国法律援助制度建设的新起点。我国的刑事法律援助制度主要体现在刑事指定辩护制度上。指定辩护，是指刑事诉讼过程中行使侦查、起诉、审判职权的国家机关为符合条件的犯罪嫌疑人、被告人指定辩护人为其提供辩护的制度。指定辩护制度的完善与否不仅直接关系到被告人辩护权能否得到切实的保障，从而影响其合法权益，同时也反映一个国家刑事诉讼程序公正、民主、文明的程度。

二、我国刑事法律援助的特点

我国刑事法律援助制度具有以下特点：(1)主体审定的专门性。在刑事诉讼中，法律赋予人民法院、人民检察院、公安机关为具有特定条件的被告人通知法律援助机构指定辩护人的审定权和斟酌权。(2)受援阶段的无限性。根据《刑事诉讼法》的规定，犯罪嫌疑人、被告人有权在刑事诉讼的全过程获得刑事法律援助，不受诉讼阶段的限制。(3)受援对象的特定性。在我国刑事诉讼中，受到法律援助的对象限于犯罪嫌疑人、被告人，且这些犯罪嫌疑人、被告人须因经济困难或者其他原因没有委托辩护人，或者是盲、聋、哑人、未成年人、尚未完全丧失辨认或者控制自己行为能力的精神病人、可能被判处无期徒刑、死刑的犯罪嫌疑人、被告人，以及在缺席审判案件中，没有委托辩护人的被告人及其近亲属。(4)援助形式的多样性。刑事法律援助工作可表现为在审前程序为犯罪嫌疑人提供法律帮助，代理申诉、控告，申请变更强制措施，向侦查机关了解犯罪嫌疑人涉嫌的罪名和案件情况并提出意见；及在法庭审理阶段的刑事辩护活动。(5)实施主体的专门性。律师具有承担法律援助的义务。根据《刑事诉讼法》的规定，法院指定辩护人应当从执业律师中指定，承担法律援助的任务必须由律师完成。非律师身份的辩护人在刑事诉讼中是不能被公安司法机关指定承担法律援助义务，为犯罪嫌疑人、被告人提供法律帮助和法庭辩护的。

三、法律援助值班律师制度

2014 年，中央深化体制改革领导小组正式将“在法院、看守所设置法律援助值班律师办公室”列为司法体制改革的重要内容，将法律援助值班律师制度纳入国家司法体制改革的整体框架之中。最高人民法院、最高人民检察院、公安部、国家安全部、司法部于 2016 年 11 月印发的《关于在部分地区开展刑事案件认罪认罚从宽制度试点工作的办法》、2017 年 8 月印发的《关于开展法律援助值班律师工作的意见》均明确规定了值班律师制度。

法律援助机构可以根据人民法院、看守所实际工作需要，通过设立法律援助工作站派驻值班律师，及时安排值班律师等形式，为没有委托辩护人的且认罪认罚的犯罪嫌疑人、被告人提供法律咨询、程序选择、申请变更强制措施等法律帮助。除此之外，根据《关于开展法律援助值班律师工作的意见》，法律援助值班律师还可以引导和帮助犯罪嫌疑人、被告人及其近亲属申请法律援助，转交申请材料；对刑讯逼供、非法取证情形代理申诉、控告等。

在英国、日本、澳大利亚、加拿大等国家，值班律师的职责，一般是为犯罪嫌疑人、被告人免费提供必要而最低限度的法律帮助。律师值班的方式包括在羁押场所派驻法律援助律师或者公职律师值班，或者为羁押场所提供律师名单和联系电话，以随时为逮捕并被羁押的犯罪嫌疑人提供法律咨询服务，或者为出庭受审但没有律师为其提供辩护法被告人提供法律咨询服务等。

2018 年《刑事诉讼法》第 36 条是在总结试点地区实践经验和借鉴国外成功做法的基础上，对法律援助值班律师制度作了明确的规定。一是值班律师的派驻，由法律援助机构负责。根据《关于开展法律援助值班律师工作的意见》的规定，社会律师和法律援助律师都可以担任值班律师，由法律援助机构综合社会律师和法律援助机构律师政治素质、职业道德水准、业务能力、执业年限等确定人选，建立法律援助值班律师名册。有条件的地方可以组建法律援助值班律师库。值班法律援助机构要将值班律师名册或者信息送交或者告知人民法院、人民检察院、公安机关及看守所，以便于在犯罪嫌疑人、被告人需要法律帮助时可以及时通知值班律师。二是派驻值班律师的场所包括人民法院、看守所等场所。一般讲，看守所作为关押犯罪嫌疑人的场所，人民法院作为开庭审判的场所，是需要值班律师的。人民检察院如在审查起诉案件中犯罪嫌疑人认罪认罚的，在签署具结书时，对没有委托辩护人的犯罪嫌疑人，也是需要值班律师在场的。所以，对于究竟在哪些场所派驻值班律师，法律规定的“等场所”则意味着在实践中，可以由法律援助机构与具体的公安司法机关根据诉讼的需要确定。三是考虑到各地律师资源分配不均衡，有的地区有充足的律师资源，能满足派驻律师每天值班的要求，但有的地方由于律师资源不足，无法派驻值班律师每天到场所现场值班，且有的地区由于人口稀少，刑事案件数量也较少，并不是每天都有犯罪嫌疑人、被告人需要提供法律帮助。因此，具体如何派驻、如何值班，可以由法律援助机构根据当地的实际情况合理安排，值班律师既可以派驻，即相对固定专人或者轮流值班；也可以采取现场值班和电话、网络值班结合的方式。四是值班律师为犯罪嫌疑人、被告人提供法律帮助的条件是其没有委托辩护人，或者法律援助机构没有指派律师为其提供辩护的。五是值班律师的职责，是为犯罪嫌疑人、被告人提供法律咨询、程序选择建议、申请变更强制措施、对案件处理提出意见等法律帮助。这里需要说明的是，“对案件处理提出意见”指的是，既包括对犯罪嫌疑人、被告人如何进行刑事诉讼，在诉讼中如何供述等程序问题提出意见，也包括对是否构成犯罪，是否有自首、立功、坦白等情节，人民检察院的量刑建议中的主刑、附加刑以及是否适用缓刑等问题，为犯罪嫌疑人、被告人向公安司法机关提出处理意见。六是人民法院、人民检察院、看守所应当告知犯罪嫌疑人、被告人有权约见值班律师，以及为犯罪嫌疑人、被告人约见值班律师提供便利。所谓“提供便利”，一般是指在犯罪嫌疑人、被告人提出约见值班律师的要求时，及时为他们提供值班律师名册、联系方式，及时将犯罪嫌疑人、被告人的约见要求转告其配偶等；人民法院、看守所等应当为约见提供必要的场地、设施。

思考题：

1. 什么是立案管辖，它的划分依据是什么？
2. 什么是审判管辖，它有哪些组成部分？
3. 刑事诉讼法对级别管辖作了哪些灵活性的规定？
4. 什么是回避，它有哪些诉讼意义？
5. 回避的适用对象有哪些？
6. 我国辩护权的实现方式有哪些？
7. 指定辩护的适用范围有哪些？
8. 辩护人的职责与权利有哪些？
9. 什么是法律援助，它有哪些特点？
10. 值班律师的职责和权利有哪些？

第七章

刑事诉讼证据

本章提要：本章对刑事诉讼证据的有关问题作系统阐述。学习本章应掌握以下要点：(1)证据的概念和意义；(2)证据的种类；(3)刑事证据分类；(4)诉讼证明；(5)证据规则。

第一节　证据的概念和意义

一、刑事证据的概念

证据，一般理解，即为证明待证事实的依据。证据从其最朴素的功能及特征出发，可以认为，证据应当是一种已为人知的事实，而该项已知的事实能够用来证明未知事实的一部分或全部。证据普遍存在于人们的日常生活中，故广泛意义上的证据，人们并不陌生，在哲学、自然科学及社会科学领域，人们均需要运用证据来论证一些设定的理论及证明自然和社会现象发生的原因。整个人类社会就是伴随着人们的主观意识对客观外界的不断发现和认识而进步的，这一进步是人们不断运用已知去敲开未知大门的过程，这里的“已知”就是一般意义上的证据。马克思通过深入了解资本主义的公司经营运作方式来论证资本经营的实质，并产生“剩余价值”的理论；牛顿从苹果落地的已知现象中研究出“万有引力定律”，等等，在这些科学成果的论证过程中，当然少不了证据的证明功能所发挥的支持理论的作用。

我们在这里所研究的证据，是刑事诉讼中的证据，它与一般意义上的证据具有如下区别：

（一）调整和约束的机制不同

刑事证据的采用要受法律的调整和约束，一般意义上的证据，虽然在认识和运用过程中也必须遵守一定的规律和规则，但却不必受法律的限制。刑事证据在收集和运用、审查和判断等方面，都必须受《刑事诉讼法》的调整和约束。

（二）时间限制要求不同

刑事证据的运用要受诉讼时间的限制，一般证据在收集、运用的过程中没有时间方面限制的要求，所以，使用者可以根据其需要随时收集、运用，不会因为超过一定时间就失去其证明效力或不允许使用。刑事证据的收集、审查判断和运用都要受到相应的诉讼期限的限制，正在探索中的举证时效问题若能够被立法所确认，刑事证据的时间限制要求将更加严格。

（三）运用证据的主体不同

刑事证据的运用主体是法律特殊规定的，一般证据适用的主体没有限制，任何人都可以收集和提出并运用；而刑事诉讼证据的运用主体则是由刑事诉讼法明确规定的，即公安司法机关和一定的诉讼参与人，所以一般证据的运用主体范围比刑事诉讼证据的适用主体更具有广泛性。

（四）证据的适用范围不同

刑事证据的适用范围受到刑法、刑事诉讼法及其他相关法律的调整，一般证据适用范围非常广泛，日常生活、工作、学习、科研等领域往往都涉及一般证据的运用，而刑事证据只适用于解决刑事案件中有关犯罪嫌疑人、被告人是否犯罪，犯什么罪，应否处以刑罚，处什么刑罚等实体问题和解决该实体问题相关的程序问题的证明，故它的适用范围受到刑法、刑事诉讼法及其他相关法律的严格界定。

（五）证据主客观条件的制约不同

刑事证据要受主客观条件的制约，一般证据既可以是对过去事物的分析，也可能是对现在或将来的一种假说或判断，而刑事证据的收集、审查判断以及最终的运用，均受到司法人员的主观条件以及整个办案过程中的客观条件的限制和影响。

通过以上比较分析，我们可以掌握刑事证据的一些重要法律属性。那么，究竟如何确定我国刑事证据的概念呢？《刑事诉讼法》第 50 条第 1 款规定："可以用于证明案件事实的材料，都是证据。"第 2 款规定："证据包括：（一）物证；（二）书证；（三）证人证言；（四）被害人陈述；（五）犯罪嫌疑人、被告人供述和辩解；（六）鉴定意见；（七）勘验、检查、辨认、侦查实验等笔录；（八）视听资料、电子数据。"第 3 款又规定："证据必须经过查证属实，才能作为定案的根据"。根据《刑事诉讼法》的上述规定，综合前面所述刑事证据与一般证据的区别，我们可以从理论上对刑事证据的定义作如下表述：刑事证据是用以确定犯罪嫌疑人、被告人有罪或无罪，罪轻或罪重或免予刑事处分的一切实体事实和相应程序事实的载体。同时，前述立法规定还将证据和定案根据作了区别，所谓定案根据，是指已经查证属实的证据。

从上述刑事证据定义的表述中，我们可以看到刑事证据应当具备关联性和合法性这两项基本属性：

第一,关联性是证据内在的自然属性。其基本含义是指作为证据的材料必须是同案件事实存在某种联系。我国《刑事诉讼法》第 50 条所规定的证据应当是可以用来“证明案件事实的材料”。由此可见,刑事证据必须是能够对案件事实起证明作用,只有同案件事实有某种关联,才能对案情起到有效的证明作用。关联性是证据证明力的来源。对证据关联性的理解应把握以下三层含义:首先,证据反映的事实必须是一种法律可调整的与案情有关的事实,即该证据反映的事实的形成与案件事实的发生过程有着直接或间接的联系,这种联系可以是“因果联系”,也可以是“条件联系”。其次,与案件联系的事实从整体上来讲,应包括有罪或无罪,罪重或罪轻的全部事实。从这个角度上来讲,证据的关联性并不是同诉讼主体的诉讼主张相关,更不能根据自己的控、辩主张来觉得证据的关联性与否,证据的关联性不允许由主观的欲望来选择,而应首先遵从案件事实本身。再者,从证据同案件事实的关联对定案的不同证明要求角度分析,作为认定被告人及犯罪嫌疑人有罪的证据,必须同犯罪事实存在联系,这种联系如果就单个的证据而言仅仅是条件联系的话,那么,其最终的结果则必须是与指控的犯罪事实有着必然联系的刑事证据所支持的。反之,若是无罪的证据,则正是排除了同指控的犯罪事实的必然联系。

正确认识证据的关联性,对于准确判断刑事证据的有效性及其相应的证明价值有着重要的意义。应该讲,任何与案情不具有联系的材料,都不能被判定为证明被告人或犯罪嫌疑人有罪的有效证据。反之,只要排除了指控犯罪的刑事证据同案情之间的联系,也就证实了指控的案件事实不存在或者非被控告的被告人或犯罪嫌疑人所为。证据的关联性指导我们避免在办案中把某些和案件事实之间没有客观联系的事实作牵强附会、生拉硬扯的联系,从而造成办案过程中人力、物力和财力的浪费,诉讼不能及时终结。在侦查阶段,把握证据的关联性,对于侦查人员确定破案的方向和范围往往有着举足轻重的作用;而在审查起诉和审判阶段,确定证据的关联性对于检察和审判人员准确掌握案情,并客观全面地依据事实和法律对案件定性和处理有着事半功倍的意义。

第二,合法性是证据外在的法律属性。其基本含义是指证据必须是法定的诉讼主体依照法定的程序加以收集和认定的符合法律所规定的表现形式的材料。合法性关乎证据有否资格进入诉讼程序用以证明案件事实。为什么证据应当具备合法性?

一是刑事证据的存在是因为这个社会有法律,而其要证明的事实本身也是一种法律事实。所以,我们很难想象,如果这个社会没有法律,没有诉讼,人们还会需要用证据来解决争议和纠纷吗?用证据来作为解决纠纷的手段,其首先是要建立一种评判是非曲直的基本法律尺度体系,然后才能运用法律尺度来衡量事实,判断是非,并作出最后的定性和处置,没有法律尺度和评价是非的标准,即使事实被证明存在,也无法对事实作出合理的评价。正因为如此,证据所证明的事实应当是一种法律可调整的与案情有关的事实。人们寻求证据,往往首先根据法律关系确定要证明的法律事实,然后才去探询,收集能够证明该法律事实的证据,因此围绕证据所展开的活动应当是人们一种有意识和有目的的活动,而这些活动开展的全部内容必须确立在一个基本的前提下，即我们已经制定了评价相关事实的法律尺度，这个法律尺度在指导我们收集和运用证据。我们常常在收集和运用证据之前先问自己：你收集证据是为了证明什么？如果该事实被证明是真实的，接下来要用该事实说明什么问题？该问题如果被说明后，自己的什么主张能够得到支持？得到谁、依据什么规则可以给予支持？这些问题在收集证据一开始就必须系统地考虑，而这些问题最终的落脚点是“由谁依据什么规则”来支持你的主张。由此，可以发现，证据作为法律生活中证明法律事实的一种认识工具，其存在本身就离不开法律。被证据证明的事实脱离了法律，这种事实的存在就没有现实的意义。

二是刑事证据事实的表现形式是由我国刑事诉讼法所规定的。刑事案件在其发生过程中及发生后所形成的事实，其表现形式往往具有不规范性，如果不规定其表现形式，在诉讼过程中势必导致刑事证据种类的混乱，从而造成执法的不统一。为了防止执法过程中证据运用的混乱情况发生，保证诉讼主体能够规范收集和运用证据，制定统一的法定证据种类，并规定其相应的使用规则是十分必要的。这种规范的证据体系不仅有利于诉讼活动的顺利进行，同时也有利于提高证据的审查判断和运用的效力。我国《刑事诉讼法》第 50 条第 1 款在规定证据实质内容的基础上，在第 2 款同时规定了刑事证据的 8 种表现形式，这就意味着除了这 8 种表现形式之外的事实都不能作为刑事证据。

三是刑事证据的收集、审查判断及运用的主体、程序由刑事诉讼法严格规定。《刑事诉讼法》第 52 条规定了公安司法人员必须严格依照法定程序和合法手段收集和运用刑事证据，严禁刑讯逼供和以威胁、引诱、欺骗以及其他非法的方法收集证据。这一规定明确了某种案件材料要作为证据进入诉讼轨道，必须由合法的主体收集和运用，如果收集程序非法，甚至采取法律所严禁的刑讯逼供和威胁、引诱、欺骗等非法手段收集证据，则证据的相关性就有可能遭到损害，从而形成虚假的，旨在逃避因非法手段所可能招致的各种痛苦而被迫提供的证据，法律所设定的收集、审查判断及运用刑事证据的程序虽然有可能使一些具备相关性的证据因程序非法而被排除在“定案根据”的大门之外，但诉讼的价值取向不仅仅是为了体现证据事实的相关性，同时，也必须充分体现诉讼活动的公正、公平、公开、规范和效率准则。也就是说，我们不能为了追求证据的相关性而舍弃证据的合法性。再者，设定证据的收集、审查判断及运用程序的本身是为了保障证据的相关性，如果程序本身存在一定的缺陷，导致证据的相关性不能被充分的保障，这应该通过进一步完善相关的程序来排除其可能产生的不利于相关性得以实现的障碍，而不应该倒过来否定证据应具备的合法性。因此，刑事证据只有通过法定的主体依合法程序和手段收集、审查判断和运用，才能保障其以法定的表现形式被纳入诉讼轨道，并有效地证明犯罪嫌疑人或被告人有罪或无罪，罪重或罪轻的法律事实。

证据的目标是走向或成为定案根据，定案根据是经过查证属实的证据。因此，定案根据还应具备真实性这一属性。所谓真实性，从实质上讲是关联的可信性，从法律程序上讲必须经过法庭的审查核实与确认。

二、刑事证据的意义

刑事证据在刑事诉讼中占据十分重要的地位,并对刑事诉讼任务的完成起着核心的作用,没有证据就没有诉讼。

具体地说,刑事证据的主要意义如下:

(一) 证据是审查案件事实的唯一合法手段

犯罪事实一般都是已经发生过的事实,而犯罪行为具有突发性和隐藏性。司法办案人员一般不会目击或亲闻,因此,证据就成了司法办案人员同案情事实之间的唯一认识媒介。办案人员只有掌握了证据,才能够运用证据来判断分析案情,最终查明案情。

(二) 证据是正确适用法律处理案件的基础

查明案件事实,并以事实为根据,是正确运用法律,以法律为准绳的必要前提和基础,脱离了这一基础,就谈不上正确适用法律。因此,避免冤、假、错案的首要前提就是要有充分确实的证据。

(三) 证据是迫使犯罪分子认罪服法的重要武器

由于犯罪分子与案件有直接的利害关系,故抵赖是一种常有的心理状态,具体表现为虚构情节或无理狡辩。对此,司法人员不能用单纯的政策教育来击破其心理防线,必须依靠足以驳斥的证据,使其如实供述,认罪服法。

(四) 证据有助于保障无罪的人不受刑事追究

刑事诉讼中的犯罪嫌疑人或被告人可能是真正的罪犯,但也可能是无罪的公民。刑事诉讼的一贯原则是既不冤枉一个无辜的人,也不放过一个罪人。而要实现这一原则,就必须立足于调查研究,掌握充分确实的证据,只有证据才能帮助我们准确有效地判断罪人和无辜的人。

(五) 证据有助于实现刑事诉讼的教育任务

一方面,证据所反映的案件事实本身可以使广大群众从生动的实例中接受直接的教育,从而增强群众对犯罪危害性的认识,激发他们同犯罪作斗争的积极性。同时,确凿的证据和查明的事实,可以构成铁证如山的震慑力,从一定程度上可以迫使一些有犯罪企图的人放弃歹念。另外,通过一些证据,尤其是犯罪嫌疑人、被告人的供述,往往可以反映出一些单位在管理制度上的疏漏,从而促使这些单位防微杜渐,消除犯罪隐患。

第二节 证据的种类

证据种类，是诉讼法律对证据所作的一种划分。我国《刑事诉讼法》第50条第2款根据证据事实的表现形式，对证据作了具体的划分。这一划分的意义在于规范了证据的划分标准和方法，并从法律上对证据的有效表现形式作了强制性的界定，这就意味着超出这一界定的证据表现形式是无效的，即不能成为有效的诉讼证据。

根据《刑事诉讼法》第50条第2款规定，证据的法定表现形式有以下8种：(1)物证；(2)书证；(3)证人证言；(4)被害人陈述；(5)犯罪嫌疑人、被告人供述和辩解；(6)鉴定意见；(7)勘验、检查、辨认、侦查实验等笔录；(8)视听资料、电子数据。

一、物证

(一) 物证的概念和特征

物证是以其外部特征、内在物质属性及其存在方位等证明案件真实情况的物体和痕迹。

物证的物体形式通常是以固态、液态和气态形式体现；物证的痕迹形式是指在外界因素作用下一个客体留在另一个客体上的印迹。物证一般有以下四种具体表现形式：

(1) 犯罪工具，这是最常见的物证，有的本身就具有明显的犯罪特征。如犯罪分子印制伪钞的印版，有的则本身不具有犯罪工具属性，只是被犯罪分子利用而成为一种物证，如用来杀人的手术刀、农药、药用手钳，等等。

(2) 留有犯罪痕迹的物品，比如现场的脚印、指纹、汗渍、精斑，等等。

(3) 犯罪的对象物，比如赃款、赃物、放火案中的被烧房产、设备、被害人的尸体，等等。

(4) 其他可供揭露犯罪行为，查获犯罪分子的物品，比如犯罪分子遗留在现场的烟蒂、鞋、纽扣、头发，等等。

刑事物证是一种广泛存在并且十分重要的证据，它具有下列主要特征：

(1) 物证具有特有的外部特征、明确的内在属性以及特定的存在方位。物证是以其外部特征、内在物质属性及其存在方位等对案件发挥证明作用的，这是物证不同于其他种类证据的最显著特征，是物证特有的与案件的关联方式。比如，刺死被害人的凶器——匕首，其外部特征必须同被害人致命伤的形状特征相同。

(2) 物证具有案件与调查对象的同时联系性。物证之所以能体现证明价值，是因为它与案件存在关联的同时，又与调查对象存在关联，从而使得调查对象同案件联系起来。如果只与案件或者调查对象联系，那就体现不出其证明价值，因而也就不是物证。比如,犯罪现场发现的“指印”,如不能确定其系案发时所留(与案件联系)或者无从比对(与调查对象联系),该“指印”就没有物证的证明价值。

(3) 物证具有不可替代性。作为物证使用的物体和痕迹都各自有不同的特征,而且这些特征是在特定的环境中形成的。因此,在通常情况下它不能用其他的物体和痕迹来替代,否则就不能反映与特定环境中形成的特定案件的关联性。故在司法实践中物证被要求提交原物,只有在原物提交确实困难时,才能提交复制品、照片,而这恰恰是物证不可替代性特征的具体表现。

(4) 物证具有较强的客观性和可靠性。一是因为物证以物体、痕迹方式存在,是独立于人的意志之外的,是不以人的意志为转移的客观事实;二是大量的物证与案件、调查对象的联系是运用科学技术确定的,因而具有较强的可靠性。

(5) 物证具有较强的稳定性。一是因为与物证本身的物质形态有关,大量的物证形态以固态反映,其特征较为稳定;二是因为对于形态特征易变化的物证,实践中已经形成一整套科学的提取、固定和保全手段。

(6) 物证具有证明的被动性和片段性。物证客观地存在于社会中,其本身是无意识的,因而它不会自动地、直接地证明案件事实,它需要人们去发现、识别并将它纳入诉讼程序中运用。另外,单一的物证只能反映案件事实的某一方面而缺乏案件全貌的反映性,因而,物证要与其他证据结合起来才能发挥出它的证明作用。

(二) 物证的收集和保全

物证收集的途径很多,主要是通过勘验、检查、搜查和扣押等侦查或调查手段来获取,但也有不少物证是犯罪嫌疑人或被告人以及其他单位或个人主动向司法人员提供的。物证在收集过程中应注意以下几个问题:

1. 收集物证要及时

这是由物证本身的特点所决定的。作为具有一定物理和化学属性的物证,往往具有同一般物质一样容易受自然或人为因素影响而变形、消失的共性,如雪地上的脚印可能因阳光照射融化而消失;泥地上的脚印可能被人们无意间的反复走动而走形甚至根本无法再辨识;有的物证也可能被人有意隐匿、销毁。所以,及时收集是防止物证因自然因素或人为因素(有意或无意)而破坏、丧失的重要保障,也是确保物证能够被有效运用的症结之一。

2. 收集物证要细致

物证可能会因其体积太小或者痕迹不显眼,或者其他东西覆盖等各种足以导致认识障碍的因素而被忽略,也可能因犯罪分子故意隐匿、伪装而不易发现。所以,这就要求办案人员在收集物证时一定要有敏锐的洞察力和认真细致的工作作风,只有坚持一丝不苟的工作态度,才能最大限度地避免因工作粗心所导致的不必要的认识障碍。

3. 收集的物证要真实

真实有效的物证是在案件事实的影响下产生的,故物证具有不可替代性。物质的真实客观性也体现在其与案件之间的客观联系性。

4. 收集物证应充分利用科技手段

例如，红外摄影仪可以发现肉眼所无法发现的热辐射物质；运用 DNA 技术可以鉴别唾液、汗渍的个性特征。

关于物证的固定和保全，我国刑事诉讼法规定了一系列的方法，如第 141 条规定，在侦查活动中发现的可用以证明犯罪嫌疑人有罪或者无罪的各种财物、文件，应当查封、扣押。对查封、扣押的财物、文件，要妥善保管或者封存，不得使用、调换或者损毁。第 142 条规定，对查封、扣押的财物、文件，应当会同在场见证人和被查封、扣押财物、文件持有人查点清楚，当场开列清单一式二份，由侦查人员、见证人和持有人签名或者盖章，一份交给持有人，另一份附卷备查。

(三) 物证的审查判断

物证的审查一般应从以下几个方面进行：

(1) 物证是否为原物，是否经过辨认、鉴定；物证的照片、录像、复制品是否与原物相符，是否由二人以上制作，有无制作人关于制作过程以及原物存放于何处的文字说明和签名。

(2) 物证的收集程序、方式是否符合法律、有关规定；经勘验、检查、搜查提取、扣押的物证，是否附有相关笔录、清单，笔录、清单是否经侦查人员、物品持有人、见证人签名，没有物品持有人签名的，是否注明原因；物品的名称、特征、数量、质量等是否注明清楚。

(3) 物证在收集、保管、鉴定过程中是否受损或者改变。

(4) 物证与案件事实有无关联；对现场遗留与犯罪有关的具备鉴定条件的血迹、体液、毛发、指纹等生物样本、痕迹、物品，是否已作 DNA 鉴定、指纹鉴定等，并与被告人或者被害人的相应生物检材、生物特征、物品等比对。

(5) 与案件事实有关联的物证是否全面收集。在勘验、检查、搜查过程中提取、扣押的物证，未附笔录或者清单，不能证明物证来源的，不得作为定案的根据。物证的收集程序、方式有下列瑕疵，经补正或者作出合理解释的，可以采用：①勘验、检查、搜查、提取笔录或者扣押清单上没有侦查人员、物品持有人、见证人签名，或者对物品的名称、特征、数量、质量等注明不详的；②物证的照片、录像、复制品未注明与原件核对无异，无复制时间，或者无被收集、调取人签名、盖章的；③物证的照片、录像、复制品没有制作人关于制作过程和原物存放地点的说明，或者说明中无签名的；④有其他瑕疵的。

对物证的来源、收集程序有疑问，不能作出合理解释的，该物证不得作为定案的根据。

二、书证

(一) 书证的概念和特征

书证是以文字、符号、图画等所表达的思想内容来证明案件真实情况的书面文件或其他物品。

书证的表现形式很多,它可以是手书或印刷的文件及其他书面材料,也可以是记载了一定案情内容的竹木、金属、石砖、摄影照片(正负片)、照片(冲洗后)或其他物品。但不论书证的表现形式如何,其记载的内容必须能反映一定的案情,并能够据此查明案件的真实情况。否则,其就不是书证。例如,在一起交通肇事案现场发现的一本被告人亲笔书写的反映受贿内容的日记本,就该起交通肇事案而言,该笔记本是物证,而不是书证,因为能证明案情的,不是它记载的内容,而是它留在肇事现场的位置和其他一些外部特征。

书证的主要特征有:

1. 书证具有思想内容的证明性

书证是以文字、符号、图画等所表达的思想内容来证明案件真实情况的,这是书证区别其他证据的最重要特征。这个特征表明,一定的物质载体如果没有文字、符号、图画等来表达思想内容或者即便有文字、符号、图画等来表达思想内容却与案件不存在联系,就不可能是书证。

2. 书证具有证明的直接性、明确性和主动性

在通常情况下,在以文字为基本意思表示形式的书证内容中,人们可以直接判明其与案件的联系,它一般不需要通过中间环节而直接起到证明案件事实的作用,不像物证那样通常要经过一定的科学技术运用才能起到证明作用。一旦经查证属实书证意思表示的真实性,书证便能够比较直观地证明一定的案件事实。

3. 书证具有证明的稳定性

书证是诉讼开始之前人的意思表示在一定的物质载体上的凝固,是有关事实的历史记载或犯罪事实的真实写照,一般而言,不论时间长短只要该物体没有毁坏、污染,就能凭借有关的文字、符号、图画等起到证明作用,而不像证人证言等言词证据易受人的主观意志影响,或因时间久远而淡忘记忆不清,影响其证明力。

书证与物证有区别也有联系。书证与物证必须借一定的物质载体而存在,这是其共性。有的学者认为,书证是一种广义的物证,而法定的物证种类系狭义的物证。但书证与物证在理论上进行剖析,显然是有区别的,其关键在于反映和表现案情的途径不同,书证是通过其内容来证明案件事实,而物证是通过外部特征、内在属性及特定方位来证明案件事实的。如果作为证据的书面文件,既能以其内容证明案件事实,又能以其字迹特征、墨迹新旧、所处位置等外部特征证明案情,则该项证据兼为法定种类中的物证和书证。这是它们联系的重要之处,应当准确地判别和把握。

(二) 书证的收集和保全

收集书证的途径和方法与物证收集的途径和方法相同。

书证的保全,通常的做法有:(1)将书证编号入卷。原件不能入卷的(如机密文件),除在扣押书证的清单上注明发现和缴获的情况外,还应对文件的封面、编号、标题等进行拍照并附加说明后存入案卷。保密文件的原件,必须按保密法规定的机要

收发手续退回原发文机关。(2)对于黄色书刊、淫秽画片等,应开列清单,然后予以封存,不得扩散。(3)不得丢失或损坏。

(三) 书证的审查判断

书证一般应审查以下几个方面的问题:(1)书证是否为原件,是否经过辨认、鉴定;书证的副本、复制件是否与原件相符,是否由二人以上制作,有无制作人关于制作过程以及原件存放于何处的文字说明和签名。(2)书证的收集程序、方式是否符合法律、有关规定;经勘验、检查、搜查提取、扣押的书证,是否附有相关笔录、清单,笔录、清单是否经侦查人员、物品持有人、见证人签名,没有物品持有人签名的,是否注明原因。(3)书证在收集、保管、鉴定过程中是否受损或者改变。(4)书证与案件事实有无关联。(5)与案件事实有关联的书证是否全面收集。

在勘验、检查、搜查过程中提取、扣押的书证,未附笔录或者清单,不能证明书证来源的,不得作为定案的根据。书证的收集程序、方式有下列瑕疵,经补正或者作出合理解释的,可以采用:(1)勘验、检查、搜查、提取笔录或者扣押清单上没有侦查人员、物品持有人、见证人签名;(2)书证的副本、复制件未注明与原件核对无异,无复制时间,或者无被收集、调取人签名、盖章的;(3)书证的副本、复制件没有制作人关于制作过程和原件存放地点的说明,或者说明中无签名的;(4)有其他瑕疵的。

对书证的来源、收集程序有疑问,不能作出合理解释的,该书证不得作为定案的根据。

三、证人证言

(一) 证人证言的概念和特征

证人证言,是证人向司法机关就自己所知道的案件情况所作的陈述。

证人,指知道案件情况,能够辨别是非和正确表达的自然人。生理上、精神上有缺陷或者年幼,不能辨别是非,不能正确表达的人,不能作为证人。一个在案发当时能正确辨别是非的人,但在司法人员向其收集证言时他却无法正确表达的人也不能成为证人;反之亦然。证人的身份取决于是否直接或间接地知道案件事实,故证人只能由知道案件事实的人来担任,不能由其他人代替,更不能委托他人以自己的名义代理作证。证人也不能同时兼有其他诉讼参与人的身份。总之,证人的身份具有不可替代性。

证人证言的内容应当是对查明案件事实有证明价值的一切事实。证人证言的形式可以是口头方式,也可以是书面或录音、录像方式。

证人证言有助于司法人员进一步收集证据,鉴别其真伪,正确认定案件事实,有力地揭露犯罪分子的谎言,促使其认罪服法,从而为顺利实现刑事诉讼的各项任务创造有利的条件。

证人证言的主要特征有:

1. 内容的特定性

证人证言只能是证人对自己所感知的案件事实进行描述，而不能对所感知的案件事实作出分析、推断或结论，不论是事实性的还是法律性的，只能对已经发生的案件事实进行描述，而不能凭自己的想象，猜想、推测可能会发生什么。

2. 证言具有较强的主观性

证人证言的形成由感知、记忆和表达三阶段构成，是证人的主观感性认识对客观世界的反映，其过程必然遵循认识论和心理学的普遍规律，是人的思维过程和心理对客观事物能动反映的产物，所以证人证言具有较强的主观性。

3. 证言具有较大的易变性

证人证言往往会随着证人的心理活动、思维变化而发生变化，不如物证、书证稳定，像证人的记忆力因素，多次作证间隔时间长短因素，证人与案件及当事人关系因素，办案人员对待证人的态度因素等等，都可能引起证人证言的改变。

（二）证人证言的收集和固定

证人证言应当由司法人员通过询问的方式来收集。询问前应当告知证人如实作证的法律义务和违反该义务必须承担的法律责任。询问证人以口头方式进行。司法人员对证言的收集，要严格遵守刑事诉讼法相关法律规定进行。经过询问之后，如果证人自愿书写亲笔证词，则司法人员应当允许并为其创造自然笔述的条件。对已经提供了证言的证人，人民法院、人民检察院、公安机关和国家安全机关有义务保障其本人及近亲属的安全。对证人及其亲属进行威胁、侮辱、殴打或者打击报复，构成犯罪的，依法追究刑事责任；尚不够刑事处罚的，依法应给予治安管理处罚，从而为鼓励群众积极同犯罪行为作斗争创造良好的法制环境，也为诉讼创造良好的证源条件。

证人证言的固定方法主要有笔录法和录音录像法。

（三）证人证言的审查判断

我国《刑事诉讼法》第 61 条规定："证人证言必须在法庭上经过公诉人、被害人和被告人、辩护人双方质证并且查实以后，才能作为定案的根据。法庭查明证人有意作伪证或者隐匿罪证的时候，应当依法处理。"根据这一规定，证人证言必须通过质证方式查证属实才能作为定案的根据。故此，对证人证言的审查判断就成为该项证据材料能否成为有效证据的关键环节。根据刑事诉讼法司法解释，对证人证言应当着重审查以下内容：(1)证言的内容是否为证人直接感知；(2)证人作证时的年龄，认知、记忆和表达能力，生理和精神状态是否影响作证；(3)证人与案件当事人、案件处理结果有无利害关系；(4)询问证人是否个别进行；(5)询问笔录的制作、修改是否符合法律、有关规定，是否注明询问的起止时间和地点，首次询问时是否告知证人有关作证的权利义务和法律责任，证人对询问笔录是否核对确认；(6)询问未成年证人时，是否通知其法定代理人或者有关人员到场，其法定代理人或者有关人员是否到场；(7)证人证言有无以暴力、威胁等非法方法收集的情形;(8)证言之间以及与其他证据之间能否相互印证,有无矛盾。

证人证言具有下列情形之一的,不得作为定案的根据:(1)询问证人没有个别进行的;(2)书面证言没有经证人核对确认的;(3)询问聋、哑人,应当提供通晓聋、哑手势的人员而未提供的;(4)询问不通晓当地通用语言、文字的证人,应当提供翻译人员而未提供的。

证人证言的收集程序、方式有下列瑕疵,经补正或者作出合理解释的,可以采用;不能补正或者作出合理解释的,不得作为定案的根据:(1)询问笔录没有填写询问人、记录人、法定代理人姓名以及询问的起止时间、地点的;(2)询问地点不符合规定的;(3)询问笔录没有记录告知证人有关作证的权利义务和法律责任的;(4)询问笔录反映出在同一时段,同一询问人员询问不同证人的。

四、被害人陈述

(一) 被害人陈述的概念和特征

被害人陈述,指被害人就人身、财产和其他合法权利受侵害的情况,向司法机关所作的陈述。被害人陈述的内容一般包括以下两个方面:第一,是对犯罪分子侵害过程的事实陈述;第二,是对其了解的犯罪分子进行检举揭发。至于被害人提出自己对犯罪的处理意见的陈述,实际上是一种诉讼请求,而不是对案件事实的陈述故不能视作该种证据的内容。

被害人是包括自诉案件的自诉人在内的受到犯罪行为直接侵害的诉讼参与人。被害人是诉讼当事人,是一种独立的诉讼主体,其陈述是一种独立的诉讼证据,在法定证据种类中,自诉人陈述被划归被害人陈述,故被害人陈述包括自诉人陈述。

被害人陈述在一般情况下往往能较全面、详细地反映案情的细节,故常常成为司法人员迅速破案,查明案情,促使犯罪分子认罪服法的重要依据,它对确定侦查方向,查获犯罪人,都具有重要作用。

被害人陈述的主要特征有:

1. 被害人陈述具有内容的特定性

被害人陈述具有证据意义的内容表现为就自己遭受犯罪行为侵害的事实,包括犯罪行为造成其经济损失的事实,而不应当包含被害人提出的诉讼请求,被害人对犯罪行为及案件性质的分析判断,对案件处理中涉及相关法律问题的理解及对犯罪嫌疑人、被告人刑事处理的想法和意见。

2. 被害人陈述具有证明的直接性

被害人是遭受犯罪行为直接侵害的人,对犯罪行为、受害经过以及造成的危害后果等主要案件事实一般都有比较清楚的了解,所作的陈述比较详细、具体,信息量比较大,对案件一般具有直接的证明作用。

3. 被害人陈述具有不可替代性

被害人与证人一样，具有不可替代的特征。对于被害人亲历的案件事实、被害经过，被害人自己清楚，不能由其他没有感知过该事实的人来替代被害人本人陈述，特别对于有生命危险的被害人应当在挽救其生命的同时抓紧时机取得其陈述。

4. 被害人陈述具有证明的倾向性

被害人在其人身直接遭受犯罪侵害的刑事案件中，往往是仅次于犯罪嫌疑人、被告人口供的重要证据来源，但被害人因其与刑事案件之间密切的利害关系以及被害人要求严厉惩罚犯罪人的心理状态，使得被害人陈述内容一般都不利于犯罪嫌疑人、被告人，都有比较明显的倾向性。

（二）被害人陈述的收集和保全

被害人陈述的收集和保全的要求和方法基本同证人证言，但在收集过程中还要注意几个问题：(1)询问前，要向被害人陈明必须如实陈述的法律义务，并向其说明诬告应承担的法律责任；(2)遭犯罪侵害严重受伤的被害人在征询前，应事先与医务人员取得联系并通过医务人员确认其辨别是非和正确表达的能力，以免造成被害人不必要的意外事故或导致无效的陈述。

（三）被害人陈述的审查判断

由于被害人与案件事实之间的特殊利害关系，故司法机关既要十分重视，又不能盲目轻信，必须认真进行审查、判断，经查证属实后，方可作为定案的根据。一般来说，对被害人陈述的审查判断，应注意以下几个方面：

1. 审查被害人与被告人的关系

如果被害人在案发前与被告人素昧平生，则提供虚伪陈述的可能性就较小。如果被害人与被告人在案发前原本互相间有着错综复杂的密切联系，甚至彼此有恩怨情仇，则其陈述虚伪的可能性就大。

2. 审查被害人身份、道德品质情况

一般说来，被害人的道德品质的好坏，会影响其陈述的真实性。当然，在审查中不能仅凭这一点下判断，否则就又可能犯经验主义的错误，应综合其陈述的来源和内容以及同其他证据之间的对比情况进行全面的分析、判断。

3. 审查被害人陈述的来源，分析其内容的合理性

如果被害人是根据直接感受的犯罪事实所作的陈述，则其陈述的情节一般具有合理性，反之，若本身是他人传闻的，甚至来源于自身的主观猜测和想象，则其陈述的情节往往不清甚至互相矛盾。

4. 对幼年被害人陈述的判断，应当注意幼年人的心理和生理特点

必须认真、仔细、耐心；特别要注意其陈述的内容是否超过了他正常的智力水平和表达能力，要查明在其陈述的背后是否有事先的诱导和威逼。

五、犯罪嫌疑人、被告人的供述和辩解

(一) 犯罪嫌疑人、被告人的供述和辩解的概念和特征

犯罪嫌疑人、被告人的供述和辩解,又俗称"口供",一般指犯罪嫌疑人、被告人向司法机关就其被指控的犯罪事实,所作的口头或书面的供述、申辩和解释。其内容包括两个方面:一是供认犯罪事实的陈述;二是说明自己无罪或罪轻的辩解。

犯罪嫌疑人、被告人的供述和辩解的主要特征是:

1. 证明案件事实的全面性、直接性

犯罪嫌疑人、被告人是案件事实的直接当事人,如果是他实施了犯罪行为,他就是最了解案件情况的人,他对于自己是否实施犯罪,以及犯罪的具体情节,比任何人都清楚、详细、全面。反之,他对于冤捕、冤诉、冤审和冤判的情况心里也最明白,他所作的无罪的申辩和解释,也会有助于办案人员进一步收集证据,查清案件真相。因此,犯罪嫌疑人、被告人的供述和辩解在整个刑事诉讼过程中对于办案人员认识案件事实的原貌,把握案件事实的细节,正确地认识案件性质是十分重要的。这体现了口供具有极大的证明价值的特点,尤其对于案件事实的直接证明往往是其他的证据所不能比拟的。

2. 口供内容的虚假性

任何一种证据都存在虚假的可能性,但口供内容的虚假性却是相伴而生的一大特点,犯罪嫌疑人、被告人在诉讼中处于被追诉的极为不利的特殊地位,决定这一特点产生的规律性。一般而言,逃避或减轻处罚是犯罪嫌疑人、被告人的本能反应,他们为了自己或同伙逃避制裁或企图减轻处罚,往往会以各种手段和方式作虚伪的陈述,或进行顽固抵赖,或作避重就轻的供述。此外,还有出于哥们义气而大包大揽,掩护他人,或虚假地夸大供述自己的罪行,以表示自己"真诚坦白",或嫁祸于人,虚假检举,等等。因此,犯罪嫌疑人、被告人的口供因其诉讼地位和复杂的心理活动的影响而呈现真真假假、虚虚实实的情况,所以办案人员对口供应有不可不信、不可全信的心理准备,强化对其他证据的收集。

3. 口供的易变性

在刑事诉讼中,口供经常出现反复或翻供的情况。口供易变的原因复杂,有的是受羁押场所其他犯罪嫌疑人、被告人的教唆或影响而翻供;有的是获悉其亲友等迫使、收买某些被害人或证人改变陈述或证言的消息后而翻供;有的是迫于讯问的压力甚至遭受刑讯逼供而作的口供,在审判时翻供;等等。对此,办案人员收集口供时,应当注意收集程序的合法化,同时注重对口供合理性的全面分析,找出翻供或可能翻供的原因,并特别注意对口供以外的证据的收集,运用其他证据来分析判断口供的真实性和可靠性。

(二) 运用犯罪嫌疑人、被告人的供述和辩解的法律要求

由于口供在刑事诉讼中是一种重要的证据来源,又因其主体在刑事诉讼中所处

的可能被科刑的特殊地位,从而决定了口供内容的真假相掺性。对此,司法人员不能盲目相信,当然也不能简单否定,而应当以辩证和客观的态度来分析和判断,决不能将口供作为定案的唯一有效的证据。《刑事诉讼法》第 55 条第 1 款规定:"对一切案件的判处都要重证据,重调查研究,不轻信口供。只有被告人供述,没有其他证据的,不能认定被告人有罪和处以刑罚;没有被告人供述,证据确实、充分的,可以认定被告人有罪和处以刑罚。"这条规定,是辩证唯物主义思想在我国证据问题上的集中体现,是司法人员在诉讼中正确对待口供判定案件的重要规则。

(三)犯罪嫌疑人、被告人的供述和辩解的收集和保全

收集口供必须严格依照我国法定的讯问程序和手段进行,讯问中严禁刑讯逼供、诱供和骗供。讯问中要允许犯罪嫌疑人、被告人作合理的辩解。

保全口供的常见方法有笔录法、亲笔供词法和录音录像法。

(四)犯罪嫌疑人、被告人的供述和辩解的审查判断

口供所具有的特点决定了审查判断口供的重要价值。对口供一般应注意从以下几个方面审查判断:(1)讯问的时间、地点,讯问人的身份、人数以及讯问方式等是否符合法律、有关规定。(2)讯问笔录的制作、修改是否符合法律、有关规定,是否注明讯问的具体起止时间和地点,首次讯问时是否告知被告人相关权利和法律规定,被告人是否核对确认。(3)讯问未成年被告人时,是否通知其法定代理人或者有关人员到场,其法定代理人或者有关人员是否到场。(4)被告人的供述有无以刑讯逼供等非法方法收集的情形。(5)被告人的供述是否前后一致,有无反复以及出现反复的原因;被告人的所有供述和辩解是否均已随案移送。(6)被告人的辩解内容是否符合案情和常理,有无矛盾。(7)被告人的供述和辩解与同案被告人的供述和辩解以及其他证据能否相互印证,有无矛盾。

必要时,可以调取讯问过程的录音录像、被告人进出看守所的健康检查记录、笔录,并结合录音录像、记录、笔录对上述内容进行审查。

被告人供述具有下列情形之一的,不得作为定案的根据:(1)讯问笔录没有经被告人核对确认的;(2)讯问聋、哑人,应当提供通晓聋、哑手势的人员而未提供的;(3)讯问不通晓当地通用语言、文字的被告人,应当提供翻译人员而未提供的。

讯问笔录有下列瑕疵,经补正或者作出合理解释的,可以采用;不能补正或者作出合理解释的,不得作为定案的根据:(1)讯问笔录填写的讯问时间、讯问人、记录人、法定代理人等有误或者存在矛盾的;(2)讯问人没有签名的;(3)首次讯问笔录没有记录告知被讯问人相关权利和法律规定的。

审查被告人供述和辩解,应当结合控辩双方提供的所有证据以及被告人的全部供述和辩解进行。

被告人庭审中翻供,但不能合理说明翻供原因或者其辩解与全案证据矛盾,而其庭前供述与其他证据相互印证的,可以采信其庭前供述。被告人庭前供述和辩解存

在反复,但庭审中供认,且与其他证据相互印证的,可以采信其庭审供述;被告人庭前供述和辩解存在反复,庭审中不供认,且无其他证据与庭前供述印证的,不得采信其庭前供述。

六、鉴定意见

(一) 鉴定意见的概念和特征

鉴定意见,过去被称作"鉴定结论",是鉴定人就案件的某些专门性问题,运用其专门知识或技能,进行科学缜密的研究鉴别后作出的判断性意见。

鉴定人,指接受司法机关的指派或聘请,运用专门知识和技能,对案件的某项专门性问题进行鉴别和判断的人。鉴定人是应诉讼的需要参与诉讼的人,鉴定人虽然也是证明案件的某项专门事实,但鉴定人不同于证人,鉴定人是通过参加刑事诉讼才了解有关案情的,鉴定人的身份不是由案件事实本身所决定的,而是可以选择的,鉴定人提供的证据内容中包含鉴定人凭借其专门知识对案件某个专门问题所提出的意见。所以,鉴定人同证人在提供证据的内容上,了解案情的途径上,决定诉讼参与人身份的原因上,都有着明显的区别。这也是我国刑事诉讼法将鉴定意见作为一种独立证据种类的重要原因。

鉴定意见只能对案件中的某项或某些专门问题作出事实性的判断,而不应当就案中的法律性问题提出意见,法律问题应由司法人员加以解决,不属于鉴定意见的范畴。

从"鉴定结论"改称为"鉴定意见",名称变化的背后,蕴含着更为深刻的法律意义。鉴定人所提交的鉴定意见仅仅是证据材料之一种,而不是定案的结论,不具备预定的法律效力,要使鉴定意见转化为定罪的根据,需要经过庭审过程。

鉴定意见的主要特征有:

1. 鉴定意见的专业性

鉴定意见的内容只限于解决案件中的专门问题,只能由专家依靠专门性的科学技术和方法对鉴定对象进行鉴别与判定,而不是一般人依靠经验、常识所进行的评价与判断。

2. 鉴定意见的科学性

鉴定意见是一种事实意见。这种事实意见的证据价值源于科学的分析和判断。因而,鉴定意见不但要有鉴定手段和鉴定方法的科学性,还要有鉴定意见表述的科学性。此外,鉴定手段和鉴定方法本身也在不断地发展、创新和完善,因而,鉴定意见的科学性决定了法官对鉴定意见进行审查的必要性。

3. 鉴定意见的程序性

鉴定意见应当依照法定程序进行和依照法定程序确认。鉴定意见在鉴定人资格确认上,鉴定对象的提取、保管、送鉴定以及进行鉴定、得出鉴定意见的每一个环节都应当符合法律程序的要求。鉴定意见还要经过法庭审理经查证属实的确认程序。

4. 鉴定意见为书面形式

鉴定意见必须依照法定制作格式来体现其鉴定内容，因为鉴定意见往往涉及复杂的专门性术语，很难以口头方式表达清楚，或被人们所认识理解。

5. 鉴定意见结果的确定性

鉴定意见应当是确定性意见，不应模棱两可。如果一个鉴定人难以作出肯定或否定的判断，可由多名鉴定人集体讨论提供意见；如果在讨论中形成不了统一的意见，不同意见的支持者可以分别作出鉴定意见。

（二）鉴定意见的审查判断

鉴定意见尽管有着科学上的根据，但由于受各种主客观因素的影响，在鉴定意见作为定案根据之前，仍然必须有司法人员进行审查判断。一般来说，鉴定意见应从以下几方面进行审查判断：(1)鉴定机构和鉴定人是否具有法定资质；(2)鉴定人是否存在应当回避的情形；(3)检材的来源、取得、保管、送检是否符合法律、有关规定，与相关提取笔录、扣押物品清单等记载的内容是否相符，检材是否充足、可靠；(4)鉴定意见的形式要件是否完备，是否注明提起鉴定的事由、鉴定委托人、鉴定机构、鉴定要求、鉴定过程、鉴定方法、鉴定日期等相关内容，是否由鉴定机构加盖司法鉴定专用章并由鉴定人签名、盖章；(5)鉴定程序是否符合法律、有关规定；(6)鉴定的过程和方法是否符合相关专业的规范要求；(7)鉴定意见是否明确；(8)鉴定意见与案件待证事实有无关联；(9)鉴定意见与勘验、检查笔录及相关照片等其他证据是否矛盾；(10)鉴定意见是否依法及时告知相关人员，当事人对鉴定意见有无异议。

鉴定意见具有下列情形之一的，不得作为定案的根据：(1)鉴定机构不具备法定资质，或者鉴定事项超出该鉴定机构业务范围、技术条件的；(2)鉴定人不具备法定资质，不具有相关专业技术或者职称，或者违反回避规定的；(3)送检材料、样本来源不明，或者因污染不具备鉴定条件的；(4)鉴定对象与送检材料、样本不一致的；(5)鉴定程序违反规定的；(6)鉴定过程和方法不符合相关专业的规范要求的；(7)鉴定文书缺少签名、盖章的；(8)鉴定意见与案件待证事实没有关联的；(9)违反有关规定的其他情形。

经人民法院通知，鉴定人拒不出庭作证的，鉴定意见不得作为定案的根据。

鉴定人由于不能抗拒的原因或者有其他正当理由无法出庭的，人民法院可以根据情况决定延期审理或者重新鉴定。对没有正当理由拒不出庭作证的鉴定人，人民法院应当通报司法行政机关或者有关部门。

《刑诉法解释》第87条还规定，对案件中的专门性问题需要鉴定，但没有法定司法鉴定机构，或者法律、司法解释规定可以进行检验的，可以指派、聘请有专门知识的人进行检验，检验报告可以作为定罪量刑的参考。对检验报告的审查与认定，参照适用该解释关于鉴定意见的有关规定。经人民法院通知，检验人拒不出庭作证的，检验报告不得作为定罪量刑的参考。

七、勘验、检查、辨认、侦查实验等笔录

（一）勘验、检查、辨认、侦查实验等笔录的概念和特征

勘验、检查、辨认、侦查实验等笔录是侦查人员对与犯罪事件有关的场所、物品、尸体、人身等进行勘验、检查后所作的文字记录、绘图、照片、录像等材料的总称。

勘验、检查、辨认、侦查实验等笔录以其内容的不同，可将其划分为：现场勘验笔录、物证勘验笔录、人身检查笔录、尸体勘验笔录和侦查实验笔录。

勘验是对与犯罪有关场所、物品、尸体进行的旨在正确认识犯罪活动的具体情况，推断犯罪人的身份、犯罪动机、手段、方法而进行的收集和保全物证的活动，形成的记载是勘验笔录。勘验笔录能为司法人员确定侦查的方向和范围，揭露犯罪真相，提供重要的定案依据。现场勘验笔录对核实其他证据的真实有效性也起着重要作用。

检查是对活人进行的，旨在确定被害人、被告人的某些身体特征、伤害情况或者生理状态，形成的记载是检查笔录。检查笔录对于判明一些与人体特征及伤害程度有密切关系的案件事实，确定案件性质，分清被告人刑事责任的有无和轻重，确定证人的资格等都具有十分重要的诉讼意义。

辨认是在侦查人员主持下由被害人、证人、犯罪嫌疑人对犯罪嫌疑人、与案件有关或疑似与案件有关的物品、尸体、场所进行识别认定的一项侦查行为，形成的笔录是辨认笔录。

侦查实验是指为了确定与案件有关的某一事件或者事实在某种条件下能否发生或者怎样发生，按照原来的条件或者事实进行重演或者进行实验的一种证据调查行为，就此形成的记录就是侦查实验笔录。

在刑事司法实践中，除了勘验、检查、辨认、侦查实验笔录，诸如搜查、扣押笔录等也可以作为证据使用。

勘验、检查、辨认、侦查实验等笔录的主要特征有：(1)它是在诉讼过程中由司法人员对待证对象制作完成的记录，有别于鉴定意见是由办案机关指派或聘请的鉴定人制作。(2)它是由司法人员所制作的一种具有综合性证明作用的证据，具有多方面的证明作用，而不是单一的证明效能。(3)它是固定和保全证据的主要手段。勘验笔录是由司法人员对待证对象的一种客观记录，故可以作为考察被告人、被害人生理状态、现场情况的重要根据；如果有必要恢复现场原状，也可以依据勘验笔录加以恢复，它不因时间的推移而消失。(4)它是通过如实记录司法人员的诉讼行为而反映案件情况的证据材料。

（二）对勘验、检查、辨认、侦查实验等笔录的审查判断

1. 对勘验、检查笔录应当着重审查的内容

(1) 勘验、检查是否依法进行，笔录的制作是否符合法律、有关规定，勘验、检查人员和见证人是否签名或者盖章。

(2) 勘验、检查笔录是否记录提起勘验、检查的事由，勘验、检查的时间、地点，在场人员、现场方位、周围环境等，现场的物品、人身、尸体等的位置、特征等情况，以及勘验、检查、搜查的过程；文字记录与实物或者绘图、照片、录像是否相符；现场、物品、痕迹等是否伪造、有无破坏；人身特征、伤害情况、生理状态有无伪装或者变化等。

(3) 补充进行勘验、检查的，是否说明再次勘验、检查的原由，前后勘验、检查的情况是否矛盾。勘验、检查笔录存在明显不符合法律、有关规定的情形，不能作出合理解释或者说明的，不得作为定案的根据。

2. 对辨认笔录应当着重审查辨认的过程、方法，以及辨认笔录的制作是否符合有关规定

辨认笔录具有下列情形之一的，不得作为定案的根据：(1)辨认不是在侦查人员主持下进行的；(2)辨认前使辨认人见到辨认对象的；(3)辨认活动没有个别进行的；(4)辨认对象没有混杂在具有类似特征的其他对象中，或者供辨认的对象数量不符合规定的；(5)辨认中给辨认人明显暗示或者明显有指认嫌疑的；(6)违反有关规定、不能确定辨认笔录真实性的其他情形。

3. 对侦查实验笔录应当着重审查实验的过程、方法，以及笔录的制作是否符合有关规定

侦查实验的条件与事件发生时的条件有明显差异，或者存在影响实验结论科学性的其他情形的，侦查实验笔录不得作为定案的根据。

八、视听资料、电子数据

(一) 视听资料、电子数据的概念

视听资料，指采用现代化技术手段，借助音像设备、电子计算机和其他视听记录及还原技术为特征的仪器设备所显示出来的能够证明刑事案件事实的证据。常见的视听资料主要有：录音资料；录像资料；电子计算机储存的资料和其他数码音像设备提供的资料。

电子数据，指以电子形式存在、用作证据使用的一切材料及其派生物。在当今新媒体时代经常使用的电子邮件、电子数据交换、网上聊天记录、博客、微博客、手机短信、电子签名、域名等均属于电子数据。

随着新媒体时代的到来，视听资料、电子数据作为高科技含量的证据在刑事诉讼中越来越占据重要的位置，发挥日益重要的作用。

(二) 对视听资料、电子数据的审查判断

对视听资料应当着重审查以下内容：(1)是否附有提取过程的说明，来源是否合法。(2)是否为原件，有无复制及复制份数；是复制件的，是否附有无法调取原件的原因、复制件制作过程和原件存放地点的说明，制作人、原视听资料持有人是否签名或者盖章。(3)制作过程中是否存在威胁、引诱当事人等违反法律、有关规定的情形。

(4)是否写明制作人、持有人的身份,制作的时间、地点、条件和方法。(5)内容和制作过程是否真实,有无剪辑、增加、删改等情形。(6)内容与案件事实有无关联。

对视听资料有疑问的,应当进行鉴定。

(三) 对电子数据的审查判断

对电子邮件、电子数据交换、网上聊天记录、博客、微博客、手机短信、电子签名、域名等电子数据,应当着重审查以下内容:(1)是否随原始存储介质移送;在原始存储介质无法封存、不便移动或者依法应当由有关部门保管、处理、返还时,提取、复制电子数据是否由二人以上进行,是否足以保证电子数据的完整性,有无提取、复制过程及原始存储介质存放地点的文字说明和签名。(2)收集程序、方式是否符合法律及有关技术规范;经勘验、检查、搜查等侦查活动收集的电子数据,是否附有笔录、清单,并经侦查人员、电子数据持有人、见证人签名;没有持有人签名的,是否注明原因;远程调取境外或者异地的电子数据的,是否注明相关情况;对电子数据的规格、类别、文件格式等注明是否清楚。(3)电子数据内容是否真实,有无删除、修改、增加等情形。(4)电子数据与案件事实有无关联。(5)与案件事实有关联的电子数据是否全面收集。

对电子数据有疑问的,应当进行鉴定或者检验。

视听资料、电子数据具有下列情形之一的,不得作为定案的根据:(1)经审查无法确定真伪的;(2)制作、取得的时间、地点、方式等有疑问,不能提供必要证明或者作出合理解释的。

第三节 刑事证据分类

一、证据分类的概念和意义

证据分类,并非出于法律的规定,而是学理上对证据所作的一种划分。证据分类,指法学理论上按一定的标准,从不同的视角把证据划分为不同的类别,以便侦查、检察、审判人员掌握不同类型证据所具有的特点和规律,从而更有效地运用证据,认定案情。

我国根据历年来的证据立法和司法实践的实际经验,结合我国的辩证唯物主义哲学观所指导的证据理论,同时借鉴国外的各种分类学说的合理成分,对法定的 8 种证据再进行学理重组分类。我国诉讼法学界将 8 种法定证据种类依照 4 个设定的理论标准进行分类,而每种分类又采取二分法,即:控诉证据与辩护证据;原始证据与传来证据;直接证据与间接证据;言词证据和实物证据。这些分类是在设定不同的理论视角的基础上,根据相关证据的共同属性而划分的。所以,某一个案件中的某一项证据,一般具有多种属性,如某被害人指控被告人犯罪的陈述,从其证据表现形式上分类属于言词证据;从其来源分类,属于原始证据;从证明作用分类,属于控诉证据;从证明关系上来分类,属于直接证据。

证据的理论分类不仅有利于学术上对证据的特点、规律进行更深层次的分析和研究,而且也便于在工作中正确地收集、审查判断和运用各种证据。

二、控诉证据和辩护证据

按照证据与被告人、犯罪嫌疑人的利害关系为标准,可将证据划分为控诉证据和辩护证据。

控诉证据亦称不利于被告人、犯罪嫌疑人的证据,是肯定被告人、犯罪嫌疑人有罪或加重其罪责的证据。控诉证据是对被告人、犯罪嫌疑人进行立案侦查、控诉和人民法院制作有罪判决、加重刑罚的根据。

辩护证据亦称有利于被告人、犯罪嫌疑人的证据,作用是否定被告人、犯罪嫌疑人有罪或减轻其罪责。辩护证据是犯罪嫌疑人、被告人及其辩护人反驳控诉,进行辩解以及人民法院制作无罪判决、减轻或免除刑罚的根据。

《刑事诉讼法》第52条规定:"审判人员、检察人员、侦查人员必须依照法定程序,收集能够证实犯罪嫌疑人、被告人有罪或者无罪、犯罪情节轻重的各种证据。"第137条规定:"任何单位和个人,有义务按照人民检察院和公安机关的要求,交出可以证明犯罪嫌疑人有罪或者无罪的物证、书证、视听资料等证据。"从这些规定中可以看出,司法人员收集的证据和单位、个人提供的证据,按照与被告人、犯罪嫌疑人的利害关系,可分为控诉、辩护证据。其意义在于要求司法人员在诉讼过程中必须客观全面地收集对被告人、犯罪嫌疑人有利或不利的证据,并进行认真审查和科学判断,防止主观片面。

划分控辩两类证据是符合案情的客观实际的。被告人、犯罪嫌疑人是否实施了犯罪行为是客观存在的,案件一旦发生,必然会在客观外界遗留下一定的痕迹,在人们头脑中留下反映形象。表明有罪、罪重或无罪、罪轻的客观事实材料,是具有哲学第一性的材料,是不以人的意志为转移的,这是划分控辩两类证据的客观根据。这类划分也是符合认识规律的,对一个案件的证据事实,开始时不可能一下子确认其证明效力和证明作用,而是有一个不断认识、筛选的过程。其中,有罪、罪重或无罪、罪轻的证据材料,是在充分排除了被告人、犯罪嫌疑人无罪、罪轻可能的基础上,才能成为有效的有罪或罪重证据,否则,其证明效力就往往是靠不住的,反之亦然。

划分控辩两类证据也是规范法庭审判秩序的需要。在对抗制的法庭审理活动中,证据调查主要由控辩双方举证、质证交互进行。控方对控诉证据进行举证,然后由辩方质证;辩方对辩护证据进行举证,然后由控方质证。控辩两类证据反映了证据对控辩双方在法庭审理中的不同意义,反映了证据在证明作用上归属控辩双方的不同阵营。

把证据划分为控辩证据是有一定条件的,是相对而言的。具体表现为:(1)控辩双方是对立统一、互为条件、相辅相成的。即辩护证据是相对于控诉存在,没有控诉证据就没有辩护证据;(2)有些证据事实常常同时包含控辩两方面的内容,具有控诉和辩护的双重属性;(3)控辩证据在一定条件下可以相互转化。促使其转化的条件有:第一,司法人员深入调查研究和对全案证据的综合分析全面判断,这是最主要的条件;第二,借助刑事科学技术鉴定、法医鉴定、侦查实验的手段。

明确了控辩证据的相对性和对某一证据事实证明作用认识有可变性,有助于司法人员保持清醒的认识,注意客观全面地收集证据;同时,这一分类要求司法人员对已收集证据作用的认识不能一成不变,而应摒弃机械静止的形而上学观点,用发展和辩证的哲学观指导对案情的认识,并不断根据案情的具体变化调整自己已有的认识,尽力做到主客观统一,保证办案质量。

三、原始证据和传来证据

证据按照不同的来源作为分类标准,可划分为原始证据和传来证据。

凡是直接从第一来源(第一手材料)获得的证据材料就是原始证据。例如,被告人及犯罪嫌疑人的供述和辩解,被害人陈述,现场目击证人各自提供的证言,与案件有关的各种账册、单据、文件和信件的原件,犯罪现场遗留的尸体、物品、痕迹等。原始证据的特点就是同待证事实距离最近,没有经过其他中间环节的转述与传抄,能比较客观地、真实地反映案件的本来面貌。

凡是从间接的非第一来源获得的证据材料,就是传来证据。例如,证人转述他人的证言,书证的抄件,影印本,复印的各种证物和复制品,犯罪现场的照片、模型、录像等。传来证据经过了中间环节的转述和转抄,同待证事实的距离较远,因而其失真的可能性也较大,传递的次数一般与其证明力成反比。所以,传来证据的证明力相对于原始证据要小。因此,在司法实践中,应尽可能使用原始证据。

我们强调了原始证据的诉讼证明价值,不等于因此否定传来证据的作用。司法实践中往往一开始难以收集原始证据,常常是通过传来证据去发现和收集原始证据;传来证据还可以作为审查判断原始证据的重要依据;在无法收集或难以提取原始证据的情况下,传来证据可以替代原始证据起到一定的证明作用,如被害人在临死前向参加抢救的医护人员所作的陈述,往往因被害人的死亡而无法再收集,但医护人员的传言可发展成为重要的证据。

但是,鉴于传来证据是非直接来源于案件待证事实的证据,所以,收集、审查和运用传来证据,应当遵守以下规则:(1)应尽可能收集最接近原始证据,传抄或转述次数最少的传来证据,且经查证属实并能够反映原始证据的外形、特征或者内容;(2)原则上应收集和提取原始证据,只有原始证据的收集和提取确有困难的情况下,才能使用传来证据;(3)不能收集使用道听途说、来源不明的传言。

四、直接证据和间接证据

按照单一证据对案件主要事实的反映程度作为分类标准,可以划分为直接证据和间接证据。

直接证据，指能够单独地反映案件主要事实的证据。案件主要事实，指是否存在犯罪事实和谁是实施犯罪行为的人的事实。

凡是能够单独地反映犯罪事实存在或不存在的，以及谁是犯罪人或谁不是犯罪人这两方面事实的证据，就是直接证据。一般来说，司法实践中常见的直接证据有被告人的供述和辩解，被害人指认某人犯罪的控诉，现场目击证人指认或否认某人犯罪的证词，能直接再现被告人、犯罪嫌疑人犯罪事实的视听资料，等等。直接证据一般较多地表现为言词证据，但言词证据不都是直接证据。

直接证据最显著的特征是单一证据与案件主要事实之间在内容上的吻合，因此，它能够对案件的主要事实直接加以证明，无须借助其他证据。但由于直接证据多表现为人的言词证据，这就必然导致直接证据具有一定的可变性、反复性，其虚假可能性也往往较大。

直接证据的收集、审查和运用，应遵守如下规则：(1)要准确识别直接证据。只有能够单独直接证明案件主要事实的证据才是直接证据。(2)要依法收集直接证据。严禁使用非法手段收集直接证据。(3)要严格审查判断直接证据，做到重证据、不轻信口供，运用直接证据定案，一般应有若干间接证据加以互相印证。(4)孤证不能定案。虽然直接单独证明案件主要事实，但决不意味着其在诉讼过程中可以单独完成对案件认定的任务，因为它本身的真实性也要其他证据来加以印证。

间接证据，指不能单独地反映案件主要事实，而需同其他证据联系起来并用推理方法来反映案件主要事实的证据。间接证据在司法上的表现形式远远多于直接证据，几乎包容了除犯罪嫌疑人、被告人口供以外所有的法定证据种类。

间接证据的特点主要是：(1)对案件主要事实的证明是间接的。任何一个单独的间接证据都不能直接证明案件的主要事实，而只能从一个侧面证明案件中的部分事实或个别情节。(2)对案件主要事实的证明方法是推断的。间接证据要完成对案件主要事实的证明，就必须与其他证据事实联系起来，一环扣一环，形成一个完整的、严密的逻辑证明体系，以推理方法，在最终排除所有其他可能性之后，才能作为最后的定案根据。(3)间接证据的实物证据形式较多，故具有稳定性，其客观性也较强。

间接证据的作用，具体表现为：(1)间接证据往往是侦查破案的先导。一般情况下，尤其是故意犯罪，往往都具有蓄意性、预谋性、隐蔽性，故在侦查阶段，往往很难取得直接证据。但是，犯罪行为却不可避免地会在犯罪现场留下各种痕迹、物品，从而造成获取大量间接证据的有利条件。很多罪犯在大量的间接证据面前，往往不得不供认自己的罪行。(2)间接证据是审查判断直接证据是否真实的重要手段。(3)在无法取得直接证据时，间接证据确实、充分也可定案。完全用间接证据定案的情况虽然不多，但随着侦查技术力量的不断增强，提取和鉴别各种物证、痕迹的能力大大提高，间接证据在诉讼中大量增加，从而为司法实践中运用间接证据定案创造了有利条件。(4)运用间接证据定案有利于锻炼司法人员判断案情的思维技能，培养其思维的灵活性。从一定意义上讲，会不会巧用间接证据，是衡量现代侦查、检察、审判人员素质优劣和办案能力大小的重要标志。

根据《刑诉法解释》第105条规定，没有直接证据，但间接证据同时符合下列条件的，可以认定被告人有罪：(1)证据已经查证属实；(2)证据之间相互印证，不存在无法排除的矛盾和无法解释的疑问；(3)全案证据已经形成完整的证明体系；(4)根据证据认定案件事实足以排除合理怀疑，结论具有唯一性；(5)运用证据进行的推理符合逻辑和经验。

五、言词证据和实物证据

以证据的表现形式为分类标准，可划分为言词证据和实物证据。

以人的语言表述作为存在和表现形式的证据，称为言词证据。我国《刑事诉讼法》所规定的证人证言，被害人陈述，犯罪嫌疑人、被告人的供述和辩解，鉴定意见，都属于言词证据。鉴定意见被划为言词证据，是因为鉴定意见是鉴定人对有关案件的某个或某些专门问题的看法，而这种看法，是通过书面意见来表达的人的陈述。

凡以实物形态作为存在和表现形式的证据，称为实物证据。法定证据种类中的物证、书证、勘验、检查、辨认、侦查实验等笔录及视听资料、电子数据属于实物证据。

言词证据的表现形式是主观的，但其内容必须是客观真实的，言词证据一般通过询问或讯问方法收集。实物证据的外在表现形式具有客观性，但其内容必须是真实的，且与案件事实是相关的；实物证据主要通过勘验、检查、搜查和扣押等方式来收集。

言词证据由于是以人的表述来反映案件事实的，所以它就能直接反映案件的事实，尤其是案件的主要事实，但却受主观感知能力和表述能力、思想感情等因素的影响，往往不能完全、客观地反映案件事实，甚至夸大、缩小或歪曲案件事实，所以在审查判断言词证据时必须充分考虑上述各种因素。而实物证据具有较强的客观实在性，能被人们的感官直接感知，除被伪造的情况外，一般它能客观反映案件事实，且证明力也较大，因为实物证据一般不太容易受人的主观因素支配而随意更改、变化，但也有可能受自然因素影响而遭侵蚀，导致失实。所以，在审查判断实物证据时应充分注意这一点。

第四节 诉讼证明

一、证明的概念和意义

刑事诉讼中的证明，指侦查、检察和审判人员及当事人运用依法收集的证据，为确定案件中某些待证事实所进行的活动。

证明的基础是证据，没有证据的证明，只能是一种主观臆断。而证据价值的实现，又必须经过证明活动。证明的过程，就是司法人员收集、保全证据，对证据进行审查判断，并据以对案件作出符合实际的结论所进行的一系列诉讼活动。证明贯穿于从立案到作出判决的全部诉讼过程。

证明是查清案件事实的基本方法。除风土人情、历史事件、自然现象、已决事实、公证事实等免证事实不需要证明，而用直接确认的方法解决外，大部分案件事实，特别是案件主要事实，都需要通过证明的方法来完成对案件事实的认定过程。

证明在刑事诉讼中具有非常重要的意义。它是司法人员掌握案情的唯一方法，是司法人员深入查证、判断案情的最基本的活动方式，只有准确完成证明任务，才能正确应用法律，惩罚犯罪分子，保障无罪的人不受刑事追究，顺利完成刑事诉讼法所规定的各项任务。

二、证明对象

刑事诉讼中的证明对象，又称“待证事实”，指司法机关的办案过程中需要用证据加以证实的一切案件事实。换言之，凡是需要依靠证据加以确定的案件事实都是证明对象。

证明对象的范围是由每个具体案件的具体情况所决定的。从司法实践看，刑事案件需要证明的事实，一般都是与定罪量刑有关的事实，即实体法事实和程序法事实。

（一）实体法事实

实体法事实主要包括两方面的内容：一是有关犯罪构成要件的事实。其具体有：(1)犯罪事实是否发生；(2)犯罪是否为被告人所实施；(3)犯罪的行为和结果，犯罪的时间、地点、方法、手段；(4)被告人犯罪的故意或过失、动机和目的；(5)行为是否属正当防卫、紧急避险；(6)是否有不追究刑事责任的情况；(7)其他与犯罪有关的事实，诸如是否有依法应从重、从轻、减轻处罚的情节等。二是犯罪嫌疑人、被告人的个人情况等，如姓名、性别、年龄、民族、文化、职业、是否有前科、犯罪后态度，等等。

（二）程序法事实

程序法事实是指解决诉讼程序问题与被告人定罪量刑有关的具有法律意义的事实。其具体有：(1)是否具有应当回避的事实；(2)对犯罪嫌疑人、被告人是否采取强制措施的事实；(3)是否超越诉讼期限的事实；(4)其他是否违反诉讼程序并可能影响正确判决的事实等。

三、举证责任

举证责任，指在法庭审理的过程中，提出诉讼主张的一方负有提出证据证明本方所主张的待证事实的法律义务。

在我国,对举证责任概念的使用一度十分混乱。曾有观点认为,根据《刑事诉讼法》第52条规定,"审判人员、检察人员、侦查人员必须依照法定程序,收集能够证实犯罪嫌疑人、被告人有罪或者无罪、犯罪情节轻重的各种证据",因此认为公检法机关和当事人都有举证责任。这样将举证责任概念泛义化,无益于对关键问题的把握,也使得概念失去了原本具有的解释力。

举证责任包括四个密不可分的要素:(1)提出诉讼主张;(2)提出证据;(3)完成论证;(4)承担主张不能成立的后果。在刑事诉讼中,对举证责任这一法律义务的承担只能是那些与案件结果有着利害关系的控辩双方——要么是作为公诉方的检察机关、要么是作为自诉方的被害人、要么是那些提出某些积极诉讼主张的被告人。人民法院作为司法裁判者,其使命在于对诉讼主张进行裁判、对司法证明过程和结果加以验证。法院不是举证责任的承担者。

《刑事诉讼法》第51条明确规定:"公诉案件中被告人有罪的举证责任由人民检察院承担,自诉案件中被告人有罪的举证责任由自诉人承担。"

根据我国法律,刑事被告人一般不承担举证责任。作为例外情形,主要有以下四种①:

(一) 被告人提出的法定积极抗辩事由

积极抗辩事由,指刑法所确立的足以免除被告人刑事责任的事实。在我国刑法中,公认的积极抗辩事由主要有二:正当防卫和紧急避险。这两种积极抗辩事由只要成立,那么被告人无论被证明实施了多么严重的危害社会的行为,就都在法律上不构成犯罪。

(二) 某些推定事实

最典型的体现在我国刑法确立的"巨额财产来源不明罪"。该罪明确规定对于国家工作人员收入或支出与其合法所得差额巨大的,应责令其说明财产的来源,本人不能说明财产来源的,司法机关可将差额部分视为非法所得,并能够追究其刑事责任。显然,刑法免除了检察机关的证明义务,将其视为推定事实予以直接确认。但是,这些推定事实在法律上又是不确定的事实,被告方只要提出证据证明了相反的事实存在,就可以推翻该项推定事实,使得检察机关通过推定所认定的案件事实不再成立。

(三) 量刑事实

我国已经初步确立了相对独立的量刑程序,实现了将量刑纳入法庭审判程序的改革目标。无论是在量刑调查还是在量刑辩论中,控辩双方都有可能提出各自的量刑事实和量刑情节。在量刑事实的证明方面,控辩双方都要遵循"谁主张、谁举证"的

① 见陈瑞华:《刑事证据法学》,北京大学出版社2012年版,第237—240页。

原则。对被告方而言，由于所提出的量刑情节都被用来证明该方的诉讼主张，也就是证明应当对被告人从轻减轻或者免除刑事处罚，因此，对这些量刑情节的举证责任，应当由被告人方面承担。对这些量刑情节，检察机关可以质疑或者否认，但不因此承担举证责任。

（四）某些程序事实

根据刑事诉讼法，被告人有权申请法院对公诉方以非法方法收集的证据依法予以排除，但要提供相应线索或证据，并证明到令法官对侦查行为的合法性产生疑问的程度。这说明，对于侦查行为的合法性这一程序事实，被告人要承担举证责任。除此之外，被告人对申请回避、申请证人出庭作证、申请延期审理、在上诉程序中申请二审法院宣告一审法院违反法律程序、影响公正审判等等诉讼请求，都基于一种程序上的争议事实。对这些程序事实，作为申请方的被告人也要承担举证责任。

四、证明标准

刑事诉讼中的证明标准，指法律规定的专门机关的办案人员运用证据证明案件事实所要达到的程度。这既是对证据的质量要求，也是对证明活动的质量要求。根据我国刑事诉讼法的有关规定和诉讼理论，我国的刑事诉讼证明标准是：案件事实清楚，证据确实充分。

《刑事诉讼法》第 55 条规定，对一切案件的判处都要重证据，重调查研究，不轻信口供。只有被告人的供述，没有其他证据的，不能认定被告人有罪和处以刑罚；没有被告人的供述，证据确实充分的，可以认定被告人有罪和处以刑罚。第 162 条规定，公安机关侦查终结的案件，应当做到犯罪事实清楚，证据确实、充分。第 171 条规定，人民检察院审查案件的时候，必须查明犯罪事实、情节是否清楚，证据是否确实、充分。第 176 条规定，人民检察院认为犯罪嫌疑人的犯罪事实已经查清，证据确实、充分，依法应当追究刑事责任的，应当作出起诉决定。另外，第 200 条还规定，人民法院根据查明的事实、证据和有关的法律规定，案件事实清楚，证据确实、充分，依据法律认定被告人有罪的，应当作出有罪判决。《刑诉法解释》第 64 条规定，认定被告人有罪和对被告人从重处罚，应当适用证据确实、充分的证明标准。由此可见，无论是侦查、审查起诉，还是依法作出判决，法律都要求在证明上达到“案件事实清楚，证据确实、充分”的程度。

所谓案件事实清楚，指构成犯罪的各种事实情节或者定罪量刑所依据的各种事实情节，都必须是真实的、清楚的。所谓证据的确实、充分，是对证据质量的法律要求，“确实”是对证据在质上的要求，指所有的证据都必须经过查证属实，真实可靠，具有真实性和证明力。具体的要求：一是据以定案的单个证据必须经过查证属实；二是单个证据与案件事实必须存在客观联系；三是单个证据必须具有相应的证明力。“充分”是对证据在量上的要求，指案件的证明对象都有相应的证据证明其真实可靠，排除其他可能性。具体的要求:一是所有的证明对象都有依法收集到的相应的证据;二是所有的证明对象都有相应的证据证明;三是所有的证据在数量上都能排除其他可能性,能够作出肯定的唯一结论。衡量证据确实、充分,《刑事诉讼法》第 55 条第 2 款规定了三条标准:(1)定罪量刑的事实都有证据证明;(2)据以定案的证据均经法定程序查证属实;(3)综合全案证据,对所认定事实已排除合理怀疑。

当然,从人的科学认识规律的角度出发,在刑事诉讼的不同阶段,其证明标准应有所不同,随着刑事诉讼的发展,应该是一个由低到高的渐进过程,相对而言,立案阶段的证明标准较低,而刑事判决阶段的证明标准最高。在立案阶段,证明标准是具有所认为的犯罪事实和需要追究刑事责任的刑法判断。在逮捕犯罪嫌疑人、被告人时的证明标准是有证据证明有犯罪事实,可能判处徒刑以上刑罚,采取取保候审、监视居住等方法不足以防止发生社会危险性的。对于适用拘留或者回避等诉讼程序,刑事诉讼法也规定了不同的证明标准。但当侦查终结以后,不论是人民检察院的审查起诉,还是人民法院的裁判,刑事诉讼法都要求犯罪事实清楚,证据确实、充分。由此可见,犯罪事实清楚,证据确实、充分的证明标准是刑事诉讼法针对刑事案件认定处理提出的要求,并不是刑事诉讼一开始就能达到的。这说明随着刑事诉讼活动的进行,专门机关办案人员对案件的认识不断深化,刑事诉讼法对刑事诉讼证明的要求也相应提高,直至达到犯罪事实清楚,证据确实、充分的证明标准。

第五节 证据规则

证据规则,指证据运用过程中应当遵守的法律准则。证据规则实际上就是对证据运用即诉讼证明活动的限制,其核心问题是规范证据的可采性,解决证据的资格问题。证据规则的主要作用在于防止主观臆断,保证证明的准确性。下面介绍几个主要的证据规则:

一、传闻证据规则

传闻是指陈述人在庭审活动或者诉讼之外所作出的,用以证明案件事实的一种陈述。传闻证据规则是英美法系国家的一项重要证据规则。所谓传闻证据,一般指以下两种证据资料:一是证人于庭审以外对直接感知的案件事实亲笔所写的陈述书及他人制作并经本人认可的陈述笔录;二是证人于庭审之上就他人所感知的事实向法庭所作的转述。按照传闻证据规则,如果某人的证言属于传闻证据,那么就应当排除,除非它属于法律规定的例外情形。确立传闻证据规则的理由主要是因为传闻证据在诉讼中的使用剥夺了诉讼双方包括被告人对原始人证的询问和反询问的权利,同时也违反了刑事诉讼的直接审理原则,不利于法官获得正确的心证。例如,美国

《联邦证据规则》规则801(c)规定,传闻是指陈述者在审判或听证之外所作的陈述,将其作为证据提出用以证明主张事实的真实性。规则802规定,传闻证据不得采纳,除非本规则或最高法院根据立法制定的规则或国会立法另有规定外。规则803就对传闻规则的例外情形作出了多达24种的详尽规定。此外,少数大陆法系国家在当今也有限制地在立法上确立了传闻证据规则。

我国刑事诉讼法对于传闻证据规则没有作出明确、具体的规定,但相关法律条文也吸纳了这一法律规则的精神。《刑事诉讼法》第192条规定:"公诉人、当事人或者辩护人、诉讼代理人对证人证言有异议,且该证人证言对案件定罪量刑有重大影响,人民法院认为证人有必要出庭作证的,证人应当出庭作证。人民警察就其执行职务时目击的犯罪情况作为证人出庭作证,适用前款规定。公诉人、当事人或者辩护人、诉讼代理人对鉴定意见有异议,人民法院认为鉴定人有必要出庭的,鉴定人应当出庭作证。经人民法院通知,鉴定人拒不出庭作证的,鉴定意见不得作为定案的根据。"

二、非法证据排除规则

(一)非法证据的含义

非法证据,严格地讲应称作"非法证据材料",有广义和狭义之分。广义上,它是证据合法性的一种对称,指不符合法律规定的证据内容、证据形式、收集或提供证据的人员及程序、方法、手段的证据材料。它包括四种情形,即证据内容不合法、证据表现形式不合法、收集或提供证据的人员不合法和收集提供证据的程序、方法、手段不合法,只要具有这四种情形之一的就是非法证据。狭义上,非法证据是违反法律规定的权限、程序或以其他不正当方法获得的证据。非法证据排除规则中的非法证据,学界的观点比较一致,应为狭义上的非法证据。

(二)非法证据排除规则与我国刑事诉讼

《刑事诉讼法》及司法解释对非法证据排除规则予以明确规定。《刑事诉讼法》第56条规定:"采用刑讯逼供等非法方法收集的犯罪嫌疑人、被告人供述和采用暴力、威胁等非法方法收集的证人证言、被害人陈述,应当予以排除。收集物证、书证不符合法定程序,可能严重影响司法公正的,应当予以补正或者作出合理解释;不能补正或者作出合理解释的,对该证据应当予以排除。"《刑诉法解释》第95条规定:"使用肉刑或者变相肉刑,或者采用其他使被告人在肉体上或者精神上遭受剧烈疼痛或者痛苦的方法,迫使被告人违背意愿供述的,应当认定为刑事诉讼法第54条规定的'刑讯逼供等非法方法'。"

结合其他相关司法解释,学界普遍认为通过这次修法,我国刑事司法领域确立如下的非法证据排除规则。

1. 同时确立两类非法证据排除规则

我国刑事诉讼法事实上确立了两类非法证据排除规则:一是强制性的排除,也就是法院一经将控方某一证据认定为非法证据，即自动将其排除在法庭之外，没有自由裁量权。例如，对于采用刑讯逼供等非法方法收集的犯罪嫌疑人、被告人供述和采用暴力、威胁等非法方法收集的证人证言、被害人陈述，以及对于收集物证、书证不符合法定程序，可能严重影响司法公正的，应当予以补正或者作出合理解释；不能补正或者作出合理解释的，就适用强制性的排除。除此之外，《办理死刑案件证据规定》对更多的非法言词证据和非法实物证据都确立了强制性的排除后果。二是自由裁量的排除。在这种情况下，法院即便将特定证据确认为非法证据，也不一定否定其证据能力，而是要"综合考虑收集物证、书证违反法定程序以及所造成后果的严重程度等情况"《最高人民法院关于适用〈中华人民共和国刑事诉讼法〉的解释》第 95 条第 2 款。，然后再作出是否排除非法证据的裁决。它主要适用于侦查人员收集物证、书证不符合法定程序，可能严重影响司法公正的某些情形。

2. 明确强调人民检察院对侦查人员非法取证依法进行法律监督

《刑事诉讼法》第 57 条规定，人民检察院接到报案、控告、举报或者发现侦查人员以非法方法收集证据的，应当进行调查核实。对于确有以非法方法收集证据情形的，应当提出纠正意见；构成犯罪的，依法追究刑事责任。

3. 明确规定人民法院的相关告知义务

《刑诉法解释》第 97 条规定："人民法院向被告人及其辩护人送达起诉书副本时，应当告知其申请排除非法证据的，应当在开庭审理前提出，但在庭审期间才发现相关线索或者材料的除外。"

4. 明确规定被追诉方启动非法证据排除程序的时间

根据《刑诉法解释》第 97 条的规定，被追诉方申请排除非法证据的，"应当在开庭审理前提出，但在庭审期间才发现相关线索或者材料的除外"。据此，被追诉方申请排除的，应当在开庭审理前提出，如果在庭审期间才发现相关线索或者材料的，也可以在庭审过程中提出。

5. 规定通过召开审前会议就非法证据排除问题听取双方意见

《刑诉法解释》第 99 条规定，开庭审理前，当事人及其辩护人、诉讼代理人申请排除非法证据，人民法院经审查，对证据收集的合法性有疑问的，应当依照《刑事诉讼法》第 187 条第 2 款的规定召开庭前会议，就非法证据排除等问题了解情况，听取意见。人民检察院可以通过出示有关证据材料等方式，对证据收集的合法性加以说明。

6. 规定审理中非法证据排除程序的启动及条件

《刑事诉讼法》第 58 条规定："法庭审理过程中，审判人员认为可能存在本法第五十四条规定的以非法方法收集证据情形的，应当对证据收集的合法性进行法庭调查。当事人及其辩护人、诉讼代理人有权申请人民法院对以非法方法收集的证据依法予以排除。申请排除以非法方法收集的证据的，应当提供相关线索或者材料。"

7. 规定证据收集合法性的举证责任及证明方式

《刑事诉讼法》第 59 条规定："在对证据收集的合法性进行法庭调查的过程中，人民检察院应当对证据收集的合法性加以证明。现有证据材料不能证明证据收集的合法性的,人民检察院可以提请人民法院通知有关侦查人员或者其他人员出庭说明情况;人民法院可以通知有关侦查人员或者其他人员出庭说明情况。有关侦查人员或者其他人员也可以要求出庭说明情况。经人民法院通知,有关人员应当出庭。"《刑诉法解释》第101条规定,法庭决定对证据收集的合法性进行调查的,可以由公诉人通过出示、宣读讯问笔录或者其他证据,有针对性地播放讯问过程的录音录像,提请法庭通知有关侦查人员或者其他人员出庭说明情况等方式,证明证据收集的合法性。

据此,人民检察院对证据收集的合法性承担举证责任。检察院对证据收集合法性的证明方式是:由公诉人通过出示、宣读讯问笔录或者其他证据,有针对性地播放讯问过程的录音录像。只有在"现有证据材料不能证明证据收集的合法性"时,才启动让有关侦查人员或者其他人员出庭说明情况的程序。在具体程序上,既可以由人民检察院提请法院通知有关侦查人员或者其他人员出庭说明情况;也可以由法院不经提请,直接通知有关侦查人员或者其他人员出庭说明情况,还可以由有关侦查人员或者其他人员主动要求出庭说明情况等三种方式。经过法庭通知,侦查人员或者其他人员有义务出庭作证。

8. 规定非法证据排除程序的证明标准

《刑事诉讼法》第60条规定:"对于经过法庭审理,确认或者不能排除存在本法第54条规定的以非法方法收集证据情形的,对有关证据应当予以排除。"据此,人民检察院应当证明至完全排除该证据系非法取得的可能性,否则该证据就要被排除。

9. 规定二审法院对证据收集合法性的法定审查情形

根据《刑诉法解释》第103条规定:"具有下列情形之一的,第二审人民法院应当对证据收集的合法性进行审查,并根据刑事诉讼法和本解释的有关规定作出处理:(一)第一审人民法院对当事人及其辩护人、诉讼代理人排除非法证据的申请没有审查,且以该证据作为定案根据的;(二)人民检察院或者被告人、自诉人及其法定代理人不服第一审人民法院作出的有关证据收集合法性的调查结论,提出抗诉、上诉的;(三)当事人及其辩护人、诉讼代理人在第一审结束后才发现相关线索或者材料,申请人民法院排除非法证据的。"

三、补强规则

(一)补强证据规则的含义

补强证据规则,指为了防止案件事实的误认,对某些证明力显然薄弱的证据,要求有其他证据予以证实才可以作为定案根据的规则。补强证据规则主要适用于言词证据。无论这些证据看上去多么可靠,裁判者也不能单独根据该证据认定相应的案件事实。由于现代刑事诉讼基于自由心证的原则,一般只是对证据的证明能力作出某些限制,对证据的证明力很少作限制,而是交由法官判断。补强证据规则被认为是自由心证原则的一个例外或者补充。

(二) 补强证据规则的历史发展

补强证据规则形成于18世纪后半叶的英国,主要作用于被告人自白,其目的在于保障被告人的基本权利。早期,由英国判例法所形成的证据补强概念并不十分明晰,适用范围也不十分确定。法国大革命后,欧洲社会的人权意识普遍高涨,反对刑讯逼供成为资产阶级刑法革命的主导动力,通过立法的方式限制被告人自白,被视作反对暴力性取证行为的主要途径。经过近一个世纪的发展,特别是在判例的积极推动下,证据补强在近代英美证据法中已经成为一项重要的证据规则,其适用范围也已经超出了被告人自白。当代美国的判例和证据法承继、发展了英国法的证据补强传统,形成更为简便、更具操作性的补强规则。

大陆法系也有证据补强规则,但他们对待证据补强的态度与英美法系明显不同。英美法要求的原则是通过法律限制被告人自白或其他诸如证人证言、被害人陈述、鉴定意见等供述性证据的证明价值,证据补强的含义和适用范围比较明晰。而在大陆法系,除被告人自白必须具有形式性补强证据之外,将供述性证据的证明力判断全权委任于法官。所以,英美法系强调证据补强既具有限制供述证据适用范围的政策目的,又具有保障供述证据真实性的程序目的,而大陆法系的证据补强所重视的仍然是被告人基本权利的保障。

(三) 共同被告人口供证明力问题

对于同案审理的共同犯罪案件,共犯的口供能否互为补强证据,即能否凭共犯间一致的口供而不需其他补强证据定案的问题,是一个理论与实践都无法回避的问题。对此,各国的态度不尽一致。在英国和美国,一般要求对共犯的口供予以补强证明。但日本最高法院的判例认为,共犯不论是否同案审理,他犯的自白不属于“本人的自白”,对于本人的自白不再需要补强证据。我国法学界也存在四种观点:(1)肯定说,认为共同被告人的供述可以相互印证,在供述一致的情况下,可以据以定案;(2)否定说,认为共同被告人的供述仍然是“被告人供述”,适用具有真实性和虚伪性并存的特点,应当适用补强证据规则;(3)区别说,认为同案处理的共犯的供述均应视为“被告人供述”,适用补强证据规则但不同案处理的共犯,可以互作证人,不适用补强证据规则;(4)折中说,认为共同被告人供述一致,符合一定条件即可认定被告人有罪和处以刑罚,这些条件包括:经过各种艰苦努力仍无法取得其他证据,共同被告人之间无串供可能,排除了以指控、诱供、刑讯逼供等非法手段获取口供的情况。

(四) 补强证据规则与我国刑事诉讼

我国《刑事诉讼法》第55条规定:“只有被告人供述,没有其他证据的,不能认定被告人有罪和处以刑罚;没有被告人供述,证据确实、充分的,可以认定被告人有罪和处以刑罚。”《刑诉法解释》第106条规定:“根据被告人的供述、指认提取到了隐蔽性很强的物证、书证,且被告人的供述与其他证明犯罪事实发生的证据相互印证,并排除串供、逼供、诱供等可能性的，可以认定被告人有罪。”学界认为，这些规定标志着口供补强规则在我国刑事诉讼立法中正式确立。

四、意见证据规则

（一）意见证据规则的含义、理论基础与例外

意见证据规则，指的是证人作证只能就自己感知的过去的事实作陈述，而不能将自己的推断和判断作为证言。在英美证据法中，证人包括普通证人和专家证人，后者即大陆法系之所谓鉴定人。但该规则认为，后者不适用意见证据规则。

事实上，区分事实和意见是意见证据规则的一个前提。一般认为，观察、体验的情况为事实，推测、判断的陈述为意见。

之所以要在刑事诉讼中确立意见证据规则，是因为在事实基础上进行推断、形成意见是裁判者的职责，证人提出自己的意见，超越了其作为证人的职责界限；不仅如此，证人提出自己的推断、意见，容易与他们自己感知的事实相混淆，造成偏见或者预断，影响裁判者对于案件事实的正确判断。

几乎每项规则都有例外，意见证据规则亦然。事实与意见之间的界限有时并非那么泾渭分明。当出现事实和意见难以辨识的情形时，通说认为，对于那些直接基于一般生活经验事实的常识性判断，不应予以排除。例如，目击证人可以根据自己看到的被告人的动作、闻到的被告人的气味，并根据常识，说被告人喝了酒，这种意见证据一般是可以采纳的。此外，目击证人在辨认时对人身是否同一的意见，目击证人对事物的印象和描述，关于自己身体和精神状况的意见，在交通事故中关于车辆行驶速度的意见等等都可以采纳为证据。许多国家刑事诉讼法或者刑事证据法中也为意见证据规则附加了例外。在英国普通法中，意见性证据一般是不能采纳的，但这一规则有许多例外。因此，一名非专家证人可以对年龄、车辆的行驶速度、笔迹和人的正身作证。另外，日本《刑事诉讼法》第 156 条第 1 款规定，“对证人可以令其供述根据实际经验过的事实所推测的事项”；第 2 款规定，“前款供述，即使属于鉴定的事项，也无妨其作为证言的效力”。

（二）意见证据规则与我国刑事诉讼

我国刑事诉讼法没有规定意见证据规则。但《刑诉法解释》第 75 条第 2 款的规定体现了意见证据规则的精神：“证人的猜测性、评论性、推断性的证言，不能作为证据使用，但根据一般生活经验判断符合事实的除外。”

思考题：

1. 试述刑事证据的概念和基本特征。
2. 书证有何证明特点？它与物证有何区别联系？
3. 试述传来证据的作用和收集审查判断的规则。

4. 试述间接证据的特点和运用规则。

5. 举出言词证据和实物证据的具体证据形式。

6. 试述证明对象的概念和范围。

7. 试述我国的刑事证明标准。

8. 试述我国刑事诉讼举证责任的内容和特点。

9. 试述非法证据排除规则的概念以及我国对此的规定。

第八章
刑事强制措施

本章提要:本章对刑事强制措施的有关问题作系统阐述。学习本章应掌握以下要点:(1)刑事强制措施概述;(2)拘传的适用;(3)取保候审的适用;(4)监视居住的适用;(5)刑事拘留的适用;(6)逮捕的适用;(7)扭送和传唤。

第一节　刑事强制措施概述

一、刑事强制措施的概念、类型及功能

(一) 刑事强制措施的概念和类型

我国的刑事强制措施,指公安机关、人民检察院和人民法院为了保证刑事诉讼的顺利进行,对犯罪嫌疑人、被告人依法采取的限制或剥夺其人身自由的各种强制方法。

这种强制方法的类型按强制的力度由低到高排列是:拘传、取保候审、监视居住、拘留和逮捕五种。其中,拘传、取保候审和监视居住属非羁押型强制措施;拘留和逮捕则属羁押型强制措施。

(二) 刑事强制措施的功能

概而言之,刑事强制措施的功能在于保障刑事诉讼的顺利进行。具体而言,其功能主要体现在如下几点:

1. 防止犯罪嫌疑人、被告人逃避侦查和审判

犯罪嫌疑人在实施犯罪行为以后,一般都会想尽办法逃避刑罚惩罚,当其感到可能被追究或者已经被追究而处境不妙时,往往逃跑或藏匿起来。由于我国刑事诉讼一般不采用缺席审判制度,这样便会造成司法机关不能结案,不能对其定罪判刑的局面,从而妨碍了刑事诉讼的顺利进行。有了强制措施,司法机关可以依法对被追诉的对象限制甚至剥夺其人身自由,就能有效地防止他们逃避侦查和审判,顺利地进行刑事诉讼。

2. 防止和排除犯罪嫌疑人、被告人可能进行妨碍迅速查明案件的活动

证据是认定案件的基础,查明案件事实首先在于收集和固定证据。而犯罪嫌疑

人、被告人出于逃避刑事制裁的本能，往往会使用形形色色妨碍迅速查明案件事实的行为，例如串供，隐匿、毁灭和伪造证据，利诱、威吓甚至杀害知情者，等等。如果这种行为得逞，将极大地损害刑事追诉的效果。因此，对犯罪嫌疑人、被告人采取相应的强制措施，限制或剥夺他们的人身自由，从而保证侦查和审判活动的顺利进行。

3. 防止发生自杀等意外事件

有的犯罪嫌疑人、被告人可能感到自己所犯罪行严重，难以逃脱法律的严厉制裁，也有的感到被刑罚处罚后，身败名裂，难以做人，就有可能畏罪自杀或以自杀来解脱自己的思想负担。有的犯罪嫌疑人属犯罪组织的成员，由于揭发同伙的罪行，有可能遭到加害甚至灭口。前者的死亡，使刑事诉讼的进行毫无意义，而后者的死亡则会使刑事追诉产生困难。采用强制措施，特别是采用羁押方法，将对象处于严格的控制之下，就能有效地防止自杀或他杀等事件的发生。

二、刑事强制措施的性质

强制措施是刑事诉讼中的一项极为重要的制度，由于它是限制和剥夺人身自由的强制方法，体现着明显的强制性，因而也是能够充分体现刑事诉讼特质的一项制度。强制措施深陷人权、自由与诉讼效率碰撞交织的漩涡，因而，也是刑事诉讼理论和实践的敏感问题。正确认识刑事强制措施的性质是必要的。

（一）宪法规定性

任何社会制度的刑事诉讼法，尽管其阶级本质不同，强制措施的种类和执行的方法也存在着差异，但相同的是都设有为保证诉讼程序顺利进行的强制措施。强制措施关乎公民的人身自由，而人身自由和不受非法逮捕，是各国宪法确立的公民最基本的权利之一。如法国《宪法》规定："不得任意拘留任何人。司法机关作为个人自由的保护人，保证依照法律规定的条件使此项原则获得遵守。"英国宪法性文件之一的《人身保护法》规定："没有法庭所发的附有理由的逮捕令不得捕人。对于被捕人必须在20日以内提交法庭审理，逾期立即释放。"日本《宪法》规定："除作为现行犯被逮捕的情况外，任何人，除非根据有权限的司法官署发出并载明构成逮捕理由的犯罪的命令状，不受逮捕。"我国《宪法》第37条第2款规定："任何公民，非经人民检察院批准或者决定或者人民法院决定，并由公安机关执行，不受逮捕。"这种宪法所确立的基本原则，成为刑事诉讼法规范强制措施的基础，有关强制措施制度的立法和实践，都应符合宪法的规定及其基本精神。

根据宪法的原则和精神，刑事诉讼法都严格规定强制措施的适用条件和程序，强调由授权的专门机关实施强制措施，其他机关、团体和个人不得擅自采用。专门机关实施强制措施的程序，渗透着权力对权力的制约、牵制这一民主思想的印记，在当代法制成熟国家对羁押型强制措施的适用普遍采用司法审查制，以抑制强制措施的不当适用。此外，强调强制措施的令状形式，规定和完善对错误适用强制措施特别是羁押措施的国家赔偿制度。

(二) 诉讼保障性

刑事强制措施的适用目的在于保障刑事诉讼的顺利进行,其诉讼保障性的具体表现,在前述刑事强制措施的功能部分已作罗列,不再重复。强制措施以限制人身自由的方式实现对诉讼的保障,而非对实施对象的实体惩罚。强制措施具诉讼保障性而不具实体惩罚性这一性质,应该清楚。

然而,在刑事强制措施的诉讼保障性这一性质的认识上,理论和实践上的认识并不都十分准确和清晰。突出的表现就是将刑事强制措施的功能扩大化。它有两种扩大表现:一是“威慑和警戒”功能;二是“防止继续犯罪”功能(需要提醒的是,妨害查清案件事实的犯罪行为除外,显然,这种功能中所称的“犯罪”的含义不在于此)。这种功能的扩大化,准确地应称为“功能异化”。“功能异化”现象,翻开刑事诉讼法教科书,有关的论述比比皆是,而诉讼实践更是举不胜举,只要留意看看有关侦查新闻报道的标题,便有深切感受。这一切,也许是理论的误导,引起实践的盲从;也许是实践的惯例,而理论不过在“效忠”。现在,理论界和实践部门也许不会说刑事强制措施有“惩罚性”,但“威慑和警戒”“防止继续犯罪”功能的潜意识是刑事强制措施的“惩罚功能”。而“惩罚功能”是我国诉讼传统中不时作怪的“有罪推定”这一幽灵的现身。这是因为,如果不是将强制措施的适用对象视为犯罪人,并将强制措施当作对其的惩罚,何来“威慑和警戒”作用;如果不是将强制措施的适用对象视为犯罪人,为防止他“一次犯罪”后的“再次犯罪”,又何来“防止继续犯罪”的作用,退到底讲,难道为防止“犯罪人”的“继续犯罪”,而一直对其采用强制措施?“防止继续犯罪”不是诉讼进行所必需的,因而不应是强制措施的功能。

排斥对刑事强制措施的“功能异化”,确定其对刑事诉讼的服务和保障功能,能够在思想意识上筑起一道慎用强制措施的堤坝,从而在刑事诉讼中促进对人权的尊重和保障。

三、刑事强制措施与具有制裁性质的强制手段的区别

(一) 与刑罚的区别

刑事强制措施与刑罚均具有限制或剥夺人身自由的表现形式,都凸显了国家强制力。羁押型刑事强制措施的适用,还可以依法折抵刑期,更体现了刑事强制措施与刑罚的联系。但二者的区别也是明显的,不能混同:

1. 法律性质和适用目的的不同

刑事强制措施具有程序性,不具惩罚性,目的在于保障刑事诉讼的顺利进行;而刑罚则具有实体性,惩罚的性质明显,目的在于惩罚犯罪、改造犯罪人和预防犯罪。

2. 采用机关、适用对象不同

公、检、法机关均有权采用刑事强制措施,并仅适用于刑事责任尚未确定的被追诉对象,而适用刑罚只有人民法院有权,对象是被判决确定有罪的犯罪人。

3. 适用时间不同

刑事强制措施的适用始于立案,终于人民法院作出生效判决,而刑罚则始于生效

判决。

4. 法律依据不同

刑事强制措施的法律依据是刑事诉讼法，而刑罚的依据则是刑法。

5. 稳定性不同

刑事强制措施的诉讼保障性，决定了其期限短、可能随时变更和撤销的易变性，而刑罚则具有较强的稳定性，一经依法裁判并生效，不经再审改判或执行中依法变更，不得变更或撤销。

(二) 与行政处罚的区别

行政处罚是国家行政管理机关对实施了行政违法行为的公民和单位的行政制裁，例如警告、罚款、没收违法所得、非法收入，责令停产整顿，暂扣或吊销许可证、执照、行政拘留等。刑事强制措施与行政处罚虽然在强制性上具有相似之处，但是，区别也是显而易见的。

1. 性质不同

刑事强制措施是在刑事诉讼中适用的保障性措施，不具制裁性质，而行政处罚则是一种制裁。

2. 采用机关和适用对象不同

刑事强制措施的采用机关是公、检、法机关，适用对象是被指控涉嫌犯罪的犯罪嫌疑人、被告人，均为自然人。而行政处罚的采用机关是各种行政管理机关，适用对象是实施行政违法行为的相对人，可以是自然人，也可以是单位。

3. 法律依据不同

刑事强制措施的法律依据是刑事诉讼法，比较单一。而行政处罚的法律依据则多样，主要有行政处罚法、行政法规、地方性法规及行政规章等。

4. 稳定性不同

刑事强制措施具有易变性，而行政处罚作为一种制裁手段，具有相对稳定性。

(三) 与民事、行政诉讼强制措施和刑事诉讼司法处理的区别

刑事强制措施与民事、行政诉讼强制措施和刑事诉讼司法处理均是诉讼的有效保障手段，都有诉讼性的特征，有些手段也相同，但仍有重大差别。

1. 种类不完全相同

刑事强制措施有拘传、取保候审、监视居住、拘留和逮捕五种，均与人身自由相关。民事强制措施有拘传、训诫、责令退出法庭、罚款和拘留五种；行政强制措施有训诫、责令具结悔过、罚款和拘留四种；刑事诉讼司法处理有警告制止、强令带出法庭、罚款和拘留四种，与人身自由相关的只是一部分。

2. 采用机关、适用对象不完全相同

刑事强制措施的采用机关是公、检、法机关，适用对象只能是当事人中的被刑事追诉者，而民事、行政诉讼强制措施和刑事诉讼司法处理的采用机关是人民法院，适用对象相当广泛，不仅可以是双方当事人和其他诉讼参与人，还可以是没有参加诉讼的人。

3. 适用时间和性质不完全相同

刑事强制措施在审判阶段和审判前的诉讼阶段均可适用，它全面保障刑事诉讼的顺利进行，并具有预防性，即并不要等到妨碍刑事诉讼的行为出现才可适用。而民事、行政诉讼强制措施和刑事诉讼司法处理只能在审判阶段适用，并要等到法定的妨碍审判活动的行为出现才可适用，因此，它具有制裁性。

4. 适用条件、形式和程序不同

这方面，刑事强制措施均比民事、行政诉讼强制措施和刑事诉讼司法处理严格。例如，刑事强制措施须有令状形式，而有的民事、行政诉讼强制措施和刑事诉讼司法处理则可用口头形式。有些虽具有相同名称，像拘留、拘传，但条件各异，内容繁杂，不一而足。

第二节　拘　　传

一、拘传的概念

拘传，指公安机关、人民检察院和人民法院对未被羁押的犯罪嫌疑人、被告人强制其到案接受讯问或者审判的一种强制措施。这是强制措施中强度较轻的一种。

拘传的功能比较单一，就在于保证专门机关对未经羁押的犯罪嫌疑人、被告人到案接受讯问和审判，以保证刑事诉讼的顺利进行。

使未经羁押的犯罪嫌疑人、被告人到案接受讯问和审判，可以采用拘传或传唤，但拘传与传唤是不同的。作为强制措施之一的拘传具有强制力，如果被拘传人拒绝接受拘传，执行人员有权采用适当的强制手段；而传唤不具有直接的强制力，主要靠被传唤人自觉接受，如果拒绝接受传唤不到案，就只得改用其他方法了。

二、拘传的对象和条件

拘传的对象是未经羁押的犯罪嫌疑人和被告人。在刑事诉讼中，已被专门机关采用拘留或逮捕方法的犯罪嫌疑人、被告人，无需拘传就可直接运用提讯的方法实现对被告人的讯问或审判。未经羁押的被告人，既可以是没有对其采用任何强制措施的犯罪嫌疑人、被告人，也可以是已经对其采用了取保候审或监视居住的犯罪嫌疑人、被告人。

关于拘传的适用条件，《刑事诉讼法》第 66 条作了原则性的规定，即由专门机关“根据案件情况”决定是否采用。从司法实践的情况看，通常是对犯罪嫌疑人、被告人经合法传唤无正当理由不到案的适用拘传。当然专门机关有权不经传唤直接拘传，例如，有拒绝传唤可能的；无法传唤的；情况比较紧急的，等等。

三、拘传适用的程序

(1) 对犯罪嫌疑人或者被告人适用拘传时，由案件经办人填写《呈请拘传报告书》，经本部门负责人审核后，由区、县级以上专门机关主管领导的批准，签发拘传证(人民法院用拘传票)。在拘传证上要记明被拘传人的姓名、性别、年龄、依据、住所、案由、拘传的理由、应押送的处所及签发的日期，并由签发人签名或盖章。

(2) 执行拘传时，应当在被拘传人所在的市、县内的地点进行。被拘传人的工作单位、户籍地与居住地不在同一市、县的，拘传应当在被拘传人的工作单位所在地的市、县进行；特殊情况下，也可以在被拘传人户籍地或者居住地的市、县内进行。专门机关在本辖区以外拘传犯罪嫌疑人、被告人的应当通知当地的专门机关，当地的专门机关应当予以协助。

(3) 执行拘传的公安司法人员不得少于 2 人，拘传时应当向被拘传人出示拘传证，并责令被拘传人在拘传证上签名(盖章)、按指印。如果被拘传人抗拒拘传，执行拘传的人员可以使用适当的强制方法，强制其到案。

(4) 犯罪嫌疑人、被告人到案后，办案人员应当责令其在拘传证上填写到案时间，然后立即着手对其进行讯问。讯问结束后，应当由被拘传人在拘传证上填写讯问结束时间。被拘传人拒绝填写的，办案人员应当在拘传证上注明。

(5) 讯问结束后，如果不需要对被拘传人采取其他强制措施的，应当将其放回，恢复其人身自由。如果被拘传人符合其他强制措施如拘留、逮捕的条件，应当依法变更其他强制措施，但应当在拘传期间内作出批准或不批准的决定，如果拘传时限届满仍不能作出批准决定的，应当立即结束拘传，将其放回。

(6) 一次拘传持续的时间最长不得超过 12 小时，案情特别重大、复杂，需要采取拘留、逮捕措施的，拘传持续的时间不得超过 24 小时。不得以连续拘传的形式变相拘禁犯罪嫌疑人。

(7) 拘传犯罪嫌疑人，应当保证犯罪嫌疑人的饮食和必要的休息时间。不得以连续拘传的形式变相拘禁犯罪嫌疑人。

第三节　取保候审

一、取保候审概述

(一) 取保候审的概念和种类

取保候审，指公安机关、人民检察院和人民法院责令犯罪嫌疑人、被告人提供担保,保证其不逃避侦查或审判,并随传随到的一种强制方法。

我国刑事诉讼法设立了两种取保候审方式:一种是保证人保证方式;另一种是保证金保证方式。保证金既可以由自己交纳,也可以由愿意为其提供保证金的单位或其他个人交纳。

根据《刑事诉讼法》第68条及相关司法解释的规定,保证人保证和保证金保证是选择关系,不得同时使用保证人保证与保证金保证。对下列被告人决定取保候审的,可以责令其提出1至2名保证人:(1)无力交纳保证金的;(2)未成年或者已满75周岁的;(3)不宜收取保证金的其他被告人。

(二)取保候审和保释的差别

通过以上可以看出,我国的取保候审制度与西方保释制度有很大不同。取保候审可适用于羁押者也可适用于未羁押者,适用条件也比较严格;而保释是以羁押为前提,适用的条件也不十分严格,有的国家除少数案件的被告人不许保释外,其他均允许保释。事实上,从立法的意图上就决定了这种差异,我国的取保候审是适用强制措施的强弱选择梯次中的一个较弱梯次,而保释则是无罪推定原则下被假定为无罪的人对抗羁押的一种权利。

二、取保候审的适用条件

(一)取保候审的适用情形

根据《刑事诉讼法》及其相关司法解释规定:具有下列情形之一的犯罪嫌疑人、被告人,可以适用取保候审:(1)可能判处管制、拘役或者独立适用附加刑的;(2)可能判处有期徒刑以上刑罚,采取取保候审不致发生社会危险性的;(3)患有严重疾病、生活不能自理,怀孕或者正在哺乳自己婴儿的妇女,采取取保候审不致发生社会危险性的;(4)羁押期限届满,案件尚未办结,需要继续侦查的。对拘留的犯罪嫌疑人,证据不符合逮捕条件,以及提请逮捕后,人民检察院不批准逮捕,需要继续侦查,并且符合取保候审条件的,可以依法取保候审。

(二)取保候审的除外情形

对于严重危害社会治安的犯罪嫌疑人以及其他犯罪性质恶劣、情节严重的犯罪嫌疑人不得采取取保候审。

对累犯、犯罪集团的主犯,以自伤、自残办法逃避侦查的犯罪嫌疑人,严重暴力犯罪以及其他严重犯罪的犯罪嫌疑人,不得取保候审,但犯罪嫌疑人患有严重疾病、生活不能自理,怀孕或者正在哺乳自己婴儿的妇女,采取取保候审不致发生社会危险性的;或者羁押期限届满,案件尚未办结,需要继续侦查的除外。

三、取保候审的适用程序

(一) 取保候审的申请

根据刑事诉讼法及相关司法解释的相关规定,有权提出取保候审申请的人员包括:犯罪嫌疑人、被告人及其法定代理人、近亲属和辩护人。

被羁押或监视居住的犯罪嫌疑人、被告人及其法定代理人、近亲属或者辩护人申请取保候审,有权决定的机关应当在3日内作出是否同意的答复,同意取保候审的,依法办理取保候审手续;不同意取保候审的,应当告知申请人,并说明不同意取保候审的理由。

(二) 取保候审的适用程序

1. 保证金形式取保候审的决定程序

经审查犯罪嫌疑人、被告人符合取保候审的适用情形,专门机关有权在保证金和保证人这两种形式中作一种选择。如果被取保候审人愿意且能够提供保证金,专门机关就可以决定适用保证金形式的取保候审,并责令其交纳保证金。

县级以上公安机关应当在其指定的银行设立取保候审保证金专门账户,委托银行代为收取和保管保证金。提供保证金的人,应当一次性将保证金存入取保候审保证金专门账户。保证金应当以人民币交纳。保证金应当由公安机关办案部门以外的部门管理。

犯罪嫌疑人的保证金起点数额为人民币1 000元。

犯罪嫌疑人、被告人在取保候审期间未违反法律规定的,取保候审结束的时候,凭解除取保候审的通知或者有关法律文书到银行领取退还的保证金。

2. 保证人形式取保候审的决定程序

专门机关如果决定要求被取保候审人提供保证人的,对犯罪嫌疑人、被告人提供的保证人应当进行审查,确定保证人是否合格。保证人必须是同时符合下列条件的公民:(1)与本案无牵连;(2)有能力履行保证义务;(3)享有政治权利,人身自由未受到限制;(4)有固定的住处和收入。保证人应当填写保证书,并在保证书上签名、捺指印。

保证人应当履行以下义务:(1)监督被保证人遵守刑事诉讼法对其作出的义务性规定;(2)发现被保证人可能发生或者已经发生法定的禁止行为,应当及时向执行机关报告。

对于犯罪嫌疑人采取保证人保证的,如果保证人在取保候审期间情况发生变化,不愿继续担保或者丧失担保条件,应当责令被取保候审人重新提出保证人或者交纳保证金,或者作出变更强制措施的决定。负责执行的公安机关应当自发现保证人不愿继续担保或者丧失担保条件之日起3日以内通知决定取保候审的机关。

(三)被保证人的法定和裁定禁止行为及处罚

这里所说的被保证人的法定禁止行为,具体包括:(1)未经执行机关批准不得离开所居住的市、县;(2)住址、工作单位和联系方式发生变动的,在 24 小时以内向执行机关报告;(3)在传讯的时候及时到案;(4)不得以任何形式干扰证人作证;(5)不得毁灭、伪造证据或者串供。

此外,人民法院、人民检察院和公安机关还可以根据犯罪嫌疑人涉嫌犯罪性质、危害后果、社会影响,犯罪嫌疑人、被害人的具体情况等,责令被取保候审的犯罪嫌疑人、被告人遵守以下一项或者多项规定:(1)不得进入特定的场所;(2)不得与特定的人员会见或者通信;(3)不得从事特定的活动;(4)将护照等出入境证件、驾驶证件交执行机关保存。专门机关应当综合考虑案件的性质、情节、社会影响、犯罪嫌疑人的社会关系等因素,确定特定场所、特定人员和特定活动的范围。对取保候审保证人是否履行了保证义务,由公安机关认定,对保证人的罚款决定,也由公安机关作出。

被保证人违反应当遵守的规定,保证人未履行保证义务的,查证属实后,经县级以上公安机关负责人批准,对保证人处 1 000 元以上 2 万元以下罚款;构成犯罪的,依法追究刑事责任。决定对保证人罚款的,应当报经县级以上公安机关负责人批准,制作对保证人罚款决定书,在 3 日以内向保证人宣布,告知其如果对罚款决定不服,可以在 5 日以内向作出决定的公安机关申请复议。公安机关应当在收到复议申请后 7 日以内作出决定。

保证人对复议决定不服的,可以在收到复议决定书后 5 日以内向上一级公安机关申请复核一次。上一级公安机关应当在收到复核申请后 7 日以内作出决定。对上级公安机关撤销或者变更罚款决定的,下级公安机关应当执行。

对于保证人罚款的决定已过复议期限,或者经上级公安机关复核后维持原决定的,公安机关应当及时通知指定的银行将保证人罚款按照国家的有关规定上缴国库,并在 3 日以内通知决定取保候审的机关。

(四)取保候审的执行

公安机关决定取保候审的,应当及时通知被取保候审人居住地的派出所执行。必要时,办案部门可以协助执行。人民法院、人民检察院决定取保候审的,负责执行的县级公安机关应当在收到法律文书和有关材料后 24 小时以内,指定被取保候审人居住地派出所核实情况后执行。

执行取保候审的派出所应当履行下列职责:(1)告知被取保候审人必须遵守的规定,及其违反规定或者在取保候审期间重新犯罪应当承担的法律后果;(2)监督、考察被取保候审人遵守有关规定,及时掌握其活动、住址、工作单位、联系方式及变动情况;(3)监督保证人履行保证义务;(4)被取保候审人违反应当遵守的规定以及保证人未履行保证义务的,应当及时制止、采取紧急措施,同时告知决定机关。

执行取保候审的派出所可以责令被取保候审人定期报告有关情况并制作笔录。

被取保候审人无正当理由不得离开所居住的市、县。有正当理由需要离开所居住的市、县的，应当经负责执行的派出所负责人批准。人民法院、人民检察院决定取保候审的，负责执行的派出所在批准被取保候审人离开所居住的市、县前，应当征得决定机关同意。

被取保候审人在取保候审期间违反应当遵守的规定，已交纳保证金的，公安机关应当根据其违反规定的情节，决定没收部分或者全部保证金，并且区别情形，责令其具结悔过、重新交纳保证金、提出保证人，变更强制措施或者给予治安管理处罚；需要予以逮捕的，可以对其先行拘留。人民法院、人民检察院决定取保候审的，被取保候审人违反应当遵守的规定，执行取保候审的县级公安机关应当及时告知决定机关。

需要没收保证金的，应当经过严格审核后，报县级以上公安机关负责人批准，制作没收保证金决定书。决定没收5万元以上保证金的，应当经设区的市一级以上公安机关负责人批准。

没收保证金的决定，公安机关应当在3日以内向被取保候审人宣读，并责令其在没收保证金决定书上签名、捺指印；被取保候审人在逃或者具有其他情形不能到场的，应当向其成年家属、法定代理人、辩护人或者单位、居住地的居民委员会、村民委员会宣布，由其成年家属、法定代理人、辩护人或者单位、居住地的居民委员会或者村民委员会的负责人在没收保证金决定书上签名。被取保候审人或者其成年家属、法定代理人、辩护人、单位、居民委员会、村民委员会负责人拒绝签名的，公安机关应当在没收保证金决定书上注明。

公安机关在宣读没收保证金决定书时，应当告知如果对没收保证金的决定不服，被取保候审人或者其法定代理人可以在5日以内向作出决定的公安机关申请复议。公安机关应当在收到复议申请后7日以内作出决定。被取保候审人或者其法定代理人对复议决定不服的，可以在收到复议决定书后5日以内向上一级公安机关申请复核一次。上一级公安机关应当在收到复核申请后7日以内作出决定。对上级公安机关撤销或者变更没收保证金决定的，下级公安机关应当执行。没收保证金的决定已过复议期限，或者经上级公安机关复核后维持原决定的，公安机关应当及时通知指定的银行将没收的保证金按照国家的有关规定上缴国库，并在3日以内通知决定取保候审的机关。

被取保候审人在取保候审期间，没有违反法定和裁定禁止情形的，也没有重新故意犯罪的，或者经过侦查具有应当撤销案件情形的，在解除取保候审、变更强制措施的同时，公安机关应当制作退还保证金决定书，通知银行如数退还保证金。被取保候审人或者其法定代理人可以凭退还保证金决定书到银行领取退还的保证金。

被取保候审人没有违反法定和裁定禁止情形的，但在取保候审期间涉嫌重新故意犯罪被立案侦查的，负责执行的公安机关应当暂扣其交纳的保证金，待人民法院判决生效后，根据有关判决作出处理。

(五) 取保候审的解除

取保候审在两种情况下应当解除：一是取保候审期限届满；二是在取保候审期

间，发现被取保候审的人属于不应当追究刑事责任的人。

需要解除取保候审的，由决定取保候审的机关制作解除取保候审决定书、通知书，送达负责执行的公安机关。负责执行的公安机关应当根据决定书及时解除取保候审，并通知被取保候审人、保证人和有关单位。

犯罪嫌疑人及其法定代理人、近亲属或者辩护人认为取保候审期限届满，向专门机关提出解除取保候审要求的，专门机关应当在3日以内审查决定。经审查认为法定期限届满的，解除取保候审；经审查未超过法定期限的，书面答复申请人。

（六）取保候审的期间

人民法院、人民检察院和公安机关对犯罪嫌疑人、被告人取保候审最长不得超过12个月。在取保候审期间，不得中断对案件的侦查、起诉和审理。

第四节　监视居住

一、监视居住的概念

监视居住，指公安机关、人民检察院和人民法院在刑事诉讼过程中限令犯罪嫌疑人、被告人在规定的期限内不得离开住处或指定的居所，并对其活动予以监视和控制的一种强制方法。

二、监视居住的适用情形

《刑事诉讼法》第74条规定："人民法院、人民检察院和公安机关对符合逮捕条件，有下列情形之一的犯罪嫌疑人、被告人，可以监视居住：（一）患有严重疾病、生活不能自理的；（二）怀孕或者正在哺乳自己婴儿的妇女；（三）系生活不能自理的人的唯一扶养人；（四）因为案件的特殊情况或者办理案件的需要，采取监视居住措施更为适宜的；（五）羁押期限届满，案件尚未办结，需要采取监视居住措施的。对符合取保候审条件，但犯罪嫌疑人、被告人不能提出保证人，也不交纳保证金的，可以监视居住。"

三、监视居住的适用程序

（一）监视居住的决定

对犯罪嫌疑人监视居住，应当制作呈请监视居住报告书，说明监视居住的理由、采取监视居住的方式以及应当遵守的规定，经县级以上公安机关负责人批准，制作监视居住决定书。监视居住决定书应当向犯罪嫌疑人宣读，由犯罪嫌疑人签名、捺指印。

监视居住应当在犯罪嫌疑人、被告人住处执行；无固定住处的可以在指定的居所执行。对于涉嫌危害国家安全犯罪、恐怖活动犯罪，在住处执行可能有碍侦查的，经上一级公安机关批准，也可以在指定的居所执行。有下列情形之一的，属“有碍侦查”：(1)可能毁灭、伪造证据，干扰证人作证或者串供的；(2)可能引起犯罪嫌疑人自残、自杀或者逃跑的；(3)可能引起同案犯逃避、妨碍侦查的；(4)犯罪嫌疑人、被告人在住处执行监视居住有人身危险的；(5)犯罪嫌疑人、被告人的家属或者所在单位人员与犯罪有牵连的；(6)可能对举报人、控告人、证人及其他人员等实施打击报复的。

指定居所监视居住的，不得要求被监视居住人支付费用。

固定住处，指被监视居住人在办案机关所在的市、县内生活的合法住处；指定的居所，指公安机关根据案件情况，在办案机关所在的市、县内为被监视居住人指定的生活居所。指定的居所应当符合下列条件：(1)具备正常的生活、休息条件；(2)便于监视、管理；(3)保证安全。采取指定居所监视居住的，不得在看守所、拘留所、监狱等羁押、监管场所以及留置室、讯问室等专门的办案场所、办公区域执行。

指定居所监视居住的，除无法通知的以外，应当制作监视居住通知书，在执行监视居住后 24 小时以内，由决定机关通知被监视居住人的家属。“无法通知”的情形包括：(1)不讲真实姓名、住址、身份不明的；(2)没有家属的；(3)提供的家属联系方式无法取得联系的；(4)因自然灾害等不可抗力导致无法通知的。无法通知的情形消失以后，应当立即通知被监视居住人的家属。无法通知家属的，应当在监视居住通知书中注明原因。

被监视居住的犯罪嫌疑人、被告人应当遵守以下规定：(1)未经执行机关批准不得离开执行监视居住的处所；(2)未经执行机关批准不得会见他人或者通信；(3)在传讯的时候及时到案；(4)不得以任何形式干扰证人作证；(5)不得毁灭、伪造证据或者串供；(6)将护照等出入境证件、身份证件、驾驶证件交执行机关保存。被监视居住的犯罪嫌疑人、被告人违反这些规定，情节严重的，可以予以逮捕；需要予以逮捕的，可以对犯罪嫌疑人、被告人先行拘留。

公安机关对被监视居住人，可以采取电子监控、不定期检查等监视方法对其遵守监视居住规定的情况进行监督；在侦查期间，可以对被监视居住的犯罪嫌疑人的电话、传真、信函、邮件、网络等通信进行监控。

(二) 监视居住的执行

公安机关决定监视居住的，由被监视居住人住处或者指定居所所在地的派出所执行，办案部门可以协助执行。必要时，也可以由办案部门负责执行，派出所或者其他部门协助执行。人民法院、人民检察院决定监视居住的，负责执行的县级公安机关应当在收到法律文书和有关材料后 24 小时以内，通知被监视居住人住处或者指定居所所在地的派出所，核实被监视居住人身份、住处或者居所等情况后执行。必要时，可以由人民法院、人民检察院协助执行。

被监视居住人有正当理由要求离开住处或者指定的居所以及要求会见他人或者通信的，应当经负责执行的派出所或者办案部门负责人批准。人民法院、人民检察院决定监视居住的，负责执行的派出所在批准被监视居住人离开住处或者指定的居所以及与他人会见或者通信前，应当征得决定机关同意。

被监视居住人违反应当遵守的规定，公安机关应当区分情形责令被监视居住人具结悔过或者给予治安管理处罚。情节严重的，可以予以逮捕；需要予以逮捕的，可以对其先行拘留。人民法院、人民检察院决定监视居住的，被监视居住人违反应当遵守的规定，执行监视居住的县级公安机关应当及时告知决定机关。

在监视居住期间，公安机关不得中断案件的侦查，对被监视居住的犯罪嫌疑人，应当根据案情变化，及时解除监视居住或者变更强制措施。

公安机关决定解除监视居住，应当经县级以上公安机关负责人批准，制作解除监视居住决定书，并及时通知执行的派出所或者办案部门、被监视居住人和有关单位。人民法院、人民检察院作出解除、变更监视居住决定的，公安机关应当及时解除并通知被监视居住人和有关单位。

人民检察院监所检察部门依法对指定居所监视居住的执行活动是否合法实行监督。发现下列违法情形的，应当及时提出纠正意见：(1)在执行指定居所监视居住后24小时以内没有通知被监视居住人的家属的；(2)在羁押场所、专门的办案场所执行监视居住的；(3)为被监视居住人通风报信，私自传递信件、物品的；(4)对被监视居住人刑讯逼供、体罚、虐待或者变相体罚、虐待的；(5)有其他侵犯被监视居住人合法权利或者其他违法行为的。被监视居住人及其法定代理人、近亲属或者辩护人对于公安机关、本院侦查部门或者侦查人员存在上述违法情形提出控告的，人民检察院控告检察部门应当受理并及时移送监所检察部门处理。

监视居住最长不得超过六个月。

指定居所监视居住的期限应当折抵刑期。被判处管制的，监视居住一日折抵刑期一日；被判处拘役、有期徒刑的，监视居住二日折抵刑期一日。

第五节　刑 事 拘 留

一、刑事拘留概述

（一）拘留的概念和意义

拘留，指公安机关、人民检察院在对直接受理案件的侦查中，遇有法定的紧急情况，暂时限制现行犯或重大嫌疑人的人身自由并予以羁押的一种强制方法。

拘留是完全限制现行犯或重大嫌疑人的人身自由，是一种紧急处置措施，只能在侦查阶段采用。它使公安机关和人民检察院能够应付社会中较严重的突发犯罪案件，迅速及时地对正在实施犯罪的人或重大嫌疑人采取紧急隔离，排除其逃跑、毁证灭迹或自杀的可能性，从而保证刑事诉讼活动的顺利进行，保障国家和人民的生命财产不受新的损害。

（二）拘留的适用主体和对象

从设立拘留的立法意图看，一般而言是有侦查权的专门机关享有拘留权。根据刑事诉讼法的规定，公安机关和人民检察院有权对犯罪嫌疑人作出拘留的决定。人民法院无权决定采用拘留措施。

刑事诉讼法规定，拘留由公安机关执行。对于人民检察院直接受理的案件，人民检察院作出的拘留决定，应当送达公安机关执行，公安机关应当立即执行，人民检察院可以协助公安机关执行。

关于拘留的适用对象，刑事诉讼法规定为现行犯或者重大嫌疑人。所谓现行犯是指正在犯罪或犯罪后即时被发现的犯罪嫌疑人。所谓重大嫌疑人是指一定证据证明其有实施犯罪重大可能性的人。

（三）拘留的适用情形

根据《刑事诉讼法》第 82 条规定，拘留的适用情形是：(1)正在预备犯罪、实行犯罪或者在犯罪后即时被发觉的；(2)被害人或者在场亲眼看见的人指认他犯罪的；(3)在身边或者住处发现有犯罪证据的；(4)犯罪后企图自杀、逃跑或者在逃的；(5)有毁灭、伪造证据或者串供可能的；(6)不讲真实姓名、住址，身份不明的；(7)有流窜作案、多次作案、结伙作案重大嫌疑的。

根据《刑事诉讼法》的规定，人民检察院只能对上述(4)、(5)两种情形，也即犯罪后企图自杀、逃跑或者在逃的、有毁灭、伪造证据或者串供可能的犯罪嫌疑人适用拘留。这是由人民检察院直接受理的案件性质所决定的。人民检察院在侦办职务犯罪时，因行为人有职有权，关系网密，保护层厚，信息传递快，赃款转移快，逃匿快，这些特点决定了他们的行为完全符合“犯罪后企图自杀、逃跑或者在逃的；有毁灭、伪造证据或者串供可能的”这两种适用拘留的情形。赋予检察机关必要情形的拘留权，有助于提高检察机关的办案效率。

二、刑事拘留的适用程序

公安机关拘留犯罪嫌疑人，应当填写呈请拘留报告书，经县级以上公安机关负责人批准，制作拘留证。执行拘留时，必须出示拘留证，并责令被拘留人在拘留证上签名、捺指印，拒绝签名、捺指印的，侦查人员应当注明。在紧急情况下，对于符合先行拘留条件的，应当将犯罪嫌疑人带至公安机关后立即审查，办理法律手续。

拘留后，应当立即将被拘留人送看守所羁押，至迟不得超过 24 小时。异地执行拘留的，应当在到达管辖地后 24 小时以内将犯罪嫌疑人送看守所羁押。除无法通知或者涉嫌危害国家安全犯罪、恐怖活动犯罪通知可能有碍侦查的情形以外,应当在拘留后 24 小时以内制作拘留通知书,通知被拘留人的家属。拘留通知书应当写明拘留原因和羁押处所。

其中,“无法通知”的情形包括:(1)不讲真实姓名、住址、身份不明的;(2)没有家属的;(3)提供的家属联系方式无法取得联系的;(4)因自然灾害等不可抗力导致无法通知的。所谓“有碍侦查”的情形包括:(1)可能毁灭、伪造证据,干扰证人作证或者串供的;(2)可能引起同案犯逃避、妨碍侦查的;(3)犯罪嫌疑人的家属与犯罪有牵连的。

无法通知、有碍侦查的情形消失以后,应当立即通知被拘留人的家属。对于没有在 24 小时以内通知家属的,应当在拘留通知书中注明原因。

对被拘留的人,应当在拘留后 24 小时以内进行讯问。发现不应当拘留的,应当经县级以上公安机关负责人批准,制作释放通知书,看守所凭释放通知书发给被拘留人释放证明书,将其立即释放。

三、对特殊犯罪嫌疑人的拘留程序

我国法律特别是司法解释对拘留人大代表作出了特殊规定。担任县级以上人民代表大会代表的犯罪嫌疑人因现行犯被拘留的,人民检察院应当立即向该代表所属的人民代表大会主席团或者常务委员会报告;因为其他情形需要拘留的,人民检察院应当报请该代表所属的人民代表大会主席团或者常务委员会许可。人民检察院拘留担任本级人民代表大会代表的犯罪嫌疑人,直接向本级人民代表大会主席团或常务委员会报告或者报请许可。拘留担任上级人民代表大会代表的犯罪嫌疑人,应当立即层报该代表所属的人民代表大会同级的人民检察院报告或者报请许可。拘留担任下级人民代表大会代表的犯罪嫌疑人,可以直接向该代表所属的人民代表大会主席团或者常务委员会报告或者报请许可,也可以委托该代表所属的人民代表大会同级的人民检察院报告或者报请许可;拘留担任乡、民族乡、镇的人民代表大会代表的犯罪嫌疑人,由县级人民检察院报告乡、民族乡、镇的人民代表大会。拘留担任两级以上人民代表大会代表的犯罪嫌疑人,分别按照上述规定报告或者报请许可。拘留担任办案单位所在省、市、县(区)以外的其他地区人民代表大会代表的犯罪嫌疑人,应当委托该代表所属的人民代表大会同级的人民检察院报告或者报请许可;担任两级以上人民代表大会代表的,应当分别委托该代表所属的人民代表大会同级的人民检察院报告或者报请许可。

公安机关依法对政治协商委员会委员执行拘留前,应当向该委员所属的政协组织通报情况;情况紧急的,可在执行的同时或者执行以后及时通报。

四、刑事拘留的期限

公安机关对被拘留的人,认为需要逮捕的,应当在拘留后的 3 日以内,提请人民检察院审查批准。在特殊情况下，提请审查批准的时间可以延长1日至4日。也就是说，在一般情况下公安机关的拘留时间最多为7日。

对于流窜作案、多次作案、结伙作案重大嫌疑的，提请审查批准的时间可以延长至30日。

人民检察院应当自接到公安机关提请批准逮捕书后的7日以内，作出批准逮捕或者不批准逮捕的决定。人民检察院不批准逮捕的，公安机关应当在接到通知后立即释放被拘留人，并且将执行情况及时通知人民检察院。对于需要继续侦查，并且符合取保候审、监视居住条件的，依法取保候审或者监视居住。

人民检察院直接受理侦查的案件，拘留犯罪嫌疑人的羁押期限为14日，特殊情况下可以延长1日至3日。

对于监察机关移送起诉的已采取留置措施的案件，人民检察院应当对犯罪嫌疑人先行拘留，留置措施自动解除。人民检察院应当在拘留后的10日以内作出是否逮捕、取保候审或者监视居住的决定。在特殊情况下，决定的时间可以延长1日至4日。

五、刑事拘留与治安拘留、司法拘留的区别

在我国法律体系中，规定有刑事拘留、治安拘留、司法拘留等多种拘留。为防止混淆，有必要明确它们的区别。刑事诉讼中的拘留，称为刑事拘留。《中华人民共和国治安管理处罚法》规定的拘留，称为治安拘留，又称作行政拘留。民事、行政诉讼及刑事诉讼司法处理的拘留，称为司法拘留。它们的区别主要有：

（一）法律性质和依据不同

刑事拘留是一种强制措施而不是处罚，它的法律依据是《刑事诉讼法》。治安拘留是治安管理中的一种处罚，它的法律依据是《治安管理处罚法》。司法拘留是强制措施，同时兼具处罚性质，它的法律依据是《民事诉讼法》《行政诉讼法》和《刑事诉讼法》。

（二）适用对象不同

刑事拘留的对象是触犯刑事法律，被追究刑事责任的现行犯或重大嫌疑人。治安拘留的对象是违反《治安管理处罚法》、尚未构成犯罪的违法者。司法拘留的对象是实施了妨害民事、行政诉讼秩序或者刑事审判秩序行为的当事人、其他诉讼参与人或案外人。

（三）目的和结果不同

刑事拘留的目的是为了保证侦查工作的顺利进行，防止国家和人民的生命财产造成新的损失；刑事拘留的结果，一般转为逮捕。刑事拘留的羁押期可以折抵刑期。

治安拘留的目的，是为了对违法分子进行处罚和教育；治安拘留期满，就是教育处罚的结束。司法拘留的目的，在于惩戒妨害诉讼秩序的行为，以保证诉讼的顺利进行；司法拘留与判决结果不发生联系，被拘留人承认并改正错误，人民法院可以提前解除拘留。

（四）羁押的期限不同

司法拘留的羁押期限不超过 15 日。治安拘留的羁押期限最长不超过 20 日。刑事拘留的羁押法定期限在规定上比较多样，但最长不超过 37 日。

（五）适用的机关不同

公安机关和人民检察院行使刑事拘留权，公安机关还行使治安拘留的决定权、执行权。人民法院行使司法拘留权，但被司法拘留的人交公安机关代为关押。

第六节　逮　　捕

一、逮捕概述

（一）逮捕的概念和意义

逮捕，是公安机关、人民检察院和人民法院，为防止犯罪嫌疑人、被告人逃避侦查、起诉和审判，进行妨碍刑事诉讼的行为，或者发生社会危险性，依法在一定时间内完全剥夺犯罪嫌疑人、被告人的人身自由并予以羁押的一种强制措施。逮捕，是各种刑事强制措施中最严厉的一种。

逮捕不仅完全剥夺了犯罪嫌疑人、被告人的人身自由，将他们同社会隔绝，而且羁押的时间一般要到人民法院的判决生效为止。因此，它能有效地防止种种影响刑事诉讼顺利进行的情况发生。逮捕的这一意义，是其他的强制措施所体现不了的。但是，如果对逮捕适用不当，也足以侵犯公民的人身自由，造成严重的后果，甚至引发国家赔偿。因此，司法机关必须依照法定的权限，准确把握逮捕的条件，严格遵循逮捕的程序，最大限度地防止错捕，坚持贯彻“少捕”“慎捕”的刑事政策，切实保障公民的宪法权利不受非法侵犯。1996 年《刑事诉讼法》实施以后，围绕逮捕在刑事实践过程中显现出逮捕功能异化、逮捕率畸高、逮捕羁押不分、超期羁押现象严重、逮捕适用条件过于抽象等诸多问题。为此，2012 年《刑事诉讼法》对逮捕部分进行了细化和完善。

（二）逮捕与拘留的区别

逮捕与拘留都是刑事诉讼中采用羁押方法，由公安机关执行的强制措施。但两者有所区别，主要有：第一，实施的对象和条件不同。逮捕是对有证据证明有犯罪事实，可能判处徒刑以上刑罚，又有逮捕必要的犯罪嫌疑人、被告人采用的一种强制措施；拘留是对罪该逮捕的现行犯或重大嫌疑人在紧急情况下采用的一种强制措施。第二，批准和决定的机关不同。逮捕的批准或决定权在人民检察院和人民法院；拘留的决定权在公安机关。第三，羁押期限不同。逮捕的羁押期限较长，虽然现行法律没有规定最长的期限，但一般逮捕的羁押期限都以数月计算（参阅本书第十章"期间和送达"中的有关内容）；拘留的羁押期限较短，最长不超过37日。

二、适用逮捕的主体机关和权限

为确保逮捕的准确适用，法律对适用逮捕的主体机关和权限作了不同于其他强制措施的严格规定。按照《刑事诉讼法》第80条的规定，逮捕犯罪嫌疑人、被告人，必须经过人民检察院批准或者人民法院决定，由公安机关执行。据此，逮捕权限由批准逮捕权、决定逮捕权和执行逮捕权构成，分由不同的机关行使。

（一）批准逮捕权

批准逮捕权由人民检察院行使，公安机关在侦查中需要逮捕犯罪嫌疑人的，需提请人民检察院批准。

（二）决定逮捕权

决定逮捕权由人民检察院和人民法院行使。

为加强对职务犯罪案件决定逮捕权的制约，实现职务犯罪侦查中提请逮捕与决定逮捕适当分离，按照最高人民检察院规定，省级以下（不含省级）人民检察院立案侦查的案件，需要逮捕犯罪嫌疑人的，报请上一级人民检察院审查决定。

人民法院在审理刑事案件的过程中，根据案件的需要自行作出逮捕决定的情况一般有两种：（1）人民法院受理的公诉案件，被告人未被羁押，在审理过程中发现有逮捕必要的；（2）人民法院在审理自诉案件过程中，对于可能判处徒刑以上的被告人，发现其确实企图自杀、逃跑或者可能毁灭、伪造证据或者继续犯罪等。

根据刑事诉讼法司法解释规定，被取保候审的被告人具有下列情形之一的，人民法院应当决定逮捕：（1）故意实施新的犯罪的；（2）企图自杀、逃跑的；（3）毁灭、伪造证据，干扰证人作证或者串供的；（4）对被害人、举报人、控告人实施打击报复的；（5）经传唤，无正当理由不到案，影响审判活动正常进行的；（6）擅自改变联系方式或者居住地，导致无法传唤，影响审判活动正常进行的；（7）未经批准，擅自离开所居住的市、县，影响审判活动正常进行，或者两次未经批准，擅自离开所居住的市、县的；（8）违反规定进入特定场所、与特定人员会见或者通信、从事特定活动，影响审判活动正常进行，或者两次违反有关规定的；（9）依法应当决定逮捕的其他情形。被监视居住的被告人具有下列情形之一的，人民法院应当决定逮捕：（1）故意实施新的犯罪的；（2）企图自杀、逃跑的；（3）毁灭、伪造证据，干扰证人作证或者串供的；（4）对被害人、举报人、控告人实施打击报复的;(5)经传唤,无正当理由不到案,影响审判活动正常进行的;(6)未经批准,擅自离开执行监视居住的处所,影响审判活动正常进行,或者两次未经批准,擅自离开执行监视居住的处所的;(7)未经批准,擅自会见他人或者通信,影响审判活动正常进行,或者两次未经批准,擅自会见他人或者通信的;(8)对因患有严重疾病、生活不能自理,或者因怀孕、正在哺乳自己婴儿而未予逮捕的被告人,疾病痊愈或者哺乳期已满的;(9)依法应当决定逮捕的其他情形。

(三) 执行逮捕权

执行逮捕权由公安机关行使。不论是经人民检察院决定或批准逮捕的犯罪嫌疑人,还是经人民法院决定逮捕的被告人,都由公安机关执行逮捕。但国家安全机关承办的案件,由它自己执行。

逮捕的不同权力,由不同司法机关分割行使,体现了国家对于适用逮捕权的慎重,也体现了司法机关之间分工负责、互相配合、互相制约的原则,有利于防止滥捕和错捕的发生。

三、逮捕的适用条件

(一) 逮捕的一般适用条件

根据《刑事诉讼法》第 81 条第 1 款规定,逮捕需要同时具备三个条件:一是证据条件;二是刑罚条件;三是必要性条件。三者是一个有机联系的整体,证据条件、刑罚条件是前提,必要性条件是关键。具备这三个条件,应当适用逮捕。

1. 证据条件

逮捕的证据条件,是有证据证明有犯罪事实。有证据证明有犯罪事实是指同时具备下列情形:(1)有证据证明发生了犯罪事实;(2)有证据证明该犯罪事实是犯罪嫌疑人实施的;(3)证明犯罪嫌疑人实施犯罪行为的证据已经查证属实的。犯罪事实既可以是单一犯罪行为的事实,也可以是数个犯罪行为中任何一个犯罪行为的事实。

2. 刑罚条件

逮捕的刑罚条件,是可能判处有期徒刑以上刑罚。

3. 必要性条件

逮捕的必要性条件,指采取取保候审尚不足以防止发生社会危险性的。根据《刑事诉讼法》第 81 条规定,这里所指的"社会危险性",具体包括:(1)可能实施新的犯罪的,即犯罪嫌疑人多次作案、连续作案、流窜作案,其主观恶性、犯罪习性表明其可能实施新的犯罪,以及有一定证据证明犯罪嫌疑人已经开始策划、预备实施犯罪的;(2)有危害国家安全、公共安全或者社会秩序的现实危险的,即有一定证据证明或者有迹象表明犯罪嫌疑人在案发前或者案发后正在积极策划、组织或者预备实施危害国家安全、公共安全或者社会秩序的重大违法犯罪行为的;(3)可能毁灭、伪造证据,干扰证人作证或者串供的,即有一定证据证明或者有迹象表明犯罪嫌疑人在归案前或者归案后已经着手实施或者企图实施毁灭、伪造证据，干扰证人作证或者串供行为的；(4)可能对被害人、举报人、控告人实施打击报复的；(5)企图自杀或者逃跑的，即犯罪嫌疑人归案前或者归案后曾经自杀，或者有一定证据证明或者有迹象表明犯罪嫌疑人试图自杀或者逃跑的。

(二) 逮捕的特殊适用条件

根据《刑事诉讼法》第 81 条第 2 款、第 3 款规定，对有证据证明有犯罪事实，可能判处 10 年有期徒刑以上刑罚的犯罪嫌疑人，应当予以逮捕。对有证据证明有犯罪事实，可能判处徒刑以上刑罚，犯罪嫌疑人曾经故意犯罪或者身份不明的，应当予以逮捕。此外，被取保候审、监视居住的犯罪嫌疑人、被告人违反取保候审、监视居住规定，情节严重的，可以予以逮捕。

逮捕条件的设置是否科学事关逮捕制度本身的设置是否科学、是否正当，事关逮捕措施在司法实践中是否会被滥用，事关被羁押公民的权利是否能够得到切实保障。从司法规律的角度看，刑事诉讼法对逮捕的必要性条件的细化及特殊逮捕条件的规定，大大提高了逮捕的可操作性，有利于减少司法恣意。

四、逮捕的程序

(一) 人民检察院对公安机关提请逮捕犯罪嫌疑人的批准程序

第一，公安机关认为需要提请批准逮捕犯罪嫌疑人的，应当经县级以上公安机关负责人批准，制作提请批准逮捕书，连同案卷材料、证据，一并移送同级人民检察院审查批准。必要的时候，人民检察院可以派人参加公安机关对于重大案件的讨论。

第二，对于公安机关提请批捕的案件，应先由专门的检察人员负责审查，提出意见，经集体讨论后，再由检察长决定。重大案件要提交检察委员会讨论决定。人民检察院审查批捕，除了审查公安机关移送的案卷材料，还可以询问犯罪嫌疑人、询问证人，可以听取辩护律师的意见，辩护律师提出要求的，应当听取辩护律师的意见。有下列情形之一的，应当讯问犯罪嫌疑人：①对是否符合逮捕条件有疑问的；②犯罪嫌疑人要求向检察人员当面陈述的；③侦查活动可能有重大违法行为的。

人民检察院应当在接到提请批准逮捕书后的 7 日内，作出批准逮捕或不批准逮捕的决定。对于批准逮捕的决定，公安机关应当立即执行，并且将执行情况及时通知人民检察院。人民检察院不批准逮捕的，公安机关应当在接到通知后立即释放，并且将执行情况及时通知人民检察院。对于不批准逮捕的，人民检察院应当说明理由，需要补充侦查的，应当同时通知公安机关。对于需要继续侦查，并且符合取保候审、监视居住条件的，依法取保候审或者监视居住。

(二) 人民检察院对直接立案侦查的案件的决定逮捕程序

为加强对职务犯罪案件决定逮捕权的制约，实现职务犯罪侦查中提请逮捕与决定逮捕适当分离，2009 年 9 月，最高人民检察院下发规定，规定省级以下(不含省级)人民检察院立案侦查的案件，需要逮捕犯罪嫌疑人的，报请上一级人民检察院审查决定。全国大部分检察院开始实行此项改革措施，将职务犯罪案件的逮捕由过去报上一级备案改为上提一级审查决定。2011 年起，全国所有省区市检察机关全面实施“上提一级”改革。

(三) 人民法院决定逮捕的程序

人民法院作出逮捕决定后，应当将逮捕决定书等相关材料送交同级公安机关执行，并将逮捕决定书抄送人民检察院。逮捕被告人后，人民法院应当将逮捕的原因和羁押的处所，在 24 小时内通知其家属；确实无法通知的，应当记录在案。人民法院对决定逮捕的被告人，应当在逮捕后 24 小时内讯问。发现不应当逮捕的，应当变更强制措施或者立即释放。

(四) 对特殊犯罪嫌疑人进行逮捕的审批程序

1. 关于人大代表的逮捕程序

人民检察院对担任本级人民代表大会代表的犯罪嫌疑人批准或者决定逮捕，应当报请本级人民代表大会主席团或者常务委员会许可。报请许可手续的办理由侦查机关负责。对担任上级人民代表大会代表的犯罪嫌疑人批准或者决定逮捕，应当层报该代表所属的人民代表大会同级的人民检察院报请许可。对担任下级人民代表大会代表的犯罪嫌疑人批准或者决定逮捕，可以直接报请该代表所属的人民代表大会主席团或者常务委员会许可，也可以委托该代表所属的人民代表大会同级的人民检察院报请许可；对担任乡、民族乡、镇的人民代表大会代表的犯罪嫌疑人批准或者决定逮捕，由县级人民检察院报告乡、民族乡、镇的人民代表大会。对担任两级以上的人民代表大会代表的犯罪嫌疑人批准或者决定逮捕，分别依照上述规定报请许可。对担任办案单位所在省、市、县(区)以外的其他地区人民代表大会代表的犯罪嫌疑人批准或者决定逮捕，应当委托该代表所属的人民代表大会同级的人民检察院报请许可；担任两级以上人民代表大会代表的，应当分别委托该代表所属的人民代表大会同级的人民检察院报请许可。

2. 关于政协委员的逮捕程序

公安机关依法对政治协商委员会委员执行逮捕前，应当向该委员所属的政协组织通报情况；情况紧急的，可在执行的同时或者执行以后及时通报。

3. 外国人、无国籍人的逮捕程序

外国人、无国籍人涉嫌危害国家安全犯罪的案件或者涉及国与国之间政治、外交关系的案件以及在适用法律上确有疑难的案件，需要逮捕犯罪嫌疑人的，由省、州、市人民检察院审查并提出意见，呈报最高人民检察院审查。最高人民检察院经征求外交部意见后决定批准逮捕。经审查不需要批准逮捕的也可以直接作出决定。

外国人、无国籍人涉嫌以上犯罪以外的案件，由省、州、市人民检察院审查并提出意见,报省级人民检察院审查。省级人民检察院征求同级政府外事部门的意见后,决定批准逮捕,同时报最高人民检察院备案。经审查不需要批准逮捕的也可以直接作出决定。

4. 人民检察院审查逮捕危害国家安全的案件、涉外案件的备案

人民检察院审查逮捕危害国家安全的案件、涉外案件,在批准逮捕后,应当报上一级人民检察院备案。上级人民检察院对报送的备案材料应当进行审查,发现错误的,应当在10日内将审查意见通知报请备案的下级人民检察院或者直接予以纠正。

五、逮捕的执行程序

逮捕犯罪嫌疑人、被告人,一律由公安机关执行。其程序为:(1)执行逮捕时,必须出示逮捕证,并责令被逮捕人在逮捕证上签名、捺指印,拒绝签名、捺指印的,侦查人员应当注明。(2)逮捕后,应当立即将被逮捕人送看守所羁押。(3)执行逮捕的侦查人员不得少于2人。(4)对被逮捕的人,必须在逮捕后的24小时以内进行讯问。发现不应当逮捕的,经县级以上公安机关负责人批准,制作释放通知书,送看守所和原批准逮捕的人民检察院。看守所凭释放通知书立即释放被逮捕人,并发给释放证明书。(5)对犯罪嫌疑人执行逮捕后,除无法通知的情形以外,应当在逮捕后24小时以内,制作逮捕通知书,通知被逮捕人的家属。逮捕通知书应当写明逮捕原因和羁押处所。(6)人民法院、人民检察院决定逮捕犯罪嫌疑人、被告人的,由县级以上公安机关凭人民法院、人民检察院决定逮捕的法律文书制作逮捕证并立即执行。必要时,可以请人民法院、人民检察院协助执行。执行逮捕后,应当及时通知决定机关。

六、逮捕等强制措施的变更、撤销或解除

(1) 人民法院、人民检察院和公安机关如果发现对犯罪嫌疑人、被告人采取强制措施不当的,应当及时撤销或者变更。公安机关释放被逮捕的人或者变更逮捕措施的,应当通知原批准的人民检察院。

(2) 犯罪嫌疑人、被告人及其法定代理人、近亲属或者辩护人有权申请变更强制措施。人民法院、人民检察院和公安机关收到申请后,应当在3日以内作出决定;不同意变更强制措施的,应当告知申请人,并说明不同意的理由。

(3) 犯罪嫌疑人、被告人被羁押的案件,不能在法定的侦查羁押、审查起诉、一审、二审期限内办结的,对犯罪嫌疑人、被告人应当予以释放;需要继续查证、审理的,对犯罪嫌疑人、被告人可以取保候审或者监视居住。

(4) 人民法院、人民检察院或者公安机关对被采取强制措施法定期限届满的犯罪嫌疑人、被告人,应当予以释放、解除取保候审、监视居住或者依法变更强制措施。犯罪嫌疑人、被告人及其法定代理人、近亲属或者辩护人对于人民法院、人民检察院或者公安机关采取强制措施法定期限届满的,有权要求解除强制措施。

七、捕后羁押必要性审查制度

《刑事诉讼法》第95条设立了捕后羁押必要性审查制度,其规定:“犯罪嫌疑人、被告人被逮捕后,人民检察院仍应当对羁押的必要性进行审查。对不需要继续羁押的,应当建议予以释放或者变更强制措施。有关机关应当在十日以内将处理情况通知人民检察院。”无疑,该规定赋予检察机关一项新的职能,即在逮捕之后仍然应当对被逮捕人是否有羁押的必要继续进行审查。

捕后继续羁押审查制度直指司法实践中存在超期羁押顽症和不必要关押问题,目的在于对逮捕的合法性和羁押的必要性进行审查,保障公民的基本权利和自由,防止公权力对公民权利的侵害,顺应了司法改革关于未来将适当减少监禁刑适用的要求。

在刑事诉讼程序中新设立羁押必要性审查制度,既是完善逮捕程序的一项重要制度,也是贯彻宽严相济刑事政策的一个重要举措。该制度的构建遵循了以下原则:一是比例原则。继续羁押作为一种国家强制性活动,势必在一定程度上侵害公民的个人权利,需要在限制或剥夺权利与人权保障之间寻求适当的平衡。而比例原则作为避免各种权力行使的肆意与逾越,调和公权与私权,达到实质正义的一种理性思考的法则,则恰好为这种调和提供了实体上的操作办法,并要求在采用羁押措施时要综合考虑各方面的因素,权衡人权保障和追究犯罪之间的关系,用比例原则的标准来衡量和选择所适用羁押的方法。二是控权原则。最大程度地限制侦查机关的自由裁量权,体现司法公正。如果说比例原则为继续羁押必要性提供了主观判断标准,那么控权原则则为侦查机关行使继续羁押的权力设定了底限,这一底限的实现有赖于监督机关对侦查机关权力的制约与控制,可以使羁押措施的适用不再无所顾忌。

第七节　扭送和传唤

一、扭送概述

(一)扭送的概念和性质

扭送,指群众将当场抓住的违法犯罪分子强制送到司法机关处理的行为。它实质上是法律赋予公民在紧急情况下协助司法机关同犯罪作斗争的一种权利,是在刑事诉讼中依靠群众,实行司法机关同群众相结合这一原则的体现。它有利于调动群众同犯罪作斗争的积极性,有利于公安机关抓获犯罪人。扭送不是一种独立的刑事强制措施。

(二) 扭送的适用情形及注意事项

《刑事诉讼法》第84条规定:"对于有下列情形的人,任何公民都可以立即扭送公安机关、人民检察院或者人民法院处理:(一)正在实行犯罪或者在犯罪后即时被发觉的;(二)通缉在案的;(三)越狱逃跑的;(四)正在被追捕的。"

根据上述规定,公民扭送犯罪嫌疑人应当注意以下两点:一是扭送的对象必须是该条文所列的四种人,这四种人基本上都属于现行犯范畴;二是公民在扭送这四种人后,必须立即送交公安机关、人民检察院或者人民法院处理,而无权对扭送对象自行作出任何处置。对公民扭送来的人,司法机关不得推诿,或拒绝受理,应该先予受理,办好有关询问笔录,然后按照刑事立案管辖的规定,将被扭送的人送至有管辖权的机关依法处理。

二、传唤的概念及其适用程序

传唤,指公安司法机关命令犯罪嫌疑人到案接受审讯的一种方法。传唤虽然不是刑事强制措施,不具有直接强制性,但它是司法机关职权行为的表现,对被传唤人而言,有义务接受传唤。如果不接受司法机关的依法传唤,将承担相应的法律后果。因此,传唤具有间接强制性。

我国《刑事诉讼法》第119条明确规定,对不需要逮捕、拘留的犯罪嫌疑人,可以传唤到犯罪嫌疑人所在市、县内的指定地点或者到他的住处进行讯问,但是应当出示人民检察院或者公安机关的证明文件。对在现场发现的犯罪嫌疑人,经出示工作证件,可以口头传唤,但应当在讯问笔录中注明。传唤持续的时间不得超过12小时;案情特别重大、复杂,需要采取拘留、逮捕措施的,传唤持续的时间不得超过24小时。

不得以连续传唤的形式变相拘禁犯罪嫌疑人。传唤犯罪嫌疑人,应当保证犯罪嫌疑人的饮食和必要的休息时间。

思考题:

1. 什么是强制措施？对其性质应当如何正确理解？
2. 什么是拘传？它与传唤有何异同？
3. 如何理解和掌握取保候审与监视居住在适用条件上的差异？
4. 被取保候审和监视居住的人依法应当遵守什么规定？违反规定将导致什么后果？
5. 什么是逮捕？它与拘留有何区别？
6. 如何正确理解和掌握逮捕的条件？

第九章
刑事附带民事诉讼

本章提要:本章对附带民事诉讼的原理及程序作了系统梳理。学习本章内容应重点掌握以下知识要点:(1)附带民事诉讼的概念和特点;(2)附带民事诉讼历史沿革;(3)附带民事诉讼的意义;(4)附带民事诉讼当事人;(5)附带民事诉讼赔偿范围;(6)附带民事诉讼审理原则;(7)附带民事诉讼审理程序。

第一节 刑事附带民事诉讼的概念和特点

一、刑事附带民事诉讼的概念

刑事附带民事诉讼是指司法机关在刑事诉讼过程中,在解决被告人刑事责任的同时,附带解决因被告人犯罪行为所造成的物质损失而进行的诉讼活动。由于这种损害赔偿是在刑事诉讼中附带解决的,因此称为刑事附带民事诉讼,简称附带民事诉讼。我国《刑事诉讼法》第101条对此作出明确规定:"被害人由于被告人的犯罪行为而遭受物质损失的,在刑事诉讼过程中,有权提起附带民事诉讼。"如果是国家财产、集体财产遭受损失的,人民检察院在提起公诉的时候,可以提起附带民事诉讼。

附带民事诉讼概念有狭义与广义之分。附带民事诉讼狭义上的概念,专指在刑事诉讼中附带解决由被告人犯罪行为而引起的物质赔偿的民事诉讼。附带民事诉讼广义上的概念,指司法机关在刑事诉讼过程中附带解决由被告的犯罪行为或违法行为,或原告人控告被告人犯罪的行为所引起的有关民事诉讼,范围超出了附带民事诉讼狭义概念的范围。例如,《法国刑事诉讼法》第371条至第375条规定,不仅附带民事诉讼当事人可向被告人提出损害赔偿,而且被判无罪的人也可向民事当事人请求赔偿,还涉及被扣押物品的归还问题。我国刑事诉讼法采用的附带民事诉讼是狭义上的概念。

对于《刑事诉讼法》第101条对"犯罪行为"的规定应如何理解?是理解为"事实上构成犯罪的行为",还是应理解为"被追究为构成犯罪的行为",或是应理解为"被裁判为构成犯罪的行为"?这一问题是附带民事诉讼能否提起和继续进行的前提条件。如果这里的犯罪行为是指"事实上构成犯罪的行为",那么,被害人只能等到被告人的行为被证实构成犯罪行为之后，才有权提起附带民事诉讼。而被告人的行为一般是要在刑事诉讼结束后，才能最终证实是否构成犯罪。但这时已经无条件提起附带民事诉讼了。同样地，如果这里的“犯罪行为”是指“被裁判为构成犯罪的行为”，那么，被害人就无法在法院裁判之前提起附带民事诉讼，及至法院对刑事被告人作出了有罪裁判时，才提起附带民事诉讼，又常常为时已晚。而且当法院对刑事被告人作出无罪裁判时，无论民事当事人的赔偿请求是否合理，则必须一概驳回，由被告人违法行为所造成的被害人物质损失，就只能通过提起民事诉讼程序予以解决。不仅被害人诉讼请求难以得到保障，而且使民事当事人要受两种诉讼程序的拖累，这与设立附带民事诉讼的立法精神是不相符合的。因此，这里的“犯罪行为”应理解为“被追究为犯罪的行为”，即“被司法机关认为构成犯罪而被追究刑事责任”的行为，只要被告人的行为被司法机关认为构成犯罪、需要追究刑事责任而立案，由被告人行为所造成物质损失的被害人就有权对此提起附带民事诉讼。附带民事诉讼是以刑事诉讼的成立为先决条件的，只要刑事诉讼成立，由此所派生的附带民事案件就应一并进行处理。这里，提起附带民事诉讼的前提条件“犯罪行为”，是与刑事诉讼立案条件相适应的。

在我国，刑事诉讼的立案条件是：人民法院、人民检察院或者公安机关对于控告、检举和自首材料，按照管辖范围，迅速进行审查，“认为有犯罪事实需要追究刑事责任的时候，应当立案”，如果“认为没有犯罪事实，或者犯罪事实显著轻微，不需要追究刑事责任的时候，不予立案”。在刑事诉讼中，既然行为人已被确定为刑事被告人，那么他的行为当然就被司法机关“认为”是构成犯罪而需要追究刑事责任的行为。至于这种行为究竟在“事实上”或在最后“裁判上”是否被确定为构成犯罪而需要追究刑事责任，在刑事诉讼立案后，即在整个刑事诉讼过程中来加以解决。只要被告人的行为是在刑事诉讼中“被追究”刑事责任，而这一行为又使被害人遭受了物质损失，那么被害人在刑事诉讼中就有权对此提起附带民事诉讼，而不是等到被告人的行为最后被证实“事实上”构成犯罪，或被裁判为构成犯罪之后，才能提起附带民事诉讼。从整个诉讼进程来看，通常情况下，司法机关立案时“认为”被告人构成犯罪、需要追究刑事责任的认识，与刑事诉讼结案时所确定的结果是一致的。如在刑事诉讼中证实立案时的认识是错误的，即被告人被证实不构成犯罪或不需要追究刑事责任，刑事诉讼就会被终结。在侦查阶段就要撤销刑事案件；在起诉阶段，就要作出不起诉决定；在审判阶段就要终止诉讼或宣告无罪。对于已经提起的附带民事诉讼却不应一律宣告终结，而要根据具体情况，作出不同的处理。若因被告人的行为是合法行为或犯罪事件不是被告人所为，被告人被确定为无罪，则应驳回民事原告人赔偿请求、裁决终结附带民事诉讼；若因被告人的行为情节显著轻微、危害不大，不认为是犯罪，被告人被确定为无罪，则对于被告人的违法行为所造成的物质损失所提起的附带民事诉讼，在侦查、起诉阶段，应由公安机关或检察院主持调解予以解决，调解不成，通知当事人通过民事诉讼程序予以解决，在法院判决被告人无罪时，应一并判决附带民事诉讼，而且对于这一判决允许民事当事人上诉。

二、附带民事诉讼的特点

首先，附带民事诉讼是依附于刑事诉讼的一种民事诉讼。附带民事诉讼对刑事诉讼的依附性主要体现在：从实体法来看，它是一种由被告人犯罪行为而引起的物质损害赔偿的民事诉讼。从程序法来看，它是一种在刑事诉讼中提起的，并利用刑事诉讼程序解决的民事诉讼，无论是审判组织还是审理期限，均参照刑事诉讼法的规定进行，在刑事诉讼中认定被告人有罪的证据同时可以作为认定被告人行为构成民事侵权的证据。

其次，附带民事诉讼审理的赔偿内容是由刑事诉讼中被告人的同一行为引起的。被告人的同一行为，在刑法上属于犯罪行为，在民法上属于侵权行为，它同时引起了刑事和民事两种法律责任。正因为这两种法律责任根源于同一违法行为，因而有可能而且有必要在同一个诉讼过程，即刑事诉讼过程中一并加以解决。

第三，附带民事诉讼活动所要解决的问题是民事赔偿，应当受到民事法律规范调整。附带民事诉讼虽然从属于刑事诉讼，但毕竟是一种特殊的民事诉讼，还具有一般民事诉讼的特征。在实体上如物质损失的赔偿范围，由民法的相关规定决定。在程序上受民事诉讼法规范的调整与约束，如当事人、诉讼代理人、共同诉讼人范围的确定，对妨害民事诉讼的强制措施，诉讼保全和先行给付，调解、执行等。

三、附带民事诉讼与一般民事诉讼的区别

第一，受理的范围不同。附带民事诉讼的范围，按照现行法律规定，限于因犯罪行为而引起的物质损害的赔偿范围。

第二，审理的程序不同。附带民事诉讼是在刑事诉讼过程中提起和审判的，因而在审理程序上从属于刑事诉讼法。例如：(1)管辖。附带民事诉讼的管辖从属于刑事诉讼的管辖。一般而言，刑事案件归哪一级别、哪一地区、哪一类别法院管辖，有关附带民事案件就归哪管辖。(2)审判组织。附带民事案件的审判组织从属刑事案件的审判组织。(3)审理期间、送达。民事诉讼法规定，因正当理由而耽误期限的，“在障碍消除后的10日内，可以申请顺延期限”；刑事诉讼法则规定，要在障碍消除后5日内申请。为了不使附带民事诉讼拖延刑事诉讼的进程，附带民事诉讼的期间、送达，从属于刑事诉讼法的规定。(4)附带民事诉讼的提起期间。根据刑事诉讼法的规定，只能“在刑事诉讼过程中”才能提起附带民事诉讼。(5)附带民事诉讼的审理方式，根据刑事诉讼法的规定，应当同刑事案件“一并审判”，只有为了防止刑事案件的过分迟延，才可以在刑事案件审判后，由同一审判组织继续审理附带民事诉讼。

第三，诉讼费用不同。按照民事诉讼法的规定，当事人进行民事诉讼，应当依照规定交纳诉讼费用。但按照现行刑事诉讼法的规定，刑事诉讼则无需交纳诉讼费用。

附带民事诉讼是利用刑事诉讼程序解决的民事诉讼，所以，可以按照刑事诉讼法的规定，免交诉讼费用。刑事诉讼中由刑庭将附带民事案件转交民庭处理的，也无需缴付诉讼费用。

第二节　附带民事诉讼的历史沿革

附带民事诉讼制度，源于古代社会的赎罪制度。原始社会，由于生产力低下，个人能力软弱，氏族每个成员都有赖于同族其他成员的保护，形成了血族复仇的习惯。后来，血族复仇逐渐被血亲复仇所代替，复仇也从原来的漫无限制，发展为后来的同状复仇，即所谓“以牙还牙，以眼还眼”。再其后，就以赔偿金代替复仇。原始社会末期的这种以赔偿金代替复仇的习惯，后来演变为古代社会法律文献中的以赔偿金赎罪的制度。犯罪人向君主缴纳赎罪金，逐渐发展为今日刑法上的罚金制度，而向被害人交纳赎罪金、赔偿损失，则为今日的附带民事诉讼制度的渊源。

一、外国历史上的附带民事诉讼制度

古巴比伦《汉穆拉比法典》规定，法院在审理刑事案件中，根据法律规定，有时可以同时确定刑罚和刑事损害赔偿问题，而且在很多情况下是以刑事损害赔偿代替刑罚。如前者规定，自由民遗失某物并发现其失物在另一自由民之手，倘经两名证人在神前分别声明，失物是该自由民之物，而该物是另一自由民所买之物，则“卖者为窃贼，应处死；失物之主应收回其失物，买者应从卖者之家收回其所付之银”(第 9 条)。这就是说，在审理这类盗窃案件的时候，要同时解决被害人失物返还问题和民事第三人(买者)所付之银的收回问题。后者，如该法规定，在强盗逃跑“不能捕到”或盗卖他人财物的罪犯“已死”等情况下，则以“犯罪集体负责”的形式，由村社和长者或罪犯家属给以物质损害赔偿(第 23 条、第 12 条)。

在古罗马，法学家把法分为公法和私法，把诉讼分为“公诉”和“私诉”。凡涉及国家利益的诉讼为“公诉”，凡根据私人的请求而提起的仅涉及私人利害关系的诉讼为“私诉”。但当时刑事诉讼除极少数涉及颠覆政府，叛国投敌的案件外，都被看作“私诉”。因此，在当时的刑事诉讼中，被害人不仅可以要求对犯罪人处以刑罚，而且在绝大多数情况下，可以对犯罪人附带或单独要求损害赔偿。《十二铜表法》就明确规定，折断自由民一骨的，处 300 亚士的罚金；如被害人为奴隶，处 150 亚士的罚金。对他人偶然侵害的，应负赔偿之责(第八表之三、五)。又规定，在夜间窃取耕地的庄稼或放牧的，如为未成年人，则处由长官酌情鞭打，并处赔偿双倍于损害的罚金。现行窃盗被捕的，如为未成年人，由法官酌处笞刑、责令赔偿损失(第八表之九、十四)。此外，在古希腊，古日耳曼的法律中，也有类似的规定。

二、我国历史上的附带民事诉讼制度

在我国,早在《尚书·舜典》中就有"金作赎刑"的记载。孔安国注云:"误而入刑、出金以赎罪"。这就是说,凡过失犯罪的,可以出金赎罪。在《尚书·吕刑》中还具体规定了每一种刑罚的赎金数目。但这时的赎刑似乎只限于向奴隶制国家赎刑,而不包含向被害人赎刑,即进行刑事损害赔偿的内容,实质上是以变相罚金的形式代替判处真刑。因此,这时的赎刑制度还看不出有附带民事诉讼的意义。

秦汉时期,赎刑制度更加普遍、更加法律化了。这时的赎刑制度已经有某些附带民事诉讼的成分。从《睡虎地秦墓竹简》看,赎刑的适用相当普遍,而且主要是采取向整个统治阶级交纳赎金的方法。但这时对盗窃案件和抢劫案件的处理,已经有在判处犯罪人刑罚的同时,强制其对受害人归还赃物和赔偿损失的个别的明确规定。例如《秦律》规定:"盗窃犯行窃后,将所窃出卖,另买他物,均应给还原主"。如盗窃犯偷得甲的衣服,把衣服卖掉,换买了布,然后被拿获,是否应把衣服和布给甲?应把布和其他所买的东西给甲,衣服不应给还。但是这种规定十分罕见,在绝大多数情况下,并不需犯罪人向受害人赔偿损失,而只是对犯罪人判处刑罚而已,作"私诉"对待。因此,在当时的刑事诉讼中,被害人不仅可以要求对犯罪人处以刑罚,而且在绝大多数情况下,可以对犯罪人附带或单独要求损害赔偿。《唐律》作为我国封建专制制度的第一部最为完备的法律,在刑律上已将刑事损害赔偿制度化、法律化了。它规定:

第一,过失杀伤人和诬告犯罪,如不判真刑而判赎刑时,赎铜要交给被伤损之家和被诬告者。《狱官令·四十》规定:"伤损于人,及诬告得罪,其人应合赎者,铜入被告及伤损之家。"这时赎铜不以实际所受损失为数额限制,而是以应判真刑的数额折合为赎铜数额。在一般情况下,判真刑就不赔偿损失,只是在特殊情况下,才既判真刑,又命赔偿。

第二,对财产不法侵害,《唐律》规定了"备偿"(赔偿)制度。诚然,其中大多是属于民事损害赔偿范围,但也不可否认其中有不少是属于刑事损害赔偿的范围。例如规定:"六赃"中,凡是双方都犯罪所造成的"赃"罪,其"赃"物没官,否则返还原主。又如,负债违约不予偿还,除了要进行刑罚外,还要"各令备偿"。再如,因不修堤防或修而失时构成犯罪的,"主司杖七十,毁害人家、漂失财物者,坐赃论减五等",要赔偿损失。

第三,窃犯毁损天尊像、佛像的,故意毁人碑碣及石兽的,除了要进行刑罚外,还要"各令修立",恢复原状。

第四,贼盗罪征收原赃还失主,如有不足,被害人得请求赔偿。但赔偿数额加上退赃不许超过实际损害额,对超额受赔的办罪。元代法律规定,对杀伤人犯,除科刑外,仍征养济、养赡、医药费用,或征烧埋银。根据《元史·刑法志》规定:"杀人者,将其财产断付死者之家,伤害致死者,追给埋葬银,伤人致笃疾者,将其财产之半,付被害人为养赡费。"明清律除规定过失杀伤的赎银要给付被杀伤家外,还规定对生命、健康的侵害要给付被害人养赡费、埋葬银；对于犯诬告罪者，除追究其比较严厉的刑事责任外，还规定了对被诬告人要给予充分的赔偿。如规定，被诬告致死的，诬告者要被判处绞刑，除了要赔偿已造成的经济损失外，还要将诬告者财产的一半付给被诬告者。

由此可见，在我国古代，盛行所谓“赎刑”制度，但其赎金绝大多数要归官，只是在特定的个别情况下，才将赎金交付被害人之家，带有刑事损害赔偿的性质。而对犯罪人既判刑又令其赔偿被害人的损失的规定则更是为数甚少。与刑事损害赔偿的实体法规定相适应，刑事诉讼程序表现为：在判决犯罪人刑罚的同时，不需根据被害人的请求，即可判令赔偿，而且赔偿的数额一般并不根据被害人受损失的程度，而是根据犯罪人应受刑罚的程度来确定。由于我国古代诸法合一，刑民不分，无所谓刑庭、民庭的分立，由官府在审理刑事案件的时候，一并追究犯罪人的刑事责任和附带的民事责任，虽有附带民事诉讼的内容和成分，但并不具有现代的附带民事诉讼制度的意义。即使是在清末沈家本主持下，以德国、日本刑事诉讼法为蓝本所编订的《大清刑事诉讼律草案》中，也没有规定附带民事诉讼制度的内容。

三、当代各国附带民事诉讼制度

现代意义上的附带民事诉讼是在生产力进一步发展，民事流转进一步加强，民事诉讼与刑事诉讼分离，而刑事诉讼被确定为以决定被告人刑罚问题为主要任务之后才出现的。在这种情况下，解决由刑事被告人的犯罪行为所引起的损害赔偿问题，共有三种基本方式：第一是作为一种原则，把它主要交由刑事诉讼程序附带予以解决，这就是法国、德国、苏联类型的现代意义上的附带民事诉讼的解决方式。第二是允许在一定情况下，可以通过刑事诉讼附带予以解决，而在其余情况下可以通过民事诉讼程序或其他单独诉讼程序予以解决，这就是英国立法上的“混合”式的解决方式。这种方式不是典型意义上的附带民事诉讼的解决方式。第三是把它完全交由民事诉讼程序来解决，这就是美国和日本现行立法的解决方式。

现代意义上的附带民事诉讼制度，最早见于法国治罪法。1908 年《法国刑事诉讼法》第一次以刑事诉讼法的形式把它固定下来，称为“私诉”。但这里的“公诉”与“私诉”，不同于古罗马法学家的划分：刑事诉讼被认为是实行“公法”上的刑罚权的“公诉”，而“私诉”是专指刑事诉讼中提起私法上请求权的民事诉讼。该法总则第 1 条开宗明义就规定：“请求定罪科刑的刑事公诉权，专由依据法律授予这种职权的官吏行使。”“请求赔偿因重罪、轻罪或违警罪所生损害的民事私诉权，凡属被害人，均得行使。”第 3 条规定，民事私诉可以与刑事公诉同时提起，并由同一审判官合并处理。民事私诉也可以与刑事公诉分别提起。分别提起时，不问刑事公诉的提起是在民事私诉起诉前或起诉后，在刑事公诉判决以前，民事诉讼应中止进行。该法规定，请求赔偿损害的民事诉讼权，可以对被告人及被告人的继承人行使（第 2 条），而在轻罪法院和重罪法院，如被告人已受无罪宣告，可以请求判令告发人赔偿因诬告而发生的损害，也可向民事私诉原告请求赔偿损害，但对于官吏在执行职务中相信有犯罪事实，为履行其告发义务而为告发的，不得诉请赔偿损害，只是在重罪法院有特别理由的情况下，才可以请求判令诬告的官吏赔偿损害（第212条，第358条）。民事私诉的请求范围，只限于赔偿损害及返还赃物（第161条，第172条，第366条）。

1890年《日本刑事诉讼法》受法国刑事诉讼法的影响，也采取法国私诉制，称为“附带公诉之私诉”。该法除规定被害人因重罪、轻罪、违警罪所生损害，无论金额多少，于公诉第二审判之前，不论何时均可附带于公诉而提起私诉外，还明确规定，第三人也可按民事诉讼的规定，参加附带公诉之私诉。而且规定了私诉可以刑事被告人或其继承人为被告人（第1—4条）。同时还明确规定，当被告人被赦免或宣告无罪时，其诉讼的提起若出于告诉人、告发人或民事原告人的恶意，或重大过失的情况下，可向他们索偿损失。被告人虽被宣告判刑，但若因出自告诉人、告发人或民事原告人的恶意或重大过失，而控告其犯罪过实者，亦同（第13条）。但被告人虽被宣告无罪，却不得对审判官、检察官、法院书记官、执行官、司法警察官或巡警宪兵等请求赔偿。只是在这些官吏对被告人故意加以损害，或犯刑法所定的罪名时，不在此限（第14条）。附带私诉的请求范围只限于赔偿损害，但返还赃物也被认为包含在其中。

1877年《德国刑事诉讼法》没有采取“公诉”“私诉”并列，“私诉”附带于“公诉”的制度。该法所谓的“私诉”，专指被害人提起的刑事诉讼，即自诉而言。该法“第五编”立“补偿被害人”专章，规定被害人或者他的继承人在刑事诉讼中，可以向被告人提出因犯罪行为而产生的包括财产权在内的要求权，但以这种要求权属于普通法院管辖而尚未系属于另一法院为限，在地方法院审理的案件中，只限于这种要求权的范围属于它所管辖的为限（第403条）。该法还规定，如果不能证明被告人有罪，而且提出的要求补偿申请是没有理由的，或者在刑事诉讼中不宜对申请进行处理，特别是在如果对申请进行处理就会拖延诉讼进行或这一申请是不能许可的时候，也可以对申请不作裁判，在诉讼程序的任何阶段，都可作出裁定（第405条）。可见，这种“补偿被害人”的诉讼制度，与法、日私诉制度是有所区别的，而且这种补偿之诉，在刑事诉讼中限制条件较多，不像法、日私诉那样在刑事诉讼中广泛适用。

早在1870年《英国没收法》中就规定，被害人有权提起因犯罪行为所造成损害的赔偿之诉（见《哈里斯刑法》第56章第4节），但诉讼方式可以有三种：一是被害人可向刑事损害赔偿委员会请求赔偿；二是被害人可对犯罪人提起民事诉讼；三是法律上规定，法庭可以根据自己的职权或根据受害人的请求，在判刑时以“赔偿令”的形式责令犯罪人赔偿受害人的损失。这里，前两种方式都是要在刑事案件审理终结后才能提起诉讼，因此，并不属于刑事诉讼附带民事诉讼的范围。只有在第三种形式，当被害人提出赔偿请求的情况下，才属于附带民事诉讼的范围。根据1870年《没收法》的规定，被害人必须在判罪后立即提出要求赔偿的申请并提供所受损失的证据，否则，就不能命令赔偿（见《哈里斯刑法》第56章第4节）。此外，英国自1897年《警察（财产）法》开始就规定，即使被害人不申请，法庭也有义务采取措施，以原物、代替物或折款归还原主(见《哈里斯刑法》第 56 章第 5 节)。可见,这里的归还赃物,也并不完全属于被害人所提起的附带民事诉讼的范围。另外,英国刑事法院根据犯罪所导致的财产损失或损害超过 15 000 英镑以上,而法院又确知被害人的姓名时,有权宣告犯罪人民事破产。犯罪人自宣告之日起,便处于民事破产债务人的地位,而遭受财产损失或损害的人便处于破产中的债权人的地位(见《哈里斯刑法》第 56 章第 6 节)。可见,英国在解决由犯罪所造成的损害赔偿问题的法律规定上,有自己的特点,而并不具有附带民事诉讼的典型性质。

美国刑事诉讼中没有附带民事诉讼这样的诉讼形式。被害人只能在刑事案件审理终结后,才能按民事诉讼程序,提起因犯罪而造成损失的赔偿之诉。第二次世界大战以后,日本刑事诉讼法受美国刑事诉讼法的影响,已彻底抛弃了原来的公诉附带私诉制度,仅规定在裁判中可以宣告发还赃物,在侦查中对于没有扣押必要的赃物可以发还被害人,但都以发还被害人的理由明显为限。而且,在这些情况下,也不妨碍利害关系人依照民事诉讼程序主张其权利。至于刑事损害赔偿的诉讼,刑事诉讼法不再予以规定,而是以美国方式,按民事诉讼程序解决。

苏联从第一部刑事诉讼法开始,到《苏联和各加盟共和国刑事诉讼纲要》和《苏俄刑事诉讼法典》及各加盟共和国的刑事诉讼法,都明确规定了刑事诉讼中的附带民事诉讼制度。这种制度规定:"因犯罪行为而受到物质损害的人,在进行刑事诉讼时,有权向被告人或对被告人行为负有物质责任的人提出民事诉讼,由法院与刑事案件一并审理"(《苏联和各加盟共和国刑事诉讼纲要》第 25 条,《苏俄刑事诉讼法典》第 29 条)。根据苏联法学家的解释:"刑事诉讼附带民事诉讼是在刑事诉讼中由机关、团体或公民提出和处理的关于赔偿犯罪所直接造成的物质损害的要求。这一要求可由犯罪所损害的机关、团体、公民或检察长(如果为维护国家利益、社会利益或公民权利所必需)向刑事被告人提出,或向对刑事被告人负有物质责任的人提出。"苏联附带民事诉讼有如下特点:

第一,作为一般原则,刑事损害赔偿问题要由法院与刑事案件一并审理。作为例外,只有没有就刑事案件提出民事诉讼的人,以及其民事诉讼还没有经过审理的人,才有权依照民事诉讼程序提出民事诉讼(《苏俄刑事诉讼法典》第 29 条)。

第二,国家积极干预附带民事诉讼。这表现在:(1)明确规定,虽从案件材料中看到所实施的犯罪行为对于公民、机关、企业或团体致成物质损失时,应当向他们或他们的代理人说明提起民事诉讼的权利,关于这一点要作成笔录,或者作成书面通知(《苏俄刑事诉讼法典》第 137 条)。(2)如果为维护国家利益、社会利益或公民权利所需要,检察长有权提出民事诉讼或支持受害人提出民事诉讼(《苏俄刑事诉讼法典》第 29 条)。(3)如果没有提出民事诉讼,法院在决定刑事判决的时候,有权主动解决犯罪行为所造成的物质损害的赔偿问题(同上)。

东欧国家在刑事诉讼中,有关附带民事诉讼的问题也是以类似的程序加以解决的。《南斯拉夫刑事诉讼法》第 10 章设专节规定"民事赔偿"问题。其中第 103 条规定"因刑事案件而引起的民事赔偿,如审理并不会使诉讼人为拖延时,可以根据刑事诉讼中受害人的建议进行审理。"《罗马尼亚刑事诉讼法》则在总则第 2 章"刑事诉讼程序中的刑事诉讼和民事诉讼"中，设"民事诉讼"专节予以规定。其中第 14 条规定："民事诉讼的目的在于对被告人或者对其行为负有物质责任的人追究民事责任。"值得提出的是，在近代欧洲大陆诸国，作为一种发展趋势，刑事损害赔偿问题，不仅直接反映为刑事诉讼法上的附带民事诉讼制度，而且在刑法上直接规定了刑事损害赔偿的实体内容，即在刑法上规定，对于因犯罪而受到损害的被害人，可以根据被害人的请求或者直接由法官以裁判的方式，判决或命令罪犯给付一定数量的损害赔偿金，并以其履行赔偿义务，作为减轻刑事责任的理由之一。例如《瑞士刑法》第 60 条规定："因犯重罪或轻罪给予他人损害者……法官依裁判或经被害人同意后，命令交付相当于法院确认的损害赔偿。"意大利 1921 年刑法草案规定，以履行赔偿损失作为减轻刑罚、宣告缓刑或假释的理由或条件。联邦德国现行刑法规定恢复因犯罪所引起的损害，是对犯人实行保护观察和假释的条件之一。《苏联刑事立法纲要》第 33 条规定，"犯罪人防止所犯罪行的有害后果，或自愿赔偿所造成的损失或消除所造成的损害"是"减轻责任的情节"之一。刑法上的这些规定，决定了一些国家的附带民事诉讼制度具有某种"公法"性质的新的特点，同时也使附带民事诉讼的意义更加广泛。

四、我国近现代附带民事诉讼制度

在我国，现代意义上的附带民事诉讼制度，是在推翻清朝封建专制统治之后出现的。1921 年北洋政府公布《刑事诉讼条例》，依照德、日刑事诉讼法，在第 3 条中规定了附带民事诉讼制度："因犯罪而受损害之人于刑事诉讼程序得附带提起民事诉讼，对于被告及依民法负赔偿责任之人，要求恢复其原状。"国民政府在 1928 年 7 月公布的《刑事诉讼法》第 506 条和 1935 年 7 月公布的《刑事诉讼法》第 491 条中，都一字不差地照抄了北洋政府《刑事诉讼条例》第 3 条的规定。

新中国的附带民事诉讼制度，是在新民主主义革命时期根据地的附带民事诉讼制度的基础上建立起来的。早在 1942 年 10 月，《晋察冀边区惩治贪污条例》就规定："犯本条之罪者，其所得之财物属于公有者应予追缴，属于私人者视其性质分别予以没收或发还受害人一部或全部，无法追缴时没收其财产抵偿。但财产不及或仅及应追缴之价额时，应酌留其家属之生活费。"

1946 年 3 月《苏皖边区第一行政区惩治汉奸施行条例》规定，被害人及群众团体，对于叛国罪犯可进行清算，要求赔偿损失。1946 年 8 月 1 日试行的《冀南区诉讼简易程序试行法》第 38 条明确规定："刑事案件受害人于刑事诉讼程序中得提起附带民事诉讼，请求判令被告赔偿其损害部分。"其后，《辽北省各市县旗人民法院的组织职权、义务及办事细则（草案）》也规定，在刑事诉讼过程中，"可对原告人提起的民事部分同时审理之"（第 17 条）。

新中国成立后，在废除国民党《六法全书》和确立解放区的司法原则的基础上，逐步建立了我国附带民事诉讼制度。新中国成立初期，最高人民法院在《大城市法院刑事案件程序的初步总结》中，明确提出“在审理过程中，对刑事附带民事诉讼可以予以合并审理”，在裁判时，要评议“附带民事诉讼如何解决”。我国1954年《法院组织法》还明确规定：“地方各级人民法院设执行员，办理民事案件判决和裁定的执行事项，办理刑事案件判决和裁定中关于财产部分的执行事项。”从50年代初到刑事诉讼法公布施行的起草刑事诉讼法的整个过程中，我国对附带民事诉讼制度还是重视的。从1954年“草案”、1957年“草稿”到1963年“初稿”，都对附带民事诉讼制度作了专门规定。1979年《刑事诉讼法》，1996年《刑事诉讼法》以及2012年《刑事诉讼法》，均对附带民事诉讼制度作出专章规定，标志着我国附带民事诉讼制度正式确立。

第三节 附带民事诉讼的意义

根据诉讼法基本原理，刑事诉讼属于“公诉”，民事诉讼属于“私诉”。“公诉”以实现国家刑罚权为目的，而“私诉”则以解决损害赔偿为目的。“公诉”的原因在于国家利益被侵害，“私诉”的原因是个人权利遭受了侵害，二者各异。“私诉”本属民诉，一般不应附带于“公诉”，但由于两者是由于同一犯罪行为引起的，为提高诉讼效率，防止裁判抵触，因而使“私诉”附带于“公诉”。附带民事诉讼制度，不仅在诉讼法上有经济、便利、减少讼累的意义，而且从诉讼法保障实体法实施的意义上来说，它不仅有及时满足被害人“民法”上赔偿损害要求的作用，而且在“公法”上，对于保护社会秩序、惩罚犯罪，也有重要意义。

一、有利于正确处理刑事案件

附带民事诉讼制度有利于全面地查明案情，准确地对被告人定罪量刑。在刑事诉讼过程中，合并审理刑事案件附带民事案件，可以全面查明被告人是否有罪及其罪行是否造成了物质损失、损失的程度，等等。在一些情况下，被告人的行为所造成的物质损失程度，是对被告人定罪量刑的决定性因素。例如破坏社会主义市场经济秩序罪中的各种案件，如偷税、抗税等；侵犯财产罪中的各种案件，如盗窃、诈骗等；渎职罪中的收受贿赂、玩忽职守等。在另外一些情况下，被告人的行为所造成的物质损失程度，是对被告人量刑的一个重要情节。例如危害公共安全罪中放火、决水、爆炸等使公私财产遭受损失还是重大损失；在交通肇事罪中使公私财产遭受重大损失还是特别严重损失；在侵犯公民人身权利、民主权利罪中，被告人的行为是否造成了物质损失以及损失的程度，也是衡量其罪行是否严重或特别严重的一个参考性的情节。在刑事诉讼中，只有及时、全面地查明上述种种情况，才能准确地对被告人定罪量刑。

二、是惩罚犯罪的一个有力手段

各种犯罪活动,不仅破坏社会主义法制、破坏社会秩序,危害国家和公民的安全,而且往往使国家、集体或个人的财产遭受损失。惩罚犯罪不仅需要正确运用刑罚手段,而且也需要正确运用经济手段。不正确运用刑罚手段严厉打击犯罪,就不能发挥刑罚的威慑作用。同样,不注意正确运用经济手段与犯罪作斗争,使犯罪分子在经济上占到了便宜,也不能充分发挥法律的警戒作用。我国在开展严厉打击刑事犯罪活动的斗争以前,各种犯罪活动曾猖獗一时。有的犯罪分子扬言,搞犯罪活动,虽然可能被定罪判刑,但"这是痛苦一阵子,享乐一辈子的生意"。这种情况的出现,尽管与当时用刑罚手段打击不力有重要的关系,但也必须看到,这与当时没有注意正确运用经济手段与犯罪作斗争,使犯罪分子在经济上占到了便宜有着直接的关系。有不少犯罪分子,以享乐为根本目的,以攫取公私财产为根本手段,其信条是"活着干,死了算",对这样的犯罪分子,只要能在经济上占到便宜,不惜冒坐牢甚至杀头的危险。单纯地对他们进行刑罚,起不到惩戒作用。在刑事诉讼过程中,对犯罪分子所造成的物质损失,依照附带民事诉讼法的规定,从严追究损害赔偿的民事责任。这样一来,犯罪分子的嚣张气焰受到了致命的打击,使他们感到,进行犯罪活动,会"赔了夫人又折兵"。坚持附带民事诉讼制度,在刑事诉讼中,依法追究犯罪分子的犯罪行为所引起的损害赔偿的民事责任,对于有效地打击犯罪,惩戒、教育、改造犯罪分子有着不可忽视的重要作用。

三、有利于正确执行我国的惩办与宽大相结合刑事政策

惩办与宽大相结合是我国基本的刑事政策。坚持附带民事诉讼制度,查明犯罪行为所造成的物质损失情况,并查明被告人如何对待其民事责任的态度,根据实际情况作出的赔偿,降低犯罪造成的后果。我国刑法也规定,被告人认罪、悔罪的态度和表现是决定从重、从轻处罚的一个情节,是决定是否宣告缓刑,实行减刑、假释的必要条件。可见,实行附带民事诉讼制度,对正确执行我国宽严结合的刑事政策十分必要。

四、有利于保证公民和国家、集体财产不受侵犯

我国宪法规定:社会主义公共财产神圣不可侵犯;公民合法的私有财产不受侵犯。实行附带民事诉讼制度,允许对因犯罪行为而遭受物质损失的公民在刑事诉讼过程中提起附带民事诉讼,当国家、集体的财产遭受犯罪侵害时,允许人民检察院在提起公诉的时候,提起附带民事诉讼,并规定司法机关有义务保障已经提起的附带民事诉讼,这样就能及时、有效并最大限度地保障公民和国家、集体的财产免遭犯罪侵害,或者把这种侵害所造成的损失降低到最低程度。

第四节　附带民事诉讼当事人

附带民事诉讼当事人，指因犯罪而遭受物质损失的自然人和法人，以及对刑事被告人犯罪行为造成的物质损失负有民事赔偿责任的自然人和法人，包括附带民事诉讼原告人、被告人、第三人。

一、附带民事诉讼原告人

（一）附带民事诉讼原告人的概念和条件

附带民事诉讼原告人，指因犯罪行为侵害而遭到物质损失，依法在刑事诉讼中可以提出赔偿要求的自然人和法人。附带民事诉讼原告人应当具备如下条件：

1. 侵害民事原告人权益的是犯罪行为

这里指的“犯罪”必须是构成犯罪的行为，而不包括不构成犯罪的一般违法行为。如果侵害来自一般违法行为，损失确实存在，只可以通过民事诉讼程序解决。

2. 附带民事诉讼原告人因犯罪受到物质损失

由于附带民事诉讼在解决被告人刑事责任的同时，附带解决被告人的犯罪行为所造成的物质损失的赔偿问题，所以不能包括精神损害赔偿。

3. 附带民事诉讼原告人必须在刑事诉讼中依法提出民事赔偿的请求

受损害的人虽受犯罪侵害，由于各种原因，在刑事诉讼中没有提出民事赔偿的请求，或者虽提出请求，但提出的时间超出了法律规定的提起附带民事诉讼的期限，或者依法提出请求，但法院认为有必要依法移交民事法庭裁决时，就不能被认定为附带民事诉讼的原告人，损害赔偿只能通过民事法庭来解决。

4. 附带民事诉讼原告人必须是符合法定条件的人

被害人死亡或者丧失行为能力的，其法定代理人、近亲属有权提起附带民事诉讼。

（二）附带民事诉讼原告人的范围

1. 作为刑事案件被害人的自然人

我国《刑事诉讼法》第 101 条规定：“被害人由于被告人的犯罪行为而遭受物质损失的，在刑事诉讼过程中，有权提起附带民事诉讼。”根据这一法律规定，在我国不仅被害人才能以公民的名义提起附带民事诉讼，其他因犯罪行为受到损失的公民也可以成为附带民事诉讼原告人。

首先，当遭受物质损失的被害人死亡或被宣告死亡之后，其法定继承人有权在刑事诉讼中提起附带民事诉讼。我国《宪法》第 13 条规定：“国家依照法律规定保护公民的私有财产权和继承权。”法定继承人依照法律规定有权继承被害人的合法财产，而被害人因犯罪而遭受的物质损失是其合法财产的组成部分，根据全面继承的原则，法定继承人当然有权继承被害人提起附带民事诉讼请求赔偿损失的债权。

其次，因犯罪行为而遭受物质损失的其他公民，也应当包括在民事原告人的范围内。因为犯罪而遭受物质损失的，并不仅限于被害人或其法定继承人。如为被害人承担丧葬费、医疗费、差旅费、护理费、营养费等经济损失的单位或个人，在被害人死亡，而他又没有更为亲近的人提起赔偿损害请求时，也可作为民事原告人。但其请求范围仅限于救助被害人、以消除犯罪危害后果所必要的费用。

2. 作为刑事案件被害人的法人

关于机关、团体、企事业单位等作为附带民事诉讼原告人的问题，在我国法学界和司法实践中存在着分歧，主要涉及对于《刑事诉讼法》第 101 条第 1、2 款如何理解的问题。持否定观点的人认为，凡是国家财产、集体财产因犯罪受到损害的，依法应当由检察机关提起附带民事诉讼；持肯定观点的人认为，如果是国家财产、集体财产由于被告人的犯罪行为而遭受损失的，有些国家机关、企业事业单位，在刑事诉讼过程中，有权提起附带民事诉讼，根据是：

首先，《刑事诉讼法》第 101 条第 2 款规定，在上述机关、单位遭受损失时，"人民检察院在提起公诉的时候，可以提起附带民事诉讼。"所谓"可以"，是"以上述机关、单位当然可以"为前提的。

其次，《刑事诉讼法》第 101 条第 1 款规定，被害人遭受物质损失的，有权提起附带民事诉讼。而上述机关、单位既然也是被告人犯罪行为的受害者，所以也完全可以以被害人的身份，提起附带民事诉讼。

第三，允许机关、团体、企业事业单位提起附带民事诉讼，并不等于否定人民检察院必要时提起附带民事诉讼的权利。人民检察院作为我国的法律监督机关，当国家财产、集体财产遭受犯罪侵害时，只要认为必要，就可以提起附带民事诉讼，而不以受害单位的意志为转移。但是当人民检察院认为没有必要提起附带民事诉讼时，也不应因此而剥夺了受害单位单独提起附带民事诉讼的权利。

关于人民检察院提起附带民事诉讼的法律地位问题，在诉讼理论上也存在不同见解。我国《刑事诉讼法》规定，当国家财产、集体财产遭受损失时，人民检察院在提起公诉的时候，可以提起附带民事诉讼。在这种情况下，关于人民检察院的法律地位问题，有人认为此时人民检察院既是公诉机关，又处于民事原告的诉讼地位。根据《刑事诉讼法》第 108 条第 2 款规定，附带民事诉讼原告人是当事人。当人民检察院提起附带民事诉讼的时候，它就既是公诉人，又是当事人。

也有人不同意这种观点，认为人民检察院在刑事诉讼中虽然有权提起公诉，但这并不等于说人民检察院是当事人。因为人民检察院在刑事诉讼中依法提起诉讼追究被告人的刑事责任，这是履行国家法律监督职责的体现，它并不是刑事案件的当事人。同样道理，当它提起附带民事诉讼，要求追究被告人的民事赔偿责任的时候，也是履行国家的法律监督机关的职责，当人民检察院依法提起公诉和提起附带民事诉讼，作为刑事案件的公诉人和民事案件的起诉人，有某种原告人的意义，但在实体意义和实质意义上，它既不是刑事案件的原告人，也不是民事案件的原告人，它只是国家的法律监督者。因此，当人民检察院提起附带民事诉讼的时候，它并没有取代国家机关、社会团体、企事业单位而作为附带民事诉讼原告人的法律地位。

关于保险人提起附带民事诉讼的问题，例如保险人与投保人签订了人身或财产等保险合同，投保人因受犯罪侵害，人身或财产遭受损失，保险公司便要根据保险合同支付保险金。保险人有无权利在刑事诉讼中提起附带民事诉讼。应根据情况区别对待。保险人预付赔偿金的，保险人有权提起，否则无权提起。

二、附带民事诉讼被告人

(一) 附带民事诉讼被告人的概念和条件

附带民事诉讼被告人是指因犯罪行为造成他人物质损失以及对被告人的犯罪行为依法应承担赔偿责任的当事人，他们可以是自然人也可以是法人、企事业单位。根据法律规定，凡是因犯罪行为而造成被害人物质损失的刑事被告人或依法应对刑事被告人的行为负赔偿责任的人或单位，在被害人提起附带民事诉讼的情况下，便可能成为民事被告人。附带民事诉讼被告人必须具备以下三个条件：

1. 刑事被告人的犯罪行为必须造成被害人遭受物质损失

如果被告人的行为不构成犯罪，或虽构成犯罪，但没有对被害人的民事权利造成损害，或虽造成被害人民事权利损害，但损害不属于法定的赔偿范围，那么刑事被告人就不能成为附带民事诉讼的被告人。刑事被告人必须在对损害负赔偿责任的情况下，他才是被告人。如果被告人无民事赔偿责任能力，或其赔偿不应由其本人负担，那么就应以对被告人犯罪行为所造成的损失负赔偿责任的人或机关等为民事被告人。

2. 对被害人受到的物质损失在法律上承担赔偿责任

我国《民法通则》第 133 条规定："无民事行为能力人、限制民事行为能力人造成他人损害的，由监护人承担民事责任。监护人尽了监护责任的，可以适当减轻他的民事责任。有财产的无民事行为能力人、限制民事行为能力人造成他人损害的，从本人财产中支付赔偿费用。不足部分，由监护人适当赔偿，但单位担任监护人的除外。"刑事被告人是有民事行为能力的成年人的，应对自己的行为独立地负赔偿责任，刑事被告人是有民事行为能力的未成年人的，应与其监护人共同负赔偿责任；刑事被告人是有财产的限制民事行为能力或无民事行为能力人的，应与其监护人共同负赔偿责任，但单位担任监护人的除外，刑事被告人是无财产的限制民事行为能力、无民事行为能力人的，则其监护人应负赔偿责任。

3. 被害人对刑事被告人提起附带民事诉讼，后者才能成为民事被告人。

(二) 附带民事诉讼被告人的范围

1. 刑事被告人本人

在刑事被告人具有完全民事行为能力和独立民事责任能力的情况下，附带民事诉讼被告人即为刑事被告人本人。

2. 未成年刑事被告人的监护人

在刑事被告人是未成年人或其他无民事行为能力人、限制行为能力人的情况下，因此负有民事赔偿责任的监护人，则为附带民事诉讼被告人。在刑事被告人与其监护人共同负赔偿责任的情况下，监护人可以作为共同附带民事诉讼被告人。刑事被告人不足赔偿的部分，由监护人赔偿。

3. 机关、团体、企事业单位的工作人员

例如火车司机、汽车驾驶员、医务人员等，在执行职务中因过失犯罪而造成公民、法人财产损失的，刑事被告人所在的机关、团体、企业事业单位可以成为附带民事诉讼被告人。我国《民法通则》第 121 条规定："国家机关或者国家机关工作人员在执行职务中，侵犯公民、法人的合法权益造成损害的，应当承担民事责任。"

4. 死刑罪犯的遗产继承人和共同犯罪案件中案件审结前已死亡的被告人的遗产继承人

因为在这两种情况下，对被害人的经济赔偿应当看作是已经死亡的刑事被告人生前所负的债务，属于遗产的清偿范围。但是，如果该继承人声明放弃继承则不得继续以其作为被告。

5. 未被追究刑事责任的其他共同侵权人

在共同侵权的情况下，共同侵权人负连带责任。只要其中一个共同侵权人被提起附带民事诉讼，其他共同侵权人是否构成犯罪，是否被追究刑事责任，都应成为附带民事诉讼共同被告人。如果被害人或者其法定代理人、近亲属仅对部分共同侵害人提起附带民事诉讼的，人民法院应当告知其可以对其他共同侵害人，包括没有被追究刑事责任的共同侵害人，一并提起附带民事诉讼，但共同犯罪案件中同案犯在逃的除外。

第五节　附带民事诉讼的赔偿范围

一、附带民事诉讼现行法定赔偿范围

根据刑法及刑事诉讼法有关规定，附带民事诉讼请求赔偿局限于"由于被告人的犯罪行为而遭受物质损失"范围内。但在立法规定中，对附带民事诉讼赔偿范围具体用词略有差异，《刑事诉讼法》第 101 条第 1 款规定"被害人由于被告人的犯罪行为而遭受物质损失的"，用的是"物质损失"；同条第 2 款规定"如果是国家财产、集体财产遭受损失的"，用的是"财产损失"；《刑法》第 36 条规定"由于犯罪行为而使被害人遭受经济损失的，对犯罪分子除依法给予刑事处罚外，并应根据情况判处赔偿经济损失"，用的是"经济损失"。尽管在有些场合的语义解释中，三者的内涵并非完全相同，

但在理解附带民事诉讼请求范围问题上，物质损失、财产损失、经济损失，三词同义，逻辑上属于同一概念。其基本含义是：

第一，由被告人的犯罪行为造成的损失。损害事实与被告人的犯罪行为之间必须具有因果联系，如果损害事实与被告人的犯罪行为之间没有因果，就不能作为附带民事诉讼的赔偿范围。

第二，因被告人的犯罪行为直接遭受的损失以及间接损失。例如在伤害案件中，前者如被害人支付的医疗费用，后者如被害人因伤不能工作而造成的收入减少。

第三，被告人犯罪行为造成的损失，既包括被害人已经受到的损失，也包括一些必然遭受的损失。当然，这种损失应当是必然的、合理的，具体范围应当按照民事实体法有关规定来确定。

二、附带民事诉讼赔偿范围新问题

(一) 侵犯财产型案件被害人所受到的损失

对于因诈骗、抢劫、侵占等非法占有、处置被害人财产，公、检、法三机关办理刑事案件时，一直援用《刑法》第 64 条规定：“犯罪分子违法所得的一切财物，应当予以追缴或者责令退赔”。因此侵犯财产型案件被害人所受到的损失，一般均不作为附带民事诉讼受理。从附带民事诉讼立法规定的本意看，犯罪分子因犯罪而获得被害人的财物，也属于被害人受到的物质损失，应适用附带民事诉讼的程序处理。在此问题上，存在的不同看法，一直难以得到统一认识。

第一种观点，追缴赃款、赃物的行为，是刑法意义上的司法机关职权行为，即使属于被害人受到的物质损失，也无法纳入附带民事诉讼范畴。其理由是：第一，犯罪分子违法所得财物和犯罪分子的行为造成的物质损失是两个不同的概念。前者是指犯罪分子用违法犯罪的手段所获得的财物，如盗窃、贪污所得的钱物等，而后者则是犯罪分子的行为给被害人造成的物质损失，如伤害、杀人等所带来的医疗、丧葬费用等，用《刑法》第 64 条的规定无法解决，只能通过附带民事诉讼的方法来弥补被害人的损失。第二，违法得到的财物，如果也适用民事诉讼的方法来解决，那么有的案件，如走私等犯罪案件，就没有人提起附带民事诉讼，犯罪分子违法所得的财物就无法追缴。因此，把追缴赃款赃物也纳入附带民事诉讼是不可取的。现在公检法机关依照职权直接处理赃款赃物，主动解决被害人的物质损失，既简便易行，又便于保护被害人的合法权益。

第二种观点，被害人因被告人犯罪而失去的财物，也是被告人犯罪行为造成的物质损失。既然是犯罪行为造成的物质损失，就应当通过附带民事诉讼的方法来处理。其理由是：第一，《刑法》第 64 条规定包括两方面含义：一是由司法机关将犯罪分子违法所得的赃物依法采取诉讼保全措施，案件审结时或者没收上缴国库或者发还被害人；二是如果犯罪分子违法所得的财物还存在，应责令其退赔。这种形式的民事处理方法，从民法的角度来讲叫返还财产，恢复原状或者赔偿损失。既然是民事问题，那么就应当通过民事诉讼的方法来处理。第二,被害人因被告人的犯罪行为而失去的财物,也属于因犯罪行为而造成的损失。既然如此,就应当依照《刑事诉讼法》第101条的规定,允许被害人提起附带民事诉讼,通过附带民事诉讼的程序处理。司法机关直接处理赃款赃物,容易出现问题,如发还的赃物,不是被害人原来的物品,或者该发还的没有发还,甚至不是犯罪所得的财物,却误认为赃款赃物发还等。因此,仅凭司法机关自己擅断处理,难免不出问题。如果采用附带民事诉讼的方法解决,就可将赃款赃物的处理完全置于当事人的监督之下,既有利于司法机关严肃执法,也便于充分保护当事人的合法权益。第三,将赃款赃物的处理问题纳入民事诉讼的范畴来解决,对于被告人违法所得的财物,并非无法解决,可以根据《刑法》或《民法通则》的有关规定,予以没收。总之,如果把《刑法》第64条的规定纳入民事诉讼的范畴来解决,利多弊少。

其实,对犯罪分子所得赃物可适用附带民事诉讼的方式解决,被害人因财产型犯罪受到的损失可提起附带民事诉讼。其理由是:

第一,世界各国的通常做法。例如1808年《法兰西刑事诉讼法》第61条、第172条、第366条,以及1890年《日本刑事诉讼法》第1条至第4条都有返还财物包括在附带民事诉讼中的规定。《奥地利刑事诉讼法》第369条规定,附带民事诉讼请求的范围包括退还夺自被害人的物品。《联邦德国刑事诉讼法》第403条也规定民事原告人"可以向被告人提出因犯罪行为而产生的包括财产权在内的要求权"。英国法院在宣判某人犯有一项可诉罪时只可命令他赔偿由于或通过犯罪致使申请人遭受的财产损失或损害。

第二,从我国立法和法理角度来讲,公民和法人因被告人的犯罪行为而失去的财物,可以认为是"被害人由于被告人的犯罪行为造成的物质损失"。既然如此,《刑法》第64条中需返还或者退赔被害人因被告人的犯罪行为而失去的财物时,可以按照《刑事诉讼法》第101条的规定,通过附带民事诉讼的程序处理。

第三,《刑法》第64条规定的内容,可以依公、检、法三机关的职权主动进行处理,不必通过附带民事诉讼的程序解决,如果在司法机关发还或者作退赔处理后,被害人认为自己因犯罪的行为所受到的损失没有得到全部补偿而提起附带民事诉讼的,法院应予受理。经过审查,如果认为被害人的损失已得到补偿,应驳回起诉。如果被害人确有损失存在,应当进行审判,不论被告人是否有能力赔偿都应依法作出判决。

(二)直接损失与间接损失

因犯罪行为造成的损失是否包括间接损失,在理论界和司法实践中一直有争议。

第一种观点,赔偿的只能是犯罪行为直接造成的损失,间接的损失不能赔偿。其理由是:第一,对于造成的损失究竟是直接损失,还是间接损失,虽然《刑法》第36条和《刑事诉讼法》第101条都没有作出明确规定,但是民法理论都认为赔偿的只能是犯罪行为直接造成的损失,即犯罪行为和损失的结果之间必须具有直接的因果关系,如果不具有直接的因果关系则不能赔偿。第二,间接的损失无法计算,也无法衡量。

与犯罪行为有直接因果关系的损失比较明显，容易计算。再者，若是将间接损失都计算在内，则被告人多数没有赔偿能力，即使判决也无法执行。第三，目前的司法实践中，一般是根据被告人的实际履行能力进行判决，赔偿的范围一般都限于犯罪行为直接造成的损失，间接造成的经济损失不予赔偿。

第二种观点，不论是直接损失还是间接损失，只要是犯罪行为造成的损失就应赔偿。其理由是：第一，不论《刑法》第 36 条，还是《刑事诉讼法》第 101 条，对损失是直接的还是间接的都没有作出明确的规定。因此，不论是间接的损失，还是直接的损失，只要是犯罪行为造成的损失都应予以赔偿。第二，从实际的情况来看，间接的损失并非都不赔偿，而且赔偿间接损失的情况还占多数。例如涉及人身伤亡的案件，犯罪行为致害的对象是人身，并没有直接使被害人的物质受到损害，但赔偿的却是因人身伤亡而造成的经济损失。这些都是间接的损失，而不是直接的损失。第三，从实际情况看，间接的或者直接的经济损失很难区分，究竟何为间接，何为直接，也不好确定一个标准。因此，凡是被害人由于被告人的行为受到了损失，就应予以赔偿。

我们认同第二种观点。其理由是：(1)从法律规定来看，不论《刑法》第 36 条，还是《刑事诉讼法》第 101 条均明确规定，凡是因被告人的犯罪行为造成的经济损失或物质损失，均可以提起附带民事诉讼。因此，仅受理杀人、伤害、交通肇事等少数人身损害案件附带民事诉讼，对其他类型的刑事案件被害人提出的附带民事诉讼请求不予受理，没有法律依据。(2)从被害人损失范围看，物质损失是有形的经济损失。直接损失是现有财产和利益的损失，又可称为实际损失或积极损失；间接损失指必然会失去的将来能得到的财产和利益，又称为消极损失或可得利益损失。因此，具有必然性、可期性、合理性的间接损失，应当确定为是因犯罪行为造成的损失，应当列入附带民事诉讼赔偿范围。(3)从犯罪行为与造成损失的因果关系看，犯罪行为造成的损失都应予以赔偿。客观存在的损失是由犯罪行为造成的，而这种客观存在的损失必须是被害人合法的利益，如果不是被害人合法的利益，即使是直接造成的损失也不应予以赔偿。

（三）精神损失

附带民事诉讼范围是否包括公民的姓名、肖像、名誉权受到犯罪行为侵害造成的精神损失，基于现行的《刑事诉讼法》第 99 条规定附带民事诉讼范围是因犯罪行为造成的物质损失。

民法通则颁布以前，公民的姓名、肖像、名誉、荣誉权受到犯罪行为侵害，是不能提附带民事诉讼的。但是，民法通则颁布后，公民的姓名、肖像、名誉、荣誉权受到犯罪行为侵犯时，是否可以提起附带民事诉讼，仍有不同的看法。

第一种观点，公民姓名、肖像、名誉、荣誉权受到犯罪行为侵害时，被害人不能提起附带民事诉讼。其理由是：第一，根据《刑法》第 36 条和《刑事诉讼法》第 99 条规定，造成经济损失或物质损失才可提起附带民事诉讼，因而姓名、肖像、名誉、荣誉权受到犯罪行为侵害时，也就不能提起附带民事诉讼。第二，关于公民的姓名、肖像、名誉、荣誉权受到侵害的赔偿问题,虽在民法通则中作了规定,但是附带民事诉讼问题不只是单纯的民事问题,而是犯罪行为造成的,在刑事诉讼的过程中予以解决的民事赔偿问题,所以,在处理这类问题时,不能以民法通则为依据,而应以刑法、刑事诉讼法的规定为依据。

第二种观点,被害人的姓名、肖像、名誉、荣誉权受到犯罪行为的侵害时,可以向被告人提出附带民事诉讼的请求。其理由是:第一,附带民事问题,实际上解决的是被告人的犯罪行为所造成的民事赔偿问题。根据《民法通则》第 120 条的规定,公民的姓名权、肖像权、名誉权、荣誉权受到侵害时,有权要求停止侵害,恢复名誉,消除影响,赔礼道歉,并可以要求赔偿损失。公民的姓名、肖像、名誉、荣誉权的赔偿问题也是民事赔偿问题,只要这种赔偿是犯罪行为引起的,被害人当然可以提起附带民事诉讼。第二,刑事诉讼法虽然只规定了物质损失应予赔偿,但是依据后法优于前法的原则,应当认为民法通则的相关解释修改了刑事诉讼法的规定。再者,附带民事诉讼问题,实际上是解决民事问题,解决民事问题应当以民法通则为准。因此,对侵害公民的姓名、肖像、名誉、荣誉权的犯罪行为,当然可以提起附带民事诉讼。第三,如果不允许被害人就被告人侵犯他人的姓名、肖像、名誉、荣誉权的犯罪行为提起附带民事诉讼,被害人不仅要提出刑事自诉,而且还要提出民事诉讼,人民法院也要对同一事实进行两次审判。既不方便被害人,也给人民法院带来一些不必要的麻烦。若允许被害人就侵害姓名、肖像、名誉、荣誉权的犯罪行为提起附带民事诉讼,那么就可以避免这种状况,既方便当事人,又方便人民法院,这也正是设立附带民事诉讼制度的目的。第四,侵害姓名等人身权利,没有达到犯罪的程度,尚且要负民事赔偿责任,而达到犯罪程度,即损害更加严重了,可以不负赔偿责任,于理不合。

是否允许被害人就犯罪造成的精神损害提起附带民事诉讼要求赔偿,应严格按照《刑法》第 36 条、《刑事诉讼法》第 99 条的规定掌握,不是犯罪行为造成的经济损失或物质损失,就不能提起附带民事诉讼。从现行的法律规定看,根据《民法通则》第 120 条规定,侵害公民的姓名、肖像、名誉、荣誉权,应承担停止侵权,直至赔偿责任。在刑法上构成犯罪给被害人造成精神损害,在程度上重于民事侵权的致害行为,理当允许被害人提出附带民事诉讼的赔偿请求。但我国的司法实践在该问题上的做法还不稳定。因犯罪行为造成被害人精神损害的,不但应当允许被害人提起附带民事诉讼,而且也可以判决被告人赔偿经济损失,最高人民法院在 1990 年以公报的方式公布的唐敏诽谤案,两审判决对精神损害给予赔偿。

从世界各国法律规定看,已有不少国家将精神损失列为附带民事诉讼的赔偿范围。例如《法国刑事诉讼法》第 3 条第 2 款规定,民事诉讼应包括作为起诉对象的罪行所造成的物质的、肉体的和精神的全部损失。德国也有类似法律规定,应将侮辱和伤害身体而受损失包括在附带民事诉讼的请求范围内。

附带民事诉讼中精神赔偿法律适用问题解决后,有关被害人死亡应获得死亡补偿费等问题亦将根据同理得到解决,当然,因被害人死亡受到精神损害的是被害人的近亲属,而不再是被害人本人,这与严格意义上的附带民事诉讼并非同一诉讼法律关系，因被害人死亡提起精神赔偿的应是受此直接精神伤害的被害人的近亲属而不能是被害人的法定继承人。

第六节　附带民事诉讼的审理原则

附带民事诉讼审理的原则，在我国立法中并无明文规定。根据刑事诉讼法和民事诉讼法的基本原则及相关规定，以及附带民事诉讼的特点，附带民事诉讼审理的原则主要体现在如下方面：

一、刑事、民事案件合并处理的原则

根据《刑事诉讼法》第100条规定，附带民事诉讼要由审判刑事案件的同一审判组织进行审理，只有为了防止刑事案件审判的过分迟延，才可以在刑事案件判决后，由同一审判组织继续审理附带民事诉讼。这样，就从根本上避免了民事诉讼参与人受刑、民两种诉讼程序的拖累，并使民事案件当事人的合法民事权益得到及时、有效的保护。根据《刑事诉讼法》第100条的精神，即使是公安机关、检察机关在侦查、审查起诉时，刑事案件作出正确处理的同时，对于已经提起的附带民事诉讼，亦应作出相应的正确处理。

二、简化诉讼程序的原则

附带民事诉讼虽然也要严格遵守法定的诉讼程序，但附带民事诉讼应遵守的法定程序与民事诉讼程序相比，有不少简化之处。例如，允许民事当事人用口头方式进行起诉和答辩，允许在刑事诉讼过程中提起附带民事诉讼，允许民事当事人用口头方式进行答辩，当事人无需交纳诉讼费用等。

三、对提起的附带民事诉讼及时审理的原则

在刑事诉讼中，被害人对被告人犯罪行为所造成的损失提起附带民事诉讼。随着诉讼进程的推移，被告人的犯罪行为被证实。司法机关对已经提起的附带民事诉讼要进行及时处理。

四、实事求是确定赔偿的原则

实事求是是我们各项工作的指导思想，也是我国附带民事诉讼立法、司法的根本

原则。要实事求是地对待被告人和被害人的赔偿要求，一要查明真相，二要分清是非，三要合理认定。根据具体情况确定被害人的赔偿要求是否应予全部满足，还是应部分满足，或是应不予满足。首先，要正确确定被告人应承担赔偿责任的程度和数额；其次，要查明被告人的实际赔偿能力；最后，要根据被告人应承担赔偿的责任程度、数额，被告人实际的赔偿能力，实事求是地解决被告人的赔偿问题。这就是说，被告人有赔偿责任的就应要求他赔偿；无赔偿责任的，就不应要求他赔偿。有赔偿能力的，就应根据他的赔偿能力，裁判他尽量满足合理的赔偿；赔偿能力确实不足，或确实没有赔偿能力的，其亲友愿助他赔偿的，司法机关一般不应加以限制，但不得强制被告人以借贷形式，或通过服刑后的收入进行赔偿。

五、着重调解的原则

用调解方式解决民事纠纷，是我国民事诉讼的突出特点，也是我国民事诉讼的基本原则之一，附带民事诉讼也应当完全适用。司法机关处理附带民事诉讼时，通过调解，促使双方当事人达成协议，以解决民事案件，这既有利于简化诉讼程序，方便当事人诉讼，又有利于实事求是地确定赔偿问题，迅速、彻底地解决民事纠纷。附带民事诉讼虽然要坚持着重调解的原则，但着重调解是就附带民事诉讼总体而言，并不是每一附带民事诉讼都要把调解作为必经的程序。而且，在执行调解程序时，必须坚持以事实为根据、以法律为准绳，尊重民事当事人的意愿等原则。

第七节　附带民事诉讼的审理

一、附带民事诉讼的提起时间

当事人在哪个诉讼阶段才可以提起附带民事诉讼？应当是刑事案件立案以后就可以提起附带民事诉讼。第一，自诉案件的被害人可以直接向人民法院提起附带民事诉讼；第二，公诉案件中，也可以在侦查、起诉阶段通过公安机关、检察机关提起。

提起附带民事诉讼的终结时间是一审判决的宣告。即只有在一审判决宣告前才能提起附带民事诉讼。第一审期间未提起附带民事诉讼，在第二审期间提起的，第二审人民法院可以进行调解；调解不成的，告知当事人可以在刑事判决、裁定生效后另行提起民事诉讼。

二、提起附带民事诉讼的方式

提起附带民事诉讼一般应当提交附带民事诉状；书写诉状确有苦难的，可以口头起诉。审判人员应当对原告人的口头诉讼请求详细询问，并制作笔录，向原告人宣读；原告人确认无误后，应当签名或者盖章。无论以书面方式还是口头方式，都应当说明附带民事原告人、被告人的姓名、年龄、职业、住址等个人基本情况，控告的犯罪事实，由于犯罪行为造成的物质损失及相关证据、具体赔偿请求等。

人民检察院在提起公诉时一并提起附带民事诉讼的，只能采取书面形式，即制作附带民事诉状，该诉状应当写明：被告人的基本情况；被告人的犯罪行为给国家、集体财产造成损失的情况；代表国家、集体要求被告人赔偿损失的诉讼请求和适用的法律根据。

三、附带民事诉讼的审判

人民法院受理附带民事诉讼后，应当及时向附带民事被告人送达附带民事起诉状副本，或者口头告知起诉的内容，并制作笔录。被告人是未成年的，应当将附带民事起诉状副本送达他的法定代理人，或者将口头起诉的内容告知他的法定代理人。人民法院送达附带民事起诉状副本时，还要根据刑事案件审理期限，确定被告人提交民事答辩状的期限。

人民法院对附带民事诉讼案件可以先行调解。法院应当根据查清的事实，在自愿、合法的基础上进行。经调解的，应当及时制作调解书，送达双方当事人后即发生法律效力。调解达成协议并当庭执行完毕的，可以不制作调解书，但是，经双方当事人、审判人员、书记员签名或者盖章后即生效。调解未达成协议或者调解书未送达前当事人一方反悔的，民事诉讼应通过审判解决。

《刑事诉讼法》第 104 条规定：“附带民事诉讼应当同刑事案件一并审判，只有为了防止刑事案件审判的过分迟延，才可以在刑事案件审判后，由同一审判组织继续审理附带民事诉讼。”这是附带民事诉讼审理的一条基本原则。实行附带民事诉讼制度可以提高办案效率，便利诉讼参与人，节省人力、物力和时间，防止作出互相矛盾的结论。如果附带民事诉讼部分同刑事案件一并审判，会影响刑事案件在法定时间内审结时，也可以先审判刑事案件，后审判附带民事部分。附带民事部分的迟延审理，仍由同一审判组织进行，只有同一审判组织的成员确实无法参加时才可以更换审判组织成员。

在审理有附带民事诉讼的刑事案件时，应合理协调两种程序，本着“先刑后民”、减少重复劳动的原则进行。法庭审理刑事案件所调查核实的证据，查清的案件事实情况，适用于附带民事诉讼，不需要重复调查。开庭时，审判长应一并查明刑事当事人与附带民事当事人的身份等事项；宣布案由时应一并宣布附带民事诉讼的案由；宣布合议庭成员、书记员、公诉人、鉴定人、翻译人员后，要和告知刑事当事人一样，同时告知附带民事诉讼当事人有申请回避的权利和庭审中的其他诉讼权利。法庭调查阶段，在公诉人宣读起诉书后，应接着由附带民事诉讼原告人宣读附带民事起诉状，或口头陈述附带民事诉讼请求。被害人或其法定代理人就刑事问题向被告人发问后，附带民事诉讼原告人或其法定代理人、委托代理人等,经审判长许可,可以对刑事被告人就有关附带民事诉讼的事实情况发问。法庭宣读未到庭的证人证言笔录、鉴定人的鉴定意见和其他作为证据的文书时,应包括有关附带民事诉讼的各种证据,附带民事诉讼的当事人都有权对此发表意见。在法庭审理过程中,附带民事诉讼当事人有权就民事部分申请通知新的证人到庭、调取新的物证、申请重新鉴定或勘验。法庭辩论时,根据刑事诉讼法和民事诉讼法的规定,有附带民事诉讼的法庭辩论的顺序为:在公诉人发言后,由附带民事诉讼原告人及其诉讼代理人发言,在刑事被告人陈述辩护,辩护人进行辩护后,由附带民事诉讼被告人及其诉讼代理人答辩,然后双方依次就刑事问题进行辩论,就附带民事诉讼问题进行辩论。在被告人最后陈述阶段,根据刑事诉讼法和民事诉讼法的有关规定,应先由刑事被告人作最后陈述,然后由审判长按照附带民事诉讼原告人、被告人的顺序,征求他们的最后意见。根据《民事诉讼法》的规定,此时法庭还可以对附带民事诉讼问题进行调解。合议庭在评议和宣判时,应对刑事部分和附带民事部分一并进行评议和作出判决、宣判。经评议,即使认定公诉案件被告人的行为不构成犯罪,对已经提起的附带民事诉讼,仍应由该审判组织作出刑事附带民事判决。

根据民事诉讼的处分原则,附带民事诉讼在审结之前,原告人要求撤诉的,人民法院应当允许。但是,国家、集体财产遭受损失,被告人又有赔偿能力的,人民检察院或者受损害单位不能要求撤诉,因为对国家、集体财产,任何人无权随意处置。

四、附带民事诉讼的上诉和抗诉

根据《刑事诉讼法》的规定,附带民事诉讼的当事人和人民检察院,对地方各级人民法院一审判决、裁定附带民事部分不服,有权提出上诉或抗诉。对附带民事诉讼上诉或抗诉的案件,刑事部分已经超过上诉期限而没有上诉的,判决的刑事部分应当生效。就是说附带民事诉讼部分的抗诉,对刑事部分没有约束力,不能因对附带民事部分的上诉或抗诉而延长刑事判决的生效时间。第二审人民法院对附带民事上诉或抗诉的案件进行审理时,如果发现刑事部分有错误,必须予以纠正的,应当按照审判监督程序解决。这样既严格执行了法律,又可纠正一审不当的判决。对判决的刑事部分提起上诉或抗诉的案件,附带民事部分没有上诉或抗诉的,该部分判决也不能生效。刑事部分的上诉或抗诉对民事部分有连带上诉的作用。这因为刑事部分认定的案件事实适用于附带民事部分,刑事部分事实认定如果有错误,势必影响民事部分的判决。

五、附带民事诉讼的财产保全

有权提起附带民事诉讼的人因情况紧急,不立即申请保全将会使其合法权益受到难以弥补的损害的,可以在提起附带民事诉讼前,向被保全财产所在地、被申请人居住地或者对案件有管辖权的人民法院申请采取保全措施。申请人在人民法院受理刑事案件后15日内未提起附带民事诉讼的，人民法院应当解除保全措施。人民法院受理附带民事诉讼以后，为了保证作出赔偿经济损失的判决能够顺利执行，在必要的时候，可以查封、扣押被告人的财产和采取其他财产保全措施。人民法院采取财产保全措施，一般应根据附带民事诉讼原告人的请求。如果认为必要，也可依照职权作出财产保全决定。对被告人的财产采取财产保全措施时，应以个人的财产为限；查封、扣押的数量，应以足够赔偿为限。

思考题：

1. 何谓刑事附带民事诉讼？实行刑事附带民事诉讼有何意义？
2. 哪些人可能成为刑事附带民事诉讼的原告人和被告人？
3. 刑事附带民事诉讼的当事人有哪些权利和义务？
4. 审理刑事附带民事诉讼时应当注意哪些问题？
5. 刑事附带民事诉讼的赔偿原则是什么？

第十章
期间和送达

本章提要：本章对刑事诉讼法的期间和送达作了系统的阐述。学习本章应掌握以下要点：(1)期间的概念与期间的计算；(2)送达的方式。

第一节 期　　间

一、期间概述

刑事诉讼期间，指公安机关、人民检察院和人民法院进行刑事诉讼，以及诉讼当事人和其他诉讼参与人参加刑事诉讼必须遵守的时间期限。

期间由法律直接规定，又称为法定期间。法律规定的期间有两类：一类是司法机关应当遵守的期间，如侦查机关对犯罪嫌疑人逮捕后的侦查羁押期限；通知、送达的期限等。另一类是当事人以及其他诉讼参与人应当遵守的期间，如申诉、上诉期限等。

期日与期间不同，指司法机关和诉讼参与人共同进行刑事诉讼活动的特定时间，如人民法院在法律规定的一审期间内指定一日对案件开庭审理。期间和期日的区别是：(1)规定的来源不同：期间由法律规定；期日由司法机关具体承办人确定。(2)遵守的对象不同：期间由司法机关或诉讼参与人一方遵守；期日往往需要双方共同遵守。(3)起止日期的规定不同：期间有明确的开始、结束时间；期日只规定开始的时间，不规定终止的时间。(4)稳定性不同：期间稳定不变，法律明确规定，不能任意变更；期日由司法机关指定，遇重大理由时可以调整。

刑事诉讼中的期间对刑事诉讼活动具有重要意义。其主要表现是：首先，有利于增加司法人员的诉讼法制观念和责任心，提高办案效率，以保证诉讼活动的顺利进行，保证准确、及时、合法地处理案件。其次，能够有效地保护当事人的合法权益不受侵犯，防止对犯罪嫌疑人、被告人久押不结、不判，以捕代罚等违法现象发生。最后，有利于维护国家法律的严肃性，保障法律的统一正确实施。在法定的期间内所进行的诉讼活动，是产生法律效力的诉讼活动。如当事人在法定期限内未提出上诉，便失去上诉权，产生一审判决发生法律效力的后果。

二、法定期间

刑事诉讼法关于各种诉讼活动的期间有具体明确的规定，概括起来主要有以下几种：

（一）强制措施期间

对犯罪嫌疑人、被告人传唤、拘传持续的时间不得超过12小时，案情特别重大、复杂，需要采取拘留、逮捕措施的，传唤、拘传持续的时间不得超过24小时。

对犯罪嫌疑人、被告人取保候审最长不得超过12个月；监视居住最长不得超过6个月。

公安机关对被拘留的人，认为需要逮捕的，应当在拘留后的3日以内，提请人民检察院批准逮捕，在特殊情况下，提请审查批准的时间可以延长1日至4日；对于流窜作案、多次作案、结伙作案的重大嫌疑分子，提请审查批准的时间可以延长至30日。人民检察院应当自接到公安机关提请批准逮捕书的7日以内，作出是否批捕的决定。人民检察院对直接受理的案件中对被拘留的人，认为需要逮捕的，应当在14日以内作出决定。在特殊情况下，决定逮捕的时间可以延长1日至3日。

（二）侦查羁押期间

对犯罪嫌疑人逮捕后的侦查羁押期限不得超过2个月；案情复杂、期限届满不能终结的案件，可以经上一级人民检察院批准延长1个月；对交通十分不便的边远地区的重大复杂案件，重大的犯罪集团案件，流窜作案的重大复杂案件，犯罪涉及面广、取证困难的重大复杂案件，在上述期限内不能侦查终结的，经省、自治区、直辖市人民检察院批准或决定，可以延长2个月；对犯罪嫌疑人可能判处10年有期徒刑以上刑罚的，按照前述规定延长2个月期限届满仍不能侦查终结的，经省、自治区、直辖市人民检察院批准或决定，可以再延长2个月；因为特殊原因，在较长时间内不宜交付审判的特别重大复杂案件，由最高人民检察院报请全国人大常委会批准延期审理。

在侦查期间，发现犯罪嫌疑人另有重要罪行的，自发现之日起重新计算侦查羁押期限。犯罪嫌疑人不讲真实姓名、住址，身份不明的，应当对其身份进行调查，侦查羁押期限自查清其身份之日起计算，但是不得停止对其犯罪行为的侦查取证。

（三）审查起诉期间

审查起诉期间一般不得超过1个月；重大、复杂的案件，可以延长15日。犯罪嫌疑人认罪认罚，符合速裁程序适用条件的，应当在10日内作出决定，对可能判处的有期徒刑超过一年的，可以延长至15日。改变管辖的，从改变后的人民检察院收到案件之日起计算审查起诉期限。对于需要补充侦查的案件，应在1个月内补充侦查完毕。退回补充侦查以两次为限。补充侦查完毕移送人民检察院后，人民检察院重新计算审查起诉期限。

（四）一审、二审、再审期间

公诉案件的一审审理期间为2个月，至迟不得超过3个月。对于可能判处死刑的案件或者附带民事诉讼的案件，以及有《刑事诉讼法》第158条规定情形之一的，经上一级人民法院批准，可以延长3个月。因特殊情况还需要延长的，报请最高人民法院批准。适用简易程序审理案件的，人民法院应当在受理后20日内审结；对可能判处有期徒刑超过3年的，可以延长至一个半月。适用速裁程序的案件，人民法院应当在受理后10日内审结；对可能判处有期徒刑超过1年的，可以延长至15日。

自诉案件的一审审理期间，被告人被羁押的按照公诉案件的审理期间；未被羁押的，应当在受理后6个月内宣判。

二审案件的审理期间为2个月。对于可能判处死刑的案件或附带民事诉讼的案件，以及有《刑事诉讼法》第158条规定情形之一的，经省、自治区、直辖市高级人民法院批准或决定，可以延长2个月。因特殊情况还需要延长的，报请最高人民法院批准。最高人民法院受理上诉、抗诉案件的审理期限，由最高人民法院决定。

人民法院按照审判监督程序重新审判的案件，应当在作出提审、再审决定之日起3个月内审结，需要延长期限的，不得超过6个月。

（五）申诉、上诉和抗诉的期间

被害人如果不服人民检察院的不起诉决定，可以在收到决定书后7日以内向上一级人民检察院提出申诉。被不起诉人如果对于人民检察院因“犯罪情节轻微，依照刑法规定不需要判处刑罚或者免除刑罚的”而作出的不起诉决定，可以自收到决定书后7日以内向人民检察院申诉。当事人等不服人民法院已经发生法律效力的判决、裁定的申诉，《刑事诉讼法》无明确的期限规定。根据最高人民法院于2002年11月1日起实施的《关于规范人民法院再审立案的若干意见（试行）》的规定，人民法院对刑事案件的申诉人在刑罚执行完毕后2年内提出申诉的，应当受理。超过2年提出申诉的，只有法定的情形下才应当受理，如可能对原审被告人宣告无罪的；原审被告人在规定的期限内向人民法院提出申诉，人民法院未受理的；属于疑难、复杂、重大案件的。

不服第一审判决的上诉、抗诉期限为10日；不服第一审裁定的上诉、抗诉期限为5日。被害人及其法定代理人不服地方各级人民法院第一审判决的，自收到判决书后5日以内，有权请求人民检察院提出抗诉。人民检察院自收到被害人及其法定代理人的请求后5日以内，应当作出是否抗诉的决定，并且答复请求人。

（六）通知、送达期间

通知、送达期间是指司法机关发送通知或者送达诉讼文件应当遵守的期限。拘留犯罪嫌疑人,除无法通知或者涉嫌危害国家安全犯罪、恐怖活动犯罪通知可能有碍侦查的情形以外,应当在拘留后24小时以内,通知被拘留人的家属。逮捕犯罪嫌疑人、被告人,除无法通知的以外,应当在逮捕后24小时以内,通知被逮捕人的家属。指定居所监视居住的,除无法通知的以外,应当在执行监视居住后24小时内,通知被监视居住人的家属。人民法院决定开庭审判后,应当将人民检察院的起诉书副本至迟在开庭10日之前送达被告人及其辩护人;人民法院确定开庭日期后,将传票和通知书至迟在开庭3日以前送达人民检察院、当事人、辩护人、诉讼代理人、证人、鉴定人和翻译人员。当庭宣告判决的,应当在5日内将判决书送达当事人和提起公诉的人民检察院。人民检察院提出抗诉或者第二审人民法院开庭审理的公诉案件,第二审人民法院应当在决定开庭审理后及时通知人民检察院查阅案卷。

(七) 其他诉讼期间

1. 委托律师及其他辩护人、诉讼代理人的期限

《刑事诉讼法》规定,犯罪嫌疑人在被侦查机关第一次讯问或者采取强制措施之日起,有权委托辩护人;被告人有权随时委托辩护人。被害人及其法定代理人或近亲属、附带民事诉讼当事人及其法定代理人,自案件审查起诉之日起,有权委托诉讼代理人。侦查机关在第一次讯问犯罪嫌疑人或者对犯罪嫌疑人采取强制措施的时候,应当告知犯罪嫌疑人有权委托辩护人。人民检察院自收到移送审查起诉的材料之日起3日以内,应当告知犯罪嫌疑人有权委托辩护人。人民法院自受理案件之日起3日以内,应当告知被告人有权委托辩护人。人民检察院自收到移送审查起诉的案件材料之日起3日以内,应当告知被害人及其法定代理人或者近亲属、附带民事诉讼的当事人及其法定代理人有权委托诉讼代理人。人民法院自受理自诉案件之日起3日以内,应当告知被告人有权委托辩护人;同时应当告知自诉人及其法定代理人、附带民事诉讼的当事人及其法定代理人有权随时委托诉讼代理人。

2. 移送案件材料期限

根据《刑事诉讼法》第231条的规定,当事人通过原审人民法院提出上诉的,原审人民法院应当在3日以内将上诉状连同案卷、证据移送上一级人民法院,同时将上诉状副本送交同级人民检察院和对方当事人;当事人直接向第二审人民法院提出上诉的,第二审人民法院应当在3日以内将上诉状交原审人民法院送交同级人民检察院和对方当事人。

3. 死刑执行期限

下级人民法院接到最高人民法院执行死刑的命令后,应当在7日以内交付执行。

4. 变更执行的监督期限

人民检察院认为暂予监外执行不当的,应当自接到通知之日起1个月以内将书面意见送交决定或批准暂予监外执行的机关;决定或者批准暂予监外执行的机关接到人民检察院的书面意见后,应当立即对该决定进行重新核查。人民检察院认为人民法院减刑、假释的裁定不当,应当自收到裁定书副本后20日以内,向人民法院提出

书面纠正意见。人民法院应当在收到纠正意见后的1个月内重新组成合议庭进行审理,作出最终裁决。

5. 申请恢复期间的期限

当事人由于不能抗拒的原因或者有其他正当理由而耽误期限的,在障碍消除后5日以内,可以申请继续进行应当在期满以前完成的诉讼活动。

三、期间的计算

(一) 期间的计算标准和方法

我国《刑事诉讼法》第105条第1款的规定,期间以时、日、月为计算单位。因此,我国刑事诉讼中期间的计算单位有时、日、月三个。根据《刑事诉讼法》第105条第2款的规定:"期间开始的时和日不算在期间以内。"以时为单位计算的期间,开始的时不算在期间内。如6日上午9时拘传犯罪嫌疑人,拘传期限12小时,应从6日上午10时起算。以日为单位计算的期间,开始的日不算在期间内。例如被告人在5月4日接到判决书,上诉期限为10日,应从5月5日起算至5月14日。由于开始的时和日都不算,因而这两种计量单位之间不能互相换算。例如,拘留犯罪嫌疑人后,公安机关应当在24小时以内对其进行讯问,不可以用1日代替。

以月计算的期限,自本月某日至下月同日为一个月。期限起算日为本月最后一日的,至下月最后一日为一个月。下月同日不存在的,自本月某日至下月最后一日为一个月。半个月一律按15日计算。

(二) 期间计算中的特殊规定

1. 期间最后一日为法定节假日的,以节假日后的第一个工作日为期间届满的日期

为了保证诉讼活动及时进行,节假日应当计算在期间以内。期间的最后一日为节假日的,以节假日后的第一日为期满日期。例如,被告人上诉的期间届满之日为5月1日,则应顺延至劳动节后的第一个工作日。但是,对于犯罪嫌疑人、被告人或罪犯在押期间,应当至期间届满之日为止,不得因节假日而延长在押期间至节假日后的第一个工作日。例如,对犯罪嫌疑人侦查羁押期限届满,应当释放在押犯罪嫌疑人的日期是10月1日,则应当天释放,而不能顺延至节后的第一个工作日。

2. 对于法定期间的计算,不包括路途上的时间

《刑事诉讼法》第105条第3款规定:"法定期间不包括路途上的时间。上诉状或其他文件在期满前已经交邮的,不算过期。"例如当事人的住处或工作地如果距离司法机关较远,则他们为参加诉讼在路途上花费的时间应当从法定期间内扣除;公安机关在异地执行拘留后带回本地,则返回途中所需的时间就不能计算在拘留后应当在24小时内讯问的时间内。此外,有关诉讼文书材料在公安司法机关之间传递过程中的时间,也应当在法定期间内予以扣除。

3. 重新计算期间的法定情形

(1) 在侦查期间,发现犯罪嫌疑人另有重要罪行的,重新计算侦查羁押期限。

(2) 公安机关或人民检察院补充侦查完毕后移送人民检察院或人民法院的,人民检察院或人民法院重新计算审查起诉或审理期限。

(3) 人民检察院和人民法院改变管辖的公诉案件,从改变后的办案机关收到案件之日起计算办案期限。

(4) 由简易程序转为普通程序的第一审刑事案件的审理期限,应当从决定转为普通程序之日起重新计算。

(5) 第二审人民法院发回原审人民法院重新审判的案件,原审人民法院从收到发回的案件之日起,重新计算审理期限,等等。

4. 不计入法定期间的法定情形

(1) 对犯罪嫌疑人、被告人作精神病鉴定的期间不计入办案期限。

(2) 对犯罪嫌疑人的拘留期间不计入侦查羁押期限内。

(3) 查对犯罪嫌疑人真实姓名、住址的时间不计入侦查羁押期限内。

(4) 第二审人民法院开庭审理前,人民检察院查阅案卷时间不计入审理期限。

(5) 监察机关移送起诉的已采取留置措施的案件,人民检察院对犯罪嫌疑人决定采取强制措施的期间不计入审查起诉期限。

(6) 中止审理的期限不计入审理期限,等等。

四、期间的恢复

期间的恢复,指刑事诉讼当事人因某种特殊的原因未能在法定期间内进行特定的诉讼活动,经人民法院许可,可以继续进行诉讼活动。设立期间恢复制度有利于司法机关完成其职责和保护当事人的合法权益,保证诉讼活动的顺利进行。《刑事诉讼法》第 106 条规定:"当事人由于不能抗拒的原因或者其他正当理由而耽误期限的,在障碍消除后五日以内,可以申请继续进行应当在期满以前完成的诉讼活动。前款申请是否准许,由人民法院裁定。"根据这一规定,期间恢复的条件是:

第一,必须由当事人提出恢复诉讼期间的申请,其他诉讼参与人无权提出。

第二,期间的耽误必须是由于不能抗拒的原因或有其他正当理由。不能抗拒的原因是指在诉讼活动中,发生了当事人不可预见、依靠自身力量又无法避免和克服的客观困难,例如遭受自然灾害、患有严重疾病或未收到诉讼文书等。

第三,当事人的申请应当在妨碍其遵守法定期间的原因消除后 5 日以内,向审判本案的人民法院提出,如超出此期限,当事人就丧失了恢复期限的权利。

第四,必须经人民法院裁定允许。人民法院在接到当事人的申请后,经审查,认为当事人申请中所述情况确实属于不能抗拒的原因或其他正当理由的,应当裁定准许其继续进行在原期间内未完成的诉讼活动。如果认为当事人不是因为不能抗拒的原因或其他正当理由而耽误期限的,则裁定驳回。

第二节　送　　达

一、送达的概念和意义

刑事诉讼中的送达是指公安机关、人民检察院和人民法院按照法定程序,将有关诉讼文件送交诉讼参与人和有关单位的活动。送达,本质上是司法机关的一种告知活动,具有以下特征:

第一,送达的主体只能是制作文书的公、检、法机关,而送达的对象可以是诉讼参与人,也可以是有关的单位,包括司法机关。因此,诉讼参与人向司法机关递交诉讼文书或其相互之间传递诉讼文书的行为,不是刑事诉讼中的送达。

第二,送达的诉讼文件是司法机关依照职权制作的,例如传票、通知书、起诉书、不起诉书、判决书、裁定书、调解书等,每一种诉讼文件都有相应的法律效力。

第三,送达必须依照法定的程序和方式进行。送达是具有法律意义的行为,因此立法对送达的程序和方式进行了严格的规定。司法机关只有经依法送达,诉讼文件才会发生法律效力。

诉讼文件的送达是一项严肃的诉讼活动,是诉讼程序的组成部分,直接关系到整个刑事诉讼活动能否顺利进行,具有非常重要的意义。其表现在以下几个方面:

第一,送达有利于推动刑事诉讼顺利进行。司法机关依法向收件人送达诉讼文书,可以使收件人及时了解其中的内容,依法参加诉讼活动,从而使国家专门机关与诉讼参与人步调一致,推动刑事诉讼顺利、有序地进行。

第二,送达有利于保障诉讼参与人的合法权利。当事人与其他诉讼参与人通过向其送达的诉讼文书,能够及时了解诉讼程序的进展以及自身依法享有的诉讼权利,便于其为后续的诉讼活动做好充分准备,以更好地维护自身合法权益。

第三,送达有利于促进国家专门机关依法履行职责。国家专门机关通过向其送达的诉讼文书,也可以及时了解程序的进程,做好参加诉讼活动的准备,以更好地履行法定的职责。

二、送达回证

送达回证,又称送达证、送达证书,指司法机关制作的用以证明送达行为及其结果的诉讼文件。送达回证的内容包括:送达机关和送达文件的名称;被送达人姓名(名称)、职业职务、住所地或经常居住地;送达方式;送达人和被送达人签名、盖章;签收日期;等等。

送达回证是送达人完成送达任务的凭证,也是被送达人接收或者拒收送达的诉讼文件的证明，同时也是检查司法机关是否按照法定程序和方式送达诉讼文件，认定当事人及其他诉讼参与人的诉讼行为是否有效的依据。

三、送达的方式、手续和期限

(一) 送达的方式和手续

送达的方式有直接送达、间接送达和留置送达三种方式。

1. 直接送达

直接送达，指司法机关派员将诉讼文书直接送交收件人的送达方式。根据《刑事诉讼法》第 107 条第 1 款的规定，送达传票、通知书和其他诉讼文件应当交给收件人本人。收件人本人在送达回证上签收的日期为送达的日期。司法机关送达诉讼文书，一般应当以直接送达为原则。因为直接送达可靠性强、所需时间短、效率高，通常重要的诉讼文书均应尽量采用这种方式。

2. 间接送达

间接送达与直接送达具有相同的效力。《刑事诉讼法》第 107 条第 1 款规定，如果收件人本人不在，可以交给他的成年家属或者所在单位的负责人员代收。代收人应当在送达回证上记明代收理由和收到的日期并签名或盖章。这是间接送达的一种方式。

间接送达的形式还有委托送达、转交送达和邮寄送达。

委托送达是委托收件人所在地的公安司法机关代为送交收件人的送达方式。根据最高人民法院相关司法解释的规定，委托的人民法院应当将委托函、委托送达的诉讼文书及送达回证寄送受托人民法院。受托法院收到后，应当登记，在 10 日内送达收件人，并将送达回证寄送委托法院；无法送达的，应当告知委托法院，并将诉讼文书及送达回证退回。

转交送达包括：诉讼文书的收件人是军人的，可以通过所在部队团级以上单位的政治部门转交。收件人正在服刑的，可以通过执行机关转交。收件人正在被采取强制性教育措施的，可以通过强制性教育机构转交。由有关部门、单位代为转交诉讼文书的，应当请有关部门、单位收到后立即交收件人签收，并将送达回证及时寄送人民法院。

邮寄送达的，应当将诉讼文件、送达回证挂号邮寄给收件人。挂号回执上注明的日期为送达的日期。

3. 留置送达

留置送达，指收件人本人或者代收人拒绝签收向其送达的诉讼文件时，送达人依法将诉讼文件留在收件人的住处的送达方式。它同直接送达和间接送达产生同样的法律效力。

在送达程序上，根据《刑事诉讼法》第 107 条第 2 款规定："收件人本人或者代收人拒绝接收或者拒绝签名、盖章的时候，送达人可以邀请他的邻居或其他见证人到场，说明情况，把文件留在他的住处，在送达证上记明拒绝的事由、送达的日期，由送达人签名，即认为已经送达。”

送达人应当按照法律规定进行送达。如果送达人不按法律规定送达，为不合法送达，由此引起的法律后果应由送达人负责。如果送达人依法送达后，收件人不按诉讼文件的要求行使诉讼权利或履行诉讼义务，由此产生的法律后果则应由收件人自行负责。

(二) 送达的期限

严格按照法律规定的期限送达，是合法送达的要求之一，它与按照法定手续送达同等重要。刑事诉讼法对某些诉讼文件的送达，明确规定了期限。例如，《刑事诉讼法》第 187 条规定，人民法院将人民检察院的起诉书副本至迟在开庭 10 日以前送达被告人及其辩护人；人民法院在开庭 3 日以前，将传票送达当事人，将开庭通知书送达人民检察院、辩护人、诉讼代理人、证人、鉴定人和翻译人员。《刑事诉讼法》第 202 条第 2 款规定：“当庭宣告判决的，应当在五日以内将判决书送达当事人和提起公诉的人民检察院；定期宣告判决的，应当在宣告后立即将判决书送达当事人和提起公诉的人民检察院。判决书应当同时送达辩护人、诉讼代理人。”

思考题：

1. 什么是期间？刑事诉讼的期间如何计算？
2. 法律对司法机关的办案期限如何规定？
3. 如果当事人耽误期限的，可否得到补救？如何补救？
4. 什么是送达？送达有哪些方式？

第二编　审 前 程 序

第十一章

立 案 程 序

本章提要:本章对刑事立案程序有关的问题作了系统的阐述。学习本章应掌握以下要点:(1)立案的概念和特征;(2)立案的根据和条件;(3)立案的程序;(4)立案的监督。

第一节 立 案 程 序

一、立案的概念

立案,指公安机关、人民检察院或人民法院对报案、举报、控告或自首的材料进行审查后,判明有无犯罪事实存在和应否追究刑事责任,并决定是否将案件交付侦查或审判的诉讼活动。

立案作为刑事诉讼开始的标志,是每一个刑事案件都必须经过的法定阶段,是决定是否开展侦查或审判的关键步骤,只有经过立案这个法定程序,侦查和审判活动才有依据。立案不隶属于侦查或审判,具有特定的诉讼任务,独立的诉讼法律关系和相应的诉讼文书。

在刑事诉讼中,立案这个概念有广义和狭义之分。广义的立案是与侦查、起诉、审判和执行相并列的独立的诉讼阶段,是刑事诉讼必经的最初程序。而狭义的立案,指公安机关、人民检察院或者人民法院对于自行发现的犯罪材料,或者报案、控告、举报和自首的材料,按照管辖规定,进行审查,认为有犯罪事实需要追究刑事责任,按照一定的程序作出的将案件交付侦查或审判的诉讼决定。狭义的立案是与不立案相对应的一种具有特定含义的诉讼决定。广义的立案与狭义的立案,既有区别,又有联系,而不能将二者混同。二者的区别是:前者是一个诉讼阶段,而后者是对立案材料审查后的一种处理,是立案阶段中的一种决定。但二者又具有密切联系。立案决定是立案阶段的调查研究、证据收集、审查等工作的结果。广义的立案是狭义的立案的基础和前提;狭义的立案是广义的立案的一种必然结果。

自诉案件的立案与公诉案件的立案有着明显的不同。前者与审判相衔接,而后者则与侦查相衔接。

立案不同于破案。立案是刑事诉讼的开始，只要有一定的证据证明有犯罪事实发生和应当追究刑事责任，决定立案，该阶段的任务就基本完成。破案则不同，它是在立案以后，经过侦查不仅收集了足以证明犯罪事实的证据，而且查获了犯罪人。前者属于立案，后者属于侦查，不能混为一谈。司法实践中，“有案不立”“先破后立”和“不破不立”的做法是不对的。人民检察院应当进行法律监督，发现上述问题，及时检察纠正。

二、立案的法律特征

在英美等国的刑事诉讼中并无立案程序的规定，由司法警察启动刑事诉讼程序，当侦查机关实施侦查行为之时，也即是刑事诉讼开始之时，不需要办理专门的立案程序。我国刑事诉讼法之所以有专门的立案程序规定，主要受苏联刑事诉讼法的影响。在苏联以及受苏联影响的蒙古等国，立案程序是侦查之前必经的程序。我国刑事诉讼法制定之时，为了发挥人民群众的“举报”力量以及使侦查机关依法立案，所以在刑事诉讼法中规定了专门的立案程序。我国立案程序具有以下法律特征：

（一）立案是刑事诉讼活动开始的标志

整个刑事诉讼程序中，一般要经过立案、侦查、起诉、审判、执行五个诉讼阶段。诉讼活动必须按先后次序严格进行，只有前一诉讼阶段任务完成之后，才能进行下一阶段的诉讼活动，不能跳越任何一个阶段，也不能将先后次序颠倒。当然，由于刑事案件的具体情况不同，不是每一个案件都必须经过这五个诉讼阶段，有些事实清楚、情节轻微的案件，不经过侦查阶段，直接由人民法院依法进行审判；也有的案件，由于法定的种种情形只进行到某一诉讼阶段即告终结，如在起诉阶段，对于依法不需要判处刑罚或者可以免除刑罚的，人民检察院可作出不起诉决定，而无须经过审判和执行阶段。但是任何刑事案件都必须经过立案阶段，其他诉讼阶段才能依次序先后进行。

（二）立案是独立的诉讼阶段

立案不仅是刑事诉讼的开始，而且也是刑事诉讼过程中的一个独立阶段，也就是说刑事诉讼中的立案不隶属于其他任何诉讼阶段而独立存在。立案阶段有自己的法律依据，我国《刑事诉讼法》第二编第一章对立案作了专章规定，同时立案有自己特定的诉讼任务，独立的诉讼法律关系和相应的诉讼文书。

（三）立案是侦查、起诉、审判活动的合法依据

刑事案件只有经过立案这一法定程序，公安机关、人民检察院才有权进行侦查、起诉、采取侦查措施和进行调查活动；人民法院才能开始进行审判活动，对案件作出处理。也就是说，不经过立案阶段或这一阶段没有完结，其他诉讼阶段就无法向下进行：公安机关不能侦查未经立案的案件；人民检察院不能起诉未经立案的刑事案件中

的犯罪嫌疑人；人民法院也不能去审理一桩未经立案的案件。可见，法律赋予司法机关的侦查、起诉、审判的权力，一般只有经过立案阶段并依法决定立案后才能实施。

（四）立案是法定的立案机关进行的一种诉讼活动

刑事立案是法律赋予公安机关、人民检察院和人民法院的职权，其他任何机关、团体或个人都无权决定立案或不立案，否则就是违法。

三、立案的任务

立案阶段的任务，就是对报案、举报、控告和自首等有关材料进行审查，确定是否存在犯罪事实和犯罪嫌疑人，以决定是否进行侦查或审判。具体来讲，立案阶段主要有下列三项任务：

（一）接受报案、举报、控告和自首，按照案件管辖规定，确定是否属于本机关管辖

《刑事诉讼法》第110条第3款规定，公安机关、人民检察院或者人民法院对于报案、控告、举报，都应当接受。因此公、检、法三机关对于报案、控告、举报，无论是否在其职能管辖范围内都必须接受，而不能以任何理由加以拒绝。公、检、法三机关接受上述材料后进行审查，认为属于自己管辖范围的案件，有权决定是否立案，对于不属于自己管辖的案件则应当移送主管机关处理，并通知报案人、控告人、举报人。对于不属于本机关管辖而又必须采取紧急措施的，应当先采取紧急措施，然后移送主管机关。

（二）通过审查，确定是否具备立案条件

这是公、检、法机关在立案阶段最关键、最重要的任务。公、检、法机关立案活动的核心任务，就是通过审查，获取有关的诉讼证据，既包括有罪、罪重的证据，也包括无罪、罪轻的证据。当然，在作出立案决定之前，立案机关只能对材料审查，这种审查不具有强制性，即不允许使用侦查手段。

（三）作出立案或者不予立案的决定，做好不立案的复议工作

立案的根本任务，就是依据事实和法律，对是否有犯罪事实并需要追究刑事责任，作出准确的判断，从而决定立案或不予立案。对于认为没有犯罪事实或犯罪事实显著轻微，不需要追究刑事责任，决定不予立案的，应当依法将不立案的原因及时通知控告人。控告人不服，申请复议的，应当依法做好复议工作，答复申请人。

四、立案的意义

立案作为刑事诉讼中的一个独立的诉讼阶段，具有重要的意义。

（一）有助于督促司法机关及时、准确地揭露、证实、打击犯罪

司法机关通过对报案、举报、控告或自首等各种有关材料的审查，发现有犯罪事实或犯罪嫌疑人的便及时立案，使案件进入侦查程序，从而充分揭露、证实和惩罚犯罪分子。只有司法机关积极开展立案活动，才能保证一切依法需要追究刑事责任的犯罪行为受到及时追究。反之，如果该立案而不立案或者立案不及时，就会贻误战机，放纵犯罪，甚至可能因继续犯罪而给社会造成新的危害。

（二）有利于保障公民的合法权益不受侵犯

刑事诉讼法所确立的保障无罪的人不受刑事追究，保护公民的人身权利、民主权利和其他合法权益不受侵犯的任务，体现在立案阶段，就是要求司法机关通过立案前的审查，如果发现不具有犯罪事实或依法不应当追究被控告人刑事责任的情形时，就不应当立案。这样就从程序上保障了无辜的公民或依法不应受追究刑事责任的人不受刑事追究，从而切实地保护了公民的合法权益不受侵犯。

（三）有利于准确评估社会治安形势，为国家制定刑事政策提供依据

通过正确开展立案活动，做好司法统计，国家能够及时、准确地了解、掌握各个时期、各个地区刑事案件的发案情况，不同犯罪的活动规律、特点和发展情况，从而在宏观上准确评估社会治安形势，制定相应的刑事政策。

第二节　立案的根据和条件

一、立案的根据

立案的根据，就是立案的材料依据。刑事立案材料，主要有以下几种来源：

（一）单位和个人的报案或者举报

报案，指单位和个人将其在工作和生活中所发现的犯罪事实向公安机关、人民检察院、人民法院揭露和报告的行为。

举报，指单位或者个人向公安机关、人民检察院、人民法院检举、揭发犯罪嫌疑人及其犯罪事实的行为。

报案和举报的区别在于报案只是报告刑事案件的发生，提供的案件事实、证据材料比较简单、笼统，不能明确指出犯罪嫌疑人是谁。而举报不仅检举、揭发犯罪事实的发生，而且还有具体的举报对象，即犯罪嫌疑人，提供的事实和证据材料相对具体、详细。

《刑事诉讼法》第 110 条第 1 款规定："任何单位和个人发现有犯罪事实或者犯罪

嫌疑人，有权利也有义务向公安机关、人民检察院或人民法院报案或者举报。”

向司法机关报案或举报犯罪事实或犯罪嫌疑人，既是任何单位和个人依法享有的权利，也是其依法应当履行的义务。任何犯罪都是对国家、单位安全和利益的破坏，是对公民个人人身权利、财产权利、民主权利及其他合法权益的侵犯。因此，任何单位包括国家机关、团体、企事业单位等，任何个人包括我国公民、外国公民和无国籍的人，为了保护国家、单位和自己的利益，发现了犯罪事实和犯罪嫌疑人，都有权利向公安司法机关报案和举报。同时，他们也应根据法定的义务，积极主动地履行职责和义务，向公安机关、人民检察院或人民法院报案或举报犯罪及犯罪嫌疑人，使犯罪分子受到应得的惩罚。

（二）被害人的报案或者控告

被害人是受犯罪行为直接侵害的人，既具有追究犯罪的强烈愿望和积极主动性，又能提供比较具体详细的有关犯罪事实和犯罪嫌疑人的情况。为了保护自己的合法权益并及时制止犯罪和尽快挽回损失，都应积极主动地向司法机关报案、控告。

《刑事诉讼法》第110条第2款规定：“被害人对侵犯其人身、财产权利的犯罪事实或犯罪嫌疑人，有权向公安机关、人民检察院或者人民法院报案或者控告。”根据刑事诉讼法的有关规定，被害人死亡或丧失行为能力的，其法定代理人、近亲属也有权提出控告。这里的报案与前述报案略有不同，是指被害人或其法定代理人将其人身、财产权利遭受侵害的犯罪事实报告给司法机关的行为。二者的主要区别是，前者的报案人与案件无利害关系，而后者的报案人则与案件有直接的利害关系，是犯罪行为的直接受害者。

控告，指被害人或其法定代理人向司法机关揭发犯罪嫌疑人及其犯罪事实，并要求依法处理的行为。

控告与举报虽然都是司法机关发现案件情况的表现形式，但是两者是有区别的，控告人是受犯罪行为侵害的人或其法定代理人，举报人一般是与案件无直接牵连的知情人；控告的目的是为了维护自身的合法权益而要求依法处理，举报一般出于义愤或为了维护公共利益或其他公民的利益而提出关于处理犯罪嫌疑人的要求。

报案、举报、控告是一种最常见最重要的立案材料来源，其目的是为了及时揭露和惩罚犯罪，保护国家和人民的利益。因此，不论单位或公民个人，在举报或控告犯罪时，都必须实事求是，不能捏造事实，伪造证据，诬告或陷害他人。如果故意捏造事实，伪造证据，陷害他人，情节严重的，要受到刑罚处罚。当然，法律对诬告陷害罪的追究，具有严格的规定和界限，只要不是故意捏造事实，伪造证据，即使举报、控告的事实有出入，甚至是错告的，也不应以诬告陷害罪论处。

（三）公安机关或人民检察院自行发现犯罪事实或犯罪嫌疑人

公安机关、人民检察院是享有国家侦查权、同犯罪作斗争的专门机关。《刑事诉讼法》第109条规定：“公安机关或者人民检察院发现犯罪事实或者犯罪嫌疑人，应当按照管辖范围,立案侦查。”公安机关作为国家治安保卫机关,常常处在同犯罪作斗争的第一线,在日常工作中,特别是在侦查过程中,一旦发现有犯罪事实,并需要追究犯罪嫌疑人的刑事责任,应当按照管辖范围主动、迅速立案侦查。而人民检察院在开展各项检察业务活动中,也会发现新的犯罪事实,也应当按照管辖范围迅速立案侦查。

(四) 犯罪人的自首

自首,指犯罪分子作案后,在罪行未被司法机关发觉前,自动投案,如实交代自己的罪行,并接受司法机关的审查和审判的行为。自首一般是在犯罪行为未被发觉,或者虽被发觉但尚未被司法机关查获或被扭送时,犯罪人自己或在其家长、监护人、亲友陪同、护送等情况下,主动向司法机关如实交代自己的罪行。根据有关司法解释,犯罪人向其所在单位、城乡基层组织或其他有关负责人投案的;犯罪人因病、伤或者为了减轻犯罪后果,委托他人代为投案的,或者先以信、电投案的,等等,都应视为自首。我国刑法明确规定,犯罪人自首的,可以从轻、减轻或者免除处罚。因此,刑事诉讼法将犯罪人的自首确立为重要的立案材料来源之一,含有鼓励犯罪分子积极主动投案自首,以争取国家法律宽大处理的用意。但犯罪人自首时,应当讲清犯罪的真实情况,并举出有关的证明材料,既不能避重就轻,更不允许假自首。因此,司法机关只有对自首的材料查证属实后,才能予以立案。

(五) 其他来源

在司法实践中,立案的材料来源常见的还有以下几种:(1)上级机关交办的案件;(2)群众的扭送;(3)其他行政执法机关移送的案件。具有行政处罚权的行政执法机关如工商、税务等在查处违法行为过程中,发现违法事实涉及的金额、违法事实的情节、违法事实造成的后果等,涉嫌构成犯罪,依法需要追究刑事责任的,必须依照规定移送公安机关审查立案。

二、立案的条件

立案的条件,指确定刑事案件成立必须具备的法定要件。立案必须有一定的事实材料为依据,司法实践中,具有立案材料,仅仅给立案提供了事实上的依据,但究竟能否立案,还要看是否符合立案的法定条件。

《刑事诉讼法》第 112 条规定:“人民法院、人民检察院或者公安机关对于报案、控告、举报和自首的材料,应当按照管辖范围,迅速进行审查,认为有犯罪事实需要追究刑事责任的时候,应当立案;认为没有犯罪事实,或者犯罪事实显著轻微,不需要追究刑事责任的时候,不予立案,并且将不立案的原因通知控告人。控告人如果不服,可以申请复议。”根据这一规定,立案必须同时具备两个条件,一是认为有犯罪事实,二是需要追究刑事责任。

(一) 事实条件:认为有犯罪事实发生

立案的事实条件,是"认为有犯罪事实发生",这是立案的首要条件。具备这一条件,立案才具有客观的事实根据。掌握这一条件时,应当注意以下三点:

一是需要立案追究的只能是依照刑法的规定构成犯罪的行为。司法机关认为有犯罪事实,是指依照刑法规定构成犯罪的行为,而非一般违法,违反党纪、政纪,违反社会主义道德的行为,即立案是要划清罪与非罪,刑事追诉与党纪、政纪处分、行政处罚的界限。

二是犯罪事实必须有相关的证据材料证明。犯罪事实是客观存在的,而不是侦查人员随意猜测、主观臆断出来的,判定是否有犯罪事实发生应建立在客观存在的证据材料基础上。虽然在立案阶段不要求也不可能要求掌握全部证据,但绝不是没有证据就可以立案。立案阶段对证据的要求是这些证据能够足以证明犯罪事实已经发生,证据本身是客观存在,不是捕风捉影、凭空捏造。

三是"认为有"与"确有"在程度上不同。司法人员认为有犯罪事实,仅仅是司法人员通过对立案材料的审查,并根据法律的规定所确认存在的犯罪事实,只是程序意义上的事实,而不是定罪量刑实体意义上确认的犯罪事实,与"确有"不同。

(二) 法律条件:需要追究刑事责任

需要追究刑事责任,作为立案的法律条件,指根据刑事法律的有关规定,其行为已经构成犯罪,需要追究刑事责任。也就是该犯罪事实,按照法律的有关规定,应当受刑罚处罚。立案是以追究行为人的刑事责任为前提的,但并非所有的犯罪行为,法律都规定需要追究刑事责任。如果该犯罪事实是属于法律规定不需要追究刑事责任的,则不应立案。所谓法律规定不追究刑事责任,主要是指《刑事诉讼法》第 16 条规定的以下六种情形:(1)情节显著轻微、危害不大,不认为是犯罪的;(2)犯罪已过追诉时效期限的;(3)经特赦令免除刑罚的;(4)依照刑法告诉才处理的犯罪,没有告诉或者撤回告诉的;(5)犯罪嫌疑人、被告人死亡的;(6)其他法律规定免予追究刑事责任的。

具有以上六种情形之一的,司法机关就不应当追究刑事责任,不予立案,即使已经立案的,也应当撤销案件。

上述两个条件相互联系,缺一不可。

自诉案件由于无须经过侦查程序,自诉人向人民法院起诉后,如果符合立案条件,人民法院应当受理,并直接进入审判程序。因此,自诉案件的立案条件应当高于公诉案件,即自诉案件的立案条件除了应当具备公诉案件的两个立案条件以外,根据最高人民法院相关司法解释还应当具备下列条件:(1)属于自诉案件范围;(2)属于该人民法院管辖;(3)刑事案件的被害人告诉的;(4)有明确的被告人、具体的诉讼请求和能证明被告人犯罪事实的证据。如果该案件属于《刑事诉讼法》第 210 条第 3 项规定的自诉案件,还应当符合《刑事诉讼法》第 112 条、第 180 条的规定。

三、立案标准

为了统一执行国家的刑事法律，司法实践中要正确把握立案的标准。立案标准，指司法机关决定是否立案所应掌握的准则和尺度。

立案标准是立案条件的具体化。立案条件只是一些原则性规定，但在具体操作中，究竟达到何种程度应当立案，何种程度不应当立案，很难掌握，因此，客观上就需要有一个统一而具体的立案标准。司法实践中，各职能部门根据刑事诉讼法的有关规定，对各自管辖的刑事案件都分别或联合制定了具体的立案标准，例如 2013 年 8 月 30 日，最高人民法院，最高人民检察院，公安部发布的《人体损伤程度鉴定标准》，最高人民法院、最高人民检察院 2013 年 4 月 2 日发布的《关于办理盗窃刑事案件适用法律若干问题的解释》等。对司法机关而言，把某些难以掌握的标准，作出具体化规定，才能保证立案的顺利进行。

在司法实践中，制定具体的立案标准，使立案条件具体化，能够使司法人员掌握一个明确而统一的立案尺度，使罪与非罪的界限更加清晰，罪行轻重的程度更加明确。同时，立案标准的制定，也弥补了刑法对某些犯罪的构成未作具体规定的不足。但是，有两个问题应引起注意：一是立案标准并不等于定罪量刑的标准，不能将二者混同；二是随着国家政治、经济情况的变化，立案标准可能作出相应补充和修改，而不是一成不变的。

第三节　立案的程序

立案的程序，指刑事案件立案所要经过的具体步骤。我国《刑事诉讼法》第 110 条、第 111 条和第 112 条对此分别作出了具体的规定。

一、对立案材料的接受

对立案材料的接受，指公、检、法机关对于报案、控告、举报和犯罪人自首的接待及对材料依法进行收受的活动。

根据刑事诉讼法规定和司法实践经验，对报案、控告、举报和自首材料的接受工作主要包括以下主要内容：

（一）公安机关、人民检察院和人民法院对于报案、控告、举报或者自首的材料，不论是否属于自己管辖都应及时接受，不得推诿或拒绝

依照我国法律规定，公安机关、人民检察院和人民法院是接受报案、控告、举报和

犯罪人自首的机关。机关、团体、企业、事业单位和公民发现有犯罪事实或犯罪嫌疑人,应当按照刑事诉讼法规定的管辖范围,及时向公安机关、人民检察院和人民法院提出控告、举报。但是,由于控告人和举报人对司法机关管辖的具体分工不一定清楚,或者由于情况紧急,可能来不及向有管辖权的机关提出,因此,刑事诉讼法规定,公安机关、人民检察院和人民法院对于报案、控告、举报和犯罪人的自首都应当接受。对于不属于自己管辖的,应当先接受下来,再根据管辖范围及时移送主管机关处理,并将有关情况通知控告人或举报人,以便他们与主管机关联系。对于不属于自己管辖而又必须采取紧急措施的,应当先采取紧急措施,以防止犯罪人逃跑、自杀、行凶或毁灭罪证等情况发生,然后再移送主管机关处理。

(二) 积极诚恳地接待报案人、控告人、举报人或自首人并依法制作笔录

为了方便有关单位和个人进行报案、控告、举报和自首,法律规定报案、控告、举报、自首可以用书面或口头提出,即口头和书面两种形式具有同等的法律效力。对口头提出的报案、控告和举报,接待人员应当认真作好笔录,经宣读或交本人阅读无误后,由报案人、控告人、举报人签名或者盖章。对于书面的报案、控告和举报,要注意是否具备具体的内容,必要时可找其本人核对或作出口头补充。无论采取何种形式,报案、控告和举报所应包含的内容是:报案人、控告人、举报人的基本情况;报案、控告、举报的事实和对象;报案、控告、举报的目的和要求;报案、控告和举报的时间等。

(三) 司法人员应善尽告知、告诫义务

为了确保控告、举报的真实,保障无辜的人不受刑事追究,同时又不挫伤控告人、举报人揭发犯罪的积极性,接受控告、举报的人员,应当向控告人、举报人说明诬告应负的法律责任,以善尽告知、告诫义务。但是,诬告不同于与事实有出入的控告、举报,即错告。后者属于认识上的错误而致使所告之事与事实有出入。对于错告的,应当向其讲明情况,让其接受教训,不应追究法律责任。

(四) 司法机关应同时履行保密和安全保障义务

为解除报案人、控告人、举报人的思想顾虑,防止他们及其近亲属遭受打击报复,确保其安全,报案人、控告人、举报人如果不愿公开自己的姓名和报案、控告、举报行为的,应当为他们保守秘密。公安机关、人民检察院或人民法院应当保障报案人、控告人、举报人及其近亲属的安全。

二、对立案材料的审查

对立案材料的审查,指公、检、法机关对已经接受的报案、控告、举报和自首的材料,按照管辖范围,进行核对和调查。

公、检、法机关对于接受的立案材料进行审查核实，是正确及时立案的关键。因为立案或不立案，取决于公、检、法机关对立案材料审查的结果，而审查材料的过程，也就是根据法律所规定的立案条件，确认有无犯罪事实和分析、评断这种犯罪事实是否需要追究刑事责任的过程。因此，对立案材料的审查，是一项十分重要的工作。

公、检、法机关对于立案材料审查的内容，主要是案件是否属于本部门管辖，是否符合立案条件。而对立案材料的审查方法，通常是根据已掌握的材料和证据，确认有犯罪事实存在，依法应当追究刑事责任的，应当迅速作出立案决定；对于经过审查认为证据不足，不能判明犯罪事实是否发生的，或对立案材料尚有疑问的，可以要求报案人、控告人、举报人补充材料或进一步说明情况。司法机关也可以自行调查、收集证据，必要时可以采取勘验、检查、查询、鉴定、询问知情人等一般调查方法。但是，司法机关此时适用的一般调查方法，是不限制被查对象人身、财产权利的措施，并且不得对被查对象采取强制措施，不得查封、扣押、冻结被查对象的财产。

对于自诉案件，由于法律要求自诉人在提出控诉时，应当同时提出证明犯罪事实发生的各种证据，因此人民法院在审查过程中，如果认为自诉人提出的证据不充分，可以要求自诉人提出补充证实有关犯罪事实的材料，在立案前法院不能进行调查。

立案前的审查，仅仅是为了查明是否确有犯罪事实发生，以便判明是否需要立案追究刑事责任，而不是要求查明犯罪的目的、动机、手段、过程等全部的犯罪事实，也不要求在这一阶段查清谁是犯罪嫌疑人，因为这是立案以后的侦查任务。

三、对立案材料的处理

对立案材料的处理，指公、检、法机关通过对立案材料的审查，根据事实和法律作出的处理决定。《刑事诉讼法》第 112 条的规定，这种处理可分为立案和不立案两种。

（一）立案

公安机关、人民检察院、人民法院对于报案、控告、举报和自首的材料，应当按照管辖范围，迅速进行审查，认为有犯罪事实需要追究刑事责任的时候，应当作出立案的决定。

1. 公安机关立案

公安机关受理案件后，经过审查，认为有犯罪事实需要追究刑事责任，且属于自己管辖的，由接受单位制作“刑事案件立案报告书”，立案报告书的内容应当写明：立案机关的名称；立案的材料来源和案由；发案的时间、地点；犯罪事实、现有的证据材料；立案的法律根据和初步意见；立案的时间；承办人姓名等。承办人员将制作好的“立案报告书”连同有关证据材料报送县级以上公安机关负责人批准后，予以立案。

2. 人民检察院立案

人民检察院对于直接受理的案件，经审查认为有犯罪事实需要追究刑事责任的，应当制作"立案报告书",经检察长批准后予以立案。

根据2018年11月24日最高人民检察院《关于人民检察院立案侦查司法工作人员相关职务犯罪案件若干问题的规定》,人民检察院办理司法工作人员利用职权实施的非法拘禁、刑讯逼供、非法搜查等侵犯公民权利、损害司法公正的犯罪案件,不再适用对直接受理立案侦查案件决定立案报上一级人民检察院备案的规定。

人民检察院决定对人民代表大会代表立案的,应当向该代表所属的人民代表大会主席团或者常务委员会进行通报。

3. 人民法院立案

人民法院对于自诉案件经过审查,如果认为符合立案条件的,应当在收到自诉状或口头告诉第2日起15日内作出立案决定,并书面通知自诉人或代为告诉人。

(二) 不立案

1. 公安机关不予立案

公安机关受理案件后,经过审查,认为没有犯罪事实或犯罪事实显著轻微不需要追究刑事责任,或者具有其他依法不追究刑事责任情形的,接受单位应当制作"呈请不予立案报告书",经县级以上公安机关负责人批准,不予立案。

公安机关对于有控告人的案件,决定不予立案的,应当制作"不予立案通知书",写明案件的材料来源,决定不立案的理由和法律依据,决定不立案的机关等,在3日内送达控告人。控告人对不立案决定不服的,可以在收到"不予立案通知书"后7日内,向作出决定的公安机关申请复议,接受复议的公安机关应当在收到复议申请后7日内作出决定,并将复议结果书面通知控告人。

2. 人民检察院不予立案

人民检察院决定不予立案的,如果是被害人控告的,应当制作"不立案通知书",写明案由和案件来源、决定不立案的原因和法律依据,由侦查部门在15日以内送达控告人,同时告知本院控告检察部门。控告人对于人民检察院不立案的决定不服的,可以在收到不立案通知后10日以内申请复议。对不立案的复议,由人民检察院控告检察部门受理。控告检察部门应当根据事实和法律进行审查,并可以要求控告人、申诉人提供有关材料,认为需要侦查部门说明不立案理由的,应当及时将案件移送侦查监督部门办理。

3. 人民法院不予受理

人民法院应当在收到自诉状或口头告诉后15日内审查完毕,自诉案件经审查不符合立案条件的,说服自诉人撤回起诉;自诉人不撤回起诉的,裁定不予受理;对已经立案,经审查缺乏罪证的自诉案件,自诉人提不出补充证据的,人民法院应当说服其撤回起诉或者裁定驳回起诉;自诉人撤回起诉或者被驳回起诉后,又提出了新的足以证明被告人有罪的证据,再次提起自诉的,人民法院应当受理。自诉人对不予受理或者驳回起诉的裁定不服的,可以提起上诉。

在司法实践中,有些控告和举报,虽然不够立案条件,但所告发的问题属于严重的错误或违法行为，司法机关可以向有关单位提出司法建议，可将有关材料移送有关部门，由其作出处理，并通知控告人、举报人。

第四节　立案监督的程序

一、立案监督的概念

立案监督，指人民检察院依法对公安机关的立案活动是否合法进行的监督。

《刑事诉讼法》第 113 条规定："人民检察院认为公安机关对应当立案侦查的案件而不立案侦查的，或者被害人认为公安机关对应当立案侦查的案件而不立案侦查，向人民检察院提出的，人民检察院应当要求公安机关说明不立案的理由。人民检察院认为公安机关不立案理由不能成立的，应当通知公安机关立案，公安机关接到通知后应当立案。"

人民检察院对刑事诉讼实行法律监督，是我国刑事诉讼的一项基本原则。由于立案是刑事诉讼程序中的独立阶段，因而对立案活动实行法律监督，是刑事诉讼法律监督的重要内容之一。法律规定检察机关对公安机关的侦查和法院的审判实行监督，而立案又是侦查和审判的前一程序。因此，检察机关对立案实施监督也是顺理成章的。

刑事诉讼法就人民检察院对公安机关立案活动的监督作了专门规定，从而使人民检察院对公安机关的立案监督有了明确的法律依据，加强和完善了人民检察院刑事法律监督职能，有利于打击和惩罚犯罪，防止罪犯逍遥法外，逃避法律制裁，维护国家和人民的利益，保证国家法律的统一正确实施。

二、立案监督的程序

根据《刑事诉讼法》的规定，检察机关立案监督的程序包括：

（一）要求说明不立案或立案的理由

人民检察院侦查监督部门经过调查、核实有关证据材料，认为需要公安机关说明不立案理由的，经检察长批准，应当要求公安机关书面说明不立案的理由。有证据证明公安机关可能存在违法动用刑事手段插手民事、经济纠纷，或者利用立案实施报复陷害、敲诈勒索以及谋取其他非法利益等违法立案情形，尚未提请批准逮捕或者移送审查起诉的，经检察长批准，应当要求公安机关书面说明立案理由。人民检察院要求公安机关说明不立案或者立案理由，应当制作"要求说明不立案理由通知书"或者"要求说明立案理由通知书"，及时送达公安机关。

（二）通知公安机关立案或撤案

公安机关在收到人民检察院“要求说明不立案理由通知书”或“要求说明立案理由通知书”后7日内应当书面说明不立案或者立案的情况、依据和理由，连同有关证据材料回复人民检察院。人民检察院认为公安机关不立案或立案理由不能成立，发出“通知立案书”或“通知撤销案件书”，连同有关证据材料同时送达公安机关。公安机关在收到“通知立案书”后应当在15日内决定立案。公安机关对“通知撤销案件书”没有异议的应当立即撤销案件，并将“立案决定书”或者“撤销案件决定书”及时送达人民检察院。

公安机关在收到“通知立案书”或者“通知撤销案件书”后超过15日不予立案或者既不提出复议、复核也不撤销案件的，人民检察院应当发出“纠正违法通知书”予以纠正。公安机关仍不纠正的，报上一级人民检察院协商同级公安机关处理。对于公安机关管辖的国家机关工作人员利用职权实施的重大犯罪案件，需要由人民检察院直接受理的，经省级以上人民检察院决定，可以由人民检察院立案侦查。

侦查监督部门认为公安机关不立案或者立案理由成立的，应当通知控告检察部门，由其在10日以内将不立案或者立案的理由和根据告知被害人及其法定代理人、近亲属或者行政执法机关。

三、立案监督程序的完善

（一）扩充立案监督的范围与对象

首先，应从立法上明确规定立案监督的内容，既包括应当立案侦查而不立案的违法现象，也包括不应当立案侦查却立案的违法行为。根据《刑事诉讼法》第113条的规定，检察机关只能对应当立案而不立案的行为进行监督。为监督公安机关滥用立案权，最高人民检察院《规则》规定，当事人认为公安机关不应当立案而立案，向人民检察院提出的，人民检察院应当受理并进行审查。但由于其属于部门解释，公安机关往往以刑事诉讼法没有规定而不予认可。其次，立案监督的对象也应当扩大，从理论上讲，立案监督的对象包括所有具有刑事立案权的机关。但是，考虑到我国现行的司法体制和诉讼制度以及监督机制的可操作性，检察机关的立案监督对象只应包括国家安全机关、监狱侦查部门、海关走私侦查部门、军队保卫部门，而人民法院对刑事自诉案件的立案活动则不应由检察机关来监督，其原因在于，人民法院的刑事立案与上述机关的刑事立案并不同，人民法院的刑事立案是为了审判，而上述立案机关的立案则是为了侦查。从理论上讲，人民法院对刑事案件的立案和民事案件中的立案没有太大区别。

（二）增加刚性的立案监督措施，赋予人民检察院在刑事立案监督活动中相应的权力

以对公安机关不立案监督的手段而言，法律没有规定对公安机关接到立案通知

后仍不立案的进一步监督措施，导致司法实践中，公安机关接到立案通知仍不立案或者立案后不进行侦查造成案件长期拖延，甚至变相撤销案件。人民检察院向公安机关提出纠正违法意见在我国目前公安机关处于强势地位的情况下，事实上很难得到公安机关的尊重和遵守。因此，应当赋予检察机关一些刚性的立案监督手段，例如，立案监督调查权，即人民检察院有权对刑事立案机关的诉讼活动依法进行调查；立案监督决定权，即人民检察院有权对刑事立案机关的立案、不立案决定作出变更的处理；立案监督处罚权，即人民检察院在纠正违法过程中，认为需要给予违法责任人员行政处罚、内部纪律处分时，有权提出立案监督处罚建议书，送达有关机关，要求对违法责任人员给予处罚。

思考题：

1. 什么是立案？立案应当具备什么条件？
2. 如何正确理解立案条件与立案标准的关系？
3. 公安机关决定立案要经过哪些程序？
4. 人民检察院如何行使对公安机关立案活动的监督权？

第十二章

侦 查 程 序

本章提要:本章着重对刑事诉讼侦查阶段作系统的阐述。学习本章应当掌握以下要点:(1) 侦查的概念和意义;(2)侦查程序的结构与人权保障;(3)侦查行为的种类与程序要求;(4)侦查终结;(5)人民检察院对直接受理的案件的自行侦查的特点和要求;(6)补充侦查的种类及相关要求;(7)侦查监督。

第一节 侦 查 概 述

一、侦查的概念和特征

侦查是指享有侦查权的机关为收集证据,查明、证实犯罪和抓获犯罪嫌疑人而依法采取的专门调查工作和有关的强制性措施。我国《刑事诉讼法》第 108 条第 1 项规定:"'侦查'是指公安机关、人民检察院对于刑事案件,依照法律进行的收集证据、查明案情的工作和有关的强制性措施。"这是 2018 年刑事诉讼修改法确定的新的关于侦查的法律定义。表明侦查具有下列特征:

(一) 侦查的主体是特定的享有侦查权的司法机关

这是因为法律将侦查设定为一种职权行为,是国家刑事司法权的重要组成部分之一。

在刑事诉讼中依法享有侦查权的机关由两部分组成:

1.《宪法》和《刑事诉讼法》规定当然享有侦查权的司法机关:公安机关和人民检察院

(1) 公安机关。《刑事诉讼法》第 19 条第 1 款规定:"刑事案件的侦查由公安机关进行,法律另有规定的除外。"这表明公安机关是侦查的主要主体。

(2) 国家安全机关。《刑事诉讼法》第 4 条规定:"国家安全机关依照法律规定,办理危害国家安全的刑事案件,行使与公安机关相同的职权。"因此,国家安全机关也是侦查主体。

(3) 人民检察院。《刑事诉讼法》第 19 条第 2 款规定:"人民检察院在对诉讼活动实行法律监督中发现的司法工作人员利用职权实施的非法拘禁、刑讯逼供、非法搜查等侵犯公民权利、损害司法公正的犯罪，可以由人民检察院立案侦查。”人民检察院对上述案件，享有侦查权，可以充分地实施侦查行为。根据《刑事诉讼法》第175条第2款规定：“人民检察院审查案件，对于需要补充侦查的，可以退回公安机关补充侦查，也可以自行侦查。”可见，在刑事诉讼中，人民检察院对特定案件享有充分的侦查权，毫无疑问，它应当是侦查主体。

2. 原不享有侦查权，但因法律特别规定在特定情况下享有侦查权的机关

根据《刑事诉讼法》第308条的规定，军队保卫部门、监狱的有关部门作为法律特别授权的侦查机关，在特定的范围内享有侦查权。它们在法律的授权范围内分别行使不同性质和种类的刑事案件侦查职能。军队是国家机器的重要组成部分，但是军队内部也会发生犯罪事件，对军队内部发生的刑事案件，由军队的保卫部门进行侦查最为合适。监狱是关押罪犯的场所，在监狱中服刑的犯人，有的人还会继续犯罪。这种刑事案件由监狱的狱侦部门进行侦查是行之有效的，最为方便的。根据《刑事诉讼法》第308条的规定，军队保卫部门对军队内部发生的刑事案件，监狱的狱侦部门对监狱内的刑事案件，都享有侦查权，它们也是我国刑事诉讼中的侦查主体。

另外，根据现行《海关法》的规定，国家在海关总署设立专门侦查走私犯罪的公安机构，配备专职缉私警察，负责对其管辖的走私犯罪案件的侦查、拘留、执行逮捕、预审。海关侦查走私犯罪公安机构履行侦查、拘留、执行逮捕、预审职责，应当按照刑事诉讼法的规定办理。

这与国外的情况不同。在英美法系国家，侦查的职能主要由警察负责。而大陆法系的一些国家，则由检察机关兼负侦查犯罪、提起公诉及支持公诉的职责，在某些情况下，侦查机关是作为检察机关的辅助机关而存在的，协助检察机关或受检察机关的指挥、命令侦查犯罪。

值得注意的是，我国的人民法院是国家的审判机关，不享有侦查权。虽然法律规定在审判阶段，人民法院为了调查核实证据，可以进行检查、扣押、鉴定、冻结和查封等，但这些活动已不是侦查性质的活动，而是属于审查核实证据所进行的调查活动。其性质是审核证据，而不再是收集证据。

（二）侦查活动具有特定的内容

法律规定侦查的内容是以下两个方面：

其一，依照法律进行的收集证据、查明案情的工作。这是指《刑事诉讼法》规定的讯问犯罪嫌疑人，询问证人、被害人，勘验、检查、搜查、扣押物证、书证、鉴定和通缉等为收集证据、查明案件事实而进行的调查工作。虽然从形式上讲，它们与法院等非侦查机关对犯罪案件所进行的诉讼调查活动有某种形式上的相似，但本质上不同。

其二，有关的强制性措施。这是指《刑事诉讼法》规定的为了保证专门调查工作的顺利进行，在必要的时候采取的诸如强制检查、强制搜查、强制查封、强制扣押等强制性方法。

根据刑事诉讼法的规定，强制措施和强制性措施具有共同点：一是二者对适用对象来说，都具有强制力，都没有选择的自由；二是对司法机关的执法人员而言，都必须严格依法进行。二者的主要区别为：第一，适用的诉讼阶段不同。强制性措施是为了保证专门调查工作的顺利进行，主要在侦查阶段适用；而强制措施是为了保障诉讼活动的顺利进行，在诉讼过程的各个阶段都适用。第二，强制力不同。强制措施主要体现为人身的强制，而强制性措施主要是精神上和行为上的强制和约束。前者的强制力大于后者。

（三）侦查活动必须严格依法进行

侦查活动强制性的特点决定了它稍有不当，就会发生侵犯人权的现象，这与刑事诉讼法关于实现惩治犯罪和保护人权统一的立法宗旨是相悖的，同时也不利于查明案件真相，树立司法权威。所以它要求侦查机关必须严格依法行使侦查权，如在《刑事诉讼法》相关的条款中都对各项侦查行为的形式要件作了相应的规定，侦查机关应切实贯彻执行，防止违法行为发生，保障公民不受非法行为侵害。同时，最高人民法院和最高人民检察院也都以司法解释的形式对那些采用刑讯逼供、引诱等非法手段获得的犯罪嫌疑人、被告人的供述和辩解，证人证言，被害人陈述等言词证据作了不能定罪或起诉等规定，这对引导侦查活动进入一个良性循环阶段是有好处的。

（四）侦查内容的隐蔽性和形式的公开性

侦查的隐蔽性，指为了防止被侦查对象的毁灭证据、串供、逃跑或其他意外事件发生，侦查的内容，包括侦查计划、侦查对象、侦查范围、侦查方式、侦查获得的证据以及报案人、控告人、举报人等侦查机密，不得对外泄露。

侦查的公开性，指侦查的形式，如对犯罪嫌疑人住处进行搜查、物品的扣押等等形式，必须是公开的。

在司法实践中，侦查人员特别是公安机关的侦查人员通常在依据刑事诉讼法进行相应的侦查活动的同时，通常还依据有关的行政法，如《人民警察法》等法律的授权使用一些带有行政权力特点的侦察手段。但应注意：侦查与侦察在性质上、法律效果上是有区别的。虽然它们的目的都是为了查明案件事实，都是为了有效地揭露犯罪、证实犯罪，但不同点在于：(1)侦查是公开的法律行为，而侦察是隐蔽的手段；(2)侦查依据刑事诉讼法的规定进行，而侦察是依据特定的行政法规进行；(3)侦查的主体是所有享有侦查权的机关或部门，而侦察主体是公安机关和国家安全机关；(4)侦查获得材料，可以直接作为证据使用，而侦察获得的材料，一般作为开展侦查活动的依据，明确侦查方向和范围，而不直接作为定案根据。

侦察是侦查先导，但是，如果通过侦查能够获得证据，足以揭露犯罪，证实犯罪的案件，就不应使用侦察手段。

侦查作为一个诉讼程序，是公诉案件的必经程序，是公诉案件在立案之后，审查起诉程序之前的一个独立诉讼程序，它有独立的诉讼目的，形成侦查机关和诉讼参与人以及与检察机关的诉讼法律关系;以对案件作出撤销,或者移送审查起诉作为这个程序终结的标志。

二、侦查的任务和结构

(一) 侦查的任务

我国刑事诉讼法的任务包括惩罚犯罪和保障人权的统一。侦查程序作为其中的一个阶段,具有与其一致的具体任务。

根据我国刑事诉讼法的精神,侦查阶段的具体目的应当是:

1. 收集确实、充分的证据

证据是查明案件事实,揭露、证实犯罪,保障无辜者权利的依据。收集证据是刑事侦查阶段的重要内容。犯罪行为和犯罪证据同时发生。一把刀被用作杀人的工具,当犯罪者实施了杀人行为时,不仅这把刀成为本案证据,尸体、尸体上的刀口,死者流在现场和沾在刀上的血,还有刀柄上留下的犯罪者指纹,犯罪现场留有犯罪者的脚印、鞋印等,这些都与犯罪行为同时发生。犯罪行为作用于客观事物,必然引起客观事物的变化,出现与犯罪行为有关联的物品、痕迹和映象,这些都可用作证明犯罪事实的证据。

刑事诉讼法赋予侦查机关侦查权,侦查机关有权进行专门调查工作,采取各种强制性措施都是为了保证侦查机关完成收集诉讼证据的任务。从某种意义上讲,各种侦查行为,都是为了收集诉讼证据的需要,正因如此,侦查机关没有权力放弃使用应该使用的侦查行为。

贯彻司法机关分工负责、互相配合、互相制约的原则,也要求侦查机关在侦查程序中,通过侦查行为,收集确实、充分的证据。这个任务没有完成,没有达到法律要求的程度,就会影响以后的诉讼进程,就会发生退回补充侦查,发生“返工”的现象。

2. 查明案件事实

包括犯罪事实的有无和犯罪情节的轻重。对于收集来的各种证据材料,侦查机关在核实无误的情况下,应作为认定案情的依据。例如,侦查机关通过专门调查工作和采用有关强制性措施,查清实施犯罪行为的时间、地点,犯罪动机和目的、犯罪手段、犯罪结果以及犯罪嫌疑人的有关情况,如国籍、民族、文化、责任年龄、责任能力、有无前科、悔改表现如何、有无立功等。犯罪事实是刑事案件的基础,因此,查明案件事实成为侦查的又一重要任务。案件事实是由证据认定的。案件事实是否清楚,又是衡量证据是否充分的标准。证据不充分,就不可能达到案件事实清楚。这个任务没有完成,同样会产生“返工”现象。

3. 查获犯罪嫌疑人

侦查是为了追究犯罪者的刑事责任。侦查不仅要查出实施犯罪的人,而且要强制其接受侦查、起诉和审判。同犯罪作斗争的经验表明,除了极少数的人实施犯罪,而且罪行较轻,可以不适用强制措施外,绝大多数需要采取强制措施,以保证侦查、审判的顺利进行,没有抓到犯罪嫌疑人,诉讼不能向前发展,也就是侦查任务没有完成。

（二）侦查的结构

侦查的结构又叫侦查的模式。在英美法系国家，很多学者使用美国政治科学家帕克（Packer）的犯罪控制模式和正当程序模式①来审视一国的刑事司法模式。按照帕克的理论，当今各国刑事侦查的模式可概括为以下两种类型：

1. 犯罪控制模式

犯罪控制模式是建立在将镇压犯罪行为视为刑事诉讼程序非常重要的功能主义之上的。逮捕率和定罪率是诱因，并且因此认为非正式程序较之正式程序好。犯罪控制说认为轻微的案件在较早的程序中就被抛弃，较重的案件应被尽快地带向有罪判决。警察在最好的位置判断有罪，注重发挥侦查机关的职权作用，而忽视犯罪嫌疑人的积极作用。出于对犯罪的打击和对政府职能部门的信任，而授予侦查机关很大的自由裁量权，如侦查机关通常被授予紧急处置权，可以无证搜查、无证逮捕嫌疑犯等。处置行为带有更多的行政色彩，具体表现为：

（1）侦查机关拥有很大的权力。适用这种模式的国家，侦查机关不仅有权采取广泛的一般性诉讼手段调查犯罪，而且可以采取一系列强行侦查手段来直接控制和了解犯罪嫌疑人及其行为情况。这种强制侦查的强度也很大，羁押期间允许有弹性，视侦查进展的具体情况而定。同时，侦查机关还可以采取包括秘密搜查、电子监控等在内的秘密侦查手段。

（2）侦查机关有较大的行使权力的自由空间。其具体体现在以下两个方面：一是侦查控制范围有限。通常由侦查机关自己决定使用何种调查手段，即使是秘密侦查手段。只有涉及直接剥夺人身自由的那些侦查措施才规定必须由法官批准。二是侦查手段的运用条件通常并不严格。即侦查机关对侦查手段有一定的选择权，包括对侦查手段的种类以及对某种特定诉讼手段采取的时间、地点的选择。

（3）严格限制犯罪嫌疑人行使诉讼权利。其表现为：一是限制犯罪嫌疑人行使辩护权，主要表现为限制或排斥律师的介入。二是羁押犯罪嫌疑人为侦查阶段的一种常态措施。通常羁押的时间与侦查的进展同步，而且大多未授予犯罪嫌疑人以沉默权。

2. 正当程序模式

正当程序模式主张坚持程序公正的标准和加强对犯罪嫌疑人、被告人的保护。因此强调在法庭上经过申辩并对事实进行公开的和正式的审理和裁判，以此最大限度地保护无辜者。正当程序的主张者声称较之犯罪控制模式，它是发现真相的一种更精确的方式，它承认对案件事实的认识失误总是难免的，并且因此尝试建立安全屏障对抗错误判决。在侦查阶段引入了正当程序的司法理念，强调侦查机关和犯罪嫌疑人作为平等的当事人从诉讼的开始阶段就进行平等的对抗，同时法官作为中立的第三者监督、制约侦查活动的进程，并享有司法裁量权。

其基本特点表现为：

① 见 H.Packer(1968)：The Limits of The Criminal Sanction Stanford：Stanford University Press，pp.160—165。

(1) 强调侦查机关和犯罪嫌疑人权利的对等及相互的对抗性，并着重强化公民个体的诉讼地位和诉讼能力。

(2) 授予法官在侦查阶段的司法裁量权，监督和制约侦查机关的侦查活动。

三、国际公约对犯罪嫌疑人在侦查阶段的权利保障所确立的原则

第二次世界大战以后，联合国大会相继通过了一系列有关人权保障的世界公约，涉及审前被羁押的犯罪嫌疑人权利保障的公约有：1948 年 12 月 10 日宣布的《世界人权宣言》；1976 年 3 月 2 日生效的《公民权利和政治权利国际公约》；1979 年 12 月 17 日通过的《执法人员行为守则》；1984 年 12 月 10 日通过的《禁止酷刑和其他残忍、不人道或有辱人格的待遇或处罚公约》；1988 年 12 月 9 日通过的《保护所有遭受任何形式拘留或者监禁的人的原则》；1990 年 12 月 14 日通过的《联合国非拘禁措施最低限度标准规则》。另外，联合国多届预防犯罪和罪犯待遇大会通过的一些国际公约也反映了有关的内容，如 1955 年 8 月 30 日第一届大会通过的《囚犯待遇最低标准规则》、1990 年 9 月 7 日第八届大会通过的《关于检察官作用的准则》和《关于律师作用的基本原则》。上述公约原则上规定了保障人们免受酷刑、任意逮捕和享受公正审判以及在被提起诉讼时被推定为无罪的国际标准。

这些准则分别从审前羁押程序上的人权保障和羁押期间应享有的人权待遇两方面进行了原则性规定。例如：

(一) 审前羁押程序方面的有关规定

1. 禁止任意和非法的羁押

这体现在《世界人权宣言》第 9 条和《保护所有遭受任何形式拘留或者监禁的人的原则》等一些国际条约中。这些条约明确规定：任何人不应受到任意的逮捕和羁押。即逮捕和羁押必须有理由，而不应该是不恰当、不公正和缺乏预测性的因素，并且按照法律规定的程序进行。[①]同时有权实施逮捕、羁押的机构和人员必须是法律授权的机构和人员，以防任意侵犯人权和权力使用的无序。[②]

2. 享有知情权

多数国际条约都明确了这一原则，即被羁押的人有权在被羁押后获知被羁押的理由和不利于他们的任何指控。这种告之应以被羁押者能理解的语言进行，并且应告之作出这种决定的法律和事实根据，以使被羁押者能自行判断这种羁押是否合理及采取相应的行动保护自己。

《保护所有遭受任何形式拘留或者监禁的人的原则》还要求告之被羁押者：(1)逮

① 见《世界人权宣言》第 9 条。

② 见联合国《保护所有遭受任何形式拘留或者监禁的人的原则》。

捕的时间、地点;(2)第一次被带到法官、司法机关的信息;(3)向被羁押者解释他所享有的权利,如获得律师帮助的权利及如何利用这些权利等。[①]

3. 司法审查权

联合国的多数国际条约确立了被羁押者享有被及时带到法官或其他被授权行使司法审查权的机关面前,以使这些机关对羁押的合法性及在此期间被羁押者是否受到合法待遇等进行司法审查。这一方面使得羁押机关及人员的行为受到监督,同时也使被羁押者得以有机会与外界接触,对诸如在羁押阶段所受到的不公正待遇及羁押机关的滥用职权和非法行为有一个提出控告的机会。

4. 保释权

联合国多数人权条约都明确规定了对受指控的人进行审前羁押应是一种例外而不应是当然的措施。例如,《公民权利和政治权利国际公约》第 9 条第 3 款规定:"等候审判的人受监禁不应作为一般规则,但可规定释放时应保证在司法程序的任何其他阶段出席审判……"《保护所有遭受任何形式拘留或者监禁的人的原则》原则 39 规定:"除法律规定的特别情形外,以刑事罪名被拘留的人应有权利在审判期间按照法律可能规定的条件获释,除非司法当局或其他当局为了执法的利益而另有规定。这种当局应对拘留的必要性进行复审。"

5. 在合理时间内接受审判的权利

这被视为保障公正审判的最低要求,即被羁押者有权在合理的时间内接受审判或释放的权利。《公民权利和政治权利国际公约》第 9 条第 3 款要求:签约国应及时审判被羁押的人,否则应予释放。为此联合国下属委员会曾建议:所有政府通过立法使被逮捕或拘留的人在被逮捕的 3 个月内接受审判,或将其释放等待以后的诉讼程序。[②]

6. 对羁押提出异议

这是授予被拘禁者寻求外界保护的权利之一。国际条约要求建立相应的监督、审查制度,而且它应该是中立的,而不是由实施羁押的机关自我进行审查。任何被羁押的人应该享有自我判断权,从而寻求中立的监督机构对自认为不合理的羁押提出要求审查的权利。

7. 对非法羁押提出赔偿的权利

联合国《公民权利和政治权利国际公约》第 9 条第 5 款和《保护所有遭受任何形式拘留或者监禁的人的原则》规定:对于任何受到非法拘禁的人都有权提出因此而造成的人权侵害的赔偿,若其为国家官员的职业行为所致,则国家应给予赔偿。

(二) 审前羁押中的权利保障

1. 享有获得律师帮助的权利

在所有的国际条约中,获得律师帮助都被视为公正审判的标准之一。国际条约

---

① 见《世界人权宣言》第 12、13 条。

② 见联合国下属 1982/10, UN.DOC.E/CN.4/1983/4AT80 委员会决议。

中有关这一权利的内容大致可分为如下几个方面：

这一权利的享有并不仅仅表现在审判阶段，从某种意义上讲在羁押的早期阶段获得此帮助权更为重要，因为它能够对司法机关的滥用职权形成制约；能防止被羁押者遭受人身伤害；同时也利于及时采取有关的法律措施来对抗任意的拘禁。《关于律师作用的基本原则》第7条规定：任何被逮捕和羁押的人，无论是否受到刑事指控，都应该迅速接触律师，在任何案件中，从逮捕或拘禁的时间起，不得晚于48小时。

律师帮助权要求签约国政府采取有力的措施保障其实现，如建立相应的制度提供法律援助、被告享有律师帮助的权利、有足够的时间和有效的手段准备这一权利实现的相应制度。享有律师帮助的权利在方式上应该是多元的、自由的，如通信、会见等。这种权利在行使中不应该受到监视或窃听，而且因此而获得的内容不得作为指控被监禁者不利的证据。①

2. 享有申请司法审查权

即任何被羁押的人都应享有向法庭提起诉讼，以便法庭能不拖延地决定拘禁是否合法以及拘禁不合法时命令予以释放，以行使此权而获得人身保护令。②

3. 反对与外界的隔绝，享有与家人和其他人接触的权利

被羁押者与外界联系的隔绝被视为是不人道的和残酷的，也被视为是滋生刑讯逼供的原因之一。在被实施羁押后迅速通知其家人，能有效地防止失踪，并能使其亲属帮助聘请律师，获得法律援助。国际条约对此都作了规定。例如，《保护所有遭受任何形式拘留或者监禁的人的原则》明确规定：被羁押者有权接触律师和家庭成员，而且这种与外界的接触不应被拒绝超过若干天；被羁押者有权要求有关部门在其逮捕后迅速通知其家人或他所选择的其他人；告之他们被拘禁的地点；若被转移，则及时通告；被羁押者有权会见家人并与家人保持必要的通讯联系；这种与外界的联系，应发生在被监禁的早期阶段。③

4. 严禁刑讯逼供和非法待遇

刑讯逼供和非法待遇一直被国际条约视为不人道、残忍和应严禁的行为。国际条约在这方面的进步及价值不仅体现在理念上的确认，更重要的是提出了具体的措施来防止或杜绝它的发生。

《公民权利和政治权利国际公约》以及《保护所有遭受任何形式拘留或者监禁的人的原则》等国际条约都明确规定绝对禁止对任何个人进行刑讯和其他残酷、不人道待遇或惩罚。④

为有效地杜绝此类行为的发生，国际条约从体制上规定了如下具体的措施：禁止使用任何刑讯得到的陈述作为证据使用；禁止以将被羁押者置于不利情形下，来强迫

① 见联合国《保护所有遭受任何形式拘留或者监禁的人的原则》原则18。

② 见联合国《公民权利和政治权利国际公约》第9条第4项。

③ 见联合国《保护所有遭受任何形式拘留或者监禁的人的原则》原则16、原则19。

④ 见联合国《公民权利和政治权利国际公约》第7条、《保护所有遭受任何形式拘留或者监禁的人的原则》原则6。

其供述和自我归罪、做不利于他们的证言;禁止使用损害其决定或判断能力的武力、胁迫或其他方法进行讯问;对申诉者进行医学检查等。

第二节 侦查行为

在我国,侦查行为,是既包括侦查机关进行专门调查工作的行为,又包括侦查机关为防止现行犯、犯罪嫌疑人继续犯罪、逃跑、毁灭证据或自杀等而采取的强制措施。根据刑事诉讼法的有关规定,我国的侦查体系应包括下列内容:实施讯问犯罪嫌疑人,询问证人、被害人,勘验、检查、搜查,扣押物证、书证,鉴定,辨认,技术侦查,通缉等侦查行为;以及采取拘传、取保候审、监视居住、拘留和逮捕等强制措施。

强制措施已在前面章节中论述过了,本节将主要论述刑事诉讼法规定的几种侦查行为。

一、讯问犯罪嫌疑人

(一) 讯问犯罪嫌疑人的特点和意义

讯问犯罪嫌疑人,指侦查人员依照刑事诉讼法规定的程序,就案件事实以及与案件相关的其他问题以言词的方式,依法对被指控有犯罪嫌疑的人进行提问并要求回答的一种侦查行为。

在侦查程序,讯问犯罪嫌疑人的特点是:

1. 讯问主体和对象的特定性

在侦查程序,作为侦查行为的讯问犯罪嫌疑人,讯问主体必须是法定的侦查人员,并且不得少于2人。讯问的对象只能是被依法追究刑事责任的犯罪嫌疑人。

2. 讯问任务的特定性

讯问犯罪嫌疑人的任务在于,听取被讯问者的供述和辩解,通过讯问核实侦查中收集的证据,发现侦查中尚未发现的犯罪事实或者其他犯罪嫌疑人;通过讯问,听取辩解,防止错误追诉,及时纠正已经发生的不当之处。

3. 讯问内容的广泛性

讯问犯罪嫌疑人的任务,决定了其讯问内容的广泛性。可以就犯罪可疑方面进行讯问;可以就案件事实有关的问题进行讯问;可以就其所作辩解的有关事实和情节进行讯问;可以就其检举他人犯罪的有关事实进行讯问,还可以就其本人有关事项,如年龄、文化、民族、有无前科等情况进行讯问。但与本案无关的问题,不宜讯问。

4. 讯问行为的强制性

讯问犯罪嫌疑人是法定的专门调查工作,是具有强制力的侦查行为。被讯问者不得抗拒讯问,不享有沉默权。根据《刑事诉讼法》第120条之规定犯罪嫌疑人对侦查人员的提问应当如实回答。但可以拒绝回答与本案无关的问题。

5. 讯问方法、策略的多样性

讯问犯罪嫌疑人的任务明确之后,方法和策略就是关键。侦查人员要十分重视方法和策略的研究和运用。讯问犯罪嫌疑人应当根据案情、被讯问者的情况以及掌握的证据,灵活采用相应的策略和方法,不能千篇一律、一成不变。

6. 在我国,法律没有规定犯罪嫌疑人被讯问时律师可以在场。

在侦查实践中,侦查人员通常通过讯问犯罪嫌疑人达到下列目的:(1)获得口供,核实证据。通过讯问犯罪嫌疑人,可以核实侦查中收集的证据。在侦查过程中收集的证据,都是围绕着犯罪嫌疑人实施的犯罪行为展开的。犯罪嫌疑人被作为犯罪主体,对于他是否实施犯罪行为,在何时、何地实施,动机,目的,原因,结果,手段,过程,比谁都清楚。通过讯问,无论他是供述还是辩解,对于审查侦查过程收集的证据都是有意义的。同时,通过讯问可以获得犯罪嫌疑人的供述和辩解这种证据。(2)发现工作中的漏洞。通过讯问犯罪嫌疑人,可以发现侦查中尚未发现的犯罪事实和发现犯罪嫌疑人,查清案件的全部事实。(3)保证追诉质量。由于刑事犯罪案件的隐蔽性、复杂性,以及办案人员的主观局限性,在侦查过程也可能出现错拘错捕的情况。通过讯问犯罪嫌疑人,给其行使辩护权的机会。认真听取辩解意见,并及时进行调查核实,可以发现可能存在的错误,有利于及时纠正,保证案件的质量。(4)对犯罪嫌疑人进行教育,促使其接受法律制裁。通过讯问,可以揭露其犯罪行为客观性、危害性,有针对地进行政策和法律教育,促使其接受法律制裁,减少以后翻案活动,保证诉讼顺利进行。

(二)讯问犯罪嫌疑人的程序要求

《刑事诉讼法》第118条至第123条,对讯问犯罪嫌疑人的程序作了规定。

1. 关于讯问主体

讯问犯罪嫌疑人,必须由检察机关、公安机关(含国家安全机关和其他享有侦查权的机关)的侦查人员进行,其他人员无此权力。讯问的时候,侦查人员不得少于2人。讯问双人制有利于工作,保证办案质量;也可以相互监督,防止违法行为发生;同时利于保障侦查人员安全,防止行凶报复,防止犯罪嫌疑人的诬陷。

2. 关于讯问的地点和时间

对于未被拘留或逮捕的犯罪嫌疑人,可以传唤到犯罪嫌疑人所在市、县的指定地点或者到他的住处进行讯问,但是应当出示人民检察院或者公安机关的证明文件。

对于已经被拘留或者逮捕的犯罪嫌疑人,应当在拘留或逮捕后24小时内进行讯问。犯罪嫌疑人被送交看守所羁押以后,侦查人员对其进行讯问,应当在看守所内进行。如发现错拘、错捕的,应立即释放,并发给释放证明。对于需要逮捕而证据不足的,可以先采取取保候审或监视居住。

适用传唤或者拘传方式讯问犯罪嫌疑人的,持续时间不得超过12小时,不得以连续传唤、拘传的形式变相拘禁犯罪嫌疑人。案情特别重大、复杂,需要采取拘留、逮捕措施的，传唤、拘传持续的时间不得超过 24 小时。传唤、拘传犯罪嫌疑人，应当保证犯罪嫌疑人的饮食和必要的休息时间。

3. 关于讯问次序和内容

侦查人员在讯问犯罪嫌疑人的时候，应当首先讯问犯罪嫌疑人是否有犯罪行为，让他陈述有罪的情节或者无罪的辩解，然后向他提出问题，犯罪嫌疑人对侦查人员的提问，应当如实回答。

侦查人员对犯罪嫌疑人的提问，限于本案有关的问题。若与本案无关的内容，犯罪嫌疑人有权拒绝回答。所谓"与本案无关"，可以理解为与犯罪嫌疑人指控的罪名的定罪和量刑无关的内容，以及与案件事实无关的内容。

侦查人员在讯问犯罪嫌疑人的时候，应当告知犯罪嫌疑人如实供述自己罪行可以从宽处理的法律规定。

对于共同犯罪案件的同案犯罪嫌疑人，应当分别讯问。未被讯问的犯罪嫌疑人，不得在讯问现场。

4. 讯问特定犯罪嫌疑人的特殊要求

对于未成年犯罪嫌疑人，在讯问未成年犯罪嫌疑人时应当通知其法定代理人到场。无法通知、法定代理人不能到场或者法定代理人是共犯的，也可以通知其其他成年亲属，所在学校、单位、居住地基层组织或者未成年人保护组织的代表到场，并将有关情况记录在案。在场的法定代理人可以代为行使未成年犯罪嫌疑人的诉讼权利。到场的法定代理人或者其他人员提出办案人员在讯问中侵犯未成年人合法权益的，公安机关应当认真核查，依法处理。

讯问女性未成年犯罪嫌疑人，应当有女工作人员在场。

讯问聋、哑犯罪嫌疑人时，应当有通晓聋、哑手势的人参加，为他们翻译，并在讯问笔录上注明；讯问不通晓当地语言文字的人、外国人和无国籍人，应当为他们提供翻译人员。

5. 讯问的禁止规定

根据《刑事诉讼法》第 52 条的规定，侦查人员必须依法定程序讯问犯罪嫌疑人，"严禁刑讯逼供和以威胁、引诱、欺骗以及其他非法方法收集证据，不得强迫任何人证实自己有罪"。《刑事诉讼法》第 56 条规定："采用刑讯逼供等非法方法收集的犯罪嫌疑人、被告人供述和采用暴力、威胁等非法方法收集的证人证言、被害人陈述，应当予以排除。收集物证、书证不符合法定程序，可能严重影响司法公正的，应当予以补正或者作出合理解释；不能补正或者作出合理解释的，对该证据应当予以排除。在侦查、审查起诉、审判时发现有应当排除的证据的，应当依法予以排除，不得作为起诉意见、起诉决定和判决的依据。"

6. 关于讯问笔录

犯罪嫌疑人的供述和辩解，是法定的一种证据。因此，讯问犯罪嫌疑人应当制作笔录。笔录应当不失原意地记录侦查人员的提问以及犯罪嫌疑人供述和辩解的内容，最后应将讯问笔录交给犯罪嫌疑人核对。对没有阅读能力的，应当向他宣读。犯罪嫌疑人如果认为讯问笔录有遗漏或差错,应当允许其补充或纠正。犯罪嫌疑人承认笔录没有错误的,应当在笔录上逐页签名、捺指印,并在末页写明“以上笔录我看过(或向我宣读过),和我说的一致”。对于拒绝签名、捺手印的,侦查人员应当在讯问笔录上注明。侦查人员、翻译人员也应当在笔录上签名或者盖章。经讯问之后,如果犯罪嫌疑人要求自行书写供述,应当准许。必要时,侦查人员也可以要求犯罪嫌疑人亲笔书写供词。犯罪嫌疑人应当在亲笔供词的末页签名(或盖章)、捺指印,侦查人员收到后,应当在首页的右上方写明“于某年某月某日收到”,并同时签名。

侦查人员讯问犯罪嫌疑人,在文字记录的同时,可以对讯问过程进行录音或者录像。对于可能判处无期徒刑、死刑的案件或者其他重大犯罪案件,应当对讯问过程进行录音或者录像。

录音或者录像应当全程进行,保持完整性。在讯问犯罪嫌疑人的同时录音或录像对于防止侦查人员刑讯逼供、威胁、引诱、欺骗等非法方法收集证据具有非常重要的意义。

7. 告知犯罪嫌疑人可以聘请律师

根据《刑事诉讼法》第 34 条的规定,侦查机关在第一次讯问犯罪嫌疑人或者对犯罪嫌疑人采取强制措施的时候,应当告知犯罪嫌疑人有权委托辩护人。犯罪嫌疑人在押期间要求委托辩护人的,侦查机关应当及时转达其要求。犯罪嫌疑人在押的,也可以由其监护人、近亲属代为委托辩护人。在辩护律师符合法律手续的情形下,看守所应当及时安排会见,最迟不得超过 48 小时。

对于“危害国家安全犯罪和恐怖活动犯罪案件”的案件,在侦查期间辩护律师会见在押的犯罪嫌疑人,应当经侦查机关许可,侦查机关应当事先通知看守所。

辩护律师会见犯罪嫌疑人、被告人时不被监听。

二、询问证人和被害人

(一) 询问证人

1. 询问证人的概念和意义

询问证人,指侦查人员为查明案件事实,用言词的方式,向知道案情并能辨别是非、正确表达的人进行询问,调查了解与案件有关的事实的侦查行为。

询问证人是一种常用的侦查行为,几乎在每一个刑事案件中,都有通过询问证人了解案件的有关情况。

询问证人的意义在于:询问证人是获得证人证言的法定方法。犯罪行为是客观存在的,往往被人直接或间接发现,犯罪嫌疑人也总是隐藏在群众之中,实施作案行为往往会被某些群众所感知。因此,侦查人员深入群众、调查研究,就会发现具有证人资格的人,对他们依法询问,就会收集到证人证言这一证据。通过询问证人可以核实案件事实,审查犯罪嫌疑人的情况,防止对无辜的人进行刑事追究,及时查获犯罪嫌疑人。

2. 询问证人的程序

根据《刑事诉讼法》第 124 条至第 127 条的规定，询问证人应遵守如下程序：

(1) 询问的主体。在侦查程序，作为侦查行为的询问证人，只能由侦查人员进行。其他任何人都不具询问资格，所收集的证言，不具证据效力。

(2) 询问证人的地点。侦查人员询问证人，可以在现场进行，也可以到证人所在单位、住处或者证人提出的地点进行，在必要的时候，可以通知证人到人民检察院或者公安机关提供证言。在现场询问证人，应当出示工作证件，到证人所在单位、住处或者证人提出的地点询问证人，应当出示侦查机关的证明文件。到证人、被害人所在单位、住处或者证人、被害人提出的地点询问证人、被害人，应当经办案部门负责人批准，制作询问通知书。询问前，侦查人员应当出示询问通知书和工作证件。

具体的选择以保证询问的顺利进行，保障证人的安全、安宁，能让他自愿向侦查机关陈述他所了解的案件事实为原则。

(3) 方式。询问证人应该个别进行，不允许采取开座谈会的方式或集体讨论的方式进行，以免相互串通或互相影响，失去了证据的价值。

(4) 告知法律责任。侦查人员询问证人，应当首先告知他应当如实地提供证据、证言和有意作伪证或者隐匿罪证要负的法律责任。这是证人证言具有法律效力的前提条件。如果不告知这一法律规定，就是违法收集证据，就不具有法律效力。

(5) 询问聋、哑证人，应当有懂得聋哑手势的人参加作为手势翻译人，并将这种情况在笔录证明；询问不通晓当地通用语言文字的证人，应当有翻译人员参加。

(6) 询问未成年证人时，应当通知其法定代理人到场；询问女性未成年证人，应当有女工作人员在场。询问地点，应该在他们所熟悉的场所，如学校或家里。

(7) 询问证人应当制作笔录。证人证言是法定的证据，询问证人的目的就是要获得证人证言。询问证人笔录是对证言的固定，有条件的还可以录音固定证言。询问笔录应当交证人核对，对没有阅读能力的，应当向其宣读。如果记载有差错或者遗漏，证人可以提出修改或者补充。证人认为笔录是其所述的，应当签名或者盖章。侦查人员也应在上面签名。经过法定程序询问之后，证人如果请求自行书写证言的，应当允许。

3. 询问证人的方法

为了获得真实的证人证言，揭露犯罪、证实犯罪，询问证人不仅要依法进行，而且要讲究方法。

(1) 询问证人前，应先了解证人有关情况，如他与案件和案件当事人有无利害关系，证人的品质如何，文化状况、表述能力如何。这些情况对于认定案件事实没有什么意义，但对于审查判断证言的真实性，对于选择询问方法却有一定意义。

(2) 选择合适的地点。对未成年证人询问的地点也应该选择他们熟悉的地点。选择哪个地点询问证人，应根据案情和证人的特点。选择合适地点的目的是为了有利于获得真实性的证言，为了有利于保密和保护证人。

(3) 侦查人员对待证人的态度要诚恳，要平等待人，证人是案外人，不能像对犯罪嫌疑人那样去对待证人。

(4) 询问证人，侦查人员向证人清楚地表示所要了解的情况，并讲明《刑法》第305条规定的内容，使证人明确法律责任，然后让证人就其所知道的有关案件事实作陈述，侦查人员针对陈述情况进行提问。可以就其陈述不清的问题提问，也可以就其陈述存在矛盾之处进行提问，还可以就其可能知道而还没有讲到的问题进行询问，并让他说明是其亲眼所见的事实，还是听别人说的，是何处听何人所说。

(5) 询问证人。向证人提问语言要简明扼要，准确明了，切忌提的问题似是而非，或者范围太大、太抽象，使证人感到不知如何回答，应当要求证人就其所见所闻的有关案件事实作陈述，要实事求是，不要强人所难。询问证人，可以让证人辨认有关的人和物品。证人对辨认对象的陈述，也是证人证言内容的组成部分。

(二) 询问被害人

询问被害人，指侦查人员对人身、财产遭受犯罪行为直接侵害的人，就其受害情况及犯罪嫌疑人的有关情况，进行调查询问的一项侦查行为。

询问被害人的目的在于，收集被害人陈述这一证据，查明案件事实。由于被害人陈述和证人证言同属于言词证据，因此，根据《刑事诉讼法》第127条询问被害人的程序，适用询问证人的程序规定。但是，被害人和证人诉讼中地位不同，前者是案件的当事人，与案件和犯罪嫌疑人存在利害关系，因此，询问被害人时，还应该考虑到他是犯罪行为的直接受害者。他对犯罪事实和犯罪嫌疑人的情况会有更多的了解，要考虑他与案件有利害关系，陈述可能有夸张情节，甚至虚构事实。对于生命垂危的被害人，首先要设法救人，又要在可能情况下及时进行询问。对于被害人的个人隐私情况，应当为他保密。凡是符合提起附带民事诉讼的案件，侦查人员应告知他有提起附带民事诉讼的权利。

三、勘验、检查

(一) 勘验、检查的概念

勘验、检查，指侦查人员对犯罪有关的场所、物品、人身、尸体进行勘察和检验，以发现和收集与犯罪有关的物品、痕迹、伤情或者生理状况等的侦查行为。

勘验、检查的任务：(1)发现、固定、收集物证，包括物品和痕迹；(2)通过勘验、检查活动，获得勘验、检查笔录这一证据；(3)通过勘验、检查活动，深化对案情的认识，判断案件的性质，分析犯罪嫌疑人及其实施犯罪的特点，从而确定侦查方向和范围。

勘验的对象是与犯罪有关的场所、物品和尸体；而检查的对象是活人的身体，包括犯罪嫌疑人、被害人的身体。

(二) 勘验、检查的作用

侦查程序中的勘验、检查行为是取得第一手资料的重要途径，对于收集固定证据，揭露和证实犯罪，都有重要作用：(1)通过现场勘验，可以发现和收集与犯罪有关的痕迹、物品,及其在现场所处方位情况,为判断案情,确定侦查方向提供依据。(2)通过对尸体、场所的勘验,可以确定被害人的死亡时间和原因,可以推断作案手段、过程、凶器的类型等情况,从而可以推断作案的人数、作案条件、犯罪嫌疑人的特点,有利于正确确定侦查范围。(3)通过人身检查,可以确定被害人、犯罪嫌疑人的某些生理特征、伤害情况以及其他特征,有助于判断案情性质,查明案件事实。

(三)勘验、检查的种类及其程序

根据《刑事诉讼法》第128条至第135条的规定,勘验、检查的种类有:现场勘验、物证检验、尸体检验、人身检查、侦查实验五种。需要复验、复查时,还要复验和复查。

1. 现场勘验

现场勘验,指侦查人员对刑事案件的犯罪现场依法进行勘查和检验的一种侦查行为。实施犯罪活动的地点,遗留有与犯罪有关物品、痕迹的场所,都是犯罪现场,刑事案件大部分都有犯罪现场。

现场勘验作为侦查程序的侦查行为,由侦查人员进行。由于现场勘验往往涉及专门知识,为了正确认识现场,提取物证,必要时可以指派或者聘请具有专门知识的人参加,但应当在侦查人员主持下进行勘验。

现场勘验的程序要求是:(1)接到报案后,侦查人员应当迅速赶赴案发现场,做好现场保护工作;(2)进行现场勘验的侦查人员,必须持有人民检察院或公安机关的有效证明文件;(3)进行现场勘验,必须邀请两名与案件无关的公民作为见证人;(4)进行现场勘验,首先应向发现人、报案人、现场保护人了解现场原始情况,然后圈定勘验范围,由外向内有计划有步骤地进行;(5)对现场情况,应当仔细观察,认真分析、研究,并采取各种技术手段提取和保全证据;(6)在案发现场,如果有受伤的被害人,应及时送往医院抢救,对尸体应进行尸表检查,必要时可由法医进行解剖和检验;(7)对犯罪现场情况应进行综合分析,推断案件性质,确定侦查的方向和范围;(8)制作勘验笔录,并由参加勘验的人员和见证人签名。

勘验笔录是刑事诉讼证据的一种。进行勘验的侦查人员,必须制作勘验笔录。其内容包括:现场笔录、现场拍照和绘图三个部分。有条件的侦查机关,对犯罪现场情况,应当录像。必须指出,这种录像在证据种类上,仍然是勘验笔录,而不是视听资料。现场笔录应当记明,勘察时发现的与案件有关的情况,提取到的物证、书证。侦查人员、参加勘验的其他人员和见证人都应在笔录上签名,并写明年、月、日。现场录像,可以代替现场拍照和现场绘图,但不能代替现场笔录。

2. 物证检验

物证检验,指侦查人员对已经获得的物品和痕迹进行验证,以确定其对案件有无联系,有无证明意义的一项侦查行为。

对物证检验的程序要求是:(1)认真、仔细地分析研究物品和痕迹的特征及其形成,并通过分析,弄清痕迹、物品与案件事实有无关系;(2)对侦查人员难以判明的,应当指派或者聘请具有专门知识的人进行鉴定;(3)在物证检验时,应当有见证人在场。

物证检验应当制作笔录。笔录要如实、全面地反映检验的内容和过程。参加检验人员和见证人,都应在笔录上签名。只有这样,才具有证据意义。

3. 尸体检验

尸体检验,包括对尸表勘检和对尸体解剖的检验。这是用来查明死亡时间、致死原因,查明作案的工具、手段和方法,为揭露犯罪提供依据的一项侦查行为。

尸表勘检,是对尸体外部进行查验,查明尸体姿势、位置、衣着、血迹、斑痕以及尸体的隐蔽部位的附着物。

尸体解剖的检验,是指对尸体内部器官进行的勘验。首先要填写尸体解剖报告表,解剖尸体应注意尊重当地群众的风俗习惯,保持尸体外貌的完整。无论是局部解剖还是全部解剖,都要写明结论,如死亡时间、死因、损伤情况以及有无病史等。

根据《刑事诉讼法》第 131 条规定:“对于死因不明的尸体,公安机关有权决定解剖,并且通知死者家属到场。”公安部《规定》进一步规定,为了确定死因,公安机关决定解剖的需经县级以上公安机关负责人批准,可以解剖尸体或者开馆检验,并且通知死者家属到场,并让其在《解剖尸体通知书》上签名或者盖章。对于身份不明尸体的,无法通知死者家属的应当在《解剖尸体通知书》上注明。根据上列法律和法规可总结如下:公安机关在进行尸表勘验后,如认为死因不明,不管死者家属是否同意解剖,办案人员在经得县级以上侦查机关的负责人批准后,都可以决定解剖。

尸体勘验必须及时进行,以防止尸体上的痕迹因尸体变化和腐烂而消失,失去证据的价值。对尸体进行解剖时应严格按照卫生部《解剖尸体规则》进行,并注意尊重当地群众的风俗习惯,尽量保持尸体外貌的完整。进行尸体检验的程序,首先要了解案情,询问死者的自然情况,并作记录。其次,进行尸表检查,如不能确定死亡时间或死因时,再进行尸体解剖。

无论是局部解剖还是全部解剖,均应写明结论,如确定死亡的时间、原因、损伤情况及有无病史等。此外,解剖只能在侦查机关和医院附设的法医室(科)进行,在侦查人员的主持下,由法医或医师进行。

尸体检验应当制作笔录。笔录应当记明检验中所见的全部情况及作出的结论,然后由参加检验的人员、法医或医生,以及死者的家属等签名,并注明年、月、日。

4. 人身检查

根据《刑事诉讼法》第 132 条规定:“为了确定被害人、犯罪嫌疑人的某些特征、伤害情况或者生理状态,可以对人身进行检查,可以提取指纹信息,采集血液、尿液等生物样本。”人身检查,指侦查人员为了确定被害人、犯罪嫌疑人的某些特征、伤害情况或者生理状况,对他们的身体进行查看、检验的一种侦查行为。人身检查的结论属于勘验、检查笔录范围,是可以作为诉讼证据的。在某种情况下,人身的某些状态或标记,受损害情况,生理状态以及身体各器官的机能状况,对案情具有重要的证明作用。

人身检查的程序要求是:(1)人身检查作为侦查行为,必须由侦查人员进行,必要时可以指派或者聘请法医或者医师等具有专门知识的人,在侦查人员主持下依次进行。(2)对犯罪嫌疑人拒绝人身检查的,可以强制执行。(3)对被害人的人身检查,应征求其本人同意，不得强制执行。同时对于强奸案件的被害人一般不得进行生殖器官的检查。个别需要进行检查的，应征得被害人和家属或者亲属的同意，经过地(市)级公安处、局长的批准，在指定的医院由女医师或者女法医检查。(4)对妇女的人身检查，应当由女工作人员或者医师进行。(5)人身检查应根据案情确定检查的部位，不得任意扩大范围，不得侮辱被检查人的人格。

人身检查应当制作笔录。笔录中应当记明检查的情况和结果，由参加检查的侦查人员、法医、医师等签名，并注明年、月、日。

5. 侦查实验

侦查实验，指侦查人员为了查明与案件有关的某些事实或者行为，在某种情况下能否发生，而按照原来的条件进行模拟实验的一种侦查活动。

侦查实验是一种特殊的侦查行为，不宜广泛适用，凡是能够收集到有关证据查明的事实或者行为，不应适用侦查实验行为。可以适用侦查实验的范围，一般是下列情况：(1)确定在某种情况下能否看到或听到；(2)确定在一定时间内能否完成某种行为；(3)确定在某种条件下能否发生某种现象；(4)确定在某种情况下，某种行为和某种痕迹是否吻合；(5)确定在某种情况下，使用某种工具是否可能留下某种痕迹；(6)确定某种痕迹在什么情况下才能发生变异；(7)确定某种事实是怎么发生的。

根据《刑事诉讼法》第135条规定："为了查明案情，在必要的时候，经公安机关负责人批准，可以进行侦查实验。""侦查实验的情况应当写成笔录，由参加实验的人签名或者盖章。"侦查实验的程序要求是：(1)进行侦查实验，必须经县级以上的公安机关负责人批准；(2)侦查实验必须在与有关事实或者行为发生时的条件相同的情况下进行，如果原条件不具备，应当在最近似的条件下进行实验；(3)侦查实验应当在相同情况下反复实验，便于正确判断其结果，防止偶然性；(4)禁止一切足以造成危险、侮辱人格或者有伤风化的行为；(5)侦查实验应制作笔录，反复实验的，每次都应制作笔录。

侦查实验的笔录分三部分：(1)记录案件发生的时间、地点、简要案情、侦查实验的目的和要求。(2)记录侦查实验的方法、过程和结果。(3)记录侦查实验开始和结束的时间，参加人员的姓名、工作单位和职务，参加者应在笔录上签名或盖章，并注明年、月、日。

6. 复验、复查

复验、复查是人民检察院审查案件时，认为公安机关的勘验、检查可能有错误，要求公安机关重新进行的勘验、检查活动。《刑事诉讼法》第134条对此有明确规定："人民检察院审查案件的时候，对公安机关的勘验、检查，认为需要复验、复查时，可以要求公安机关复验、复查，并且可以派检察人员参加。"

四、搜查

(一) 搜查的概念和意义

搜查，指侦查人员为收集物证、书证，查获犯罪嫌疑人，依法对犯罪嫌疑人以及可能隐藏犯罪嫌疑人或者罪证的人身、物品、住处和其他有关场所，进行搜索的一种侦查行为。

根据《刑事诉讼法》第136条规定："为了收集犯罪证据、查获犯罪人，侦查人员可以对犯罪嫌疑人以及可能隐藏罪犯或者犯罪证据的人的身体、物品、住处和其他有关的地方进行搜查。"第137条进一步规定："任何单位和个人，有义务按照人民检察院和公安机关的要求，交出可以证明犯罪嫌疑人有罪或者无罪的物证、书证、视听资料等证据。"

搜查不同于检查，搜查的目的是为了收集实物证据和查获犯罪嫌疑人，而检查的目的不仅是为了发现伤痕，收集实物证据，而且是为了查明有无某种特征、标记，核实有关证据；为了查明生理状况，判明某种行为是否可能等。搜查适用的范围比检查广，一切可能隐藏犯罪证据和犯罪嫌疑人的人身、物品、场所，都可以依法强制搜查；而检查只适用于犯罪嫌疑人和被害人的人身，只能对犯罪嫌疑人进行强制检查。

搜查的意义在于：通过搜查可以抓获隐藏的犯罪嫌疑人；查获赃款、赃物以及其他实物证据；有利于防止犯罪嫌疑人逃跑、毁证，转移赃款、赃物；有利于迅速、及时地揭露犯罪、证实犯罪，查获犯罪嫌疑人。

(二) 搜查的法律特征

搜查是法定的侦查行为，具有以下法律特征：

1. 强制性

搜查是具有强制性的行为，这是由它的任务所决定的。为了查获犯罪嫌疑人和有关证据，必须依靠国家强制力，对有关的物品、人身、场所进行搜查。依法搜查，不允许任何人阻拦。

2. 公开性

搜查应依法公开进行，要让被搜查的有关人在场，要邀请两个见证人在场，查获与案件有关物品，应开列清单一式两份，其中一份应留给被搜查的人。

3. 扩展性

搜查与其他侦查行为相比，具有扩展性。搜查的对象，不限于犯罪嫌疑人，只要有一定理由怀疑可能隐藏有与案件有关的实物证据，可以依法对任何人进行搜查。搜查的物品、场所，也不限是犯罪嫌疑人的，只要有一定理由，认为可能藏有罪证或犯罪嫌疑人的物品、场所，都可以依法进行搜查。

4. 合法性

搜查必须依法进行。凡非法搜查，侵犯公民民主权利的，应当追究法律责任。

(三) 搜查的程序要求

《刑事诉讼法》第136条至第140条，对搜查程序作了规定。凡在刑事诉讼中采用搜查行为的，都应严格遵守。(1)搜查是侦查行为，需经过县级以上侦查机关负责人批准。(2)进行搜查应当由侦查人员进行，为了实现搜查任务，防止发生违法行为，进行搜查的侦查人员应当在2人以上。此外，任何机关、团体和个人都无权进行搜查。(3)进行搜查，必须出示搜查证，这是合法搜查与非法搜查的区分标志。

但是，《刑事诉讼法》第138条第2款规定："在执行逮捕、拘留的时候，遇有紧急情况，不另用搜查证也可以进行搜查。"对于无证搜查，在搜查结束后应当及时向侦查机关负责人报告并补办相应的手续。不另用搜查证也可以进行搜查，是以"有紧急情况"为条件的。

在搜查时，应当有被搜查人或者他的家属、邻居或其他见证人在场。

搜查妇女的身体，应当由女工作人员进行。

搜查的范围，可以对可能隐藏罪犯或者犯罪证据的人的身体、物品、住处和其他有关的地方进行搜查。

搜查应当当场制作笔录。笔录包括三个部分：(1)证明搜查的起止时间、执行搜查的人员，搜查证编号，见证人，对何人、何物、何场所进行搜查。(2)搜查的范围和搜查的过程。(3)搜查人、见证人、被搜查人签名。如果被搜查人在逃或者拒绝签名、盖章，或者被搜查人的家属拒绝签名、盖章，应当在笔录中记明。

对搜查中发现的对案件有证明意义的赃款、赃物、违禁品，以及其他实物证据，依法应当扣押的，应当开列扣押清单。在清单与实物核对无误后，搜查人、被搜查人或其家属、见证人都应在清单上签名或盖章或捺指印，并写明年、月、日。清单应一式两份，一份交给被搜查人或其家属，一份存入案卷。

需要对国家机关、团体或企业、事业的工作场所进行搜查，应当有该工作单位的代表参加。需要对外国驻我国的外交机构或住宅进行搜查必须经该外交机构同意。搜查时还应该有人民检察院和我国的外事机构的代表参加，以免发生问题，造成不良的国际影响或影响我国与相关国家的外交关系。

搜查时为了防止被搜查人逃跑或转移、销毁被搜查的物品，必要时，可以在被搜查的处所周围设置武装警戒或者临时封锁，以保证搜查的顺利进行。同时，在搜查时也应当注意保护公私财物。为了收集证据和查获犯罪嫌疑人而不得不毁坏犯罪嫌疑人的财物时，应控制在最低程度。

五、查封、扣押物证、书证

(一) 扣押物证、书证的概念和意义

查封、扣押物证、书证，指侦查人员在侦查活动中，发现能够证明犯罪嫌疑人有罪或者无罪的各种财物和文件，依法予以查封或扣押的行为。

查封、扣押物证、书证，对于刑事诉讼具有重要意义：其一，有利于及时将使用侦查行为时发现的，对案件具有证明意义的各种物品和文件提取，是收集实物证据的重要措施；其二，可以适时保全实物证据，防止发生毁弃、丢失或者被转移隐藏等现象，保证诉讼顺利进行；其三，有利于保证物证、书证对案件的证明作用，揭露犯罪，证实犯罪，保障无罪公民不受追究。

查封、扣押物证、书证，一般与勘验、搜查的侦查行为同时进行，在勘验、搜查中发现能够证明犯罪嫌疑人有罪或无罪的物品和文件，及时予以扣押。查封、扣押物证、书证是一种独立的侦查行为，可以独立适用。

（二）查封、扣押物证、书证的程序要求

查封、扣押物证、书证既关系到揭露犯罪、证实犯罪问题，又关系到公民合法权益的保障问题，要处理好两者关系，就必须严格依照法定程序进行。

（1）查封、扣押物证、书证，作为侦查行为，只能由侦查人员进行，而且必须由2人以上侦查人员进行，并要有见证人到场。侦查人员应当持本机关的介绍信和本人的工作证，并要向被扣物证、书证的人出示或者宣读。

（2）《刑事诉讼法》第141条规定，查封、扣押的财物、文件范围，只限于可以用作证明犯罪嫌疑人有罪、无罪的物品、文件，包括信件、照片、可疑字迹以及明令规定的违禁品，而与本案无关的财物、文件不得查封扣押。

（3）对那些与案件有无关系一时不易分清的，可以先行查封、扣押；经查清与案件无关的，应立即退还。

（4）持有人拒绝交出应当查封、扣押的财物、文件的，公安机关可以强制查封、扣押。

（5）扣押财物、文件的审批权。

（6）对查封、扣押的财物和文件，应当会同在场见证人和被查封、扣押财物、文件的持有人查点清楚，当场开列查封、扣押清单一式三份，写明财物或者文件的名称、编号、数量、特征及其来源等，由侦查人员、持有人和见证人签名，一份交给持有人，一份交给公安机关保管人员，一份附卷备查。依法扣押文物、金银、珠宝、名贵字画等贵重财物的，应当拍照或者录像，并及时鉴定、估价。

（7）对作为犯罪证据但不便提取的财物、文件，经登记、拍照或者录像、估价后，可以交财物、文件持有人保管或者封存，并且开具登记保存清单一式两份，由侦查人员、持有人和见证人签名，一份交给财物、文件持有人，另一份连同照片或者录像资料附卷备查。财物、文件持有人应当妥善保管，不得转移、变卖、毁损。

（8）查封、扣押财物及其孳息、文件，要妥善保管，不得使用、毁坏或丢弃。对容易腐烂变质及其他不易保管的财物，可以根据具体情况，经县级以上公安机关负责人批准，在拍照或者录像后委托有关部门变卖、拍卖，变卖、拍卖的价款暂予保存，待诉讼终结后一并处理。

对违禁品，应当依照国家有关规定处理；对于需要作为证据使用的，应当在诉讼终结后处理。

对犯罪嫌疑人违法所得的财物及其孳息，应当依法追缴，并妥善保管，以供以后需要时核查。对被害人的合法财产，应当及时返还。案件变更管辖时，与案件有关的财物及其孳息应当随案移交。移交财物时，由接收人、移交人当面查点清楚，并在交接单据上共同签名或者盖章。

对查封、扣押的财物、文件经查明确实与案件无关的，应当在3日以内解除查封、扣押、冻结，予以退还原主。原主不明确的，应当采取公告方式告知原主认领。在通知原主或者公告后6个月以内，无人认领的，按照无主财物处理，登记后上缴国库。

(三) 扣押犯罪嫌疑人的邮件、电报

邮件、电报的扣押具有特殊性，因为邮件和电报直接涉及限制公民的通信自由宪法权，因此必须严格控制，并且需要经过特殊的程序进行。《刑事诉讼法》第143条规定："侦查人员认为需要扣押犯罪嫌疑人的邮件、电报的时候，经公安机关或者人民检察院批准，即可通知邮电机关将有关的邮件、电报检交扣押。"

(四) 查询、冻结犯罪嫌疑人的存款、汇款

《刑事诉讼法》第144条规定："人民检察院、公安机关根据侦查犯罪的需要，可以依照规定查询、冻结犯罪嫌疑人的存款、汇款、债券、股票、基金份额等财产。有关单位和个人应当配合。"只要侦查机关查明或者有一定证据证明是属于犯罪嫌疑人的存款、汇款、债券、股票、基金份额等，不论是其本人名字，还是以化名或其他人的名字存入、汇入、汇出的款项，都可依法查询和冻结。

查询、冻结犯罪嫌疑人的存款、汇款、债券、股票、基金份额等财产，是侦查行为，采用这种侦查行为应经县以上人民检察院的检察长或者公安机关负责人批准，并应当填写"查询犯罪嫌疑人存款通知书""协助查询存款通知书"和"查询犯罪嫌疑人汇款通知书"，通知有关的金融机构、邮电机关执行。需要冻结犯罪嫌疑人存款、汇款、债券、股票、基金份额等财产的，也应办理相应的手续。如果是查询、冻结归侨、侨眷的存款、汇款、债券、股票、基金份额等财产，应征求当地侨务、统战部门意见，并要报请地级检察机关或公安机关批准。

对于犯罪嫌疑人的存款、汇款、债券、股票、基金份额等财产，侦查机关不得重复冻结。但是，侦查机关可以要求有关部门，在对犯罪嫌疑人的存款、汇款、债券、股票、基金份额等财产即将解冻时，通知人民检察院或公安机关，以便再行冻结。

对于冻结的存款、汇款、债券、股票、基金份额等财产，侦查机关不得扣划。对于在侦查、审查起诉过程中，犯罪嫌疑人死亡的，对其存款、汇款依法应当没收或者返还给被害人的，可以申请法院裁定，并通知冻结犯罪嫌疑人的存款、汇款、债券、股票、基金份额等财产的有关金融机构或邮电机关上缴国库或者返还给被害人。

对于已冻结的存款、汇款、债券、股票、基金份额等财产，经查明与案件无关，应当在3日以内解除冻结。

六、鉴定

(一) 鉴定的概念和意义

鉴定是法定的一种侦查行为，是侦查机关为了查明案情，指派或者聘请具有专门

知识的人，对案件中有关专门化问题进行比对、分析和鉴别，作出推断结论的一种活动。

鉴定的意义在于：(1)鉴定行为是取得鉴定意见这一证据的唯一途径，是收集证据的一种方法；(2)鉴定可以使与案件有关的各种物品、痕迹、尸体发挥对案件的证明作用；(3)鉴定可以帮助侦查人员了解有关专门化问题，从而正确认定案件事实，揭露犯罪、证实犯罪；(4)鉴定可以帮助侦查人员排除某些伪证，防止误伤无辜。

(二) 鉴定的范围和种类

在侦查程序的鉴定范围，仅限于与案件有一定联系的物品、文件、痕迹、人身和尸体等。

为了及时地查明案情、揭露犯罪、证实犯罪，凡需要运用鉴定行为的，侦查机关应当及时地指派或者聘请具有专门知识的人进行鉴定。常用的鉴定种类有：

1. 法医鉴定

即对与案件有关的尸体、人身、毛发、分泌物、胃内物质进行分析、鉴别，用以确定死亡时间、致死原因、伤害情况、犯罪工具情况、血型、精斑类型、胃内物质的成分。

2. 司法精神病鉴定

即对与案件有关人精神状况、责任能力进行鉴别，用以确定犯罪嫌疑人、被害人的精神状态，确定犯罪嫌疑人实施行为时，是否有辨别是非的能力，以及被害人精神损害的程度等。

3. 司法会计鉴定

即对账目、表册、单据、支票、发票等进行鉴别活动，用以确定其是否真实，是否符合财会制度。

4. 刑事技术鉴定

即对指纹、唇纹、齿纹、笔迹、弹痕、车辆痕等进行鉴别、分析，用以确定它与案件中的痕迹是否同一。

5. 一般技术鉴定

涉及面很广，包括对工业、建筑业、运输业等专门技术问题进行鉴定，以确定事故的性质和原因。

6. 其他方面鉴定

即运用物理学、化学、医学等原理，对案件有关物品、痕迹进行鉴别、分析，用以确定物品的成分、性能等，查明案件有关事实情况。

(三) 鉴定人的确定及其条件

凡是需要采用鉴定行为查明案件事实的，应当选择鉴定人。作为侦查行为的鉴定，凡侦查机关内部具有解决案件中专门问题的鉴定人，应当正式指定他对案件中专门问题进行鉴定。凡是需要聘请外单位的鉴定人进行鉴定的，应当适时办理委托鉴定手续。

鉴定人应具备以下条件：具有解决案件中专门问题的知识和技能；与案件及其当事人没有利害关系，不具有法律规定的回避条件情形；工作态度认真负责，工作作风细致、严谨。

（四）鉴定程序

鉴定程序，指侦查机关的侦查人员适用鉴定这种侦查行为来查明案情的程序，而不是进行鉴定的方法、步骤。

(1) 选择鉴定人。对侦查机关内部的鉴定人，予以正式指派；聘请外单位鉴定人进行鉴定的，应由送检人填写委托鉴定登记表，由县以上的侦查机关发聘请书。

(2) 侦查机关向鉴定人送交足够的有关鉴定材料，包括对比样本，介绍必要的案情，并明确提出需要通过鉴定解决的问题，但不得暗示或者强迫鉴定人作出倾向性的结论。

(3) 应当要求鉴定人在鉴定之后，及时出具明确的而不是模棱两可的鉴定意见，并且签名以示负责。如果是多人一起进行鉴定的，凡意见一致，共同作出鉴定意见的，共同在鉴定意见上签名；如意见不一致，可以分别制作鉴定意见。鉴定单位在鉴定意见上盖公章是必要的，但不能代替鉴定人在鉴定意见上签名。

(4) 侦查机关的办案人员，对于鉴定意见应当进行审查，必要时，经批准，可以进行补充鉴定或重新鉴定。

(5) 鉴定人故意做虚假鉴定的，应当依法追究其法律责任。

(6) 对犯罪嫌疑人作精神病鉴定的，不计入办案期限。

（五）鉴定意见的告知

《刑事诉讼法》第 148 条规定："侦查机关应当将用作证据的鉴定意见告知犯罪嫌疑人、被害人。如果犯罪嫌疑人、被害人提出申请，可以补充鉴定或者重新鉴定。"这一法律规定是诉讼民主的体现，也是更好地审查鉴定意见是否正确的需要。鉴定意见所解决的是案件中专门性问题，而侦查人员一般不具有对案件中专门性问题作出判断的知识。犯罪嫌疑人、被害人都是案件的当事人，他们对案件的真实情况都非常了解，他们对鉴定意见认定的事实有发言权，他们认为鉴定意见反映的事实不完全，或者有错时，申请补充鉴定或者重新鉴定的，侦查机关应当充分注意。重新鉴定，应当另行指派或者聘请鉴定人，以保证获得最佳效果。

七、辨认

（一）辨认的概念和意义

辨认，指侦查人员为了查明案情，在必要时让被害人、证人和犯罪嫌疑人对与犯罪有关的物品、尸体或场所进行辨别确认；或者让被害人、证人对犯罪嫌疑人、与犯罪有关的物品、尸体进行辨认；或让犯罪嫌疑人对其他犯罪嫌疑人进行辨别的一种侦查行为。

辨认这种侦查行为，刑事诉讼法并没有明确规定，但公安部《规定》和最高人民检察院《规则》对此作了专门规定。辨认对于查明案情以及查获犯罪嫌疑人等具有十分重要的意义。

（二）辨认的程序

辨认应当遵守下列程序：(1)公安机关、人民检察院在侦查各自管辖的案件的过程中，需要辨认犯罪嫌疑人时，应当分别经办案部门负责人或者检察长批准。(2)辨认应当在侦查人员主持下进行。在公安机关侦查的案件中，主持辨认的侦查人员不得少于2人。(3)在辨认前，应禁止辨认人见到被辨认人或者被辨认物，但应当向辨认人详细询问被辨认对象的具体特征，并应当告知辨认人有意作假辨认应当承担的法律责任。(4)几名辨认人对同一辨认对象进行辨认时，应当由每名辨认人单独进行。要时，可以有见证人在场。(5)辨认时，应当将辨认对象混杂在其他人员或物品中，不得给辨认人任何暗示。公安机关侦查的案件，辨认犯罪嫌疑人时，被辨认的人数不得少于7人；对犯罪嫌疑人的照片进行辨认的，被辨认的照片不得少于10张。人民检察院自侦案件侦查过程中辨认犯罪嫌疑人时，受辨认的人数不得少于5人，照片不得少于5张。辨认物品时，同类物品不得少于5件，照片不得少于5张。(6)公安机关侦查的案件，对犯罪嫌疑人的辨认，如果辨认人不愿意公开进行时，可以在不暴露辨认人的情况下进行，侦查人员应当为其保守秘密。(7)辨认的经过和结果等情况，应当制作笔录，由主持和参加辨认的侦查人员、辨认人、见证人签名或盖章。(8)人民检察院主持进行辨认，可以商请公安机关参加或者协助。

八、技术侦查措施

（一）技术侦查措施的概念和意义

技术侦查措施，俗称秘密侦查或特殊侦查，是指侦查机关为了侦破特定的刑事案件，在若相对人知情的情况下将难以开展或者无法完成的情况下，根据国家有关法律的规定，经过严格的审批程序，而以隐藏或欺骗方式实施的非强制性侦查活动。隐秘或欺骗的方式通常表现为激励监控、行踪监控、通信监控、场所监控等运用技术装备确定作案人和获取案件证据的秘密侦查措施；也包括隐匿身份实施侦查和控制下交付。

技术侦查措施作为刑事侦查措施的一种是2012年《刑事诉讼法》修改确定的。它是控制和打击犯罪的需要；也是为了使在司法实践中早已实际运用的侦查方式能纳入法律规范之下。

（二）技术侦查措施的程序

1. 适用技术侦查措施的案件范围

(1) 危害国家安全犯罪、恐怖活动犯罪、黑社会性质的组织犯罪、重大毒品犯罪或者其他严重危害社会的犯罪案件。《刑事诉讼法》第150条第1款规定:“公安机关在立案后,对于危害国家安全犯罪、恐怖活动犯罪、黑社会性质的组织犯罪、重大毒品犯罪或者其他严重危害社会的犯罪案件,根据侦查犯罪的需要,经过严格的批准手续,可以采取技术侦查措施。”

(2) 检察院自侦的利用职权实施的严重侵犯公民人身权利的重大犯罪案件。《刑事诉讼法》第150条第2款规定:“人民检察院在立案后,对于利用职权实施的严重侵犯公民人身权利的重大犯罪案件,根据侦查犯罪的需要,经过严格的批准手续,可以采取技术侦查措施,按照规定交有关机关执行。”人民检察院等部门决定采取技术侦查措施,交公安机关执行的,由设区的市一级以上公安机关按照规定办理相关手续后,交负责技术侦查的部门执行,并将执行情况通知人民检察院等部门。

(3) 追捕被通缉或者批准、决定逮捕的在逃的犯罪嫌疑人、被告人。《刑事诉讼法》第150条第3款规定:“追捕被通缉或者批准、决定逮捕的在逃的犯罪嫌疑人、被告人,经过批准,可以采取追捕所必需的技术侦查措施。”

2. 技术侦查措施的决定和执行

公安机关和检察院根据侦查犯罪的需要,经过严格的批准手续,可以决定采取技术侦查措施,但人民检察院等部门决定采取技术侦查措施,交公安机关执行。

3. 技术侦查措施的种类、适用对象和实施期限

技术侦查措施在使用中如果不当,比较容易侵犯相对人享有的宪法保障的权利,所以应当慎重使用。

(1) 批准决定应当根据侦查犯罪的需要,确定采取技术侦查措施的种类和适用对象。

(2) 批准决定自签发之日起3个月内有效。对于不需要继续采取技术侦查措施的,应当及时解除;对于复杂、疑难案件,期限届满仍有必要继续采取技术侦查措施的,经过批准,有效期可以延长,每次延长不得超过3个月。

(3) 采取技术侦查措施,必须严格按照批准的措施种类、对象和期限执行。

(4) 技术侦查措施执行中的保密要求。侦查人员对采取技术侦查措施过程中知悉的国家秘密、商业秘密和个人隐私,应当保密;对采取技术侦查措施获取的与案件无关的材料,必须及时销毁。采取技术侦查措施获取的材料,只能用于对犯罪的侦查、起诉和审判,不得用于其他用途。公安机关依法采取技术侦查措施,有关单位和个人应当配合,并对有关情况予以保密。

(5) 技术侦查措施收集的案件材料的证据效力。《刑事诉讼法》第154条规定:“依照本节规定采取侦查措施收集的材料在刑事诉讼中可以作为证据使用。如果使用该证据可能危及有关人员的人身安全,或者可能产生其他严重后果的,应当采取不暴露有关人员身份、技术方法等保护措施,必要的时候,可以由审判人员在庭外对证据进行核实。”

九、通缉

（一）通缉的概念和特征

通缉，是指侦查机关对依法应当逮捕而在逃的犯罪嫌疑人，以发布通缉令的方式，通报有关地区的公安机关和广大群众，缉拿其归案的一种侦查行为。

通缉是各地侦查机关协同打击犯罪的重要形式，也是侦查机关积极发动群众同犯罪行为作斗争的重要手段，是缉拿在逃犯罪嫌疑人的有效措施。它具有如下特征：

1. 主体的特定性

通缉虽然是侦查行为，但它是特殊的侦查行为，不是任何侦查机关都有权适用。根据我国刑事诉讼法的规定，适用通缉行为的主体是公安机关，只有县以上的公安机关才有权发布通缉令。其他任何机关、团体、单位和公民都无权行使通缉。

2. 性质的协作性

通缉是各地区公安机关之间，在分工负责基础上的通力合作，协同追捕在逃的犯罪嫌疑人。没有公安机关各部门之间、各地区之间的协作，就不能形成巨大的合力，通缉也不能发挥巨大的震慑作用。

3. 方式的单一性，方法的多样性

通缉的方式是单一的通缉令，由县以上公安机关发布，而方法是多样的，可以印发、张贴通缉令，可在报纸、刊物上刊载通缉令，也可以在广播电台、电视台上播放通缉令，还可以在互联网上公布通缉令等。

4. 行为的强制性

通缉，是侦查行为或侦查手段，在法律上具有强制性。任何公民发现通缉对象，有权把他扭送到公安机关。公安机关发现通缉对象，即可予以拘留，并通知发通缉令的侦查机关前去押回处理。

5. 通缉对象的特定性

通缉对象只能是依法应当逮捕而又在逃的犯罪嫌疑人。如果依法不应逮捕，或者不是犯罪嫌疑人，就不能适用通缉措施。

（二）通缉的程序

1. 决定通缉

侦查机关经过分析案情，认定犯罪嫌疑人依法应当逮捕的，应先提请人民检察院批准逮捕。经批准逮捕，但发现犯罪嫌疑人在逃的，如需要通缉的，应向领导汇报，由公安机关负责人决定通缉。

2. 发布通缉令

通缉令是公安机关向本辖区发布的缉拿依法应当逮捕而在逃的犯罪嫌疑人的特殊命令。通缉令由公安机关承办案件的人员拟制。

3. 通缉令的发布机关和方法

县以上的公安机关可以在本辖区内发布通缉，超出辖区范围的，应呈报到省、自治区、直辖市公安机关，或者公安部发布通缉令。毗邻地区有固定协作关系的公安机关，可按协作规定互相抄发通缉令，并报上级公安机关备案。

发布通缉令的方法是多样的，如前特点中所述，只要用一定的方法，使需要其协助的部门、单位、公民知道，能够有效地发现、抓获应当逮捕而又在逃的犯罪嫌疑人，并且是法律所允许的方法都可以。

4. 补发通缉通报

在通缉令发出后，侦查机关如果发现新的重要情况，可以补发通缉通报。在通缉通报中，应写明通缉令的编号、年、月、日，以便联系起来去发现、抓获在逃的犯罪嫌疑人。

5. 执行通缉令

通缉令是一种特殊命令，应当认真执行，协助部门应当通力协助。接到通缉令后，有关部门应当认真部署，采取有效措施控制被通缉者可能出入或者可能隐藏的地方，并在一定范围发动群众提供线索，形成天罗地网，尽快将被通缉人缉拿归案。

6. 撤销通缉令

通缉令是动员有关部门和群众缉拿在逃犯罪嫌疑人的，当被通缉人已被抓获、投案或者死亡，发布通缉令的机关应当在原发布通缉令的范围内发布撤销通缉令，以免浪费人力、物力、财力。

(三) 通缉的意义

通缉是具有强制力的侦查行为，在诉讼上具有重要意义。

1. 威慑被通缉者，促使其投案

在一定范围内发布通缉令，对被通缉的人造成强大的社会压力、政治压力，使其亲友不敢收留他、资助他，造成其走投无路，不得不投案。

2. 有利于及时缉拿犯罪嫌疑人归案

通过通缉令方式，动员犯罪嫌疑人可能隐藏的地区的公安力量和群众力量，可以及时发现并捉拿在逃的犯罪嫌疑人归案。

3. 有利于防止犯罪嫌疑人继续作案

通过通缉令的方式，使有关地区的警方和群众，为执行通缉令，加强防范措施，使犯罪嫌疑人忙于躲藏，失去继续作案条件，可以有效防止其继续作案。

第三节　侦 查 终 结

一、侦查终结的概念和意义

侦查终结，指侦查机关对于由自己立案侦查的案件，经过一系列的侦查活动，认为案件事实已查清，证据确实充分，足以认定犯罪嫌疑人是否犯罪和应否对其追究刑事责任而决定结束侦查，依法对案件作出相应处理或提出处理意见的诉讼活动。

侦查终结,就是侦查程序的结束。通常有两种情况可以结束侦查程序:一是通过侦查活动,对于犯罪事实已查清,证据确实充分的,依法应当追究刑事责任的可以结束侦查活动,将案件移送给人民检察院审查起诉;二是在侦查过程中,发现不应对犯罪嫌疑人追究刑事责任,侦查也可以以撤销案件的方式结束。

侦查终结的意义在于:(1)侦查终结,标志着侦查任务的完成,或者终止本案诉讼活动,或者把本案的诉讼推向下一程序。(2)停止对不承担刑事责任者的追诉,维护其合法权益。通过侦查活动,查明案件事实,对没有实施犯罪行为者,或者具有《刑事诉讼法》第16条规定的六种情形之一者,及时撤销案件,如果犯罪嫌疑人在押,应立即释放。(3)通过侦查终结,适时将事实清楚,证据确实、充分,依法应当追究刑事责任的案件,及时移送给人民检察院审查起诉,为提起公诉奠定可靠基础。

二、侦查终结的条件

我国《刑事诉讼法》第162条规定:"公安机关侦查终结的案件,应当做到犯罪事实清楚,证据确实、充分,并且写出起诉意见书,连同案卷材料、证据一并移送同级人民检察院审查决定;同时将案件移送情况告知犯罪嫌疑人及其辩护律师。"据此,公安机关和人民检察院自行侦查的案件侦查终结必须具备下列三个条件:

(一) 案件事实清楚

案件事实清楚,包括犯罪嫌疑人有罪或者无罪,罪重或罪轻的事实和情节。如果犯罪嫌疑人确有犯罪行为,则应当查清有关犯罪的时间、地点、动机、目的、行为手段、情节、行为过程、行为结果以及是否有遗漏罪行和其他应当追究刑事责任的人等,有关犯罪线索也全部查清。

(二) 证据确实、充分

案件事实查清必须建立在已经获取了确实、充分的证据基础上。要求通过侦查获得的证据是真实可靠的,能够足以证明所认定有罪或无罪的事实。犯罪嫌疑人的罪行得到证实,或者犯罪嫌疑得到澄清。具体而言,证据确实充分,是指证据材料经过反复核对无误,证据之间能够互相印证,并形成一个完整的证明体系,足以排除各种证据疑点,确认犯罪嫌疑人有罪还是无罪,罪重还是罪轻。

(三) 法律手续完备

在侦查活动中,侦查人员使用的各种诉讼文书是依法侦查的凭证。在侦查终结时,对各种诉讼文书应当进行清理、核对,检查各种应当有的诉讼文书是否齐全,如拘留证、逮捕证、搜查证、搜查笔录等等。凡是应当具备的诉讼文书,都不能遗漏。如果发现短缺,应及时予以补齐。法律手续完备,是侦查终结必不可少的条件。

以上三个条件必须同时具备,缺一不可。

同时结合《刑事诉讼法》第161条的规定："在案件侦查终结前，辩护律师提出要求的，侦查机关应当听取辩护律师的意见，并记录在案。辩护律师提出书面意见的，应当附卷。"侦查终结前和之后，有义务听取辩护律师的意见，将处理的结果告知犯罪嫌疑人及其辩护律师。

此外，依照《刑事诉讼法》第163条的规定，侦查机关"在侦查过程中，发现不应对犯罪嫌疑人追究刑事责任的，应当撤销案件；犯罪嫌疑人已被逮捕的，应当立即释放，发给释放证明，并且通知原批准逮捕的人民检察院"。其中，"不应对犯罪嫌疑人追究刑事责任的"指不存在犯罪事实或者犯罪嫌疑人的行为符合《刑事诉讼法》第16条依法不予追究的情形。侦查机关经过侦查，发现不应该对犯罪嫌疑人追究刑事责任时，应当及时结束侦查，并立即释放犯罪嫌疑人，通知原批准逮捕的人民检察院。

三、侦查终结案件的处理

根据我国《刑事诉讼法》第162条的规定，侦查终结的案件，根据案件的不同情况，作出移送起诉或者撤销案件的决定。

一是公安机关侦查终结的案件，如果认为案件事实清楚，证据确实、充分，依法应当追究刑事责任的，应当制作《起诉意见书》，连同案卷材料、证据一并移送同级人民检察院审查决定。共同犯罪的案件，公安机关应当写明每个犯罪嫌疑人在犯罪中的地位、作用、具体罪责和认罪态度，并分别提出处理意见，供起诉机关参考。犯罪嫌疑人自愿认罪的，应当记录在案，随案移送，并在起诉意见书中写明有关情况。

二是公安机关在侦查过程中，发现犯罪情节轻微或犯罪嫌疑人的行为不构成犯罪，或者依法不应追究刑事责任的，应当作出撤销案件的处理决定，并制作《撤销案件决定书》。犯罪嫌疑人已逮捕的，应当立即释放，发给释放证明，并通知原批准逮捕的人民检察院。在侦查过程中，发现犯罪嫌疑人不够刑事处罚需要行政处理的，经县级以上公安机关批准，对犯罪嫌疑人依法予以行政处理或者移交其他有关部门处理。

另外，在案件的侦查过程中，如果被害人依法提起附带民事诉讼的，应记录在案，并应当在移送审查起诉时，在《起诉意见书》中末页注明。如果案件被撤销，应及时告诉被害人另外向人民法院提起民事诉讼。

在侦查过程中，遇有犯罪嫌疑人长期潜逃或者犯罪嫌疑人身患重大疾病不能接受讯问，从而使侦查不能继续进行的情况时，可以中止侦查，但不能撤销案件，应当分别采取通缉或者取保候审措施。在中止条件消失后，应当恢复侦查，直至侦查终结。

四、侦查羁押期限

我国刑事诉讼法对于从立案到侦查终结的期限并未作硬性规定。就目前刑事诉讼法和相关司法解释而言，对于没有被羁押的犯罪嫌疑人，侦查活动没有规定期间限制。在司法实践中，如果犯罪嫌疑人没有被采取强制措施，侦查是不受任何诉讼期间的限制的。但是，一旦犯罪嫌疑人人身自由受到限制，即处于羁押状态，则侦查机关的侦查活动就要受到侦查羁押期限的限制。因此，所谓的侦查羁押期限，在这里仅涉及犯罪嫌疑人被依法刑事拘留或逮捕到侦查终结的期间规定。

根据刑事诉讼法和有关司法解释的规定，侦查中的羁押期限可以分为一般侦查羁押期限、特殊侦查羁押期限、不计算侦查羁押期限的情形和重新计算的侦查羁押期限四种。

（一）一般侦查羁押期限

《刑事诉讼法》第156条规定："对犯罪嫌疑人逮捕后的侦查羁押期限不得超过二个月。"这是一般刑事案件的侦查羁押期限的规定，即一般侦查羁押期限不得超过2个月。侦查机关一般应当在这个期限内完成侦查终结。如果犯罪嫌疑人在逮捕以前已被拘留的，拘留的期限不包括在侦查羁押期限内。

（二）特殊侦查羁押期限

刑事案件繁简难易是不同的，查明案件事实所需要的时间也不同。对于具有某些特别情况的案件，侦查羁押期限2个月是不够的，需要作出不同的延长。特殊侦查羁押期限又称"侦查羁押期限的延长"，指刑事诉讼法根据案件的特殊需要，规定在符合法定条件时履行相应的审批手续和程序，便可以延长的侦查羁押期限。法律具体规定体现在如下几个方面：

(1) 根据《刑事诉讼法》第156条的规定，对案情复杂的犯罪嫌疑人逮捕后的侦查羁押期限2个月届满不能终结的案件，可以经上一级人民检察院批准延长1个月。

(2) 根据《刑事诉讼法》第157条的规定，因为特殊原因，在较长时间内不宜交付审判的特别重大复杂的案件，由最高人民检察院报请全国人民代表大会常务委员会批准延期审理。

(3) 根据《刑事诉讼法》第158条的规定，下列案件在《刑事诉讼法》第156条规定的期限届满不能侦查终结的，经省、自治区、直辖市人民检察院批准或者决定，可以延长2个月："（一）交通十分不便的边远地区的重大复杂案件；（二）重大的犯罪集团案件；（三）流窜作案的重大复杂案件；（四）犯罪涉及面广，取证困难的重大复杂案件。"

(4) 根据《刑事诉讼法》第159条的规定，对犯罪嫌疑人可能判处10年有期徒刑以上刑罚，依照《刑事诉讼法》第158条的规定延长期限届满，仍不能侦查终结的，经省、自治区、直辖市人民检察院批准或者决定，可以再延长2个月。

对于最高人民检察院直接立案侦查的案件，符合《刑事诉讼法》第156条至第159条规定的条件，需要延长犯罪嫌疑人侦查羁押期限的，由最高人民检察院依法决定。

（三）不计算侦查羁押期限的情形

(1) 依照《刑事诉讼法》第160条第2款的规定，犯罪嫌疑人不讲真实姓名、住址，身份不明的，应当对其身份进行调查。查清其身份之前的侦查羁押期限不予计算。侦查羁押期限自查清身份之日起计算，但是不得停止对其犯罪行为的侦查取证。对于犯罪事实清楚、证据确实、充分的，也可以按其自报的姓名移送人民检察院审查起诉。

（2）根据《刑事诉讼法》第149条的规定，对被逮捕的犯罪嫌疑人送指定的医院作精神病鉴定的期间不计入办案期限。但其他鉴定时间则应当计入侦查羁押期限。对于因鉴定时间较长，办案期限届满仍不能终结的案件，自期限届满之日起，应当对被羁押的犯罪嫌疑人变更强制措施，改为取保候审或者监视居住。

（四）重新计算的侦查羁押期限

根据《刑事诉讼法》第160条第1款的规定，在侦查期间，发现犯罪嫌疑人另有重要罪行的，自发现之日起依照《刑事诉讼法》第156条的规定，重新计算侦查羁押期限。公安机关在侦查期间，发现犯罪嫌疑人另有重要罪行，重新计算侦查羁押期限的，由公安机关决定，不再经人民检察院批准，但须报人民检察院备案，并受人民检察院监督。

第四节　人民检察院对直接受理的案件的自行侦查

人民检察院对直接受理的案件的侦查，又称检察院自侦。它指刑事诉讼法根据职能管辖所确定的由人民检察院直接受理的刑事案件的侦查。根据《刑事诉讼法》第19条第2款的规定，人民检察院在对诉讼活动实行法律监督中发现的司法工作人员利用职权实施的非法拘禁、刑讯逼供、非法搜查等侵犯公民权利、损害司法公正的犯罪，可以由人民检察院立案侦查。对于公安机关管辖的国家机关工作人员利用职权实施的重大犯罪案件，需要由人民检察院直接受理的时候，经省级以上人民检察院决定，可以由人民检察院立案侦查。这是与实施法律监督相联系的权力。

《刑事诉讼法》第164条规定，“人民检察院对直接受理的案件的侦查适用本章规定。”但是，由于人民检察院的国家法律监督机关的性质，以及人民检察院自侦案件本身所具有的特殊性，我国《刑事诉讼法》第165条至第168条又对其作了特别规定，主要表现为关于强制性措施的适用以及侦查终结后对案件的处理。

一、人民检察院对自侦案件中的犯罪嫌疑人的拘留和逮捕决定权

根据《刑事诉讼法》第165条的规定，人民检察院对其直接受理的刑事案件的侦查中，对犯罪嫌疑人需要适用逮捕，并符合《刑事诉讼法》第81条、第82条第4项、第5项的规定情形，由人民检察院作出决定，由公安机关执行。

人民检察院对直接受理的案件进行侦查中，遇有《刑事诉讼法》第 82 条第 4 项、第 5 项规定的：现行犯或者重大嫌疑分子，实施犯罪后企图自杀、逃跑或者在逃的；有毁灭、伪造证据或者串供可能的，可以作出拘留决定，并由公安机关执行。

人民检察院依法决定拘留的人，应当负责讯问，应当在拘留后 24 小时内进行讯问。在发现不应当拘留的时候，必须立即释放，并发给释放证明。

人民检察院对直接受理的案件中被拘留的人，认为需要逮捕的，应当在 14 日以内作出决定。在特殊情况下，决定逮捕的时间可以延长 1 日至 3 日。对不需要逮捕的，应当立即释放；对于需要继续侦查，并且符合取保候审、监视居住条件的，依法取保候审或者监视居住。

由于我国人民检察院属于国家的法律监督机关，这就要求对检察机关决定的拘留、逮捕，应交由公安机关执行，公安机关也应予以配合。

二、检察院自侦案件侦查终结后的处理

根据《刑事诉讼法》第 168 条的规定，人民检察院直接受理的案件，在侦查终结后有三种处理方式：提起公诉、不起诉和撤销案件。

（一）提起公诉

经过侦查，认为犯罪事实清楚，证据确实充分，足以认定犯罪嫌疑人构成犯罪，依法应当追究刑事责任的，应当作出提起公诉的决定。首先由办案人员写出《侦查终结报告》，报经侦查部门负责人审核。对于符合提起公诉条件的案件，侦查部门制作起诉意见书，由对侦查部门填写《案件移送登记表》连同《侦查终结报告》以及案卷材料一并移送审查起诉部门，由审查起诉部门审查后，根据检察长或检察委员会的决定作出提起公诉决定。

（二）不起诉

人民检察院侦查终结的案件，遇有《刑事诉讼法》第 177 条第 2 款规定的情形的案件，即认为犯罪事实清楚，证据确实充分，足以认定犯罪嫌疑人构成犯罪，但犯罪情节轻微，依照刑法规定不需要判处刑罚的，可以作出不起诉决定，由侦查部门制作不起诉意见书，连同案卷材料一并移送审查起诉部门，由审查起诉部门依法审查，根据检察长或检察委员会的决定作出不起诉决定。这里的"犯罪情节轻微，依照刑法规定不需要判处刑罚"指《刑法》第 13 条规定的情形；"应当免除刑罚的"是指《刑法》中有"应当（可以）免除刑罚"字样的条款中规定的情形，如对预备犯、中止犯、胁从犯等就应当或可以免除刑罚。

（三）撤销案件

人民检察院直接侦查的案件，在侦查过程中发现有足够的证据证明犯罪嫌疑

人的行为不构成犯罪,或者依法不应追究刑事责任的情形,应当撤销案件的,由侦查部门制作撤销案件意见书,报经检察长或者检察委员会决定后撤销案件。人民检察院撤销案件的决定,应当分别送达犯罪嫌疑人所在单位和犯罪嫌疑人。如果犯罪嫌疑人在押,应当制作决定释放通知书,通知公安机关依法释放。公安机关应当立即释放,并发给释放证明。这里"不应当追究刑事责任"的情况和公安机关撤销案件的情形相同,即具备《刑事诉讼法》第16条规定的六种情形之一的或经侦查认为没有犯罪事实发生的,就属于"不应当追究刑事责任",人民检察院就应当撤销案件。

在司法实践中,人民检察院对于自己立案的案件,侦查终结后,如果需要撤销案件,由侦查机关直接报请检察长或检察委员会作出决定;如果需要不起诉,由侦查部门将案件移送到起诉部门审查。

第五节 补充侦查

一、补充侦查的概念和意义

补充侦查,指公安机关或人民检察院依照法定程序,在原有侦查工作的基础上,就案件的由于某种原因没有完成的侦查任务,或者是案件部分事实不清,或者是案件的部分证据不足,重新进行的收集证据的侦查活动。

补充侦查是原有侦查工作的继续,仍属侦查范畴。但它不是每个刑事案件都必须经过的程序,而是在特殊情况下对原有的侦查工作没有完成侦查任务所进行的一项补救措施,就案件的部分情况和事实进行的侦查活动。

二、补充侦查的发生阶段与方式

根据《刑事诉讼法》的相关规定,补充侦查可以发生在三个阶段:侦查阶段侦查机关提请逮捕申请被否决时、检察院审查起诉阶段和法院审理阶段。

补充侦查可采取两种方式,即退回补充侦查和检察院自行补充侦查。退回补充侦查指决定补充侦查的机关将案件退回原侦查机关进行补充侦查。检察院自行补充侦查指决定补充侦查的检察机关自行对案件进行补充侦查。并不是三阶段的补充侦查都适用这两类方式,不同的补充侦查采取不同的侦查方式:一种或两种。其具体如下。

(一) 审查批捕阶段的补充侦查及其方式

根据《刑事诉讼法》第90条的规定,人民检察院对于公安机关提请批准逮捕的案件,经审查后认为尚不符合逮捕要求的,作出不批准逮捕的决定,并说明理由。对于不批准逮捕的,人民检察院应当说明理由,需要补充侦查的,应当同时通知公安机关。据此,审查批捕时的补充侦查决定不是单独作出的,而是由人民检察院作出不批准逮捕的决定同时附加的补充侦查通知。

审查批捕时的补充侦查只能采取退回补充侦查的形式。当不批准逮捕决定送达公安机关,由公安机关自行进行补充侦查。

对于上一级人民检察院作出不予逮捕决定,认为需要补充侦查的,应当制作补充侦查提纲,送达下级人民检察院侦查部门。

(二)审查起诉阶段的补充侦查及其方式

《刑事诉讼法》第170条规定:“人民检察院对于监察机关移送起诉的案件,依照本法和监察法的有关规定进行审查。人民检察院经审查,认为需要补充核实的,应当退回监察机关补充调查,必要时可以自行补充侦查。”《刑事诉讼法》第175条第1款和第2款规定:“人民检察院审查案件,可以要求公安机关提供法庭审判所必需的证据材料;认为可能存在本法第五十六条规定的以非法方法收集证据情形的,可以要求其对证据收集的合法性作出说明。人民检察院审查案件,对于需要补充侦查的,可以退回公安机关补充侦查,也可以自行侦查。”检察院在审查起诉阶段也允许补充侦查。

审查起诉阶段的补充侦查方式:一是检察院公诉部门自行补充侦查;二是退回原监察机关补充调查或原侦查机关(部门)补充侦查。对公安机关移送审查起诉的案件,人民检察院进行自行补充侦查是补充侦查的特殊形式,它不是由原侦查机关来补充侦查,而是由对案件是否符合起诉条件进行审查的公诉机关来进行,这是我国司法机关在刑事诉讼中相互配合的体现。对某一案件而言,检察机关是退回补充侦查还是自行补充侦查,一般取决于未查明案件事实的内容和性质。在实践中,对于某些事实、情节不清,但较容易查清,不需要费很多时间的,一般由人民检察院自行侦查。这有利于及时查明案件事实。如果主要事实不清、证据不足或者有遗漏罪行和同案犯罪嫌疑人等情形的,原则上应退回公安机关补充侦查。

《刑事诉讼法》第175条规定:“对于补充侦查的案件,应当在一个月以内补充侦查完毕。补充侦查以二次为限。补充侦查完毕移送人民检察院后,人民检察院重新计算审查起诉期限。”据此:(1)补充侦查的案件应当在1个月内完成。(2)补充侦查以两次为限。经过补充侦查后,人民检察院仍认为还有某些事实不清,或者证据仍不充分时,可以再次退回补充侦查,同样要指明补充侦查的内容。对于检察院自侦案件的审查起诉,人民检察院公诉部门退回本院侦查部门补充侦查的期限、次数同样适用上述原则。

人民检察院对已经退回侦查机关两次补充侦查的案件,在审查起诉中又发现新的犯罪事实的,应当移送侦查机关立案侦查;对已经查清的犯罪事实,应当依法提起公诉。

对于在审查起诉期间改变管辖的案件，改变后的人民检察院对于符合《刑事诉讼法》第175条第2款规定的案件，可以通过原受理案件的人民检察院退回原侦查的公安机关补充侦查，也可以自行侦查。改变管辖前后退回补充侦查的次数总共不得超过两次。

经两次退回补充侦查后，不能再作出退回补充侦查。但是，在不退案、不增加诉讼期限、不恢复侦查程序的情况下，仍然可以要求公安机关补充提供法庭审判所必需的个别证据材料。

人民检察院对于经过一次退回补充侦查的案件，认为证据不足，不符合起诉条件，且没有退回补充侦查必要的，可以作出不起诉决定。对于两次退回补充侦查的案件，仍然认为证据不足，不符合起诉条件的，经检察长或者检察委员会决定，应当作出不起诉决定。这一规定是和"补充侦查以两次为限"的规定紧密相联的，其意义在于防止案件的久拖不决、防止犯罪嫌疑人被长期羁押。

对于补充侦查的案件，移送人民检察院后，人民检察院重新计算审查起诉期限。

(三) 法庭审理阶段的补充侦查及其方式

根据《刑事诉讼法》第204条第2项规定："在法庭审判过程中，遇有下列情形之一，影响审判进行的，可以延期审理：……(二)检察人员发现提起公诉的案件需要补充侦查，提出建议的；"人民检察院应当在一个月以内补充侦查完毕。

由此可见，法庭审理阶段的补充侦查有两种情况：(1)人民检察院主动要求退回补充侦查。对这种建议，法院应当同意，但以两次为限。每次补充侦查以一个月为限。(2)法院可以建议检察院补充侦查。适用于被告人提出新的立功线索的案件。对于人民法院建议人民检察院补充侦查的，检察院应当审查有关理由，并作出是否补充侦查的决定。人民检察院不同意的，可以要求人民法院就起诉指控的犯罪事实依法作出裁判。法庭审理时的补充侦查决定权属于人民检察院，而不属于人民法院。

在审判过程中，对于需要补充提供法庭审判所必需的证据或者补充侦查的，人民检察院应当自行收集证据和进行侦查，必要时可以要求侦查机关提供协助，也可以书面要求侦查机关补充提供证据。

法庭宣布延期审理后，人民检察院应当在补充侦查的期限内提请人民法院恢复法庭审理或者撤回起诉。公诉人在法庭审理过程中建议延期审理的次数不得超过两次，每次不得超过1个月。

人民检察院将补充收集的证据移送人民法院的，人民法院应当通知辩护人、诉讼代理人查阅、摘抄、复制。补充侦查期限届满后，经法庭通知，人民检察院未将案件移送人民法院，且未说明原因的，人民法院可以决定按人民检察院撤诉处理。

补充侦查的期限不能超过1个月。补充侦查引起人民法院对案件的重新审理，审判期限重新计算。

思考题：

1. 试评价我国侦查模式的特点。
2. 请评析我国在侦查阶段对犯罪嫌疑人权利的保障措施。
3. 试述侦查行为的种类和程序上的要求。
4. 试述侦查终结的概念、条件及处理方式。
5. 试述人民检察院自行侦查的特点。
6. 试述补充侦查的种类及其内容。
7. 哪些侦查行为的实施需见证人在场？

第十三章

起 诉 程 序

本章提要：本章对起诉程序的有关问题作了系统的阐述。学习本章应掌握以下要点：(1)起诉的概念和意义；(2)公诉的程序；(3)自诉的程序。

第一节 起诉的概念和意义

一、起诉的概念

刑事起诉，指享有控诉权的国家机关、社会团体或者个人，对被认为犯罪的人，依法向法院提起诉讼，请求法院对指控的内容进行审判，以确定被告人刑事责任并依法予以刑事制裁的诉讼活动。起诉是刑事诉讼程序的重要环节。根据我国刑事诉讼法的有关规定，刑事起诉可分为两种，即自诉和公诉。我国刑事诉讼实行以公诉为主，自诉为辅的原则。起诉具有下列几方面的特征：

从性质上来看，起诉是特定的机关或者个人向行使审判权的法院提出的一种诉讼请求，其内容是要求法院通过审判确定被控告人犯有某种罪行并给予相应的刑事制裁，使社会正义通过公正的程序得以伸张的活动。

从权利(权力)上来看，向审判机关控告犯罪、要求惩罚犯罪是法律赋予国家专门机关的职权，是遭受犯罪行为侵害的被害人及其他有关公民的重要诉讼权利；也是审判机关行使国家审判权，对犯罪人定罪量刑的权力体现。

从程序上看，起诉是刑事诉讼中一个独立且重要的诉讼阶段，它上承侦查，下启审判，是追究和惩罚犯罪的必经程序和重要保障。有些刑事案件可以不经过侦查，但任何刑事案件要交付审判必须经过起诉程序。

从效力上来看，起诉是审判的前提和依据，是任何审判都不可缺少的必要诉讼条件，如果未经合法有效的起诉，法院就不能对刑事案件进行审理，也就不能对任何人适用刑罚处罚。

从诉讼职能上来看，起诉属于控诉职能，即由国家专门机关对危害统治阶级利益的犯罪行为，代表国家进行追诉，或者由遭受侵害的被害人为维护自己的合法权益提出控告，目的都是要求国家审判机关对被告人进行审理和惩罚。这与审判职能和辩护职能既截然有别，又共同构成刑事诉讼中的三大主要职能。

二、起诉的意义

刑事起诉制度作为刑事诉讼制度的重要组成部分，其作用首先体现在通过对犯罪的追诉，为审判及处罚犯罪创造条件，奠定基础，以实现国家对犯罪的追究和制裁；其次，起诉体现了控诉犯罪与审判犯罪的分工，调整了起诉与侦查，起诉与审判之间权力上、职能上、程序上的相互关系，从而在制度上为使刑事案件得到正确处理提供了保障；第三，起诉确定了被告人的诉讼地位，使他面临国家的审判，可能遭受严厉的刑事制裁。但同时从另一角度保障了被告人的合法权益，使刑事被告人区别于刑事罪犯，从封建纠问式诉讼中的诉讼客体成为诉讼主体，避免遭到任意的审讯和处罚。

刑事起诉作为连接侦查与审判的唯一桥梁，是刑事诉讼的关键性程序之一，具有非常重要的意义。首先，起诉是审判程序之前的必经程序。不告不理是现代刑事诉讼的一项基本原则。所以，起诉是刑事审判的前提，没有起诉，也就没有审判。其次，当社会主体的权益受到犯罪行为侵害时，需要借助国家审判力量予以保护，惩罚犯罪，恢复权益的正常状态。而起诉正是向审判提供对象的活动。因此，起诉对于有效地惩罚犯罪和保障人权，都具有重要意义。最后，起诉程序对于保证准确地惩罚犯罪，保障无辜的人及依法不受刑事追究的人免受刑事追究，实现程序公正都具有非常重要的意义。在公诉案件中，检察机关通过审查起诉和提起公诉活动，可以对侦查机关侦查终结后移送起诉或监察机关调查终结后移送起诉的案件从认定事实到适用法律进行全面审查，监督侦查工作依法进行；将符合起诉条件的人起诉到法院，保障准确惩罚犯罪，而使无辜的人和依法不受追诉的人尽早从刑事诉讼程序中解脱出来。在自诉案件中，通过提起自诉和对自诉的审查，既能够解决人民群众告状难的问题，也可以保证案件处理的准确性，顺利实现诉讼公正与效率的双重价值。

第二节　公诉的程序

一、公诉制度的起源

公诉，指行使国家公诉权的检察机关，对公安机关侦查终结移送起诉的、监察机关调查终结移送起诉的案件或者对自行侦查终结的案件，经过全面审查，确认侦查阶段所收集的证据已经确实、充分，犯罪嫌疑人的行为已经构成犯罪，依法应当追究刑事责任而提请法院审判的一项诉讼活动。提起公诉是我国刑事诉讼程序中的重要阶段，是侦查终结或调查终结后的一个独立的诉讼阶段，是人民检察院行使检察权的重要体现。

世界公认公诉制度起源于法国。现代检察官一开始便具有一种代理性质，并且是基于代理国王进行诉讼的需要而产生。早在12世纪法国就出现了代表国王参加诉讼的“代理人”，这种代理人一般被视为现代检察官的雏形。但现代检察官的正式出现是在14世纪初。1302年法国国王腓力四世为加强王权，颁布敕令要求代理人必须和总管、地方官一样进行宣誓，并以国王名义参加诉讼活动。这道敕令是现代检察官正式出现的重要标志。现代检察制度出现于17世纪，法国国王路易十四颁布法令要求各级法院设置检察官，检察官对刑事案件行使侦查起诉权，检察制度遂作为一种制度完全构筑而成。关于我国检察制度的建立，学者刘钟岳在《法院组织法》一书中说：“我国在清德宗设检察厅以前，无所谓检察制度。”1907年（光绪三十三年）10月，清廷颁行高等以下各级审判厅试办章程，规定“各级审判厅独立行使职权”，才有国家专门控诉机关的产生。

二、公诉制度的基本原理

如今世界各国法学理论界对检察制度的合理性的认识已趋向一致，并达成以下共识：

（一）公诉权主体和公诉权的来源

各国法学理论一般认为，公诉权的主体是国家，检察机关是代表国家行使公诉权的，因此，检察机关并非公诉权的主体，而只是履行公诉权的职能主体。

公诉权的权力基础是刑罚权，刑罚权的主体同样是国家，在刑罚权的基础上生成公诉权、审判和刑罚执行权等诸项权力。而刑罚权的产生无论是契约说、强力说、神授说，其共同的前提都基于犯罪，即有犯罪才有刑罚，无犯罪则刑罚就失去了合理的前提，因此公诉权取刑罚权为近因，而惩治犯罪的需要为远因。对于具体案件而言，作为国家总体权力的刑罚权能否应用，取决于犯罪事实是否发生，亦即作为国家总体权力的刑罚权为国家所固有，但作为刑罚权的行使却必须有所限制，不能恣意应用于非犯罪的人和事，单就某一具体案件而言，有无刑罚权必须依事实、证据和法律加以判断。这一原理同样可适用于对公诉权的认识上，特别是对实质公诉权的认识上，即公诉权的行使受权力客体限制，并非可以应用于所有事件，只有对那些犯罪案件才可以行使公诉权。

（二）公诉的目的

公诉的目的与刑事诉讼的目的相联系。刑事诉讼的目的是对具体案件确认是否存在刑罚权，并在确认存在刑罚权的基础上对犯罪人进行刑罚处罚，它的终极目的在于维护社会秩序，刑事诉讼得以产生并实际存续的基础便在于此。换言之，刑事诉讼的目的是基于惩罚犯罪的需要而产生并存续的，它的目的是一元的。刑事诉讼固然有甄别功能，但甄别的目的是确认是否存在刑罚权，在这一过程中甄别无辜并加以保护,是刑事诉讼目的固有的内容,它不能脱离诉讼的目的本身而构成又一诉讼目的。同样,惩罚犯罪能够发挥补偿被害人和警诫别人重蹈覆辙从而保护潜在受害者的作用,但这些作用统一于惩罚犯罪的目的中,是这一目的的具体功效,它们与惩罚犯罪密不可分,不能抛开处罚犯罪而奢谈保护社会和补偿被害人,它们具有协调关系而没有冲突的可能,因此它们也不能独立于刑事诉讼目的之外构成与之并列的刑事诉讼目的。

公诉的目的在于提请法院对具体案件进行审理以裁判国家刑罚权在该案件中的有无和刑罚权范围如何,并请求法院确认存在刑罚权时对犯罪人施以必要的刑罚处罚。因此,公诉的目的实际上是实现刑事诉讼的目的,公诉的基本期待在于国家刑罚权的实现。一般认为,公诉之目的即刑事诉讼之目的乃在确定刑罚权之存否及其范围。

与自诉的目的相比,公诉的目的排除了个人私利,一切出诸公益,因而从参与刑事诉讼的具体目的上看,公诉更容易保持客观态度,检察机关比被害人更容易做到持平公允地进行活动,故此公诉未尝不优于自诉,其原因也在于此。当然,如果公允失于默然,被害人的合法权益不能予以切实保障,也将成为公诉的弊端,因此注重被害人权益保障,建立以公诉为原则、自诉为补充的控诉制度,比单采公诉,其选择更为明智。

(三)公诉的理论基础

公诉的理论基础在于对犯罪客体的全面认识。从犯罪学理论的发展看,犯罪最初只被视为侵犯被害人利益的行为(直接以颠覆政府为目的的犯罪除外),但现代犯罪学理论已抛弃了对犯罪的这一单面认识,而全面地认识了犯罪的实际侵害客体,即将犯罪视为除侵犯被害人利益外,还同时侵犯了国家利益。维持公共秩序、公共安全和公共福利是国家的重要职能,也是国家作为一种组织形式、一种统治体系得以存在的合理依据和长治久安的必要条件,因而作为维护国家利益手段的刑罚权的行使,不能完全委诸个人,由此,必须建立公诉制度,切实落实国家刑罚权。

单纯由被害人行使控诉权,存在不可解决的难题。除有些案件并无实体的被害人外,尚有因被害人不能、不敢、不愿行使控诉权而使国家刑罚权落空的种种情形,诸如被害人因恐惧不敢起诉、因贪图充分的损害赔偿金而自愿私下和解不愿起诉,因事过境迁懈怠起诉或者身体受到强制、身心存在疾患而不能起诉,等等。采行公诉制度还可以避免因被害人无举证能力或者举证能力不足而导致法院代行侦查职能而复归"纠问式"的审理模式的现象,与诉讼文明、科学的发展潮流相吻合。

三、审查起诉

(一)审查起诉的概念

审查起诉,指人民检察院在起诉阶段,为了确定经侦查终结或调查终结的刑事案件是否应当提起公诉,而对侦查机关或监察机关确认的犯罪事实和证据、犯罪性质和罪名进行审查核实，并作出处理决定的一项诉讼活动。它是实现人民检察院公诉职能的一项最基本的准备工作，也是人民检察院对侦查活动或调查活动实行法律监督的一项重要手段。因此，它对保证人民检察院正确地提起公诉，发现和纠正侦查活动中的违法行为，具有重要意义。

（二）审查起诉的地位及作用

"诉讼"一词指的是从侦查、调查到审判乃至执行的整个过程，这个过程被划分为三个互相衔接而又自成单元的诉讼阶段，审查起诉居其一，且具有承上启下的地位和作用。审查起诉成为独立的诉讼阶段，是我国公诉制度的特色之一。

许多国家的刑事诉讼，是以"审判中心主义"来构建本国诉讼制度框架的，审判前的诉讼活动与审判活动的关系被视为从属关系，没有截然分开的诉讼阶段的划分；同时，一些大陆法系国家将检察机关视为侦查机关，将侦查机关视为检察机关的辅助机关，侦查由检察机关监督指挥进行，侦查终结与决定是否起诉有时同时进行，因此侦查和检察官审查起诉往往合为一个阶段。英美国家刑事诉讼活动也将侦查和审查起诉都视为为审判进行准备的阶段，审查起诉一般不被视为独立的诉讼阶段，在所有这些国家，"诉讼"一词指的仅仅是审判活动。另外，在一些国家，审查决定是否起诉或者是否开庭由法官或者大陪审团进行，这种审查活动被一些学者视为独立的诉讼阶段，但也有不少学者将其划入审判阶段。无论如何，这里的审查起诉与本节所述由检察官独立进行的审查起诉在审查主体上是有区别的。

将审查起诉划分为一个独立的诉讼阶段体现了我国慎重起诉的思想。审查起诉活动素被认为是保证办案质量的一个极其重要的环节：检察院通过审查起诉活动，为刑事诉讼程序提供了一个重要的过滤机制，通过这项活动可以发现侦查工作中的瑕疵和漏洞，纠正侦查活动中的错误，保证提起公诉的案件真正达到《刑事诉讼法》所规定的"犯罪事实清楚，证据确实、充分"的起诉条件和证明标准。慎重起诉思想在刑事诉讼中的具体体现便是将起诉条件确定为"犯罪事实清楚，证据确实、充分"，同时将审查起诉列为独立的诉讼阶段，并明确规定了对不起诉决定的制约机制。

（三）审查起诉的内容

审查起诉的审查过程是一个验证真伪的过程。检察官在这一阶段实质上具有一种"法官功能"：对案件事实、证据和适用法律进行审查判断并作出相应的处置决定。对案件进行成功的审查判断需要具备较高的法律素养、深厚的社会经验以及耐心、细心等良好的心理素质。法国当代著名律师勒内·弗洛里奥对法官审判案件的难度的评断完全可以适用于审查起诉的检察官："公正的审判是不容易的事情。许多外界因素会欺骗那些最认真、最审慎的法官。不确切的资料，可疑的证据，假证人，以及得出了错误结论的鉴定等，都可能导致对无辜者判刑。"①无论是从防止因判断失误而导

① ［法］勒内·弗洛里奥：《错案》，法律出版社1984年版，第12页。

致枉纵的愿望还是从恪守法律对审查起诉的严格要求出发(两者的脉络是相通的),检察官都需要审慎对待审查起诉的工作。对案件进行审查判断的内容可以归纳为以下三个方面。

1. 事实审查

事实审查是对案件指控事实从现实可能性和是否符合公诉条件方面进行的审查。任何事实都发生在一定的时间内,这种时空的确定性为事实提供了现实可能的限度,超越这一限度便会陷入神、怪的仙境。例如某"被害人"声称被人抢劫,劫匪蒙面入室殴打了她,并洗劫了大量财物后扇动着翅膀从窗口飞出去了。对于此类指控事实,仅从事实审查中即已发现其缥缈难测、不符合现实可能性,往往无需进一步对证据进行审查。当然,在实际案件中,如果案件能够从侦查程序流入审查起诉程序,那么案件事实的逻辑性的欠缺便不会如上述例子那样明显。但办理案件中,违反现实可能性,特别是不合逻辑的事实并非罕见,对案件事实进行审查,发现案件事实本身的非现实性、非逻辑性,可以在进一步的证据审查中抓住这些要点以澄清模糊不清的案件事实或者否定难以认定的事实,作出正确的评断。对是否符合公诉条件进行审查的内容是:这种事实是否已经查清,查清的事实是否是犯罪事实,这是提起公诉的基本条件。

从审查技术看,这种审查应当是由粗到细、由全局到局部乃至细节的过程,可以分解为事实总体审查和事实要素审查两部分内容。

(1) 事实总体审查,指从事实构成要素相互连接的全局以及各个事实之间的关系上进行审查,其中包括:从指控事实总体上看,这一事实是否清楚,已经查清的事实是否符合现实可能性和逻辑性,应当成为总体审查的对象,审查的方法主要是对起诉意见书进行审查。在刑事诉讼中,明显荒诞无稽的案件很难流入审查起诉阶段,较多见的是事实不清或者缺乏现实生活的逻辑性。对于这种情况,可以将案件退回侦查机关补充侦查或退回监察机关补充调查,也可以自行侦查澄清事实、弥补欠缺的事实要素、排除事实中存在的矛盾、理顺事实的逻辑关系。当然,在具体操作中除明显荒诞无稽的案件情况以外,一般应当全面审查事实、证据之后再一并退回补充侦查。

(2) 事实要素审查,指比照实体法中犯罪构成要件事实,对指控犯罪的事实进行审查,以及对与定罪量刑有关的其他事实要素进行审查。指控的犯罪事实应当符合犯罪的构成要件,犯罪构成要件是评断犯罪嫌疑人是否构成犯罪,构成此罪或者彼罪的主要依据,指控的犯罪事实确实存在,是实质的诉权存在的基础,自应成为案件事实审查的重点。按照新闻学分类,事实要素包括:谁、什么时间、在哪里、怎么、为什么。完整地把握一件事实,一般需要完整地了解上述事实要素。《刑事诉讼法》第186条对"起诉书"的要求是:"起诉书中有明确的指控犯罪事实"。这里所谓"明确",即是指上述事实要素不存在漏项并且内容清楚。犯罪嫌疑人的身份是审查起诉中事实要素审查的内容之一,犯罪嫌疑人不讲真实姓名、住址,身份不明的,对于犯罪事实清楚,证据确实、充分的,也可以按自报的姓名移送人民检察院审查起诉。但在有的案件中,犯罪嫌疑人处于临界年龄(14岁、16岁、18岁左右),查清其年龄对于正确认定案件性质和确定刑罚具有举足轻重的作用,如果年龄不清楚,容易造成对认定案件性质和确定刑罚的困难。因此，在审查犯罪嫌疑人个人基本情况时发现犯罪嫌疑人姓名、年龄等不清楚时，应当积极地寻找犯罪嫌疑人的真实情况。

对案件进行事实审查中，还应达到查明或者确认下述事实的目的：有无法定的从重、加重、从轻、减轻或者免除处罚的情节，以及与此相关的其共同犯罪案件的犯罪嫌疑人在犯罪活动中的各自地位、作用和相互关系以及各自所应承担的责任；有无遗漏罪行和其他应当追究刑事责任的人；是否属于不应当追究刑事责任的，亦即是否属于《刑事诉讼法》第 16 条所列各项情形之一的；有无附带民事诉讼。

对案件进行审查后，根据审查查明或者确认案件事实的不同情况，应当分别作出处理：

第一，对于事实不清、证据不足或者遗漏事实、遗漏同案犯罪嫌疑人，需要补充侦查或补充调查的，应当退回补充侦查或补充调查；能够自行侦查的，也可以自行侦查。根据案件来源不同，可以分为两种情况：其一，外部退查。对于检察机关以外的侦查机关侦查终结移送审查起诉或监察机关调查终结后移送起诉的案件，人民检察院应当提出具体的书面意见，连同案卷材料一并退回原移送审查起诉的机关补充侦查或补充调查。其二，内部审查。人民检察院审查起诉部门对本院侦查部门移送审查的案件进行审查后，认为需要补充侦查的，应当向办案部门提出补充侦查的书面意见，连同案卷材料一并退回侦查部门。补充侦查的意见，对侦查部门具有约束力，侦查部门应当按照审查起诉部门的补充侦查意见进行补充侦查。需要指出的是，自行侦查与补充侦查、补充调查不同，自行侦查必须在审查起诉期限内完成，不能因自行侦查而延长诉讼期限。

第二，审查中发现遗漏犯罪嫌疑人，而案件证据材料确实、充分，不需要退回补充侦查、补充调查或自行侦查时，人民检察院的审查起诉部门应当向公安机关、监察机关或本院的侦查部门了解未将该犯罪嫌疑人移送审查起诉的原因，在此基础上认为需要提起公诉时，可以径行决定提起公诉。

第三，对于在审查起诉中发现犯罪事实并非移送审查的犯罪嫌疑人所为的，应予纠正。如果犯罪嫌疑人已经被逮捕，人民检察院应当撤销逮捕决定，通知公安机关立即释放。

第四，对于在审查起诉中发现并不存在违法犯罪事实的，应当依《刑事诉讼法》第 177 条第 1 款作出不起诉决定。

另外，在对案件进行事实审查中，还应注意有无附带民事诉讼。发现遭受损失的财产为国家财产、集体财产，受损害单位没有提起附带民事诉讼的，可以建议其提起附带民事诉讼，受损害单位不提起或者没有具体的受损害单位的，人民检察院认为必要时，可以提起附带民事诉讼。

2. 证据审查

证据审查包括确实性的审查和充分性的审查两方面内容，按照《刑事诉讼法》第 55 条第 2 款的规定，证据确实、充分，应当符合以下条件：定罪量刑的事实都有证据证明；据以定案的证据均经法定程序查证属实；综合全案证据，对所认定事实已排除合理怀疑。

(1) 确实性的审查。

对任何种类的证据的审查都应把握以下三点:

第一,相关性审查。确定证据是否具有相关性,主要是看证据是否与案件定罪量刑有关的事实存在联系,这种联系的内容是所提出的证据具有对判断与案件定罪量刑有关的事实存在与否发挥作用的可能性。在进行相关性审查中,对于没有相关性的证据材料,应当加以排除。

第二,客观性审查。证据具有客观性不仅是证据具有证明作用的必要条件,也是正确认定与案件定罪量刑有关事实的必要条件。证据内容即事实,只有与证据形式结合在一起时才能起到证明或据以确认某种待证事实存在与否的作用。案件事实发生后,这种事实发生的信息便呈现两种形式的存在状态:

一是为人所感知。即案件事实作为信息依附于人这一载体。作为这种信息载体的人包括证人、被害人、被告人等,他们都是在案件事实发生过程中或者案件事实发生前后感知与证明或者确认待证事实存在与否的事实的人,这些事实通过人的感官进入大脑,这个过程受人的知觉能力、记忆能力的限制,当这些事实由人提供时又受到表达能力的限制。

二是在现场和现场外遗留反映案件事实以及与之相关的事实的痕迹、物品、文字材料,即案件事实以及与之相关的事实作为信息依附于物这个载体。这些痕迹、物品、文字材料即为物证和书证。

第三,合法性审查。我国《刑事诉讼法》第56条对非法证据排除范围和办案机关排除非法证据义务都作了明确规定。

人民检察院审查案件,可以要求公安机关提供法庭审判所必需的证据材料;认为可能存在法律规定的以非法方法收集证据情形的,可以要求其对证据收集的合法性作出说明。证据的合法性审查的内容包括:证据是否符合法定形式;提供、收集证据的主体是否适格;收集证据的手段是否合法;证据的内容是否合法。

(2) 充分性的审查。

我国侦查终结、提起公诉和作出有罪判决的证明标准是一致的,即事实清楚,证据确实、充分。其中对证据的量度要求充分。

关于证据充分的量度标准,应体现为:案件事实均有必要的证据予以证明,这是指司法机关所认定的对解决争讼有意义的事实均有证据作根据,没有证据证明的事实不能认定,应予舍弃;证据之间、证据与案件事实之间的矛盾得到合理排除;得出的结论是唯一的,排除了其他可能性,这是指全案证据不仅能证明认定的事实,还必须是根据它们只能作出这一结论,不存在其他可能性。

人民检察院审查起诉部门在对案件证据进行审查中,发现案件事实缺乏必要的证据予以证明,或者证据之间、证据与案件事实之间的矛盾不能得到合理排除,或者得出的结论具有其他可能而不能得到合理排除的,应当采取下列措施加以救济:对于缺乏某些为法庭审判所必需的证据、不需要退回补充侦查或补充调查的案件,人民检察院应当书面列举这些证据要求公安机关提供;对于事实不清,证据不符合"确实、充分"要求而需要退回补充侦查、补充调查的,人民检察院可以将案件退回公安机关补充侦查或退回监察机关补充调查;对于法庭审判所必需的证据欠缺或者需要补充侦查、补充调查的案件,人民检察院可以要求公安机关、监察机关提供或者将案件退回公安机关或监察机关为原则,有条件和必要时也可以自行补充法庭审判所必需的证据或者自行侦查。

案件事实不清、证据不足,既有因证据不确实而造成的,也有因证据不充分而造成的。证据不确实和不充分往往存在共生现象,证据不确实、故而不充分;反过来,证据不充分,有时难以判断已有的证据是否确实。

3. 法律审查

犯罪性质和罪名的认定是否正确是人民检察院对案件进行审查的法定审查对象。《刑事诉讼法》第 171 条第 1 项规定,人民检察院审查案件必须查明:"犯罪事实、情节是否清楚,证据是否确实、充分,犯罪性质和罪名的认定是否正确。"对于认为犯罪性质和罪名的认定不正确的,人民检察院提起公诉时应当重新确认犯罪性质和罪名。犯罪性质和罪名的认定是诉讼主张的一部分,犯罪性质和罪名的正确认定对提起公诉的行为具有重要意义,也是评定公诉质量的重要尺度,正确认定犯罪性质和罪名的关键在于熟练掌握和正确运用实体法。

(四)审查起诉程序

1. 受理程序

人民检察院在收到公安机关、其他侦查机关以及监察机关移送审查的案件后,应当首先进行形式审查以决定是否受理。形式审查的内容包括:起诉书以及案卷材料是否齐备;移送的实物与物品清单是否相符;犯罪嫌疑人是否在案,采取强制措施的情况,等等。

对于具备受理条件的,人民检察院审查起诉部门应当填写受理审查起诉案件登记表。

对于起诉意见书、案卷材料不齐备,或者移送的实物与物品清单不相符的,应当要求公安机关补充移送。

在审查起诉过程中犯罪嫌疑人潜逃或者患有精神病及其他严重疾病不能接受讯问,丧失诉讼行为能力的,人民检察院可以中止审查。

共同犯罪中的部分犯罪嫌疑人潜逃的,对潜逃犯罪嫌疑人可以中止审查;对其他犯罪嫌疑人的审查起诉应当照常进行。

人民检察院在办理公安机关移送起诉的案件中,发现遗漏依法应当移送审查起诉同案犯罪嫌疑人的,应当建议公安机关补充移送审查起诉;对于犯罪事实清楚,证据确实、充分的,人民检察院也可以直接提起公诉。

人民检察院审查起诉部门受理本院侦查部门移送审查起诉案件,参照上述程序进行。

2. 审查程序

(1) 指定承办人。人民检察院受理移送审查起诉案件,应当指定检察员或者经检察长批准代行检察员职务的助理检察员办理,也可以由检察长办理。

(2) 审查。确定承办人后即对案件进行全面审查。除前节所列审查内容外,在审查中还应当注意下列问题:

首先,证据移送问题。承办人在对案件证据进行审查时,应当根据案件事实和诉讼材料审查证据是否已经随案移送,这些证据如未移送且属法庭审判所必需的证据,应当要求公安机关提供。

其次,与犯罪有关的财物及其孳息是否查封、扣押、冻结并妥善保管,以供核查。对被害人合法财产的返还和对违禁品或者不宜长期保存的物品的处理是否妥当,移送的证明文件是否完备,应当成为审查的对象,发现存在问题的,应当根据不同情况妥善解决。

第三,侦查活动是否合法、采用的强制措施是否适当,也应在审查起诉中查明,发现问题及时纠正。

最后,管辖权问题。在审查中发现案件不属于本院管辖时,应当按照下列程序办理:①认为属于上级人民法院管辖时,应当写出审查报告,连同案卷材料送上一级人民检察院,同时通知移送审查起诉的公安机关。②认为属于同级其他人民检察院管辖的第一审案件时,应当写出审查报告,连同案卷材料移送有管辖权的人民检察院或者报送共同上级人民检察院指定,同时通知移送审查起诉的公安机关。③认为属于下级人民法院管辖时,移交下级人民检察院审查起诉,同时通知移送的公安机关。

《刑事诉讼法》第 176 条第 1 款规定:"人民检察院认为犯罪嫌疑人的犯罪事实已经查清,证据确实、充分,依法应当追究刑事责任的,应当作出起诉决定,按照审判管辖的规定,向人民法院提起公诉,并将案卷材料、证据移送人民法院。"这表明在审查起诉中,将案件移送有管辖权的人民法院,是人民检察院的职责。

(3) 审查起诉活动应当注意的程序规则。

第一,人民检察院审查案件,应当讯问犯罪嫌疑人。讯问犯罪嫌疑人应当由两名以上办案人员进行,并应当制作笔录。

第二,人民检察院审查案件,应当听取被害人意见。听取被害人的意见应当由两名以上办案人员进行,并应当制作笔录。直接听取被害人的意见有困难的,可以向被害人发出书面通知,要求其提出书面意见。在指定期限内未提出意见的,应当记录在案。这里"直接听取被害人的意见有困难",是指路途遥远或者被害人人数众多、难以一一直接听取其意见等情况。询问路途遥远的被害人,必要时也可以委托被害人所在地检察院指派检察人员进行。

第三,人民检察院审查案件,应当听取犯罪嫌疑人委托的辩护人、值班律师、被害人委托的代理人的意见。犯罪嫌疑人认罪认罚的,人民检察院应当告知其享有的诉讼权和认罪认罚的法律规定,听取犯罪嫌疑人、辩护人或者值班律师、被害人及其诉讼代理人对下列事项的意见,并记录在案:"涉嫌的犯罪事实、罪名及适用的法律规定；从轻、减轻或者免除处罚等从宽处罚的建议；认罪认罚后案件审理适用的程序；其他需要听取意见的事项。”

第四，询问证人。承办人审查中对证人证言笔录有疑问或者认为对证人的询问不够具体全面的，应当对证人进行询问。询问应由包括承办人在内的两名以上办案人员进行，并制作笔录。证人路途遥远的，可以委托证人所在地检察院指派检察人员进行询问。

第五，鉴定和重新鉴定。人民检察院在审查起诉中认为对犯罪嫌疑人或被害人需要进行医学鉴定时，应当要求公安机关进行或者交由公安机关送有鉴定资格的医学机构进行；需要重新鉴定的，可以送交有鉴定资格的医学机构进行；发现有明显迹象表现犯罪嫌疑人有患精神病可能的，人民检察院应当依照有关鉴定程序的规定对犯罪嫌疑人进行鉴定；没有明显迹象表明犯罪嫌疑人有患精神病可能，犯罪嫌疑人的辩护人或亲属请求对犯罪嫌疑人进行鉴定的，人民检察院也可以依照有关鉴定程序的规定对犯罪嫌疑人进行鉴定，并可以要求请求方承担鉴定费用。以鉴定为借口拖延诉讼期限的，人民检察院不予许可。

第六，重新勘验和检查。人民检察院认为需要重新勘验和检查的，应当要求公安机关进行，人民检察院派员参加；也可以由人民检察院进行，商请公安机关派员参加；必要时可以聘请专门技术人员参加。

第七，技术性鉴定材料审查。人民检察院审查起诉部门对移送审查起诉案件中的技术性鉴定材料，可以送交检察技术人员进行审查。检察技术人员在审查后应当出具审查意见。由检察技术人员进行审查，目的在于及时审查起诉部门对技术性鉴定材料存在疑问而又不能自行解答的问题，然后确定是否存在问题或是否需要重新鉴定。检察技术人员对审查技术部门送交审查的技术性鉴定材料及时进行审查，并提出审查意见，有利于保障审查起诉质量。

第八，对物证、书证、电子数据、视听资料、各种笔录的复核。人民检察院对物证、书证、视听资料、电子数据及勘验、检查、辨认、侦查实验等笔录存在疑问的，可以要求侦查人员提供获取、制作的有关情况。必要时也可以询问提供物证、书证、视听资料、电子数据及勘验、检查、辨认、侦查实验等笔录的人员和见证人并制作笔录附卷，对物证、书证、视听资料、电子数据进行技术鉴定。

第九，关于中止审查问题。审查过程中犯罪人潜逃的，人民检察院应当中止审查，并通知公安机关通缉。共同犯罪中部分犯罪嫌疑人潜逃的，不影响对在案犯罪嫌疑人继续审查起诉，但对在逃嫌疑人则应当中止审查，并通知公安机关通缉。道理很明显：即使犯罪嫌疑人潜逃不影响对案件作出决定，对在逃犯罪嫌疑人控诉的诉讼进程也难以推进到审判阶段，该诉讼只能中止于审查起诉阶段，况且，犯罪嫌疑人潜逃原因、潜逃后的行为表现等均可能对审查起诉后作出相应决定产生较大的影响，因此应在犯罪嫌疑人到案后对案件继续审查起诉并作出起诉或者不起诉决定。中止审查应当由审查起诉部门负责人提出意见，报请检察长决定。中止审查的原因一旦消失，审查起诉部门负责人应当提出恢复审查的意见，报请检察长决定。

第十，提出审查意见和审核。审查起诉案件的承办人，对案件审查后，应当制作案件审查报告，提出起诉或者不起诉以及是否需要提起附带民事诉讼的意见，经公诉部门负责人审核，报请检察长或者检察委员会决定。

第十一，依法履行告知义务。为了切实保障当事人的合法诉讼权利，人民检察院在审查起诉活动中承担若干告知诉讼当事人所享有的诉讼权利的义务，其中包括告知申请回避权、告知委托辩护权、告知委托诉讼代理权等。其中告知委托辩护权和委托诉讼代理权，是人民检察院应承担的法定义务。

3. 审查起诉后的处理

根据我国《刑事诉讼法》第 175 条、第 176 条、第 177 条、第 182 条的规定，人民检察院审查起诉后，可对案件作出如下处理：

第一，作出提起公诉决定。凡认为犯罪事实已经查清，证据确实充分，依法应当追究刑事责任的，按照审判管辖提起公诉，并将案卷材料、证据移送人民法院。犯罪嫌疑人认罪认罚的，人民检察院应当就主刑、附加刑、是否适用缓刑等提出量刑建议，并随案移送认罪认罚具结书等材料。

第二，作出不起诉决定。凡认为犯罪嫌疑人没有犯罪事实或符合《刑事诉讼法》第 16 条规定，或对于犯罪情节轻微，依照刑法规定，不需要判刑或免除刑罚的，作出不起诉决定，并立即释放在押嫌疑人。对于未成年犯罪嫌疑人，也可以作出附条件不起诉的决定。犯罪嫌疑人自愿如实供述涉嫌犯罪的事实，有重大立功或者案件涉及国家重大利益的，经最高人民检察院核准，人民检察院可以作出不起诉决定，也可以对涉嫌数罪中的一项或者多项不起诉。

第三，作出退回补充侦查决定。人民检察院审查案件，对于需要补充侦查的，可以退回公安机关补充侦查，也可以自行侦查。对于补充侦查的案件，应当在 1 个月以内补充侦查完毕。补充侦查以两次为限。

（五）审查起诉期限

人民检察院对于监察机关、公安机关移送起诉的案件，应当在 1 个月以内作出决定，重大、复杂的案件，可以延长 15 日；犯罪嫌疑人认罪认罚，符合速裁程序适用条件的，应当在 10 日以内作出决定，对可能判处的有期徒刑超过 1 年的，可以延长至 15 日。人民检察院审查起诉的案件，改变管辖的，从改变后的人民检察院收到案件之日起计算审查起诉期限。退回补充侦查的，补充侦查完毕移送审查起诉后，审查起诉部门重新审查起诉期限。在审查起诉过程中中止审查后又恢复审查的，审查起诉期限应当累计计算。

四、不起诉

（一）不起诉的概念

不起诉指人民检察院对公安机关侦查终结移送起诉的案件、监察机关调查终结移送起诉的案件和自己侦查终结的案件进行审查后，认为犯罪嫌疑人的行为不构成犯罪或依法不应追究刑事责任，或者提起公诉在刑事政策上没有必要性，或者经补充侦查尚未达到起诉条件，从而作出不将犯罪嫌疑人提交或者暂时不提交人民法院进行审判的决定。

(二) 不起诉的种类和条件

根据刑事诉讼法的规定，我国不起诉有四种情况：依法不追究刑事责任的不起诉，可以简称为法定不起诉或者绝对不起诉；依法不需要判处刑罚或者可以免除刑罚的不起诉，可以简称为酌定不起诉或者相对不起诉；证据不足、不符合起诉条件的不起诉，可以简称为证据不足不起诉或者存疑不起诉；针对未成年人适用的附条件不起诉。

1. 法定不起诉的适用条件

《刑事诉讼法》第 177 条第 1 款规定："犯罪嫌疑人没有犯罪事实，或者有本法第十六条规定的情形之一的，人民检察院应当作出不起诉决定。"根据《刑事诉讼法》第 16 条的规定，法定不起诉有以下六种情形：

(1) 情节显著轻微、危害不大，不认为是犯罪的；

(2) 犯罪已过追诉时效期限的；

(3) 经特赦令免除刑罚的；

(4) 依照刑法告诉才处理的犯罪，没有告诉或者撤回告诉的；

(5) 犯罪嫌疑人、被告人死亡的；

(6) 其他法律规定免予追究刑事责任的。

2. 相对不起诉的适用条件

《刑事诉讼法》第 177 条第 2 款规定："对于犯罪情节轻微，依照刑法规定不需要判处刑罚或者免除刑罚的，人民检察院可以作出不起诉决定。"这一规定明确了相对不起诉的适用条件。根据这一规定，相对不起诉的适用条件有两层含义：(1)犯罪嫌疑人实施的行为触犯了我国刑法规定，已经构成犯罪；(2)该犯罪行为情节轻微，依照刑法规定不需要判处刑罚或者可以免除刑罚。

相对不起诉在刑法中的具体情形主要有：

(1)《刑法》第 37 条所规定，对于犯罪情节轻微不需要判处刑罚的；

(2) 在中华人民共和国领域外犯罪，刑法规定应负刑事责任，但在国外已受过刑事处罚，可免除刑罚；

(3) 聋、哑人和盲人犯罪，可从轻、减轻、免除刑事责任；

(4) 正当防卫或紧急避险超过必要限度，造成社会危害性，应当酌情减轻刑事责任或免除刑罚；

(5) 预备行为构成犯罪的，可比照刑法该罪条款，从轻、减轻或免除刑事责任；

(6) 中止犯罪，可减轻或免除刑罚；共犯中起次要作用和辅助作用的从犯，比照主犯从轻、减轻或免除刑罚；

(7) 胁从犯或被诱骗参加犯罪者，按其犯罪情节，比照主犯从轻、减轻或免除刑罚；

(8) 有自首情节的罪行较轻的犯罪嫌疑人，或罪行较重，犯罪后自首并有立功表现者，可减轻或免除刑罚。

在实践中，当犯罪嫌疑人具有上述情形时，人民检察院还应当结合“犯罪情节轻微”的具体情况进行综合分析。

3. 证据不足不起诉

《刑事诉讼法》第 175 条第 4 款规定：“对于二次补充侦查的案件，人民检察院仍然认为证据不足，不符合起诉条件的，应当作出不起诉的决定。”

所谓证据不足，根据最高检察院《规则》规定，以下几种情形属于证据不足：

(1) 犯罪构成要件事实缺乏必要的证据予以证明的；

(2) 据以定罪的证据存在疑问，无法查证属实的；

(3) 据以定罪的证据之间、证据与案件事实之间的矛盾不能合理排除的；

(4) 根据证据得出的结论具有其他可能性，不能排除合理怀疑的；

(5) 根据证据认定案件事实不符合逻辑和经验法则，得出的结论明显不符合常理的。

4. 附条件不起诉

对于未成年人涉嫌刑法分则第四章、第五章、第六章规定的犯罪，可能判处 1 年有期徒刑以下刑罚，符合起诉条件，但有悔罪表现的，人民检察院可以作出附条件不起诉的决定。

(三) 不起诉的程序

第一，决定不起诉。

不起诉决定经检察长或者检察委员会决定作出。省级以下人民检察院办理直接受理立案侦查的案件，拟作不起诉决定的，应当报请上一级人民检察院批准。

第二，制作不起诉决定书。

凡是不起诉的案件都应以不起诉决定书作为终止诉讼的标志。不起诉决定书的主要内容包括：

(1) 被不起诉人的基本情况，包括姓名、性别、出生年月日、出生地和户籍地、民族、文化程度、职业、工作单位及职务、住址、身份证号码，是否受过刑事处分，采取强制措施的情况以及羁押处所等；如果是单位犯罪，应当写明犯罪单位的名称和组织机构代码、所在地址、联系方式，法定代表人和诉讼代表人的姓名、职务、联系方式。

(2) 案由和案件来源。

(3) 案件事实，包括否定或者指控被不起诉人构成犯罪的事实以及作为不起诉决定根据的事实。

(4) 不起诉的法律根据和理由，写明作出不起诉决定适用的法律条款。

(5) 查封、扣押、冻结的涉案款物的处理情况。

(6) 有关告知事项。

第三，不起诉决定书应当公开宣布。

第四，不起诉决定书应当送达被害人或者其近亲属及其诉讼代理人、被不起诉人及其辩护人以及被不起诉人的所在单位。如果被不起诉人在押，应当立即释放。

第五，对不起诉决定的复议、复核。

对于公安机关移送起诉的案件，人民检察院决定不起诉的，应当将不起诉决定书送达公安机关，公安机关认为不起诉的决定有错误的，可以要求复议，如果意见不被接受，可以向上一级人民检察院提请复核。监察机关认为不起诉的决定有错误的，可以向上一级人民检察院提请复议。

对于复议应当另行指定检察人员进行复查。公安机关认为不起诉决定有错误、提请复议的，人民检察院审查起诉部门应当另行指定检察人员进行审查并提出审查意见，经审查起诉部门负责人审核后，报请检察长或者检察委员会讨论决定，并将复查决定通知公安机关。

上一级人民检察院收到公安机关提请复核的意见书，应当交由审查起诉部门办理。审查起诉部门指定检察人员进行审查并提出审查意见，经审查起诉部门负责人审核后，报请检察长或者检察委员会讨论决定，并将复查决定通知下级人民检察院和公安机关。改变下级人民检察院决定的，应当撤销下级人民检察院作出的不起诉决定，交由下级人民检察院执行。

人民检察院应当在收到要求复议意见书或者复核意见后的 30 日内作出决定，通知公安机关。

第六，对不起诉决定的申诉。

被害人的申诉。被害人对不起诉的决定不服，在申诉期限内提出申诉的，由上一级人民检察院审查起诉部门受理；在申诉期满后再提出申诉，人民检察院是否受理，应当根据案件具体情况和申诉人提出的申诉理由决定。决定受理的，由作出不起诉决定的人民检察院控告申诉部门受理。被害人申诉期限规定为 7 日。

被不起诉人的申诉。被不起诉人对不起诉决定不服，一般是对作出不起诉决定的理由不服，这些理由是对被不起诉人进行行政处罚、行政处分或者没收其违法所得的根据。被不起诉人在申诉期限内向人民检察院提出申诉的，由作出决定的人民检察院审查起诉部门受理。

五、提起公诉

提起公诉是人民检察院对公安机关侦查终结、监察机关调查终结或人民检察院自行侦查终结移送起诉的案件进行审查后，代表国家作出起诉决定，并按照审判管辖的规定提交人民法院审判，予以定罪量刑的一种诉讼活动。

提起公诉是启动刑事审判程序的机制之一，它依法定的程序要求进行；对于提起公诉的案件，行使公诉权的检察机关对其有着明确的实体判断，这种判断是依法律所预定的实体标准进行的。人民检察院一旦提起公诉，只要符合法定的程序要求，即具有启动诉讼程序的诉讼效力，至于案件是否切实符合实体标准，则是正式审判所要审查和确认的内容。

（一）提起公诉的实体条件

《刑事诉讼法》第 176 条规定了提起公诉的实体条件，即："人民检察院认为犯罪嫌疑人的犯罪事实已经查清，证据确实、充分，依法应当追究刑事责任的，应当作出起诉决定，按照审判管辖的规定，向人民法院提起公诉，并将案卷材料、证据移送人民法院。"根据这一规定，提起公诉的实体条件如下：

1. 犯罪事实已经查清

犯罪事实已经查清，指犯罪嫌疑人全部犯罪事实，犯罪的时间、地点、动机、目的、行为、手段、情节、过程、后果等都已查明，没有漏罪或遗漏犯罪嫌疑人等情况。这是作出起诉决定的前提条件。

2. 证据确实、充分

证据确实、充分，指对起诉所依据的证据材料在质和量上都已达到要求。"确实"即对每一证据都已查证属实，具备真实性、可靠性，并同案件事实之间具有客观的联系，证据与证据之间的矛盾以及同案件事实之间的矛盾都已得到排除。而"充分"则是指对证据量上的要求，据以起诉的证据在量上要达到使犯罪事实构成的每一部分都有相应的具有说服力和证明效力的证据得以证明，形成具备完整性的证据系列。

3. 依法应当追究刑事责任

人民检察院决定起诉的案件，不但认定犯罪嫌疑人的行为已构成犯罪，而且依法应当追究刑事责任，否则就不能对其作出起诉决定。

是否应当追究刑事责任的判断建立在两个基础上：一是事实基础；二是法律基础。确认应当追究刑事责任必须依已经查清的犯罪事实作为依据，并在此基础上依照现行、有效的法律来判断是否应当追究犯罪嫌疑人的刑事责任。被告人所实施的行为必须符合刑法所规定的应当追究刑事责任的法定条件，而排除不追究刑事责任的法定情形，这是提起公诉的必备条件。

提起公诉的实体标准包括上述三项条件，这三项条件必须同时具备，才能决定提起公诉，欠缺其中任何一项，都不能提起公诉。

（二）提起公诉的程序条件

提起公诉的程序条件，指提起公诉必须满足的法律所规定的一定程式的要求。提起公诉是否符合法定程式，是人民法院进行开庭前审查的对象。程式是由法律规定的进行某一诉讼行为的定式，遵循之则产生相应的诉讼效力，不遵循之则不产生相应的诉讼效力。诉讼程式一般包括诉讼用语程式、文件程式和送达程式等，《刑事诉讼法》第 186 条规定："人民法院对提起公诉的案件进行审查后，对于起诉书中有明确的指控犯罪事实的，应当决定开庭审判。"

“起诉书中有明确的指控犯罪事实”，包含以下两项具体要求：

一是人民检察院提起公诉必须向人民法院移送起诉书。起诉书是人民检察院代表国家控诉犯罪嫌疑人并将其交付审判的标志，是启动审判程序的钥匙。人民检察院要求人民法院对其所指控为犯罪的被告人进行审判，必须作出明确的意思表示，这种意思表示依法必须是书面形式，即必须以起诉书形式提出。根据审判活动的实际需要，人民检察院移送的起诉书应当一式 8 份，每增加一名被告人增加起诉书 5 份，8 份起诉书为正本 1 份，副本 7 份。起诉书正本和副本均移送人民法院，其中正本的受送达人为人民法院，因为起诉书是要求人民法院进行开庭审判的法律文书，提起公诉的行为所要启动的是人民法院的审判活动，它体现了人民检察院与人民法院间的互动关系。根据《刑事诉讼法》第 187 条规定，起诉书副本由人民法院送达被告人及其辩护人，送达起诉书副本的目的在于使被告人尽早了解被指控的犯罪事实，以做好在法庭上进行辩护的准备。

二是起诉书应当明确记载指控犯罪事实，这是对起诉书内容的要求。它包括以下三项内容：

(1) 起诉书必须记载案件事实，这种事实又被称为诉因，亦即：使某人依法对他人拥有提起诉讼权利的事实。起诉书不能仅提出开庭审判的要求而不写明诉因。

(2) 起诉书记载的事实必须是犯罪事实，刑事诉讼的目的在于确认刑罚权的有无并在确认拥有刑罚权时实现刑罚权，在某一具体案件中刑罚权的存在是以犯罪的存在为条件的，人民检察院提起公诉指控的是被告人实施犯罪，审判活动也是围绕被告人是否构成犯罪、应否负刑事责任和负什么刑事责任而进行的，作为载明诉因的起诉书，记载的当然是指控的犯罪事实。

(3) 起诉书记载的指控犯罪事实必须明确。对于指控犯罪事实，应当以准确、顺畅、简洁的文字风格在起诉书中加以表述。犯罪事实中的基本要素如时间、地点、目的、动机、手段、结果等应当表述清楚，必要的事实不能出现漏项。符合这一标准，即可确认指控犯罪事实明确。

(三) 提起公诉程序

人民检察院对犯罪嫌疑人作出提起公诉决定后，必须制作“提起公诉决定书”。它是刑事诉讼中的重要法律文件。起诉书是人民法院开展审判活动的依据，关系到法律的正确实施。没有起诉，就没有审判。

起诉书的内容是侦查工作和审查起诉工作的总结，也是审判的前提条件，因此，制作起诉书必须严肃认真，要做到定性准确、规范、合法，结构严谨，文字简明扼要。

起诉书的主要内容包括：

(1) 被告人的基本情况，包括姓名、性别、出生年月日、出生地和户籍地、身份证号码、民族、文化程度、职业、工作单位及职务、住址，是否受过刑事处分及处分的种类和时间，采取强制措施的情况等；如果是单位犯罪，应当写明犯罪单位的名称和组织机构代码、所在地址、联系方式，法定代表人和诉讼代表人的姓名、职务、联系方式；如果还有应当负刑事责任的直接负责的主管人员或其他直接责任人员,应当按上述被告人基本情况的内容叙写。

(2) 案由和案件来源。

(3) 案件事实,包括犯罪的时间、地点、经过、手段、动机、目的、危害后果等与定罪量刑有关的事实要素。起诉书叙述的指控犯罪事实的必备要素应当明晰、准确。被告人被控有多项犯罪事实的,应当逐一列举,对于犯罪手段相同的同一犯罪可以概括叙写。

(4) 起诉的根据和理由,包括被告人触犯的刑法条款,犯罪的性质及认定的罪名,处罚条款,法定从轻、减轻或者从重处罚的情节,共同犯罪各被告人应负的罪责等。

人民检察院提起公诉的案件,应当向人民法院移送起诉书、案卷材料和证据。人民检察院可以向人民法院提出量刑建议,除有减轻处罚或者免除处罚情节外,量刑建议应当在法定量刑幅度内提出。建议判处有期徒刑、管制、拘役的,可以具有一定的幅度,也可以提出具体确定的建议。对提起公诉的案件提出量刑建议的,可以制作量刑建议书,与起诉书一并移送人民法院。量刑建议书的主要内容应当包括被告人所犯罪行的法定刑、量刑情节、人民检察院建议人民法院对被告人处以刑罚的种类、刑罚幅度、可以适用的刑罚执行方式以及提出量刑建议的依据和理由等。

六、出庭支持公诉

(一) 出庭公诉的概念

出庭支持公诉,指人民检察院将案件向人民法院提起公诉后,在法院开庭审判时,依法派员以国家公诉人的身份出庭支持提出的指控,参加法庭调查和辩论,完成对被告人的指控,要求人民法院追究其刑事责任的活动。根据《刑事诉讼法》第 184 条规定,人民法院审判公诉案件,人民检察院应当派员出席法庭支持公诉。

人民检察院的审查起诉、提起公诉和出庭支持公诉是公诉中紧密相关的三个阶段。审查起诉、提起公诉是出庭支持公诉的基础,出庭支持公诉是审查起诉、提起公诉的延续和发展。

出庭参与审判是检察官所有活动中最突出地展示职能特性的活动,出席法庭使检察官进入了一个由控诉、辩护和审判三方构成的诉讼结构并在这一结构中发挥自己特定的诉讼职能,这一职能通过检察官在审判活动中所承担的一系列诉讼任务而体现出来。

人民检察院出庭支持公诉的主要任务是:通过宣读起诉书、举证、质证、法庭辩论,维护提出的指控;进行法制宣传教育及对审判活动进行监督。

(二) 公诉人在法庭上的地位与作用

在我国公诉人具有双重身份,既为控诉方,又为监督方。有学者认为,审判监督的权力属于人民检察院而非检察官，因此检察官在刑事审判活动中已不承担审判监督职能。实际上，审判监督职能固然属于人民检察院承担的职能，但这项职能只能通过检察官的具体诉讼活动来履行。从整个审判程序看，承担控诉职能的我国检察官发挥其功能的具体方式包括：

1. 出席第一审法庭

其中包括：(1)宣读起诉书，代表国家指控犯罪，提请人民法院对被告人依法审判；(2)讯问被告人；(3)询问证人、鉴定人；(4)出示物证，宣读书证，未到庭证人的证言笔录，鉴定人的鉴定意见，勘验、检查、辨认、侦查实验等笔录和其他作为证据的文书，向法庭提供作为证据的视听资料、电子数据等供法庭播放；(5)对证据和案件情况发表意见，针对被告人、辩护人的辩护意见进行答辩，全面阐述诉讼主张，反驳不正确的辩护意见；(6)维护诉讼参与人的合法权益；(7)对审判活动是否合法实行监督。

2. 出席第二审法庭

其中包括：(1)支持抗诉或者听取上诉人的上诉意见，对原审法院作出的错误判决或者裁定提出纠正意见；(2)维护原审人民法院正确的判决或者裁定，反驳无理上诉，建议法庭维持原判；(3)维护诉讼参与人的合法权益；(4)代表人民检察院对审判活动是否合法实行监督。

人民检察院控诉职能的具体承担者是公诉人，为履行好公诉人的公诉任务，公诉人在出席法庭前应当做好如下准备工作：一是进一步熟悉案情，掌握证据情况；二是深入研究与本案有关的法律政策问题；三是充实审判中可能涉及的专业知识，如医学知识、精神病学知识等案件事实、证据和法律所涉及的专业知识；四是拟定讯问被告人、询问证人、鉴定人和宣读、出示证据的计划，并制定质证方案；五是通过参加庭前会议，了解案件事实、证据和法律适用的争议和不同意见，解决有关程序问题，拟定好公诉意见，准备辩护提纲，为参加法庭审理做好准备。

(三) 举证和辩论的技术方法

庭审中举证方式变化后，公诉人控诉工作的负担加重，如何保证举证和辩论的质量和效率是几乎所有公诉人都关心的问题，在工作中不断总结经验，探索诉讼活动的规律并认识和掌握举证和辩论的技术方法显然是圆满完成控诉任务、充分发挥控诉职能作用的必要条件。

1. 询问证人

(1) 隔离询问。询问证人应当分别进行，隔离询问完毕认为需要对质时，可以建议法庭传唤有关被告人、证人同时到庭对质，对质应当在有把握获知案件真实情况下进行，没有把握时，应当慎用。

(2) 避免可能影响客观真实的诱导性询问以及其他不当询问。我国刑事诉讼法并未明确规定禁止诱导性询问，只规定审判长可以制止提问与本案无关的问题。对抗性诉讼中，也并不一味禁止诱导性询问，一般规则是：直接询问中禁止诱导性询问，但对于预备的、不争的事项，仍然允许进行诱导询问；另外，在特殊情况下，法官认为诱导询问可以使询问迅速结束且没有损害对方权利之虞时可以允许进行诱导性询问；在交叉询问(即反询问、反诘)中，一般允许诱导询问，其例外是证人明显偏袒进行交叉询问的一方时，法官可以禁止进行诱导性询问。

当前的司法实践中，公诉人在意识到自己的提问属于诱导性询问且可能影响证言内容的客观真实时，应当自我克制，避免提出这类问题；当辩护方对证人进行诱导性询问可能影响证方内容的客观真实，确有必要时，可以要求审判长制止或者在辩护人询问完毕后要求对该项证言不予采纳。

除诱导性询问外，诉讼中还可能存在影响证言客观性的其他不当询问，如使用眼色或形体动作进行暗示，对证人进行责备、训斥等，对这类不当询问，确有必要时，可以要求审判长制止或者在对方询问完毕后要求对该项证言不予采纳。

(3) 询问证人的程序。证人在法庭上提供证言，公诉人应当首先要求证人就其所了解的与案件定罪量刑有关的事实进行连贯陈述。证人连贯陈述后，公诉人认为需要对证人发问的，经审判长许可后，对证人发问。证人因精神紧张或其他原因无法连贯陈述的，公诉人也可以直接发问。对于辩护方提出的证人，公诉人根据证人当庭陈述的具体情况认为由辩护方首先发问更为适宜时，经辩护人提出或者审判长建议，也可以由辩护方首先发问。

(4) 证人连贯陈述后，应当针对证言中有遗漏、矛盾、模糊不清和有争议的内容发问，并着重围绕与定罪量刑紧密相关的事实进行。发问应当采取一问一答形式，问题应当简洁、清楚。

证人连贯陈述后，公诉人对证人进行的发问属于补充性询问。这种询问的目的是弥补证言中的遗漏、排除证方中的矛盾和澄清证方中模糊不清的问题，并问清争议问题的必要细节，为证据间的互相印证、强化证言的可信性，并进而为法庭辩论做好准备，因此应当有重点地进行，不能漫无目的地对证人已经讲明的案件事实、情节重复提问或者在与定罪量刑关系不大的细枝末节上花费不必要的精力。

发问应当以一问一答方式进行，避免一次提出数个需要回答的所谓“复合性问题”，所提问题应当直截了当、通俗易懂。

(5) 证人进行虚假陈述的，应当通过发问澄清事实，必要时还应当宣读证人在侦查、审查起诉阶段提供证言的笔录或者出示、宣读其他证据对证人进行询问。

(6) 当事人和辩护人、诉讼代理人对证人发问后，公诉人可以根据证人回答的情况，再次对证人发问。

2. 讯问被告人

(1) 隔离讯问。讯问被告人应当分别进行，但需要对质时也可以建议法庭传唤有关被告人以及证人到庭对质，但没有确实把握和并非必要时，不必进行对质。

(2) 讯问被告人应当避免可能影响陈述客观真实的诱导性讯问以及其他不当讯问。辩护人对被告人进行诱导性询问可能影响陈述客观真实的，确实必要时，公诉人可以要求审判长制止或者要求对该项陈述不予采纳。对辩护人的发问的异议，应当掌握在确属必要的范围内，一般情况下不必轻易打断辩护人对被告人发问和被告人对这种发问的回答，以免不适当地损害被告人防御权。在司法实践中，公诉人、辩护方动辄提出“反对”，使庭审活动屡被这种“反对”所打断，这种套用英美国家对抗制诉讼的做法实际颇不足取，皆因我国刑事庭审程序设计上缺乏严密、科学的证据规则可供援引，公诉人或者辩护人提出异议、合议庭支持或者否定异议都难免随意性太大，如果没有节制反而不利于庭审调查活动的开展。至于以声明“反对”作为提出异议的方式，不如以提出意见的方式进行。

(3) 被告人在庭审中进行供述，这种当庭供述与在侦查、审查起诉中的陈述一致或者不一致的内容，不影响定罪量刑的，可以不宣读被告人陈述笔录。

(4) 被告人在庭审中进行辩解，或者进行陈述但陈述的内容与侦查、审查起诉中的陈述不一致，足以影响定罪量刑的，公诉人不必急于打断其辩解或者陈述，可以冷静地倾听其辩解和陈述，并针对这种辩解和陈述对其进行讯问，并应当宣读被告人陈述笔录对其进行讯问，或者提出能够证明被告人犯罪及相关情节的其他证据进行证明。

(5) 被告人在庭审中保持沉默或者拒绝陈述的，公诉人应当宣读被告人陈述笔录或者提出其他证据进行证明。庭审中应当注意扭转过分倚重被告人供述的习惯，依靠被告人供述以外的证据证明起诉书所指控的犯罪事实。

3. 询问鉴定人

询问鉴定人与询问证人方法相似，应当注意的是：

(1) 鉴定意见应当依科学原理、方法、仪器进行甄别检验、判断后得出，但鉴定意见并不等同于科学，也是需要进行审查的证据的一种，是否科学应在审查、判断后加以确认。

(2) 对鉴定所涉及的专门知识，应当有所了解，即使并不精通。如果不了解，那么在开庭前的准备工作中应当充实鉴定所涉及的专门知识。作为公诉人，办理案件中经常遇到的法医学、司法精神病学、痕迹学知识等专门知识应当常备，道理十分简单：工欲善其事，必先利其器。

4. 出示物证、电子数据

公诉人向法庭出示物证、电子数据，应当对该物证、电子数据所要证明的内容、获取的情况作概括说明。

5. 宣读作为证据的文书

宣读书证、未到庭的证人的证言笔录、未到庭的被害人的陈述笔录、未到庭的鉴定人作出的鉴定书、各种笔录以及其他作为证据的文书。

(1) 宣读书证。公诉人宣读书证，应当对书证所要证明的内容、获取情况作概况的说明，向当事人、证人问明书证的主要特征，并让其辨认。对该书证进行过技术鉴定的，宣读书证可以结合宣读鉴定书进行。

(2) 宣读未到庭的证人的证言笔录。除因健康原因、路途遥远等原因确属不宜或者不能出庭的以外，证人应当出庭作证。根据《刑事诉讼法》第 193 条规定，证人由人民法院通知到庭。经人民法院通知，证人没有正当理由不出庭作证的，人民法院可以强制其到庭,但是被告人的配偶、父母、子女除外。证人没有正当理由拒绝出庭或者出庭后拒绝作证的,予以训诫,情节严重的,经院长批准,处以10日以下的拘留。对于经人民法院通知而未到庭的证人或者出庭后拒绝作证的证人的证言笔录,公诉人应当当庭宣读。

(3) 未到庭的被害人的陈述笔录、鉴定人的鉴定意见、各种笔录等,也应当当庭宣读,并听取当事人、诉讼代理人、辩护人的意见。

在法庭审理中,对起诉书所记载的程序事实存在争议,应当出示、宣读有关诉讼文件、侦查或者审查起诉活动笔录;不存在争议的,则不必宣读。

对于搜查、查封、扣押、冻结、勘验、检查、辨认、侦查实验等侦查活动中形成的笔录存在争议,需要负责侦查的人员以及搜查、查封、扣押、冻结、勘验、检查、辨认、侦查实验等活动的见证人出庭陈述有关情况的,公诉人可以建议合议庭通知其出庭。

6. 辩论

辩论应当注意以下问题:

(1) 辩论的依据。辩论应当依据事实、证据和法律进行。无论需要反驳的辩论意见多么无理、刁钻乃至荒谬,都不能试图以压抑对方辩论权利的方式来保障控诉效果,也不能以同样无理、刁钻乃至荒谬的观点反驳对方,公诉人进行辩论的永远有力的武器来自清楚无误的事实、确实和充分的证据以及明确的法律规定所共同构成的武器库,事实、证据和法律的优势加上冷静平和的态度、机敏灵活的头脑和能言善辩的口才是在辩论中占取上风的足可倚仗的条件。

(2) 同对方辩论应当针对不正确的辩论意见进行,对方提出的中肯的意见应当认真听取,不能对对方所有的辩论意见持不分良莠一概予以反驳的偏执态度,这是公益原则的必然要求。

(3) 在法庭辩论中,公诉人与被害人、诉讼代理意见不一致的,公诉人应当认真听取被害人、诉讼代理人的意见,但不必同其辩论,辩论意见的取舍,应当交由合议庭斟酌决定。

第三节 自诉的程序

一、自诉存在的价值

被害人自诉是一种最古老的起诉方式,迄今已有数千年的历史。当国家公诉制度确立并逐渐在刑事起诉制度中占据主导地位后,是否还要保留被害人自诉的起诉方式,是一个值得探讨的问题。对此问题目前各国的法律规定不一,分别持截然不同的两种态度。

一种是采取国家垄断主义。刑事案件的起诉统一由国家专门机关负责。被告人有向警察、司法部门控告犯罪的权利，但不能直接向法院起诉。实行这一做法的主要有日本、美国和法国等。在诉讼理论上，立法规定起诉国家垄断主义主要基于以下考虑：

第一，由于刑事案件与民事案件的性质不同，因此应当在诉讼程序上截然区分。刑事案件是触犯公法的行为，理应由国家依职权进行追究。

第二，对于刑事案件的追诉、处罚是为了维护社会公众利益，而不是出于私人考虑，即所谓"公益原则"。日本学者曾经提出，只有代表国家的检察官才具有提起公诉的权限，因为检察官作为公共利益的代表者，不仅站在被害人的立场，而且当然会考虑到犯罪给社会造成的影响以及对犯人的刑事政策，能从公正的立场来决定起诉或不起诉。

第三，起诉犯罪要建立在侦查的基础上，原告人要承担证明责任，而个人不具有这种条件和能力。

第四，起诉权由国家统一行使，便于在追诉犯罪的问题上加强法制，在全国范围内统一起诉标准。

另外一种是国家在实行国家追诉主义的同时，兼采被害人追诉主义。即承认犯罪是侵害社会公益的行为，对犯罪的追究应当由国家机关负责。但鉴于某些犯罪的特点，把对这些犯罪的起诉权交由受犯罪直接侵害的被害人行使，

是否起诉由被害人自行决定。被害人起诉的，国家便进行审判，对犯罪予以处罚。被害人不起诉的，国家对这些犯罪便不予追究。实行这一做法的主要有德国、奥地利等大陆法系国家。

是否兼采被害人追诉主义，涉及各国的诉讼理论和法律文化传统，不能一概而论，简单地得出孰是孰非的结论。一般说来，法律上规定自诉制度，当然不是出于立法者的主观好恶任意取舍，而是说明在现时历史条件下保留自诉制度具有一定的必要性和合理性，在理论上有其继续存在的依据。

(1) 出于维护被害人利益，保障被害人诉讼权利的考虑。被害人与社会起诉人不同。被害人是犯罪行为的直接受害者，而社会起诉人通常是非直接遭受犯罪侵害的第三者，或者因犯罪危害社会利益而使自己间接受到影响的人员。被害人因犯罪行为使自己在人身、健康、精神、财产和民主方面的权益蒙受损害，当然有权要求对加害者进行惩罚。自国家实行以诉讼方式追究犯罪、被害人失去对犯罪人直接报复的权利而代之以追诉权作为补偿以来，向国家审判机关控告犯罪，要求惩罚犯罪人一直是被害人固有的权利。实行公诉制度后，被害人固有的起诉犯罪的权利在很大程度上已由国家代为行使，为了维护被害人的利益，保障被害人的诉讼权利，一方面国家在提起公诉时要充分考虑被害人的利益；另一方面，对于一定种类的刑事案件，在不影响阶级统治秩序的情况下，可以将追诉犯罪的权利交由被害人本人行使，这样做不但不会危及自己的统治，相反能节省大量人力物力，以便集中力量打击严重的刑事犯罪。

(2) 有些案件涉及的主要是公民个人的权益或者是发生在家庭成员之间的犯罪,在被害人与加害人之间“犹存隐忍之和”,因此国家一般不必干预。将起诉权交由被害人行使,是否追究加害人刑事责任由被害人自己决定,反而更有利于刑事案件的解决,更有利于对犯罪分子的教育、感化和挽救,从而消除犯罪原因,达到刑法一般预防的效果,符合社会的长远利益和被害人的个人利益。

(3) 有些犯罪,往往涉及被害人的名誉、隐私,如果付诸诉讼,张扬开来,可能给被害人造成更大损害,而且此类案件如果被害人不愿控告甚至加以否认,就难以查清案情,因此法律将这些案件的起诉权交由被害人行使,诉与不诉取决于被害人的意志。这样更有益于保障被害人权益,避免因强行追究给被害人带来新的甚至更大的痛苦。

上述各点表明,对犯罪实行以国家公诉为主的同时,保留被害人一定的起诉权不仅可行,而且具有积极的意义。

允许自诉方式的存在,实质上意味着从兼顾国家利益和被害人个人利益出发,权衡各方面利弊,国家没有必要将对犯罪的追诉权全部独揽,对于那些比较轻微的属于侵犯公民个人权益方面的犯罪,将是否追究犯罪人刑事责任的决定权交由被害人行使可能会取得更好的效果,更利于案件的解决,促进社会的稳定,否则自诉制度便失去存在的价值。为了实现这样的立法意图,国家必须对被害人起诉权的行使进行必要的规约,将允许自诉的案件控制在适当范围内,一般说来各国在确定自诉案件范围时,离不开以下考虑:

第一,允许自诉的案件必须是性质不太严重、对社会造成危害不大的犯罪。对于这些犯罪,国家不会因将起诉权赋予被害人行使而导致放纵犯罪,危及自身治理。

第二,允许自诉的案件侵犯的主要是公民个人的权益,国家之所以可以将某些案件的起诉权交由被害人行使,就是基于该犯罪行为直接侵害的是个人方面的权益。被害人对起诉权的行使与否,一般不会对国家、社会利益造成损害。如果将侵犯国家、社会利益的犯罪规定为自诉案件,则与设立自诉制度的目的不符。而且,正因为是直接侵害公民个人权益方面的犯罪,法律授权被害人斟酌决定是否起诉,并在审判程序上与公诉案件有所区别,才有可能发挥自诉的长处,取得比公诉更好的效果。

第三,允许自诉的案件必须是被害人依靠个人力量所能承担的。如果案情复杂需要经过专门的侦查,被害人没有能力查清案情或承担起收集证据、提供证据的责任,那么便不宜规定为自诉案件。即使规定了也将因司法实践中难以履行而沦为形式,反而不利于保护被害人的利益。

在研究自诉案件时,有必要将自诉与告诉才处理加以区别。告诉才处理指法律规定某些犯罪必须有被害人的控告,司法机关才能追究被告人的刑事责任,又称告诉乃论、亲告罪。在这里,“告诉”指广义的控告,即可能具有起诉的效力,但又不限于此,也可能只成为侦查机关立案侦查的缘由或追究犯罪人刑事责任的前提。“司法机关”在此也是广义的概念,不仅仅指法院,也包括侦查机关和公诉机关。自诉指某些刑事案件法律规定由被害人直接向法院起诉,由法院直接受理并进行审判。这里的

“诉”就是起诉，而接受起诉的只能是法院。自诉是一种起诉方式，相对于公诉而言。而告诉才处理不是起诉方式，只是法律对某些犯罪追究犯罪人刑事责任所加的限制。告诉才处理的案件可能成为自诉案件，如果某个国家允许自诉这种方式并将告诉才处理的案件列入自诉案件的范围。但告诉才处理的案件并不一定就是自诉案件，在实行起诉国家垄断主义，没有自诉方式的国家也有告诉才处理的规定。例如日本，法律规定强奸案件为告诉才处理的犯罪。对于强奸案件，检察机关要提起公诉追究犯罪人刑事责任的，必须以被告人提出告诉为前提。又如苏联，虽然有自诉方式，但告诉才处理的案件并不只限于自诉案件。苏联也将强奸案件规定为告诉才处理的犯罪，但对这些犯罪的追究由检察长提起公诉，检察长提起公诉必须建立在被害人已经提出控诉的基础上，否则便不应进行追究。苏联学者称此为自诉—公诉案件，其实质仍是公诉，只是非经被害人申请不得发动公诉程序，刑事诉讼的提起受被害人意志左右。

在我国，对犯罪的追诉实行以公诉为主、自诉为辅的双轨制。对绝大多数刑事犯罪由人民检察院代表国家提起公诉，公诉权由人民检察院统一行使。少量轻微的普通犯罪，主要是直接侵犯公民个人权益且性质不太严重的犯罪，允许被害人个人向人民法院提出控诉，由人民法院直接受理。我国之所以在一定范围内保留自诉的方式，不实行起诉国家垄断主义，是从我国的具体国情出发，有着历史的、现实的、法哲学、伦理学、法律文化传统和宏观刑事政策等诸方面的原因。

具体说来，自诉在我国继续存在的基础和价值，不仅表现在前面分析的几个方面，而且还有自身的特点。对此，可以从以下方面来认识：

(1) 自诉制度在我国有悠久的历史渊源。在我国漫长的古代社会中，被害人控诉是最古老、最通常的起诉方式，也是司法机关开始审判的一个最重要原因。长期的自诉实践，一方面使“控告犯罪”形成人们观念中的一种固有权利。时至今日，百姓遭人殴打致伤，不管伤重伤轻，首先极自然地产生“去法院告他”的念头。另一方面，在自诉案件的控诉和审判方面积累了大量丰富的经验，形成了一套比较详备的法律制度。这其中的有益成分可以为今日设置起诉制度时借鉴和吸收。举例来说，法律关于告诉才处理犯罪的规定，在概念、案件范围和告诉权的享有与行使方面，莫不与古代“告诉乃论”的法律规定存在直接的渊源关系。

(2) 息事宁人、调解息讼的传统观念。我国在长期闭关锁国、自给自足的自然经济条件下形成了一套独特的民族传统文化和道德规范。以“仁、礼”为核心的儒家伦理道德的长期熏陶给人们的道德观念打下深深的烙印，养成了宽厚、忍耐、“以和为贵，以让为贤”的民族性格。息事宁人的思想在诉讼中便产生调解息讼的做法。孔丘就是提倡调解息讼的先驱人物。他在“道之以政，齐之以刑，民免而无耻；道之以德，齐之以礼，有耻且格”的思想支配下，向往“必也使无讼乎”的社会，同时在处理现实的诉讼案件时，特别是家庭内部的讼争时，竭力主张以调解方式息讼。这就造成当事人之间发生纠纷后，首先愿意自行和解，和解不成，请宗族族长、家庭尊长及有关地方官吏进行调解。调解不了的，出于无奈才诉诸法院。我国人民的这种民族性格和诉讼意识，是自诉制度得以长存的社会土壤。

(3) 针对不同犯罪的特点，实行区别对待的政策。在刑事案件中，有的是从根本上直接危害国家政治制度和经济基础的犯罪，例如颠覆政府等危害国家的犯罪和贪污受贿等严重的经济犯罪。对于这些犯罪，国家要毫不留情地予以打击。但也有些犯罪，涉及的主要是公民的个人权益，诸如婚姻、家庭、人格等等。对于这些犯罪，国家一般不予干预。将起诉权授予被害人行使，是否追诉加害人的刑事责任由被害人自行决定，往往更利于案件的圆满解决，符合被害人的切身利益。

(4) 有利于人民内部矛盾的解决，促进社会的安定团结。在我国刑法规定的犯罪行为中，存在着两类不同性质的矛盾。一类是敌我矛盾，这主要表现在危害国家安全罪和严重破坏社会秩序的刑事犯罪。另一类是人民群众内部纠纷。遵照毛泽东关于"不同质的矛盾只有用不同质的方法去解决"的理论，对发生在人民之间的内部纷争，对其中一些性质比较轻微的案件除了必要时施加刑罚外，可以用惩罚外的方法解决，着重对行为人的教育、批评和疏导。因此，将一些案情简单、事实清楚、社会危害性较小、与公诉案件相比处于次要地位的案件规定为自诉，允许当事人和解和第三者居中调解，有利于缓和矛盾，促进社会的安定团结。

(5) 有利于司法机关集中人力、物力，打击严重危害国家和社会利益的刑事犯罪。公诉案件一般案情重大、性质严重，犯罪锋芒往往直接指向人民民主专政的政权和社会主义制度，或者严重威胁广大人民群众的生命财产安全，给社会造成极大危害。司法机关作为国家的专政机器，首先应当集中人力物力，办好这些大案要案，以保护国家和人民的根本利益。

综上所述，我国在国家牢牢掌握追究犯罪的主动权、决定权，对绝大多数犯罪实行国家公诉的同时，保留传统的自诉方式，将一小部分对犯罪的追诉权交给被害人行使，符合与犯罪作斗争的内在规律，符合马列主义关于以不同方法解决不同性质的矛盾以及抓主要矛盾的理论。这不仅不会放纵犯罪，危害国家利益，相反更有利于这些刑事案件的解决，达到综合治理的效果，实现维护国家利益与公民个人利益之间的统一。

二、公诉与自诉的区别

国家公诉与被害人自诉是世界各国追究犯罪的两种主要起诉方式。前者是以国家的名义进行，代表国家和全社会的利益，而后者仅代表被害人个人利益，由此决定这两种起诉方式在诸多方面存在很大差异，主要体现在：(1)追诉的主体不同；(2)追诉的客体（犯罪或案件）不同；(3)追诉权的性质不同；(4)追诉的原则不同；(5)追诉的程序不同；(6)导致审理程序的不同。

公诉与自诉在追诉主体和客体上的不同是显而易见的。国家公诉，顾名思义就是由国家专门机关代表国家对犯罪提出追诉。在日本等实行起诉国家垄断主义的国家，这是追诉犯罪的唯一方式，适用于一切刑事案件。在其他兼采被害人追诉主义的国家,公诉适用于除自诉案件以外的所有刑事案件。当出现法律规定的情况时,即使是自诉案件,也可以提出公诉,这反映了国家对自诉的适当干预。一般来说,检察机关是各国主要行使公诉权的专门机关,此外也还存在如大陪审团那样行使国家公诉权的组织形式。自诉由被害人提出,范围限制为法律有明确规定的少量情节轻微且性质为侵犯公民个人权益方面的犯罪。为了保证被害人在某种特殊情况下,其合法权益仍能得到适当的维护,许多国家不同程度地扩大了自诉人的范围,允许被害人的法定代理人、近亲属,在被害人行使追诉权发生障碍时,享有自诉权。所谓被害人行使追诉权发生障碍,是指被害人未成年,无行为能力或限制行为能力,或者死亡。如果这种障碍发生在自诉前,那么被害人的法定代理人、近亲属可以独立地提起自诉。如果障碍发生在自诉诉讼过程中,可以由被害人的法定代理人、近亲属承受诉讼,即取代被害人获得当事人地位,继续被害人未完成的诉讼行为。

关于自诉主体,有一点需要注意的是,在有些国家,自诉案件的主体并不只限于自然人,法人为刑事被害人时,也可以由其代表提起自诉,如《德国刑事诉讼法》第374条第3项明确规定:"具有法人资格的团体、公司和其他协会在民事诉讼中可以提出这种请求的,在他们为被害人一方当事人时,则民事诉讼中代表他们的人,也具有在刑事诉讼中提出自诉的权力。"

公诉权与自诉权虽同属对犯罪的追诉权,但性质有所区别。诉讼理论上认为公诉权为绝对权,其行使与否,应依法律的规定。即公诉权由公诉机关按照法律的规定行使,应当追究犯罪人刑事责任的,便应当提起公诉,否则就是放纵犯罪。而自诉权是相对权,对被害人而言,是权利而不是义务,是否提起自诉,由被害人自己决定,法律不加以强制规定,国家不横加干预。公诉权与自诉权性质不同还表现在,公诉权属于国家权力的一部分,它的行使必须符合诉讼的目的,即依据刑法应当追究被告人刑事责任,被告人具有应受刑罚的可能性和必要性。公诉机关在决定提起公诉时应根据已查明的事实和证据,认为被告人已构成犯罪并应当予以刑罚。这就要求在审查起诉时,不仅要注意于被告人不利的事实和证据,也要注意于被告人有利的事实和证据,还要考虑被告人是否具有依法不应当追究刑事责任的情形以及是否有处罚的必要。这就赋予公诉机关一定的追诉裁量权。被告人可以请求公诉机关作出不起诉、撤销指控等有利于自己的处分。

国家公诉与被害人自诉采用不同的追诉原则。自诉的追诉原则是:如果被害人不追诉犯罪,没有惩罚犯罪人的要求,那么法院就不进行审判,国家就不追究犯罪人的刑事责任。这就是说,自诉诉讼程序的发生,包括对犯罪的追诉和审判,都实行不告不理。公诉活动由国家控诉机关依职权进行,对犯罪的侦查和起诉不受有无被害人控告,即被害人有无惩罚罪犯要求的限制(告诉才处理的案件除外)。没有被害人控告,或被害人没有惩罚罪犯的要求,国家侦查和起诉机关发现犯罪,有权进行侦查,有权提起公诉,支持公诉。相反,即使被害人控告犯罪,要求惩罚罪犯,公诉机关根据事实和法律,可以对被告人作出不起诉或免予起诉的处理。这就是说,公诉案件的起诉与审判不同,不实行"不告不理"。公诉权的行使依照法律进行,不受被害人意志左右，有被害人控告可以追诉，没有被害人控告也可以追诉，这就是所谓的“公诉原则”，在有些国家也称作“职权原则”。

国家公诉与被害人追诉在追诉程序上的不同，突出地表现在公诉案件有专门的侦查程序和独立的审查起诉程序。由于公诉案件犯罪性质的严重性和复杂性，为保证国家公诉权的正确行使，防止使无辜的人错误地受到刑事追诉，公诉案件在决定是否提起公诉前，通常要经过专门的侦查程序。通过侦查，收集证据，查明犯罪事实和犯罪人。根据我国的诉讼理论，一般将侦查作为公诉的准备，将警察作为检察机关的辅助机关。因此，侦查是公诉活动的重要内容，警察也属于公诉主体的范围。在侦查终结后，一般有独立的审查起诉程序，由公诉机关根据侦查的结果，作出提起公诉或不起诉的决定。提起公诉的，由公诉机关制作起诉书移送有管辖权的法院，才引起刑事审判程序的发生。自诉案件则由被害人直接向法院起诉开始诉讼，没有侦查和审查起诉程序。

由于自诉控诉的对象是情节比较轻微的侵害公民个人权益的犯罪，而且既然国家将这部分案件的起诉权授予被害人行使，便应当充分尊重被害人的意志并贯彻始终，由此导致自诉案件的审理程序具有不同于公诉案件的若干特点。

三、我国自诉案件的范围

根据我国《刑事诉讼法》第 210 条规定和有关司法解释，自诉案件范围有以下几类：

（一）告诉才处理的案件

所谓告诉才处理的案件，指由被害人及其法定代理人、近亲属等提出告诉，人民法院才予以受理的案件。告诉才处理的刑事案件具体包括以下几类：

（1）《刑法》第 246 条规定的侮辱、诽谤案，但是严重危害社会秩序和国家利益的除外。

（2）《刑法》第 257 条第 1 款规定的暴力干涉他人婚姻自由案。

（3）《刑法》第 260 条第 1 款规定的虐待家庭成员案。

（4）《刑法》第 270 条规定的侵占财物案。

（二）被害人有证据证明的轻微刑事案件

轻微刑事案件，指犯罪事实、情节较为轻微，可能判处 3 年以下有期徒刑以及拘役、管制等较轻刑罚的案件。应当注意的是，这类案件强调被害人的举证责任，自诉能否成立在一定程度上取决于被害人有无证据或者证据是否充分，如果被害人没有证据的，人民法院将不予受理。如果被害人提出的证据不充分，不足以支持其起诉主张的，人民法院将裁定驳回自诉。被害人有证据证明的轻微刑事案件具体包括以下：

（1）《刑法》第 234 条第 1 款规定的故意伤害案。通常这类案件被称为轻伤案。

(2)《刑法》第245条规定的非法侵入他人住宅案。

(3)《刑法》第252条规定的侵犯通信自由案。

(4)《刑法》第258条规定的重婚案。

(5)《刑法》第261条规定的遗弃案。

(6)《刑法》分则第3章第1节规定的生产、销售伪劣商品案,但是严重危害社会秩序和国家利益的除外。

(7)《刑法》分则第3章第7节规定的侵犯知识产权案,但是严重危害社会秩序和国家利益的除外。

(8)属于《刑法》分则第4章、第5章规定的,对被告人可能判处3年以下有期徒刑的案件。

以上八类案件,被害人直接向人民法院起诉的,人民法院应当依法受理。对于其中证据不足、可由公安机关受理的,或者认为对被告人可能判处3年有期徒刑以上刑事处罚的,应当移送公安机关立案侦查。被害人向公安机关控告的,公安机关应当受理。

(三)被害人有证据证明对被告人侵犯自己人身、财产权利的行为应当依法追究刑事责任,而公安机关或者人民检察院不予追究被告人刑事责任的案件

依据有关司法解释,所谓公安机关或者人民检察院不予追究被告人刑事责任的案件,是指公安机关或人民检察院已作出不予追究的书面决定的案件。即公安机关、人民检察院已经作出不立案、撤销案件、不起诉等书面决定。

与公诉案件相比,自诉案件有以下特点:

(1)从犯罪客体来看,主要是侵犯公民个人权益方面的犯罪,比如侵犯公民的人身权利、财产权利、名誉权、婚姻自主权等。

(2)从起诉对象看,自诉案件多数是性质不太严重,给社会造成的危害相对于公诉案件较小的案件。国家将追诉犯罪的权利交给被害人等自己行使,不但不会危害国家利益、集体利益和社会利益,而且可以节省人力、物力、财力,可以使国家侦查机关和提起公诉的机关集中力量打击较为严重的刑事犯罪,将有限的司法资源进行更为合理的分配。

(3)从诉讼程序看,被害人及其法定代理人等有能力依靠自己的力量承担诉讼。自诉案件一般有明确的被告,案情比较清楚,情节相对简单,无需专门的取证手段和侦查措施,被害人及其法定代理人有能力自行提起诉讼和支持诉讼。如果案情复杂需要专门的侦查手段,被害人及其法定代理人没有能力查清案情或者收集证据、提供证据的,不宜作为刑事自诉案件。

四、自诉案件的提起条件

依据自诉案件的特征和法律有关规定,自诉案件提起诉讼的条件如下。

（一）有适格的自诉人

在法律规定的自诉案件范围内，遭受犯罪行为直接侵害的被害人有权向人民法院提起自诉。被害人死亡、丧失行为能力或者因受强制威吓等原因无法告诉，或者是限制行为能力以及由于年老、患病、盲、聋、哑等原因不能亲自告诉的，被害人的法定代理人、近亲属有权向人民法院起诉。

（二）有明确的被告人和具体的诉讼请求

自诉案件的刑事诉讼程序由于自诉人的起诉而引起，对于自诉案件，公安机关和人民检察院均不介入，因此没有公安机关的侦查和人民检察院的审查起诉。自诉人起诉时应明确提出控诉的对象，如果不能提出明确的被告人或者被告人下落不明的，自诉案件不能成立。自诉人起诉时还应提出具体的起诉请求，包括指明控诉的罪名和要求人民法院追究被告人何种刑事责任。如果提起刑事自诉附带民事诉讼，还应提出具体的赔偿请求。

（三）属于自诉案件范围

即属于《刑事诉讼法》第 210 条规定的告诉才处理的案件，被害人有证据证明的轻微刑事案件，被害人有证据证明对被告人侵犯自己人身权利、财产权利的行为应当依法追究刑事责任，而公安机关或者人民检察院不予追究被告人刑事责任的三类案件范围，以及最高人民法院《解释》确定的具体的自诉案件范围。

（四）被害人有证据证明

被害人提起刑事自诉必须有能够证明被告人犯有被指控的犯罪事实的证据。

（五）属于受诉人民法院管辖

自诉人应当依据刑事诉讼法关于级别管辖和地区管辖的规定，向有管辖权的人民法院提起自诉。

五、提起自诉的程序

自诉人应当向人民法院提交刑事自诉状。提起附带民事诉讼的，还应当提交刑事附带民事自诉状。自诉人书写自诉状确有困难的，可以口头告诉，由人民法院工作人员作出告诉笔录，向自诉人宣读，自诉人确认无误后，应当签名或者盖章。自诉状或者告诉笔录应当包括以下内容：

（1）自诉人、被告人、代为告诉人的姓名、性别、年龄、民族、出生地、文化程度、职业、工作单位、住址。

（2）被告人犯罪行为的时间、地点、手段、情节和危害后果等。

（3）具体的诉讼请求。

(4) 致送人民法院的名称及具状时间。

(5) 证人的姓名、住址及其他证据的名称、来源等。

如果被告人是两个人以上的，自诉人在自诉时需按照被告人的人数提供自诉状副本。

思考题：

1. 如何理解刑事起诉在刑事诉讼活动中的作用？
2. 公诉人在法庭审判中与审判人员、辩护人、被害人的代理人之间是什么关系？
3. 出庭支持公诉的概念、任务和意义是什么？
4. 不起诉有哪几种？其性质与特点是什么？

第三编　审 判 程 序

第十四章

审判程序概述

本章提要:审判程序是刑事诉讼的中心环节,本章对刑事审判的基本概念、审判模式、审判原则、审判制度以及其他基础知识都进行了系统的阐述。通过本章的学习,应当掌握并学会运用以下知识:(1)刑事审判的概念、特征和任务;(2)不同刑事审判模式的各自特征及我国刑事审判模式的特点;(3)刑事审判的基本原则;(4)刑事审判的基本制度;(5)刑事审判组织;(6)判决、裁定和决定的区别和适用。

第一节 刑事审判的概念、特征和任务

一、刑事审判的概念

(一) 审判和刑事审判的概念

审判的概念表述有广义和狭义之分。狭义的审判,仅指法庭审理阶段的活动,换言之,仅仅指在开庭审理中,法官在控辩双方及其他诉讼参与人参加下开展案件庭审调查、法律评价和裁决活动的程序。广义的审判既包括狭义审判,也包括狭义审判活动前的诉讼准备阶段和诉讼结束阶段所开展的各项活动,如确定合议庭组成人员、庭前审查活动、向有关当事人及诉讼参与人送达开庭通知、向社会公布案由、公告案件公开或不公开审理的理由、庭审后送达判决或调解文书等各项活动。

从审判活动的内在构成分析,我们可以将审判解析为审理和裁判两个部分。审理,指法院在控辩双方和其他诉讼参与人的参加下,查明事实,核实证据并适用法律的活动。裁判,指法院依据认定的证据和查明的事实及相关的法律,对案件的实体和程序问题作出处理结论的活动。审理和裁判密切相连,审理是裁判的前提和基础,裁判是审理的目的和结果。

作为一种纠纷的裁决手段和解决方法,审判按照所要解决实体纠纷的不同,可以将审判活动大致分为刑事审判、民事审判和行政审判三种。刑事审判主要解决刑事被告主体与国家之间有关刑事责任上的纠纷;民事审判解决公民、法人和其他组织之间有关民事责任上的纠纷;行政审判解决作为被告的行政机关与作为原告的行政管理相对人之间有关行政责任上的纠纷。

法院受理检察院提起的公诉及自诉人提起的自诉并作出立案决定后,刑事诉讼的审判程序即告启动,诉讼进入审判阶段。在刑事诉讼各阶段的流程中,审判阶段是体现和实现诉讼核心任务的中心环节,只有通过审判才能最终解决诉讼所指向的刑事实体问题,即刑事被告人的刑事责任问题。因此,审判程序是刑事诉讼的归宿。

刑事审判是主权国家实现其审判职能的一种特定表现形式及司法途径。由于诉讼一方通常系由代表国家的检察机关来充任,因此,较之于民事及行政审判程序,刑事审判在程序的运作模式、参与主体、应循原则、操作方法等方面都呈现出自身特有的内在规律和外在形态。关于审判的界定古今中外学者各不相同。棚濑孝雄认为:围绕对立的主张和论点进行争议的当事者中间存在着一个具有权威的第三者,通过这样的三者相互作用把当事者争论引导收敛到一个合理解决上的社会机制,就是审判。在我国诉讼法学界,刑事审判一般理解为法院在控辩双方及其他诉讼参与人的参加下,依照法定程序和相应职权,对于依法向其提出诉讼请求的刑事案件进行审理和裁判的诉讼活动。刑事审判活动同样也由两部分构成,即"刑事审理"和"刑事裁判"。刑事审理,指法院在检察院、刑事诉讼当事人及其他诉讼参与人的参加下,通过法庭听证、法庭辩论,在控辩双方质证的基础上,核定各种证据,查明案件事实并适用刑事法律的活动。刑事裁判,指法院在对案件审理的基础上,根据事实、依据法律,对被告人的刑事责任作出裁决的活动。

(二)我国刑事审判程序的概念及内容

刑事审判程序,指法院审理和裁判刑事案件所应依循的步骤与规则的总称。

依据刑事诉讼法的规定,我国的刑事审判程序分为第一审程序、第二审程序、特殊刑事案件的复核程序、审判监督程序、刑事特别审理程序五种。

1. 第一审程序

第一审程序是刑事审判的必经程序,也是其他刑事审判程序的基础,指人民法院根据刑事诉讼法中审判管辖的规定,对刑事案件进行第一次审判所应依循的程序规则。

2. 第二审程序

第二审程序不是刑事审判的必经程序,指第一审法院的上一级法院对提起上诉或抗诉的刑事案件依法予以重新审理的程序。

3. 特殊刑事案件的复核程序

主要包括两种:死刑复核程序;《刑法》第 63 条第 2 款规定的,不具有法定减轻处罚情节而判处法定刑以下刑罚的复核程序。

4. 审判监督程序

审判监督程序也不是刑事审判的必经程序,指当已生效判决或裁定确有错误时,法院依法对案件重新进行审判的程序。依据《刑事诉讼法》第 256 条的规定,原来是第一审案件的,应当依照第一审程序进行审判,所作的判决、裁定,可以上诉、抗诉;原来是第二审案件的,应当依照第二审程序进行审判,所作的判决、裁定,是终审的判决、裁定。

5. 刑事特别审理程序

刑事特别审理程序归属于刑事特别程序范畴，分别有未成年人刑事特别审判程序、当事人和解的公诉案件审判程序、被告人逃匿或死亡案件违法所得的没收审判程序、缺席审判程序、依法不负刑事责任的精神病人的强制医疗程序等进入法院审理阶段或须经法院审理裁定的特别审理程序。包括法院审理程序在内的刑事特别程序在程序启动的事由、当事人以及程序的运行方式、案件处理结果等方面与普通刑事程序均有区别，因此，《刑事诉讼法》第五编专列一编对其作出明确规定。

二、刑事审判的特征

审判程序是刑事诉讼程序的重要阶段和中心环节，审判不仅解决刑事案件被告人是否承担刑事责任、承担何种刑事责任的问题，也集中体现国家对刑罚权的具体施行。刑事审判具有以下几个基本特征：

（一）审判职权行使主体的单一性和审判参与主体的多元性

刑事审判是国家的一种专门职权活动。我国《刑事诉讼法》第 3 条明确规定："审判由人民法院负责。除法律特别规定的以外，其他任何机关、团体和个人都无权行使这些权力。"由此可见，法院是代表国家行使刑事审判职权的唯一正当主体。同时，由于刑事审判是解决控辩双方刑事责任纠纷的诉讼活动，必然需要专门机关和诉讼参与人的多方参与。这些参与审判的主体中，既有行使审判职权的审判机关、行使国家公诉权的检察机关等专门机关，也有犯罪嫌疑人、被告人、自诉人等与案件有直接利害关系的刑事诉讼当事人，还有因诉讼需要而参与刑事审判的其他诉讼参与人，如辩护人、证人、鉴定人员、翻译人员等。

（二）审判程序启动的被动性

与刑事追诉权的主动性不同，我国在刑事审判程序上实行"不告不理"原则，即若无告诉的提起，法院不能主动启动审判程序，行使审判职权。只有当刑事案件的相关权利主体提出合法的起诉、抗诉或上诉时，法院才能启动对该案件的审判。确立审判程序启动的被动性，宗旨在于保障审判的中立性。然而除了程序启动具有被动性外，我国刑事审判的被动性还体现在对审判权激活的被动性，即法院不能主动激活审判权，原则上由合法的起诉权激活后才能启动。因此，法院在审理案件时，对于控告方没有提出控告的犯罪事实部分，原则上不能主动进行审判。也就是说，法院的审判权在其未被起诉权激活之前，其并不能作用于具体的个案，只是一种抽象的司法权。

（三）审判的独立性

依据《宪法》第 131 条和《刑事诉讼法》第 5 条的规定，人民法院依法独立行使审判权,不受行政机关、社会团体和个人的干涉。法官作为刑事审判权的具体执行者,其个人也应具有独立性,积极排除任何不当干涉,独立完成案件的审判工作。

(四) 审判的中立性

刑事审判的中立性是程序正义的必然要求,也是实现实体公正的前提与基础。审判的中立性,指法院作为审判职权的唯一行使主体,在刑事案件的审判中应与控辩双方保持相同的距离,不产生任何偏倚,只代表法律而中立存在。刑事审判的中立性在刑事诉讼立法中得到明确而具体的体现,例如《刑事诉讼法》第 29 条规定,审判人员是案件当事人或者当事人的近亲属的,或者与某一刑事案件存在利害关系影响公正审判的,应适用回避规则;《刑事诉讼法》第 30 条也规定,审判人员不得接受当事人及其委托的人的请客送礼,或者违反规定会见当事人及其委托的人。

(五) 审判的强制性

刑事案件依法起诉至法院后,法院就具有及时进行审理并作出裁判的义务和权力,法官以其独立的裁判意志审判案件,控辩双方无权通过合意决定案件的审理过程和诉讼结果。虽然刑事自诉案件可以进行调解,但调解的范围也仅限于当事人对自身诉权的处分(例如调解之后自诉人选择撤销起诉等),而不能涉及与刑事处罚有关的内容。另外,生效的刑事裁判具有强制性,必要时可由国家强制力保证执行,这也是刑事审判强制性的表现之一。

(六) 审判的程序性

刑事审判的程序性,指我国刑事法律法规对于审判活动的规则和程序作了相应的规定,刑事审判必须严格遵循这些规则和程序开展,否则可能因严重违反诉讼程序而导致案件进入再审程序。

(七) 审判的亲历性和连续性

刑事审判要求审判者具有案件审理的亲历性,即审判人员自始至终参与刑事案件的审理,审查案件的所有证据,听取控辩双方的意见和辩论,并以此为前提作出公正的判决。同时,刑事案件的审理应当尽可能持续不间断地集中进行,如无特殊原因,中途不应更换审判人员。

(八) 审判程序的公开性

审判公开不仅是我国刑事审判的特点之一,也是刑事审判的一项基本原则。我国《宪法》第 130 条明确规定:“人民法院审理案件,除法律规定的特别情况之外,一律公开进行。”刑事审判程序的公开性,是要求法院的审判活动不仅要在控辩双方及其他诉讼参与人的参加下开展,而且应当公开进行,可以让社会公众进行旁听,让媒体进行采访报道。对于依法不应公开审理的案件，其宣告判决时也应当公开进行。刑事审判程序的公开进行，是保障诉讼公正的有效方式。

（九）审判的终局性

作为法治社会解决刑事纠纷的最终手段，刑事审判在案件实体问题的处理上具有终局性的意义。也就是说，法院的裁判一旦生效，原则上，刑事诉讼当事人和公诉机关都不能要求法院对案件进行重新审判，其他任何机关亦无权对案件再作处理。

三、刑事审判的目的和任务

（一）刑事审判的目的

审判的目的即审判活动的价值取向，从立法的层面而言，其应当反映我国刑事诉讼总体的立法宗旨，即保障刑法的正确实施，以实现国家的刑罚权；同时维护当事人合法的程序权益和实体权益，维护社会的安全和秩序。从诉讼本身的价值功能分析，刑事审判活动的直接动机和目的应当设定在维护正当程序和追求公正结果的具体价值目标上，该价值目标从应然的角度讲具有应然的多维性，我们应当通过刑事审判活动来实现该价值功能的最大化。

（二）刑事审判的任务

刑事审判的任务直接取决于审判的价值目标，审判任务是审判机关在刑事诉讼审判阶段所应承担的责任，也是我国刑事诉讼基本任务在审判阶段的具体反映。具体而言，刑事审判的任务包括以下两个方面：

1. 查明事实，审查程序，依法裁判

这可谓是刑事审判程序的直接任务。首先，法院应对案件实体问题进行审查，全面核实控辩双方提出的证据，查明案件事实，确定所指控的犯罪是否真实存在以及被告人是否应被追究刑事责任。其次，刑事审判也应对一些程序性问题进行审查，例如被告人在庭审中指出口供是因侦查人员刑讯逼供而作出的，法院便应依法对该口供是否属于非法证据、是否应当予以排除进行审查。最后，在核实证据、查明事实以及审查相关程序性问题的基础上，法院应当正确适用法律，对案件作出裁判，以决定被告人是否应承担刑事责任，应承担何种刑事责任。

2. 彰显法律权威，教育公民，维护社会秩序

相对而言，这是刑事审判程序所应承担的间接任务。我们可以看到，公开的审判活动是体现法律权威性的最直观方式，也是教导公民自觉遵守法律的良好途径。法院可以通过审判活动，使广大群众尤其是部分不稳定的社会成员深刻认识到触犯刑事法律的严重后果，促使其增强守法意识，从而实现对犯罪的一般预防，维护社会的安定有序。

第二节 审判要素及其功能

要素，是构成世界万物内在的基本因素。探析事物内部的构成要素是研究事物自身特征及其运行规律的重要途径和方法。通过剖析事物自身的构成要素，我们可以洞察相关事物的属性及其运作规律。诉讼活动是一种特定的社会现象，人类在长期的社会实践中不断探索其发生的原因和内在机理。如同我们不断研探人类基因以改善人的生存质量一样，对刑事审判内在基因的探索活动同样蕴含着我们完善刑事审判活动并使其更符合社会对该项活动价值目标的一种不懈追求。

刑事审判活动由执行不同功能的要素构成。一般理解，刑事审判要素指构成审判活动的必要条件和基本因素，其与狭义诉讼活动的概念构成在表征上是同义的。首先，刑事审判活动的内在需求是我们探析审判要素的前提和基础，一定主体之间的冲突和争议的无法自决是产生仲裁裁决的首要的基本成因。其次，冲突者提交裁决的动机是人们设计审判活动的基本动因，即对获得公正裁决的渴望。最后，裁决活动本身所需要设立的能够最大限度满足实体公正和程序公正的规范性程序。上述诉讼审判的需要结构从法律社会学的角度剖析，实际上反映了人类社会对冲突解决秩序的一种必然的、合乎理性的追求，因此，审判活动的形成有着复杂的社会政治、经济、哲学、宗教、习俗、传统等文化背景和形成机制，对审判要素的全面研究必然触及法学基础理论相关课题中的法律及其活动产生的原因的深层次探究。故本书仅立足于诉讼学理层面对审判的基本要素进行剖析，选择该视角的研究是为了在诉讼法学领域正确界定刑事审判的内在属性及其相应的功能。但从审判活动产生的基本动因中可以发现，为满足特定需要而形成的法律活动，其构成要素取决于特定需要本身。

综合上述产生审判活动的基本成因分析，我国刑事审判活动应当具有的基本要素取决于满足冲突解决途径的基本条件，这一基本条件正是构成狭义诉讼的基本要素。如前所述，刑事审判活动在概念表征上与狭义诉讼概念相近似，故刑事审判具有狭义诉讼所必须具备的一般要素。

第一，刑事审判的诉因要素。如前所述，刑事诉讼主体之间存在不能自决的有关刑事犯罪的冲突和争议是产生刑事诉讼的起因，当这一起因成为一种启动审判程序的因素时，刑事审判程序的启动就具备了最基本的诉因要素。刑事审判的诉因要素一般被解读为与犯罪构成相对应的刑事程序范畴，是指控方记载于刑事起诉状中并提交法庭审理的、在公诉事实的基础之上结合法律评价而形成的特定的犯罪构成事实的观念形态。这是推动刑事审判程序启动的基本因素。

第二，刑事审判的主体要素。即通过起诉行为启动刑事审判程序的原告和应诉的被告。首先，存在冲突主体是构成审判活动的前提，但并非所有冲突主体都可以成为审判要素，作为审判基本要素的主体首先必须是能够启动审判程序的原告主体，无论是刑事诉讼或民事诉讼，原告主体的实质消亡都将导致诉讼的撤销。故诉讼原告最基本的功能是启动审判程序，同时使审判活动在其诉请支持下得以维持。审判程序及其法官权能是一种不能主动作用于具体刑事案件的司法程序和权能，而原告主体的形成及其起诉活动是激活该程序和权能的基本诉讼要素。其次，还应该存在应诉的被告主体，刑事实体法所确定的"罪责自负"原则决定了刑事诉讼中的被告主体是刑事审判活动不可或缺的基本要素，该主体要素的基本功能是对抗原告的控诉和承载可能发生的罪责风险。

第三，刑事审判的第三方仲裁要素。即审判活动必须由第三方主持并裁决，该第三方必须是与所涉案件或案件当事人没有任何利害关系的、与争议各方保持等距离的中立第三方。如前所述，一定主体之间无法自决的冲突是产生诉讼审判的必要条件，如果冲突主体之间能够自决就无需求助于第三方。故第三方仲裁要素的基本功能是凭借其强大的司法职能查明是非、确定责任、平抑冲突、解决争议，没有第三方也即仲裁方的参与，刑事审判将因缺少该项要素而不能成立。审判的该项要素与人们渴望诉讼审判公正的动机有着紧密的关联。戈尔丁在《法律哲学》一书中对作为诉讼第三方的仲裁者须保持的中立性给予了精辟的论证，即"任何人不能作为有关自己案件的法官，冲突的解决结果中不会有解决者个人的利益，冲突的解决者不应有对当事人一方的好恶偏见"。

第四，刑事审判的合法程序要素。该项要素为审判活动的参与者和主持者提供了重要的解决纠纷的方式和规则，从而使查明事实和确定责任的审判活动有了系统规范的操作准则，同时也提供了衡量过程和结果公正与否的尺度。该要素的基本功能是为最大限度满足审判活动的参与者和仲裁者能够获得程序公正和实体公正提供活动的准则。

第三节 刑事审判模式

刑事审判模式，又称为刑事审判形式或刑事审判结构，指控诉、辩护、审判三方刑事诉讼主体在刑事审判中的法律地位和相互关系，以及与此相适应的审判程序组合方式。刑事审判模式是刑事诉讼模式在审判阶段的体现，因此，恰如刑事诉讼模式分为当事人主义诉讼模式、职权主义诉讼模式和混合式诉讼模式，刑事审判模式也分为当事人主义审判模式、职权主义审判模式和混合式审判模式。

一、当事人主义审判模式

当事人主义审判模式，又可称为对抗制审判模式或抗辩式审判模式，指法官消极中立而控辩双方积极推动审判进程的一种审判模式。它具有以下三个方面的特征。

(一)法官在审判中处消极中立的地位

在当事人主义审判模式之下,主持审判活动的法官居于消极且中立的地位,这种消极和中立在庭审前和庭审中均有体现。在庭审前,法官不被允许接触案卷材料和证据,以免在心中产生预判;在庭审中,法官不主动介入案件事实的调查和相关证据的收集,也不主动对控辩双方及证人发起询问。法官在刑事审判中的作用仅限于主持审判和掌控举证、质证及辩论的相关诉讼规则,并据此作出裁决。

(二)控辩两方积极主动及平等对抗

在庭审中,控辩双方积极进行举证、质证和辩论,以说服陪审团或法官支持己方的诉讼主张。同时,控辩双方又拥有完全平等的举证、质证和辩论权利。例如,无论哪一方提供的证人,均需接受控辩双方的交叉询问。

(三)控辩两方共同推进庭审进程

在庭审中,法官处于消极的地位,控辩双方成为控制和推进刑事审判活动的主体。双方积极而自由地选择其调查事实、收集证据的范围和方式,只要不违反证据规则和辩论规则,法官便不会加以干涉。此外,控辩双方可在庭审前达成辩诉交易,法官开庭后若确认被告人是自愿认罪且明知法律后果,则不再对事实和证据进行审查而径直宣告判决。

二、职权主义审判模式

职权主义审判模式,又称审问式审判模式,指法官在审判中居于积极主动的控制地位而控辩双方相对消极被动的一种审判模式。它具有以下三个方面的特征。

(一)法官主导审判活动,主动进行事实调查

在职权主义审判模式之下,法官不但履行裁判职能,而且承担着主导庭审活动、调查案件事实的任务。首先,在庭审前,法官会翻阅控方提交的案卷材料,了解案件情况,制定审理计划。其次,在庭审时,法官有权主动对控辩双方及其他诉讼参与人发起询问,主动出示证据、核实证据。

(二)控辩两方消极被动,积极性受到一定抑制

职权主义审判模式下的控辩双方不具有积极主动的地位,而是在审判活动中充任被动和辅助性的角色。例如,控辩双方中任何一方如需对证人、鉴定人等进行询问,均应在法官完成询问后进行,且应先征得法官的同意。

(三)法官控制庭审进程

法官在事前制定庭审计划,决定案件审理范围、证据审查方式等,控辩双方只能

遵从法官对庭审活动的安排，服从法官的指挥。同时，控辩双方如需传唤新证人、提交新证据或重新进行鉴定的，均应先向法官提出申请，得到允许后方能进行。

三、混合式审判模式

混合式审判模式，是职权主义审判模式和当事人主义审判模式两者相互吸收借鉴、取长补短而融合形成的一种审判模式。通过对职权主义审判模式和当事人主义审判模式各自利弊的分析，可以看到：前者强调法官的职权性而有利于诉讼的高效，但未给予控辩双方积极的诉讼地位，不利于实现程序正义；后者强调控辩双方的积极主动和法官的消极中立，因而更有利于实现程序正义和诉讼民主，但大大降低了诉讼效率，提高了诉讼成本。正是基于这样的认识，在采用职权主义审判模式的大陆法系国家和采用当事人主义审判模式的英美法系国家之间，开始相互吸收借鉴而改革原有的审判模式。大陆法系国家以立法的方式强化了被告人在审判中的诉讼地位，加强了对被告人的人权保障，并适度引入交叉询问机制；英美法系国家则进一步强化了法官在审判中的职权作用。

现如今，无论是在大陆法系国家还是英美法系国家，都很难见到完全纯粹的职权主义审判模式或当事人主义审判模式。但由于传统法律文化的深刻影响，经过一定程度改革的职权主义审判模式或当事人主义审判模式仍保留着自身的主要特征，一国原有的审判模式不会从根本上有所改变。因此，混合式审判模式只出现在一些对审判模式改革较为彻底的国家，其中尤以意大利和日本为代表。

意大利原本是采用职权主义审判模式的国家，法官在审判中处于很强的主导地位，控辩双方的诉讼权利相对有限。但第二次世界大战后，意大利开始接受来自当事人主义审判模式的影响，并对刑事司法制度进行了一系列改革。其中，1988 年修改的刑事诉讼法大量吸收了英美法系国家当事人主义审判模式的内容，如实行有限的诉讼材料移送、引入交叉询问机制、赋予被告人沉默权、规定裁判令制度等。但改革为混合式审判模式后，意大利的刑事审判程序仍留有职权主义的一些特点，例如法官居于庭审的主导地位，可以主动调查事实和调取证据，也可以在交叉询问中向刑事诉讼参与人发起提问。

日本的刑事诉讼法在明治维新后受到德国的较大影响，因此采用职权主义审判模式。第二次世界大战之后，日本开始受到美国法律制度的影响，其刑事审判模式逐步向当事人主义进行转化，例如赋予被告人沉默权、实行起诉状一本主义、庭审适用交叉询问程序等。但在引入当事人主义审判模式的同时，日本的刑事审判仍带有浓厚的职权主义色彩，如法官主导庭审、决定证据调查范围、积极参与事实调查、有权对证人、鉴定人发起提问等。此外，日本虽想实施裁判员制度，但并没有施行陪审团裁决事实的制度。这些职权主义审判模式的痕迹，使得日本的刑事审判模式与英美法系国家相区别而形成了自身特色。

总体而言，混合式审判模式作为一种借鉴性审判模式改革的产物，尚称不上完善或成熟，仍有待进一步的改革。而审判模式的改革，应当充分结合一国实际国情和法律文化而进行。

四、我国的刑事审判模式

1979年第一部《刑事诉讼法》颁布，我国的刑事审判总体为职权主义审判模式，甚至体现出超职权主义的特性。究其原因，既是由于我国曾有长期的封建统治历史，纠问式的职权主义观念深入人心，也是由于新中国的刑事诉讼制度受苏联的影响较大。这一时期我国超职权主义刑事审判模式的特点，可概括为如下四点：庭审前法院对案件进行实体性审查；法官主导庭审活动并控制庭审过程；刑事被告人在庭审中的诉讼地位极度弱化，辩护权受到抑制；法官除审判职能之外还充任证实犯罪的控诉角色，控审不分。这种审判模式使法官产生先入为主的判断，忽视被告人的诉讼权利，也使庭审因缺乏对抗而流于形式，有损司法公正。

1996年我国修正《刑事诉讼法》。这次修正体现出了对审判模式的改革，在保留职权主义审判模式的同时，吸收了当事人主义审判模式的一些对抗性因素。此次改革主要表现在以下三点：

(1) 开庭前法院的审查由实体审查变为程序性审查。开庭前，检察机关只移送有明确犯罪指控事实的起诉书、证据目录、证人名单及主要证据复印件或照片，而不再移送全部卷宗证据资料，以防止法官在开庭前形成预断。

(2) 强化控辩双方的举证、质证与辩护的作用，弱化法官调查事实与审查证据的职能。在庭审中，法官不再主动出示与核实证据，证据由控辩双方自行出示，证人由控辩双方进行交叉询问；法官不再主动参与事实调查，法庭调查阶段由法官先讯问被告人改为由公诉人先讯问被告人；庭审后若法官认为案件事实不清、证据不足，也不能把案件退回补充侦查或主动收集新的证据，而是应作出无罪判决。

(3) 强化被告方的辩护权。被告方被赋予收集和当庭提交证据的权利，并可以在法庭调查阶段与控诉方展开充分辩论。这些改革举措提高了被告人的诉讼地位，增强了庭审的对抗性。

1996年《刑事诉讼法》，虽然对审判模式作出了一定的改革，但没有改变职权主义的根本特性，审判模式的改革仍需深化。2012年《刑事诉讼法》又作出重大修改，在刑事审判模式的改革上也有新的进步，主要体现为以下两方面：

(1) 完善辩护制度。例如，规定辩护人、诉讼代理人有权要求回避及申请复议；衔接《律师法》，强化律师会见、阅卷、取证权，规定律师享有执业活动中所知信息的保密权；扩大指定辩护的范围，并给予刑事被告人及其近亲属申请法律援助的权利。

(2) 完善证据制度和证人相关制度。例如，规定非法证据排除规则，并规定公诉案件中证明被告人有罪的举证责任由检察机关承担；实行证人强制出庭制度，规定拒不出庭或出庭后拒不作证的刑事后果；建立证人保护制度和证人补偿制度；明确控辩双方有权申请有专门知识的人出庭就鉴定意见提出意见等。

在2012年《刑事诉讼法》修正的基础上，2018年《刑事诉讼法》又作了进一步的完善，主要有以下两个方面：

（1）增加法律援助值班律师制度。在法院、看守所派驻值班律师，为犯罪嫌疑人、刑事被告人提供法律咨询、程序选择、申请变更强制措施等法律帮助。该项制度的主要目的是为进入刑事诉讼程序的犯罪嫌疑人或者被告人提供即时初步的服务，以其广覆盖、便利性等特点很好地体现了保障司法人权的刑事司法理念。

（2）缺席审判中被告人辩护权的保障。本次修改在设计刑事缺席审判制度时，充分重视缺席审判案件中被告人的辩护权。人民法院缺席审判案件，被告人有权委托辩护人，被告人的近亲属可以代为委托辩护人。被告人及其近亲属没有委托辩护人的，人民法院应当通知法律援助机构指派律师为其提供辩护。使得我国的缺席审判制度符合程序正义的要求。

第四节 刑事审判原则

刑事审判是一系列规则有机整合的诉讼活动，为确保这一系列规则的有效运行，各国的刑事程序立法中一般都设有统领性规则，这一统领性规则即为审判原则。一般理解，审判原则是在审判阶段用以规范审判活动的基本行为准则，它是审判系列规则的总结和提炼，对审判活动具有纲领性的普遍指导和约束功能，在诉讼立法和司法实践中为大多数国家的刑事审判活动所遵循和采纳。

一、审判独立原则

（一）审判独立的含义和要素

审判独立在国际上通常被认为司法独立。司法独立是西方国家三权分立政体背景下的产物，指司法权相对于立法权和行政权是分离和独立的，三权处于制衡状态。法院作为司法机关，独立于立法机关和行政机关，依法独立行使司法权。而我国的司法机关不仅指人民法院，还包括人民检察院，同时我国实行的是议行合一的人民代表大会制度，司法机关由其产生并受其监督，且对其负责。所以，我国的司法独立是包括审判独立在内的司法独立，一般是指审判机关独立于其他行政机关、社会团体和个人，法院和法官行使职权时只服从法律，不受任何行政机关、社会团体和个人的干涉。审判独立是我国的一项宪法性原则。我国宪法和法律都明确规定了审判独立的内容。2018年《宪法》第131条规定：人民法院依照法律规定独立行使审判权，不受行政机关、社会团体和个人的干涉。《刑事诉讼法》第5条规定：人民法院依照法律规定独立行使审判权，不受行政机关、社会团体和个人的干涉。

实现审判独立最基本的要素是法院独立（外部独立）和法官独立（内部独立）。法院独立包括形式独立和实质独立。法院的形式独立,指法院作为一个审判机构的整体独立。它拥有并依法实现其独立的审判意志,不受控于其他任何行政机关、社会团体和个人。法院的形式独立在国家的政体中表现为一种司法权和国家其他权力的分权结构,同时在国家的司法主体中表现为司法机关之间的司法分权结构。法院的实质独立,指法院根据查明的事实和掌握的证据,依照法律自主作出裁判,不屈从任何法院以外意志的影响和干扰。实质独立是一种司法分权内在需要的体现,它反映了审判机关审判独立的精神实质,其核心是强调公正和中立。内部独立即法官独立,是一种法院组织系统内部的独立要求,即法官在履行其职能时只尊重事实和证据,只服从法律和自己的良心。审判独立的核心内容或基点是法官的独立,而法官独立的直接效果就是审判独立,后者是实现司法公正的根本前提,法院独立正是通过法官独立来体现和实现的,没有法官的独立,审判独立就会成为无本之木。

(二)审判独立的价值功能

首先,审判独立有助于确保我国刑事司法体制的统一、有效运行,实现国家的司法公正目标。审判独立作为一项宪法原则,主要功能之一便是对国家的司法权与立法权、行政权之间的地位关系作了界定,确认了国家权力体系中的司法权的独立性,并进一步明确了我国司法体制中的审判权唯法院行使并由其专享。同时作为一项诉讼法原则,它调整着法院、法官在诉讼审判这一最后流程中与社会各外部机构及个人的诉讼法律关系,旨在确保法院公正无私的审判,为法官在审判过程中排除可能遭遇的各种非法干扰提供法律上的依据,使审判机关通过分权和制衡做好司法公正的守门员,实现社会的司法正义,并成为公民抵制专横武断最重要,也是最后的一道维权屏障。

其次,审判独立有助于实现诉讼的实体公正。实体公正的核心要求是以正确的事实认定为基础并进而准确地适用实体法。在诉讼中所追求的实体正义包括案件事实真相的发现和对实体法的正确适用两方面的内容。审判结果的客观性和公正性目标除了可以通过保障程序正义来达到,还可以通过排除立法机关、行政机关、新闻媒介等外来干涉来实现。因为任何外来的非法干预、压力或控制,其实质是基于强加给法官在认定事实或适用法律方面的一种预决的结论,而这种结论往往来自法无据的预断偏见或是脱离事实的妄自猜测,它既违背了认识活动的客观规律和要求,又违背了审判独立的原则。故由此可以确定,审判独立原则是保障实体公正的必要条件。

第三,审判独立有助于实现诉讼的程序正义。在现代诉讼理念中,法官被要求保持地位的中立,其核心是法官与当事人及系争利益的无涉,且唯无涉才能实现法官真正的超然;同时,审判独立可以树立司法裁决的社会公信度,使人们从保持中立地位的法官所作出的裁决中体会到程序的公正,并借此对裁决的结果作出公正的评价。法官一旦失去中立或使各方不能平等参与,就可能在认定事实和评定证据方面产生预断,形成偏执,以至于作出错误的裁判。同时,一个应当选择回避程序的法官将会使人们通过怀疑程序的公正来质疑结果的公正。故只有一个拥有独立自主审判权的法官才能在案件审理过程中细心听取各方对事实、证据和法律适用的评价，并在裁判过程中综合衡量各方证据，自觉摒弃偏见，从而使各方程序参与者受到公正的对待。可见，审判独立可以确保法官客观、冷静地讨论、评议案件，公正无偏地解决纠纷，从而确保程序正义的充分实现。

（三）审判独立的保障机制

由于我国现行的诉讼流程体制以及检察、审判共存的二元制司法主体架构的客观存在，所以，我国的审判独立与西方国家的审判独立在法律逻辑上还不能等同。但在我国诉讼实践中不断强化审判独立的理念，并在这种理念的支持下建立和健全符合中国国情的审判独立机制，是我们应当不懈追求的目标。当前，应当从以下几个方面去努力：

1. 建立保障法官独立行使职权的制度机制

第一，建立和完善法官任职资格确认及法官队伍选拔制度，加快法官队伍的职业化和精英化。建立一支高素质的法官队伍，是司法保持独立与公正的基本保障。虽然现行的《法官法》已经对法官的任职程序作了严格规定，但对法官的任职过程往往存在着一定的地域化、人治化和行政化倾向。实现法官任职程序的法治化和非地域化，有助于确立法官的地位和权威，从人事制度上防止地方势力对审判独立的干扰。第二，完善法官职务的保障制度。确立法官任职终身制，使法官无需定期考虑推举人的推选动机和需要，无需为争取任期连任而作出任何有可能在将来为满足推举人利益而违背司法公正的不当承诺。第三，确保法官取得较高水平的薪俸保障。在总体上强调法官队伍职业化和精英化并对法官队伍人数实施有效的总量控制的同时，让法官在任期间保持相对于社会平均薪俸水准高数倍的薪俸福利，退休后享有与薪俸相应的退休金，这一方面使法官有稳定的足以使其珍惜的工作和生活条件，另一方面也提高了企图收买法官之流的行贿成本。第四，建立科学、严格的法官惩戒制度。我国已通过法官法及最高人民法院所制定的有关法官任职纪律规定了法官的惩戒制度，但就惩戒的具体程序而言，尚缺乏一定的可操作性，如实践中所实行的错案责任追究制就暴露出明显的弊端，错案的界定不尽科学，由此形成的惩戒措施也不尽合理，使得下级法院的法官往往为避免承担错案责任，而动辄向本院上级甚或上级法院请示，严重影响了法院审判独立，并实际上架空了当事人的上诉权。故当前在严格法官惩戒制度的同时，必须科学、合理地界定错案的认定标准，并严格实行各级人民法院之间的独立审判制度。确立法官惩戒制度有利于增强职业法官的荣誉感、责任感和使命感，使其能够提高公正执法的自觉性。

2. 理顺审判机关内部关系

第一，理顺上、下级法院之间的关系。审判独立，首先要求上、下级法院在审理案件时能够保持彼此独立。上级法院应依法通过法定程序对下级法院实施监督，但这种监督不能成为变相越权办案的理由；同时，下级法院也不应该就自己承办的案件动辄向上级法院请示。如前所述，由于我国错案责任制尚不完善，奖惩制度不尽科学、合理，导致实践中经常出现因二审改判而对一审法官的职务升降及其他利益造成直接影响，这也导致一些法院的法官对案件审判不愿承担责任的现象的发生，所以，审判实践中下级法院向上级法院请示的现象时有发生，这在实质上等于取消了两审终审制，变相剥夺了当事人的上诉权和公诉机关的抗诉权，也使主审法官规避了所应负的责任。这种现象的客观存在，严重影响审判独立的贯彻执行并可能导致其流于形式。

第二，理顺审案法官与上级行政领导之间的关系。在法院内部实施行政管理权与审判权相分离、行政职务与法官员额相分离的工作模式。实行法官员额制改革后，法官职业化专业化水平有了保证，就要按照审判规律和职业特点要求，确立法官办案主体地位，改变过去层层审批的审判权力运行模式，真正还权于法官和合议庭。在审判权运行上，院长、庭长可从审批他人案件中解脱出来，真正落实“让审理者裁判、由裁判者负责”的司法责任制度。从而实现审案法官的真正独立。

3. 理顺审判机关的外部关系

第一，理顺与各级人大之间的关系。我国现有政体中的法院及其审判人员是由各级人大产生和任免，并受其监督。但各级人大的这一强大的监督权力很容易形成对各级法院具体审判工作的干预，故各级人大必须使其监督权和法院的独立审判权之间形成既对立又统一的辩证关系。

第二，理顺与党委及其政法委之间的关系。我国包括政法机关在内的所有国家机关都必须坚持党对政法机关的绝对领导原则，这是由政府工作的性质决定的。政法机关首先是政治机关，这是政法机关的政治属性。党对审判工作的领导应立足于审判应遵循的大政方针的思想引导，具体体现在政治领导、思想领导、组织领导，而不是个案的直接、具体的指导、指示。各级人民法院依据宪法独立行使审判权。

第三，理顺与监察机关的关系。我国宪法和监察法规定监察委员会依照法律规定独立行使监察权，不受行政机关、社会团体和个人的干涉。监察机关办理职务违法和职务犯罪案件，应当与审判机关、检察机关、执法部门互相配合，互相制约。监察机关和审判机关应分别依法独立行使监察权和审判权，不怠于权力行使，亦不逾越职权边界范围，二者之间存在着特定的监督制衡关系。

第四，理顺与检察机关以及公安机关之间的关系。我国刑事诉讼法对公、检、法三机关之间的关系用“分工负责、互相配合、互相制约”原则加以调整。由于实行诉讼流程制，故我国刑事诉讼程序中的审判机关主要同检察机关发生法律关系，检察机关处在法律监督者地位。理顺法院与检察院关系的核心是独立审判和法律监督之间的对立统一关系。在现有刑事诉讼法律框架内整理这一关系，重点应当是强调检察监督方式方法的合理和有效，而非取消检察监督。

第五，理顺同当事人及社会各界的关系。审判活动的效应是多方面的，包括社会效应，而一项审判活动的社会认可度往往同审判活动本身的公正、公平、公开程度紧密相联，故审判活动的独立性往往会受到各种社会效应的挑战，解决该项关系问题的核心就是严格依法办案，因为法律规则的明确和规范决定了诉讼价值评判的标准。

二、审判公开原则

(一) 审判公开原则的含义和内容

审判公开是现代法制框架下世界通行的刑事审判原则，被各国以立法形式加以确立。《世界人权宣言》第10条规定："人人完全平等地有权由一个独立而无偏倚的法庭进行公正的和公开的审讯，以确定他的权利和义务并判定对他提出的任何刑事指控。"《公民权利和政治权利国际公约》第14条第1款亦规定："在判定对任何人提出的任何刑事指控或确定他在一件诉讼案中的权利和义务时，人人有资格由一个依法设立的、合格的、独立的和无偏倚的法庭进行公正和公开的审讯。"我国也将审判公开原则通过立法予以确认。《宪法》第130条规定："人民法院审理案件，除法律规定的特别情况外，一律公开进行。"《刑事诉讼法》第11条也对刑事审判公开作了类似规定。

审判公开原则，指人民法院审理刑事案件和宣告刑事判决时，除特殊情况外，均应公开进行，允许公民至法庭旁听，允许新闻媒体进行采访和报道。

审判公开原则的内容包括以下三个方面：

1. 开庭前相关内容的先期公布

开庭前应将案由、被告人姓名、开庭时间及地点以恰当的方式进行公布，方便公民前来旁听或媒体进行采访报道。但以下几类人员不能进入法庭：(1)18周岁以下的未成年人；(2)被剥夺政治权利的人；(3)正在监外服刑的罪犯和被采取取保候审或监视居住的犯罪嫌疑人；(4)在精神上有疾病或醉酒的人；(5)携带武器、凶器或危险品的人；(6)未经允许的外国人。此外，允许进行采访报道的新闻记者仅限中国国籍的记者。

2. 审判过程公开

审判过程公开，即庭审应当公开进行，当庭进行案件事实的调查和证据的出示、质证，当庭展开控辩双方的辩论，做到"有证庭上举，有理庭上辩"。但是，无论案件是否公开审理，法庭对案件的评议一律不公开进行。

3. 审判结果公开

审判结果公开，即对判决结果公开宣告，宣告的内容既应包括判决的内容，也应包括据以判决的理由及依据。

(二) 审判公开的意义

审判公开作为刑事审判的一项重要原则，在实现司法公正和体现司法威严上均有重要意义。

1. 审判公开有利于实现司法公正

在公众和媒体面前开展庭审活动，由刑事诉讼当事人、其他参与人、广大公众和社会舆论对刑事审判活动进行监督，可以督促法院严格遵守法律规定行使审判职权，进行公正审理和裁决。

2. 审判公开有利于加强法制教育

审判公开使刑事诉讼当事人和公众都亲身参与或从旁监督了刑事审判活动，这不仅能增加刑事司法活动的透明度，增强公众对刑事审判公正性的信心，提升刑事法律和司法的权威，而且能够加强公众的法制意识，教育其自觉遵守法律。

（三）审判公开的例外

审判公开原则并不是一项绝对性的原则，在各国均有适用的例外情形。我国《刑事诉讼法》第188条规定："人民法院审判第一审案件应当公开进行。但是有关国家秘密或者个人隐私的案件，不公开审理；涉及商业秘密的案件，当事人申请不公开审理的，可以不公开审理。"同时，第285条规定："审判的时候被告人不满十八周岁的案件，不公开审理。"因此，我国审判公开的例外主要有以下几种情形：

1. 有关国家秘密的案件，不公开审理

国家秘密是指国家机密以及其他所有与国家政治、经济、军事、国防、科技、外交、立法、司法、财政、资源等有关的秘密事项。该项规定是为了防止国家秘密的泄露，维护国家的利益与安全。

2. 有关个人隐私的案件，不公开审理

该项规定体现了刑事诉讼保障人权的价值理念，旨在保护刑事被害人或其他人的名誉，维护其合法权益。此外，也是为防止一些案件对社会风化产生不好的影响。

3. 当事人申请的涉及商业秘密的案件，可以不公开审理

该项规定体现了我国刑事法律对商业秘密的法律保护。

4. 不满18周岁的未成年人的刑事案件，一律不公开审理

此处所指的"不满十八周岁"，指案件开庭审理时的年龄而非案件发生时的年龄。该项规定是因为未成年人在心理和人格上仍具有极强的可塑性，我国刑事法律制度本着"教育、感化、挽救"的方针，规定对未成年人犯罪案件不公开审判，以避免对其造成不良的身心伤害，促使其早日回归社会。

（四）审判公开的要求

（1）依法不公开审理的案件，任何公民包括与审理该案无关的法院工作人员和被告人的近亲属，都不得旁听。但是，未成年人犯罪案件，其法定代理人可以依法参与案件的审理；经未成年被告人及其法定代理人同意，未成年被告人所在学校和未成年人保护组织也可以派代表到场。

（2）不管刑事案件是否公开审理，休庭评议活动一律不公开进行，而判决一律应公开宣告。但是，对于未成年人的犯罪案件，其公开宣判不宜采用群众大会的形式。

（3）依据刑事诉讼法的要求，公开宣判的案件，法院应在开庭3日以前先期公布案由、被告人姓名、开庭时间和地点。

三、直接、言词审理原则

（一）直接、言词审理原则的含义

直接、言词审理原则亦可称为直接言词原则，包括直接原则和言词原则两项内容。

直接原则，又分为直接审理原则和直接采证原则。其中，直接审理原则又叫在场原则，指审理刑事案件时，除主持审判的法官外，控辩双方及其他诉讼参与人均应当在场。若法律无特别规定，则审理活动不得在上述人员缺席时进行，即使进行了审判也应被认定为无效。直接采证原则，指在刑事审判中，法官应当直接参与调查证据，当庭听取控辩双方的质证和辩论，并亲自认定证据，而不能以书面的方式或由他人代为进行，否则该证据不得作为裁判的依据。

言词原则又叫言词辩论原则，指刑事审判活动必须以言词表达的方式进行。言词原则要求在刑事审理过程中，法官的调查询问与宣判应当口头表述，控辩双方的举证、质证、辩论和陈述都应当口头进行，其他诉讼参与人如证人、鉴定人等的证据或意见提供方式也应当为口头陈述。除非法律有特殊规定，否则未经言词表达的证据资料均不得作为案件裁判的依据。

直接言词原则作为大陆法系国家刑事诉讼法的基本原则，其设定的主要宗旨是着眼于法官的职责，强调法官与证据认定之间不可分割的关系。英美法系的诉讼法当中没有确定这项原则，但却有与之精神相通的“传闻证据规则”。该项规则原则上要求在审判中排除传闻证据，证人证言须在法庭上接受检验，只有在符合法定的例外情形时才允许采纳庭外陈述。其着眼于证据资格，强调传闻证据不得进入法庭质证程序。虽然，我国现行的刑事诉讼法中并未规定直接言词原则，但直接言词原则所蕴含的法理精神在我国现行刑事诉讼法规定的刑事审判程序中有一定体现。

（二）直接、言词审理原则的意义

首先，赋予控辩双方平等的诉讼地位和审判参与权，有利于实现程序正义。直接、言词原则要求控辩审三方及其他诉讼参与人均出席庭审，控辩双方不仅直接参与审判过程，而且平等对抗，相互之间进行交叉询问和辩论，法官当庭听取当事人的举证、质证、辩论言词并听取被告人的最后陈述，这不仅充分保障了控辩双方的审判参与权，而且体现了对程序正义的追求。

其次，有利于法官形成正确心证，实现刑事审判的实体正义。法官直接参与庭审，当庭听取控辩双方及其他诉讼参与人的辩论、证言或意见，这使法官摆脱书面控诉材料的片面引导，通过各方所作陈述并结合表述者的神态、表情等直观反应，来认定事实、核实证据，进而获得内心确信。直接、言词审理原则指导下的刑事审判活动，有利于法官对刑事案件的事实与证据作出正确的判断，形成有效的自由心证，并作出公正的裁决，从而实现刑事审判的实体正义。

(三) 直接、言词审理原则在我国刑事诉讼法上的适用和要求

如前所述,在我国《刑事诉讼法》中,并没有对直接、言词审理原则的明确规定,但其中一些具体条款充分体现了这一原则。例如,第187条第3款关于通知控辩双方及其他诉讼参与人参加庭审的规定;第198条第1款关于与定罪、量刑有关的事实和证据都应经过调查、辩论的规定,第2款关于公诉人、当事人、辩护人、诉讼代理人经审判长允许可以对证据和案件情况发表意见且互相辩论的规定,第3款关于被告人有权作最后陈述的规定;第193条关于强制证人出庭作证的规定等,均反映了我国刑事审判活动对直接、言词审理原则的遵循。

但是,针对现阶段审判实际的需要和现行刑事审判规律的要求,我国刑事审判程序对于直接、言词审判原则并不一味加以适用,而是采取原则性和灵活性相结合的方式。例如,依据《刑事诉讼法》第195条的规定,我国刑事审判允许部分证人不出庭作证而只出具书面证言。

依据刑事诉讼法的相关规定,直接、言词审理原则对于刑事审判活动具有以下两点要求:(1)刑事审判人员始终参与庭审,并确保各方刑事诉讼参与人到庭。从我国刑事审判实践来看,尤其应当提高证人的出庭率,确保证人依法出庭作证。事实上,证人出庭作证应是原则,不出庭作证只能是例外,我国现阶段刑事审判中证人出庭率普遍较低的现象,不仅不利于贯彻直接、言词审理原则,而且也为刑事诉讼活动的有效开展带来不利影响。(2)据以定案量刑的事实均应在庭审中加以审查,所有证据都应当当庭出示并接受质证,控辩双方可对证人进行交叉询问并就案件情况和证据展开充分的辩论。

四、辩论原则

(一) 辩论原则的含义和内容

辩论原则,指在刑事案件审理过程中,控方和辩方应当公开以口头的方式进行充分的、对立性的辩论,未经控辩双方充分辩论,法院对案件不能作出裁决。

辩论原则是世界各国普遍采用的刑事审判原则之一,我国也将辩论原则作为刑事审判的一项基本原则。《刑事诉讼法》第198条第2款规定:“经审判长许可,公诉人、当事人和辩护人、诉讼代理人可以对证据和案件情况发表意见并且可以互相辩论。”事实上,法庭辩论是我国刑事审判程序中的一个独立阶段,控辩双方展开的关于案件事实情况认定和法律适用的辩论主要集中于该阶段,除此以外,控辩双方也可以在法庭调查阶段就某一证据展开相关的质证辩论。

辩论原则的内容包括以下两个方面:

(1) 控辩双方以及附带民事诉讼的原被告双方是辩论的合法主体,享有充分的辩论权。

(2) 刑事案件的实体性问题、程序性问题和法律适用是辩论的内容。其中,对案件实体性问题和程序性问题的辩论,主要包括围绕证据的真实性、关联性、合法性展

开的辩论和关于程序是否合法展开的辩论。

（二）辩论原则的意义

1. 保障刑事被告人的诉讼权利，确保被告人辩护权的实现

由于刑事诉讼尤其是公诉案件具有国家追诉的特点，被告人的诉讼权利较易受到忽视，具体于辩护权而言，在刑事案件进行审判程序前，被告人很难通过有效途径实现其辩护权利。审判程序作为刑事诉讼的中心环节，在庭审中赋予被告人充分的辩护权，可以确保被告人及其辩护人充分表述辩护意见，实现被告人的合法辩护权。

2. 有助于进行正确的事实认定和法律适用，维护审判的公正性

控辩双方针对刑事案件事实、证据、法律适用以及程序合法性进行的充分辩论，有助于法官正确认定事实，核定证据并依法作出公正裁决。

五、不告不理原则

（一）不告不理原则的含义及其价值取向

不告不理原则是法院审理第一审刑事案件所适用的一项基本原则，即第一审人民法院对未经起诉的案件，一律不予审理的一项诉讼审判原则。该原则充分体现了狭义诉讼的内涵，即所谓“原告产生法官”。其基本含义是：

(1) 公诉案件只有经检察院提起公诉后，法院才能启动审判程序。

(2) 自诉案件只有经被害人或其法定代理人等依法起诉后，法院才能就所诉案件的事实是否清楚、证据是否充分，是否需要追究刑事责任等进行审查，在审查后依法作出立案决定并进行审判。

(3) 刑事附带民事诉讼案件，只有在附带民事诉讼的原告人或检察院向法院提起附带民事赔偿之诉后，附带民事诉讼才能成立。

不告不理原则，将起诉权同审判权分离。起诉权从属于检察院或自诉人，审判权则归属于法院，但法院行使审判权的前提是检察院或自诉人完成起诉，即审判权不能直接被启动，不能直接作用于具体的刑事案件。审判活动的这一特征揭示了该程序在实际运行中的一项重要的法律属性，即审判的被动属性。审判的被动性取决于审判的中立性，司法权能的这一分离决定了法院在诉讼中司法职能的单一化，即法院只能履行审判职能，不能越俎代庖行使其他司法职能。诉讼法确立的这项原则，充分体现了司法活动对公正的追求，保持中立和被动，是法院实现公正的必要前提。

（二）贯彻不告不理原则的要求

不告不理原则首先要求法院保持作为仲裁者的中立地位，不主动追诉刑事案件。

其次，法院在审理案件过程中，发现新的事实、新的证据甚至新的犯罪嫌疑人，或在案件定性上发现起诉指控的罪名不正确，导致法院认定的案件事实及罪名与起诉认定不一致。针对这一情况，法院不能主动行使应由执行控诉职能的机关行使的权力并

决定退回补充侦查或自行调查，而应在“不告不理”原则的指导下，首先建议检察机关或变更起诉，或追加起诉或撤诉，但仅限于行使建议权。如果检察机关不接受，法院应当按照《刑事诉讼法》第200条的规定作出判决，即对于需要追加起诉的，仍按原起诉书的范围审理裁判；对于指控定性不正确的，本着诉讼经济原则按变更后的定性罪名判决。

关于“扰乱法庭秩序罪”和“拒不执行生效判决裁定罪”，虽然这类案件的事实直接发生在法官的面前，但从不告不理原则出发，法院不能自诉自判，应当由公安机关侦查，检察院起诉，再由法院审判。

（三）不告不理原则和告诉才处理的区别

不告不理原则在适用时，应有别于我国《刑事诉讼法》第210条自诉案件中“告诉才处理”案件的规定。

告诉才处理案件，指某些自诉案件，必须经被害人或其法定代理人等的控告，法院才能立案追究被告人的刑事责任。具体包括的案件类型有：侮辱、诽谤案件、暴力干涉婚姻自由尚未造成严重后果的案件、虐待案件、非法占有他人遗忘物案件、非法占有他人埋藏物案件、非法占有他人保管物案件。

由此可见，不告不理与告诉才处理有着明显的区别。

(1) 两者适用范围不同。不告不理既适用于公诉案件，也适用于自诉案件，是所有案件都必须遵循的原则，而告诉才处理仅适用于法律特定的自诉案件。

(2) 两者审理范围不同。不告不理原则基本上不影响法院的审理范围，只要有起诉为前提，法院即可根据起诉，自由审查判断案件事实；而告诉才处理，自诉人告诉的范围限定了法院审理的范围，在自诉的范围内作出正确的判断。如原告人撤回告诉，法院将作撤销案件处理。

(3) 两者的归属不同。不告不理是审判中所遵循的原则，而告诉才处理是诉讼程序中对某些自诉案件立案条件的具体规定。

六、集中审理原则

（一）集中审理原则的含义和内容

集中审理原则，又称不间断审理原则，指法院对刑事案件进行审判时，原则上应连续而无间断地进行，也就是说，除了必要的休息时间，刑事案件的审判活动从开庭到判决都应当尽可能不中断地进行。

集中审理原则的内容包括以下几个方面：

1. 一案一庭审理，且审判庭组成人员中途不可更换

一案一庭审理，也就是说审理任何一个刑事案件，都应当组成一个法庭并由这个法庭从始至终地对案件进行审理，而且在此期间，审判人员或陪审团成员不得同时审理其他案件，以防止交叉审理影响法官或陪审团对案件的准确判断。此外，在审判过程中，审判人员或者陪审团成员无故不得更换，确实需要更换的，除非由一直在庭审

现场的候补审判人员或陪审员替代，否则应当对案件重新予以审判。

2. 连续不中断进行审理并即行裁决

对刑事案件的审理，应当不间断地连续进行，审理完毕后即时当庭作出裁判。即使一天无法审理完毕的案件，也应当于次日连续审理直至完毕。如果法庭出现较长时间的延期审理，则应重新对案件进行审理。

3. 以庭审为中心，调查事实、核实证据、适用法律的活动都应当庭集中进行

这是指对刑事案件的审判过程要以庭审为中心，案件事实与证据的调查核定、诉讼各方法律观点的提出以及法院适用法律作出裁决的活动都应当当庭集中进行，不能分散进行。

(二) 集中审理原则的意义

1. 有利于刑事审理完整顺利地进行，保证审判公正

一方面，连续不间断的审理可以使法官集中而又完整地认定案件事实和证据，形成正确的心证，并在此基础上及时作出公正裁决。另一方面，不连续的刑事审判活动可能受到其他因素的不正当干扰，集中审理避免了这种干扰，更利于法官公正客观地行使审判职权。

2. 有利于提高审判效率，符合诉讼经济原则

连续不间断的审理能够缩短刑事审判活动的运行时间，提高审判效率，尽早实现实体正义。

3. 保障刑事被告人的辩护权和获得及时审判的权利

事实调查和证据核定都当庭集中进行，给予了刑事被告方充分、平等地与控辩方进行对抗的机会，保障了被告方辩护权的实现。此外，对刑事案件进行集中审理也避免了案件的久拖不决，使被告人能够及时获得审判，有利于维护被告人的合法权益。

(三) 集中审理原则在法律上的适用

集中审理原则作为刑事审判的基本原则之一，在很多国家的立法中均有明确规定。例如，《德国刑事诉讼法》第 226 条规定：“审判是在被召集作裁判人员、检察院和法院书记处一名书记员不间断地在场情形下进行。”《法国刑事诉讼法》第 307 条规定：“法庭审理不得中断，应当连续进行直到重罪法庭作出判决，案件终结为止；在法官和被告人必要的用餐时间内，审理可以暂停。”

我国刑事诉讼法明确规定了刑事审判的审理期限，但未明确规定集中审理原则，也没有对审理活动的不间断性作出明确的规定，因此实践中常会出现断续审判现象。

七、一事不再理原则

一事不再理原则，一般是指对已经发生法律效力的判决和裁定，除法律有特别规定外，法院不得再行受理当事人的起诉并予审理。该原则最初起源于奴隶制时期的

古罗马法,最初的含义是法院不得对一个案件作两次以上的审判。当时的目的在于维护奴隶制司法统治的尊严。由于罗马法在欧洲大陆的复兴及其形成的深远影响,该项原则在德国、法国、英国等欧洲国家资产阶级革命成功并确立政权后的诉讼立法中被陆续确认;同时,美国的立法也予以确认。例如德国刑事诉讼法规定,不论有罪还是无罪判决,作出产生法律效力的判决后不允许对同一行为再启动新程序。法国虽然有较为发达的刑事再审制度,但所针对的只能是重罪法院和轻罪法院作出的有罪判决案件。对于上述法院所作的无罪裁判和违警罪法院所作的任何裁判,任何人都不得提起再审。《美国宪法修正案》第 5 条规定:"任何人均不得因同一罪行而两次遭受生命或身体上的危险",即所谓"免受双重危险"原则。该项原则目前已经确立在一些国际的或洲际的公约中,如联合国《公民权利及政治权利国际公约》第 14 条第 7 项规定:"任何人已依一国的法律及刑事程序被最后定罪或宣告无罪者,不得就同一罪名再予审判或惩罚。"《美洲人权公约》第 8 条第 4 款也规定:"经一项未上诉的判决而宣判无罪的被告不得因相同的原因而受新的审判。"

从诉讼理论的视角分析,确立一事不再理原则是基于保障被告人人权的需要,防止被告人受到任意追诉和法院滥用审判权;同时,也充分考虑了审判的"定分止争"功能与诉讼的成本效率。该原则是诉讼多维价值取向背景下的产物,扩展了诉讼功能的外延。

我国包括刑事诉讼法在内的三大诉讼法均没有确立一事不再理原则,这与我国诉讼立法及司法实践所依托的"实事求是,有错必纠"哲学理念有非常紧密的联系,表现在具体的程序设计中,就是我国刑事再审程序被诉讼立法所肯定。但是,我国对提起刑事再审的理由在法律上设置了较为严格的条件,即必须符合《刑事诉讼法》第 253 条所规定的五种情形,才能依法提起并有效启动该程序;同时,刑事诉讼法还对提起刑事申诉的主体作了严格限制,即只能是当事人及其法定代理人、近亲属;对刑事再审的期限,刑事诉讼法也作了 3 个月至 6 个月审结的规定。

八、上诉不加刑原则

该原则系我国刑事二审程序必须遵循的一项审判准则,其核心含义指第二审人民法院在审理由被告人一方提出的上诉案件时,不得加重被告人刑罚。人民检察院提出抗诉或自诉人提出上诉的,不受此原则的限制。确立该项原则的基本出发点是维护被告人合法的上诉权,使被告人无所顾忌地提出上诉;同时通过上诉所启动的二审程序,可以使上一级人民法院对下级人民法院直接监督的途径得以保障。

九、尊重和保障人权原则

(一) 尊重和保障人权原则的含义

人权,指一个人因其为人而应享有的各项基本权利,包括人身自由权、平等权、生存权等。人权的本质特征是自由和平等，人权的实质内容是生存和发展。尊重和保障人权原则，指在刑事诉讼过程中，应当保障各诉讼参与人的诉讼权利和其他合法权利不受非法侵犯，保障犯罪嫌疑人、被告人的人格尊严受到尊重，使无辜的人不受刑事追究。

尊重和保障人权是现代法制的基本价值之一，也是刑事诉讼应有的题中之意。《公民权利和政治权利国际公约》第 9 条第 1 款规定："人人有权享有人身自由和安全。任何人不得加以任意逮捕或拘禁。除非按照法律所确定的根据和程序，任何人不得被剥夺自由。"早在 2004 年修宪的时候，我国已将人权写入宪法，《宪法》第 33 条第 3 款明确规定："国家尊重和保障人权。"2012 年《刑事诉讼法》在第 2 条写入"尊重和保障人权"，这是我国第一次有部门法将尊重和保障人权写入立法条文。此外，2012 年刑事诉讼法坚持以惩治犯罪和保障人权并重为原则，多处条款的修改都体现了对人权的尊重和保障。

（二）尊重和保障人权原则的内容

在审判程序中，尊重和保障人权原则的内容主要体现为以下几个方面：

1. 强化了辩护职能，保障被告人的辩护权利

在刑事审判中，辩护权是保障被告人与国家公诉机关当庭平等对抗的重要权利，刑事诉讼法规定辩护律师有要求回避、申请复议、申请非法证据排除等权利，扩大了律师的辩护权，强化了被告方的辩护职能。

2. 扩大了法律援助的适用范围

《刑事诉讼法》第 35 条第 3 款规定："犯罪嫌疑人、被告人可能被判处无期徒刑、死刑，没有委托辩护人的，人民法院、人民检察院和公安机关应当通知法律援助机构指派律师为其提供辩护。"这一规定将法律援助的对象由原先的盲、聋、哑人或精神病人进一步扩大到可能被判处无期徒刑、死刑的被告人。同时，刑事诉讼法还赋予因经济困难或其他原因没有委托辩护人的犯罪嫌疑人、被告人及其近亲属申请法律援助的权利，充分体现了对刑事被告人的人权保障。

3. 明确了非法证据排除规则

《刑事诉讼法》第 56 条第 1 款规定："采用刑讯逼供等非法方法收集的犯罪嫌疑人、被告人供述和采用暴力、威胁等非法方法收集的证人证言、被害人陈述，应当予以排除。收集物证、书证不符合法定程序，可能严重影响司法公正的，应当予以补正或者作出合理解释；不能补正或者作出合理解释的，对该证据应当予以排除。"《刑事诉讼法》第 60 条也规定："对于经过法庭审理，确认或者不能排除存在本法第五十六条规定的以非法方法收集证据情形的，对有关证据应当予以排除。"在审判中明确非法证据排除规则，能够促使司法人员严格依法办案，防止非法证据影响审判结果的公正性，从而保障被告人的合法权益。

4. 建立了证人保护和补偿制度，规定强制证人出庭的例外情形

《刑事诉讼法》第 64、65 条分别对证人保护制度和证人出庭作证补偿制度进行

了规定,明确证人、鉴定人、被害人因在诉讼中作证而面临人身安全危险的,国家专门机关应当采取必要的保护措施;证人因履行作证义务而支出的交通、住宿、就餐等费用,应当给予补助。另外,根据《刑事诉讼法》第193条的规定,被告人的配偶、父母、子女可以不出庭作证。上述规定均体现了对证人、被告人及其近亲属的人权尊重和保障。

5. 明确了二审应当组成合议庭,开庭审理的案件范围

相对于不开庭审理而言,开庭审理显然更利于保障刑事诉讼当事人的合法诉讼权利,《刑事诉讼法》第234条第1款对应当组成合议庭,开庭审理的上诉案件进行了明确规定,体现了尊重和保障人权原则。

6. 扩大了不公开审理的范围

2012年《刑事诉讼法》对不公开审理的案件范围进行了进一步扩展:一方面,审判时被告人不满18周岁的案件,一律不公开审理;另一方面,涉及商业秘密的案件,当事人申请不公开审理的,可以不公开审理。不公开审理案件范围的扩大,体现了刑事诉讼法对当事人人格尊严权、隐私权等基本人权的保障。

7. 明确了死刑复核程序的相关规定

死刑是关涉被告人生命权的最严厉刑罚,尊重和保障被告人的人权,不应当忽视死刑复核程序中被告人合法权利的保护。《刑事诉讼法》第251条明确规定:"最高人民法院复核死刑案件,应当讯问被告人,辩护律师提出要求的,应当听取辩护律师的意见。"

(三) 惩治犯罪和保障人权的关系

惩治犯罪和保障人权,作为刑事诉讼的两个重要目标和价值追求,是既对立又统一的辩证关系。

1. 惩治犯罪和保障人权具有一定的对立性

惩治犯罪,要求国家专门机关准确、及时地查明案件事实,追究犯罪嫌疑人、被告人的刑事责任,在此过程中,常常要以牺牲或者限制犯罪嫌疑人、被告人的人身自由权、财产权等部分人权作为代价;而保障人权则要求尽可能地保障诉讼参与人尤其是犯罪嫌疑人、被告人的基本权利,使惩治犯罪的手段受到最大限度的限制,因此,一味地追求保障人权将阻碍犯罪惩治的实现。

2. 惩治犯罪和保障人权相互依存,具有内在的统一性

首先,惩治犯罪是保障人权的必然要求。如果不依法及时查明案件事实、惩罚犯罪,不仅无法维护刑事被害人的合法权益,而且将导致犯罪猖獗,危及公众的人身权利和财产权利。其次,正确惩治犯罪离不开对人权的保障。正确合法地惩治犯罪,应当依循法定的程序和规则进行,而不能滥用司法权力,忽视当事人的诉讼权利,这也促使司法机关积极提高自身的办案水平,在保障人权的前提下实现惩治犯罪的目的。

3. 刑事审判应当坚持惩治犯罪和保障人权并重的原则

刑事审判活动是涉及当事人财产权、自由权甚至生命权等重要基本权利的诉讼

活动，应当在确实保障人权的前提之下依法展开对事实和证据的调查，排除非法证据，正确适用法律定罪量刑，惩治犯罪。坚持惩治犯罪和保障人权并重，要求刑事审判活动既不能片面追求审判效率或实体正义，牺牲诉讼参与人尤其是被告人的合法权利；也不能因为人权保障而怠于追究刑事犯罪甚至放纵犯罪，影响刑事诉讼目的的实现。

十、审判效率原则

（一）审判效率原则的含义和内容

审判效率原则，指国家专门机关在进行刑事审判活动时，应当在保障审判公正的前提下，尽可能地花费较低的人力、物力、财力及其他诉讼成本完成刑事案件的审判工作。审判效率原则是诉讼经济原则在刑事审判阶段的体现。诉讼经济原则是各国通行的刑事诉讼基本原则之一。这一原则要求刑事诉讼立法上应做到“繁简分流”，适度简化程序，缩短诉讼周期，以最低的诉讼成本实现诉讼目的。

审判效率原则的内容主要体现为刑事简易程序的建立和完善。适用刑事简易程序进行审判，就是在符合底线正义的前提下，对一些符合特定条件的案件，通过允许被告人放弃程序权利的方式，简化诉讼程序，提高审判效率，以尽快了结案件。我国2012年《刑事诉讼法》对简易程序进行了进一步的完善，尤其是扩大了简易程序的适用范围，将适用范围由原先的“依法可能判处三年以下有期徒刑、拘役、管制、单处罚金的公诉案件，事实清楚、证据充分，人民检察院建议或者同意适用简易程序的”“告诉才处理的案件”“被害人起诉的有证据证明的轻微刑事案件”这三类案件，修改为只要符合以下条件便可适用简易程序：(1)案件事实清楚、证据充分的；(2)被告人承认自己所犯罪行，对起诉书指控的犯罪事实没有异议的；(3)被告人对适用简易程序没有异议的。刑事诉讼法的这一修改大大扩展了简易程序的适用范围，体现了对审判效率原则的贯彻。2018年《刑事诉讼法》增加了速裁程序，基层人民法院管辖的可能判处三年有期徒刑以下刑罚的案件，案件事实清楚，证据确实、充分，被告人认罪认罚并同意适用速裁程序的，可以适用速裁程序，由审判员一人独任审判。速裁程序在检察院的审查起诉阶段和法院的审判阶段都进行了简化，同样也是贯彻落实审判效率原则的体现。

（二）审判效率原则的意义

审判效率原则对于有效控制犯罪、保障人权以及完成刑事诉讼任务都具有重要的意义。

1. 审判效率原则有利于控制犯罪

在当前我国刑事审判资源极为有限的情况下，一味设置繁复的诉讼程序，在审判阶段不加节制地支配司法资源，不仅不能体现司法的效率性，而且会导致刑事案件的大量积压，无法实现犯罪的有效控制。相反地，针对不同性质的案件，在立法上设置繁简不同的程序，做到“繁简分流”，能够实现司法资源的合理利用，达到有效控制犯罪的目的。

2. 审判效率原则有利于保障被告人的诉讼权利

区别不同性质和复杂程度的刑事案件，选择适用不同的程序进行审判，可以避免无节制的拖沓审判侵害到被告人的诉讼权益。我国刑事诉讼法进一步完善简易程序，扩大其适用范围，并给予被告人是否同意适用简易程序的权利，同时在简易程序的基础上增加速裁程序，体现了程序正义。

3. 审判效率原则有利于缓解司法机关的办案压力

贯彻审判效率原则，扩大简易程序的适用范围，使简易程序的适用范围变为基层法院管辖的除危害国家安全、恐怖活动案件和可能判处无期徒刑、死刑的案件之外的满足简易程序适用条件的所有一审刑事案件，这一做法能够使占案件总量绝大多数的简单刑事案件得到快速及时审理，速裁程序的设置进一步提高审判效率，缓解“案多人少”的矛盾现状，实现刑事审判工作的良性发展。

第五节　刑事审判制度

一、审级制度

（一）审级制度的含义

审级制度，指法律规定的一个案件在起诉后至多经过几级法院的审判便告终结的制度。

世界各国对法院体系的设置各有不同，有的国家设置了三级法院，也有的国家设置了四级法院。但是在审级制度上，各国的设置大致可分为两种，即两审终审制和三审终审制。

我国的法院组织分为四级：最高人民法院、高级人民法院、中级人民法院和基层人民法院。《刑事诉讼法》第10条规定：“人民法院审判案件，实行两审终审制。”因此，我国的审级制度为两审终审制。

两审终审制，也可称为四级两审制，指案件最多经过两级人民法院的审判便告终结的制度。在我国的审级制度中，除基层人民法院只能作为第一审法院外，中级以上的各级人民法院既可为第一审法院，也可为第二审法院。

（二）两审终审制的内容和特殊例外

两审终审制的内容包括以下两个方面：

（1）除最高人民法院外，地方各级人民法院按照第一审程序审理案件后作出的判决、裁定，均不立即发生法律效力。

(2) 唯有在法定诉讼期限内，享有上诉权的刑事诉讼当事人没有提起上诉，同级检察机关也没有提起抗诉时，第一审判决、裁定才依法生效并可交付执行。如果在法定期限内，上诉权人提起了上诉，或者同级检察机关提起了抗诉，那么案件就应当进入第二审程序，由第一审法院的上一级法院进行审判。第二审判决、裁定是终审的判决、裁定，一经宣告便发生法律效力。

由于提起上诉是刑事诉讼当事人的诉讼权利，其可以选择不提起上诉，因此事实上并非所有刑事案件都会经过两次审判，有的案件经过第一审程序后便告终结。另外，在我国的两审终审制中存有以下两种例外情况，需要加以注意：

(1) 最高人民法院按照第一审程序审理案件后作出的判决、裁定，是终审的判决、裁定，直接发生法律效力，可交付执行。当事人或同级检察机关不能对最高人民法院的一审判决、裁定提起上诉或抗诉。

(2) 判处死刑的案件以及地方各级人民法院依据《刑法》第 63 条第 2 款规定在法定刑以下判处刑罚的案件，未经法定核准程序不发生法律效力，只有经过最高人民法院核准后方能发生法律效力并可交付执行。

总体而言，在我国实行两审终审制，是在确保审判公正的前提下较为符合我国国情的选择。一方面，在刑事案件中占大部分的刑事公诉案件，进入审判程序前都已经过侦查和审查起诉两个阶段，再经两级法院的审理，案件审判的公正性基本可以保证。另一方面，我国地域广阔，很多边远地区经济水平有限，交通条件不好，如果审级过多，会徒增公众参加诉讼的成本和负担。

二、陪审制度

(一) 陪审制度的含义和模式

我国的陪审制度，又称为人民陪审员制度，指在审理第一审案件时，人民法院吸收人民陪审员参加合议庭并参与审判活动的一种制度。人民陪审员，指从普通公众中产生并参加合议庭进行案件审判的非专职审判人员。

当今世界陪审制度有两种模式：一种是英美法系的陪审制模式，即设定陪审团陪审模式，其成员通过法定的陪审员遴选程序产生，让普通公民参加司法审判，陪审员在案件事实判断和认定方面享有独立于主审法官的职权，可以就被告人被指控的罪名是否成立作出表决；另一种是大陆法系的参审制模式，即吸收社会民众参加到法院的案件审判组织中，和法官一起共同认定案件事实并适用法律，陪审员拥有与专职审判员同等的审判权力。我国刑事诉讼法虽然以陪审制命名，但其实际移植的是大陆法系的参审制模式。

(二) 陪审制度的意义

实行陪审制度，是我国刑事审判工作对人民当家作主这一国家性质的体现，也是广大民众行使国家管理权的重要形式之一。具体而言，我国实行陪审制度的意义主要有以下三个方面：

1. 保障公民行使国家管理权，并对国家司法权力形成监督和制约

一方面，民众以人民陪审员的身份参与刑事案件的审理和裁决，是其参与国家管理的体现。另一方面，形成对职业审判人员的监督和制约，防止司法腐败或其他不正当司法行为的出现。

2. 提供有助于刑事案件审判的专业知识

刑事案件种类各异，错综复杂，有的案件会涉及重要的专业技术问题，但法官作为职业司法人员，常常不可能具备这些知识，在这些案件的审判活动中，可以通过邀请具有相关专业知识的人担任人民陪审员来提高审判的质量。

3. 有利于加强对公民的法制宣传和法制教育

让普通公民担任陪审员参与审判活动，往往能使其感受到自身责任的增大，从而自觉地学习法律知识。同时，参加审判活动本身便是一个感受法制的过程，可以实现对普通公众的法制教育。

（三）我国陪审制度的完善

自我国的陪审制度设立以来，由于制度本身的一些结构性缺陷以及运行中产生的诸多问题，该制度的存与废一度成为学界讨论的对象。《人民陪审员法》已由中华人民共和国第十三届全国人民代表大会常务委员会第二次会议于2018年4月27日公布施行。人民陪审员法从以下多个方面明确了我国的人民陪审员制度：

1. 陪审的案件范围

除适用简易程序、速裁程序审理的案件及法律另有规定的案件外，下列情形的案件均应由人民陪审员和法官共同组成合议庭进行审判：(1)涉及群体利益、公共利益的；(2)人民群众广泛关注或者其他社会影响较大的；(3)案情复杂或者有其他情形，需要由人民陪审员参加审判的。

2. 人民陪审员的具体任职条件

公民担任人民陪审员应具备以下条件：(1)拥护中华人民共和国宪法；(2)年满28周岁；(3)遵纪守法、品行良好、公道正派；(4)具有正常履行职责的身体条件。另外，担任人民陪审员的公民一般应具有高中以上文化程度。

3. 不得担任人民陪审员的情形

其中包括：(1)人民代表大会常务委员会的组成人员，监察委员会、人民法院、人民检察院、公安机关、国家安全机关、司法行政机关的工作人员；(2)律师、公证员、仲裁员、基层法律服务工作者以及其他因职务原因不适宜担任人民陪审员的人员；(3)因犯罪受过刑事处罚的，被开除公职的，被吊销律师、公证员执业证书的，被纳入失信被执行人名单的，因受惩戒被免除人民陪审员职务的以及其他有严重违法违纪行为，可能影响司法公信的，不得担任人民陪审员。

4. 人民陪审员的产生方法及任期

符合担任条件的公民，可以通过个人申请和所在单位、户籍所在地或者经常居住

地的基层群众性自治组织、人民团体推荐的方式产生人民陪审员候选人，经司法行政机关会同基层人民法院、公安机关进行资格审查，确定人民陪审员人选，由基层人民法院院长提请同级人民代表大会常务委员会任命。依照前述规定产生的人民陪审员，不得超过人民陪审员名额数的五分之一。人民陪审员的任期为5年，一般不得连任。

5. 人民陪审员与专职审判人员间的比例

人民陪审员和法官组成合议庭审判案件，由法官担任审判长，可以组成3人合议庭，也可以由法官3人与人民陪审员4人组成7人合议庭。

6. 人民陪审员履行职务的保障

人民陪审员依法参加审判活动，受法律保护。人民法院、人民陪审员所在单位、户籍所在地或者经常居住地的基层群众性自治组织应当依法保障人民陪审员参加审判活动。

7. 人民陪审员的权利

人民陪审员参加3人合议庭审判案件，对事实认定、法律适用，独立发表意见，行使表决权。人民陪审员参加7人合议庭审判案件，对事实认定，独立发表意见，并与法官共同表决；对法律适用，可以发表意见，但不参加表决。人民陪审员在案件评议中的不同意见应当写入评议笔录，合议庭组成人员意见有重大分歧的，人民陪审员或者法官可以要求合议庭把案件提请院长决定是否交由审判委员会讨论决定。

8. 人民陪审员的选任方式和回避制度

人民陪审员应当由基层人民法院在人民陪审员名单中随机抽选确定。中级人民法院和高级人民法院应在其辖区内的基层人民法院的陪审员名单中随机抽取确定。人民陪审员的回避参照有关专职审判人员回避的法律规定。

9. 人民陪审员的任职培训和履职要求

人民陪审员的培训、考核和奖惩等日常管理工作，由基层人民法院会同司法行政机关负责。对人民陪审员应当有计划地进行培训。人民陪审员应当按照要求参加培训。人民陪审员参加审判，应当忠实履行审判职责，保守审判秘密，注重司法礼仪，维护司法形象。

10. 人民陪审员的奖励措施和免职情形

对履职时有显著成绩或者有其他突出事迹的人民陪审员应予表彰和奖励。而有以下情形之一的人民陪审员，经所在基层人民法院会同司法行政机关查证属实的，应当由院长提请同级人民代表大会常务委员会免除其人民陪审员的职务：(1)本人因正当理由申请辞去人民陪审员职务的；(2)成为人民代表大会常务委员会的组成人员，或成为监察委员会、人民法院、人民检察院、公安机关、国家安全机关、司法行政机关的工作人员，或成为执业律师、公证员、仲裁员、基层法律服务工作者以及其他因职务原因不适宜担任人民陪审员的人员的；(3)因犯罪受过刑事处罚的，被开除公职的，被吊销律师、公证员执业证书的，被纳入失信被执行人名单的，因受惩戒被免除人民陪审员职务的，其他有严重违法违纪行为，可能影响司法公信的；(4)无正当理由，拒绝参加审判活动，影响审判工作正常进行的；(5)违反与审判工作有关的法律及相关规定，徇私舞弊，造成错误裁判或者其他严重后果的。人民陪审员有(4)、(5)所列行为之一的，可以采取通知其所在单位、户籍所在地或者经常居住地的基层群众性自治组织、人民团体，在辖区范围内公开通报等措施进行惩戒；构成犯罪的，依法追究刑事责任。

11. 对陪审员的经济补助

人民陪审员参加审判活动期间，所在单位不得克扣或者变相克扣其工资、奖金及其他福利待遇。人民陪审员参加审判活动期间，由人民法院依照有关规定按实际工作日给予补助。人民陪审员因参加审判活动而支出的交通、就餐等费用，由人民法院依照有关规定给予补助。人民陪审员因参加审判活动应当享受的补助，人民法院和司法行政机关为实施人民陪审员制度所必需的开支，列入人民法院和司法行政机关业务经费，由相应政府财政予以保障。具体办法由最高人民法院、国务院司法行政部门会同国务院财政部门制定。

第六节　审 判 组 织

一、审判组织的含义和种类

审判组织，指人民法院审判案件的组织形式。

依据《刑事诉讼法》第 183 条的规定，我国刑事审判的组织有独任庭和合议庭两种，这两种审判组织的职权和组成方式各不相同。另外，根据《人民法院组织法》第 36 条的规定，人民法院内部还设有审判委员会，领导本院的审判工作。审判委员会是我国特有的、体现审判工作集体领导的一种固定的审判组织形式。

二、独任庭

独任庭，指由审判员一人对刑事案件进行开庭审理并作出裁判的审判组织形式。

依据《刑事诉讼法》第 183 条的规定，独任庭只可适用于基层人民法院，且只适用于以简易程序、速裁程序进行审理的案件。独任庭只能由审判人员构成，人民陪审员不能独任审判。以独任庭审判刑事案件，应当按照法定的刑事简易程序、速裁程序进行，正确实行回避、辩护等诉讼制度，保障当事人的合法权益。此外，适用独任庭审判的案件也应当贯彻审判公开原则，对应予公开审判的案件应当公开审判。

适用独任庭来审理基层法院的简易程序、速裁程序案件，可以合理分配司法资源，使法院集中力量处理其他更为重大或复杂的刑事案件，从而实现司法资源的优化利用。

三、合议庭

(一) 合议庭的含义

合议庭,指由数名审判人员或者由审判人员和陪审员组成的法庭对刑事案件进行审判的组织形式。依据刑事诉讼法的规定,合议制是人民法院审判刑事案件的基本形式,除基层法院适用简易程序、速裁程序审理的案件可以独任审判外,其他所有刑事案件无论以何种程序审判,均应采用合议庭的组织形式进行。

由合议庭审判刑事案件,既能发挥审判人员及陪审人员的集体智慧,避免独任审判的主观片面性,又能形成审判人员之间的相互监督,保证审判的公正性。

(二) 合议庭的组成方式

依据《刑事诉讼法》第 183 条和第 249 条的规定,我国刑事审判中合议庭的组成方式有以下四种:(1)基层人民法院、中级人民法院审判第一审刑事案件,应当由审判员 3 人或审判员和人民陪审员共 3 人或者 7 人组成合议庭进行。(2)高级人民法院审判第一审刑事案件,应当由审判员 3 人至 7 人或由审判员和人民陪审员共 3 人或者 7 人组成合议庭进行。最高人民法院审判第一审刑事案件,应当由审判员 3 人至 7 人组成合议庭进行。(3)中级以上人民法院审判上诉和抗诉案件,由审判员 3 人或者 5 人组成合议庭进行。(4)最高人民法院复核死刑案件,高级人民法院复核死刑缓期执行的案件,应当由审判员 3 人组成合议庭进行。

此外,按审判监督程序组成合议庭进行审理的案件,其合议庭的组成方式按照生效判决、裁定的审级确定。即当生效判决、裁定为第一审裁决时,应以第一审合议庭的组成方式开庭;当生效判决、裁定为第二审裁决时,应当以第二审合议庭的组成方式开庭。

(三) 合议庭的适用要求

组成并适用合议庭具有以下几点应注意的要求:(1)合议庭的组成人员应为单数。(2)参加合议庭的人民陪审员应从人民陪审员名单中随机抽取决定,人民陪审员在法院执行职务,享有与审判员同等的权利。(3)合议庭组成人员确定后,除因回避或其他特殊情况外,不得在案件审理过程中随意更换。确需更换的,应当报请院长或庭长决定,并应将合议庭成员的变更情况及时通知刑事诉讼当事人。(4)合议庭的评议表决以“少数服从多数”为原则,若个人有不同意见,应记录在案。院长或庭长在必要时可参加合议庭的评议并发表意见,但不能参与表决。院长或庭长对合议庭评议结果如有不同意见,可以提出并由合议庭进行评议或由院长决定提交审判委员会讨论。(5)审判长最后发表评议意见。合议庭全体人员均应参加案件的评议,但审判长应当最后发表评议意见。这是为了充分发挥合议庭其他成员的作用,避免其受到审判长意见的影响。

四、审判委员会

审判委员会是人民法院内部对审判工作实行集体领导的组织形式。审判委员会由院长组阁,由同级国家权力机关任免。院长为审判委员会的主持者,审判委员会一般由法院各分管院长及部分庭长和部门负责人组成。每个成员都享有同等的表决权利。同级人民检察院检察长可列席审判委员会的讨论会议,作为法律监督的代表可发表意见和建议,但不能参加表决。审判委员会对检察长的意见应慎重考虑。

(一)审判委员会的历史沿革

中国审判委员会制度脱胎于新民主主义革命根据地的审判制度。1931 年,中华苏维埃共和国诞生后逐步建立起系统的司法机构,审判机关在地方采取"合一制",由各级裁判部兼理司法行政工作,各省、县、区裁判部设部长、副部长、书记、裁判员若干人,并设立裁判委员会。在随后的抗日战争和解放战争时期,裁判委员会、裁判研究委员会逐步演变成为人民法院或人民法庭的审判委员会,这可以说是新中国法院审判委员会制度的雏形。在 20 世纪 40 年代,各革命根据地学习苏联司法制度,强调党对审判工作的具体领导,以避免资本主义国家司法制度中因法官独立可能形成的独断,这一指导思想在当时进一步推进了审判委员会制度的形成。1948 年 1 月 1 日颁布的《东北解放区人民法庭条例》规定,村、区人民法庭组织审判委员会,由农民代表大会选举的若干人、上级政府委派一人组成,有权判决:当众坦白、赔偿、罚款、劳役、剥夺公民权、有期或无期监禁、死刑,或者宣布无罪。该条例首次在立法上正式使用"审判委员会"的名称,但当时的审判委员会并不是人民法院的审判组织,而是集行政、司法于一体、掌管司法权的政府机构。新中国成立后,1950 年第一届全国司法会议上,司法主管机关提出了一个初步的法院组织草案,其中也提到了建立审判委员会。1954 年第一届全国人民代表大会制定的《人民法院组织法》对新中国的司法体制进行了一些改革,法院组织体系实行四级三审制,确立了审判机关独立行使职权等基本原则,并在各级人民法院内设审判委员会,其任务是总结审判经验,讨论重大、疑难案件和其他有关审判工作的问题,从而进一步扩大了审判委员会的职权。

1979 年的《人民法院组织法》基本上沿袭了过去的规定。后又经历 1983 年、1986 年、2006 年、2018 年修订的《人民法院组织法》仍然肯定了这一制度。由此可见,采取审判委员会制度是我国的一贯做法,审判委员会制度有其存在的基础。

(二)我国审判委员会的性质

关于审判委员会的性质,理论界主要有以下四种观点:

1. 审判委员会是审判组织

认为审判委员会是按照"民主集中制"原则在各级法院内部设立的机构,由于审判委员会拥有对案件进行讨论并进而作决定的权力,因此尽管审判委员会并不直接主持或参加法庭审判，却实际承担着审判职能，成为一种审判组织。

2. 审判委员会既是审判组织，又是法院内部的集体领导组织

认为审判委员会讨论重大、疑难、复杂案件时，其活动的性质、应遵守的规则及组织原则都与审判组织的概念相符合，且审判委员会作出的决议合议庭必须执行，因此它是一种审判组织。当审判委员会总结审判经验和讨论其他有关审判工作的问题时，其行为属于非讼性质，因而是对审判工作集体领导的活动。

3. 审判委员会仅是法院内部行政领导机构

4. 审判委员会是凌驾于独任庭和合议庭之上的特殊“审判组织”

认为审判委员会不直接主持或参加法庭审判，却实际承担着审判职能，成为一种审判组织；但它与独任庭、合议庭不同，审判委员会委员一般不亲自参加法庭审判活动，只是听取案件主审人的口头汇报就进行裁决，而且审判委员会的决定可以否决独任庭、合议庭的意见。

在审判委员会存在于我国的这么多年中，它实际上承担了审判职能，所以它客观上具有审判组织的法律属性，若从这一层面对审判委员会进行功能定位，我们可以将审判委员会归入审判组织的范畴。另外，根据刑事诉讼法的规定可以看出，审判委员会与合议庭在具体的审判业务上存在领导与被领导的关系，因此，它是凌驾于独任庭、合议庭之上的一种审判机构。综合这两方面，我们可以将它的性质界定为审判组织，而且是中国特色的审判组织。

（三）审判委员会的任务

第一，讨论重大疑难案件。这是审判委员会日常工作的重点部分。

第二，总结审判工作经验。为了保证办案质量，提高办案人员素质，这也是审判委员会的经常任务。通过总结审判工作经验，不断提高审判水平，保证法院审判工作的正确性。

第三，有关审判工作的其他问题。比如，对本院的生效判决，发现有错误，需要提起再审，或决定本院院长回避等问题。

（四）审判委员会与合议庭的关系

《刑事诉讼法》第185条规定：“合议庭开庭审理并且评议后，应当作出判决。对于疑难、复杂、重大的案件，合议庭认为难以作出决定的，由合议庭提请院长决定提交审判委员会讨论决定。审判委员会的决定，合议庭应当执行。”这表明，审判委员会同合议庭之间存在着领导与被领导的关系。它们的区别如下：

1. 性质不同

合议庭为审判案件的基本组织形式，直接审理案件；而审判委员会是人民法院内部对审判工作实行集体领导的最高组织形式，审判委员会有权讨论合议庭认为难以作出判决的案件，有权改变合议庭的决定，合议庭应当无条件执行，但它不直接审理案件。

2. 存在形式不同

合议庭一般为3人组成,随着案件的受理而成立,又随案件审判结束而自动解散;而审判委员会是法院常设机构,其组成人员较多,一般都是7人以上。

3. 成员获得资格不同

合议庭成员由庭长或院长指定,审判委员会成员由院长提名、同级人大常委会任命。

(五)审判委员会在实践中的积极作用

第一,审判委员会在一定程度上起到了防止司法腐败的作用。在审判委员会集体作出决定时,虽然可能某一位委员的意见会占上风,但如果其意见太有违司法公正,其他委员在一定程度上起到维护公正的作用,从这种意义上说,集体作出决定要比个人作决定更有利于减少个人专断、司法腐败现象。

第二,审判委员会作出决定有利于实现人民法院的外部独立。由于法官在办案中很有可能会受到外界的干扰,集体讨论重大、疑难案件比单个法官判决更有能力抵制干扰。

第三,在我国法官业务素质不高的阶段,审判委员会制度在一定程度上提高了办案质量,而且我国基层法院法官的素质相对更要低一些,所以,发挥审判委员会的民主集中制优势,在一段时间内,符合我国的基层法官素质的状况。

第七节 审判笔录

人民法院开庭审理案件,要制作审判笔录。审判笔录,指记载法庭审理等全部审判活动的诉讼文书。其内容包括审理程序和定罪量刑实体裁判的一切方面;从法庭宣布开庭,经调查核实证据,法庭辩论后,到最后记载被告人最后陈述及评议和宣判整个过程的活动。

审判笔录是一项重要的诉讼文件,不仅是合议庭作出判决的依据,也是二审程序和审判监督程序的复查依据。所记载的内容反映整个庭审活动是否合法,办案质量如何。

审判笔录所记载的内容应当包括:(1)开庭审判的时间、地点;(2)合议庭组成人员和书记员的姓名;(3)公诉人、当事人和其他诉讼参与人到庭情况;(4)案由;(5)公开审理或不公开审理的理由;(6)当事人申请回避以及法庭对当事人申请所作的决定;(7)法庭核实证据、调查事实中,公诉人的讯问、当事人的陈述以及证人证言和鉴定人发表意见的内容,出示物证的情况以及法庭所作的某些程序决定;(8)辩论阶段控诉方和辩护方辩论、反驳、答辩等的主要内容和理由;(9)被告人最后陈述的内容;(10)有无违反法庭程序,延期审理或中止审理的情况;(11)评议时合议庭成员对案件的处理意见及有关决定；(12)宣判情况及法庭告知当事人对裁判上诉的期限和上诉途径等情况。

审判笔录由书记员在法庭开庭过程中记录。经审判长审阅后，由审判长和书记员签名。笔录中有关证人证言和当事人陈述，应当向他们各自宣读或交其阅读，补充遗漏或修改差错后，让其签名或盖章。

笔录的内容要求准确、完整，如实反映开庭全过程。记录尽可能按原话、原意记载。语言精练，格式规范，字迹清楚，标点准确，段落层次分明，对定罪的关键以及量刑的重要情节一定要写明、写具体。

第八节　判决、裁定和决定的适用

动态的司法活动要通过静态的司法文书表现出来。判决、裁定和决定作为司法机关制作的最重要的司法文书，也是司法公正的最终载体。

一、判决

判决是人民法院就案件的有关定罪量刑实体问题所作的处理决定。就是人民法院根据法庭调查核实证据，在听取控辩双方质证和辩论的基础上，就被告人的刑事责任以及损害赔偿等问题进行评议，并作出处理决定。它是执行机关执行判决的依据。

判决是适用法律定罪量刑的处理决定，是人民法院审理案件，实现国家所赋予审判权的体现，是"有罪必究、有罪必罚"的刑事政策以及刑法适用的具体化。判决具有以下三个特点：

第一，强制性。判决的强制性，指判决一经生效，就要按照它的内容强制执行。它具有普遍的约束力，不仅当事人应当遵守，而且任何其他机关、团体、企事业单位和公民个人都无权加以变更和撤销。我国《刑法》第313条规定："对人民法院的判决、裁定有能力执行而拒不执行，情节严重的，处3年以下有期徒刑、拘役或者罚金。"如果判决在认定事实或适用法律上确有错误，只有人民法院依照刑事诉讼法所规定的审判监督程序进行再审，给予变更或撤销原判决。由此可见，作为国家法律体现的刑事判决是具有强制性的，而且这一特征是判决的本质，这种质的规定性，决定着其他两个特征。

第二，稳定性。判决的稳定性，指生效判决不能随意地更改和撤销。当事人及其法定代理人、近亲属，对已经发生效力的判决，可以向人民法院或者人民检察院提出申诉，但这种申诉，不仅不能停止判决的执行，而且只有符合法定的条件时，人民法院才能进行再审，对原判予以变更。由此可见，判决一经作出，尤其是生效判决，具有稳定性，非经法定程序，任何机关、团体和公民个人均不能变更。

第三,排他性。判决的排他性,指同一案件事实的认定和判决,在法定的程序上不能再行起诉,再行审理,一个案件也不得同时有两个结论、两个判决。

由于刑事判决具有上述三个特点,尤其是关于排他性的特征,作为刑事判决的类型只能有两种,即有罪判决和无罪判决。根据《刑事诉讼法》第200条规定,刑事判决要么是有罪判决,要么是无罪判决,决不会有"存疑判决"。如果证据不足、不能认定被告人有罪的,应当作出证据不足、指控的犯罪不能成立的无罪判决。

判决书是人民法院行使国家审判权处理案件的重要法律文书,必须认真制作。要求叙述事实清楚,结论明确,证据充分,引用法律条文正确,引文逻辑严密,繁简得当,通俗易懂,标点符号正确,切忌模棱两可的词语。其内容应当包括:(1)首部。载明审理法院的名称,判决书的种类、案号,公诉人或自诉人的姓名、职务,被告人的情况,辩护人、代理人的姓名、身份,案由,开庭时间、地点,审判组成,是否公开审理等。(2)事实部分。载明法院认定的案件事实和证据,法庭对控诉方和辩护方意见取舍的情况和理由。(3)理由和依据部分。载明据以作出判决的理由和法律依据。(4)结论。载明对被告人的判决结论,赃款的处理。(5)尾部。载明上诉的期限和法院,合议庭成员和书记员署名及判决日期,加盖人民法院印章。

二、裁定

裁定,指人民法院在审理案件过程中和判决执行过程中,对诉讼程序问题和部分案件的实体问题所作的决定。

裁定的性质同判决一样,具有同等的法律效力,一经生效,必须执行,同样具有强制性、稳定性和排他性。

裁定可分为下列种类。根据裁定解决的问题划分,可把裁定区分为程序裁定和实体裁定;根据诉讼阶段划分,裁定包括一审裁定、二审裁定、再审裁定和核准死刑的裁定;根据其表现形式划分,可区分为书面裁定和口头裁定。

裁定主要适用于下列情况:(1)实体裁定。例如假释、减刑裁定;核准死刑裁定;宣告终止审理的裁定等。(2)程序裁定。例如驳回自诉裁定;驳回上诉、抗诉,维持原判的裁定;扣押财产裁定等。

三、决定

决定,指司法机关在诉讼过程中,对有关诉讼程序问题所作的一种处理方式。

决定的种类有:按程序划分为侦查程序决定、起诉程序决定和审判程序决定;按形式划分为口头决定和书面决定。

决定适用的情况有:立案决定;对申请回避是否同意的决定;退回补充侦查决定;适用各种强制措施决定;延长侦查中羁押犯罪嫌疑人的期间的决定;对当事人和辩护人、诉讼代理人申请通知新的证人到庭,调取新的物证,重新勘验、鉴定是否同意的决定;起诉决定;不起诉决定;撤销案件决定,等等。

为了保证诉讼,特别是法庭审判的顺利进行,使案件得到及时、正确的处理,决定一经作出,均发生法律效力,不允许上诉或抗诉。某些决定,如驳回申请回避的决定,为保护当事人的合法权益,允许其申请复议一次。

四、判决、裁定、决定的区别

(1) 适用的范围不同。判决适用于审判阶段,裁定适用于审判、执行阶段,决定适用于侦查、起诉、审判等阶段。

(2) 解决的问题不同。判决解决实体问题,裁定解决程序问题和部分实体问题,决定解决某些程序问题。

(3) 数量不同。在一个案件中,判决只能有一个,而裁定和决定可以有多个。

(4) 表现形式不同。判决只能适用书面形式,裁定大多适用书面形式,也可作出口头裁定,决定则口头、书面俱可。

(5) 对上诉、抗诉的规定不同。判决的上诉、抗诉期是 10 天,裁定是 5 天,决定则不能上诉、抗诉,只能申请复议。

(6) 采用的机关不同。判决和裁定只能由人民法院作出,而决定则是公安机关、检察机关和审判机关都可采用。

思考题:

1. 什么是刑事审判? 它的基本特征是什么?
2. 职权主义审判模式与当事人主义审判模式有哪些主要区别?
3. 审判公开原则的内容和要求是什么?
4. 如何理解审判委员会和独任庭、合议庭之间的关系?

第十五章
第一审程序

本章提要：本章着重对刑事诉讼第一审程序作系统阐述。学习本章应掌握以下要点：(1)第一审程序的概念和意义；(2)公诉案件的第一审普通程序；(3)普通程序简化审理程序；(4)自诉案件的第一审程序；(5)简易程序。

第一节　第一审程序的概念和意义

一、第一审程序的概念

第一审程序，又叫初审程序，指人民法院对人民检察院提起公诉或者自诉人提起自诉的刑事案件进行初次审判的程序。

由于公诉自诉的性质、危害程度以及提起控诉的主体不同，我国刑事诉讼法对审判公诉案件和审判自诉案件的第一审程序分别作了规定，因此第一审程序又分为公诉案件的第一审程序、自诉案件的第一审程序和简易程序。其中公诉案件的第一审程序主要包括：案件的受理和审查；组成合议庭；审判前的准备和法庭审判。对于自诉案件的审判程序则根据其自身的特点作了一些特殊规定，没有特殊规定的，应当参照公诉案件第一审程序进行。

第一审程序因具体审理方式、阶段等繁简不一，又可分为普通程序和简易程序。其中公诉案件的普通程序因具体案情可分化出一种简化审程序。至于简易程序，同时适用于公诉案件和自诉案件，具体适用的法院、适用的案件范围及具体程序，刑事诉讼法作了明确规定。

刑事诉讼的每一阶段都有其任务。第一审程序作为刑事审判活动的开端也有它的任务，即通过确立审判原则和法定的审判方式、方法及其顺序，保障人民法院在公诉人、当事人和其他诉讼参与人的参加下，客观全面地审核证据、认定案件事实，正确适用法律，依法解决被告人的刑事责任问题，使有罪者受到法律制裁，无罪者不受刑事追究；同时，使旁听人员接受生动、具体的法制教育，通过庭审最大限度地实现刑事诉讼法的任务。

实现第一审程序的任务，首要的是坚持按照刑事诉讼法所规定的诉讼原则和第一审程序的方式、方法进行审判，也就是说，严格执行法定的程序，是完成一审任务的先决条件。

二、第一审程序的意义

第一审程序在刑事诉讼中具有重要的意义。

第一，第一审程序是刑事诉讼的中心环节，审判是具有决定意义的阶段，而第一审程序又是其他审判程序的基础。无论是公诉案件还是自诉案件，都是从第一审开始，由人民法院进行实体审理。第一审以前的立案、侦查、起诉等，虽然也是不可缺少的诉讼程序，但它们都是为第一审正确审判提供材料，准备条件。而第一审以后的各个阶段，则是对第一审认定的事实、依据的证据和适用的法律等问题进行的复核。

第二，第一审程序是实现刑事诉讼任务的主要阶段。第一审程序不仅可以使各项诉讼原则和制度得以贯彻实施，而且它还可以直接、具体、生动地对群众进行法制教育，保障准确、及时、合法地惩罚犯罪，并保证无罪的人不受刑事处罚。

第三，第一审程序的正确适用，还可以减少上诉、抗诉、申诉，减轻法院和当事人不必要的负担，节约国家的司法资源，以提高诉讼效率，缩短诉讼周期。

第二节　公诉案件的第一审普通审程序

一、对公诉案件的庭前审查

（一）庭前审查的含义

对公诉案件的庭前审查，指人民法院对于人民检察院提起公诉的案件，是否具备开庭审判的条件而在开庭以前进行的审查活动。

我国《刑事诉讼法》第 186 条对开庭前的审查作了明确规定，人民法院对提起公诉的案件进行审查后，对于起诉书中有明确的指控犯罪事实的，应当决定开庭审判。

（二）庭前审查的法律性质

庭前审查，属于程序审查而不是实体审查，即在审查活动中，法官仅承担从程序法角度评判起诉的案件是否具备了开庭审判的程序要件，是否应将被告人交付法庭，是对案件的接受和程序要件审查，而不涉及案件实体问题的裁判。

（三）庭前审查的内容和任务

《刑事诉讼法》第 186 条的规定："人民法院对提起公诉的案件进行审查后，对于起诉书中有明确的指控犯罪事实的，应当决定开庭审判。"按照这一规定，对公诉案件的提前审查侧重于程序性审查。

(四)庭前审查后的处理

人民法院对起诉案件进行审查后,应当根据案件的不同情况分别处理。

1. 决定开庭审理

对需要补充材料的,应当通知人民检察院在3日内补送,不得以材料不充足为由而不开庭审判。

对于根据《刑事诉讼法》第200条第3项规定,宣告被告人无罪,人民检察院依据新的事实、证据材料重新起诉的,人民法院应当依法受理。对于被告人真实身份不明,但符合《刑事诉讼法》第160条第2款规定的,人民法院应当依法受理。

2. 应当退回人民检察院

案件经审查后,属下列情形的应当退回人民检察院:

(1) 属于告诉才处理的案件,并告知被害人有权提起自诉;

(2) 不属于本院管辖或者被告人不在案的;

(3) 裁定准许撤诉的案件,没有新的事实、证据,重新起诉的。

3. 裁定终止审理或决定不予受理

对于符合《刑事诉讼法》第16条第2项至第6项规定的情形的,应当裁定终止审理或者决定不予受理。

人民法院对于按照普通程序审理的公诉案件,决定是否受理,应当在7日内审查完毕。人民法院对于提起公诉的案件进行审查的期限,计入人民法院的审理期限。

二、法庭审理的预备程序

人民法院决定开庭审理后,应当根据《刑事诉讼法》第187条的规定,在开庭前做好与开庭有关的预备工作,以保护法庭审判的顺利进行。

(1) 确定审判长和合议庭的组成人员;

(2) 将人民检察院的起诉书副本至迟在开庭10日以前送达被告人、辩护人;

(3) 通知当事人、法定代理人、辩护人、诉讼代理人在开庭5日前提供证人、鉴定人名单,以及拟当庭出示的证据;申请证人、鉴定人、有专门知识的人出庭的,应当列明有关人员的姓名、性别、年龄、职业、住址、联系方式;

(4) 将开庭时间、地点在开庭3日以前通知人民检察院,以便人民检察院按时派员出庭支持公诉;

(5) 开庭3日前将传唤当事人和通知辩护人、诉讼代理人、法定代理人、证人、鉴定人等出庭的通知书送达;通知有关人员出庭,也可以采取电话、短信、传真、电子邮件等能够确认对方收悉的方式;

(6) 公开审判的案件,在开庭3日以前先期公布案由、被告人姓名、开庭时间和地点。

以上开庭前的各项准备活动,应当分别制成笔录,由审判长和书记员签名,并附卷保存。这也是审查上述诉讼活动是否在程序上合法的依据。

三、庭前会议

案件具有下列情形之一的,审判人员可以召开庭前会议:(1)当事人及其辩护人、诉讼代理人申请排除非法证据的;(2)证据材料较多、案情重大复杂的;(3)社会影响重大的;(4)需要召开庭前会议的其他情形。召开庭前会议,根据案件情况,可以通知被告人参加。

召开庭前会议,审判人员可以就下列问题向控辩双方了解情况,听取意见:(1)是否对案件管辖有异议;(2)是否申请有关人员回避;(3)是否申请调取在侦查、审查起诉期间公安机关、人民检察院收集但未随案移送的证明被告人无罪或者罪轻的证据材料;(4)是否提供新的证据;(5)是否对出庭证人、鉴定人、有专门知识的人的名单有异议;(6)是否申请排除非法证据;(7)是否申请不公开审理;(8)与审判相关的其他问题。审判人员可以询问控辩双方对证据材料有无异议,对有异议的证据,应当在庭审时重点调查;无异议的,庭审时举证、质证可以简化。被害人或者其法定代理人、近亲属提起附带民事诉讼的,可以调解。庭前会议情况应当制作笔录。

四、法庭审判方式

法庭审判方式,又称审判模式,是国家为实现一定的诉讼目的而设计的在审判中控诉、辩护、裁判三方面的法律地位和相互关系的格局。它决定着诉讼的功能与效应,直接关系到审判的完成与质量。综观现代各国刑事司法制度的立法与实践,庭审方式虽各有不同之处,但以其诉讼结构来划分,主要有职权主义和当事人主义两大类型的庭审方式。职权主义的庭审方式,总体上是注重发挥审判机关的职权作用,不强调被告人及其辩护人积极性的发挥。当事人主义的庭审方式,总体上强调控辩双方地位平等,注重其攻击和防御作用的积极发挥,法官的作用是消极的。其具体特点为:(1)法官作为居中仲裁人,主持开庭,并对双方提出的动议或异议作出裁定,一般不主动进行调查,甚至不参加提问。庭审主要由控、辩双方进行举证、讯问并负有证明控诉主张的责任;(2)被告人及其辩护人活动积极、主动;(3)审判程序规范,证据规则严密。

自中华人民共和国诞生起,人民法院的庭审方式比较接近职权主义。因历史的延续性,与中国古代对犯罪实行国家纠问的传统也具有某些联系,同时,因吸收、借鉴了苏联的模式,并结合革命根据地时期的人民司法经验又形成了自己的特点。过分强调法院的职权作用;偏重控、审之间的配合、制约;偏重迅速惩治犯罪,对被告人的合法权益保障重视不够。自 20 世纪 90 年代,我国刑事诉讼理论界和实践部门开始探讨改革庭审审判方式,并尝试借鉴英美法系的抗辩式到中国,以充分发挥审判中立、独立的职能。这在1996年《刑事诉讼法》修改中得以体现，增加控辩双方的举证责任和对抗。这一庭审模式均为2012年和2018年《刑事诉讼法》修改保留。

五、法庭审理程序

（一）开庭

宣布开庭前，书记员应当依次做好下列工作：查明证人是否已到指定地点等候出庭；查明公诉人及诉讼参与人是否已到指定地点等候出庭；查明公诉人及诉讼参与人是否已到齐；宣读法庭规则；请审判长、审判员、人民陪审员入庭，并当庭向审判长报告开庭前的准备工作已经就绪。

根据《刑事诉讼法》第190条的规定，开庭阶段的活动程序有：

（1）审判长宣布开庭并传唤当事人到庭，查明当事人的姓名、年龄、民族、出生地、文化程度、职业、住址。还应问明被告人是否曾经受过法律处分；是否被采取强制措施及采用何种强制措施和时间；收到人民检察院起诉书副本的日期，如果有附带民事诉讼的，附带民事诉讼的被告人收到民事诉状的日期。

（2）审判长宣布案件的来源、起诉的案由，附带民事诉讼原告、被告的姓名（名称）及是否公开审理。对于依法不应公开审理的案件，当庭宣布不公开审理的理由。

（3）审判长宣布合议庭的组成人员、书记员、公诉人、辩护人、鉴定人和翻译人员的名单。

（4）审判长用通俗易懂的语言告知当事人、法定代理人及辩护人在法庭审理过程中依法享有的诉讼权利。

（5）审判长分别询问当事人和其法定代理人是否申请回避，申请何人回避以及申请回避的理由。对于当事人或其法定代理人申请相关人员回避的，合议庭应当宣布休庭，按有关回避的规定处理。回避申请人当庭申请复议的，合议庭应当宣布休庭，待作出复议决定后，决定是否继续法庭审理。同意或驳回回避申请的决定以及复议的决定，由审判长宣布并说明理由。必要时，可以由院长到庭宣布。

如果当事人或其法定代理人申请回避的理由不在法定回避理由之列的，则由审判长当庭驳回，并不得申请复议。

对共同犯罪的案件，应将各被告人同时传唤到庭，查明其基本情况，告知其各项权利，以免重复，节省开庭时间。

被告人认罪认罚的，审判长应当告知被告人享有的诉讼权利和认罪认罚的规定，审查认罪认罚的自愿性和认罪认罚具结书内容的真实性、合法性。

（二）法庭调查

法庭调查，指合议庭在公诉人、当事人和其他诉讼参与人的参加下，听取控辩双方的举证、质证，当庭审查、核实证据，认定案件事实。它是案件进入实体审理的一个重要阶段，是法庭审理的核心，其成效如何最终决定着办案质量。

根据《刑事诉讼法》第 191 条至第 197 条的规定，法庭调查应按以下步骤和程序进行：

1. 宣读起诉书

2. 被害人、被告人首次陈述

3. 对被告人讯问和发问

我国《刑事诉讼法》没有规定被告人有沉默权，所以庭审中审判人员可以讯问被告人。被告人对与本案有关的问题，必须如实回答。

4. 出示、宣读、播放、审核各种证据

只有经过庭审核查的证据材料，才能作为人民法院认定案件事实的根据。任何证据材料若未经庭审核查，均不能作为定案根据。

(1) 询问证人、鉴定人和核查证言笔录、鉴定意见。

《刑事诉讼法》第 192 条第 1 款规定："公诉人、当事人或者辩护人、诉讼代理人对证人证言有异议，且该证人证言对案件定罪量刑有重大影响，人民法院认为证人有必要出庭作证的，证人应当出庭作证。"在我国，证人并不是以证人出庭接受质证为原则，而是在人民法院认为证人有必要出庭作证的情况下，证人应当出庭作证。强制证人出庭的，应当由院长签发强制证人出庭令。

针对司法实践中证人普遍不到庭作证的问题，《刑事诉讼法》第 193 条规定："经人民法院通知，证人没有正当理由不出庭作证的，人民法院可以强制其到庭，但是被告人的配偶、父母、子女除外。证人没有正当理由拒绝出庭或者出庭后拒绝作证的，予以训诫，情节严重的，经院长批准，处以 10 日以下的拘留。被处罚人对拘留决定不服的，可以向上一级人民法院申请复议。复议期间不停止执行。"据此，属于应当出庭情形的证人拒绝出庭或者出庭后拒绝作证的将受到处罚；但是被告人的配偶、父母、子女可以拒绝出庭作证。

因我国不采用直接言词原则，证人具备法律允许不出庭的条件，可用证人证言笔录作为证据。

《刑事诉讼法》第 192 条第 2 款规定了"人民警察就其执行职务时目击的犯罪情况作为证人出庭作证"，具体程序和要求适用上述证人的规定。

《刑事诉讼法》第 192 条第 3 款规定："公诉人、当事人或者辩护人、诉讼代理人对鉴定意见有异议，人民法院认为鉴定人有必要出庭的，鉴定人应当出庭作证。经人民法院通知，鉴定人拒不出庭作证的，鉴定意见不得作为定案的根据。"据此，在我国，当"公诉人、当事人或者辩护人、诉讼代理人对鉴定意见有异议，人民法院认为鉴定人有必要出庭的"，鉴定人应当出庭作证，否则其鉴定意见不得作为定案的根据。

对于出庭作证的证人，审判人员在问明其身份后，应当告知其要如实提供证言和有意作伪证或者隐匿罪证要负的法律责任。

公诉人、当事人及其辩护人、诉讼代理人申请法庭通知有专门知识的人出庭，就鉴定意见提出意见的，应当说明理由。法庭认为有必要的，应当通知有专门知识的人出庭。申请有专门知识的人出庭，不得超过 2 人。有多种类鉴定意见的，可以相应增加人数。有专门知识的人出庭,适用鉴定人出庭的有关规定。

向证人、鉴定人、有专门知识的人发问应当分别进行。证人、鉴定人、有专门知识的人经控辩双方发问或者审判人员询问后,审判长应当告知其退庭。证人、鉴定人、有专门知识的人不得旁听对本案的审理。

(2) 出示物证、宣读勘验笔录、书证等其他证据材料。

审判人员应当听取公诉人、当事人和辩护人、诉讼代理人的意见。当庭出示的证据,尚未移送人民法院的,应当在质证后移交法庭。

法庭对证据有疑问的,可以告知公诉人、当事人及其法定代理人、辩护人、诉讼代理人补充证据或者作出说明,必要时,可以宣布休庭,对证据进行调查核实。对公诉人、当事人及其法定代理人、辩护人、诉讼代理人补充的和法庭庭外调查核实取得的证据,应当经过当庭质证才能作为定案的根据。但是,经庭外征求意见,控辩双方没有异议的除外。有关情况,应当记录在案。

公诉人申请出示开庭前未移送人民法院的证据,辩护方提出异议的,审判长应当要求公诉人说明理由,理由成立并确有出示必要的,应当准许。辩护方提出需要对新的证据作辩护准备的,法庭可以宣布休庭,并确定准备辩护的时间。同样,如果辩护方申请出示开庭前未提交的证据,公诉人也可依此提出同样的要求。

5. 庭外调查核实证据

《刑事诉讼法》第 196 条规定:“法庭审理过程中,合议庭对证据有疑问的,可以宣布休庭,对证据进行调查核实。人民法院调查核实证据,可以进行勘验、检查、查封、扣押、鉴定和查询、冻结。”

6. 对当事人等提出调取新证据的申请,作出是否同意的决定

法庭如果决定同意申请,而影响审判进行的,审判长应当实事求是宣布休庭,延期审理。不同意的,应当说明理由并继续审理。

人民法院同意重新鉴定申请的,应当及时委托鉴定,并将鉴定意见告知人民检察院、当事人及其辩护人、诉讼代理人。

在审判期间,合议庭发现被告人可能有自首、坦白、立功等法定量刑情节,而人民检察院移送的案卷中没有相关证据材料的,应当通知人民检察院移送。在审判期间,被告人提出新的立功线索的,人民法院可以建议人民检察院补充侦查。

对被告人认罪的案件,在确认被告人了解起诉书指控的犯罪事实和罪名,自愿认罪且知悉认罪的法律后果后,法庭调查可以主要围绕量刑和其他有争议的问题进行。对被告人不认罪或者辩护人作无罪辩护的案件,法庭调查应当在查明定罪事实的基础上,查明有关量刑事实。

经过控辩双方举证和质证完毕,没有新的证据和新的质疑时,审判长应当宣布法庭调查结束,进入法庭辩论阶段。

(三) 法庭辩论

法庭辩论,由控诉方和辩护方就被告人的行为是否构成犯罪、犯罪的性质、罪责

轻重、证据是否确定、充分，以及如何适用刑罚等问题，在法庭上当众进行辩论和反驳。

《刑事诉讼法》第198条规定："法庭审理过程中，对与定罪、量刑有关的事实、证据都应当进行调查、辩论。经审判长许可，公诉人、当事人和辩护人、诉讼代理人可以对证据和案件情况发表意见并且可以互相辩论。"辩论的顺序为：

(1) 先由公诉人发言。公诉人的首轮发言通常被称为发表公诉词。

(2) 如果被害人及其诉讼代理人出庭的，公诉人发言完毕后，应由被害人及其诉讼代理人发言。

(3) 被告人自行辩护。

(4) 辩护人进行辩护。一案有几个被告人的，其辩护人应依次分别进行辩护。

(5) 控辩双方进行辩论。

在上述辩论进行一轮后，在审判长的主持下，控辩双方还可以再进行多轮辩论，直至双方意见阐述完毕。法庭应注意保证双方发言机会均等。

对被告人认罪的案件，在法庭辩论时，可以引导控辩双方主要围绕量刑和其他有争议的问题进行。对被告人不认罪或者辩护人作无罪辩护的案件，在法庭辩论时，可以引导控辩双方先辩论定罪问题，后辩论量刑问题。

在法庭辩论阶段，人民检察院可以提出量刑建议并说明理由，量刑建议一般应当具有一定的幅度。当事人及其辩护人、诉讼代理人可以对量刑提出意见并说明理由。

在法庭辩论过程中，审判长应当充分听取控辩双方的意见，对控辩双方与案件无关、重复或者指责对方的发言应当提醒、制止。

在法庭辩论过程中，合议庭发现与定罪、量刑有关的新的事实，有必要调查的，审判长可以宣布暂停辩论，恢复法庭调查，在对新的事实调查后，继续法庭辩论。

经过辩论，当合议庭认为控辩双方的意见已经阐述清楚时，审判长应当宣布辩论终结。

（四）被告人最后陈述

被告人最后陈述，指在法庭辩论结束后，被告人就自己是否有罪及罪行的轻重当庭进行最后辩护。它既是法庭审判的一个独立阶段，又是法律赋予被告人的一项重要的诉讼权利。我国《刑事诉讼法》第198条第3款规定："审判长在宣布辩论终结后，被告人有最后陈述的权利。"

审判长宣布法庭辩论终结后，合议庭应当保证被告人充分行使最后陈述的权利。被告人在最后陈述中多次重复自己的意见的，审判长可以制止。陈述内容蔑视法庭、公诉人，损害他人及社会公共利益，或者与本案无关的，应当制止。在公开审理的案件中，被告人最后陈述的内容涉及国家秘密、个人隐私或者商业秘密的，应当制止。

如果被告人在最后陈述中，又提出新的事实或新的证据，合议庭认为可能影响正确裁判的，应当恢复法庭调查和辩论或者延期审理。如果被告人提出了新的辩论理由，合议庭认为确有必要的，可以恢复法庭辩论。对此，被告人还有最后陈述权。

被告人最后陈述完毕后，审判长应当宣布休庭，合议庭进行评议，法庭审判进入评议和宣判。

（五）评议、宣判

《刑事诉讼法》第200条规定，在被告人最后陈述后，审判长宣布休庭，合议庭进行评议。

1. 评议

合议庭评议，指审理该案的合议庭成员，根据开庭审理查明的事实、证据和有关法律规定，对被告人有罪、无罪、定性、量刑以及赃款、赃物、经济赔偿等问题，进行全面的讨论、评定，并作出处理决定的诉讼活动。

在合议庭评议时，应对必须作出决定的各个重要问题分层次地逐个讨论；各种意见和决议都要如实记入评议笔录，不能只记表决结果。

在评议时，如果意见分歧，应当按多数人的意见作出决定，但是少数人的意见应当写入笔录，评议笔录由合议庭组成人员签名。但是对于疑难、复杂和重大案件，合议庭成员意见分歧较大，难以对案件作出决定的，由合议庭提请院长决定提交审判委员会讨论决定。对于审判委员会的决定，合议庭应当执行。

裁判文书应当写明裁判依据，阐释裁判理由，反映控辩双方的意见并说明采纳或者不予采纳的理由。

2. 宣判

宣判有当庭宣判和定期宣判两种。(1)当庭宣判是在合议庭经过评议并作出决定后，立即复庭由审判长宣告判决的结果。当庭宣判后，应当在5日以内将判决书送达当事人、法定代理人、诉讼代理人、提起公诉的检察院、辩护人和被告人的近亲属。(2)定期宣判是合议庭不在审判的当天宣判，而是另行确定日期宣告判决结果。定期宣告判决的，应当在宣判前，先期公告宣判的时间和地点，传唤当事人并通知公诉人、法定代理人、辩护人和诉讼代理人；判决宣告后，应当立即送达判决书。

判决书应当送达人民检察院、当事人、法定代理人、辩护人、诉讼代理人，并可以送达被告人的近亲属。判决生效后，还应当送达被告人的所在单位或者原户籍地的公安派出所，或者被告单位的注册登记机关。

案件不论是否公开审理，宣告判决，一律公开进行。

六、一审审理后的处理

（一）一般情形的处理方式

根据《刑事诉讼法》第200条的规定，合议庭经过法庭审理后，根据已经查明的事实、证据和有关的法律规定，以判决的形式对案件作如下处理：

(1) 案件事实清楚，证据确实、充分，依据法律认定指控被告人的罪名成立的，应当作出有罪判决。

(2) 事实清楚，证据确实、充分，指控的罪名与审理认定的罪名不一致的，应当按照审理认定的罪名作出有罪判决。但是，人民法院应当在判决前听取控辩双方的意见，保障被告人、辩护人充分行使辩护权。必要时，可以重新开庭，组织控辩双方围绕被告人的行为构成何罪进行辩论。

(3) 事实清楚，证据确实、充分，依据法律认定被告人无罪的，应当判决宣告被告人无罪。

(4) 证据不足，不能认定被告人有罪的，应当以证据不足，指控的犯罪不能成立，判决被告人无罪。

(5) 部分事实清楚，证据确实、充分的，应当作出有罪或者无罪的判决；对事实不清、证据不足部分，不予认定。

(6) 宣告被告人不负刑事责任：①被告人因不满16周岁，不予刑事处罚的，应当判决宣告被告人不负刑事责任。②被告人是精神病人，在不能辨认或者不能控制自己行为的时候造成危害结果，不予刑事处罚的，应当判决宣告被告人不负刑事责任。

(7) 犯罪已过追诉时效期限且不是必须追诉，或者经特赦令免除刑罚的；以及被告人死亡的，应当裁定终止审理。

(8) 被告人死亡的，应当裁定终止审理；根据已查明的案件事实和认定的证据，能够确认被告人无罪的，应当判决宣告被告人无罪。

人民法院在判决中，应当对查封、扣押、冻结的财物及其孳息的处理作出决定。

(二) 认罪认罚的处理方式

根据《刑事诉讼法》第201条第1款之规定："对于认罪认罚案件，人民法院依法作出判决时，一般应当采纳人民检察院指控的罪名和量刑建议，但有下列情形的除外：(一)被告人的行为不构成犯罪或者不应当追究其刑事责任的；(二)被告人违背意愿认罪认罚的；(三)被告人否认指控的犯罪事实的；(四)起诉指控的罪名与审理认定的罪名不一致的；(五)其他可能影响公正审判的情形。"据此，在认罪认罚案件的判决上，除例外情形，人民法院以采纳人民检察院指控的罪名和量刑建议为一般原则。

人民法院经审理认为量刑建议明显不当，或者被告人、辩护人对量刑建议提出异议的，根据《刑事诉讼法》第201条第2款之规定：(1)人民检察院可以调整量刑建议。(2)人民检察院不调整量刑建议或者调整量刑建议后仍然明显不当的，人民法院应当依法作出判决。

(三) 特殊情形的处理方式

1. 检察院要求撤回起诉的

宣告判决前，人民检察院要求撤回起诉的，人民法院应当审查撤回起诉的理由，作出是否准许的裁定。审判期间，人民法院发现新的事实，可能影响定罪的，可以建议人民检察院补充或者变更起诉；人民检察院不同意或者在7日内未回复意见的，人民法院应当就起诉指控的犯罪事实，依照法律规定的情形与条件作出判决、裁定。

宣告判决前,人民检察院要求撤回起诉的,人民法院应当审查撤回起诉的理由,作出是否准许的裁定。在审判期间,人民法院发现新的事实,可能影响定罪的,可以建议人民检察院补充或者变更起诉;人民检察院不同意或者在 7 日内未回复意见的,人民法院应当就起诉指控的犯罪事实,依照相关的法律和司法解释的规定作出判决、裁定。人民法院应当在判决中写明被告人曾被人民检察院提起公诉,因证据不足,指控的犯罪不能成立,被人民法院依法判决宣告无罪的情况;依照刑事诉讼法的相关规定作出的判决不予撤销。

2. 人民法院发现新的事实,可能影响定罪的

审判期间,人民法院发现新的事实,可能影响定罪的,可以建议人民检察院补充或者变更起诉;人民检察院不同意或者在 7 日内未回复意见的,根据最高人民法院关于适用《中华人民共和国刑事诉讼法》的解释(以下简称《解释》)第 243 条的规定,人民法院应当就起诉指控的犯罪事实,依照该解释第 241 条的规定作出判决、裁定。

3. 检察院指控的罪名与指控的事实不符的

人民法院可以更改起诉的罪名。人民法院如果认为人民检察院指控的罪名与指控的事实不符,应建议人民检察院改变罪名,重新起诉。如果人民检察院不同意变更指控罪名,人民法院应当首先向控辩双方告知其改变指控罪名的意图,在控辩双方进行必要的准备后,再行审理。

4. 人民检察院根据新的事实、证据重新起诉的

对于曾经因证据不足不能认定被告人有罪而宣布被告人无罪的案件,在人民检察院根据新的事实、证据重新起诉法院依法受理的,人民法院应当在判决中写明被告人曾被人民检察院提起公诉,因证据不足,指控的犯罪不能成立,被人民法院依法判决宣告无罪的情况;前案作出的判决不予撤销。

七、法庭秩序

法庭秩序是指人民法院开庭审理案件时,为保证法庭审理的正常进行,所有的诉讼参与人和旁听人员都必须遵守的秩序和纪律。任何人参加法庭庭审都不得有妨碍法庭秩序的行为,否则,将受到如下的法律制裁:训诫;责令退出法庭;罚款;司法拘留;对构成犯罪的,追究其刑事责任。

《刑事诉讼法》第 199 条规定"在法庭审判过程中,如果诉讼参与人或者旁听人员违反法庭秩序,审判长应当警告制止。对不听制止的,可以强行带出法庭;情节严重的,处以一千元以下的罚款或者十五日以下的拘留。罚款、拘留必须经院长批准。被处罚人对罚款、拘留的决定不服的,可以向上一级人民法院申请复议。复议期间不停止执行。对聚众哄闹、冲击法庭或者侮辱、诽谤、威胁、殴打司法工作人员或者诉讼参与人,严重扰乱法庭秩序,构成犯罪的,依法追究刑事责任。"

八、延期审理和中止审理

(一) 延期审理

延期审理,指在法庭审判过程中,遇到影响进行审判的情形时,法庭决定宣告休庭,将案件的审理活动推迟,顺延时间,待阻碍审理进行的原因消失后继续审理。

《刑事诉讼法》第 204 条规定,遇有下列情形之一,影响审判进行的,可以延期审理:(1)需要通知新的证人到庭,调取新的物证,重新鉴定或者勘验的;(2)检察人员发现提起公诉的案件需要补充侦查,提出建议的;(3)由于当事人申请回避而不能进行审判的。

对于辩护人依照有关拒绝继续为被告人进行辩护或者被告人当庭拒绝辩护人为其辩护,而被告人要求另行委托辩护人或者要求人民法院另行指定辩护律师,合议庭同意的,亦应当宣布延期审理。

延期审理原则上要求计入审理期限,不能无限期推延。延期审理的开庭日期和地点能当庭确定的,应当当庭通知公诉人、当事人和其他诉讼参与人,不能确定的,应当在确定后另行通知。

(二) 中止审理

中止审理是人民法院在审判过程中,因出现案件在较长时间内无法继续审理的情形,而作出的暂时停止正在进行的诉讼活动的一种决定,待该障碍情形消除后再恢复诉讼。

根据《刑事诉讼法》第 206 条的规定,在审判过程中,有下列情形之一,致使案件在较长时间内无法继续审理的,可以中止审理:(1)被告人患有严重疾病,无法出庭的;(2)被告人脱逃的;(3)自诉人患有严重疾病,无法出庭,未委托诉讼代理人出庭的;(4)由于不能抗拒的原因。

九、一审办案期限的规定

《刑事诉讼法》第 208 条对一审程序的办案期限作了明确规定:

(1) 人民法院审理公诉案件,应当在受理后 2 个月以内宣判,至迟不得超过 3 个月;

(2) 对于可能判处死刑的案件或者附带民事诉讼的案件,以及有《刑事诉讼法》第 158 条规定情形之一的,经上一级人民法院批准,可以延长 3 个月;因特殊情况还需要延长的,报请最高人民法院批准;

(3) 人民法院改变管辖的案件,从改变后的人民法院收到案件之日起计算审理期限;

(4) 人民检察院补充侦查的案件,补充侦查完毕移送人民法院后,人民法院重新计算审理期限。

根据《刑事诉讼法》第 98 条的规定，犯罪嫌疑人、被告人被羁押的案件，不能在刑事诉讼法规定的一审期限内办结，需要继续审理的，对被告人可以取保候审或者监视居住，继续对案件进行审理。

另外，被告人作精神病鉴定的期间不计入一审办案期限。

第三节 自诉案件的第一审程序

一、自诉案件的受理审查

自诉案件的本质特征是起诉权属受害人或者他的法定代理人。这是因为自诉案件所保护的权益通常限于受害人个人范围。如前所述，自诉案件的前两种类型都是轻微的普通刑事案件，对社会危害不大，主要是涉及当事人之间的名誉、人格或者家庭成员之间、邻里之间关系的案件，将追诉权交与受害人或者其法定代理人行使，对正确处理人民内部矛盾，促进团结，增强家庭和邻里的和睦，化消极因素为积极因素是十分有利的。第三类案件则出于加强对受害人诉讼权利的保护。

自诉案件的主要特点有：

（一）自诉案件情节简单，因果关系清楚

自诉案件有明确的原告、被告，不需要侦查机关动用专门的侦查手段，而仅通过庭审中抗辩双方的质证、询问，人民法院就能查清案件事实。这是自诉案件的一个重要特点。根据刑事诉讼法对自诉案件范围的规定，也突出表明了自诉人能够承担举证责任。如果案情重大复杂，需要动用专门侦查手段，进行大量的侦查活动，不仅自诉人无法提供证据证明案情，就是人民法院也难以做到。因此，只有事实清楚、情节简单，不需要进行侦查的刑事案件，才能作为自诉案件，由人民法院直接受理并能审理清楚，作出正确合法的裁判。

（二）自诉案件的受害人作为自诉人与被告人的诉讼权利是平等的

这也是自诉案件与公诉案件不同的一个重要特点。在公诉案件中，被害人与被告人的诉讼权利是不同的，公诉案件的控诉职能的主要执行者是人民检察院，而不是被害人，被告人仍然是辩护职能的执行者；被害人没有上诉权，只有请求人民检察院抗诉的权利，而被告人具有独立上诉权。但自诉案件的受害人和他的法定代理人是自诉人，是诉讼一方的当事人，他与被告人的诉讼权利是平等的。例如，当一人的合法权益遭到犯罪行为侵害时，有权以自诉人的身份向人民法院提起控诉，作为被指控实施侵害的被告人也有权提起反诉；因对方犯罪行为致使遭受物质、精神损失时，双方均有权提

起附带民事诉讼；双方均享有申请回避的权利；对一审判决、裁定不服，双方均有权上诉。可见，受害人作为自诉人与被告人诉讼权利平等，是自诉案件的一个重要特征。

（三）案件具有可分性

这是自诉案件区别于公诉案件的又一个重要特点。可分性，指当一个犯罪行为侵犯了数人利益时，其中任何一个受害人都有权向人民法院提起诉讼；当一受害人明知有数名侵害人时，有权仅就部分侵害人提起诉讼；当侵害人对受害人实施了两个以上犯罪行为时，受害人有权仅对其中某个或某些犯罪行为提出起诉。自诉案件的可分性，是基于自诉主体自主处分起诉权产生的。

二、自诉案件的第一审程序的特点

对犯罪事实清楚，有足够证据的自诉案件，应当开庭审理。自诉案件，符合简易程序适用条件的，可以适用简易程序审理。不适用简易程序审理的自诉案件，参照适用公诉案件第一审普通程序的有关规定。《刑事诉讼法》根据自诉案件的特点，对这类案件的第一审程序作了一些有别于公诉案件第一审程序的规定。除了这些特别规定外，人民法院在审判自诉案件时应当参照公诉案件的审判程序进行。例如，开庭前的各项准备工作以及庭审程序等，不可擅自从简或省略。

根据《刑事诉讼法》第 212 条、第 213 条的规定，自诉案件的第一审程序有以下一些特点。

（一）人民法院可以调解

调解指当事人在自愿和合法的前提下，就非刑事处罚的内容达成协议并结束诉讼。确立自诉案件适用调解方式，有利于及早解决轻微的犯罪问题，增进人民内部的团结，防止矛盾激化；同时，以达成协议的方式结束诉讼，省时省力，利于提高诉讼效益。适用调解方式应注意：(1)对《刑事诉讼法》第 210 条第 3 项规定的自诉案件不能适用调解方式，因为其本质上属公诉案件，行为侵害的是国家和社会公共利益；(2)调解必须坚持自愿和合法原则，不得损害国家、集体以及公民利益；(3)调解必须由人民法院主持；(4)调解协议不能涉及刑事部分。由审判人员、书记员以及双方当事人签名或者盖章，并加盖人民法院印章。调解书一经送达签收，即发生法律效力。自诉人反悔，就同一事实又告诉时，人民法院应不予受理。调解没有达成协议调解书送达前一方反悔的，人民法院应当进行判决。

（二）自行和解

自行和解指在判决宣告前，自诉人和被告人在互相谅解的基础上，使纠纷获得解决。由于这种谅解，自诉人放弃追究被告人刑事责任的请求，被告人则自愿承担保障被害人合法权益的义务。当事人双方自行和解后，自诉人应向法院撤回自诉。适用自行和解应注意:(1)自行和解应当在宣告判决以前提出,以维护人民法院判决的严肃性,一旦人民法院判决宣告了,则不允许自行和解。(2)自行和解必须在严格遵守国家法律、法规、保障社会公益和当事人合法权益的前提下进行。在威逼、利诱、欺诈等违法情况下的和解是无效的。人民法院对和解协议要进行审查,认为和解、撤回自诉确属自愿的,应当裁定准许;认为系被强迫、威吓等,并非出于自愿的,不予准许。

(三) 撤回起诉

撤回起诉指自诉人在提出起诉后,基于某种原因,又不愿行使这种起诉权,向人民法院申请撤回起诉。它是基于自诉案件的告诉权由自诉人自己处分而确立的审理方式。自诉人提出撤回起诉的,人民法院一般应予准许。但人民法院对这类申请,应主动审查,以防止自诉人在威吓之下被迫撤诉。经审查后,可根据不同情况,依法决定是否准许撤诉。另外,重婚案件被害人自诉后,人民法院应不允许撤回自诉,而是依法审判。适用撤回自诉的情形主要是:(1)缺乏罪证又提不出补充证据,经人民法院说服,撤回自诉的;(2)当事人自行和解后,撤回自诉的;(3)自诉人出于自身利益的考虑后主动撤回起诉的。

同时,根据《刑事诉讼法》第211条第2款的规定,自诉人经两次依法传唤,无正当理由拒不到庭的,或者未经法庭许可中途退庭的,按撤诉处理。但部分自诉人撤诉或者被裁定按撤诉处理的,不影响案件的继续审理。撤诉应在宣告判决前提出。在审判实践中,除因证据不足而撤诉的外,自诉人一经撤诉,就同一事实再起诉的,法院不予受理。

(四) 被告人在审判期间下落不明的

对于被告人在自诉案件审判期间下落不明的,人民法院应当裁定中止审理。被告人到案后,应当恢复审理,必要时应当对被告人依法采取强制措施。

(五) 人民法院审理自诉案件的期限

(1) 被告人被羁押的,应当在受理后2个月以内宣判,最迟不得超过3个月。对于附带民事诉讼的案件,以及有《刑事诉讼法》第158条规定情形之一的,经上一级人民法院批准,可以延长2个月;因特殊情况还需要延长的,报请最高人民法院批准。

(2) 未被羁押的,应当在受理后6个月以内宣判。

(六) 被告人可以提起反诉

对于告诉才处理和被害人有证据证明的轻微刑事案件的被告人或者其法定代理人在诉讼过程中,被告人可以对自诉人提起反诉。反诉,指自诉案件的被告人,在诉讼过程中,控告自诉人犯有与本案有关联的犯罪行为,要求人民法院一并审理而提出的诉讼。反诉是相对自诉而讲的,没有自诉,反诉就无从谈起。反诉也是一种自诉,是一个独立的诉讼;它是自诉案件的被告人对原告提出的控诉,不是对自诉的答辩。

提起反诉应具备以下条件：

(1) 反诉的对象必须是同一案件的自诉人，反之则不属于反诉。这是由反诉主体的联系性决定的。由于提起反诉，使本诉的自诉人成为被告人，而本诉的被告人在反诉中又成了“自诉人”，双方互为原、被告，方能构成反诉。如果自诉案件被告人所控的犯罪行为，不是自诉人所为，而是自诉人亲属所为，这就不属反诉，而是只能作为另一个独立的自诉。

(2) 反诉的内容必须是与自诉案件有关联的犯罪行为。如果被告人所控自诉人的犯罪行为，与自诉案件根本无关，就不能作为反诉，而只能作为另一独立的自诉案件。

(3) 反诉案件必须是人民法院可以直接受理的范围。如果被告人提起的反诉，属于公诉案件，人民法院则应主动移送有立案管辖权的司法机关处理。

一审反诉，必须在自诉人向人民法院提起自诉后，法庭宣判前提起。反诉案件适用自诉案件的规定，应当与自诉案件一并审理。在这种互诉案件中，双方当事人同时是自诉人又是被告人，具有双重身份，在诉讼中的权利、地位也是一样的。例如，审理时双方可以互相讯问，双方当事人都可以充分陈述自己的意见，都有权作最后的陈述。这样有利于人民法院从各方面查明案情，分辨是非，正确判定每个当事人有罪或无罪。互诉案件不能互相抵消刑罚。

反诉一经成立，原自诉人撤回自诉的，不影响反诉案件成立。

第四节 简易程序

一、简易程序概述

简易程序是相对于普通程序而言的，指基层人民法院对某些案件事实清楚、证据充分，被告人对指控的犯罪事实没有异议并同意依法适用较普通审判程序相对简化的第一审审判程序。

简易程序不是普通程序的附庸，也不是普通程序的一个分支，而是与普通程序并存的一种独立的诉讼程序。但简易程序没有规定的要适用普通程序中的有关规定。简易程序是依法对第一审普通程序的简化，只能在第一审程序中适用。

简易程序是 1996 年《刑事诉讼法》修改新增设的审判程序。这是我国司法实践的客观需要，也是世界多数国家刑事诉讼制度改革发展的大趋势。法院审理案件之所以创立简易程序，目的就是为了在确保司法公正的同时，提高办案效率、节约司法资源。因此，采用简易程序有利于使当事人的合法权益更快得到法律的救济。1996 年刑事诉讼法修改第一次以立法的形式在我国刑事审判方式中确立了简易程序审理的模式，它是立法适应当时多方面需求的产物：

首先,基于我国人民司法的传统。早在第二次国内革命战争时期,审判组织形式就采用了独任制。中国共产党一贯主张的"依靠群众和便利群众"的司法原则和工作作风,更把其作为创造便利群众的审判方式的哲学依据。"马锡五审判方式"就是这一司法理念的典型代表。其主要特点是:手续简便,不拘形式,便利群众诉讼,结案迅速,体现了一种人民司法的民主理念,可谓是中国特色的简易程序的雏形。

其次,是司法实践的需求和刑事案件本身的特点。随着中国社会的迅速发展,刑事案件数量也在逐年增加,而有限的审判力量导致大量刑事案子无法通过普通程序审结。在实践中,多数普通刑事案件事实清楚、证据充分,而且被告人认罪对案件事实和证据没有争议,不需要通过复杂的庭审质证程序来查明案件事实及其证据。

第三,运用简易程序来审理案件是当今各国刑事审判发展的共同趋势。很多国家和地区,在刑事诉讼法典中专章设置了"简易程序"。例如 1988 年《意大利刑事诉讼法》增设了直接审判、迅速审判等有别于传统形式的简易程序。之后,西班牙、丹麦创立了书面审理的简易程序。德国、法国虽未在立法上有所突破,但实践中也开始了类似的尝试。1989 年维也纳国际刑法学会议亦明确指出,"对简单的案件,可能采取也应该采取简易程序"。

简易程序的表现形式在各国有所差异。例如,英国表现为治安法官审判,所审理的案件数量高达全年刑事案件审判数量的 95%左右①;美国则为辩诉交易程序,适用此种程序审理的案件也高达全年刑事案件总和的 94%。日本等国,每年按简易程序审理的案件达全部案件的 95%以上②。

简易程序是对第一审普通程序的简化,主要表现在以下几个方面:(1)审判组织的简化;(2)庭审程序的简化;(3)审理期限的缩短。

这些简化的目的即在于提高办案效率,但在诉讼中也不可一味追求简化而忽略了保障被告人的诉讼权利,如被告人享有的申请回避、提供新的证据、进行辩论、自诉案件中申请撤诉、最后陈述、提起上诉等诉讼权利决不可因程序简化而被任意限制甚至剥夺。

关于简易程序与普遍程序,它们是特殊与一般的关系。适用简易程序审理案件时,除法律对简易程序所作的特别规定外,其他程序仍应按普通程序办理,如果发现不宜再适用简易程序,应及时变更转为普通程序重新审理。这里应强调的是:已经适用普通程序审理的案件,即使发现适合用简易程序审理,也不可再变更为简易程序。

二、简易程序适用的案件范围

根据《刑事诉讼法》第 214 条和第 215 条的规定:

---

① 刘红:《非职业人员及刑事司法公正:英国治安法官和中国基层法院的法官》,载陈兴良主编:《刑事法评论》第 13 期,中国政法大学出版社 2003 年版,第 409—431 页。

② 高憬宏:《简捷高效的简易程序》,《人民司法》1996 年第 5 期。

1. 基层人民法院管辖的案件,符合下列条件的,可以适用简易程序审判:(1)案件事实清楚、证据充分的;(2)被告人承认自己所犯罪行,对指控的犯罪事实没有异议的;(3)被告人对适用简易程序没有异议的。人民检察院在提起公诉的时候,可以建议人民法院适用简易程序。

2. 对于具有下列情形之一的案件,不适用简易程序:(1)被告人是盲、聋、哑人,或者是尚未完全丧失辨认或者控制自己行为能力的精神病人的;(2)有重大社会影响的;(3)共同犯罪案件中部分被告人不认罪或者对适用简易程序有异议的;(4)辩护人作无罪辩护的;(5)被告人认罪但经审查认为可能不构成犯罪的;(6)自诉案件中属于《刑事诉讼法》第 210 条第 3 项规定的公诉转自诉的案件不能使用简易程序。(7)不宜适用简易程序审理的其他情形。

三、简易审判程序的特点

简易审判程序是相对于第一审普通程序而言相对较为简化的程序。具体而言,有以下程序特点:

(1) 只适用于基层人民法院第一审程序。其他三级法院均不可适用。

(2) 简易程序的决定适用程序。一是法院在受理案件后,经审查认为案件事实清楚、证据充分的,在将起诉书副本送达被告人时,应当询问被告人对指控的犯罪事实的意见,告知其适用简易程序的法律规定。被告人对指控的犯罪事实没有异议并同意适用简易程序的,可以决定适用简易程序,并在开庭前通知人民检察院和辩护人。二是检察院在起诉时可以向法院建议使用简易程序审理案件,法院对此应当询问被告人对指控的犯罪事实的意见以及是否同意适用简易程序审理。对不符合简易程序使用条件的,法院应当通知人民检察院。

自诉案件,法院决定适用简易程序审理的依照前述规定处理。

用简易程序审理案件,人民法院应当在开庭 3 日前,将开庭的时间、地点通知人民检察院、自诉人、被告人、辩护人,也可以通知其他诉讼参与人。通知可以采用简便方式,但应当记录在案。

(3) 审判组织可以简化。对可能判处 3 年有期徒刑以下刑罚的,可以由审判员一人独任审判;对可能判处 3 年以上有期徒刑的,应当组成合议庭进行审判。在适用简易程序独任审判过程中,发现对被告人可能判处的有期徒刑超过 3 年的,应当转由合议庭审理。

(4) 适用简易程序审理公诉案件,人民检察院应当派员出席法庭。

(5) 审理程序简化。其具体表现为:①开庭前的准备阶段,在期间和送达方式上不受《刑事诉讼法》第 187 条的限制。②公诉人可以摘要宣读起诉书。③公诉人、辩护人、审判人员对被告人的讯问、发问可以简化或者省略。④对控辩双方无异议的证据,可以仅就证据的名称及所证明的事项作出说明;对控辩双方有异议,或者法庭认为有必要调查核实的证据,应当出示,并进行质证。⑤控辩双方对与定罪量刑有关的事实、证据没有异议的，法庭审理可以直接围绕罪名确定和量刑问题进行。

但适用简易程序审理案件，宣读起诉书后，审判人员应当询问被告人对起诉书指控的犯罪事实的意见；向被告人告知适用简易程序审理的法律规定，确认被告人是否同意适用简易程序审理。

不可省略的程序是：在判决宣告前应当听取被告人的最后陈述意见。

被告人可以就起诉书指控的犯罪进行陈述和辩护。经审判人员许可，被告人及其辩护人可以同公诉人、自诉人及其诉讼代理人互相辩论。

适用简易程序的自诉案件，参照上述程序。

(6) 宣判的形式。一般采取当庭直接宣判。

(7) 审理的期限缩短。根据《刑事诉讼法》第220条的规定，人民法院适用简易程序审理的案件应当在受理后20日内审结。对可能判处的有期徒刑超过3年的，可以延长至一个半月。

四、简易程序的变更

人民法院在适用简易程序审理公诉案件时，发现有下列情形之一的，应当将简易程序转为普通程序重新审理：(1)被告人的行为不构成犯罪；(2)被告人应当判处3年以上有期徒刑刑罚；(3)被告人当庭对起诉指控的犯罪事实予以否认；(4)案件事实不清或者证据不足；(5)被告人可能不负刑事责任的；(6)被告人当庭对起诉指控的犯罪事实予以否认的；(7)其他不宜适用简易程序审理的情形。

转为普通程序审理的案件，审理期限应当从决定转为普通程序之日起计算。

五、确立简易程序的意义

对于被告人来讲，适用简易程序使得其案件能尽快地解决。尤其是被羁押的被告人可能因为被处以非羁押的刑罚而获得自由。

简易程序对提高诉讼效率，节约司法成本，尤其是缓解司法机关的办案压力也有很重要的意义。简易程序审判过程中可以不限于普通程序的讯问被告人，询问证人、鉴定人，出示证据以及法庭辩论的程序；审理期限应在受理案件后20日内。对可能判处的有期徒刑超过三年的，可以延长至一个半月。这些简易的程序可以节约司法资源，加快轻微刑事案件的审结，从而提高审判效率，对缓解我国司法机关的办案压力起到了一定的积极作用。

法律同社会经济生活的密切联系使其无法逃避经济功利规则的支配。以效益作为法律分配权利和义务的标准不再是个别学者的一种倡导，而已融入现代立法精神之中。据有关统计资料显示，无论是发达工业化国家还是发展中国家犯罪率都明显呈上升趋势，从而给刑事司法系统造成极大压力。由于在一定时期内，一个国家司法资源的投入是相对有限的，所以要缓解犯罪率上升带来的压力只能靠提高诉讼效率。就世界范围来看，各国在刑事诉讼中大多采用简易审判程序来提高诉讼效率。

第五节　速裁程序

一、速裁程序概述

2018年10月，第十三届全国人民代表大会常务委员会第六次会议通过了《关于修改〈中华人民共和国刑事诉讼法〉的决定》，将认罪认罚从宽制度和刑事速裁程序一并纳入刑事诉讼法，认罪认罚从宽作为我国刑事诉讼的一项基本原则予以确立。《刑事诉讼法》第222条规定："基层人民法院管辖的可能判处三年有期徒刑以下刑罚的案件，案件事实清楚，证据确实、充分，被告人认罪认罚并同意适用速裁程序的，可以适用速裁程序，由审判员一人独任审判。人民检察院在提起公诉的时候，可以建议人民法院适用速裁程序"。《刑事诉讼法》第224条规定："适用速裁程序审理案件，不受本章第一节规定的送达期限的限制，一般不进行法庭调查、法庭辩论，但在判决宣告前应当听取辩护人的意见和被告人的最后陈述意见。适用速裁程序审理案件，应当当庭宣判"。《刑事诉讼法》第225条规定："适用速裁程序审理案件，人民法院应当在受理后十日以内审结；对可能判处的有期徒刑超过一年的，可以延长至十五日"。

（一）速裁程序的定义

刑事速裁程序，顾名思义，是一种"迅速裁判"程序，是针对犯罪事实清楚，证据确实、充分，被告人认罪认罚的轻微刑事案件，经被告人同意，人民法院省略部分庭审环节，对案件进行快速审理所适用的程序。与刑事诉讼法规定的简易程序相比，速裁程序属于"简上加简"的程序，这种进一步的简化主要体现在：第一，从审判组织上看，适用简易程序审理案件，对可能判处3年有期徒刑以下刑罚的，可以组成合议庭进行审判，也可以由审判员一人独任审判；而适用速裁程序审理案件，统一由审判员一人独任审判。第二，从审理程序上看，适用简易程序审理案件，不受刑诉法关于送达期限、讯问被告人、询问证人、鉴定人、出示证据、法庭辩论程序规定的限制；而适用速裁程序审理案件，除不受送达期限的限制外，一般不进行法庭调查、法庭辩论，即基本上省略了法庭调查和法庭辩论程序。第三，从审理期限上看，适用简易程序审理案件，人民法院应当在受理后20日以内审结，对可能判处的有期徒刑超过3年的，可以延长至一个半月；适用速裁程序审理案件，在审理期限上进一步缩短，人民法院应当在受理后10日以内审结，对可能判处的有期徒刑超过1年的，可以延长至15日。第四，从宣判方式看，适用简易程序审理案件，法院一般应当当庭宣判；适用速裁程序审理案件，法院应当当庭宣判。

(二) 速裁程序的适用条件

1. 基层人民法院管辖的可能判处3年有期徒刑以下刑罚的案件;

2. 案件事实清楚,证据确实、充分;

3. 被告人认罪认罚;

4. 被告人同意适用速裁程序。

人民检察院在提起公诉的时候,可以建议人民法院适用速裁程序。

《刑事诉讼法》第223条规定:"有下列情形之一的,不适用速裁程序:(一)被告人是盲、聋、哑人,或者是尚未完全丧失辨认或者控制自己行为能力的精神病人的;(二)被告人是未成年人的;(三)案件有重大社会影响的;(四)共同犯罪案件中部分被告人对指控的犯罪事实、罪名、量刑建议或者适用速裁程序有异议的;(五)被告人与被害人或者其法定代理人没有就附带民事诉讼赔偿等事项达成调解或者和解协议的;(六)其他不宜适用速裁程序审理的"。

(三) 速裁程序的变更

《刑事诉讼法》第226条规定:"人民法院在审理过程中,发现有被告人的行为不构成犯罪或者不应当追究其刑事责任、被告人违背意愿认罪认罚、被告人否认指控的犯罪事实或者其他不宜适用速裁程序审理的情形的,应当按照本章第一节或者第三节的规定重新审理"(即按照公诉案件普通程序或简易程序的规定重新审理)。

二、速裁程序的立法背景

通过速裁程序的建立,我国在刑事诉讼第一审程序中构建了普通程序、简易程序和速裁程序并立的三元模式。这一立法举措源于司法体制改革"完善轻微刑事案件快速办理机制"的目标,对于司法实践具有重要现实意义。

(一) 回应"案多人少"矛盾,构建繁简分流机制

随着扒窃、醉驾行为入刑和劳动教养制度废除,我国的刑事入罪门槛有所降低,轻微刑事案件数量不断增加。在此背景下,司法机关"案多人少"的矛盾日益突出,我国刑事司法实践迫切需要创设更符合轻微、简单刑事案件特点、更为快速简便的诉讼程序。2014年6月,全国人大常委会表决通过《关于授权最高人民法院、最高人民检察院在部分地区开展刑事案件速裁程序试点工作的决定》,授权北京等18个城市开展刑事案件速裁程序试点工作。同年8月,最高人民法院、最高人民检察院、公安部、司法部联合印发《关于在部分地区开展刑事案件速裁程序试点工作的办法》,试点工作正式启动。最高人民法院、最高人民检察院把试点工作列为《关于全面深化人民法院改革的意见——人民法院第四个五年改革纲要(2014—2018)》和《关于深化检察改革的意见(2013—2017年工作规划)》司改重点项目。

2016年9月,全国人大常委会通过《关于授权最高人民法院、最高人民检察院在部分地区开展刑事案件认罪认罚从宽制度试点工作的决定》,授权上述 18 个城市开展刑事案件认罪认罚从宽制度的试点工作。同年 11 月,最高人民法院、最高人民检察院、公安部、国家安全部、司法部联合印发《关于在部分地区开展刑事案件认罪认罚从宽制度试点工作的办法》,将刑事速裁程序纳入新的试点继续进行探索,以提升刑事速裁程序分流轻微、简单刑事案件的效能。

2018 年 10 月 26 日,第十三届全国人民代表大会常务委员会第六次会议通过《关于修改〈中华人民共和国刑事诉讼法〉的决定》,在《刑事诉讼法》第三编审判第二章第一审程序中增加第四节速裁程序。

(二) 针对简易程序结构性缺憾,营造多元化刑事诉讼格局

针对不同案件特点构建多元化的诉讼程序是刑事诉讼发展的潮流。我国原有的"普通程序/简易程序"的二元划分略显单一,显露出简易程序结构性上的缺憾。一方面,由于审前阶段缺乏繁简有别的诉讼分流机制,导致大量案件涌入审判程序,挤占司法资源,造成法院不堪重负;另一方面,简易程序并不简易,无论审判组织、开庭准备,还是法庭调查、法庭辩论,如何简化程序,法律规定并不明确。刑事速裁程序打破了现有简易程序种类单一、简化程度不高的困境,对"普通程序/简易程序"格局形成一种必要的补充,推动我国多元化刑事诉讼格局的形成,从而使得我国刑事诉讼程序发展更加体系化。

(三) 顺应刑事轻缓化趋势,落实宽严相济刑事政策和保障人权

刑事轻缓化是全球的潮流,宽严相济刑事政策充分体现了刑事轻缓化的色彩,反映了对犯罪认识的日益理性。刑事速裁程序在程序法层面为轻缓化提供了实现路径,以落实宽严相济刑事政策。刑事速裁程序针对我国普通刑事诉讼存在的问题,如审前效率低、周期长、"刑期倒挂"等,着力于实现人权保障的重要目标,实现程序从简从快,大大缩短轻微刑事案件在诉讼各阶段的办案期限,在提升诉讼效率的同时,避免"关多久判多久"的现象;在最终判决时对被告人依法从宽处罚,尽可能通过轻缓的方式教育、感化、挽救被告人,帮助其矫正犯罪、回归社会。

三、速裁程序的比较法考察

主要西方国家刑事诉讼发展的总体趋势之一就是积极探索、逐步建立简易程序和其他快速审理机制,扩大简易程序和其他快速审理程序在刑事案件审理中的适用比例。域外快速审理模式主要体现在法律程序的简化和诉讼阶段的跨越。

德国的快速审理机制主要包括处罚令程序和快速审理程序。处罚令程序针对的是轻罪案件,根据检察院书面申请,可以不经法庭审理而以书面处罚令的方式确定被告人的法律责任。快速审理程序主要针对案情简单或证据清楚、适宜立即审理的案件,检察院可以通过书面或者口头申请方式启动快速审理程序,检察院无需提交起诉

书，可以在法庭审理开始时口头起诉并将起诉的主要内容记入庭审笔录。

法国的刑事立法将犯罪区分为重罪、轻罪和违警罪三个等级。对于轻罪案件，轻罪法庭可以通过“立即出庭程序”受理案件。任何当处刑罚为2至7年有期徒刑的轻罪案件，或者当处刑罚为1至7年有期徒刑的现行犯罪案件，如果检察官认为证据充分，无需进行侦查，能够快速审判时，经被告人明确表示同意，可立即将被告人提交法庭审判。违警罪案件在被告人没有异议的前提下均可适用简易程序，由违警法庭进行审理，审理中可以省略法庭辩论环节，法官可当庭作出裁判，或者免于起诉，或者科处罚金。

英国将刑事案件分为简易审案件和可诉罪案件。对于简易审案件，治安法官必须当庭告知被告人其被诉所基于的事实并询问其是否认罪。若被告人不认罪，则治安法官将在审查有关证据、听取控辩双方意见后作出裁判；若被告人当庭认罪，则治安法官无需继续庭审，可直接对被告人作出有罪裁判。

日本的简易裁判程序主要包括略式程序和即决裁判程序。适用略式程序的刑事案件都比较轻微，只要被告人对适用略式程序表示同意，法院原则上不进行开庭审理，仅根据检察官提交的书面材料，通过略式命令科处罚金或罚款。即决裁判程序是对事实清楚、证据充分的可能判处一年以下惩役、禁锢、罚金或罚款的刑事案件，由检察官提出即决裁判程序申请，法院必须及时开庭，尽可能在当日宣告裁判。

四、速裁程序的特点

速裁程序是同认罪认罚从宽制度一并纳入《刑事诉讼法》的，是认罪认罚从宽原则十分重要的实现路径，既体现宽严相济刑事政策的价值意义，又具有案件繁简分流、工作集约统筹的功能意义。刑事速裁程序的建立，使控辩双方在参与诉讼活动的意图上体现出趋同性，如被告人及其辩护人放弃了部分抗辩权，公诉机关则放弃了一定的期限利益，双方进行有效的量刑协商。速裁程序具有以下五个主要特点：

（一）协商性

《刑事诉讼法》第222条规定：“基层人民法院管辖的可能判处三年有期徒刑以下刑罚的案件，案件事实清楚，证据确实、充分，被告人认罪认罚并同意适用速裁程序的，可以适用速裁程序”；《刑事诉讼法》第173条第2款规定：“犯罪嫌疑人认罪认罚的，人民检察院应当告知其享有的诉讼权利和认罪认罚的法律规定，听取犯罪嫌疑人、辩护人或者值班律师、被害人及其诉讼代理人对下列事项的意见，并记录在案：（一）涉嫌的犯罪事实、罪名及适用的法律规定；（二）从轻、减轻或者免除处罚等从宽处罚的建议；（三）认罪认罚后案件审理适用的程序；（四）其他需要听取意见的事项”。第223条第5项规定：“被告人与被害人或者其法定代理人没有就附带民事诉讼赔偿等事项达成调解或者和解协议的”，不适用速裁程序。适用速裁程序的前提是被告人认罪认罚并同意适用该程序，体现了被告人与司法机关之间就适用速裁程序达成合意。在犯罪嫌疑人认罪认罚的情况下，检察院还需要听取案件各方主体的意见，体现了犯罪嫌疑人、辩护人或者值班律师、被害人及其诉讼代理人都是协商机制的重要参与者。此外，能否适用速裁程序，也取决于被告人与被害人之间是否就民事赔偿协商达成一致。

（二）自愿性

被告人只有认罪认罚并同意适用速裁程序的，才可以适用速裁程序。被告人的自愿性，不仅体现在对于犯罪事实的自愿承认，也体现在对定罪量刑的自愿认可。然而，理解对犯罪事实的法律评价所需具备的专业性知识往往超出犯罪嫌疑人、被告人的认知能力范围，为确保其自愿认罪认罚是其理性选择的结果，《刑事诉讼法》规定了值班律师制度。《刑事诉讼法》第 36 条规定："法律援助机构可以在人民法院、看守所等场所派驻值班律师。犯罪嫌疑人、被告人没有委托辩护人，法律援助机构没有指派律师为其提供辩护的，由值班律师为犯罪嫌疑人、被告人提供法律咨询、程序选择建议、申请变更强制措施、对案件处理提出意见等法律帮助。人民法院、人民检察院、看守所应当告知犯罪嫌疑人、被告人有权约见值班律师，并为犯罪嫌疑人、被告人约见值班律师提供便利。"《刑事诉讼法》新增的值班律师制度为犯罪嫌疑人、被告人获得法律帮助，提供了更为有效的路径，值班律师可为其提供法律咨询、协助其进行程序选择等法律帮助，切实保障犯罪嫌疑人、被告人认罪认罚并选择适用速裁程序的自愿性。

（三）快捷性

适用速裁程序审理案件，统一由审判员一人独任审判。除不受送达期限的限制外，速裁程序一般不进行法庭调查、法庭辩论，省略了法庭调查和法庭辩论程序。人民法院应当在受理后 10 日以内审结，对可能判处的有期徒刑超过 1 年的，可以延长至 15 日，且应当当庭宣判。速裁程序的建立促进了繁简有别的诉讼分流机制的形成，有效缓解"案多人少"的矛盾。

（四）宽和性

《刑事诉讼法》第 201 条规定："对于认罪认罚案件，人民法院依法作出判决时，一般应当采纳人民检察院指控的罪名和量刑建议。"速裁程序以被告人认罪认罚并同意适用速裁程序为前提，在自愿、协商的基础上，对认罪认罚并同意适用速裁程序的被告人处以其认可的刑罚，体现了宽严相济的刑事政策，最大限度地减少社会对立面，促进社会和谐稳定。

（五）可反转性

人民法院对是否适用速裁程序依法进行独立审查。《刑事诉讼法》第 226 条规定，"人民法院在审理过程中，发现有被告人的行为不构成犯罪或者不应当追究其刑事责任、被告人违背意愿认罪认罚、被告人否认指控的犯罪事实或者其他不宜适用速裁程序审理的情形的，应当按照本章第一节或者第三节的规定重新审理”。法院在审理案件时，需要依法独立审查是否具备明确的犯罪事实或应当需要追究刑事责任的情形；审查被告人是否了解认罪认罚的法律后果，向被告人释明相关法律规定，确保被告人认罪认罚的自愿性；审查被告人是否受到侦查、检察人员的威胁、引诱、欺骗而认罪认罚；审查是否存在《刑事诉讼法》第 223 条规定的不适用速裁程序的情形。

思考题：

1. 运用诉讼模式理论评述刑事诉讼法确立的我国刑事一审审判模式。
2. 试述延期审理和中止审理的适用条件及区别。
3. 试述简易程序的适用条件和特点。
4. 试述自诉案件审理的特点。
5. 试从程序公正的角度评析简易程序的适用条件。
6. 我国刑事诉讼法设立速裁程序的目的是什么？
7. 速裁程序与简易程序有什么区别？
8. 适用速裁程序有哪些条件？

第十六章

第二审程序

本章提要：本章对第二审程序有关基本概念、基本理论和基本知识作系统的阐述。学习本章，要了解掌握以下要点：(1)第二审程序的概念；(2)第二审程序特有的审理原则；(3)提起第二审程序的主体、方式、途径、理由和期限；(4)第二审程序的审理方式、程序和审理后的处理。

第一节　第二审程序概述

一、第二审程序的概念

第二审程序，也称"上诉审程序"，指享有上诉权的主体对一审法院作出的尚未发生法律效力的裁判不服或是人民检察院认为一审法院作出的未生效的裁判有误，向原审法院的上一级人民法院提出上诉或是抗诉，上一级人民法院进行重新审判时所要遵循的程序。

第二审程序是我国刑事普通审判程序中一个独立的诉讼阶段，但它不是刑事诉讼的必经程序。只有当上诉权人或是人民检察院在法定期限内，向上一级人民法院提出上诉或是抗诉，第二审程序才能依法启动。

另外，对第二审程序概念的把握，应当注意：不能把第二审程序简单解读为对同一刑事案件进行第二次审理的程序，第二次审理和第二审在概念上不是等位关系，而是包容关系，第二次审理可能是第二审程序，也可能是发回重审的第一审程序，还可能是审判监督程序。

二、第二审程序的特征

我国刑事诉讼的第二审程序，虽统属于刑事审判阶段，但却是一个相对独立的诉讼阶段，具有如下特征：

其一，终局性特征。所谓终局性，有两层含义：就争议的解决途径而言，当诉讼进入审判程序，则意味着争议处理程序已经进入终端程序，在审判程序后，争议处理程序将终结；就审判程序本身而言，我国刑事诉讼的第二审程序是两审终审审级制前提下的上诉审程序，地方各级人民法院审理第一审案件所作出的裁判，如果当事人不服或提起公诉的人民检察院认为确有错误，在法定的上诉或抗诉期限内可向上一级人民法院提出上诉或抗诉。第二审法院就上诉或抗诉案件所作出的裁判为终审裁判，除依照法律规定需要特别程序核准以外，立即发生法律效力，并应依法交付执行，当事人不能再行上诉，人民检察院也不能再按上诉审程序抗诉。由于最高人民法院是我国的最高审判机关，具有最高审判权威，故最高人民法院作出的一审判决和裁定具有诉讼的终局性，二审终审制对经由最高人民法院作出的一审裁判不适用，这类案件不能进入第二审程序，它的判决、裁定作出后立即发生法律效力。

其二，被动性特征。第二审程序不是刑事诉讼的必经阶段，即该程序并非每一个未生效刑事裁判的必经程序。作为一项刑事普通程序，我国二审程序仍然遵循不告不理的原则，即该程序的被动性特征仍然是其基本法律属性，该程序的启动必须依赖上诉人的上诉和检察机关的抗诉。如果没有上诉权人的上诉或检察机关的抗诉，以至上诉、抗诉期限届满，一审判决就会如期发生法律效力，从而无从发生第二审程序。

其三，全面性特征。实行全面审查原则是我国上诉审程序的重要特征。在第二审程序中，第二审人民法院要对第一审未生效的判决、裁定认定的事实是否清楚，证据是否确实、充分，定性是否准确，量刑是否适当，诉讼程序是否合法等诉讼事项进行全面复审，并可通过二审裁判解决复审中所发现的各种错误问题。通过二审人民法院对案件的全面审查，使正确的裁判得以维护，错误的裁判得以纠正，并藉此维护法律的正确实施，体现司法的尊严，保护诉讼当事人尤其是上诉被告人的合法权益。

三、第二审程序的任务与意义

（一）第二审程序的功能属性及其任务

当今世界关于上诉审程序的功能属性有两种不同的认识：其一，复审说。复审说认为第二审程序应当是第一审程序的完全重复过程，即对案件重新进行法庭调查和法庭辩论，并藉此作出裁判，实质上是第二次“一审”，只不过是法院的审级不同而已。其二，事后审查说。即认为上诉审法院不应再简单重复一审程序，而应当只针对一审未生效裁判在认定事实和适用法律上是否存在错误进行审查。在世界各国的刑事审判实践中，多数国家采“事后审查说”，而采“复审说”的较少。但不论是何种功能属性，其程序设计的基本价值取向是体现程序的救济功能，因此，其所体现的功能属性往往也是落实在未生效裁判的司法救济性方面。

我国刑事第二审程序既不同于复审制，也不是完全的事后审查制。基于我国在刑事诉讼中所强调的“公正优先、兼顾效率”的原则精神以及所追求的实体公正的基本价值取向，我国第二审程序所体现出的功能属性既不是对一审程序的简单重复，也不是对原审起诉指控的复审，而是对第一审人民法院未生效裁判进行的全面审查，并在此基础上作出新的裁决。这从我国二审程序所设定的全面审查原则可见一斑。该程序具有一定的审判监督性质，监督的对象并不受原起诉和一审范围的限制。

正是基于我国第二审程序的上述功能属性，我国所设定的刑事第二审程序的任务是通过审理上诉、抗诉案件，对第一审人民法院作出判决和裁定时认定事实、适用法律，以及诉讼程序是否正确、合法，进行全面的审查，依法维护正确的判决和裁定，纠正错误的判决和裁定，保障无罪的人不受刑事追究，促使犯罪人认罪服法，监督人民法院公正审判，使刑事案件得以正确处理，从而保障刑法和刑事诉讼法的正确实施。上述任务决定了我国刑事二审程序是一个独立的诉讼阶段。

（二）第二审程序的意义

第二审程序在整个刑事诉讼流程中有着十分重要的地位，根据该程序设立的任务和目的来看，第二审程序是第二审人民法院对未生效的一审判决的全面审查，以确保案件审理符合法律规定、保障裁判的公正性。第二审程序的意义体现在以下几个方面：

1. 第二审程序是纠正第一审错误裁判的重要途径

审判结果正义与否不仅与实体事实的裁判有关，还与审判所适用的程序、辩护双方是否履行好自己的职责等其他因素有关。但是无论是多么完美无缺的程序、毫无漏洞的法条，始终很难达到公平正义的结果。错误的审判结果无法完全避免，我们所能做的就是降低这个错误率以及建立一个改正错误的救济程序。第二审程序的设立满足了这个需求，它通过对案件进行重新的全面审理，有利于查明案件的客观事实，纠正错误的第一审裁判，从而保证审判结果的公正性。

2. 第二审程序有利于预防一审裁判出现错误

第二审人民法院通过撤销、改判，指出一审法院在审判过程中存在的问题和错误，即是上级人民法院对下级审判机关的审判活动进行监督。这样的审判监督功能有利于督促下级人民法院总结经验教训，认真对待案件审理，提高审判水平和办案质量。同时也有效地防范一审法官滥用审判权，以维护司法公正。

3. 第二审程序是当事人维护自身合法权益的重要途径

法院审判是解决社会纠纷的最终途径，因此对法院审理案件的程序应当有严格的要求。当事人不服第一审裁判时，应当赋予其救济途径。第二审程序一方面是对一审法院法官行使审判权的监督，另一方面是吸收、处理当事人的异议和不满。二审程序的全面审理，可以纠正错误裁判，是满足当事人保障其自身合法权益的有效途径。

4. 第二审程序的设立有利于保障国家法律的统一实施和适用

审判过程是审判人员在已有的证据基础上，对案件事实进行复原和认定，其中融合着审判人员一定的主观推断。然而由于主客观因素的个体差异以及一审法官专业知识与办案经验的欠缺，一审裁判可能会出现认定事实不清、适用法律有所偏差的情况。较之一审法院，第二审人民法院审级较高，对法官的专业素养比较严格，对法律的理解也更加精确。第二审人民法院通过对不同的一审裁判的分析总结，使同类型的刑事案件尽可能得到相同的处理，从而确保刑法的统一实施。

四、第二审程序的特有原则

刑事第二审程序是整个刑事诉讼的重要一环，但又是相对独立的阶段。刑事第二审程序除了要遵守刑事诉讼的基本原则，还要遵守刑事第二审程序的特有原则，即贯穿于刑事第二审诉讼过程中，第二审人民法院必须遵循的基本准则。根据我国刑事诉讼法的有关规定，刑事第二审程序的特有原则有三项：保障上诉权原则、全面审查原则、上诉不加刑原则。

（一）保障上诉权原则

《刑事诉讼法》第 14 条第 1 款规定："人民法院、人民检察院和公安机关应当保障犯罪嫌疑人、被告人和其他诉讼参与人依法享有的辩护权和其他诉讼权利。"《刑事诉讼法》第 227 条也明确规定，当事人和他们的法定代理人等享有上诉权，"对被告人的上诉权，不得以任何借口加以剥夺"。这些都是保障上诉权原则在刑事诉讼法中的体现。

上诉权，就是当事人和他的法定代理人等不服人民法院第一审刑事判决、裁定，申请上一级人民法院对案件重新进行审判的权利。上诉权的灵魂是上诉自由，即这种权利的享有者有权按照自己的意愿，决定是否在法定的范围内行使这种权利，上诉权人并不因为其行使上诉权而遭受于己不利的后果。

保障上诉权原则，指参加刑事诉讼的司法机关和司法人员有责任和义务为当事人和其他有关诉讼参与人依法自主地行使上诉权提供保障。保障上诉权原则的核心是对上诉自由的保障。具体而言，有以下几个方面：

首先，保障上诉权就必然要求司法机关和司法人员严格遵守法律作出的禁止性规定，即不能对当事人，尤其是被告人的上诉权予以剥夺或限制，不论这种剥夺或限制是基于何种理由或借口。

其次，保障上诉权还要求国家司法机关和司法人员实施某种积极的行为，提供某种帮助，以使上诉权人正常行使上诉权。例如人民法院必须将载有上诉权的一审判决书送达有关上诉权人；向相关人员解释上诉权人的范围和上诉的形式；向被告方上诉权人解释上诉不加刑原则的规定与含义，等等。

最后，保障上诉权，还要求国家司法机关和司法人员应依法制止侵犯上诉权的行为，排除障碍。例如及时地排除他人的非法干涉，消除外界的不良压力；人民检察院对于严重侵害上诉权的案件应提起抗诉等。

保障上诉权也体现了对被告人辩护权的尊重。对原审被告人而言，上诉权实际上是被告人辩护权的具体表现，其权利所承载的具体内容正是被告人的辩护权。因此，被告人依法行使上诉权，实际上就是在充分行使辩护权。反之，对被告人上诉权的不当限制，实际上也就是对辩护权的不当限制。

（二）全面审查原则

考察世界各国的上诉审程序，在上诉审的范围是否受上诉请求的限制方面不尽相同，通常可分为全面审理模式和部分审理模式。全面审理一般不受上诉范围的限制，二审对上诉案件进行全面审查，德国就采用这种模式；部分审理仅限于对当事人在上诉状或复审申请书中所声明不服的部分进行审理，而非全面审查，日本是采用这一模式的代表。在部分审理中还有法律审与事实审的区别。由于不同国家实行不同的审级制度，在一些实行三审终审制的国家，通常原审为事实审，而上诉审则为法律审。这主要是由于这些国家陪审团与专职法官的审判职责的分工以及原审和上级法院在设置陪审制上的不同规定所致，上诉法院通常不考虑证据方面的问题，一般只对初审法院适用法律方面的错误予以重审。大多数国家，不论大陆法系还是英美法系，大多采用部分审理模式。对于这种做法，国外的学者认为，这是刑事诉讼中“不告不理”“一事不再理”“辩论原则”等在上诉审程序中的体现。

我国第二审程序以全面审查原则为特有的审理原则，其法条依据是我国《刑事诉讼法》第233条的规定：“第二审人民法院应当就第一审判决认定的事实和适用法律进行全面审查，不受上诉或者抗诉范围的限制。共同犯罪的案件只有部分被告人上诉的，应当对全案进行审查，一并处理。”我们对全面审查原则的理解可以分为以下几点：

（1）第二审人民法院应当对全案进行审理，并不局限于上诉权人的上诉、人民检察院抗诉的范围，即不仅要对上诉、抗诉部分进行审查，还要对未被上诉、抗诉部分进行审查。

（2）第二审程序包括事实审查和法律审查两个部分，第二审人民法院既要审查一审认定的事实是否清楚，也要审查一审定罪量刑所依据的证据是否达到法定证明标准，还要审查原裁判适用的法律是否正确，量刑是否适当。另外，二审法院对由当事人提供的、已经查证属实的新证据和新事实，也可采纳作为二审裁判的依据。需指出的是，最高人民法院《解释》第319条规定：“第二审期间，人民检察院或者被告人及其辩护人提交新证据的，人民法院应当及时通知对方查阅、摘抄或者复制。”

（3）在共同犯罪案件中，只有部分被告人上诉的，或是人民检察院仅对部分被告人的一审裁判提起抗诉的，第二审人民法院根据全面审查原则，应当对共同犯罪案件的所有被告人的问题进行审查。

在共同犯罪案件上诉中，上诉的被告人死亡的，其他被告人并未上诉的，第二审人民法院仍然应当对全案件进行审查。经审查，死亡的被告人不构成犯罪的，应当宣告无罪，构成犯罪的，应当裁定终止审理，对其他同案被告人仍应作出判决、裁定。

（4）对于刑事附带民事诉讼案件，只有附带民事诉讼当事人及其法定代理人上诉的，第二审人民法院应当对全案进行审查，不仅审查附带民事诉讼部分，还应审查刑事部分。在刑事诉讼中，当事人提起附带民事诉讼的，附带民事诉讼的裁判应当以刑事部分裁判所认定的案件事实为依据。因此，若第一审判决的刑事部分并无不当的，第二审人民法院只需就附带民事部分作出处理；第一审判决的附带民事部分事实清楚,适用法律正确的,应当以刑事附带民事裁定维持原判,驳回上诉。若第一审有关刑事部分的裁判有误的,第二审人民法院应当将附带民事部分发回重审。

另外,为了贯彻全面审理原则,充分发挥二审的审判监督功能,在附带民事诉讼案件中,若只有附带民事诉讼的当事人及其法定代理人上诉的,第一审刑事部分的判决在上诉期满后即发生法律效力。应当送监执行的第一审刑事被告人是第二审附带民事诉讼被告人的,在第二审附带民事诉讼案件审结前,可以暂缓送监执行。

(5) 第二审程序的全面审查还包容程序性审查和实体性审查两个方面。所谓程序性审查,是指第二审人民法院对第一审人民法院移送的案卷材料进行审查;实体性审查则指第二审人民法院对第一审人民法院裁判认定的事实是否清楚、定案所依托的证据是否确实充分、适用的法律是否正确,以及一审诉讼程序是否符合法律规定等实体问题进行审查。

全面审查原则是我国刑事诉讼第二审程序的重要原则,其建立在我国刑事诉讼所奉行的“实事求是、有错必纠”的基本诉讼理念之上。全面审查原则是上级人民法院对下级人民法院的审判监督的保障,有利于第二审人民法院发现、纠正一审审理过程中的错误与偏差。

(三) 上诉不加刑原则

上诉不加刑,指第二审人民法院在审理仅有被告人一方提出的上诉案件时,不得以任何理由加重其刑罚,其设立的目的是为消除被告人上诉的顾虑,使其充分行使上诉权,防止其因上诉而招致不利的后果。上诉不加刑原则是资产阶级民主革命的产物,最早由 1808 年《法国刑事诉讼法》确立,它是从“禁止不利变更原则”中引申而来的。1877 年《德意志刑事诉讼法》吸收法国的这一原则,在第 398 条中明确规定:“被告一方对判决不服提出上诉时,新的判决不得处以比原判决更重的刑罚。”英美法系国家采取这一原则为时较晚,如英国一直到 1968 年《刑事上诉法》的颁布,才确定上诉不加刑的原则。现在,大多数国家的刑事诉讼法都确认了上诉不加刑的原则。

上诉不加刑是我国学者的一种简略而口语化的称谓,其在世界各国刑事诉讼法上有多种不同的表述,如德国称之为“禁止加重刑罚”,而日本则谓之以“禁止变更为不利”。尽管各国对这一原则的表述不尽相同,但其基本内容和法律要求是相似的。目前,各国刑事诉讼法对上诉不加刑原则的适用范围,一般包括以下几个方面:(1)由被告人独立提起,或者他的法定代理人、辩护人提起,或者检察官为被告人的利益提起的上诉案件,适用上诉不加刑原则;(2)实行两审终审制的第二审,实行三审终审制的第二审、第三审,适用上诉不加刑原则;(3)对未上诉的共同被告人,适用上诉不加刑原则。

我国的上诉不加刑原则主要体现在《刑事诉讼法》第 237 条。该条规定:第二审人民法院审理被告人或者他的法定代理人、辩护人、近亲属上诉的案件,不得加重被告人的刑罚。第二审人民法院发回原审人民法院重新审判的案件,除有新的犯罪事实,人民检察院补充起诉的以外,原审人民法院也不得加重被告人的刑罚。

但需要特别注意的是，上诉不加刑原则仅适用于被告人一方提起上诉的案件，第二审人民法院在审理人民检察院提出抗诉或者是自诉人提出上诉的案件时，依法均不受上诉不加刑原则的限制。这是立法所体现的对自诉人上诉权的尊重，也是为了保障检察院抗诉的有效性。

根据法律、司法解释的规定和司法实践经验，第二审人民法院在运用上诉不加刑原则过程中应当注意以下几点：

(1) 在共同犯罪案件的第二审过程中，若只有部分被告人提出上诉且无人民检察院抗诉、自诉人上诉的，第二审人民法院既不能加重上诉人的刑罚，也不能加重其他同案被告人的刑罚。另外，若人民检察院对共同犯罪案件的部分被告人提起抗诉的，第二审人民法院也不能加重未被抗诉的其他同案被告人的刑罚。

(2) 第二审人民法院在适用上诉不加刑原则时，除了不得对同一刑种进行量上的增加，还不得在主刑上增加或是加重附加刑。

(3) 第二审人民法院对于原判认定事实清楚，证据确实、充分，只是认定的罪名不当的情况下，在不加重原判刑罚的前提下，可以改变罪名。但是这种改变也只能限于罪名，不得借改变罪名，改判较重的刑种，如将拘役 6 个月改判为有期徒刑 6 个月。

(4) 对于被告人实行数罪并罚的，不得加重决定执行的刑罚，也不能在维持原判刑罚不变的情况下，加重数罪中某一罪或某几个罪的刑罚。

(5) 对于被判处拘役或者有期徒刑宣告缓刑的被告人，第二审人民法院不得撤销原判缓刑或是延长缓刑考验期。

(6) 对于原判没有宣告禁止令的，不得增加宣告；原判宣告禁止令的，不得增加内容、延长期限。

(7) 原判对被告人判处死刑缓期执行没有限制减刑的，第二审人民法院不得限制减刑。

(8) 第二审人民法院对仅有被告人一方上诉的案件，在审理过程中发现案件事实清楚、证据充分，但是判处的刑罚畸轻的，不得撤销原判，直接加重被告人的刑罚，也不得以事实不清或是证据不足，发回原审人民法院重新审理。必须依法改判的，应该按照审判监督程序重新审理。

上诉不加刑原则作为第二审程序的特殊原则，其意义主要体现在以下几个方面：首先，有利于保障被告人的上诉权。上诉不加刑原则消除了被告人担心上诉被加重刑罚的顾虑，是被告人行使上诉权的重要保障；其次，上诉不加刑有利于充分贯彻我国上诉制度和两审终审制度。被告人上诉是第二审程序启动的主要动力来源，若无上诉不加刑原则的保障，被告人就会因为害怕上诉加刑而放弃上诉，第二审程序也将流于形式，上级人民法院对下级人民法院审判工作的监督也将被架空；最后，上诉不加刑原则的确立，有利于督促第一审人民法院依法审判，认真行使审判权，提高办案质量。

近几年来，关于上诉不加刑原则的根据，又进一步形成“利益权衡说”和“控辩平衡说”等多种学术观点。“利益权衡说”认为，上诉不加刑原则坚持程序上的人权保障而放弃了个案刑罚权的行使，是以牺牲个别真实为代价而谋求普遍的真实，是对实体与程序、惩罚与保障等冲突利益比较权衡的结果。而“控辩平衡说”认为，由于控辩双方实质上的不平等，所以应加强对被告人的特殊保护，使其拥有一些特权以换取实质上的平衡。这是数千年来人们对公平、正义思考的理论结晶。上诉不加刑原则正是刑事诉讼中“控辩平衡”理论的实质体现。首先，上诉权是辩护权的重要内容，法律规定上诉不加刑，使辩护权得以全面地行使和落实。上诉发动的第二审程序，直接产生判决不生效的效果，是对控诉方活动与成就的形式否定。其次，上诉不加刑客观上鼓励被告人启动第二审程序，只要被告人上诉，二审程序必然启动，使其拥有与检察机关相同的“法律监督权”。总之，上诉不加刑原则从对辩护方的程序补偿出发，寻求刑事诉讼结构中的控辩平衡，辉映着现代刑事诉讼的民主光辉。

第二节　第二审程序的提起

第二审程序是由上诉和抗诉这两种不同的诉讼方式引起的。上诉，指上诉权人不服人民法院的一审判决或裁定，在规定时间内要求上一级人民法院对案件重新审理的诉讼活动。抗诉，指作为一审控诉方的人民检察院认为同级人民法院的判决或裁定确有错误的，提请上一级人民法院进行第二次审判的诉讼活动。上诉和抗诉必须在第一审判决或裁定未生效之前提出。

一、上诉主体

上诉主体，又称上诉权人，即依法享有上诉权的人。设立上诉主体的根据，是世界各国遵循着一条重要而又通用的原则，即“有权要求法律补救的人是那些自身权益与他人的侵害行为或者司法当局的裁判行为有利害关系的人”。因此，各国对上诉权人的规定大致相同。对被告人及其法定代理人、自诉人及其法定代理人、附带民事诉讼的当事人及其法定代理人（就民事部分的裁判）都规定有独立的上诉权。各国的差异主要体现在被害人是否有上诉权，以及辩护人是否有独立上诉权的问题上。

《刑事诉讼法》第 227 条规定：“被告人、自诉人和他们的法定代理人，不服地方各级人民法院第一审的判决、裁定，有权用书状或口头向上一级人民法院上诉。被告人的辩护人和近亲属，经被告人同意，可以提出上诉。附带民事诉讼的当事人和他们的法定代理人，可以对地方各级人民法院第一审的判决、裁定中的附带民事诉讼部分，提出上诉。”根据这一规定，我国上诉主体可以分为独立上诉人和非独立上诉人。

（一）独立上诉权主体

根据刑事诉讼法的规定，独立上诉权主体主要包括：被告人、自诉人、附带民事诉讼的当事人以及他们的法定代理人。

整个刑事诉讼程序都是围绕着被告人是否有罪、有罪应受何样的刑罚这些中心问题进行的。由此可见,刑事诉讼的裁判与被告人的权益有直接的利害关系,因此法律赋予其上诉权特殊保护。《刑事诉讼法》第 227 条第 3 款就特别规定了对被告人的上诉权,不得以任何借口加以剥夺。另外,被告人可以分为公诉案件的被告人和自诉案件的被告人,两者都拥有独立的上诉权。

自诉人是刑事诉讼自诉案件中的原告人,与被告人一样,人民法院的判决、裁定与他们的切身利益有紧密的关系。在自诉案件中,作为原告的自诉人不像公诉案件中的人民检察院那样享有强大的国家强制力和丰富的办案经验,他们只能靠私权利收集证据,与被告人进行辩论,从而达到追诉被告刑事责任的目的。因此,法律赋予自诉人独立的上诉权。

附带民事诉讼中的原告和被告拥有独立的上诉权,但是根据《刑事诉讼法》第 227 条第 2 款规定,这个上诉权的内容只限于附带民事诉讼部分,对刑事裁判部分无权提起上诉。同时,附带民事诉讼当事人提起的上诉不影响刑事部分的裁定在上诉期满后的生效和执行。

法定代理人是依据法律规定对无行为能力人或是限制行为能力人负有专门保护义务,并代表其进行诉讼活动的人。根据刑事诉讼法的规定,法定代理人包括被代理人的父母、养父母、监护人和对被代理人负有保护责任的机关、团体的代表。法定代理人虽然不是直接的涉案人员,但是基于他们对当事人的法定的保护地位,法律赋予法定代理人在诉讼中具有独立的诉讼地位,其行为与诉讼当事人的行为具有同样的法律效力。

(二) 非独立上诉权主体

非独立上诉权主体,指附条件才能行使上诉权的主体,主要包括被告人的辩护人和近亲属,他们只有经过被告人同意才能提起上诉。被告人的辩护人和近亲属提出上诉是为了维护被告人的合法权益,但是否提起上诉,应由被告人自己决定。

(三) 关于被害人的上诉权问题

被害人的上诉权是一个有争议的问题。加强对被害人包括上诉权在内的各项诉讼权利的立法保护,是当前我们实现司法公正的必然要求。近几年来,随着国际范围内对被害人权利保障意识的不断加强,一些国家开始赋予被害人以相对的上诉权,即被害人可以向行使控诉权的机关申诉,请求检控机关提起上诉,除请求显属无理外,检控官均应提起上诉。但上诉人仍然是检察官。例如意大利《刑事诉讼法》第 572 条规定,被害人包括未设立为民事当事人的被害人,可以要求公诉人提出任何刑事效力的上诉。一些国家如瑞典、俄罗斯等则规定公诉案件的被害人有独立的上诉权。俄罗斯《刑事诉讼法》第 325 条第 1 款规定,公诉案件的受害人和他的代理人都有权对刑事判决依诉讼程序提起上诉。

我国学界对于被害人的上诉权问题有两种观点,即“否定说”和“肯定说”。否定说认为:赋予被害人上诉权会使案件性质不明,被害人作为控诉方参加诉讼会改变诉讼结构,使案件由公诉转为自诉,另一方面,不能代表国家行使追诉犯罪职责的被害人,难以单独承担举证责任这一重担。在刑事诉讼中,被害人对被告人抱有敌对态度,基于这样的感情因素,被害人出现无理上诉的可能性极大。这不但会降低诉讼效率,增加诉讼成本,还会使被告人享有的上诉不加刑特权流于形式。肯定说则认为:人民检察院不是直接的被害人,其抗诉是从维护国家、社会利益的角度出发的,一般不会轻易抗诉。赋予被害人上诉权有利于满足被害人的合理要求,保护其合法权益。另外,赋予被害人上诉权,有利于发现一审裁判的错误,弥补人民检察院抗诉工作上的不足。

我国《刑事诉讼法》第 229 条规定:“被害人及其法定代理人不服地方各级人民法院第一审的判决的,自收到判决书后五日以内,有权请求人民检察院提出抗诉。人民检察院自收到被害人及其法定代理人的请求后五日以内,应当作出是否抗诉的决定并且答复请求人。”由此可见,我国被害人并没有独立的上诉权,只享有请求人民检察院提起抗诉的请求权,而且这项请求权仅限于对未生效的第一审判决,对未生效的第一审裁定则不享有这项权利。

二、抗诉主体

世界的多数国家都规定检察机关可以对原审法院的裁判基于一定的理由提出抗诉。但检察机关作为抗诉的主体不是绝对的,往往受到某种限制。英美法系国家基于“一事不再理”的原则,对起诉方的抗诉限制很严。如美国,就总体而言,检察官没有抗诉权,只有个别州赋予检察官抗诉权。他们认为,允许检察官抗诉,特别是对无罪判决提出抗诉,无疑是违反宪法规定的“一事不再理原则”的。大陆法系国家的刑事诉讼法一般允许起诉方提出抗诉,对之限制较少。

在我国,抗诉是引起第二审程序的另一条重要途径。《刑事诉讼法》第 228 条规定,地方各级人民检察院认为本级人民法院第一审的判决、裁判确有错误的时候,应当通过原审人民法院提出抗诉书,并且将抗诉书抄送上一级人民检察院。原审人民法院应当将抗诉书连同案卷、证据移送上一级人民法院,并且将抗诉书副本送交当事人,因此提起抗诉的主体是第一审人民法院相对应的同级人民检察院。人民检察院对第一审法院的裁判进行抗诉,是履行其作为国家法律监督机关的职责,是对本级人民法院的审判活动进行监督的一种重要形式。但是作为我国第二审程序的抗诉主体,人民检察院的抗诉权也并非完全独立。根据刑事诉讼法的规定,对一审裁判提起抗诉的人民检察院,应将抗诉书抄送上一级人民检察院,上一级人民检察院通过审查,若认为抗诉不当的,可以向同级人民法院撤回抗诉,并通知下级人民检察院。

三、上诉、抗诉的期限和理由

(一) 上诉、抗诉的期限

上诉、抗诉法定期限的规定，是为了促使有关权利人积极行使其权利，同时也起着保障刑事诉讼效率的作用。

被告人、自诉人、附带民事诉讼的当事人以及他们的法定代理人提起上诉或是人民检察院提起抗诉都应当符合法定的时间期限，在这个期限内，有关权利主体可以行使放弃、撤回上诉或是抗诉的权利。上诉人在上诉期限内要求撤回上诉的，人民法院应当准许。上诉主体是否提出上诉，以其在上诉期满前最后一次的意思表示为准。若上诉人在上诉期满后再要求撤回上诉的，第二审人民法院应当对其进行审查，以第一审人民法院的判决、裁判所认定的事实和适用的法律是否正确，量刑是否适当为审查标准，从而决定是否准许当事人撤回上诉。

《刑事诉讼法》第 230 条明确规定了上诉、抗诉的期限，即不服判决的上诉和抗诉的期限为 10 日，不服裁定的上诉和抗诉的期限为 5 日，该期限自接到判决书、裁定书的第二日起算。在这个期限内，第一审的判决、裁定并未生效。若有关主体未在这期限内行使上诉权或是抗诉权的，第一审裁判在期满后就发生法律效力，并交付执行。

(二) 上诉、抗诉的理由

1. 上诉理由

上诉理由是指上诉权人提出上诉时所依据的事实和法律。出于对权利人的保护，世界各国对上诉理由并无十分严格的限制。但由于有些国家在第二审程序中实行部分审查的原则，所以，上诉理由往往决定了法院上诉审内容的范围。如没有写明上诉理由的，一般认为对全案裁判内容不服。例如德国《刑事诉讼法》第 318 条规定："对上告可以限制在一定的上告事项上。没有予以限制或根本没有说明上告理由的时候，视原判决的全部内容被要求撤销、变更。"也有一些国家把是否写明上诉理由作为上诉的法定条件之一，如日本的控诉审，是对原判决是否适当进行审查，所以控诉申请人控诉的理由必须主张原判决有瑕疵。

为了保障当事人上诉权的充分实现，我国刑事诉讼法并未规定有关的上诉理由，即人民法院不得以无上诉理由而拒绝受理上诉主体在法定期限内提起的上诉。

2. 抗诉理由

抗诉理由，指人民检察院提起抗诉的依据。抗诉是人民检察院代表国家作出的，它的提起应当符合法定的要求，即《刑事诉讼法》第 228 条规定："地方各级人民检察院认为本级人民法院第一审的判决、裁定确有错误的时候，应当向上一级人民法院提出抗诉。"第一审判决、裁定确有错误就是人民检察院提起抗诉的法定理由，其具体表现为以下几点：(1)认定事实不清、证据不足的；(2)有确实、充分证据证明有罪而判无罪，或者无罪判有罪的；(3)重罪轻判，轻罪重判，适用刑罚明显不当的；(4)认定罪名不正确，一罪判数罪、数罪判一罪，影响量刑或者造成严重社会影响的；(5)免除刑事处罚或者适用缓刑、禁止令、限制减刑错误的；(6)人民法院在审理过程中严重违反法律规定的诉讼程序的。

四、提起第二审程序的方式和途径

(一) 上诉、抗诉的方式

出于对当事人上诉权的保护，我国刑事诉讼法并未对上诉的方式作出严格的规定。当事人提起上诉既可以书面提起，也可以口头提起，口头上诉与书面上诉具有同等效力。与上诉不同，人民检察院抗诉只能以书面形式提出，即必须制作抗诉书。

(二) 上诉、抗诉的途径

当事人提起上诉有两种途径，其可向第一审人民法院提出，也可向上一级人民法院提出。根据刑事诉讼法的规定，若当事人向第一审人民法院提出上诉的，第一审人民法院应当在3日内将上诉状连同案卷、证据移送上一级人民法院，同时将上诉状副本送交同级人民检察院和对方当事人；若当事人是直接向上一级人民法院提出上诉的，上一级人民法院应当在3日内将上诉状交原审人民法院，由第一审人民法院送交给其同级人民检察院及对方当事人。

与上诉的途径不同，我国抗诉只有一种途径。地方各级人民检察院对同级人民法院第一审判决、裁定提起抗诉的，应当向第一审人民法院移交抗诉书，并将抗诉书副本连同案卷材料报送上一级人民检察院。第一审人民法院应当将抗诉书连同案卷材料一并移送上一级人民法院，并将抗诉书副本移送当事人。上一级人民检察院在对抗诉书和案卷审查之后，认为抗诉正确的，应当支持抗诉，但是若审查过后认为抗诉不当的，应当向同级人民法院撤回抗诉，并通知下级人民检察院。

第三节　第二审程序的审理

一、对上诉、抗诉案件的审查与受理

第二审人民法院在正式审理上诉、抗诉案件之前，应当对案件进行审查，审查的内容主要是上诉、抗诉的程序合法性，从而决定是否受理。审查的内容主要包括：(1)审查上诉、抗诉的提起程序是否符合法律规定，如上诉人是否具备主体资格、抗诉机关是否通过法定程序提起、抗诉的理由是否符合法律的规定、上诉或抗诉是否在法定期限内提出等。(2)第二审人民法院还要审查原审人民法院移送的上诉、抗诉案卷材料是否齐备。

二、第二审程序的审理方式和程序

对于第二审人民法院的审理方式,《刑事诉讼法》第 234 条规定,第二审人民法院对于符合法定情形的上诉、抗诉案件,应当组成合议庭,开庭审理。第二审人民法院决定不开庭审理的,应当讯问被告人,听取其他当事人、辩护人、诉讼代理人的意见。由此可见,第二审程序的审理包括开庭审理和不开庭审理两种方式。

(一) 开庭审理

开庭审理也称直接审理,即第二审人民法院以开庭的方式,传唤当事人,通知各类诉讼参与人到庭,并在控辩双方与其他诉讼参与人直接参与法庭调查和法庭辩论的基础上,审核证据,查明案件事实情况,再作出判决。

1. 开庭审理的案件范围

启动第二审程序的途径主要有上诉权人上诉和人民检察院抗诉两种情况,对于上诉权人上诉的案件,第二审人民法院可视情况决定是否开庭。根据《刑事诉讼法》第 234 条第 1 款的规定,上诉案件有下列情形之一的,第二审人民法院应当开庭审理:(1)被告人、自诉人及其法定代理人对第一审认定的事实、证据提出异议,可能影响定罪量刑的上诉案件;(2)被告人被判处死刑的上诉案件;(3)人民检察院抗诉的案件;(4)其他应当开庭审理的案件。

2. 开庭审理的程序

第二审人民法院开庭审理上诉、抗诉案件的,可以到案件发生地或者原审人民法院所在地进行。第二审人民法院开庭审理上诉或是抗诉的案件,除应当参照第一审程序的规定外,还应当依照下列程序进行:

(1) 法庭调查阶段,审判长或者审判员宣读第一审判决书、裁定书之后,由上诉人陈述上诉理由或是人民检察院宣读抗诉书。如果既有上诉也有抗诉的,应当先由人民检察院宣读抗诉书,然后上诉人再陈述上诉理由。第二审程序的法庭调查重点在于上诉或是抗诉的理由,审判人员应当在明确争点之后,全面审查案件,查清事实,核实证据。

对于法庭调查中证据审查阶段,若检察人员或者辩护人申请出示、宣读、播放第一审审理期间已经移交给人民法院的证据的,法庭应当指令值庭法警出示、播放有关证据;需要宣读的证据,由法警交由申请人宣读。

(2) 法庭辩论阶段的发言顺序主要分两种:一是在上诉案件中,应当先由上诉人、辩护人发言,再由检察人员发言;二是在抗诉案件或是既有抗诉又有上诉的,应当先由检察人员发言,再由上诉人、辩护人发言。

3. 人民检察院参与第二审程序的规则

(1) 人民检察院审查原审材料规则。第二审人民法院在决定开庭审理案件后应当及时通知人民检察院查阅案卷,人民检察院应当在 1 个月内查阅完毕,且该查阅时间不计入法院审理期限。对抗诉和上诉案件,与第二审人民法院同级的人民检察院可以调取下级人民检察院与案件有关的材料。人民检察院在接到第二审人民法院决定开庭、查阅案卷通知后,可以查阅或者调阅案卷材料,查阅或者调阅案卷材料应当在接到人民法院的通知之日起1个月以内完成。在1个月以内无法完成的,可以商请人民法院延期审理。

检察人员应当秉承客观全面审查的原则,对案卷材料的审查不受上诉或者抗诉范围的限制,同时还应审查下级检察院的抗诉书或者上诉人的上诉书,了解抗诉或者上诉的理由,有针对性地做好庭审准备工作。审查中应复核主要证据,也可以讯问原审被告人,必要时还可以补充收集证据、重新鉴定或者补充鉴定,也可以要求原侦查机关补充收集有关证据。如果被告人、辩护人提出有关自首、立功等可能影响定罪量刑材料和线索的调查,人民检察院可以依照管辖规定交侦查机关调查核实,也可以自行调查核实。发现遗漏罪行或者同案犯罪嫌疑人的,应当建议侦查机关进行侦查。对原审被告人提出上诉的、人民检察院提出抗诉的以及被判处无期徒刑以上刑罚的案件,检察机关应当在审查过程中讯问原审被告人。

(2) 人民检察院出席二审庭审规则。人民检察院作为国家法律监督机关,在对第一审人民法院的裁判提起抗诉后,上一级人民检察院应当派员出席法庭。

在人民检察院应当派员出席庭审的案件中,检察机关兼负双重职能,其既是履行公诉职能的主体,又是行使法律监督职能的主体。

(二) 不开庭审理

根据《刑事诉讼法》第234条第1款的规定,第二审人民法院通过庭外调查询问,认为案件事实清楚的,可以采取不开庭审理的方式进行审判。同时,最高人民法院《解释》规定:“对上诉、抗诉案件,第二审人民法院经审查,认为原判事实不清、证据不足,或者具有刑事诉讼法第238条规定的违反法定诉讼程序情形,需要发回重新审判的,可以不开庭审理。”不开庭审理,也称庭外调查询问式审理,不同于书面审理方式。这种审理方式是第二审人民法院在审理案件书面材料的基础上,通过讯问被告人、听取其供述和辩解以及对一审裁判的意见,听取其他当事人、辩护人、诉讼代理人的意见,调查核实案件事实和证据,进而再作出裁判。

综上所述,第二审人民法院适用不开庭审理的方式审判案件的最主要依据是,上诉案件的原审法院所认定的事实无误,当事人的上诉主要集中在适用法律、量刑轻重或是诉讼程序上。虽然不开庭审理有利于提高审判效力,节省司法资源,但是其对被告人的诉讼权利的保障必然受到削减,二审质量也难以保证。因此,开庭审理应当是第二审程序的常态审理方式,而不开庭审理是第二审程序的例外性规定。

三、第二审程序的审理期限

根据《刑事诉讼法》第243条规定,第二审人民法院从受理上诉、抗诉案件到结案，不得超过2个月。对于可能判处死刑或者附带民事诉讼的案件，以及有本法第158条规定情形之一的，即交通十分不便的边远地区的重大复杂案件；重大犯罪集团案件；流窜作案的重大复杂案件；犯罪涉及面广，取证困难的重大复杂案件四种情形之一的，经省、自治区、直辖市高级人民法院批准或决定，可以延长2个月；因特殊情况还需要延长审理期限的，报请最高人民法院批准。而最高人民法院受理的上诉、抗诉案件，由最高人民法院自行决定其审理期限。

第二审程序的审理期限应当从第二审人民法院收到原审法院移送的案卷材料之日起算，到第二审裁判的宣告之日止。

四、第二审程序的裁判

(一) 第二审裁判的种类和方式

世界各国第二审法院作出的终审裁判一般可以分为两类：驳回型裁判和撤销型裁判。所谓驳回型裁判，即驳回上诉的裁判。它又分为程序性的驳回与实体性的驳回两种。程序性的驳回适用于不符合法定条件的上诉；实体性的驳回适用于符合法定的上诉条件，但经过上诉审理终结后认为上诉无理由，原裁判认定事实、适用法律均正确的上诉。所谓撤销型裁判，即撤销原裁判的裁判。它具体又表现为两种形态：一是变更型，适用于上诉审法院审理终结后，认为上诉理由成立，原裁判认定事实或适用法律错误的案件，第二审法院对之直接改判；二是发回重审型，适用于上诉审法院发现原审法院裁判事实不清、证据不充分或原审违反诉讼程序的案件，第二审法院将它发回原审法院重审。

通常第二审法院还可以采用审理中裁定或者终局性裁定，解决某些特殊的诉讼问题，以终止或终结第二审程序。

根据我国《刑事诉讼法》第236条、第238条和第239条的规定，第二审人民法院对上诉、抗诉案件的处理有以下三种方式：

1. 维持原判

第二审人民法院经审埋认为原判决认定事实和适用法律正确，量刑适当的，应当裁定驳回上诉或者抗诉，维持原判。

维持原判用裁定的形式，裁定应着重写明驳回上诉、抗诉的理由及维持原判的根据。另外，如果原审人民法院的判决书在叙述犯罪事实、情节上不够准确或者文字有错误，即使不影响原判决的正确性，也应当在裁定中予以更正，以确保生效裁判的严肃性。

2. 变更原判

改判是指第二审人民法院经审理直接作出改变第一审判决内容的判决。属于第二审人民法院改判的情形有以下三种：(1)原判决适用法律错误，主要是指第一审人民法院引用法条时不当，导致案件定性或是罪名错误；(2)原判决量刑不当，即第一审判决的量刑轻重失当，或是在法定量刑幅度之外量刑的；(3)原判决事实不清或是证据不足,第二审人民法院若发现原判决事实不清楚或是证据不足的,可以通过第二审开庭审理,在查清事实后直接改判。

应当注意的是,第(1)(2)两种情形只要第一审人民法院认定的事实清楚,第二审人民法院可以直接改判,没有必要再发回重审。而对于第(3)种情况,若第二审人民法院不能够通过自行调查或是通知原审法院补充材料查清事实或证据的,应当裁定撤销原判,发回重审。

3. 裁定撤销原判,发回重审

根据刑事诉讼法的规定,第二审人民法院撤销原判,发回重审的情形有以下两种:

一是原判决事实不清楚或是证据不足的,可以撤销原判,发回重审。

二是第一审人民法院在审理过程中有下列违反法律规定的诉讼程序的情形之一的,应当撤销原判,发回重审:(1)违反刑事诉讼法有关公开审判的规定的;(2)违反回避制度的;(3)剥夺或者限制当事人的法定诉讼权利,可能影响公正审判的;(4)审判组织的组成不合法的;(5)其他违反法律规定的诉讼程序,可能影响公正审判的。

根据《刑事诉讼法》第 239 条规定,原审人民法院审理发回重审的案件,应当另行组成合议庭,依照第一审程序进行审判。对于重新审判后的判决,当事人、人民检察院可以提起上诉、抗诉。若当事人或是人民检察院对发回重审的案件再次提出上诉或是抗诉的,根据《刑事诉讼法》第 236 条第 2 款规定,第二审人民法院应当依法作出判决或者裁定,但是不得再发回原审人民法院重新审判。刑事诉讼法的该条规定旨在保障审判程序的规范性,强化对当事人上诉权的尊重和保护,提高审判程序的运行效率。

第二审人民法院发回原审法院重新审判的案件,审理期限自原审人民法院收到发回的案件之日起计算。

第二审人民法院的判决、裁判可以自行宣告,也可以由原审人民法院代为宣告。

(二) 第二审裁判的效力

由于我国实行两审终审制,所以第二审的判决和裁定是终审的判决和裁定。此时原审已经全部终结,代表国家的审判机关对案件的评价已经结束,其权威性、强制性裁判已经生效,除有法律规定的特殊情况外,不得再对他重复评价、重新审理。具体而言,终局裁判在实体上具有执行力,依法应予执行;而在程序上,即具有“既判力”。

执行力,指第二审裁判一旦作出,除依法应当报送核准的案件外,裁判已经发生法律效力,必须按其确定的内容,无条件地立即执行。既判力,指当人民法院的判决确定之后,无论该判决有无误判,当事人均受判决的约束,不得就同一内容再行起诉;同时作为享有审判权的人民法院亦须尊重自己以国家名义作出的判断,不得就同一内容再行审理。既判力原则最早可追溯至罗马法上的“一案不二诉”和“一事不再理”规定。资产阶级革命胜利后,西方国家把它作为一项重要的诉讼原则。美国《宪法》

第五修正案规定:“受同一犯罪处分的,不得令其受两次生命或身体上的危险。”法国《刑事诉讼法》第368条规定:“任何在法律上无罪释放的人,不得再因同一事实而重新被拘押或起诉,即使是其他罪名案。”《公民权利和政治权利国际公约》第14条也规定:“任何人已依一国的法律及刑事程序被最后定罪或宣告无罪者,不得就同一罪名再予审判或惩罚。”适用既判力原则的主要目的是为了维护法院裁判的权威,兼以保护被告人的人身权利。

上面的论述是就第二审判决和裁定的一般情形而言,第二审判决、裁定因其具体内容和方式不同,其相应产生的法律效力也有区别。(1)驳回上诉、抗诉,维持原判,是刑事第二审裁判的标准形式。其效力主要表现在两个方面:第一,终结该案的普通程序;第二,第一审裁判和第二审裁判立即生效,裁判被交付执行。这种裁判具有完全的既判力和执行力。(2)撤销原判、直接改判的法律效力具有三个方面的内容:第一,宣告终结该案的第二审诉讼程序乃至整个普通诉讼程序;第二,宣告第一审判决或裁定有错误而予以撤销;第三,宣告第二审人民法院对该案的实体问题所作的新的终审判决。这种裁判也具有完全的既判力和执行力。(3)撤销原判、发回重审的效力有其特殊性。第一,撤销原判的效力溯及第一审判决、裁定的全部内容;第二,发回重审的效力是使案件回到第一审诉讼之初;第三,撤销原判、发回重审虽然是终审裁定,但它只是终结了该案的第二审诉讼阶段,而没有终结该案的普通诉讼程序。这种裁判则没有既判力和完全的执行力。

五、对刑事附带民事诉讼案件的处理

对于附带民事诉讼案件的处理应当注重刑事部分与民事部分之间相协调的关系,在“民事就刑事”的指导原则下,二审处理附带民事诉讼案件时应当注重以下几点:(1)若发现刑事诉讼部分和附带民事诉讼部分均有错误的,应当一并改判;(2)若在审理过程中发现已经发生法律效力刑事部分确有错误需要改判的,应当对刑事部分按照审判监督程序指令再审,并将附带民事诉讼部分发回与刑事案件一并审理;(3)若在审理过程中发现已经发生法律效力附带民事部分确有错误需要改判的,只需对附带民事部分按照审判监督程序予以纠正。

另外在第二审附带民事部分审理中,原审民事原告人增加独立诉讼请求或是原审被告人提起反诉的,第二审人民法院可以根据当事人自愿原则,就新增加的诉讼请求或反诉进行调解,调解不成的,告知当事人另行起诉。

六、对自诉案件的处理

对于自诉案件的处理除第二审程序规定的一般规定外,还可以适用调解、和解或者撤诉的方式对案件进行处理。

第四节 第二审程序对扣押、冻结财物的处理

扣押的在案财物,指公安机关、人民检察院在侦查过程中,人民法院在调查核实证据的过程中,所扣押的可以用以证明犯罪嫌疑人、被告人有罪或无罪的各种财物。冻结财物,指在刑事诉讼过程中,犯罪嫌疑人、被告人被冻结的存款、汇款。根据《刑事诉讼法》第245条规定,对于查封、扣押、冻结的犯罪嫌疑人、被告人的财物及其孳息,有关机关应当妥善保管,以供核查,任何单位和个人不得挪用或者自行处理。经核查,属于被害人合法财产的,除因还需作为证据进行固定的财物外,应当及时归还。对于违禁品或者不宜长时间保存的物品,应当依照国家有关规定处理。

对于作为证据使用的物品,在启动第二审程序后,第一审人民法院应当随案将其移送第二审人民法院,并办理证据交接手续。对于不宜随案移送的实物证据,应当将其清单、照片或其他证明文件随案移送。另外,对于赃款赃物及其孳息,除依法返还被害人的财物以及依法应当销毁的违禁品外,必须上缴国库。而那些被查封、扣押、冻结的与本案无关却已列入清单的财物,人民法院应当通知查封、扣押、冻结机关依法处理。被告人被判处财产刑的,人民法院应当通知查封、扣押、冻结机关将拟返还被告人的财物移交人民法院执行刑罚。

司法工作人员贪污、挪用或者私自处理被查封、扣押、冻结的财物及其孳息的,依法追究刑事责任;不构成犯罪的,给予处分。

第五节 在法定刑以下判处刑罚的核准程序

根据《刑法》第63条第2款规定报请最高人民法院核准在法定刑以下判处刑罚的案件,按照下列两种情况分别处理:(1)既无被告人上诉也无人民检察院抗诉的案件,在上诉、抗诉期满后3日内,由原审人民法院报请上一级人民法院复核。上一级人民法院同意的,应当逐级报请最高人民法院核准;上一级人民法院不同意的,应当裁定发回重审或者改变管辖,按照第一审程序自行重新审理。若原判是由基层人民法院作出的,高级人民法院在复核中不同意原判的,可以指定中级人民法院按照第一审程序重新审理。(2)有被告人上诉或是人民检察院抗诉的案件,应当按照第二审程序进行审理。若第二审程序最终裁定驳回上诉或抗诉,维持原判的,应当按照上述第1项规定的程序逐级上报最高人民法院核准。若第二审程序最终改判的,改判后刑罚仍在法定刑以下的,也按照上述第1项规定的程序逐级上报最高人民法院核准。

报请最高人民法院核准法定刑以下刑罚的判决的案件，应当准备结案报告、判决书各 5 份，并随全案诉讼卷宗和证据逐级报送。若最高人民法院予以核准的，应当作出核准裁定书；不予核准的，应当作出不核准裁定书，撤销原判决、裁定，发回原审人民法院重新审判或是指定其他下级人民法院重新审判。

思考题：

1. 哪些诉讼主体有权发动第二审程序？
2. 如何理解和贯彻上诉不加刑原则？
3. 简述第二审程序全面审查原则。
4. 抗诉的条件有哪些？
5. 刑事第二审程序的裁判处理有哪些形式？

第十七章
死刑复核程序

本章提要:本章对死刑复核程序的相关问题作了系统阐述。学习本章应掌握以下要点:(1)死刑复核程序概述;(2)判处死刑立即执行案件的复核程序;(3)判处死刑缓期2年执行案件的复核程序。

第一节 死刑复核程序概述

一、死刑复核程序的概念和特征

死刑复核程序,指人民法院对判处死刑的案件报请对死刑有核准权的人民法院审查核准应遵守的步骤、方式和方法,包括对判处死刑立即执行案件和对判处死刑缓期2年执行案件的核准程序。

死刑复核程序具有以下特征:

(一)审理对象特定

死刑复核程序适用的对象是特定的,即作出死刑判决、裁定的刑事案件。

(二)判处死刑案件的法定诉讼程序

除最高人民法院外,作出死刑判决或裁定的人民法院必须自动依法定程序报请复核,只有经过复核并核准的死刑判决才发生法律效力。

(三)履行死刑复核程序由特定的人民法院承担

根据《刑事诉讼法》的有关规定,有权履行死刑复核程序的人民法院只能是最高人民法院和高级人民法院。

(四)死刑复核程序启动上具有自动性

相对于第一审程序和第二审程序在启动上都遵循不告不理原则而言,死刑复核程序的启动既不需要检察机关提起公诉或抗诉,也不需要当事人提出自诉和上诉,只要二审法院审理完毕或者一审后经过法定的上诉期或抗诉期被告人没有提出上诉，检察院没有提出抗诉，人民法院就应当自动将案件报送高级人民法院或最高人民法院核准。

二、死刑复核程序的任务和意义

死刑复核程序是刑事诉讼的一个独立阶段，有自己特定的诉讼任务。其表现在：有核准权的人民法院对下级人民法院报请核准的死刑判决或裁定在认定事实和适用法律上是否正确进行全面审查，然后根据复核结论，依法核准正确的死刑判决或裁定；变更、纠正错误或不当的死刑判决或裁定，并制作相应的法律文书，以保证正确地适用死刑。

死刑复核程序是决定被判处死刑的人生与死的关键环节，其设置具有以下重要意义：

（一）有助于贯彻少杀方针，严格控制死刑的适用

现行《刑法》从实体的角度严格控制了死刑的适用范围。死刑复核程序从审判程序上可以使那些不需要对罪犯处以死刑或者虽然罪该处死但不应立即执行的审判得到纠正；有利于贯彻执行少杀的方针，将执行死刑减少到最低限度。

（二）有助于防止错杀、确保不错杀

犯罪是一种极其复杂的社会现象。由于各种主客观因素的影响，很难绝对保证法院作出的死刑判决、裁定不出错。错杀，不仅给受害者本人带来不可弥补的损失，也有失法律的尊严和权威，使死刑失去应有的威慑力。因此，死刑复核可以有效地防止滥杀无辜，从程序上设立一道保障不伤害好人，防止错杀、确保不错杀的有力防线。

（三）有助于保证死刑案件的办案质量和死刑标准的统一

为体现少杀，防止错杀的严肃与审慎相结合的方针，我国《刑事诉讼法》在程序上对死刑案件的管辖、复核等作了严格的规定。在管辖上把判处死刑第一审案件的审判权统一收归中级人民法院行使，确立了统一理解和执行死刑的适用标准，同时将死刑立即执行案件的核准权力赋予最高人民法院行使，这有助于统一理解和适用死刑的法律和政策，了解下级人民法院审判死刑案件的水平和质量，也有利于上级人民法院指导下级人民法院正确理解和适用死刑，以保证死刑案件的办案质量。

第二节　判处死刑立即执行案件的复核程序

一、死刑立即执行案件的核准权

死刑立即执行案件的核准权，是死刑复核程序的核心内容，指对判处死刑的判

决、裁定进行复核和批准的权限。如果不是它本身作出的裁判,应由作出裁判的法院报请核准后才能发生法律效力。

虽然1979年《刑事诉讼法》规定死刑立即执行的核准权统一由最高人民法院行使,但自1979年以后,有部分死刑案件的核准权被陆续下放给了高级人民法院。这种核准权的下放虽然有利于打击犯罪,但却给死刑的控制和统一适用带来负面影响,降低了冤假错案被纠正的概率。部分死刑核准权下放存在的诸多弊端也因此成为了学界和舆论界一直关注的焦点。

庆幸的是,终于在2006年10月31日十届全国人大常委会第二十四次会议表决通过了《关于修改人民法院组织法的决定》,将《人民法院组织法》第13条修改为:"死刑案件除由最高人民法院判决的以外,应当报请最高人民法院核准。"这一决定自2007年1月1日起施行。据此,最高人民法院于2006年12月28日公布了最高人民法院《关于统一行使死刑案件核准权有关问题的决定》,并明确于2007年1月1日起施行。《决定》明确废止了以前最高人民法院所发布的授权地方高级人民法院行使死刑案件核准权的各种规定。同时明确,死刑案件除依法由最高人民法院判决的以外,各高级人民法院和解放军军事法院依法判处和裁定的,应当报请最高人民法院核准。至此,死刑立即执行案件的核准权才真正由作为最高司法机关的最高人民法院统一行使,而死刑缓期两年执行的案件则由高级人民法院判决或核准。

为确保核准死刑案件的质量,2010年6月,最高人民法院、最高人民检察院、公安部、国家安全部和司法部联合发布《关于办理死刑案件审查判断证据若干问题的规定》。2012年《刑事诉讼法》经历第二次修改,在明确死刑案件核准方式的基础上又增加了死刑复核处理的方式、讯问被告人、听取辩护人意见以及最高人民检察院对死刑核准程序的监督等规定,使死刑复核程序的规定趋于完善。

二、死刑立即执行复核权的变化

新中国成立以来,死刑复核的权限先后经历了几次变化。

(一)新中国成立至1957年7月

死刑核准权主要由高级人民法院行使。新中国成立之初,1954年《人民法院组织法》规定死刑案件由最高人民法院和高级人民法院共同行使核准权。当时基层人民法院依法有权判处死刑,规定最高人民法院和高级人民法院才有核准权,其中大量的死刑案件是由高级人民法院行使核准权。

(二)1957年8月至1980年2月

(1)1957年7月,一届全国人大第四次会议通过的《关于死刑案件由最高人民法院判决或者核准的决议》规定:"今后一切死刑案件,都由最高人民法院判决或者核准。”

(2) 1966 年“文化大革命”开始以后，规定死刑案件由省、自治区、直辖市革命委员会批准，报中央备案。重要案犯需作紧急处理的，可用电报直报中央请批。期间，死刑复核制度被无形取消。

(3) 1979 年 7 月 1 日五届全国人大第二次会议通过的，于 1980 年 1 月 1 日起施行的《刑事诉讼法》，对可能判处死刑的案件的审判管辖和死刑复核都作了明确、具体的规定，将可能判处死刑的案件由基层人民法院改为中级人民法院管辖，死刑立即执行的案件由最高人民法院核准。

死刑立即执行的核准权统一由最高人民法院行使。

(三) 1980 年 3 月至 1996 年 12 月

死刑核准权原则上由最高人民法院行使，但对于杀人、强奸、抢劫等严重危害公共安全和社会治安判处死刑案件的核准权，由最高人民法院授权高级人民法院行使。

(1) 1980 年 3 月 6 日鉴于当时社会治安状况恶化，由最高人民检察院检察长代表最高人民法院、最高人民检察院提出建议，并经五届全国人大常委会第十三次会议批准，在 1980 年内对现行的杀人、强奸、抢劫、放火等犯有严重罪行应当判处死刑的案件，最高人民法院可以授权省、自治区、直辖市的高级人民法院核准。

(2) 1981 年 6 月，鉴于当时大、中城市治安形势严峻，恶性案件上升，五届全国人大常委会第十九次会议作出《关于死刑案件核准问题的决定》，规定除反革命犯、贪污犯等判处死刑立即执行的必须依照刑事诉讼法的规定由最高人民法院核准外，其他死刑立即执行可以由高级人民法院核准。

(3) 1983 年 9 月修改后的《人民法院组织法》第 13 条规定，死刑案件除由最高人民法院判处的以外，应当报请最高人民法院核准。杀人、强奸、抢劫、爆炸以及其他严重危害公共安全和社会治安判处死刑案件的核准权，由最高人民法院在必要的时候，授权省、自治区、直辖市的高级人民法院行使。依照这一法律规定，最高人民法院于 1983 年 9 月发布《关于授权高级人民法院核准部分死刑案件的通知》，规定各地反革命案件和贪污等严重经济犯罪案件(包括受贿、走私、投机倒把、贩毒、盗运珍贵文物出口等案)判处死刑的，仍应由高级人民法院复核同意后，报最高人民法院核准，对杀人、强奸、抢劫、爆炸以及其他严重危害公共安全和社会治安判处死刑案件的核准权，授权由各省、自治区、直辖市高级人民法院和军事法院行使。

(4) 为了及时严惩走私、贩卖、运输、制造毒品等犯罪活动，贯彻执行全国人大常委会《关于禁毒的决定》，及时严惩毒品犯罪，最高人民法院还于 1991 年至 1997 年间分别通知形式授权云南、广东、广西、甘肃、四川和贵州等 6 省区高级人民法院行使部分毒品犯罪案件的死刑核准权。即除最高人民法院判决的和涉外的毒品犯罪案件外，云南等 6 省区的高级人民法院经授权可以对其管辖范围内非涉外的毒品犯罪案件行使死刑核准权。

(四) 1997 年 1 月至 2006 年 12 月

(1) 1996 年 3 月 17 日，八届全国人大第四次会议通过《关于修改〈中华人民共和国刑事诉讼法〉的决定》，并于 1997 年 1 月 1 日起施行。修改后的《刑事诉讼法》对 1979 年《刑事诉讼法》所规定的死刑复核程序未作任何修改。这表明对死刑立即执行案件应统一由最高人民法院核准。

(2) 因当时我国社会治安形势仍十分严峻，恶性刑事案件仍呈上升趋势，死刑核准权收归最高人民法院的条件尚不成熟，同时由于《人民法院组织法》授权的规定还未修改，因此 1997 年 9 月最高人民法院再次以通知的形式授权高级人民法院行使部分死刑案件的核准权。“除本院判处死刑案件外，各地以《刑法》分则第一章规定的危害国家安全罪，第三章规定的破坏社会主义市场经济秩序罪，第八章规定贿赂罪判处死刑的案件，高级人民法院、解放军军事法院第二审或复核同意后，仍应报本院核准。对《刑法》第二章、第四章、第五章、第六章(毒品犯罪除外)、第七章、第十章规定的犯罪，判处死刑的案件(本院判决的和涉外的除外)核准权，本院依据《中华人民共和国人民法院组织法》第 13 条规定，仍授权由各省、自治区、直辖市的高级人民法院和解放军军事法院行使，但涉港澳台死刑案件在一审宣判前仍须报本院内核。对于毒品犯罪死刑案件，除已获得授权的高级人民法院可以行使部分案件核准权外，其他高级人民法院和解放军军事法院在二审或复核后，仍应报本院核准。”

(五) 2007 年 1 月 1 日至今

自最高人民法院 1997 年 9 月再次下发《通知》以来，其存在的弊端一直是学界和舆论界关注的焦点。其中最大的争议焦点是死刑核准权的下放造成高级人民法院对部分案件可能集二审审判权和死刑核准权于一身，使一部分死刑案件的核准程序流于形式，难以发挥应有的监督作用，实际上取消了为死刑核准权的下放正确适用死刑而设置的最后一道程序保障。

(1) 2006 年 10 月 31 日十届全国人大常委会第二十四次会议表决通过《关于修改人民法院组织法的决定》，将《人民法院组织法》第 13 条修改为：“死刑除依法最高人民法院判决的以外，应当报请最高人民法院核准。”这一决定自 2007 年 1 月 1 日起施行。

(2) 2006 年 12 月 28 日最高人民法院公布《关于统一行使死刑案件核准权有关问题的决定》，并于 2007 年 1 月 1 日起施行。《决定》明确废止以前最高人民法院所发布的授权行使死刑案件核准权的各种规定。同时明确，死刑案件除依法由最高人民法院判处的以外，各高级人民法院和解放军军事法院依法判处和裁定的，应当报请最高人民法院统一行使，而死刑缓期 2 年执行的案件则可以由高级人民法院判决或者核准。这样，死刑案件核准权的行使主体回到 1979 年立法规定的状态，真正体现了死刑复核程序立法宗旨的精神。

三、报请死刑复核的程序

《刑事诉讼法》第 247 条规定:“中级人民法院判处死刑的第一审案件,被告人不上诉的,应当由高级人民法院复核后,报请最高人民法院核准。高级人民法院不同意判处死刑的,可以提审或发回重新审判。高级人民法院判处死刑的第一审案件被告人不上诉的,和判处死刑的第二审案件,都应当报请最高人民法院核准。”

对于由最高人民法院核准的死刑立即执行案件而言,案件的初审权可能由中级人民法院、高级人民法院甚至最高人民法院行使,但不论由哪一级法院行使,也不论被告人是否提出上诉,检察机关是否提出抗诉,核准死刑的权利始终在最高人民法院。但向最高人民法院报请核准可以有以下几种具体情况:(1)中级人民法院判处死刑的第一审案件,被告人不上诉,人民检察院不抗诉,在上诉、抗诉期满后 10 日以内报请高级人民法院复核。高级人民法院经复核同意判处死刑的,应当依法作出裁定后的 10 日内,报请最高人民法院核准;高级人民法院不同意判处死刑的,应当按照第二审程序提审或者发回重新审判;(2)中级人民法院判处死刑的第一审案件,被告人提出上诉或检察院提出抗诉,高级人民法院裁定维持的,应当在作出裁定后 10 日内报请最高人民法院核准;(3)高级人民法院判处死刑的第一审案件,被告人未上诉,人民检察院不抗诉的,在上诉、抗诉期满后 10 日以内报请最高人民法院核准。高级人民法院复核死刑案件,应当讯问被告人。

四、报请死刑复核应当遵循的原则要求

根据最高人民法院、最高人民检察院、公安部和司法部 2007 年 3 月 9 日印发的《关于进一步严格依法办案确保办理死刑案件质量的意见》,办理死刑案件应当遵循的原则要求是:(1)坚持惩罚犯罪与保障人权相结合;(2)坚持保留死刑,严格控制和慎重适用死刑;(3)坚持程序公正与实体公正并重,保障犯罪嫌疑人、被告人的合法权利;(4)坚持证据裁判的原则,重证据、不轻信口供;(5)坚持宽严相济的刑事政策。

五、报请死刑复核的案件要求

根据《刑事诉讼法》和最高人民法院《解释》的相关规定,报请复核死刑(死刑缓期执行的)的案件,必须符合以下要求:

(一) 报请死刑复核的必备前提

死刑案件犯罪事实清楚,证据确实、充分,适用法律正确,诉讼文书齐备。如果不具备上诉条件,人民法院就不能对被告人判处死刑,当然也不能报请有死刑核准权的人民法院复核。

(二) 报请死刑复核的案件,应当一案一报

一案一报,指审结一起死刑案件,就要单独对其报请复核,不能将两个以上的死刑案件交叉在一起报请复核;更不能将一批死刑案件凑齐后,再报请复核。

(三) 报请死刑复核的材料必须齐全

报请复核时,应当报送的材料包括报请复核的报告,第一、二审裁判文书,死刑案件综合报告各5份以及全部案卷、证据。死刑案件综合报告,第一、二审裁判文书和审理报告应当附送电子文本。同案审理的案件应当报送全案案卷、证据。曾经发回重新审判的案件,原第一、二审案卷应当一并报送。具体内容如下:

第一,报请复核的报告,应当写明案由、简要案情、审理过程和判决结果。

第二,死刑(死刑缓期执行)案件综合报告应当包括以下主要内容:(1)被告人、被害人的基本情况。被告人有前科或者曾受过行政处罚的,应当写明;(2)案件的由来和审理经过。案件曾经发回重新审判的,应当写明发回重新审判的原因、时间、案号等;(3)案件侦破情况。通过技术侦查措施抓获被告人、侦破案件,以及与自首、立功认定有关的情况,应当写明;(4)第一审审理情况。包括控辩双方意见,第一审认定的犯罪事实,合议庭和审判委员会意见;(5)第二审审理或者高级人民法院复核情况。包括上诉理由、检察机关意见,第二审审理或者高级人民法院复核认定的事实,证据采信情况及理由,控辩双方意见及采纳情况;(6)需要说明的问题。包括共同犯罪案件中另案处理的同案犯的定罪量刑情况,案件有无重大社会影响,以及当事人的反应等情况;(7)处理意见。写明合议庭和审判委员会的意见。

第三,报送死刑复核案件的诉讼案卷和证据,根据案件具体情况应当包括以下内容:(1)拘留证、逮捕证、搜查证的复印件;(2)扣押赃款、赃物和其他在案物证的清单;(3)公安机关、国家安全机关的起诉意见书,或者人民检察院的侦查终结报告;(4)人民检察院的起诉书;(5)案件的审查报告、法庭审理笔录、合议庭评议笔录和审判委员会决定记录;(6)被告人上诉状、人民检察院抗诉书;(7)人民法院的判决书、裁定书和宣判笔录、送达回证;(8)能够证明案件具体情况并经过查证属实的各种肯定的否定证据,包括物证或者书证、证人证言、被害人陈述、被告人供述和辩解。

第四,共同犯罪的案件,要报送全案的诉讼卷宗和证据。对于共同犯罪的案件不论是所有被告人均判处死刑,还是只有部分被告人被判处死刑,都应将所有的被告人的卷宗和认定共同犯罪事实的所有证据全部报送。这是因为共同犯罪的案件,其犯罪事实是一个整体。全案报送,全案审查,有利于查明共同犯罪事实,确定各被告人在共同犯罪中的地位和作用,使复核法院全面了解案情,保证死刑的正确适用。全案报送,并不影响对未判处死刑的被告人的判决发生法律效力。如果人民法院在复核时发现未判处死刑的被告人的判决有错误,不能在死刑复核程序中予以解决,只能通过审判监督程序加以纠正。

六、死刑复核的程序

（一）立案

对于报送的材料符合核准要求的，立案庭应当作出立案的决定，并移送死刑复核庭。对于报送核准的材料不齐备的，应当限期补充。

（二）死刑复核的审判组织

《刑事诉讼法》第249条规定："最高人民法院复核死刑案件，高级人民法院复核死刑缓期执行的案件，应当由审判员三人组成合议庭进行。"

合议庭应于复核前成立。合议庭的成员不仅应当具备丰富的法律知识和司法实践经验，而且要坚持回避的原则，凡是曾参加过本案的侦查、起诉、辩护及审判工作的相关人员，均不得参加合议庭。

（三）死刑复核的方式

根据《刑事诉讼法》第250条、第251条和相关司法解释及司法实践经验，死刑复核的审判方式是调查讯问式，采用阅卷与讯问被告人相结合的方式进行。

1. 审查、核实案件的材料

对于审查、核实案件的材料，复核死刑案件的合议庭成员应当阅卷，并提出书面意见存查。阅卷时应首先审查诉讼文件、各种证据及死刑综合报告等材料是否齐全；其次要逐一分析它们是否真实以及是否符合法律的要求；最后还要将死刑综合报告与各类文书、证据作对比分析，审查它们之间有无矛盾。

2. 讯问被告人

根据《刑事诉讼法》第251条和有关司法解释的规定，高级人民法院复核或者核准死刑（死刑缓期执行）案件，必须提审被告人，核对事实和证据。最高人民法院复核死刑案件，应当讯问被告人。这表明，在一般情况下应该讯问被告人。基于死刑复核程序的救济性考虑，提审被告人是听取其意见的直接途径，以使被告人有充分反映意见的机会。这有助于查明案件真实情况，发现死刑判决、裁定的错误。

3. 通知有关人员出庭作证

具有下列情形的，人民法院应当通知被害人、证人和鉴定人出庭作证：(1)人民检察院、被告人及其辩护人对被害人陈述、证人证言、鉴定结论有异议，该被害人陈述、证人证言、鉴定结论对定罪量刑有重大影响的；(2)人民法院认为其他应当出庭作证的。经人民法院依法通知，被害人、证人、鉴定人应当出庭作证。不出庭作证的被害人、证人、鉴定人的书面陈述、书面证言、鉴定结论经质证无法确认的，不能作为定案的根据。

4. 听取辩护人的意见

根据《刑事诉讼法》第251条第1款的规定："最高人民法院复核死刑案件，应当讯问被告人,辩护律师提出要求的,应当听取辩护律师的意见。”此外,最高人民法院《解释》规定:“死刑复核期间,辩护律师要求当面反映意见的,最高人民法院有关合议庭应当在办公场所听取其意见,并制作笔录;辩护律师提出书面意见的,应当附卷。”

5. 听取检察机关的意见

在复核死刑过程中,最高人民检察院提出意见的,最高人民法院应当审查,并将采纳情况及理由反馈最高人民检察院。最高人民法院应当根据有关规定向最高人民检察院通报死刑案件复核结果。

(四)死刑执行案件复核的内容

根据法律规定的精神和有关的司法解释,最高人民法院和高级人民法院在复核死刑案件时,应当就认定的事实和适用的法律进行全面审查、核实。共同犯罪的案件应当对全案进行审查。应当全面审查以下内容:

1. 必须查明被告人的个人情况

首先,应当查明被告人的年龄。《刑法》第 49 条规定:“犯罪的时候不满十八周岁的人和审判的时候怀孕的妇女,不适用死刑。审判的时候已满七十五周岁的人,不适用死刑,但以特别残忍手段致人死亡的除外。”因此,复核时应当注意核实被告人犯罪的年龄,以保证正确适用死刑。

其次,应当查清被告人有无刑事责任能力,是否属于限制责任能力的精神障碍,是否又聋又哑的人或者盲人等情况。这些情况可能会影响被告人行为的性质或者量刑的轻重,因而应当予以认真核实。

最后,要核实被告人在审判时是不是怀孕的妇女。审判时怀孕的妇女,既包括人民法院审判时怀孕的妇女,也包括审判前在羁押时已怀孕的妇女。对于在羁押期间或审判时为了判处被告人死刑而对其做人工流产,仍应视为怀孕的妇女,同样不能适用死刑。

2. 认真核实犯罪的事实和证据

首先,要注意审查原判决认定的主犯事实是否清楚;是否为被告人所为;犯罪的事实和情节是否均有相应的证据予以证明等。

其次,要注意审查认定犯罪事实是否确实、充分;证据与犯罪事实之间是否有客观联系;证据与证据之间是否协调一致;案件中所收集的证据是否足以认定犯罪事实等。

根据 2010 年 5 月 30 日最高人民法院、最高人民检察院、公安部、国家安全部和司法部联合发布的《关于办理死刑案件审查判断证据若干问题的决定》(以下简称《办理死刑案件证据规定》),办理死刑案件的证据原则是:

第一,对于明显违反法律和有关规定取得的证据,不能作为定案的根据,应当予以排除。包括经勘查、检查、搜查、提取、扣押的物证,没有勘查、检查、搜查、提取、扣押的笔录,不能证明物证、书证来源的;以刑讯逼供等非法手段取得的口供;以暴力、威胁等方法取得的证人证言;作出鉴定意见的鉴定机构不具有法定的资格和条件,或者鉴定事项超出鉴定机构业务范围的;勘验、检查笔录存在明显不符合法律及有关规定的情形,并且不能作出合理解释或者说明。

第二,确立意见证据规则。《办理死刑案件证据规定》第12条第3款规定:"证人的猜测性、评论性、推断性的证言,不能作为证据使用,但根据一般生活经验判断复核事实的除外。"明确这一证据规则,有利于规范证人如实提供他们所感知的案件事实的证明活动,避免将证人自己的猜测、评论、推断作为其感知的事实,从而对案件事实作出错误判断。

第三,进一步确立了原始证据优先规则。明确规定不能反映原始证据物证、书证的外形、特征或者内容的复制品、复制件应予以排除。

第四,确立了有限的直接言词证据原则,规定了证人应当出庭作证的情形。强化了控辩双方特别是控方做好证人出庭作证工作的责任。

3. 审核犯罪情节、后果及危害程度

根据《刑法》第48条的规定,死刑只适用于罪行极其严重的犯罪分子。因此,要特别注意审查犯罪的情节是否特别恶劣,后果是否特别严重,危害程度是否极大等问题。

4. 审查死刑判决、裁定适用的法律是否正确,是否必须判处死刑,是否必须立即执行

首先,要注意审查原审裁判适用的法律是否正确。罪行法定是《刑法》的基本原则之一,判处被告人死刑必须有法律的明文规定。错误适用法律必然导致错误适用死刑。因此,必须认真审查原判适用死刑有无法律依据,引用法律条款是否正确。

其次,要注意审查原审定性是否正确。罪名的认定是否与案件事实、证据及有关法律规定相吻合,是否必须判处死刑,是否必须立即执行。我国《刑法》只对犯罪性质和危害程度特别严重的犯罪设立死刑。因此,罪名认定直接关系到死刑的正确运用,必须认真审查。

5. 审查有无法定、酌定从轻或者减轻处罚的情节

《刑法》规定,对犯罪的预备、中止和未遂,共同犯罪中的从犯、胁从犯,以及自首、立功等情节应当或者可以从轻或者减轻刑罚。

6. 审查诉讼程序是否合法

诉讼文书是否齐全,诉讼过程中有无侵犯被告人诉讼权利的行为等,也应该是审查的内容之一。

(五) 制作复核审理报告

有复核权的人民法院对报请核准死刑案件进行全案审查后,合议庭应当进行评议并写出复核审理报告。审核报告应当包括以下内容:(1)案件的由来和审理结果;(2)被告人和被害人的简况;(3)案件的侦破情况;(4)原审判决要点和控辩双方意见;(5)对事实和证据复核后的分析与认定;(6)合议庭评议意见、审判委员会讨论决定的意见;(7)需要说明的问题。

（六）死刑复核的期限

《刑事诉讼法》对死刑案件的复核程序办案期限未作明确规定。但是，这并不意味着该程序的运作是无期限的和可以随意拖延的。如果审判程序没有期限限制就会失去诉讼程序的严肃性。因此，要求人民法院在保证办案质量的前提下，提高办案的效率，公正、及时审理死刑复核案件。

（七）死刑复核后的处理

根据法律规定，复核分为无核准权的人民法院和有核准权的人民法院的复核两种情况。因此，复核后的处理也不尽相同。

1. 无核准权的人民法院复核后的处理

根据《刑事诉讼法》第 247 条的规定，高级人民法院复核后，有以下三种结果：

一是报请最高人民法院核准。高级人民法院复核后，认为原判决认定的事实清楚，证据确实、充分，适用法律正确，量刑适当，从而同意中级人民法院死刑案件判决的，应当报请最高人民法院核准。

二是提审。提审一般是针对适用法律错误或者量刑不当的案件。根据最高人民法院关于高级人民法院对不同意判处死刑的复核案件提审后改判应是终审判决的批复，提审后的判决是终审判决。因此，高级人民法院提审应当按照二审程序进行审判。对于共同犯罪案件，有的被告人仍被判处死刑的，应当报请最高人民法院核准。

三是发回重新审判。对事实不清或者证据不足的案件，高级人民法院不同意中级人民法院死刑判决的，可以作出发回重新审理的裁定，这也是高级人民法院对死刑案件复核后而作出的一种处理决定。

2. 有核准权的人民法院复核后的处理

最高人民法院对死刑案件进行复核后，应当根据案件情形分别作出裁判：

第一，原判认定事实和适用法律正确、量刑适当、诉讼程序合法的，应当裁定核准。

第二，原判认定的某一具体事实或者引用的法律条款等存在瑕疵，但判处被告人死刑并无不当的，可以在纠正后作出核准的判决、裁定。

第三，复核后认为原判认定事实不清、证据不足的，应当裁定不予核准，并撤销原判，发回重新审判。

第四，复核期间出现新的影响定罪量刑的事实、证据的，应当裁定不予核准，并撤销原判，发回重新审判。

第五，复核后认为原判认定事实正确，但依法不应当判处死刑的，应当裁定不予核准，并撤销原判，发回重新审判。

第六，复核后认为原审人民法院违反法定诉讼程序，可能影响公正审判的，应当裁定不予核准，并撤销原判，发回重新审判。

第七，对一人有两罪以上被判处死刑的数罪并罚案件，最高人民法院复核后，认为其中部分犯罪的死刑判决、裁定认定事实不清、证据不足的，应当对全案裁定不予核准，并撤销原判，发回重新审判；认为其中部分犯罪的死刑裁判认定事实正确，但依法不应当判处死刑的，可以改判，并对其他应当判处死刑的犯罪作出核准死刑的判决。

第八，对有两名以上被告人被判处死刑的案件，最高人民法院复核后，认为其中部分被告人的死刑判决、裁定事实不清、证据不足的，应当对全案裁定不予核准，并撤销原判，发回重新审判；认为其中部分被告人的死刑判决、裁定认定事实正确，但依法不应当判处死刑的，可以改判，并对其他应当判处死刑的被告人作出核准死刑的判决。

（八）其他有关问题

（1）最高人民法院裁定不予核准的，根据案件具体情况，可以发回第二审人民法院或者第一审人民法院重新审判。

（2）高级人民法院依照复核程序审理后报请最高人民法院核准死刑的案件，最高人民法院裁定不予核准死刑，发回高级人民法院重新审判的，高级人民法院可以依照第二审程序提审或者发回重新审判。

（3）发回第二审人民法院重新审判的案件，第二审人民法院可以直接改判；必须通过开庭审理查清事实、核实证据的，或者纠正原审程序违法的，应当开庭审理。

（4）发回第一审人民法院重新审判的案件，第一审人民法院应当开庭审理。重新审判后作出的判决或裁定，被告人可以上诉，人民检察院可以抗诉。

（5）对共同犯罪案件中有的被告人被判处死刑的，有的被告人被判处其他刑罚的，最高人民法院复核时，应当对全案进行审查，但不影响对其他被告人已经发生法律效力的判决、裁定的执行。在发现其他被告人已经发生法律效力的判决、裁定有错误时，应依照《刑事诉讼法》第 254 条的相关规定启动审判监督程序。

（6）第一审人民法院和第二审人民法院审理死刑案件，合议庭应当提请院长决定提交审判委员会讨论。

（7）人民法院受理后，应当告知因犯罪行为遭受物质损失的被害人、已死亡被害人的近亲属、无行为能力或者限制行为能力被害人的法定代理人，有权提起附带民事诉讼和委托诉讼代理人。经济困难的，还应告知其可以向法律援助机构申请法律援助。在审判过程中，注重发挥附带民事诉讼中民事调解的主要作用，做好被害人、被害人近亲属的安抚工作，切实加强刑事被害人的权益保护。

七、死刑复核程序的法律监督

（一）监督的主体以及监督内容

由最高人民检察院依法对最高人民法院的死刑复核活动实行法律监督。最高人民检察院发现在死刑复核期间的案件具有下列情形之一的，经审查认为确有必要的，应当向最高人民法院提出意见：(1)认为死刑第二审裁判确有错误，依法不应当核准死刑的;(2)发现新情况、新证据,可能影响被告人定罪量刑的;(3)严重违反法律规定的诉讼程序,可能影响公正审判的;(4)司法工作人员在办理案件时,有贪污受贿,徇私舞弊,枉法裁判等行为的;(5)其他需要提出意见的情况。

(二) 监督的方式

最高人民检察院死刑复核检察部门对死刑复核监督案件的审查可以采取下列方式进行:(1)书面审查最高人民法院移送的材料、省级人民检察院报送的相关案件材料、当事人及其近亲属或者受委托的律师提交的申诉材料;(2)听取原承办案件的省级人民检察院的意见,也可以要求省级人民检察院报送相关案件材料;(3)必要时可以审阅案卷、讯问被告人、复核主要证据。

(三) 监督的期限

最高人民检察院对于受理的死刑复核监督案件,应当在1个月以内作出决定;因案件重大、疑难、复杂,需要延长审查期限的,应当报请检察长批准,适当延长办理期限。

第三节　判处死刑缓期2年执行案件的复核程序

一、死刑缓期2年执行案件的核准权

死刑缓期2年执行案件的核准权,指中级人民法院判处死刑缓期执行的判决、裁定,必须经过有核准权的高级人民法院核准后才能生效的权力。

死刑缓期2年执行,不是一个独立的刑种,而是死刑执行的一种制度。它属于死刑的范畴,只是不立即执行死刑。因此,对适用死刑缓期2年执行,也应当采取十分严肃谨慎的态度,需要诉讼程序上加以严格控制和监督。

二、死刑缓期2年执行案件的报请复核程序

死刑缓期执行案件的复核程序,是死刑复核程序的组成部分。《刑法》第48条第2款规定:“死刑缓期执行的,可以由高级人民法院判决或者核准。”《刑事诉讼法》第248条规定:“中级人民法院判处死刑缓期二年执行的案件,由高级人民法院核准。”由此可见,“死缓”案件的核准权由高级人民法院行使。在报请复核上需注意:

(一) 报请复核

(1) 中级人民法院判处“死缓”的第一审案件,被告人未上诉,人民检察院也未抗诉的,应当报请高级人民法院核准。高级人民法院经复核后同意的,即发生法律效

力；发现原判量刑过轻或者过重，不同意判处死刑缓期执行的，可以根据案件情况，或者撤销原判，发回重审，或者直接改判。

(2) 中级人民法院一审判处死刑缓期 2 年执行的案件，如果被告人提出上诉，或者人民检察院提出抗诉的，则高级人民法院应当按照第二审程序审理。

(3) 高级人民法院第一审判处被告人死刑缓期 2 年执行，逾期不上诉或者不抗诉的判决；高级人民法院按照第二审程序作出的维持一审死刑缓期 2 年执行判决的裁定，宣判后即发生法律效力。

(二) 对报请复核案件的要求

中级人民法院报送死刑缓期 2 年执行的复核案件，原则上应当依照最高人民法院关于报送死刑复核案件的几项规定的通知的要求，即报请复核的报告，第一、二审裁判文书，死刑缓期 2 年执行案件综合报告各 5 份以及全部案卷、证据。死刑缓期案件综合报告，第一、二审裁判文书和审理报告应当附送电子文本。同案审理的案件应当报送全案案卷、证据。曾经发回重新审判的案件，原第一、二审案卷应当一并报送。

报送复核的案件，必须做到犯罪事实清楚，证据确实、充分，适用法律正确，诉讼文书齐备。

三、对死刑缓期二年执行案件复核后的处理

《刑事诉讼法》第 249 条规定："高级人民法院复核死刑缓期执行的案件，应当由审判员三人组成合议庭进行。"复核的方式，与对死刑立即执行案件的复核方式相同。合议庭在此基础上进行评议，提出处理意见，制作相应的法律文书。

复核后，应当根据案件的不同情况分别作出以下的处理：(1)原判认定的事实清楚和适用法律正确、量刑适当、诉讼程序合法的，应当裁定核准；(2)原判认定的某一具体事实或者引用的法律条款等存在瑕疵，但判处被告人死刑缓期执行并无不当的，可以在纠正后作出核准的判决、裁定；(3)原判认定事实清楚，证据确实充分，但适用法律有错误，或者量刑过重，应当直接改判；(4)原判事实不清、证据不足的，可以裁定不予核准，并撤销原判，发回重新审判或者依法改判；(5)复核期间出现新的影响定罪量刑的事实、证据的，可以裁定不予核准，并撤销原判，发回重新审判，或者审理后依法改判；(6)原审违反法定诉讼程序，可能影响公正审判的，应当裁定不予核准，并撤销原判，发回重新审判。

高级人民法院对"死缓"案件的复核，应当作出核准或者不核准的裁定，而不能加重被告人的刑罚。如果认为原判刑罚过轻，应适用死刑立即执行的，则只能发回原审法院重新审判，不能直接改判。因为如果直接改判，就等于变相剥夺了被告人的上诉权。

高级人民法院复核后发回重新审判的案件，应当按照第一审程序进行审判。重新审判后所作出的判决和裁定，被告人可以上诉，人民检察院也可以抗诉。高级人民

法院在提审后改判的判决，是终审判决。

需要说明的，并非所有判处死刑缓期执行的案件都必须经过复核程序。由于高级人民法院具有法律赋予“死缓”核准权，因此，由高级人民法院判处“死缓”生效的一审和二审判决，或者维持中级人民法院“死缓”判决的二审裁定，都不需要再经过复核程序。

判处死刑缓期 2 年执行的案件，经核准交付执行后，在执行过程后，罪犯如果没有故意犯罪，死刑缓期执行期满，应当予以减刑。由执行机关提出书面意见，报请高级人民法院裁定；罪犯如果故意犯罪，查证属实，应当执行死刑的，由高级人民法院报请最高人民法院核准。

思考题：

1. 如何认识死刑复核程序的性质和适用范围？
2. 死刑复核程序与第二审程序有哪些区别？
3. 试述死刑复核程序的任务与意义。
4. 如何认识死刑立即执行案件核准权的历史变化？
5. 判处死刑立即执行的案件如何报请复核？
6. 如何评价死刑复核程序的审理方式？
7. 死刑立即执行案件的复核程序与死刑缓期执行案件的复核程序有何不同？

第十八章
审判监督程序

本章提要:本章对审判监督程序的相关问题作了系统的阐述。学习本章应掌握以下要点:(1)审判监督程序的概念和意义;(2)审判监督程序的提起;(3)再审的审判程序。

第一节 审判监督程序概述

一、审判监督程序的概念、性质

(一) 审判监督程序的概念

审判监督程序,指人民法院、人民检察院对确有错误的已经发生法律效力的判决、裁定,发现在认定事实或适用法律上确有错误,依法提起并由人民法院对该案件进行重新审判的程序。

审判监督程序与审判监督是两个不同的概念,不能把审判监督程序等同于审判监督。审判监督既包括人民法院系统内部上级法院对下级法院的监督,也包括人民检察院对审判工作的监督,同时还包括国家权力机关、人大代表、人民群众、新闻媒体等对审判工作的监督。法院系统内部的审判监督方式,除通过审判监督程序外,最高人民法院可以通过司法解释、批复、总结审判工作经验教训等方式对全国地方各级人民法院进行监督,上级法院还可通过第二审程序、死刑复核程序以及受理申诉和来访等方式实现对下级法院的监督。因此,审判监督程序只是审判监督的一种形式,而非审判监督的全部内容。

(二) 审判监督程序的性质

审判监督程序从本质上说属于审判程序,因此它具有审判程序的一般特点。但是在整个刑事审判体系中,审判监督程序是独立存在的。它有着特定的审理对象和审理任务,并不附属于第一审程序、第二审程序和死刑复核程序。它不是每一个案件必经的程序,只有判决和裁定已经发生法律效力又确有错误的案件,才能适用这一程序。

二、审判监督程序的特征

(一) 主体的特定性

根据《刑事诉讼法》的规定,有权提起审判监督程序的主体是最高人民法院、上级人民法院、最高人民检察院、上级人民检察院,以及各级人民法院院长及其审判委员会。当事人及其法定代理人、近亲属不能成为审判监督程序的提起主体。

(二) 法院的广泛性

根据法律的有关规定,有权按照审判监督程序审理案件的法院,可以是最高人民法院、上级人民法院以及原审人民法院,可以不受原审级的限制。

(三) 程序的重复性

按照审判监督程序重新审判的案件,如果原来是第一审的案件,应当依照第一审程序进行审判。如果原来是第二审案件,或者是上级人民法院提审的案件,应当依照第二审程序进行审判。

(四) 时效的两重性

人民法院依照审判监督程序审理后所作的裁判,受时效的两重性的限制。如果是改判无罪为有罪和加刑,而犯罪已过追诉时效期限的,则受追诉时效的限制,不再追究其刑事责任。如果是为被告人平反宣告无罪的,则不受追诉时效的限制。

三、审判监督程序的任务与意义

(一) 审判监督程序的任务

我国刑事诉讼中的审判监督程序的任务是,纠正已发生法律效力而又确有错误的判决和裁定,使案件的处理建立在事实清楚、证据确实充分、程序合法、适用法律得当的基础上,做到既能准确有效地惩罚犯罪分子,又保障无辜的人免受惩罚,从而维护法律的公正与尊严。

(二) 审判监督程序的意义

作为一种特殊的刑事审判程序,审判监督程序在刑事诉讼中有着重要的意义,具体体现在以下几个方面:

(1) 审判监督程序是贯彻执行刑事审判工作"有错必纠""不枉不纵"方针的重要法律保障。

(2) 审判监督程序是上级人民法院和上级人民检察院对下级人民法院审判工作实行监督的重要形式。上级人民法院通过审判监督程序改判或指令下级人民法院再审，以起到对下级人民法院的监督和指导的作用。上级人民检察院通过审判监督程序提出抗诉，行使其审判监督的职能，以保证法律的正确实施。

(3) 审判监督程序是人民群众对审判工作发挥监督作用的重要渠道。提起申诉，有关国家机关、单位和公民等提出的纠正错误裁判的意见和要求，都可以成为提起审判监督程序的材料来源。

(4) 审判监督程序是保障当事人合法权益的重要救济程序。刑事判决、裁定往往是对被告人的生命、自由、政治和财产等重大权力的处分，通过审判监督程序，可以纠正错误的裁判，从而救济当事人的合法权益。

第二节 审判监督程序的提起

一、提起审判监督程序的材料来源

提起审判监督程序的材料来源，是据以提起审判监督程序的线索来源，它仅仅表明存在提起审判监督程序的可能，并不必然就会引起审判监督程序。根据《刑事诉讼法》、“两高的司法解释”以及司法实践，主要有以下几方面：

(一) 当事人及其法定代理人、近亲属的申诉

我国《刑事诉讼法》第 252 条规定：“当事人及其法定代理人、近亲属，对已经发生法律效力的判决、裁定，可以向人民法院或者人民检察院提出申诉，但是不能停止判决、裁定的执行。”由此可见，申诉是可能引起审判监督程序的最经常和最主要的材料来源，是司法机关发现错案的重要途径。

(二) 被侵害合法权益案外人的申诉

对于非案件当事人同样可以提出申诉，但提出申诉的条件是侵害了其合法权益。

(三) 各级人民代表大会代表提出的纠正错案的议案

人民代表与广大人民群众具有密切的联系。在视察工作和调查研究过程中，以及在代表会议期间，针对确有错误的裁判而提出的议案或者反映的冤假错案的材料，体现着国家权力机关对司法工作的监督。

(四) 司法机关自己发现的错案

司法机关为了保证办案质量，定期或不定期地自查或互查，或按上级指示进行必要的检查或复查。发现生效裁判确有错误的，就应当提起审判监督程序。

(五) 机关、团体、企事业单位和新闻媒体等对生效裁判提出的意见

党的纪律检查委员会、国家检察机关、律师协会及律师事务所等机关、团体转送的材料或法律意见书，也是再审材料的一个重要来源。至于新闻媒体反映的意见，其监督作用日益巨大和广泛，司法机关应充分重视，及时审查处理。

二、申诉的提出、受理和审查

(一) 申诉的概念

刑事申诉，指申诉人认为已经发生法律效力的判决裁定有错误，向人民法院或人民检察院提出申诉状，要求对案件重新审判的诉讼请求行为。

(二) 申诉的主体

根据《刑事诉讼法》第 252 条的规定，申诉的主体包括当事人及其法定代理人、近亲属和已生效裁判侵害其合法权益的案外人。申诉的对象是已经发生法律效力的判决和裁定，它既包括已过法定期限没有提出上诉、抗诉的第一审判决和裁定，也包括第二审判决和裁定，既包括正在执行的判决和裁定，也包括已经执行完毕的判决和裁定。

(三) 申诉的理由

《刑事诉讼法》明确规定了当事人及其法定代理人、近亲属申诉的理由。其理由包括：有新的证据证明原判决、裁定认定的事实确有错误，可能影响定罪量刑的；据以定罪量刑的证据不确实、不充分、依法应当予以排除，或者证明案件事实的主要证据之间存在矛盾的；原判决、裁定适用法律确有错误的；违反法律规定的诉讼程序，可能影响公正审判的；审判人员在审理该案件的时候，有贪污受贿，徇私舞弊，枉法裁判行为的。

(四) 申诉的对象

申诉的对象是已经发生法律效力的判决和裁定，它既包括已过法定期限没有提出上诉、抗诉的第一审判决和裁定，也包括第二审判决和裁定；既包括正在执行的判决和裁定，也包括已经执行完毕的判决和裁定。

(五) 申诉与上诉的区别

申诉和上诉都是当事人为维护自己的合法权益而向司法机关提出的救济方式，但是两者有着明显的区别，主要体现在以下几个方面：

1. 行为性质的不同

当事人提出上诉是法律赋予其行使诉权的一种方式，是一种重要的诉讼行为；而申诉人提出申诉不是诉讼行为，是公民行使宪法权利的一种表现。

2. 提起的主体不同

申诉的主体包括当事人及其法定代理人、近亲属和已生效裁判侵害其合法权益的案外人；而上诉的主体包括自诉人、被告人及他们的法定代理人和附带民事诉讼原告人、被告人，以及经被告人授权的辩护人、近亲属。

3. 适用的案件不同

申诉适用于各级人民法院已经发生法律效力的判决和裁定；而上诉只适用于地方各级人民法院尚未发生法律效力的第一审判决和裁定。

4. 法律效力不同

申诉并不一定引起审判监督程序，只是一种材料来源；而上诉必然引起第二审程序。

5. 提起的期限不同

申诉的提起没有期限的限制；而上诉的期限有明确的规定。

三、提起审判监督程序的条件

根据《刑事诉讼法》的规定，各级人民法院主动提起审判监督程序，或者人民检察院以抗诉的方式引起审判监督程序，提起审判监督程序的条件是生效的裁判在认定事实和适用法律上确有错误的。

《刑事诉讼法》第253条规定："当事人及其法定代理人、近亲属的申诉符合下列情形之一的，人民法院应当重新审判：

（一）有新的证据证明原判决、裁定认定的事实确有错误，可能影响定罪量刑的；

（二）据以定罪量刑的证据不确实、不充分、依法应当予以排除，或者证明案件事实的主要证据之间存在矛盾的；

（三）原判决、裁定适用法律确有错误的；

（四）违反法律规定的诉讼程序，可能影响公正审判的；

（五）审判人员在审理该案件的时候，有贪污受贿，徇私舞弊，枉法裁判行为的。"

四、有权提起审判监督程序的主体

根据《刑事诉讼法》和相关司法解释的规定，我国对审判监督的主体进行了严格限制，有权提起并决定审判监督程序的主体只限于各级人民法院的院长及其审判委员会、最高人民法院和上级人民法院、最高人民检察院和上级人民检察院。

（一）审判监督程序提起的主体

1. 各级人民法院的院长和审判委员会

《刑事诉讼法》第254条第1款规定："各级人民法院院长对本院已经发生法律效力的判决和裁定，如果发现在认定事实上或者在适用法律上确有错误，必须提交审判委员会处理。”

人民法院适用审判监督程序纠正已生效的判决、裁定的错误，是非常严肃的事情，必须履行严格的法律手续，在各级人民法院内最高的组织是审判委员会，最高的领导是院长。因此，只有院长才有权提起再审，只有审判委员会才有权决定再审。两者相辅相成，缺一不可，紧密联系。没有院长的提交，就没有审判委员会的讨论决定；只有院长的提交，而没有审判委员会的讨论决定，也不可能形成对案件的再审。所以只有把院长的提交与审判委员会的讨论决定结合起来，才能够对案件进行再审。

2. 原审人民法院的上级人民法院

《刑事诉讼法》第 254 条第 2 款规定：“最高人民法院对各级人民法院已经发生法律效力的判决和裁定，上级人民法院对下级人民法院已经发生法律效力的判决和裁定，如果发现确有错误，有权提审或者指令下级人民法院再审。”

我国法律赋予上级人民法院对下级人民法院，最高人民法院对地方各级人民法院享有法律监督权。因此，凡最高人民法院或上级人民法院提审的案件，原审人民法院均应将全部案卷呈报上去。凡最高人民法院或上级人民法院指令再审的案件，下级人民法院必须再审，不必提交审判委员会讨论决定。

3. 最高人民检察院和其他上级人民检察院

《刑事诉讼法》第 254 条第 3 款规定：“最高人民检察院对各级人民法院已经发生法律效力的判决和裁定，上级人民检察院对下级人民法院已经发生法律效力的判决和裁定，如果发现确有错误，有权按照审判监督程序向同级人民法院提出抗诉。”由此可见，依照法律规定，提出再审抗诉的主体是特定的，即只有最高人民检察院和上级人民检察院有权提出抗诉。

最高人民检察院有权对各级人民法院，包括最高人民法院的错误裁判，依照审判监督程序提出抗诉。如果是地方各级人民检察院发现同级人民法院已生效的裁判确有错误，无权直接向同级人民法院提出抗诉，而应当向上级人民检察院提出《提请抗诉报告书》，要求上级人民检察院提出抗诉。

人民检察院的抗诉是在认为原裁判确有错误的情况下才依照法律的规定提出的，因此，人民检察院的抗诉应当具有必然引起再审的法律效力。这是因为：

第一，人民检察院是国家的法律监督机关，行使法律监督职能。根据《人民检察院组织法》和《刑事诉讼法》的规定，人民检察院的法律监督权在行使诉讼中表现为：对于人民法院的审判活动是否合法，对刑事案件判决和裁定是否正确实行监督。对生效裁判提出抗诉，是人民检察院行使法律赋予的审判监督权的重要形式。它既不同于当事人申诉，也与一般国家机关、团体、单位提出的纠正错判的申请不同，具有必然引起审判监督程序的效力。

第二，《刑事诉讼法》第 254 条将各级人民法院院长及其审判委员会，最高人民法院、上级人民法院对下级人民法院已生效裁判提起审判监督程序同最高人民检察院、上级人民检察院对下级人民法院已生效裁判提起审判监督程序平列为 3 款加以规定。最高人民法院和上级人民法院认为下级人民法院已生效裁判确有错误，决定提审或指令再审，具有直接提起审判监督程序的效力。对再审指令，下级人民法院必须立案再审，不必提交审判委员会讨论决定。对最高人民检察院、上级人民检察院认为下级人民法院已生效的裁判确有错误而提出的抗诉，同样必须立案再审，而不需要由人民法院来确认是否有错才决定再审。这既是依法行使职权的行为，也是检察机关对审判机关确有错误的生效裁判予以监督制约的体现。

(二) 决定再审的理由必须是已经生效的裁判确有错误

1. 已生效的裁判在认定事实上存在错误

(1) 认定的事实根本不存在，或者犯罪事实虽然存在，但不是被判刑人所为；

(2) 认定的主要犯罪事实与客观事实显然不符，或者认定事实与裁判结论有重大矛盾；

(3) 判决所依据的主要证据不确实、不充分；

(4) 发现在侦查、审判过程中，证人、鉴定人、记录人、翻译人员对案件有重大关系的内容，故意作虚假证明、鉴定、记录、翻译，故意陷害他人或隐匿罪证的；

(5) 发现并经查证属司法工作人员徇私舞弊，作枉法裁判的。

2. 已生效的裁判在适用法律上存在错误

(1) 应当适用某一法律条款，却没有适用该条款，而适用了另一条款；

(2) 应该适用的个别法律条款适用了，但还应该适用的主要法律条款却没有适用；

(3) 应当进行数罪并罚的案件，没有进行数罪并罚；

(4) 量刑时畸轻畸重，在没有加重或减轻情节的情况下，判处刑罚超出或低于法定量刑幅度；

(5) 严重违反法定诉讼程序，以致影响了裁判的正确性。

五、提起审判监督程序的方式

(一) 自行再审

对本院已经发生法律效力的判决和裁定，如果本院院长认为有再审必要的，可提交审判委员会决定再审。

(二) 指令再审

最高人民法院和上级人民法院发现下级人民法院已经发生法律效力判决和裁定确有错误时，有权指令辖区内的下级人民法院对该案再审。通常指令原审法院以外的下级人民法院审理。如由原审法院审理更为适宜的，也可以指令原审人民法院审理。

(三) 提审

最高人民法院和上级人民法院在下级人民法院已经发生法律效力的判决和裁定

确有错误时,有权决定自行对该案进行审理。提审后的判决、裁定为终审的判决、裁定。

(四)再审抗诉

最高人民检察院对各级人民法院(含最高人民法院),上级人民检察院对下级人民法院已经发生法律效力的判决和裁定,如果发现确有错误,有权按照审判监督程序向同级人民法院提出抗诉。

第三节 依照审判监督程序对案件的重新审判

一、重新审判的原则

(一)全面审查原则

对于依照审判监督程序重新审判的案件,人民法院应当重点针对申诉、抗诉和决定再审的理由进行审理。必要时,应当对原判决、裁定认定的事实、证据和适用法律进行全面审查。

(二)一般不加刑原则

除人民检察院抗诉的以外,再审一般不得加重原审被告人的刑罚。再审决定书或者抗诉书只针对部分原审被告人的,不得加重其他同案原审被告人的刑罚。

(三)历史问题历史对待原则

对历史问题既要以原判决时的政策和法律为准绳,又要坚持实事求是,有错必纠。对于《刑法》和《刑事诉讼法》实施后判处的案件进行重新审判时,应当以《刑法》《刑事诉讼法》和全国人大常委会通过的有关决定为依据。

二、重新审判的法院

根据《刑事诉讼法》第254条的规定,按照审判监督程序对案件进行重新审判的法院,因提起的主体不同,可以是任何审级的人民法院,包括:

(一)作出生效判决裁定的第一审人民法院

根据相关司法解释和司法实践经验,对申诉案件实行就地解决,按审级处理的原则。一般由原审人民法院负责处理不服该法院生效判决、裁定的申诉案件。

(二) 作出生效判决裁定的第二审人民法院

对于第二审人民法院作出维持一审判决、裁定不服的申诉，第二审人民法院可以直接处理，也可以交由第一审人民法院审查；如果是改变一审裁判的，应直接审查处理。

(三) 提审的上级人民法院

上级人民法院经过审查，发现原判决、裁定确有错误，需要提起再审，但不宜交给原审人民法院重新审理，可以调取案件自行审理。提审的人民法院可以是作出生效裁判的人民法院的任何上级人民法院。由上级人民法院提审的案件，应按第二审程序进行审判，所作的判决、裁定，是终审的判决、裁定。

(四) 被指令再审的下级人民法院

由上级人民法院根据案情指令下级人民法院再审的，应当指令原审人民法院以外的下级人民法院审理；由原审人民法院审理更为适宜的，也可以指令原审人民法院审理。

三、重新审判的方式

由于再审程序可以按照第一审程序或第二审程序进行审理，因此，再审程序的审理方式也应当包括开庭审理和不开庭审理两种方式。即以开庭审理为主，以不开庭审理为辅。

(一) 应当开庭审理的案件

根据《刑事诉讼法》和最高人民法院《关于刑事再审案件开庭审理程序的具体规定》的有关规定，人民法院审理下列再审案件，应当依法开庭审理：(1)依照第一审程序审理的。(2)依照第二审程序需要对事实或者证据进行审理的。(3)人民检察院按照审判监督程序提出抗诉的。(4)可能对原审被告人(原审上诉人)加重刑罚的。(5)有其他应当开庭审理情形的。

(二) 可以不开庭审理的案件

根据《刑事诉讼法》、最高人民法院《关于刑事再审案件开庭审理程序的具体规定》的有关规定，下列再审案件可以不开庭审理：(1)原判决、裁定认定事实清楚，证据确实、充分，但适用法律错误，量刑畸重的。(2)1979 年《刑事诉讼法》施行以前裁判的。(3)原审被告人(原审上诉人)、原审自诉人已经死亡或者丧失刑事责任能力的。(4)原审被告人(原审上诉人)在交通十分不便的边远地区监狱服刑，提押到庭确有困难的；但人民检察院提出抗诉的，人民法院应征得人民检察院的同意。(5)人民法院按照审判监督程序决定再审，按本规定第 9 条第(5)项规定，经两次通知，人民检察院不派员出庭的。

四、重新审判的程序

关于重新审判案件的程序，主要分为结构和审级等内容。

（一）启动

对决定重新审判的案件，除人民检察院抗诉外，人民法院应当制作再审决定书，并送达人民检察院、原审被告人及其法定代理人。在再审期间，除遇有特殊情况外，不停止原判决、裁定的执行。

（二）文书送达

人民法院将再审决定书送达原审被告人时，应告知被告人有权委托辩护人；或者在必要时，由人民法院指定承担法律援助义务的律师为其辩护。

（三）公诉人出庭

人民法院开庭审理再审案件，同级人民检察院应当派员出席法庭。

（四）合议庭组成

根据《刑事诉讼法》第 256 条第 1 款的规定，原审人民法院审理依照审判监督程序重新审判的案件，应当另行组成合议庭。即案件再重新审判时，不得由原合议庭审判人员审理。实行原审判人员回避制度，是为了避免原审可能有先入为主或者其他因素而影响对案件的公正处理，同时也是为了消除当事人不必要的顾虑，以有利于重新审判案件得到正确的处理。

（五）重新审判案件的审级

原来是第一审案件，应当依照第一审程序进行审判，所作的判决、裁定可以上诉、抗诉；原来是第二审案件，或者是上级人民法院提审的案件，应当依照第二审程序进行审判，所作的判决、裁定是终审的判决、裁定。

五、重新审判的审理期限

重新审判的期限，指依照审判监督程序重新审判的案件，应当在法律规定的办案时间内审结的期限。根据《刑事诉讼法》第 258 条的规定，审判监督程序的审理期限分为两种情况：一种是作出提审、再审决定的案件，应从作出决定之日起 3 个月以内审结，最长不得超过 6 个月。审理抗诉案件的期限亦相同。另一种是对需要指令下级人民法院再审的，应当在接受抗诉之日起 1 个月以内作出决定。而被指令再审的下级人民法院的审理期限是3个月内审结，最长不得超过6个月。即增加1个月的时间以便作出指令再审的决定。

六、重新审判的处理方式

人民法院依照审判监督程序对案件重新审理后，可根据不同情况，分别作如下处理：

（1）原判决、裁定认定事实和适用法律正确、量刑适当的，应当裁定驳回申诉或者抗诉，维持原判。

（2）原判决、裁定定罪准确、量刑适当，但在认定事实、适用法律等方面有瑕疵的，应当裁定纠正并维持原判决、裁定。

（3）原判决、裁定认定事实没有错误，但适用法律有错误，或者量刑不当的，应当撤销原判决、裁定，依法改判。

（4）依照第二审程序审理的案件，原判决、裁定事实不清或者证据不足的，可以在查清事实后改判，也可以裁定撤销原判，发回原审人民法院重新审判。原判决、裁定认定事实不清或者证据不足的，经审理事实已经查清的，应当根据查清的事实依法裁判；事实仍无法查清，证据不足，不能认定被告人有罪的，应当撤销原判决、裁定，判决宣告被告人无罪。

（5）应当对被告人实行数罪并罚的案件，原判决、裁定没有分别定罪量刑的，应当撤销原判决、裁定，重新定罪量刑，并决定执行的刑罚。

另外，还应明确两个问题：一是按照审判监督程序进行再审的自诉案件，应当依法作出判决和裁定，对其中附带民事诉讼部分，可以调解结案；二是再审改判宣告无罪并依法享有申请国家赔偿权利的当事人，宣判时合议庭应当告知其该判决发生法律效力后即有申请国家赔偿的权利。

七、其他有关问题

根据最高人民法院《关于刑事再审案件开庭审理程序的具体规定》的有关规定，按照审判监督程序进行再审的案件，还应注意以下问题：

（1）人民法院审理共同犯罪再审案件，如果人民法院再审决定书或者人民检察院抗诉书只对部分同案原审被告人（同案原审上诉人）提起再审，其他未涉及的同案被告人（同案原审上诉人）不出庭不影响案件审理的，可以不出庭参与诉讼；部分同案原审被告人（同案原审上诉人）、原审自诉人已经死亡，或者丧失刑事责任能力的，原审被告人（原审上诉人）在交通十分不便的边远地区监狱服刑，提押到庭确有困难等情形不能出庭的，不影响案件的开庭审理。

（2）人民法院审理人民检察院提出抗诉的再审案件，对人民检察院出庭通知后未出庭的，应当裁定人民检察院撤回抗诉处理，并通知诉讼参与人。

(3) 原审被告人(原审上诉人)收到再审决定书或者抗诉书后下落不明或者收到抗诉书后未到庭的,人民法院应当中止审理;原审被告人(原审上诉人)到案后,恢复审理。

思考题:

1. 审判监督程序有哪些特点?
2. 审判监督程序与第二审程序有何异同?
3. 审判监督程序的任务和意义是什么?
4. 提起审判监督程序有哪些材料来源?
5. 什么样的申诉才能依法引起审判监督程序?
6. 哪些机关和人员有权提起审判监督程序?
7. 审判监督程序的抗诉与第二审程序的抗诉有何区别?
8. 人民法院按照审判监督程序重新审判案件以后能否加重被告人的刑罚?
9. 如何完善我国的审判监督程序?

第四编　执 行 程 序

第十九章
各种判决裁定的执行

本章提要：本章对各种判决裁定的执行程序进行了系统的阐述。学习本章应掌握以下要点：(1)执行的概念和意义；(2)各种判决裁定的执行程序；(3)人民检察院对执行的监督方式和程序。

第一节　执行的概念和意义

一、执行的概念和意义

刑事诉讼中的执行，是指人民法院将已经发生法律效力的判决和裁定交付执行机关，以实施其确定的内容，以及处理执行中的诉讼问题而进行的各种活动。

判决和裁定发生法律效力后，应当立即交付执行。这是由刑事诉讼的任务和生效判决和裁定的特点决定的。判决和裁定发生法律效力后，一般具有三个特点：

第一，稳定性。生效判决和裁定的稳定性，是由法院的严肃性所决定的。凡是已经生效的刑事判决和裁定，任何其他机关、团体和个人，都无权随意变更或撤销。如果发现它在认定事实上或适用法律上确有错误，只能按照审判监督程序，由人民法院加以变更或撤销。

第二，排他性。就是对于一起案件，只能作出一个有效的判决。这个有效判决没有依法定程序撤销以前，不能作出其他的判决。不仅如此，由于判决和裁定是人民法院代表国家对诉讼案件所作的评判，是最高权威的处理决定，不允许与它相矛盾的其他处理决定与它并存。

第三，强制性。指已经生效的判决和裁定，必须按照判决和裁定所确定的内容严格加以执行，对当事人来说，不管他同意还是不同意，都必须执行。如果抗拒执行，将被依法追究法律责任。生效判决和裁定的强制性，是由国家法律的严肃性所决定的。

执行是刑事诉讼的最后一个诉讼程序，但是，并非判决、裁定的整个执行过程和一切活动都属于刑事诉讼的范围。刑事执行中，属于刑事诉讼范畴的，仅指两个方面：一是将人民法院已经发生法律效力的判决和裁定交付执行；二是解决执行过程中所发生的诉讼问题。简言之，就是交付执行和变更执行。交付执行是指人民法院将已发生法律效力的判决和裁定，交付有关刑罚执行机关的活动，如将徒刑的判决交付监狱等国家刑罚执行机关，或者是人民法院自己实现生效判决、裁定的内容的活动，如自己实现判处罚金、没收财产的判决。变更执行是指判决、裁定在执行过程中，由于出现了法定情形，人民法院将原判决、裁定依法予以变更的活动，如对罪犯实施减刑、假释、监外执行等。其他执行活动则属于司法行政活动，如狱政管理、对罪犯的教育改造等。

执行是将判决或者裁定中所宣告的刑罚和其他决定付诸实施，因此，它在整个刑事诉讼过程中占有重要的地位，其意义是：

（1）准确、及时、迅速地执行判决和裁定，可以使被判处刑罚的犯罪分子受到应得的法律制裁。这不仅打击了他们的犯罪活动，保护了国家和人民的利益，同时对被判处刑罚的犯罪分子本人，通过惩罚和教育进行改造，使其改恶从善，重新做人。

（2）准确、及时地执行判决和裁定，不仅可以使被判处刑罚的犯罪分子受到应得的法律制裁，而且可以使无罪和被免除刑事处罚的在押被告人得到立即释放。特别是对依照法律被认定为无罪的被告人，可以使其名誉得到恢复，合法利益得到保护。

（3）通过正确地执行判决和裁定，可以教育公民遵守法律，并使他们进一步认识到，任何犯罪行为，都逃脱不了法律的制裁，以增强公民的法制观念，提高同违法犯罪行为作斗争的自觉性。同时，对那些违法尚未构成犯罪，或者对于那些有犯罪企图的社会不稳定分子，也可以使其认识到，只要进行犯罪活动，就会被揭露和受到法律的惩罚。这是一种警戒，可以起到预防和减少犯罪的作用，可以有效地推动社会综合治理方针的贯彻落实，实现社会秩序的长治久安。

二、执行的依据和机关

（一）执行的依据

人民法院发生法律效力的刑事判决和裁定，是执行机关对罪犯实施惩罚和改造的法律依据。我国《刑事诉讼法》第259条和有关法律的规定，人民法院发生法律效力的判决和裁定，是指以下几种：(1)已过法定期限没有上诉、抗诉的判决和裁定。即地方各级人民法院作出的上诉期满而没有上诉或抗诉的第一审判决和裁定。(2)终审的判决和裁定。即中级、高级人民法院第二审案件的判决和裁定，最高人民法院第一审和第二审案件的判决和裁定。(3)最高人民法院核准的死刑的判决和高级人民法院核准的死刑缓期2年执行的判决、裁定以及依据最高人民法院的授权核准的死刑判决和裁定。

（二）执行的机关

生效判决和裁定因内容不同，执行机关也不相同。《刑事诉讼法》的规定，死刑、罚金和没收财产的判决和裁定，以及无罪或免除刑罚的判决，均由人民法院自己执行。在必要的时候，人民法院可以会同公安机关执行没收财产；对于被判处死刑缓期

2 年执行、无期徒刑、有期徒刑的罪犯，由公安机关依法将该罪犯送交监狱执行刑罚；对于被判处有期徒刑的罪犯，在被交付执行刑罚前，剩余刑期在 3 个月以下的，由看守所代为执行；对于被判处拘役的罪犯，由公安机关执行；对判处管制、宣告缓刑、假释或者暂予监外执行的罪犯，依法实行社区矫正，由社区矫正机构负责执行；对判处剥夺政治权利的罪犯，由公安机关执行。

第二节　各种判决、裁定的执行程序

一、死刑立即执行判决的执行

死刑是依法剥夺犯罪分子生命的刑罚，是刑罚中最严厉的刑种。为了防止无法挽回的错杀，我国《刑事诉讼法》以及《人民法院组织法》、最高人民法院《解释》在死刑执行程序上作了严格而周密的规定。

最高人民法院和高级人民法院的执行死刑命令，均由高级人民法院交付原审人民法院执行，原审人民法院接到执行死刑命令后，应当在 7 日内执行。执行死刑的这一法定期限必须得到严格遵守，不得借故延期执行。

下级人民法院在接到执行死刑命令后，发现有下列情形之一的，应当停止执行，并立即报告核准死刑的人民法院，由核准死刑的人民法院作出裁定：(1)在执行前发现判决可能有错误的；(2)在执行前罪犯揭发重大犯罪事实或者有其他重大立功表现，可能需要改判的；(3)罪犯正在怀孕的。

在停止执行的情况下，执行死刑的人民法院应当立即用书面形式报告核准死刑的人民法院，由院长签发停止执行死刑的命令，并指令原审人民法院或指定的人民法院查明有关情况上报。经过审查核实，如果认为原判决是正确的，必须报请核准的人民法院再签发执行死刑的命令，才能执行。如果认为原判决确有错误，或者罪犯检举、揭发重大犯罪事实，有重大立功表现，依法可以从轻处罚的，应当报请核准死刑的人民法院依照审判监督程序再审并依法改判。如果查明罪犯确实是正在怀孕的妇女，应当报请核准死刑的人民法院，依照审判监督程序裁定撤销核准死刑的裁定和原判决，发回原审人民法院重新审判，原审人民法院重新审理后，改判其他刑罚。

人民法院应当在交付执行死刑 3 日前，通知同级人民检察院派员临场监督。担负现场监督职责的检察人员如发现有违法情况，应当立即纠正。临场执行死刑时，由人民法院审判人员负责指挥执行。对于执行死刑的主体，人民法院有条件执行的，应交付司法警察执行，没有条件执行的，可交公安机关的武装警察执行。

关于执行死刑的方法，《刑事诉讼法》第 263 条第 2 款规定："死刑采用枪决或者注射等方法执行。""枪决"是用枪弹射击罪犯致其死亡的执行死刑的方法，是我国长期使用的一种行刑方法；"注射"是指通过注射致命性药物使罪犯死亡的执行方法，是

1996 年 3 月修改的《刑事诉讼法》中新设立的一种行刑方法。用注射方法执行死刑，具有执行方便、痛苦小、死亡迅速等特点，可以避免枪决时需占用很大场所，动用许多人力、物力及一枪难以毙命等缺点。注射方法是更为人道、先进、文明的执行死刑方法。至于立法中"注射等方法"中的"等方法"是指比枪决、注射更为人道、科学、文明的方法。采用枪决、注射以外的其他方法执行死刑的，应当事先报请最高人民法院批准。

执行的地点选择在刑场或者指定的羁押场所内。"刑场"，指传统意义上由执行机关设置的执行死刑的场所。刑场不得设在繁华地区、交通要道和旅游区附近。"指定的羁押场所"，指人民法院指定的监狱或者看守所。执行死刑应严格控制刑场，除依法执行死刑的司法工作人员以外，其他任何人不准进入刑场。

负责指挥执行的审判人员应当对罪犯验明正身。要认真细致地核对罪犯的有关情况，查明其确系该判决认定的应当执行死刑的罪犯，以确保执行无误。审判人员还应当询问罪犯有无遗言、信札，并制作笔录。对于罪犯的遗言、信札，人民法院应及时进行审查，分别不同情况予以不同处理。在执行前，如果发现可能有错误，应当暂停执行，依法定程序报请最高人民法院裁定。

执行死刑应当公布。

执行死刑后，在场书记员应当写成笔录。笔录应当记明执行的具体情况，包括执行死刑的时间、地点、方法、指挥执行的审判人员、临场监督的人民检察院检察人员、负责执行人员的姓名、执行死刑具体情况等。交付执行的人民法院应将执行死刑的情况以及所附执行死刑前后的照片，及时逐级报告核准死刑的最高人民法院。

执行死刑后，交付执行的人民法院应当通知罪犯家属，做好罪犯遗物、遗款清点移交工作。罪犯执行死刑后的尸体或火化后的骨灰。通知其家属认领。罪犯家属不予认领的，由人民法院通知有关单位处理。

死刑的执行，除应遵循上述程序外，还应处理好以下几个问题：

第一，执行死刑前，罪犯提出会见其近亲属或者其近亲属提出会见罪犯申请的，人民法院可以准许。

第二，对死刑犯的游街示众问题。在司法实践中，有些地方受旧习惯的影响，为制造声势，增强法律的威慑效果，将死刑犯插上写有姓名和罪状的标签，拉到繁华地区游街示众。这种做法是对罪犯人格的侮辱，违反法律关于执行死刑不应示众的规定。而且，这样做容易对外造成不良影响。因此，最高人民法院、最高人民检察院、公安部等部门曾多次联合发出通知，严禁对死刑犯游街示众，以体现文明执法。

第三，对外国人执行死刑后，通知外国驻华使、领馆的程序和时限，应严格依照有关规定办理。

二、死缓、无期徒刑、有期徒刑和拘役判决的执行

我国《刑事诉讼法》第 264 条规定，对于被判处死刑缓期 2 年执行、无期徒刑、有

期徒刑和拘役的罪犯，在“罪犯被交付执行刑罚的时候，应当由交付执行的人民法院将有关的法律文书送达监狱或者其他执行机关”。我国《监狱法》第16条又规定：“罪犯被交付执行刑罚时，交付执行的人民法院应当将人民检察院的起诉书副本、人民法院的判决书、执行通知书、结案登记表同时送达监狱。监狱没有收到上述文件的，不得收监；上述文件不齐全或者记载有误的，作出生效判决的人民法院应当及时补充齐全或者作出更正；对其中可能导致错误收监的，不予收监。”上述四种法律文书对于刑罚执行机关对罪犯正确执行刑罚，对罪犯进行教育改造，具有重要意义。人民法院交付执行的时候，以上四种法律文书必须齐备，缺一不可。一案有若干罪犯的，应当按罪犯的人数送达上述文书，不能共用。

需要指出的是，修改前的《刑事诉讼法》规定人民检察院的起诉书副本为交付执行的必备法律文书、监狱法将其作为交付执行的必备法律文件加以规定，有利于刑罚执行机关更全面地了解、揭露、证实犯罪，追诉罪犯的司法活动的全过程，明确了检察机关的起诉意见，更准确地把握罪犯实施犯罪活动的发展过程及其真实的思想脉络。

关于交付执行的期限，根据《监狱法》第15条及最高人民法院《解释》的规定，对于被判处死刑缓期2年执行、无期徒刑、有期徒刑、拘役的罪犯被交付执行刑罚的时候，应当由交付执行的人民法院在判决生效后10日以内将有关的法律文书送达公安机关、监狱或者其他执行机关。执行通知书的回执经看守所盖章后，应当附卷备查。

死刑缓期2年执行、无期徒刑、有期徒刑、拘役虽然都属于限制人身自由的刑罚，但由于犯罪性质不同、刑种不同、刑期不同、犯罪人是否成年等不同，以上刑罚在执行方式、执行场所等方面都有所不同，《刑事诉讼法》第264条规定，对于被判处死缓、无期徒刑、有期徒刑的罪犯，应当交付监狱执行；对于被判处有期徒刑的罪犯，在被交付执行刑罚前，剩余刑期在3个月以下的，由看守所代为执行；对于被判处拘役的罪犯，由公安机关在拘役所执行；对于未成年犯应当在未成年犯管教所执行刑罚。

法律规定交付执行前余刑在3个月以下的有期徒刑罪犯由看守所代为执行，更为方便，有利于罪犯服刑改造。对于在看守所执行刑罚的罪犯，应当同未决的犯罪嫌疑人分管分押。

对未成年犯应在未成年犯管教所执行，是因为：(1)未成年犯管教所在管理上比监狱相对宽松，使未成年犯在生理上和心理上能够承受；(2)将未成年犯与成年犯分别关押于不同场所进行教育改造，可以避免成年犯对未成年犯的传授、教唆，同时也便于对未成年犯采取有针对性的教育改造措施；(3)未成年犯管教所在名称上与监狱相区别，有利于避免对未成年犯造成过深的“监狱烙印”和心理伤害。

监狱、看守所等执行机关应当将罪犯分管分押，按照惩罚和改造相结合、教育和劳动相结合的原则对罪犯进行改造。执行机关应当依法对罪犯进行法制、道德、文化、职业技术等方面的教育。有劳动能力的罪犯必须参加劳动。罪犯的劳动时间及报酬，应按照国家的有关规定执行。对于判处拘役的服刑罪犯，每月可允许其回家1—2天，路费自理。对于未成年犯的改造，应按照“教育改造为主，轻微劳动为辅”的原则进行。《监狱法》第75条规定，对未成年犯执行刑罚应当以教育改造为主。监狱应当配合国家、社会、学校等教育机构,为未成年犯接受义务教育提供必要的条件。

根据《刑事诉讼法》第264条和《监狱法》第20条的有关规定,罪犯收监后,刑罚执行机关应当通知罪犯家属。通知书应当自收监之日起5日内发出,告知罪犯姓名、刑期及执行的地址等。

刑罚执行机关对于罪犯死亡、脱逃已满2个月尚未捕回及捕回的变动情况,应当书面通知交付执行的人民法院和担负监所检察的人民检察院。

对于在死刑缓期执行期间故意犯罪的,应当由人民检察院提起公诉,服刑地的中级人民法院审判,所作的判决可以上诉、抗诉。认定构成故意犯罪的判决、裁定发生法律效力后,由罪犯服刑地的高级人民法院依授权核准死刑,或者报请最高人民法院核准。核准后,交罪犯服刑地的中级人民法院执行。

有期徒刑、拘役的刑期,从判决执行之日起计算。判决前被拘留和逮捕而予先行羁押的,羁押1日折抵刑期1日。被判处有期徒刑、拘役的罪犯服刑期满,刑罚执行机关应当按期释放并发给释放证明书。

三、有期徒刑缓刑、拘役缓刑的执行

缓刑是指在具备一定的法定条件下,被判处一定刑罚的罪犯,在一定期间内暂缓执行刑罚,如果罪犯在暂缓执行期间未犯新罪,则原判刑罚就不再执行的一种制度。缓刑不是刑种,而是刑罚具体运用的一种特殊执行方式。根据《刑法》第72条的规定,人民法院对于被判处拘役、3年以下有期徒刑的罪犯,根据其犯罪情节和悔罪表现,认为适用缓刑确实不致再危害社会的,可以宣告缓刑。

根据《刑事诉讼法》第269条和最高人民法院《解释》的有关规定,宣告缓刑的判决发生法律效力后,应当将法律文书和罪犯交当地社区矫正机构负责执行。

对于被判处有期徒刑、拘役宣告缓刑的罪犯,在宣告缓刑时,应当同时宣告缓刑的考验期。罪犯在缓刑考验期内,必须遵守法律、法令,接受监督考察。迁移户口应经人民法院或公安机关批准。没有附加剥夺政治权利的,缓刑期间不应限制其政治权利的行使。缓刑罪犯参加劳动,应同工同酬。如果被同时判处附加刑的,附加刑仍应执行。

被宣告缓刑的罪犯,在缓刑考验期限内没有再犯新罪,考验期满,原判刑罚就不再执行,公安机关应当公开向罪犯和有关群众和组织宣布终止考察,不必再另办法律手续;在缓刑考验期限内再犯新罪或者有漏罪没有判决,需要撤销缓刑的,应当由审判新罪的人民法院,在审判新罪、漏罪时,对原判宣告的缓刑予以撤销,按《刑法》规定的数罪并罚原则处理。如果原来是上级人民法院判决宣告缓刑的,审判新罪的下级人民法院也可以撤销原判决宣告的缓刑。

缓刑考验期从判决之日起计算。判决确定前先行羁押的日期,不能折抵缓刑考验期。如果又犯新罪或发现未被判处的漏罪,则撤销缓刑,判处实刑,已执行的缓刑考验期也不能折抵刑期。但是判决执行前先行羁押的日期,应予折抵刑期。

四、管制、剥夺政治权利的执行

《刑事诉讼法》第 269 条规定，对被判处管制的罪犯由社区矫正机构负责执行。《刑事诉讼法》第 270 条规定，被剥夺政治权利的罪犯，由公安机关执行。执行期满，应当由执行机关通知本人，并向有关群众公开宣布解除管制或恢复政治权利。管制是一种适用于罪行较轻的犯罪分子的刑罚。它是指对犯罪分子不予关押而在社区矫正机构的管束和群众监督之下进行改造，并限制一定自由的刑罚方法。

对被判处管制的罪犯，在判决发生法律效力后，由人民法院交付公安机关执行。实际执行中，执行机关应当根据人民法院的判决书、执行通知书，向罪犯所在单位或住地群众，宣告罪犯的犯罪事实、管制期限、必须遵守的规定以及是否剥夺政治权利等情况，以便人民群众对罪犯实行监督，加强对罪犯的改造。

根据《刑法》的规定，被判处管制的罪犯，在管制期间，必须遵守法律、法令，服从群众监督，积极参加生产劳动或工作；定期向执行机关报告自己的活动情况；迁居或者外出必须报经执行机关批准。对被判处管制的罪犯，在劳动中实行同工同酬。

管制的刑期，从判决执行之日起计算。判决执行前先行羁押的，羁押 1 日折抵刑期 2 日。

管制期满，执行机关应及时解除对犯罪分子的管制，同时向罪犯本人和有关的群众公开宣布，并且发给本人解除管制通知书。被附加剥夺政治权利的，应同时宣布恢复政治权利。对被剥夺政治权利的罪犯，由公安机关执行。根据《刑法》的规定，判处徒刑、拘役附加剥夺政治权利的，剥夺政治权利的刑期，从徒刑、拘役执行完毕之日或从假释之日起计算。判处管制附加剥夺政治权利的，剥夺政治权利的期限与管制的期限相等，同时执行。执行期满，公安机关应当通知罪犯本人，并向所在单位或基层组织及住地等有关群众公开宣布，恢复其政治权利。

对剥夺政治权利的，要严格按照《刑法》第 54 条规定的政治权利的范围执行，对于不属于政治权利范围的其他权利不能予以剥夺。

五、罚金、没收财产的执行

罚金，是人民法院依法判决犯罪公民或犯罪单位，向国家缴纳一定数额金钱的刑罚方法，不得以其他刑罚代替罚金。根据《刑事诉讼法》第 271 条的规定，罚金判决由人民法院负责执行。被判处罚金的罪犯或犯罪单位，应按照判决确定的数额在判决规定的期限内一次或分期缴纳。期满无故不缴纳的，人民法院应当强制缴纳。对于被判处罚金的自然人，期满无故不缴纳的，人民法院可以通知其所在单位扣发工资或采取查封、变卖罪犯个人财产等方式执行；对被判处罚金的犯罪单位，人民法院可以通知银行从其账户上直接划拨。

被判处罚金的罪犯，因遭遇不能抗拒的灾祸缴纳罚金确有困难，被执行人向执行法院申请减少或者免除的，执行法院经审查认为符合法定减免条件的，应当在收到申请后 1 个月内依法作出裁定准予减免；认为不符合法定减免条件的，裁定驳回申请。被执行人没有全部缴纳罚金的，人民法院在任何时候发现被执行人有可供执行的财产，应当随时追缴。被执行人死亡或者被执行死刑，且无财产可供执行的，人民法院应当裁定终结执行。这种裁定不是对原判决的改判，而是根据实际情况作出的变通处理。

罪犯缴纳的罚金，应按规定及时上缴国库，任何机关、个人都不得挪作他用或者私分。

没收财产，是指把犯罪人个人所有财产的一部或者全部依法无偿地收归国有的一种刑罚。没收财产可以附加适用，也可以独立适用。根据《刑事诉讼法》第 272 条和最高人民法院 2009 年 11 月 30 日通过的《关于财产刑执行问题的若干规定》，财产刑由第一审人民法院负责裁判执行的机构执行。被执行的财产在异地的，第一审人民法院可以委托财产所在地的同级人民法院代为执行。第一审人民法院应当在本院作出的刑事判决、裁定生效后，或者收到上级人民法院生效的刑事判决、裁定后，对有关财产刑执行的法律文书立案执行。人民法院应当依法对被执行人的财产状况进行调查，发现有可供执行的财产，需要查封、扣押、冻结的，应当及时采取查封、扣押、冻结等强制执行措施。执行财产刑时，案外人对被执行财产提出权属异议的，人民法院应当审查并参照民事诉讼法的有关规定处理。被判处罚金或者没收财产，同时又承担刑事附带民事诉讼赔偿责任的被执行人，应当先履行对被害人的民事赔偿责任。判处财产刑之前被执行人所负正当债务，应当偿还的，经债权人请求，先行予以偿还。

没收财产的范围，只限于犯罪分子本人所有的部分财产或全部财产，不得没收属于罪犯家属所有或应有的财产。对查封前犯罪分子所负的正当债务，如果需要用没收的财产偿还的，经债权人请求，由人民法院裁定在没收的财产中酌情偿还。如果在没收的财产中，有罪犯利用犯罪手段获得的他人财产，经原主申请，并经人民法院查证属实后，应将原物退还原主。对于没收的财产，应按有关规定及时上缴国库或财政部门，任何机关、个人都不得私自挪用、调换、压价私分或变相私分。

对于附带民事判决中财产部分的执行，应依照《民事诉讼法》和最高人民法院的相关规定办理。

六、无罪判决和免除刑罚判决的执行

《刑事诉讼法》第 260 条规定，第一审人民法院判决被告人无罪、免除刑事处罚的，如果被告人在押，在宣判后应当立即释放。根据这一规定，无罪、免除刑事处罚的判决，由人民法院执行。为了保护不应受到刑罚处罚的被告人的合法权益，这类判决一经宣布，首先要将被关押的被告人立即释放。由人民法院将无罪或免除刑事处罚的判决书连同执行通知书送交看守所，看守所在接到上述法律文书后应当立即释放被关押的被告人。即使当事人及其法定代理人提出上诉或人民检察院提出抗诉，一审判决尚未生效，也不影响释放被告人的立即执行，不得等待判决生效后才予以执行。这是针对无罪判决和免除刑事处罚判决的执行问题所作出的特殊法律规定。

无罪和免除处罚判决生效后，人民法院和其他司法机关应当协同有关单位做好善后工作。《刑事诉讼法》第 200 条第 2 项和第 3 项分别规定："依据法律认定被告人无罪的，应当作出无罪判决"；"证据不足，不能认定被告人有罪的，应当作出证据不足、指控的犯罪不能成立的无罪判决。"这一规定明确了两种不同情况下的无罪判决，应当区别对待。对前一种情况的无罪判决，应妥善处理，及时恢复无罪被告人的人身自由和名誉。对后一种情况规定的无罪判决，人民法院也应立即释放关押的被告人。对于免除处罚的被告人，也应恢复他的人身自由，撤销非关押性质的其他强制措施。同时，人民法院可根据案件不同情况予以训诫或责令具结悔过，赔礼道歉、赔偿损失，或建议有关主管机关给予被告人行政处罚或行政处分。

第三节　人民检察院对执行的监督

执行监督，指人民检察院对人民法院已经发生法律效力的判决、裁定的执行是否合法实行法律监督的活动。人民法院的判决和裁定发生法律效力后，在执行中如不能依法加以执行，就会破坏或影响刑事诉讼的结果，违背刑罚的目的。开展执行监督，有利于维护生效判决和裁决的稳定性和严肃性，有利于纠正冤假错案，保护公民的合法权益，从而保障刑事诉讼任务的实现。

一、人民检察院对执行死刑的监督

《刑事诉讼法》第 263 条第 1 款规定："人民法院在交付执行死刑前，应当通知同级人民检察院派员临场监督。"司法实践中，人民法院通常在交付执行死刑 3 日以前，通知同级人民检察院派员监督。临场监督执行死刑的检察人员应当依法监督执行死刑的场所、方法和执行死刑的活动是否合法。在执行死刑前，发现有下列情形之一的，应当建议人民法院停止执行：(1)被执行人并非应执行死刑的罪犯的；(2)罪犯犯罪时不满 18 周岁的；(3)判决可能有错误的；(4)在执行前罪犯检举揭发重大犯罪事实或者有其他重大立功表现，可能需要改判的；(5)罪犯正在怀孕的。

在执行死刑中发现其他严重违法情况的，也应及时提出纠正意见。

在执行死刑过程中，根据需要，人民检察院临场监督人员可以进行拍照、摄像；执行死刑后，人民检察院临场监督人员应检察罪犯是否确已死亡，并填写死刑临场监督笔录，签字后入卷归档。

二、人民检察院对暂予监外执行的监督

《刑事诉讼法》第 267 条规定:“决定或者批准暂予监外执行的机关应当将暂予监外执行决定抄送人民检察院。人民检察院认为暂予监外执行不当的,应当自接到通知之日起 1 个月以内将书面意见送交决定或者批准暂予监外执行的机关,决定或者批准暂予监外执行的机关接到人民检察院的书面意见后,应当立即对该决定进行重新核查。”

人民检察院接到决定或者批准对罪犯暂予监外执行的决定后,应当迅速审查。为了解情况,承办人员可以向罪犯所在单位和有关人员进行调查,可以向有关机关调阅有关资料等。经审查认为暂予监外执行不当,应当向批准或决定暂予监外执行的机关提出纠正意见的,由检察长决定。

人民检察院认为暂予监外执行不当的,应当自接到通知之日起 1 个月内将书面纠正意见送交批准或者决定暂予监外执行的机关。人民检察院向批准或者决定暂予监外执行的机关送交不同意暂予监外执行的书面意见后,应当监督其立即对批准或者决定暂予监外执行的结果进行重新核查,并监督其重新核查的结果是否符合法律规定。对核查不符合法律规定的,应当依法提出纠正意见。

三、人民检察院对减刑、假释的监督

《刑事诉讼法》第 274 条规定,人民检察院认为人民法院减刑、假释的裁定不当,应当在收到裁定书副本后 20 日以内,向人民法院提出书面纠正意见。人民法院应当在收到纠正意见后 1 个月以内重新组成合议庭进行审理,作出最终裁定。

人民检察院在接到人民法院减刑、假释的裁定书副本后,应当立即进行审查。为了解情况,承办人员可以向罪犯服刑机关和有关人员进行调查,可以向人民法院和罪犯服刑机关调阅有关资料等。经审查,人民检察院认为人民法院减刑、假释的裁定不当,应当在收到裁定书副本后 20 日以内,向作出减刑、假释裁定的人民法院提出书面纠正意见。

对人民法院减刑、假释裁定的纠正意见,由作出减刑、假释裁定的人民法院的同级人民检察院向该人民法院书面提出。人民检察院对人民法院减刑、假释的裁定提出纠正意见后,应当监督人民法院是否在收到纠正意见后 1 个月内重新组成合议庭进行审理,并监督其重新作出的最终裁定是否符合法律规定。对最终裁定不符合法律规定的,应当向同级人民法院提出纠正意见。

四、人民检察院对执行机关执行刑罚活动的监督

《刑事诉讼法》第 276 条规定:“人民检察院对执行机关执行刑罚的活动是否合法

实行监督。如果发现有违法的情况，应当通知执行机关纠正。”这是《刑事诉讼法》关于人民检察院对执行机关执行刑罚活动进行监督的原则性规定。这里所说的人民检察院对执行机关执行刑罚活动的监督，是指除《刑事诉讼法》已有专条规定之外的一切执行刑罚活动的监督。这些监督主要包括：人民法院判决被告人无罪、免除刑罚处罚的，在押被告人是否被立即释放；人民法院将罪犯交付执行时，据以交付执行的刑事判决、裁定是否已经发生法律效力，交付执行的手续、程序是否合法，执行机关是否符合法律规定；监狱和其他刑罚执行机关收押罪犯的活动是否合法；对于死刑缓期2年执行的罪犯，2年期满是否依法及时予以减刑；对于被判处管制、剥夺政治权利的罪犯和宣告缓刑、假释的罪犯、没收财产判决的执行是否合法，罚没钱物是否依法处理；对于服刑中的罪犯又犯新罪或者发现了漏罪，是否依法进行了追究；对于服刑罪犯的申诉是否及时转送，并作出正确处理；监狱、未成年犯管教所、看守所、拘役所的执行活动是否符合刑事诉讼法、监狱法、看守所条例等有关法律法规，是否保障了罪犯依法享有的各项权利，是否有利于罪犯改造，对于刑期届满的罪犯是否按期释放，等等。

人民检察院在对执行机关活动进行监督的过程中，发现有违法情况的，应当通知执行机关纠正。对于情节较轻的违法行为，检察人员可以以口头方式向违法人员或者执行机关负责人提出纠正，并及时向监所检察部门的负责人汇报。必要时，由部门负责人提出。对于比较严重的违法行为，应报请检察长批准后，向监狱或公安机关发出纠正违法通知书。对于造成严重后果、构成犯罪的，应当依法追究责任人的刑事责任。

人民检察院发出纠正违法通知书的，应当根据执行机关的回复监督落实情况；没有回复的，应当督促执行机关回复，纠正违法的情况，应当及时向上一级人民检察院报告，并抄报执行机关的上级主管机关。上级人民检察院认为下级人民检察院意见正确的，应与同级执行机关共同督促下级执行机关纠正；上级人民检察院认为下级人民检察院纠正违法的意见有错误，应当通知下级人民检察院撤销发出的纠正违法通知书，并通知同级执行机关。

思考题：

1. 什么叫执行？执行有哪些特点？
2. 执行机关有哪些？
3. 对被判处无期徒刑或有期徒刑的罪犯，应当如何执行刑罚？
4. 试述对判处死刑立即执行的判决的执行程序。
5. 社区矫正机构负责执行哪些种类的判决和裁定？

第二十章
执行的变更程序

本章提要：本章对执行的变更程序进行系统的阐述。学习本章应掌握以下要点：(1)死刑、死缓执行的变更；(2)监外执行；(3)减刑和假释程序；(4)对新罪、漏罪和错判申诉的处理程序。

第一节　死刑、死缓执行的变更

一、死刑执行的变更

《刑事诉讼法》在执行死刑的程序中规定了停止执行死刑和暂停执行死刑两种变更执行的情况。这些规定，体现了我国在适用死刑上的慎重态度。其目的，一是为了防止错杀，二是为了更好地体现我国一贯的“可杀可不杀的不杀”的刑事政策。

《刑事诉讼法》第262条和最高人民法院的有关规定，下级人民法院在接到最高人民法院执行死刑的命令后，应当在7日以内交付执行，但是发现有下列情形之一的，应当停止执行，并且立即报告最高人民法院，由最高人民法院作出裁定：(1)在执行前发现判决可能有错误的；(2)在执行前罪犯揭发重大犯罪事实或者有其他重大立功表现，可能需要改判的；(3)罪犯正在怀孕。

指挥执行的审判人员，对罪犯应当验明正身，讯问有无遗言、信札，然后交付执行人员执行死刑。在执行前，如果发现可能有错误，应当暂停执行，报请核准死刑的最高人民法院裁定。

应当正确理解《刑事诉讼法》的上述规定：第一，在“执行前发现判决可能有错误”中的“有错误”是可能而不是确实，即发现判决在认定事实上或者适用法律上可能有错误，这种错误足以影响死刑判决的正确性。因为这种可能性需要一定的时间去查实，所以应当停止死刑的执行。这一规定体现了法律对死刑执行的慎重要求。人民法院的审判人员一定要本着对人的生命高度负责的精神，联系接到执行命令后出现的新情况，对判决所认定的事实和适用的法律进行详核，无论是发现判决确有错误还是可能有错误，都应由执行死刑的人民法院决定停止执行死刑，然后上报。第二，“在执行前罪犯揭发重大犯罪事实或者有其他重大立功表现，可能需要改判的”,应当停止执行死刑。这项规定体现了我国法律要求和鼓励被判处死刑的罪犯揭发其他犯罪、立功赎罪的精神,有利于调动一切积极因素,最大限度地孤立和打击罪大恶极的罪犯。司法实践表明,不少被判处死刑的罪犯,执行前能够揭发重大犯罪或者有其他重大立功表现。这说明其良心未泯,主观恶性尚未达到非杀不可的程度。对于这类罪犯,经查证属实后,可以依法改判。第三,关于“罪犯正在怀孕”。对于怀孕罪犯在羁押期间人工流产的,应视同正在怀孕。这一规定在《刑事诉讼法》中体现了社会主义人道主义的精神。第四,关于“在执行前,如果发现可能有错误,应当暂停执行”。这里的“执行前”是指从验明正身到行刑前的这段时间,所以将“暂停执行”的权力交由指挥执行的人员行使。“可能有错误”应包括《刑事诉讼法》第 262 条“应当停止执行”死刑的三项情形在内的一切可能的错误。这是《刑事诉讼法》关于在执行死刑的最后阶段防止错杀的一项具体规定。有些执迷不悟的罪犯直到生命终结前的最后一刻才意识到生命的宝贵,才揭发其他重大犯罪;有的罪犯出于种种原因直到临刑前才喊冤吐实情。凡此种种,只要可能有错误,负责指挥执行死刑的审判人员都应决定暂停执行,报请核准死刑的人民法院裁定。

在停止执行死刑或暂停执行死刑的决定作出后,执行死刑的人民法院应当立即报告核准死刑的人民法院,由核准死刑的人民法院院长签发停止执行死刑的命令,并指令原审人民法院或指定的人民法院查实有关情况后上报。经审查核实,如果认为原判决是正确的,必须报请原核准死刑的人民法院院长再签发执行死刑的命令,才能执行死刑。如果认为原判决确有错误,或者罪犯检举、揭发重大犯罪事实或者有其他重大立功表现,依法可以减轻处罚的,应当报请核准死刑的人民法院,依照审判监督程序裁定撤销原判决,将案件发回第一审人民法院再审,或者由第二审人民法院重审,或者由核准死刑的人民法院提审,依法改判。如果查实罪犯确系正在怀孕的妇女,应当报请核准死刑的人民法院,依照审判监督程序裁定撤销核准死刑的裁定和原判决,发回原审人民法院再审,依法改判死刑之外的其他刑罚。

二、死缓执行的变更

死刑缓期 2 年执行不是独立的刑罚种类,而是我国刑罚中死刑的一种特殊执行制度,是指对于罪该判处死刑的犯罪分子,如果不是必须立即执行,在判处死刑的同时宣告缓期 2 年执行,实行监管改造,以观后效的一种制度。死缓的执行必然产生减刑或执行死刑两种结果,都涉及执行变更的问题。

根据《刑法》的有关规定和《刑事诉讼法》第 261 条第 2 款的规定,被判处死刑缓期 2 年执行的罪犯,在死刑缓期执行期间,如果没有故意犯罪,死刑缓期执行期满,应当予以减刑;如果故意犯罪,情节恶劣,查证属实,应当执行死刑。

修正后的《刑事诉讼法》将原《刑事诉讼法》关于死缓减刑或执行死刑的条件进行了重大完善,将原规定的“确有悔改或者立功表现”修改为“没有故意犯罪”,将“抗拒改造情节恶劣”修改为“故意犯罪,情节恶劣,查证属实,应当执行死刑”。原

《刑事诉讼法》规定得比较笼统，况且缓期2年期满后两种情况都不存在，应该如何处置，原法未能准确加以涵盖。修正后的《刑事诉讼法》的这一条文比原规定更加明确、科学了。死刑缓期2年执行的减刑或执行死刑有了法定的标准，即以上行为是否以故意犯罪为标准，也较前规定更为宽松了。只要没有故意犯罪，2年期满，都应当依法减刑。

第二节 监外执行

监外执行，指被判处有期徒刑、拘役的罪犯，本应在监狱或其他执行场所服刑，由于出现法律规定的某种特殊情形，不适宜在监狱或其他执行场所执行刑罚时，暂时采取的一种变通执行方法。

《刑事诉讼法》第265条第1款规定："对被判处有期徒刑或者拘役的罪犯，有下列情形之一的，可以暂予监外执行：(一)有严重疾病需要保外就医的；(二)怀孕或者正在哺乳自己婴儿的妇女；(三)生活不能自理，适用暂予监外执行不致危害社会的。"第2款规定："对被判处无期徒刑的罪犯，有前款第二项规定情形的。可以暂予监外执行。"根据以上两条规定，监外执行只能限于上述几种情况。对符合监外执行条件的罪犯，如果认为保外就医可能有社会危险性的，也不能予以监外执行。对有的罪犯为了达到监外执行目的，企图通过自伤自残的欺骗方法谋得保外就医，同样也不能予以监外执行。对其中情节恶劣的，视情况还应追究其刑事责任。

对罪犯确有严重疾病或者正在怀孕必须保外就医的，必须履行法定的手续，先由省级人民政府指定的医院开具证明文件，再依照法律规定的程序审批。审批应由监狱或者其他执行机关提出书面意见，报省、自治区、直辖市的监狱管理机关批准。批准机关批准后，应当将批准的暂予监外执行决定通知公安机关和原判人民法院，并抄送人民检察院。

对生效判决、裁定交付执行前，人民法院认为罪犯符合监外执行条件而作出暂予监外执行决定的，根据最高人民法院《解释》的规定，应当制作《暂予监外执行决定书》，载明罪犯基本情况、判决确定的罪名和刑罚、决定暂予监外执行的原因、依据等内容，并抄送人民检察院和罪犯居住地的公安机关。

对暂予监外执行的罪犯，由居住地的公安机关执行。执行机关应当对罪犯严格管理。有关基层组织或者罪犯的原所在单位予以协助进行监管。

在执行中，发现被保外就医的罪犯不符合保外就医条件的，或者严重违反有关保外就医规定的，应当及时收监。执行中，暂予监外执行的情形消失后，刑期未满的，负责执行的公安机关应当及时通知监狱等有关机关予以收监；刑期届满的，由原关押机关办理释放手续。

第三节　减刑和假释程序

一、减刑程序

根据《刑法》第78条的规定，减刑是指被判处管制、拘役、有期徒刑、无期徒刑的罪犯，在执行期间，如果认真遵守监规，接受教育改造，确有悔改表现的，或者有立功表现的，可以减刑。减刑可以由较重的刑罚减为较轻的刑罚（只限于无期徒刑减为有期徒刑），也可以由较长的刑期减为较短的刑期。但是，经过一次减刑或几次减刑以后实际执行的刑期，判处管制、拘役、有期徒刑的，不能少于原判刑期的一半；判处无期徒刑的，不能少于10年。无期徒刑减为有期徒刑的刑期，从裁定减刑之日起计算，已经执行的刑期，不应计入减刑后的刑期之内；有期徒刑、拘役、管制减刑后的刑期，原判刑期已执行的部分，应当计入裁定减刑后的刑期。附加剥夺政治权利的无期徒刑减为有期徒刑时，应当把附加剥夺政治权利的期限改为3年以上10年以下；有期徒刑、拘役、管制减刑时，可以酌减附加剥夺政治权利的期限。

根据《刑事诉讼法》和《监狱法》等有关法律规定，对被判处管制、拘役、有期徒刑、无期徒刑的罪犯，应当依法减刑时，应由各刑罚执行机关提出建议书，根据原判处刑罚的不同，分别报请不同的人民法院审核裁定：

（1）对被判处无期徒刑的罪犯的减刑，应当由罪犯所在监狱、未成年犯管教所提出书面意见，经省、自治区、直辖市的监狱管理机关审核同意后，报请当地高级人民法院审核裁定；

（2）对被判处有期徒刑罪犯的减刑，应当由监狱、未成年犯管教所提出书面意见请当地中级人民法院审核裁定；

（3）对被判处1年以下有期徒刑或者交付执行时余刑在1年以下有期徒刑的罪犯的减刑，由看守所提出书面意见，经当地县级以上公安机关审查同意后，分别报请当地中级人民法院或基层人民法院审核裁定；

（4）对被判处拘役的罪犯的减刑，由拘役所提出书面意见，经当地县级公安机关审查同意后，报请当地基层人民法院审核裁定；

（5）对被判处管制的罪犯的减刑，由执行管制的公安派出所提出意见，经当地县级公安机关审查同意后，报请当地基层人民法院裁定；

（6）被宣告缓刑的罪犯，在缓刑考验期内确有立功表现，需要予以减刑，并相应缩短缓刑考验期限的，应当由公安派出所会同负责考察罪犯表现的所在单位或基层组织提出书面意见报当地县级公安机关审查同意后，报请当地人民法院审核裁定。

二、假释程序

根据《刑法》第 81 条的规定,假释是指被判处有期徒刑的罪犯,原判刑期执行了一半以上,被判处无期徒刑的罪犯,实际执行刑期 10 年以上,如果认真遵守监规,接受教育改造,确有悔改表现,不致再危害社会的,可以附条件地将其提前释放。如果有特殊情节,经最高人民法院核准,假释也可以不受上述执行刑期的限制。对累犯以及因杀人、爆炸、抢劫、强奸、绑架等暴力性犯罪被判处 10 年以上有期徒刑、无期徒刑的犯罪分子,不得假释。有期徒刑的假释考验期为没有执行完的刑期;无期徒刑的假释考验期为 10 年。假释考验期限自假释之日起计算。如果原判决附加剥夺政治权利的,应当从假释之日起执行。

假释的程序与减刑程序基本相同。

《刑事诉讼法》第 269 条规定,对被假释的罪犯,依法实行矫正,由社区矫正机构负责执行。被假释的罪犯在假释考验期内,必须遵守国家法律、行政法规和公安机关制定的具体监督管理的规定,定期向执行机关报告自己的活动情况,遵守监督机关关于会客的规定,迁居或者离开居住区域必须经公安机关批准。被假释的罪犯,在假释考验期内没有违反法律、行政法规和社区矫正机构制定的有关假释的监督管理规定的行为,则认为原判刑罚已执行完毕,社区矫正机构应当向本人宣布并通报原裁定假释的人民法院和原关押罪犯的刑罚执行机关,无需另外办理释放手续。根据《刑法》和《监狱法》的有关规定,假释的撤销有两种情形:(1)被假释的罪犯,如果在假释考验期内再犯新罪,则由审理新罪的人民法院撤销假释,把前罪没有执行完毕的刑罚和后罪新判处的刑罚,按照数罪并罚的原则,决定应当执行的刑期;(2)被假释的罪犯,在假释考验期限内,有违反法律、行政法规和社区矫正机构制定的有关假释的监督管理规定的行为,尚未构成新的犯罪的,社区矫正机构可以向人民法院提出撤销假释的建议,人民法院应当自收到撤销假释建议书之日起 1 个月内予以审核裁定。人民法院裁定撤销假释的,由社区矫正机构会同公安机关将罪犯送交收监。

减刑、假释的审理程序。监狱等刑罚执行机关在报请人民法院审核裁定减刑、假释时,必须做到材料完备、手续齐全,以保证人民法院审理活动的顺利进行。应申报的材料包括:提请减刑意见书或提请假释意见书、罪犯评审鉴定表、奖惩审批表、终审法院判决书或裁定书的复制件、历次减刑裁定书的复制件,以及罪犯悔改或者立功表现具体事实的证明材料。

人民法院审理减刑、假释案件,应当组成合议庭进行,对监狱等刑罚执行机关提出的材料和意见应当认真审查核实。经查证核实,具备法定条件的,应予减刑、假释。对不符合法律规定的减刑、假释条件的罪犯,不得以任何理由将其减刑、假释。减刑、假释的裁定书应扼要写明罪犯确有悔改或立功表现的事实,引用《刑法》《刑事诉讼法》等法律规定的有关条款,并注明减刑、假释的起止日期。《监狱法》规定,人民法院应当自收到减刑建议书或者假释建议书之日起 1 个月之内予以审核裁定;案情复杂或者情况特殊的，可以延长1个月。减刑裁定书的副本或假释书的副本应当抄送人民检察院，并送交原审人民法院存卷。

人民法院的减刑或者假释裁定，一般由作出裁定的人民法院直接宣告，直接宣告有困难的，也可以委托罪犯服刑地的人民法院或者执行机关代为宣告。减刑、假释裁定不准上诉。对于人民法院裁定假释的罪犯，监狱等刑罚执行机关应当按期假释并发给释放证明书。

第四节　对新罪、漏罪和申诉的处理

一、对新罪、漏罪的处理

新罪，是指罪犯在服刑期间又犯的新罪行。漏罪，是指判决生效后在执行过程中发现的罪犯在判决宣告以前所犯的尚未判决的罪行。

《刑事诉讼法》第273条第1款规定："罪犯在服刑期间又犯罪的，或者发现了判决的时候所没有发现的罪行，由执行机关移送人民检察院处理。"发现了罪犯的新罪，都应依法追诉，这必然会涉及执行的变更问题。

在刑罚执行期间，如果发现了罪犯在判决宣告以前所犯的尚未判决的漏罪，或者罪犯实施了脱逃、组织越狱、伤害等新罪，由监狱等有管辖权的机关进行侦查。侦查终结后，写出起诉意见书，连同案卷材料、证据一并移送人民检察院。如果认为需要追究刑事责任，人民检察院应按管辖分工的不同，向有管辖权的基层人民法院或中级人民法院起诉。人民法院应依法进行审判，将罪犯的新罪和漏罪所判处的刑罚与原判决尚未执行完毕的刑期，按数罪并罚的原则，决定应当执行的刑罚。

关于服刑罪犯脱逃后又犯新罪，应分别情况处理。如果新罪是在被捕以后发现的，应按前述管辖和处理程序进行追究；如果罪犯所犯罪行是在犯罪地发现的，即由犯罪地的公安机关、人民检察院、人民法院依照管辖范围和法定程序进行处理。判决后，原则上仍送回原所在监狱执行。

关于服刑罪犯脱逃后又犯罪是否办理逮捕手续的问题，应分别情况处理：(1)如果查明查获的犯罪分子确为服刑期间脱逃的罪犯，可由捕获的公安机关羁押，不必再办逮捕手续，看守所应当凭公安机关的羁押文件收押；(2)如果未查明犯罪人系服刑期间脱逃的罪犯，其行为又该逮捕的，可依法办理逮捕手续；(3)在办理服刑期间又犯新罪的案件的过程中，如果罪犯服刑期届满，所犯新罪够逮捕条件，应由人民检察院或人民法院批准或决定逮捕。

人民法院对新罪、漏罪审理后制作的判决书，除应送达罪犯交付执行的监狱外，还应送达原审人民法院和担负监所检察任务的人民检察院。

二、对错判申诉的处理

《刑事诉讼法》第275条规定:“监狱和其他执行机关在刑罚执行中,如果认为判决有错误或者罪犯提出申诉,应当转请人民检察院或者原判人民法院处理。”根据规定,在执行刑罚中,监狱和其他执行机关如果发现对罪犯的判决有错误,应本着对法律高度负责的精神,及时将有关情况及意见向人民检察院或原判人民法院反映。在执行刑罚中,罪犯本人认为生效裁判有错误的,也可以向人民检察院或原判人民法院提出申诉,请求重新处理。所谓申诉,是指罪犯认为对自己的判决有错误,在服刑中提出撤销或变更原判刑罚的请求。对于罪犯的申诉材料,监狱或其他刑罚执行机关应当及时转递,不得扣压。

人民检察院或者原判人民法院对收到的申诉材料及意见,应当迅速审查。对于确有错误的,应依法提起审判监督程序,对案件进行再审。对于原判正确,申请没有理由的,可以驳回申诉,并将处理结果通知申诉人和有关执行机关。《监狱法》规定,人民检察院或人民法院应当自收到监狱提请处理意见书之日起6个月内将处理结果通知监狱。

思考题:

1. 什么叫执行监督?执行监督有哪些特点?
2. 监外执行的适用对象和条件是什么?
3. 简述减刑、假释的条件和程序。
4. 试述人民检察院对刑罚执行的监督方式。

第五编　刑事特别程序

第二十一章

单位犯罪追诉程序

本章提要:学习本章应掌握以下要点:(1)单位犯罪诉讼程序的概念;(2)单位犯罪的管辖;(3)单位犯罪诉讼程序中的诉讼代表人制度;(4)单位犯罪强制措施的适用;(5)单位犯罪中的自诉、上诉和抗诉;(6)单位犯罪中辩护权的行使。

第一节 单位犯罪案件诉讼程序概述

一、单位犯罪诉讼程序的概念

单位犯罪的追诉程序,指公安、司法机关依法追究公司、企业、事业单位、机关、团体实施的危害社会行为的刑事责任的特殊诉讼程序。根据1999年最高人民法院《关于审理单位犯罪案件具体应用法律有关问题的解释》中第1条规定,公司、企业、事业单位既包括国有、集体所有的公司、企业、事业单位,也包括依法设立的合资经营、合作经营企业和具有法人资格的独资、私营等公司、企业、事业单位。

参照刑事诉讼法的有关规定,对被追究刑事责任的单位在检察机关向人民法院起诉前可称为"犯罪嫌疑单位",进入审判阶段可称为"被告单位"。

二、单位犯罪的管辖

(一) 立案管辖

单位犯罪的立案管辖主要是指公安机关、人民法院在直接受理一审单位犯罪案件上的分工和权限。

1. 公安机关受理的单位犯罪案件

根据刑事诉讼法及有关司法解释的规定,公安机关受理的单位犯罪案件主要包括:(1)单位犯罪走私案件(如单位走私淫秽物品案,单位走私普通货物、物品案);(2)单位妨害对公司企业的管理秩序案件(如单位虚报注册资本案,单位虚假出资、抽逃出资案,单位欺诈发行股票、债券案,公司、企业妨害清算案);(3)单位破坏金融管理秩序案件(如单位非法吸收公众存款案,单位伪造、变造金融票证案,单位擅自发行股票或公司、企业债券案,单位内幕交易、泄露内幕信息案);(4)单位危害税收征管案件(如单位虚开增值税专用发票、用于骗取出口退税、抵扣税款发票案,单位伪造、出售伪造的增值税专用发票案,单位偷税案,单位逃避追缴欠税案);(5)单位扰乱市场秩序案件(如单位串通投标案,单位非法经营案,单位强迫交易案,单位逃避商检案等)。

2. 人民法院直接受理的案件

人民法院直接受理的案件是自诉案件,由于单位也可以作为一些自诉案件的犯罪主体,因而这类单位犯罪可以由法院直接受理,主要包括:(1)生产、销售伪劣商品案;(2)侵犯知识产权案(如单位假冒注册商标案,单位销售假冒注册商标标识案,单位假冒专利案,单位侵犯著作权案,单位销售侵权复制品案,单位侵犯商业秘密等案件)。

(二) 审判管辖

就单位犯罪而言,审判管辖主要指单位犯罪案件的级别管辖和地域管辖。我国刑事诉讼法确定的级别管辖主要是从人民法院级别的高低、案件的性质、可能判处刑罚的轻重、社会影响的大小等因素来考虑的,单位犯罪案件的级别管辖与自然人犯罪案件的级别管辖一致,因此在确定单位犯罪案件的第一审管辖时也应遵循以下规定:(1)基层人民法院管辖大部分的一审普通单位犯罪案件。一般来说,凡是案件涉及面小,影响不大,可能判处较轻刑罚的单位犯罪案件都应由基层人民法院管辖;(2)中级人民法院主要管辖对在单位犯罪中直接负责的主管人员和其他直接责任人员可能判处无期徒刑、死刑的案件;(3)高级人民法院管辖全省(自治区、直辖市)性的重大单位犯罪案件;(4)最高人民法院管辖全国性的重大单位犯罪案件。

(三) 地域管辖

单位犯罪的地域管辖,指同级人民法院之间按照各自的辖区在审理第一审单位犯罪案件上的分工和权限。我国刑事诉讼法关于自然人的地域管辖是从有利于人民法院就地调查、节约司法资源,有利于依靠群众迅速查明案情、及时审判,便于诉讼参与人参加诉讼和诉讼经济等方面综合考虑的,其原则精神无疑也适用于单位犯罪案件的地域管辖。

单位犯罪案件应由犯罪地的人民法院管辖,由被告单位住所地的人民法院管辖更为适宜的可由被告住所地的人民法院管辖。单位犯罪地包括单位犯罪预备地、实施地、结果地、销赃地等,不作为的犯罪其犯罪地是被告单位住所地。被告单位住所地主要是指单位的主要营业地或主要办事机构所在地。

对单位犯罪案件两个以上同级人民法院都有管辖权的,由最初受理的人民法院管辖,在必要时可移送主要犯罪地的人民法院管辖。主要犯罪地包括数个罪行中主要罪行所在地,也包括同一罪行中主要犯罪事实、情节所在地,如单位犯罪行为实施地或危害结果发生地或共同犯罪中主犯的犯罪行为实施地等。

第二节 单位犯罪诉讼程序中的诉讼代表人制度

一、诉讼代表人制度的确立

单位作为刑事诉讼法律关系的主体无疑具有诉讼权利能力，依法享有《刑事诉讼法》所规定的诉讼权利及承担相应的诉讼义务，但仅有诉讼权利能力而不具有诉讼行为能力的主体不能实际参与到刑事诉讼法律关系中去，单位作为一个法律拟制主体，虽然依法享有诉讼权利能力，但由于其不具有人身性，无法和自然人一样通过自己的行为去取得权利和承担义务，这也意味着单位无法实际参与到刑事诉讼法律关系中去，其诉讼权利能力形同虚设，作为被追诉的对象，其合法的诉讼权利及实体权益也无法得到实现和保障，因此有必要从法律上保障其诉讼权利能力得以实现，使其能和自然人一样获得诉讼生命，参与到刑事诉讼中去，诉讼代表人制度也就应运而生。设立诉讼代表人制度，也是保障单位自身合法权益的需要。我国刑法规定对单位犯罪的处罚是以“双罚制”为主，以“单罚制”为辅。在实行“单罚制”的单位犯罪（如工程重大安全事故罪、消防责任事故罪）中，实际上只涉及自然人被告的刑事责任问题，单位未被追究刑事责任，因而也没有参加刑事诉讼的必要，因此，在实行“单罚制”的单位犯罪中不需要诉讼代表人的参与。而在实行“双罚制”的单位犯罪中，不仅追究自然人的刑事责任，而且还追究单位的刑事责任，在此种情况下，作为共同被追究刑事责任的双方，无论其利益是同向还是异向，都存在一个责任的分担问题，为防止自然人被告打着单位的旗号推卸责任，为保障单位自身的合法权益，有必要设立诉讼代表人制度。

从国外立法来看，单位参与刑事诉讼也大多采用代表人制度，如日本《刑事诉讼法》第 27 条规定“被告人或者被疑人是法人时，由代表人代为诉讼行为”。美国《联邦刑事诉讼规则》第 43 条规定“法人可以由全权代理的律师代表出庭”。英国、澳大利亚、新西兰等普通法系国家一般也规定由法人的诉讼代表人代表法人参加诉讼活动。我国单位参与刑事诉讼的方式是采用诉讼代表人制度。诉讼代表人是指为维护单位的合法权益，接受单位委派并代表单位参加刑事诉讼活动，在诉讼中行使诉讼权利、履行诉讼义务的人。诉讼代表人制度是指有关诉讼代表人诉讼地位、权利义务、范围、参加诉讼的程序等一系列法律规定的总和。

二、诉讼代表人的诉讼地位及权利义务

诉讼代表人是单位的诉讼代理人，而不是案件的当事人，其与案件的处理结果没有直接的利害关系，不受判决的约束，其一经委派便具有独立的诉讼地位。其独立性

主要体现在以下几方面:(1)诉讼代表人一经单位委派后便以自己的独立意志参与刑事诉讼,不受单位其他人员的干扰,其诉讼行为应视为单位意志的体现,如诉讼代表人的陈述应视为犯罪嫌疑单位的供述和辩解;其检举揭发应视为单位的立功情节等;(2)诉讼代表人有权行使犯罪嫌疑单位、被告单位享有的一切诉讼权利,如辩护权、申请回避权、上诉权等,最高人民法院《解释》对此也作了规定,这是诉讼代表人独立性的突出表现;(3)诉讼代表人诉讼行为的法律后果由单位承担。

诉讼代表人的独立性还体现在其必须承担独立于犯罪嫌疑单位、被告单位之外的诉讼义务:(1)接受公安司法人员的依法询问、如实陈述单位的经营管理中的有关情况;(2)依法出庭,协助或配合司法机关进行诉讼活动;(3)遵守诉讼秩序、保守秘密;(4)不得毁灭、伪造、隐匿证据或与自然人被告及单位的其他人员串通损害单位的合法权益;(5)诉讼代表人有义务承担一定的强制措施,对接到出庭通知而拒不出庭的,人民法院在必要时可以拘传;(6)代表单位接受并执行司法机关生效的判决、裁定及决定。

三、诉讼代表人的条件

诉讼代表人要能最大限度地维护单位的合法权益,因此诉讼代表人一般应符合以下条件:(1)未参与单位犯罪。若诉讼代表人参与了单位犯罪,一方面其自身可能被采取了强制措施,人身自由受到一定限制,无法充分有效地行使诉讼权利;另一方面由于其与单位主体之间存在责任的分担问题,可能有推卸责任之嫌。(2)熟悉单位的经营管理活动。单位犯罪一般发生在单位的经营管理活动中,由熟悉其经营管理活动的人担任诉讼代表人能较好地维护单位的合法权益;一般应由单位内部的高级职员或具有较高职务和身份的人担任。(3)品行良好,未涉嫌其他犯罪或被执行过刑罚。

四、单位变更时诉讼代表人的确定

若单位自身情况发生变化,其诉讼代表人如何确定也是诉讼代表人制度中的一个关键问题,实践中单位变更的情形一般有三种,即单位分立、单位合并、单位终止。

1. 单位分立

单位的分立有分解分立和分支分立两种形式,分解分立是指把原有的单位依法分为两个或两个以上的独立单位(法人),原有单位消灭;而分支分立指原有单位将其部分的财产或业务分出一部分或若干部分,原有单位依然存续,分出的部分依法成为新的单位。在分解分立的情况下,若已消灭的原单位的法定代表人未被追究刑事责任的,则仍由原单位的法定代表人作为诉讼代表人参加诉讼,若其被追究刑事责任的,可由分立后的单位的法定代表人作为诉讼代表人,若分立后的单位的法定代表人有 2 人以上,可协商决定 1—2 人参加诉讼,协商不成,由人民法院指定;若有关负责人都涉嫌犯罪的，可由人民法院在合适人选中指定。在分支分立的情况下，应由仍存续的原单位的法定代表人作为诉讼代表人，若其被追究刑事责任的，由原单位的其他负责人担任诉讼代表人，其他负责人也都被追究刑事责任的，可从分立后的法定代表人或其他负责人中选任。

2. 单位合并

单位合并分吸收合并和新设合并两种方式，吸收合并是指一个或一个以上的单位加入该单位，加入方解散，取消法人资格，接纳方存续。新设合并是指两个以上的单位合并为一个新单位，原合并各方均解散，其法人资格消灭，成立一个新单位。在吸收合并的情况下，由原犯罪嫌疑单位或被告单位的法定代表人作为诉讼代表人，若其涉嫌犯罪，由原单位的其他负责人担任诉讼代表人，其他负责人也涉嫌犯罪的，可考虑由吸收合并进来的单位的法定代表人或其他负责人作为诉讼代表人的人选，因为单位所受的刑事处罚结果与他们有一定的利害关系，从维护其自身利益的角度出发，他们有可能尽力维护其合法权益；在新设合并的情况下，若原犯罪嫌疑单位的法定代表人未涉嫌犯罪的，由其担任诉讼代表人，若原单位的法定代表人及其他负责人都涉嫌犯罪的，应由新单位的法定代表人参加诉讼。综上所述，无论是合并还是分立，选任诉讼代表人的原则应是能够最大限度地维护单位的合法权益，在选任顺序上一般应为原单位的法定代表人、原单位的其他负责人、新单位的法定代表人、新单位的其他负责人，最后是其他人员。

3. 单位终止

在单位犯罪追诉程序开始以前，若单位由于解散、依法被撤销、破产等原因终止的，由于单位作为一个法律拟制主体的资格已不存在，对其已无追诉的必要和可能，因此也不需要诉讼代表人代其参与刑事诉讼程序，但对单位犯罪中自然人的刑事责任追究仍应进行。

第三节 单位犯罪强制措施的适用

为了保障刑事诉讼活动的顺利进行，我国刑事诉讼法规定了对自然人采取的强制措施，同样的在单位犯罪案件中为了保障刑事诉讼活动的顺利进行也有必要采取相应的强制措施。

我国刑法追究被告单位的刑事责任是以双罚制为主，以单罚制为辅。“双罚制”不仅追究被告单位的刑事责任，而且还追究对其直接负责的主管人员和其他直接责任人员的刑事责任。“单罚制”只追究对单位直接负责的主管人员和其他直接责任人员的刑事责任。“单罚制”采取的强制措施包括对自然人实施拘传、取保候审、监视居住、拘留、逮捕。“双罚制”涉及两类主体，即自然人和单位，对其中自然人责任主体可采取与一般被告人相同的强制措施，但对单位这类特殊主体却不能采取与人身有关的强制措施，为防止单位逃避刑事处分，转移赃物和继续犯罪，保障将来刑事判决的执行，对涉嫌犯罪的单位可采取以下几种强制措施：

一、财产担保

为保证判决的执行，人民法院可以先行查封、扣押、冻结被告单位的财产，或者由被告单位提出担保。

财产担保，指公安机关、人民检察院、人民法院责令犯罪嫌疑单位、被告单位或犯罪嫌疑单位、被告单位商请第三人交纳指定的保证金以保证刑事诉讼活动顺利进行的一种强制措施，类似于对自然人的取保候审。在适用这一强制措施时应注意以下几点：(1)有权决定财产担保的机关只能是公安机关、人民检察院、人民法院，其他任何机关、团体、个人都无权决定财产担保；(2)财产担保的对象是犯罪嫌疑单位、被告单位，保证金应由犯罪嫌疑单位、被告单位交纳，只有在其无力交纳或出于其他原因不能交纳的，才可由其提供其他保证人或单位代为交纳；(3)保证金的数额应因案而异，一般应根据犯罪嫌疑单位、被告单位的财产能力及犯罪的严重程度，特别是犯罪所造成的损失的程度和非法获利数额来定，保证金数额应与犯罪单位的社会危害性成正比。

犯罪嫌疑单位、被告单位在被财产担保期间应当遵守以下规定：(1)不得隐匿、毁弃、伪造证据以及与其他单位和个人恶意串通，编造虚假情况干扰、妨碍司法机关调查取证；(2)单位如有迁址、变更经营范围、更换法定代表人、合资、合作联营等重大举措以及宣告破产等情况应向决定取保的机关先行报告，有的还需经决定取保的机关同意。

如果犯罪嫌疑单位、被告单位在被财产担保期间，违反有关规定除要承担相应的法律责任外，其提供担保的财产也将部分或全部被没收，由他人提供保证金的，担保人有义务保证犯罪嫌疑单位、被告单位不违反所应遵守的规定，一旦其违反将视情节没收担保金的一部分或全部。

从具体程序上说，在适用财产担保这一强制措施时应首先由犯罪嫌疑单位、被告单位填写记载保证金及保证事项的保证书。如由他人提供保证金担保的，提供保证金的单位或个人亦应填写列明保证事项担保书，然后由责令提供担保的公安、司法机关签发"财产担保决定书"。犯罪嫌疑单位、被告单位在整个诉讼过程中如果没有违反有关财产担保的规定，没有干扰和妨碍刑事诉讼活动正常进行，那么刑事诉讼一结束，责令提供担保的公安机关、人民检察院、人民法院应将保证金退还。

二、查封、扣押财产和冻结银行存款

为保证判决的执行，人民法院也可以先行采取查封、扣押犯罪嫌疑单位、被告单位的财产或冻结其银行存款的强制措施，适用这些强制措施可有效防止单位转移财产或赃款、赃物，保障诉讼顺利进行及罚金刑的执行。在适用这些强制措施时，应明确以下几点：

（1）查封、扣押财产和冻结银行存款仅适用于刑法规定为“双罚制”的单位犯罪，其中主要是公司、企业为谋取非法经济利益而实施的犯罪。刑法规定为“单罚制”的单位犯罪则不适用，因为“单罚制”只处罚直接责任人而不处罚单位。

（2）查封、扣押财产和冻结银行存款应有适当的范围。如果范围过大，就会严重影响甚至剥夺单位的正常业务经营活动。

（3）对于被查封、扣押的财产以及被冻结的银行存款经查明确实与单位犯罪案件无关的应当在3日以内解除查封、扣押、冻结，对于已被冻结的银行存款不得重复冻结。

（4）对于查封、扣押的财产及冻结的银行存款应妥善保管和处置，任何单位或个人不得挪用或自行处理。

在公安机关、人民检察院、人民法院执行以上强制措施时有关单位或银行应当积极予以配合，不得无故拒绝协助执行、擅自转移或解冻已冻结的财产或向犯罪嫌疑单位、被告单位通风报信，协助其转移、隐匿财产，如有上述行为应追究其法律责任。

三、监视经营管理

监视经营管理，指公安机关、人民检察院、人民法院在单位犯罪的刑事诉讼中对犯罪嫌疑单位、被告单位的经营管理活动进行监督和检查，以防止其继续犯罪或者转移、伪造、销毁证据，保证单位犯罪刑事诉讼正常进行的强制措施。监视经营管理适用的条件与财产担保基本相同，如果犯罪嫌疑单位、被告单位无力交纳保证金，其他单位又不愿为其担保的，可以采用监视经营管理。监视经营管理的内容主要包括：监督单位合法经营，进行正常的业务活动；限制单位实施某些可能影响刑事诉讼正常进行的经营活动；通过监视单位的各种活动来保全证据；禁止单位进行各种违法犯罪活动。监视经营管理不得妨碍和限制单位的正常生产和经营，不得限制单位内部成员的人身自由。

四、中止经营活动（又称责令停业）

该强制措施要求单位在被追诉期间暂时中止一切经营活动。这是针对单位采取的各种强制措施中最为严厉的一种，因此在适用上应严格控制。在适用中，应注意以下几点：

（1）在适用对象上只限于从事经营活动的公司和企业，不能对国家机关、事业单位适用。

（2）中止经营活动要求犯罪嫌疑单位、被告单位必须同时具备两个条件：

一是单位犯有较重的罪行（如直接责任人员可能被依法判处无期徒刑、死刑的案件)并且有停业必要的。

二是采取财产担保、扣押、冻结等强制措施不足以防止其违法犯罪或可能妨碍刑事诉讼的正常进行甚至可能发生社会危险的。

(3) 中止经营活动只能由人民检察院或人民法院决定方可采用。因为中止经营活动是对单位采取的一种最为严厉的强制措施，它关系到单位的切身利益，运用不当可能严重影响单位正常的生产经营活动，给单位造成不必要的损失，因此在运用这一强制措施时应采取审慎的态度。

(4) 采用中止经营活动的强制措施后，随着诉讼的进行应根据案件情况及时解除或变更为较轻的强制措施，以免造成不应有的损失。

第四节　单位辩护权的行使

我国刑事诉讼法规定犯罪嫌疑人、被告人除自己行使辩护权外还可以委托1—2人作为辩护人，可见辩护权是犯罪嫌疑人、被告人的法定诉讼权利。对被追究刑事责任的犯罪嫌疑单位、被告单位而言，辩护权行使的必要性和法定性也是不言而喻的。纵观各国立法，大多数国家规定了单位(法人)辩护权。例如英国法律规定，“在传讯被告法人时，法人可以经由其代表作有罪答辩或无罪答辩”。澳大利亚法律也有类似规定。又如南斯拉夫法律规定，法人的代理人有权代表法人享有刑事诉讼被告人的一切权利。法人和法人的责任人在刑诉程序中可能各有自己的辩护人或有一名共同的辩护人。法人代表人必须出席主要辩论且可强制其出席。

一、单位行使辩护权的方式

单位行使辩护权有以下几种方式：

(一) 自行辩护

即由单位的主管人员和直接责任人员以及诉讼代表人针对控方的指控所进行的论证单位无罪、罪轻、减轻或免除罪责的反驳和辩解，以维护单位的合法权益。但应该明确诉讼代表人是代表单位参加诉讼活动，为单位辩护是其职责所在，其身份仍然是诉讼代表人而非辩护人。

(二) 委托辩护

委托辩护，指犯罪嫌疑单位、被告单位与有资格充当辩护人的人订立委托协议，使其参加诉讼为单位进行辩护。辩护人辩护权的取得是基于单位与被委托人之间订立的委托协议。

诉讼代表人与辩护人虽然都是受单位委托参加刑事诉讼的诉讼参与人，但他们是有区别的。首先，他们受委托以及参加诉讼活动的内容不同；诉讼代表人一经委派便可代表单位行使在刑事诉讼中的一切诉讼权利。而辩护人在诉讼过程中只负责为犯罪嫌疑单位、被告单位进行辩护，并不代表单位进行其他诉讼活动。其次，独立性不同，所体现的意志不同。诉讼代表人是在单位的授权委托下参加诉讼活动，是为了维护单位的合法权益而代表单位进行诉讼活动的，其体现的是单位意志。而辩护人则不为单位意志所左右，辩护人具有独立的诉讼地位，不受犯罪嫌疑单位、被告人意志的约束，是根据事实和法律来展开辩护的。

（三）指定辩护

我国的刑事指定辩护主要是针对自然人，不包括单位，但由于单位犯罪中也可能涉及自然人的刑事责任问题，因而若单位犯罪案件中的自然人符合刑事指定辩护的情形，应当委托辩诉人而没有委托的，人民法院、人民检察院和公安机关应当通知法律援助机构指派律师为其提供辩护。

二、单位辩护人的范围

由于单位犯罪既可实行单罚制也可实行双罚制，在单罚制的情况下，自然人委托辩护人的范围适用刑事诉讼法中的有关规定；在双罚制的情况下，单位和自然人可分别委托。单位委托辩护人的范围一般可分为以下几类：(1)对单位直接负责的主管人员和其他直接责任人员；(2)犯罪嫌疑单位、被告单位授权委托的诉讼代表人；(3)律师；(4)由上级主管机关推荐的人以及人民法院许可担任辩护人的其他公民。

三、对单位行使辩护权的保障

首先是立法上的保障，即在刑事诉讼法条文中明确规定辩护权及辩护权的行使。我国《刑事诉讼法》第 33 条规定："犯罪嫌疑人、被告人除自己行使辩护权以外，还可以委托一至二人作为辩护人。"第 173 条规定："人民检察院审查案件，应当讯问犯罪嫌疑人，听取辩护人或者值班律师、被害人及其诉讼代理人的意见，并记录在案。"其次，如果仅有立法规定但在实际的诉讼过程中司法机关不给予切实保障，则法律规定也不过是一纸空文。这就要求司法机关在诉讼过程中要尽可能为犯罪嫌疑单位、被告单位行使辩护权提供便利条件，认真听取犯罪嫌疑单位、被告单位及其诉讼代表人的意见，对没有委托辩护人的犯罪嫌疑单位、被告单位有告知的责任和义务。保障单位辩护权的行使不仅有利于维护犯罪嫌疑单位、被告单位的合法权益，还有助于司法机关查明案情，对案件作出正确的处理。

第五节　单位犯罪不起诉和简易程序

一、单位犯罪的不起诉

单位犯罪不起诉在不起诉的情形上与自然人有所不同。首先,人民检察院在审查起诉时发现被追究刑事责任的单位如果在被立案前就被依法宣告破产或者依法被解散、撤销的,应适用《刑事诉讼法》第 177 条第 1 款的规定作出不起诉的决定。另外,单位犯罪已过追诉时效期限的也适用该条款的规定由人民检察院作出不起诉的决定,以上两种情形可称为法定不起诉。其次,被追究刑事责任的单位若符合《刑事诉讼法》第 177 条第 2 款的规定,即犯罪情节轻微,依照刑法规定不需要判处刑罚或者免除刑罚的,人民检察院可以作出不起诉决定。最后,单位犯罪案件经二次退回补充侦查,人民检察院仍然认为证据不足,不符合起诉条件的可以根据《刑事诉讼法》第 175 条作出不起诉的决定。

二、简易程序

《刑事诉讼法》第 214 条规定:"基层人民法院管辖的案件,符合下列条件的,可以适用简易程序审判:(一)案件事实清楚、证据充分的;(二)被告人承认自己所犯罪行,对指控的犯罪事实没有异议的;(三)被告人对适用简易程序没有异议的。人民检察院在提起公诉的时候,可以建议人民法院适用简易程序。"简易程序设置的目的就是为了迅速审结案件以及时保障当事人、被害人的合法权益,同时节省了人力、物力、财力,提高办案效率,单位犯罪只要符合以上情形的也可适用,若适用简易程序的,诉讼代表人可以通过陈述意见以及作最后陈述来维护单位的合法权益。

第六节　单位犯罪案件的上诉和抗诉

一、单位犯罪案件的上诉

我国追究单位犯罪的刑事责任是以"双罚制"为主,以"单罚制"为辅。由于在"单罚制"中只追究对单位直接负责的主管人员和其他直接责任人员的刑事责任,所以在上诉程序中适用自然人的有关规定。而在"双罚制"中,被追究刑事责任的主体是双重的,既有自然人又有被告单位,两者均为独立的诉讼主体,均有权在法定期限内对一审人民法院裁判提出上诉，人民法院在审理这类案件时应贯彻以下原则：

（一）全面审查原则

人民法院审理单位上诉案件应贯彻全面审查原则，就一审判决认定事实和适用法律进行全面审查，不受上诉、抗诉范围的限制。如果只有被告单位的主管人员或其他直接责任人员就其刑事责任问题提起上诉或者只有被告单位就其罚金刑提起上诉的，二审人民法院应该对全案进行全面审查，既审查自然人的刑罚适用又审查对被告单位的罚金是否妥当。

（二）上诉不加刑原则

《刑事诉讼法》第 237 条规定："第二审人民法院审理被告人或者他的法定代理人、辩护人、近亲属上诉的案件，不得加重被告人的刑罚。第二审人民法院发回原审人民法院重新审判的案件，除有新的犯罪事实，人民检察院补充起诉的以外，原审人民法院也不得加重被告人的刑罚。人民检察院提出抗诉或者自诉人提出上诉的，不受前款规定的限制。"同样，在单位犯罪案件中为切实保障被告单位上诉权的行使，二审人民法院在审理被告单位上诉案件时也应贯彻此项原则。当犯罪单位的主管人员或其他直接责任人员提起上诉时，二审人民法院不得加重其刑罚，如被告单位对一审判处罚金不服，二审人民法院只能维持或减少对单位判处的罚金额而不得加重罚金额，但如果同时有自诉人上诉或人民检察院抗诉则不受上诉不加刑原则的限制。

二、单位犯罪案件的抗诉

抗诉是人民检察院对人民法院的裁判实行有效法律监督的重要方式。对于单位犯罪的案件，地方各级人民检察院发现同级人民法院对被告单位或自然人主体的处罚不当都可以依法提出抗诉。人民检察院的抗诉可以针对全案也可以只针对案中的某一部分。抗诉理由大致有以下几种：(1)原判认定事实确有错误；(2)原判适用法律错误；(3)原判定案的证据不确实、不充分；(4)原判对被告单位判处罚金以及对主管人员和其他直接责任人员量刑畸轻畸重；(5)原一审审判程序严重违法；(6)审判人员在审理案件时有贪污受贿、徇私舞弊、枉法裁判的；二审人民法院审理抗诉案件不受上诉不加刑的限制，在审理后依法作出裁判。

思考题：

1. 试述单位犯罪诉讼代表人制度与刑事诉讼代理人制度的区别。
2. 试述诉讼代表人的条件、范围及委派程序。
3. 试述单位变更时诉讼代表人应如何确定。
4. 试述单位犯罪追诉程序中强制措施的适用。

第二十二章

涉外刑事诉讼程序

本章提要:本章对涉外刑事诉讼程序的有关问题作系统阐述。学习本章应掌握以下要点:(1)涉外刑事诉讼程序的特点;(2)涉外刑事诉讼的原则;(3)涉外刑事诉讼程序的特别规定;(4)刑事司法协助。

第一节　涉外刑事诉讼程序的特点

涉外刑事诉讼程序,指我国公安机关、国家安全机关、人民检察院、人民法院和监狱在处理具有涉外因素的刑事案件时所适用的一种特别刑事诉讼程序。

具体来讲,涉外刑事诉讼程序有三个特征。

一、具有涉外因素

所谓涉外因素,主要指诉讼当事人涉及外国人,诉讼所依据的法律除了国内法以外,还要以我国参加并签署过的有关国际条约、协定等为依据。同时,在处理涉外刑事案件时,还需要考虑国与国之间的外交关系,以及维护我国的外交路线和政策等因素。其主要表现在以下四个方面:

(1) 作为刑事当事人一方,包括犯罪嫌疑人、被告人或被害人是外国人、无国籍人或外国法人等。案件范围包括在我国领域内发生的涉外刑事案件,以及根据我国《刑法》规定的发生在我国领域外的我国有管辖权的涉外刑事案件。

(2) 司法机关所依据的法律,除了国内的刑事诉讼方面的法律外,还要遵循我国参加或缔结的有关国际条约或国与国之间缔结的协定等。

(3) 司法机关在对被告人定罪量刑和执行时,还得考虑国家之间的外交关系,从维护国家主权、外交方针政策等多方面综合考虑适用。

(4) 刑事诉讼涉及国与国之间的法律协作关系,如引渡刑事被告人,国际刑事司法协助等。这主要涉及我国公民在我国领域外犯罪的刑事案件,我国公民在我国领域内犯罪后逃往我国领域外的案件,外国人或无国籍人在我国领域外对我国或我国公民犯罪的刑事案件等。

二、法律在诉讼上需作出某些必要的专门规定

由于涉外刑事诉讼具有上述的涉外因素，决定了法律必须对诉讼程序作出某些必要的规定。这一点已为世界各国普遍采用。从国外的立法体例上看，大致可分为以下三种：

(1) 规定单行的涉外刑事诉讼程序法，与国内的刑事诉讼法并列，作为处理涉外案件的专门规范。这种体例多为早期的刑事诉讼立法所采用。但是这种体例表现出某些缺点，例如一个国家的基本诉讼程序不应该是两样，两个程序法规在内容上基本相同，对涉外案件另立单行法没有必要。因此，随着世界政治、经济形式的发展，各国立法上大多已不采用。

(2) 在刑事诉讼法中对需要作出特别规定的，分别列入有关章节的条款中，以体现其涉外因素。这种体例曾为多数国家所采用，至今仍有不少国家奉行这种体例。其形式是对有些要特别规定的程序，在一般规定之后专列特别条款作为一般规定的例外出现。但这种体例使涉外刑事诉讼程序上的特别规定过于分散，不便于当事人遵循和司法机关用以办案。

(3) 在刑事诉讼法中设立涉外刑事诉讼的专门编、章，以适应处理涉外刑事案件的特殊要求。这种体例，既把涉外刑事诉讼纳入统一的刑事诉讼法中，又对涉外刑事诉讼程序的一些特殊问题集中加以规定，便于诉讼当事人和司法机关掌握和运用。这种体例比较适应现今国际间政治、经济、文化、技术交流和发展的需要，因而成为世界各国刑事诉讼立法的新趋势。

三、属于刑事诉讼立法中的特别程序

一方面，涉外刑事诉讼程序由于具有涉外因素，同国内的一般刑事诉讼程序不同，需要作出特别的程序上的某些规定；另一方面，涉外刑事诉讼程序又不独立于刑事诉讼法之外，仍然是刑事诉讼程序中的一部分，仍然要受到刑事诉讼基本原则和制度的指导和制约。因此，司法机关在处理涉外刑事案件时，基本上是适用我国刑事诉讼法所规定的诉讼程序，特殊规定只是为了调整和解决涉外刑事案件的涉外因素所带来的一些特殊问题而设立的程序上的特别规范。

第二节 涉外刑事诉讼的原则

涉外刑事诉讼的原则，指指导司法机关和诉讼参与人正确处理涉外刑事案件时应遵循的行为准则。涉外刑事诉讼除了必须遵循我国《刑事诉讼法》确定的基本原则

外，还必须遵循其特有原则。这些特有原则是基本原则的具体化、特定化和补充。

涉外刑事诉讼的特有原则，具体包括以下几项：

一、国家主权原则

国家主权原则也称追究外国人犯罪适用中国法律的原则。这一原则的法律依据是《刑事诉讼法》第 17 条的规定："对于外国人犯罪应当追究刑事责任的，适用本法的规定。"

主权是一个国家独立自主处理对内对外事务的最高权力。一个主权独立的国家，其司法权也是独立的。任何国际条约未经该主权国家的同意，不得把条约强加给它。我国是主权独立的国家，司法机关在办理涉外刑事案件时，必须以国家主权为指导原则。

国家主权在涉外刑事诉讼中的基本内容主要体现在以下几个方面：

（1）外国人、无国籍人、外国法人或组织在中华人民共和国领域内参与刑事诉讼，一律适用我国刑事诉讼法的规定，依照我国法律规定的涉外刑事诉讼程序进行。

（2）依法归我国管辖的涉外刑事案件，应当由我国司法机关受理，外国司法机关无管辖权。依照我国《刑法》第 6 条至第 10 条的规定，中华人民共和国领域内及领域外犯罪，需要依照中国刑法追究刑事责任的，均适用我国刑法。《刑事诉讼法》第 17 条规定，除享有外交特权和豁免权的外国人犯罪应当追究刑事责任的，适用《刑事诉讼法》。

（3）外国法院的刑事裁判在我国领域内不直接发生法律效力，只有经过我国人民法院按照我国法律或有关条约、双边协定予以承认的，才能在我国发生法律效力，由我国的有关机关协助办理或执行。

（4）对国际条约的适用，以我国承认的为原则。

在涉外刑事诉讼中贯彻司法主权原则，有利于维护我国的独立和尊严，有利于维护我国国家和公民的合法权益。

二、刑事司法豁免原则

刑事司法豁免原则是从国家主权原则引申出来的一项原则，旨在尊重别国主权的完整和独立。司法豁免权是外交特权与豁免权的一个重要的和基本的方面。享有外交特权和豁免权的外国人犯罪应当追究刑事责任的，不能由我国司法机关作为涉外刑事案件处理，而必须由我国的外事部门通过外交途径解决。通常是建议派遣国政府将其召回，依其本国法律处理，或者直接宣布其为不受欢迎的人令其出境。

《刑事诉讼法》第 17 条第 2 款规定："对于享有外交特权和豁免权的外国人犯罪应当追究刑事责任的，通过外交途径解决。"这一规定，是刑事司法豁免原则的法律依据。

根据国际惯例,在国家间平等、互惠的基础上,为使一国外交代表能在驻在国有效执行职务,驻在国应给予这些外交代表外交特权和豁免权,其中包括刑事司法豁免权。与民事管辖豁免和行政管辖豁免的情况有所不同,刑事司法豁免是完全和绝对的。享有刑事司法豁免权的外国人,除非经过其派遣国政府的明确表示放弃,不得对其行使刑事管辖权,他们没有提供证词和其他证据的义务,更不得对其采取拘留和逮捕等强制措施。

根据《中华人民共和国外交特权与豁免条例》和《中华人民共和国领事特权与豁免条例》,下列外国人犯罪享有刑事司法豁免权:来中国访问的外国国家元首、政府首脑、外交部长及其他具有同等身份的官员;按照我国已加入的有关国际公约和我国与有关国际组织签订的协议而享有外交特权与豁免权的外国代表,联合国及其专门机构的官员和专家以及联合国及其专门机构驻中国代表机构的人员;各国驻中国使领馆的外交代表,使领馆行政技术人员及其配偶和未成年子女;途经中国的外国驻第三国的外交代表和与其共同生活的配偶及未成年子女,持有中国外交签证或者持有外交护照(仅限互免签证的国家)来中国的外交官员;经我国政府同意给予特权和豁免权的其他来中国访问的外国人士,等等。

三、信守国际条约原则

国际条约是国家之间缔结的,以国际法的基本原则为准,并确定其权利义务关系的一种国际书面协议。国际法上有所谓条约必须遵守原则,即指条约缔结以后,各方必须按条约规定行使自己的权利,履行自己的义务,不得违反。我国是一个主权国家,因此,凡是我国缔结或者参加的国际条约,除声明保留的条款外,都必须坚决信守。

信守国际条约的义务的基本内容包括:第一,对我国参加的多边或双边的国际条约和协定应当信守,但是我国声明保留的条款除外。我国没有参加或签订的条约对我国司法机关没有约束力。第二,在我国参加或缔结的国际条约的规定同国内法的规定发生冲突情况下,应当适用国际条约的有关规定。

关于国内法与国际条约、协定的关系问题,在法学理论上有三种主张:一是认为国内法优于国际条约;二是认为国际条约优于国内法;三是认为国内法与国际条约自成体系,不相联属。国际条约与国内法不发生谁高谁低的问题,只要是一个国家承认了的国际条约,除有保留的条款以外,在国内都必须信守。

将国际条约付诸实施于涉外刑事诉讼之中,我国刑事诉讼立法未作规定。但我国有些立法如民事诉讼法、外交特权与豁免条例等,都采取了在国内法中,确定承认和适用国际条约的原则。我国《民事诉讼法》第260条规定:"中华人民共和国缔结或者参加的国际条约同本法有不同规定的,适用该国际条约的规定,但中华人民共和国声明保留的条款除外。"1987年6月23日人大常委会通过的《关于对中华人民共和国缔结或者参加的国际条约所规定的罪行行使刑事管辖权的决定》规定:对于我国缔结或者参加的国际条约所规定的罪行，我国在所承担条约义务的范围内，行使刑事管辖权。该《决定》并附几个公约的有关条款。这些为我国涉外刑事诉讼承认和执行国际条约奠定了法律依据。

四、诉讼权利同等和对等原则

诉讼权利同等原则，指外国人、无国籍人或外国法人在我国参与刑事诉讼，同我国公民一样享有同等的诉讼权利，承担同等的诉讼义务。这在国际上称为“国民待遇”。我国司法机关对外国人、无国籍人或外国法人的诉讼权利应当同对待我国诉讼参与人一样，给予同等保障。

我国刑事诉讼法虽然没有明确规定这项原则，但根据我国《刑事诉讼法》第 17 条的规定，中国的立法是认可这项原则的。最高人民法院已通过有关司法解释对这项原则予以认可，“外国籍被告人在刑事诉讼中，享有我国法律规定的诉讼权利并承担义务”。

实行诉讼权利同等原则是各国涉外刑事诉讼程序的通例，其核心在于否定对外国人或者无国籍人实行差别待遇。根据这一原则的要求，既不能随意限制、剥夺外籍诉讼参与人的诉讼权利或者令其承担较多的诉讼义务，不能由于其不具有中国国籍而使他们在诉讼中处于较为不利的地位，也绝不允许给予或者要求给予外国人或者无国籍人超出我国诉讼参与人所享有的诉讼权利的任何特权，不允许免除其依法应当履行的诉讼义务。

诉讼权利对等原则，指如果外国法律和司法机关对我国公民在该国的刑事诉讼权利作某种限制，不是实行同等原则，则我国司法机关也可以采取相应措施给对方国家公民的权利作同等的限制。

对等原则不仅适用于处理外国公民的诉讼权利问题，而且适用于处理司法协助和司法豁免权问题。例如，最高人民法院、外交部、司法部在《关于我国法院和外国法院通过外交途径相互委托送达法律文书若干问题的通知》（1986 年 8 月 14 日）中规定：“对拒绝传递我国法院通过外交途径委托送达法律文书的国家或有特殊限制的国家，我国可以根据情况采取相应措施。”这是司法协助中对等原则的体现。又如，《中华人民共和国外交特权与豁免条例》（1986 年 9 月 5 日）第 26 条规定：“如果外国给予中国驻该国使馆、使馆人员以及临时去该国的有关人员的外交特权与豁免，低于中国按本条例给予该国驻中国使馆、使馆人员以及临时来中国的有关人员的外交特权和豁免，中国政府根据对等原则，可以给予该国驻中国使馆、使馆人员以及临时来中国的有关人员以相应的外交特权与豁免。”这是对等原则在刑事司法豁免中的体现。

同等与对等是各不相同的两个概念，但又是一个问题的正反两个方面：同等是两个国家基于平等友好，相互给予对方公民在诉讼中享有与本国公民同等的诉讼权利，履行同等的诉讼义务，给予相同的法律保护。对等则是在相反的情况下而采取的“自卫”措施，在一定意义上，这种“以限制抵制限制”的对等措施，正是为了贯彻平等的原则。

因此,可以这样认为,诉讼权利同等是基础,而诉讼权利对等则是实现促进同等的一个重要手段和保障,是涉及国家司法主权独立和完整的问题,必须认真对待。

在涉外刑事诉讼中,既要反对卑躬屈膝,给予外国人特权,也要反对盲目排外,不依法办案,任意限制或剥夺外国诉讼参与人的诉讼权利。诉讼权利对等,只是指原则上、精神上的对等。

五、公开审判原则

公开审判原则是我国刑事诉讼法规定的基本原则,理所当然适用于涉外刑事诉讼。但由于涉外刑事诉讼是一种特殊的刑事诉讼,在公开审判方面有其特殊之处,因此,最高人民法院在有关的司法解释中规定:"人民法院审判涉外刑事案件,应当公开进行。但是有关国家秘密或者个人隐私的案件,不公开审判。公开审判的案件,由人民法院发旁听证,凭证入场旁听。"

由此可见,人民法院审判涉外案件,只有涉及国家秘密或者个人隐私的案件才不公开审理,其他案件都需要公开审理。

人民法院公开审理案件,除了允许中国公民旁听外,还应当准许外国公民旁听、采访和报道。但是,不论何国公民旁听涉外案件的审判,均应按规定在开庭前向人民法院领取旁听证,凭证入场旁听。

六、使用中国通用的语言文字进行诉讼的原则

使用中国通用的语言文字原则,指我国司法机关在涉外刑事诉讼中,要使用我国的语言文字。

使用本国通用的语言文字进行涉外刑事诉讼,是维护国家主权和独立行使司法权的要求内容之一,是各国涉外刑事诉讼立法普遍采用的一个原则。

司法机关在遵守这项原则时,要注意两个问题:(1)不能以使用中国通用的语言文字进行诉讼为理由,强迫外国籍当事人尤其是懂中国通用的语言文字的外国籍当事人使用中国通用的语言文字来回答司法人员的审(讯)问、询问和书写诉讼文书、发表辩护意见;应当允许他们使用国籍国通用的语言文字。(2)不能在使用中国通用的语言文字方面无原则迁就外国籍被告人,应当依法要求他们履行刑事诉讼义务。

七、委托或指定中国律师参加诉讼原则

律师制度是司法制度的组成部分,一个国家的司法制度必须而且只能在本国领域内适用,不能延伸于国外。一个主权国家也不允许外国司法制度在本国领域内适用。所以,一般来说律师只能在本国执行律师职务。

20世纪50年代以来，由于世界经济和国际贸易的发展，许多发达国家允许外国律师在本国从事一定的法律事务。例如，英国的外国律师可以就本国的有关法律知识、欧共体及国际法律知识提供咨询；意大利的外国律师，若从事律师职业8年以上，且在籍贯国获准在最高法院或高等法院出庭的，可以在意大利的最高法院或高级法院参加诉讼活动。

我国历来不允许外国律师在我国开展业务。

外国人或无国籍人在我国参加刑事诉讼，必须委托中国律师担任其辩护人或诉讼代理人。外籍被告人没有委托辩护人的，人民法院可以指定我国律师为其辩护。如果其本人提出拒绝的，应当准许并记录在案。需要指出的是，除了委托律师辩护或者代理诉讼外，外国人或者无国籍人也可以委托其属于中国公民的亲友担任辩护人或代理人出庭参加诉讼。

委托中国律师或其中国籍的亲友担任辩护人或代理人的授权委托书必须履行必要手续才能生效。对居住在中国境内的外国人或无国籍人，直接向律师事务所办理必要的委托手续即可。对不在中国境内居住的外国人或无国籍人，其授权委托书必须经其所在国公证机关证明、所在国外交部或者其授权机关认证，并经中国驻该国使、领馆认证，才具有法律效力。但中国与该国之间有互免认证协定的除外。

八、与外事部门保持联系原则

鉴于涉外刑事诉讼的特殊性，司法机关在办理涉外刑事案件过程中，除了贯彻执行我国刑事诉讼法规定的诉讼原则，还需要随时与国家外事部门保持联系，通报案情和诉讼进展情况，取得外事部门的协助，在依法办案的前提下，确保涉外刑事案件能得到正确的处理。

新中国成立后，在处理涉外刑事案件问题上，我国历来十分强调司法机关应与外事部门保持联系的规定。早在1951年8月和1953年12月最高人民法院在《关于处理外侨案件应随时与当地外交部门联系的通报》和《关于法院不得与外国政府直接联系的通报》等规定中，就确立了司法机关处理涉外刑事案件应当与外事部门保持联系的原则。改革开放以来，国家又陆续通过有关的司法解释和颁布相关的政策性规定，对该项原则的内容不断予以补充、强化。这对于维护我国国家主权、确保我国的外交方针政策能得到正确贯彻实施有着重要的现实意义。

第三节　涉外刑事诉讼程序的特别规定

我国刑事诉讼法规定的诉讼制度和诉讼程序，同样适用于涉外刑事诉讼。由于涉外刑事诉讼有其特殊性，故它在适用刑事诉讼法规定的制度和程序的同时，应当适用一些特别的规定。我国刑事诉讼法立法对此没有作出详细规定，但我国参加和签订的有关国际条约，最高人民法院、最高人民检察院的有关司法解释，公安部、国家安全部、司法部的政策性规定，弥补了这方面存在的一些不足之处。本节将根据上述有关规定，对涉外刑事诉讼制度和程序的特别规定，进行系统性阐述。

一、涉外刑事诉讼的管辖

涉外刑事诉讼的首要问题是管辖权问题。我国《刑法》第 6 条至第 10 条，以及《刑事诉讼法》第 17 条对外国人犯罪的案件管辖作了原则的规定。对依法属于我国管辖范围的涉外刑事案件，司法机关应主动、积极、有效地行使刑事管辖权，以维护我国司法主权的完整和尊严。

一旦发现有涉外犯罪案件发生，我国司法机关就应当采取必要手段，特别是及时与有关外事部门联系，查明我国是否有管辖权。经查明我国司法机关有管辖权的，应即按有关职能管辖的规定自行或者移送其他机关立案追诉。经查明不需要追究刑事责任或者我国司法机关无权管辖的，亦应主动向有关部门作出说明并提出处理意见。

(一) 当事人外国国籍的确认

当事人，包括犯罪嫌疑人、被告人、被害人等外国国籍的确认，是案件是否适用涉外刑事诉讼程序的前提，也是案件确定适用涉外刑事诉讼程序的一个必经程序。

司法机关在进行刑事诉讼时，应注意及时查明当事人的国籍。根据有关的司法解释和政策性规定，确认标志是：(1)外国人的国籍以其入境时的有效证件予以确认；(2)国籍不明的，根据公安机关或者有关国家驻华使、领馆出具的证明确认；(3)国籍无法查明的，以无国籍人对待，适用涉外刑事案件的有关规定，在裁判文书中写明“国籍不明”。

在当事人外国国籍确认前，司法机关可以按刑事诉讼规定的普遍的诉讼程序处理案件；在当事人外国国籍确认后，司法机关要遵守法律规定的原则和其他特别规定，及时将案件转入涉外刑事诉讼程序处理，以确保案件在依法和公正的基础上有条不紊地进行。

(二) 受案范围

受案范围主要是确定哪些涉外刑事案件属于我国司法机关管辖的问题。根据我国刑法、刑事诉讼法和有关的司法解释，以及我国参加或缔结的国际条约、协定的规定，我国司法机关具有刑事管辖权，适用涉外刑事诉讼程序的刑事案件范围包括：

(1) 外国公民、无国籍人或外国法人在中华人民共和国领域内对中国国家、组织或者公民实施犯罪的案件。这里的外国人不包括在我国享有外交特权和豁免权的人。所谓我国领域，指我国国家主权所涉及的区域，包括我国领土、领海、领空，以及中国所有的船只、飞机。凡是在这些范围或运输工具上的犯罪,都是属于在中国领域内的犯罪。所谓在中国领域内的犯罪,指他的行为或结果有一项发生在中国领域内,都视为在中国领域内的犯罪。

(2) 中国公民在中华人民共和国领域内对外国公民、无国籍人或外国法人实施犯罪的案件。这类案件的被害人是外国公民、无国籍人或外国法人,诉讼活动涉及中国公民侵犯外国人合法权利的内容,故应适用涉外刑事诉讼程序。

(3) 外国公民、无国籍人或外国法人在中华人民共和国领域内侵犯外国公民、无国籍人或外国法人的合法权利,触犯我国《刑法》,构成犯罪的案件。这类案件,虽然犯罪行为没有危害我国国家、组织和公民的利益,但由于犯罪行为发生在中国境内,而且是触犯我国刑法构成犯罪的行为,因此,我国司法机关也具有管辖权,也应适用涉外刑事诉讼程序处理。

(4) 除按照犯罪地的法律不受处罚的以外,外国人、无国籍人或外国法人在中华人民共和国领域外对我国国家、组织和公民实施依照我国《刑法》最低刑为 3 年以上有期徒刑的犯罪案件。这类案件的被告人是外国人,犯罪地也不在我国境内,但因为其犯罪行为是针对我国国家或我国公民实施的,因此我国司法机关有权依照涉外刑事诉讼程序予以追究。

(5) 中国公民、国家工作人员和军人在中华人民共和国领域外触犯我国《刑法》规定之罪的,虽然犯罪地在外国,但依照刑法规定我国有管辖权的,也属于涉外刑事案件,适用涉外刑事诉讼程序。

(6) 中华人民共和国缔结或参加的国际条约所规定的,我国有义务管辖的国际犯罪案件。根据这些公约和我国国内法的有关规定,我国在所承担义务的范围内行使刑事管辖权,适用涉外刑事诉讼程序予以处理。

(7) 某些刑事诉讼活动需要在国外进行的案件。这类案件发生在中国境内,但其中有一项内容具有涉外因素,例如,我国公民在我国领域内犯罪,犯罪后潜逃出境的案件;被告人、被害人均为我国公民,但证人是外国人且诉讼时已出境的案件,等等。在这些案件的诉讼过程中,有的诉讼活动如通缉被告人、收集证据等需要在国外进行,而我国的司法机关又不能直接到国外去行使职权,故需要按照国际条约或者互惠原则等规定,请求外国司法机关予以协助。请求司法协助也是涉外刑事诉讼程序的组成部分。

(8) 根据 1990 年 12 月 28 日全国人大常委会《关于禁毒的决定》第 13 条第 2 款,外国人在我国领域外犯走私、贩卖、运输、制造毒品罪进入我国领域的,我国有刑事司法管辖权;除依照我国参加、缔结的国际公约或者双边条约实行引渡的以外,适用本决定。

(三) 管辖

根据我国有关的法律、司法解释及政策性规定,涉外刑事案件管辖的特殊性主要表现在以下几方面:

1. 立案管辖

《公安机关办理刑事案件程序规定》对涉外刑事案件的立案管辖问题作了具体规定，涉及以下几个方面：

(1) 外国人犯罪案件，由犯罪地的县级以上公安机关立案侦查。

(2) 外国人犯中华人民共和国缔结或者参加的国际条约规定的罪行后进入我国领域内的，由该外国人被抓获地的设区的市一级以上公安机关立案侦查。

(3) 外国人在中华人民共和国领域外的中国船舶或者航空器内犯罪的，由犯罪发生后该船舶或者航空器最初停泊或者降落地、目的地的中国港口的县级以上交通或民航公安机关或者该外国人居住地的县级以上公安机关立案侦查；未设交通或者民航公安机关的，由地方公安机关管辖。

(4) 外国人在国际列车上犯罪的，由犯罪发生后列车最初停靠的中国车站所在地、目的地的县级以上铁路公安机关或者该外国人居住地的县级以上公安机关立案侦查。

(5) 外国人在中华人民共和国领域外对中华人民共和国国家或者公民犯罪，应当受刑罚处罚的，由该外国人入境地或者入境后居住地的县级以上公安机关立案侦查；该外国人未入境的，由被害人居住地的县级以上公安机关立案侦查；没有被害人或者是对中华人民共和国国家犯罪的，由公安部指定管辖。

2. 级别管辖

我国刑事诉讼法对于立案侦查的级别管辖问题未作规定。由于担负侦查任务的公安机关、安全机关和人民检察院在各自系统的上下级之间都是隶属、领导关系，侦查权的行使具有上下级一体的特点。上级机关有权将下级机关立案侦查的案件提上来直接侦查，也可以下去参与下级机关的侦查。上级机关对于案件侦查的意见和决定，其下级机关必须执行。所以，在我国的司法实践中，对于涉外刑事案件的侦查并没有严格的级别分工。

审判管辖的情况就不同了。1996 年《刑事诉讼法》第 20 条规定，外国人犯罪的刑事案件，由中级人民法院管辖。2012 年《刑事诉讼法》删除了“我国公民侵犯外国人合法权利的案件，由中级人民法院作为第一审刑事案件管辖”的规定。这是考虑到随着国际交往增多，这类案件逐渐增多，有的案情轻微，全部由中级人民法院管辖已不符合实际情况。对这类案件，如果属于可能判处无期徒刑、死刑的刑事案件或者是全省(自治区、直辖市)性，甚至全国性的重大刑事案件，依法应由中级人民法院管辖。一般我国公民侵犯外国人合法权利的轻微案件不会影响国家之间的关系，可以由基层人民法院管辖，中级人民法院可以集中精力办理重大、复杂的案件，又可以更好地贯彻法律面前人人平等的法律原则。

3. 地区管辖

在涉外刑事诉讼中，地区管辖是一个复杂的问题。根据《刑事诉讼法》规定的确定地区管辖的标准，难以适用于涉外刑事诉讼程序。在法律尚未进一步明确规定涉外刑事案件地区管辖内容的情况下，最高人民法院在总结多年审判经验的基础上，通过司法解释的形式对涉外刑事案件的地区管辖作了一些特殊的规定。

二、涉外刑事诉讼的强制措施

我国刑事诉讼法规定了5种强制措施,即拘传、取保候审、监视居住、刑事拘留和逮捕。这些措施不仅适用于普通的刑事诉讼,而且也适用于涉外刑事诉讼。此外,针对涉外刑事诉讼的特点,有关刑事诉讼的司法解释和政策性规定,还规定了限制出境等特殊强制措施。

(一) 普通强制措施

在涉外刑事诉讼中,适用普通强制措施特别是取保候审、监视居住、拘留和逮捕时,有关法律和规范性文件作了特别规定。

1. 决定或批准的权限

对外国籍犯罪嫌疑人依法作出取保候审、监视居住决定或者执行拘留、逮捕后,应当在48小时以内层报省级公安机关,同时通报同级人民政府外事办公室。重大涉外案件应当在48小时以内层报公安部,同时通报同级人民政府外事办公室。

2. 通知程序

《维也纳领事关系公约》第36条第2项规定:"遇有领馆辖区内有派遣国国民受逮捕或监禁或羁押候审、或受任何其他方式之拘禁之情事,经其本人请求时,接受国主管当局应迅即通知派遣国领馆。"中国是该公约的加入国,理应遵守这项条款。在中国与一些国家签订的领事条约中,也有类似的规定。

3. 拘留和逮捕后的探视程序

(1) 探视的原则。外国人被拘留、逮捕后,凡参加《维也纳外交关系公约》和《维也纳领事关系公约》,或同我国签订领事公约的国家的驻华使馆、领事馆外交人员要求探视的,应按公约的有关规定予以安排;凡未参加与我国共同签署有关公约的国家,其公民在华被拘留、逮捕后是否准许探视,可视案情和两国关系决定。凡被允许探视和通信的,均应依照公安部、外交部、最高人民法院、最高人民检察院于1981年联合发布的《关于处理会见在押外国籍案犯以及外国籍案犯与外界通信问题的通知》,外交部、最高人民法院、最高人民检察院、公安部、国家安全部、司法部于1995年颁发的《关于处理涉外案件若干问题的规定》,以及公安部发布的《规定》办理。

个别确因侦查需要,暂不准其探视的特殊案件,主管部门应事先将主要案情、不准探视的理由,以及可能引起外交交涉的对策、口径等呈报上级主管机关并上报外交部后办理,必要时报中央批准后才能执行。

(2) 探视的范围。一般只限于外国籍案犯的近亲属,监护人以及案犯所属国驻华使、领馆人员。每次探视只限一人,其16岁以下的直系亲属可允许随同探视。不属以上人员或两人以上要求探视案犯的,须经案犯所在地省、自治区、直辖市公安或国家安全厅(局)和人民检察院批准。外国驻华使、领馆人员要求探视外国籍案犯，在有关主管机关安排好后，看守所凭其外交官证、领事官证、公务人员证办理探视手续。

（3）探视的时限。如当事人所属国家已同我国签订的领事条约有规定的，按条约规定办理。如无此类条约规定，探视亦应尽快安排。准许探视外国籍案犯的时间，一般每月两次，每次30分钟。

（4）探视的规则。探视时，应当派翻译人员到场监督，规定使用的语言。在探视前，要向案犯本人和探视人宣布《关于会见在押案犯以及案犯与外界通信的规则》，并要他们遵守，不得违反，然后填写会见证。探视地点，应在接待室探视。探视时，不允许交谈案情，否则应加以制止。

（5）关于通信的问题。允许外国籍案犯与外界通信，但其发收信件，由原送押机关检查，或者委托监狱管理机关检查，如果发现有串通案情的情形，应当扣留。

（二）特殊强制措施

我国刑事诉讼法没有对特殊强制措施作出规定。目前，涉外刑事特殊强制措施的适用主要依据《中华人民共和国出境入境管理法》（2012年6月30日第11届全国人大常委会第27次会议通过），其主要有：

1. 限制出境

根据《中华人民共和国出境入境管理法》第28条规定："外国人有下列情形之一的，不准出境：（一）被判处刑罚尚未执行完毕或者属于刑事案件被告人、犯罪嫌疑人的，但是按照中国与外国签订的有关协议，移管被判刑人的除外。"

第12条规定，中国公民被判处刑罚尚未执行完毕或者属于刑事案件被告人、犯罪嫌疑人的，以及可能危害国家安全和利益，国务院有关主管部门决定不准出境的，不批准出境。

因此，在司法实践中，进行涉外刑事诉讼的司法机关，对于涉外刑事案件的被告人或犯罪嫌疑人，应注意及时作出限制他们出境的决定。

（1）限制出境的审批权。公安、国家安全机关认定的犯罪嫌疑人，其限制出境的决定需经省、自治区、直辖市公安厅（局）或国家安全厅（局）批准；人民法院、人民检察院认定的犯罪嫌疑人分别由人民法院、人民检察院决定。国家安全机关、人民检察院、人民法院决定限制出境的应通报同级公安机关。

（2）限制出境的方式。限制出境的方式应当根据案件具体情况采取不同方式：一般的，可以口头或者书面通知被告人，在案件审结之前非经司法机关许可不准出境；对于有逃避侦查、审判之虞的，应当采取取保候审或者监视居住的办法；对于不宜采取逮捕、拘留措施，执行取保候审或者监视居住也有困难的，可以扣留其护照或者其他有效出入境证件。但应同时发给扣留证件的证明，准许其在我国境内依法正常活动。对被告人采取拘留、逮捕措施的，应当和拘捕我国公民时缴扣其居民身份证一样，缴扣其有效护照或者其他出入境证件，待结案或刑满释放时发还。

对于未扣留其有效护照或其他出入境证件的被告人逃避侦查和审判，有潜逃出境之虞，需要在边防检查站阻止其出境的，应填写口岸阻止人员出境通知书，通过公安机关向边防检查站交控。在紧急情况下，如确有必要，也可以先向边防检查站交控，然后按规定补交交控手续。

关于限制出境，还应当明确以下两点：第一，限制出境虽然其目的也是为了防止刑事被告人离开我国领域，逃避我国司法机关的审查处理，但它的性质是一种强制手段，其本身并不直接限制剥夺被告人的人身权利和财产权益，因此，只能视其为一种特殊的强制措施。第二，限制出境不仅适用于在我国领域内的外国人或无国籍人，对于持有有效出境证件的我国公民，也同样适用。

2. 引渡

引渡，指一国把在其境内而被他国指控为犯罪或已被定罪判刑的人，根据有管辖权的国家的请求，在条约或互惠的基础上，移交给请求国，以便追究其刑事责任或执行刑罚的一项制度。为了保障引渡的正常进行，加强惩罚犯罪方面的国际合作，保护个人和组织的合法权益，中华人民共和国第九届全国人民代表大会常务委员会第十九次会议于 2000 年 12 月 28 日通过《中华人民共和国引渡法》。

（1）引渡的条件。对于提出引渡的涉外刑事案件，在什么条件下我国会将案犯引渡给该外国呢？根据我国有关法律和政策的规定，参照有关国际惯例，借鉴其他国家的有关规定，构成引渡的条件应当是：

其一，被要求引渡的人不是中华人民共和国公民。在当前的国际实践中，除英、美等极少数国家的极少数案例外，各国都拒绝引渡本国国民，引渡的对象一般仅限于请求国国民、第三国国民。根据我国刑法和刑事诉讼法，对于我国公民在我国领域外犯罪的部分刑事案件，我国有管辖权。因此，我国不引渡我国公民。

其二，要求引渡所涉及的行为不是在中华人民共和国领域内发生的，也不是对我国或我国公民的犯罪。根据我国刑法和刑事诉讼法，外国人在我国领域内犯罪的，除法律有特别规定的，我国有权行使管辖权；同时，外国人在我国领域外对我国或我国公民的部分犯罪案件，我国也有权行使管辖权，因此，引渡的前提条件之一是，要求引渡所涉及的行为不是在我国领域内发生的，也不是对我国公民或我国公民的犯罪行为。

其三，要求引渡所涉及的行为不论按我国法律或按实施这种行为所在国的法律都认为是犯罪行为。也就是说，请求引渡国和被请求引渡国双方的法律都认为是犯罪行为，才可以引渡，即所谓的"相同原则"。在国际实践中，要求引渡的犯罪所应受到的惩处必须至少是应判处若干年徒刑以上的刑罚，被请求引渡国才允许引渡。根据《引渡法》的规定，引渡的条件为：①引渡请求所指的行为，依照中华人民共和国法律和请求国法律均构成犯罪；②为了提起刑事诉讼而请求引渡的，根据中华人民共和国法律和请求国法律，对于引渡请求所指的犯罪均可判处 1 年以上有期徒刑或者其他更重的刑罚；为了执行刑罚而请求引渡的，在提出引渡请求时，被请求引渡人尚未服完的刑期至少为 6 个月。对于引渡请求中符合前款第一项规定的多种犯罪，只要其中有一种犯罪符合前款第二项的规定，就可以对上述各种犯罪准予引渡。

其四，依照我国宪法的规定给予居留权的外国人，即根据我国宪法给予庇护的外国人，不得向外国引渡。

（2）引渡的程序。我国司法机关办理引渡事宜，应遵循的程序是：

其一，根据国际条约规定或通过外交途径，我国外交部收到外国的引渡请求后，应当将请求书和所附文书送交有关的中央司法机关。经审查后，送有管辖权的机关办理。

其二，引渡条件一般应由被引渡人所在地的司法机关管辖。对符合引渡条件的，立案后对被引渡人采取相应的强制措施。同时，还可扣押物证、书证、讯问被引渡人等。

其三，有管辖权的司法机关应将案件送交中央司法机关，由中央司法机关对被引渡人有关诉讼材料审查后，移交给我国外交部，再由其转交提出请求的外国相应部门。

我国司法机关对我国逃往外国的被告人、犯罪嫌疑人，也应根据国际条约的规定或通过外交途径提出引渡要求。目前我国已加入国际刑警组织，可以通过该组织追捕逃往外国的犯罪嫌疑人，并将其引渡回国追究其刑事责任。

（3）引渡优先。当有数个国家为同一罪行或不同罪行请求引渡同一人时，应当综合考虑中华人民共和国收到引渡请求的先后、中华人民共和国与请求国是否存在引渡条约关系等因素，确定接受引渡请求的优先顺序。但应原则规定：如果有几个外国由于同一罪行要求引渡同一个人时，要给予该人有其国籍的国家的请求以优先；如果该国不要求引渡，则给予在其境内实施犯罪行为的国家的请求以优先；如果实施的犯罪行为发生在几个国家的境内，或发生地点不详时，则给予第一个要求引渡的国家的请求以优先。如果许多外国由于不同的犯罪行为要求引渡同一个人时，要给予该人有其国籍的国家的请求以优先；如果该国不要求引渡，则给予在其境内实施了最严重的犯罪的国家的请求以优先；如果各犯罪行为的严重程度都一样时，则给予第一个要求引渡的国家的请求以优先。

三、涉外刑事诉讼的立案和侦查

根据我国刑事诉讼法和公安部的有关规定，立案侦查外国人犯罪的涉外刑事案件，一般情况下由县级以上公安机关负责，其具体内容已在本节第一部分第（三）项的立案管辖的问题中有所规定。

对涉外刑事案件侦查期间的探视外籍犯罪嫌疑人，并与其会见和通信等问题，应遵循公安部《规定》的要求。

（1）公安机关在案件侦查终结前，外国驻华外交、领事官员要求探视被监视居住、拘留、逮捕或者正在看守所服刑的本国公民的，立案侦查的公安机关应当及时安排有关的探视事宜。犯罪嫌疑人拒绝其国籍国驻华外交、领事官员探视的，公安机关可以不予安排，但应当由其本人提出书面证明。

(2) 在公安机关侦查羁押期间，经公安机关批准，外国籍被告人可以与其近亲属、监护人会见，与外界通信。

(3) 外国人在我国公安机关侦查期间或者执行刑罚期间死亡的，有关省、自治区、直辖市公安机关应当通知该外国人所属国家的驻华使馆、领事馆，同时报告公安部。

四、涉外刑事诉讼的起诉程序

根据我国刑事诉讼法和有关规定，外国人犯罪案件，由犯罪地的县级以上公安机关立案侦查。根据同级对同级的原则，即由县级以上公安机关侦查终结的涉外刑事案件如果认为犯罪事实清楚，证据确实，充分，需要追究外籍被告人刑事责任的，应制作起诉意见书，连同案卷材料、证据一并移送同级检察院审查起诉。人民检察院认为外籍被告人犯罪事实已经查清，证据确实充分，认定性质正确时，应向同级人民法院提起公诉，并出庭支持公诉。

根据同级对同级的原则，提起公诉的检察机关可以是县级、地(市)级、省(自治区、直辖市)级、最高人民检察院。

但在司法实践中，有些案件在立案侦查之初，根本无法判明是否涉外刑事案件，于是就会发生侦查管辖与审判管辖不协调的问题。根据同级对同级的原则，在发生侦查管辖与审判管辖不协调的时候，应实行管辖的调节。即公安机关对案件侦查终结后，先向同级人民检察院移送。检察院在审查起诉中如确实认为属于涉外刑事案件应由中级人民法院管辖的，就应根据自身级别决定是由自己进行起诉，还是应移送上级人民检察院起诉。

对特别重大疑难或者影响甚大等必须提高审级的第一审涉外刑事案件，应实行管辖的调节。这里主要是指具有全省(自治区、直辖市)甚至全国性的重大涉外刑事案件。由地(市)级公安机关对案件侦查终结后，先向同级人民检察院移送。地(市)级人民检察院在审查起诉中如认为案件必须提高审级的，需上报省级或最高人民检察院提起公诉，并支持公诉，由高级或最高人民法院作为第一审法院对涉外刑事案件进行审判。

五、涉外刑事案件的审判程序

人民法院审理涉外刑事案件，既要坚决维护国家司法主权的独立和完整，又要贯彻、体现国家的外交政策。因此，在审判程序上，除必须严格遵守我国刑事诉讼法以外，还应注意几个问题。

(一) 强化辩护与代理

《刑事诉讼法》第 34 条规定:“犯罪嫌疑人自被侦查机关第一次讯问或者采取强

制措施之日起，有权委托辩护人；在侦查期间，只能委托律师作为辩护人。被告人有权随时委托辩护人。”根据《刑事诉讼法》的上述规定，将辩护律师介入的时间提前到了侦查阶段，强化了律师的辩护职能，以保障外籍当事人的合法权益。

关于是否允许外籍被告人近亲属或监护人担任其辩护人的问题，依照我国《刑事诉讼法》规定，外籍被告人要求其近亲属、监护人或者经审查同意的该国其他公民担任自己的辩护人，应当是允许的。但对有关国家机密的案件，由律师以外的人（包括被告人的近亲属、监护人在内）担任辩护人时，人民法院应当进行审查，认为其与案件确无牵连后，方可予以准许。

如果外籍被告人的近亲属、监护人或本国其他公民是外国驻华使、领馆官员，或其他外交官，可以允许他们此时不是作为外交官参加诉讼，而是作为被告人的近亲属、监护人或其他公民参加诉讼。因为依照我国《外交特权与豁免条例》在第 14 条第 2 款规定：“外交代表享有民事管辖豁免和行政管辖豁免，但下列各项除外：（一）外交代表以私人身份进行的遗产继承的诉讼；（二）外交代表违反第 25 条第 3 项规定在中国境内从事公务范围以外的职业或者商业活动的诉讼。”享有外交特权及豁免权的外交官，担任其近亲属或被监护人的辩护人，是以私人身份从事其公务范围以外的活动，因此不再享有外交特权及豁免权。因为担任辩护人时如仍以特权代表的身份给予待遇，则在诉讼中不好对待：如一旦他在法庭上违反庭审纪律，要对之采取一定的处理措施时，他又以外交官的身份来要求保护其特权和豁免权，这样就不利于诉讼的顺利进行。

如果外籍被告人的近亲属、监护人或外国其他公民是该国律师，在其以辩护人身份参与诉讼时不能以律师身份参加诉讼，不享有律师的权利。

外籍被告人没有委托辩护人的，人民法院应当为他指定辩护人。被告人拒绝接受辩护人的，人民法院可以准许，并记录在卷。

另外，如果是中国人侵犯了外国人的合法权益，被害人是外国人时，被害人可否委托律师代理，何时参加代理的问题，也应参照上述精神办理，以帮助被害人揭露、控诉犯罪，维护其合法权益。

不在中华人民共和国领域内居住的外国人、无国籍人，寄给中国律师或者中国公民的授权委托书，必须经所在国公证机关证明，并经我国驻该国使、领馆认证，才具效力。

（二）强化公开审判原则

人民法院审判涉外刑事案件，应当强化公开审判原则。除涉及国家秘密或者个人隐私的案件不公开审理外，人民法院审判涉外刑事案件应当公开进行。对公开审理的涉外刑事案件，人民法院向中国公民或外国公民颁发旁听证，凭证入场旁听，并且经人民法院许可，可以采访、报道等。

公开审理的涉外刑事案件，外国籍当事人国籍国驻华使、领馆官员要求旁听的，可以向受理案件的人民法院所在地的高级人民法院提出申请，人民法院应当安排。

（三）使用中国通用的语言、文字

人民法院在审理涉外刑事案件过程中，应使用中华人民共和国通用的语言、文字，应当为外国籍被告人提供翻译。

人民法院的诉讼文书为中文本。外国籍当事人不通晓中文的，应当附有外文译本，译本不加盖人民法院印章，以中文本为准。

外国籍当事人通晓中国语言、文字，拒绝他人翻译，或者不需要诉讼文书外文译本的，应当由其本人出具书面声明。

（四）及时通报外事部门

人民法院在办理涉外刑事案件过程中，应当及时将涉外刑事案件的审理情况及处理结果通报当地外事部门，并听取、征求外事部门对案件的意见，以使涉外刑事案件能得到正确的处理。

（五）诉讼期间

刑事诉讼法对涉外刑事案件的诉讼期间没有作专门的规定。对公、检、法办理涉外案件的办案期限，应根据刑事诉讼法规定的时限办结。但是司法实践中，重大涉外刑事案件不能按期办结的情况相当普遍，为此，理论上和实践当中都较为普遍地主张对涉外刑事案件的办案期间予以放宽。

司法机关的办案期间紧张，矛盾比较集中的是拘留转捕期间、侦查羁押期间、审查起诉期间、一审期间和二审期间等。全国人大常委会 1984 年 7 月 7 日颁布的《关于刑事案件办案期限的补充规定》明确指出，人民检察院和人民法院审理公诉案件，被告人没有被羁押的，不受刑事诉讼法规定的审查起诉期间和审判期间的限制。可见，所谓办案时限问题，实际上也就是被告人的未决前羁押的期限问题。

从外国刑事诉讼制度的有关未决前羁押期限规定的一般情况来看，我国的规定无论如何都应当说是宽松的。所以，对于涉外刑事诉讼案件的办案时限问题，不主张再从放宽法定期间方面来解决。第一，根本的问题是要求司法机关和司法人员严格执行有关拘留、逮捕的法律规定，能采取其他措施解决的就不要轻易采取拘捕措施，更不允许搞“以捕代侦”。第二，要通过提高司法人员的业务素质，加强司法机关的办案力量，改善办案条件等措施，促进司法工作效率的提高。第三，针对有些案件不能按期办结是向我国领域外送达诉讼文书的程序复杂费时所致的实际情况，建议我国刑事诉讼法作出明确规定，不将向我国领域外送达诉讼文书所延长的期间计入办案期限。

（六）涉外刑事案件的判决、裁定

涉外刑事诉讼判决、裁定的对象主要是外籍被告人。因此，在适用我国法律的基础上，还要根据我国缔结、参加的国际条约，或者按照对等原则，对外籍被告人依法作出判决、裁定。

第一审人民法院在对涉外刑事案件宣告判决、裁定之前应将拟判意见呈报有审核权的人民法院审查。这是涉外刑事诉讼的一种特有审判制度，目的是为了保证涉外刑事案件得以正确、及时处理，避免因处理不当而陷入被动或给国家整体利益造成损失。

六、涉外刑事案件的执行程序

涉外刑事诉讼执行的对象主要是外国籍或无国籍的罪犯，因此，在案件执行上有其特殊之处。

（一）对驱逐出境的执行

对判处独立适用驱逐出境刑罚的外国人，省级公安机关在收到人民法院的刑事判决书、执行通知书的副本后，应当指定罪犯所在地的地（市）级公安机关执行。

对于附加适用驱逐出境的，应在主刑执行期满后由原执行监狱的上级主管部门将原刑事判决书、执行通知书副本或者复印本转交给有关的省级公安机关，省级公安机关在收到这些文件后应当指定罪犯所在地的地（市）级公安机关执行。

（二）对外国籍罪犯的减刑、假释和提前释放

在刑罚执行过程中，对于外国籍的罪犯，除对符合我国法律规定的条件予以减刑、假释外，还可以根据国与国外交关系的情况或者友好、互惠的原则予以减刑、假释或提前释放。遇有此种情况，可由外交部等有关国家机关向最高人民法院提出建议，按照法定程序进行。

（三）外国籍罪犯执行刑罚的地点

根据有关规定，对外国籍罪犯可以在中国监狱执行刑罚，也可以根据被执行罪犯的申请，依据有关条约或外交途径，将他转移至其本国执行等。这不仅有利于罪犯的教育改造，也有利于维持国与国之间良好的外交关系。

外国人在中国执行刑罚期间死亡的，有关省、自治区、直辖市公安机关应当通知该外国人所属国家的驻华使馆、领事馆，同时报告公安部。

（四）诉讼文书的送达

涉外刑事案件在侦查、起诉和审判过程中，特别是在人民法院对案件判决后，如何将判决书、裁定书等诉讼文书送达外籍当事人，也是涉外刑事案件的诉讼程序应注意的问题。

对居住在我国领域内的外籍当事人，送达诉讼文书的方式应与普通刑事案件诉讼文书的送达方式相同。对不在我国领域内居住的涉外刑事案件的当事人，送达文书的方式有以下几种：

1. 通过外交途径送达

根据互惠原则,通过外交途径送达,是最正规、最为常见的送达方式。具体程序是:送达诉讼文书的机关将文书连同外文译本分别经公安部、国家安全部、最高人民检察院、最高人民法院审核后,通过外交部转递给受送达人所在国的驻华使、领馆,再由该使、领馆经其本国司法机关送达当事人本人。

2. 通过刑事司法协助规定的方式送达

受送达人所在国与我国签订双边协定或共同参加的国际条约中有送达诉讼文书规定的,应按条约或协定规定的方式送达。

3. 委托使、领馆代为送达

如受送达人系中国公民,而其所在国允许我国使、领馆直接送达的,则可委托我国驻该国使、领馆代为送达。

4. 邮寄送达

受送达人所在国的法律允许邮寄送达的,我国司法机关则可采取邮寄送达的方式将诉讼文书送达其本人。

5. 转交送达

如受送达人委托辩护人,则可采取由辩护人代为签收或者转交的方式送达。

6. 通过代表机构或者分支机构、业务代表人送达

当事人是外国单位的,可以向其在中华人民共和国领域内设立的代表机构或者有权接受送达的分支机构、业务代办人送达。

7. 传真、电子邮件送达

受送达人所在国法律允许,可以采用传真、电子邮件等能够确认受送达人收悉的方式送达。

第四节　刑事司法协助

一、刑事司法协助程序的概念

刑事司法协助程序,指不同国家或者同一国家的不同司法区域的司法机关之间,依据参加签署的国际条约、地区之间的协议或者互惠原则,在刑事司法事务上代为某些诉讼行为的一种活动的方法、步骤。涉外刑事案件的发生,往往涉及多个国家和地区,常常需要在国外进行某些刑事司法行为,为了便捷、有效地进行刑事司法活动,不同国家之间就有必要进行刑事司法协助。

刑事司法协助有狭义和广义之分。狭义的刑事司法协助是指两国法院之间进行的司法协助;广义的司法协助包括两国刑事执法、司法机关之间的协助。在我国,刑事司法协助宜作广义的理解,即指我国的公、检、法等机关同外国各相应机关之间的

司法协助。

二、国际刑事司法协助发展概况及我国刑事司法协助实践

当今，国际司法协助正朝着新的广度和深度发展。一方面，协助的范围不断扩大，逐渐渗透到司法活动的各个领域、阶段和程序之中，特别是在刑事领域得到了较快的发展。为加强同国际贩毒、走私等有组织犯罪的斗争，协助调取证据、追查赃款去向等已成为日益普遍的合作形式。另一方面，司法协助的方式也不断多样化，除由被请求国主管机关代为执行某些诉讼行为外，一些国家还允许请求国派员直接参与在被请求国境内的协助活动，甚至单独实施某些诉讼行为，出现了"特派员"取证制度。在域外文书送达问题上，为了使具有不同送达程序的国家能够更广泛、更有效的相互协助，"送达证明书"制度正被普遍推行。

在司法协助中，各国日益注重将维护国家主权原则同司法上的互助互惠有机地结合起来，既严格防止有关司法协助的执行活动对本国的主权、安全、公共秩序和基本法制造成危害，同时也自觉地把司法协助视为相互维护各自国家法制尊严的有效途径，尽量在互惠的基础上相互给予最大限度的协助，包括在某些案件中相互转让管辖权，并且在执行中尽可能地照顾到请求国法律规定的程序。司法协助的开展促进了各国在管辖权、准据法等涉外法律规范方面立法统一化的进程以及涉外刑事诉讼程序方面的国内立法。

现代国际司法协助的发展不再满足于"国际礼让"的狭隘境界，越来越把保证司法活动的公正性与合法性以及提高其效率作为基本的着眼点。可以预见，随着国际社会中各种合作和交往的不断增加以及维护人类正义和各国法制的必要性的不断加强，国际司法协助必将获得更大的发展。

当前随着我国与各国之间的国际交往和合作的范围和领域日益扩大，应运而生的是我国与外国在司法领域内进行协助的重要性也愈来愈突出。为了完善反腐败追逃追赃法律法规，加强打击跨国犯罪的国际合作力度，2018 年 10 月 26 日，第十三届全国人民代表大会常务委员会第六次会议表决通过了《国际刑事司法协助法》。该法为我国打击跨国犯罪，履行国际条约义务提供了法律依据。此外，截至 2019 年 1 月，我国已与 77 个国家缔结司法协助条约、资产返还和分享协定、引渡条约和打击"三股势力"协定共 161 项。我国还是含有司法协助条款的《海牙公约》《蒙特利尔公约》等公约的参加国。这些公约均规定，对于国际犯罪，缔约国对犯罪提起刑事诉讼时，应相互给予最大限度的司法协助，包括提供证据。它们也是我国目前对外开展司法协助的法律依据。我国于 1984 年加入了"国际刑警组织"，并通过该组织与其他成员国开展了预防和打击刑事犯罪方面的合作。此外，我国还根据国际惯例，基于互惠或礼让原则，与外国开展了一定程度的司法协助的实践。但总的说来，我国对外开展司法协助的范围和场合还有限，国内加强刑事司法协助立法，对外订立司法协助条约已成为我国司法实践中面临的一个新课题，不仅要了解研究世界各国在刑事司法协助方

面的历史及现状，而且还要在吸取他国有益经验的基础上形成我国在与他国签订司法协助条约时的基本思路和主要内容，以指导实践。

三、国际刑事司法协助的主体

国际刑事司法协助的主体，指有权进行国际刑事司法协助活动的机关。它包括两个方面：一是我国进行刑事诉讼时，遇有需要外国司法机关协助有关事务，哪些机关有权提出请求；二是外国司法机关需要我国协助办理某些刑事诉讼事务时，哪些机关有权予以协助。根据《国际刑事司法协助法》的规定，国家监察委员会、最高人民法院、最高人民检察院、公安部、国家安全部等部门是开展国际刑事司法协助的主管机关，按照职责分工，审核向外国提出的刑事司法协助请求，审查处理对外联系机关转递的外国提出的刑事司法协助请求，承担其他与国际刑事司法协助相关的工作。在移管被判刑人案件中，司法部按照职责分工，承担相应的主管机关职责。

办理刑事司法协助相关案件的机关是国际刑事司法协助的办案机关，负责向所属主管机关提交需要向外国提出的刑事司法协助请求、执行所属主管机关交办的外国提出的刑事司法协助请求。据此，国家监察委员会、最高人民法院、最高人民检察院、公安部、国家安全部都是刑事司法协助的主体，此外，在移管被判刑人案件中，司法部也可以成为刑事司法协助的主体。

四、国际刑事司法协助的根据

刑法历来被认为是公法，同国家的主权、安全及社会制度紧密相连，因而各国对刑事司法协助的限制都比较严格。正因为如此，目前世界上还没有一部为国际社会普遍缔结的统一的国际刑事司法协助公约。但为了适应迅速发展的国际形势，为了有力打击跨国犯罪，联合国及一些国际组织制定了一些含有刑事司法协助条款的公约，以及其他一些多边或双边的条约。

（一）含有国际司法协助内容的公约

（1）《防止及惩治灭绝种族罪公约》（1948 年联合国）；

（2）《关于在航空器内犯罪和其他某些行为的公约》（1963 年）；

（3）《关于非法劫持航空器的公约》（1970 年）；

（4）《精神药物公约》（1971 年）；

（5）《反劫持人质国际公约》（1979 年）；

（6）《联合国海洋公约》（1982 年）；

（7）《联合国禁止非法贩运麻醉药品和精神药物公约》（1988 年）。

我国现已全部加入上述公约。

（二）多边条约

一些地理位置相近，文化背景相似，社会制度相同的国家积极开展地区性的刑事司法协助。欧洲、美洲这类多边条约尤为突出，如《欧洲引渡公约》《美洲国家间关于委托书的公约》等。

（三）两国之间缔结的刑事司法协助双边条约

这也是各国开展刑事司法协助的主要基础。此类条约涉及面广，既有综合性的条约，又有专门性的条约。在欧洲几乎没有一个国家不与其他国家缔结刑事司法协助条约。

（四）互惠原则

当国家间不存在共同参加的有关刑事协助的公约，且未缔结有关的双边条约时，刑事司法协助只能在互惠基础上，通过外交途径进行。我国与外国开展的司法协助，有相当一部分是通过互惠原则进行的。

（五）国际刑事司法协助的国内法依据

国际刑事司法协助的许多工作、程序需要由国内司法机关完成。为使国内环节有法可依，许多国家除积极参与外国缔结的有关条约外，还注重加强刑事司法协助的国内立法，明确规定国内相应机关的职责与分工，提出协助请求及对外提供协助条件、形式、程序等事项。

关于刑事司法协助的国内立法模式主要有三种：一是单行法模式。即由立法机关制定专门规范刑事司法协助的法律，如奥地利 1979 年《引渡与刑事互助法》，还有瑞士、法国、葡萄牙、加拿大、澳大利亚、英国等也有类似的立法。二是附列法模式。即不制定关于国际刑事司法协助的单行法，而将有关的调整规范附于本国的刑事诉讼法或刑法中，如意大利《刑事诉讼法》、希腊《刑事诉讼法》中都规定了与外国司法机关的关系。三是专业化模式。即针对国际刑事司法协助的不同内容，分别制定具有专业化性质的法律，如法国的《引渡法》、日本的《国际侦查协助法》等。

在我国，司法机关进行刑事司法协助时应遵守的规定，除了遵守上述中华人民共和国缔结或者参加的国际条约及《刑事诉讼法》第 18 条外，还需要遵守有关的法律法规、司法解释、行政法规。如：《刑事司法协助法》、最高人民法院《解释》第十八章“涉外刑事案件的审理和协助”、最高人民检察院《规则》第十六章“刑事司法协助”、公安部《规定》第十三章“刑事司法协助和警务合作”都是有关司法机关进行刑事司法协助时应当遵守的规定。

五、国际刑事司法协助的范围

国际刑事司法协助的范围，主要包括以下几个方面：(1)送达刑事诉讼文书。

(2)代为调查取证,包括:代为询问证人、被害人、鉴定人,讯问被告人、罪犯,进行搜查、鉴定、勘验、检查等。(3)移交物证、书证及赃款、赃物等。(4)引渡。(5)刑事诉讼移转管辖。(6)外国法院刑事判决的承认与执行等。

截至2019年1月,我国已与77个国家缔结司法协助条约、资产返还和分享协定、引渡条约和打击“三股势力”协定共161项(131项生效)。具体如下:(1)引渡条约55项(39项生效);(2)刑事司法协助条约45项(36项生效);(3)民刑事司法协助条约19项(全部生效);(4)民商事司法协助条约20项(18项生效);(5)资产返还和分享协定1项(尚未生效);(6)打击“三股势力”协定7项(全部生效);(7)移管被判刑人条约14项(12项生效)。

除上述条约协定以外,我国于2000年12月28日通过开始实施《引渡法》,对引渡合作进行规范。2018年12月26日我国通过并实施《刑事司法协助法》,分别对送达文书、调查取证、安排证人作证或者协助调查、查封扣押、冻结涉案财物、移管被判刑人等协助事宜进行了规范,具体内容如下:

(1) 送达文书。包括相互代为送达传票、通知书、起诉书、判决书和其他司法文书。我国协助送达司法文书,不代表对外国司法文书法律效力的承认。

(2) 调查取证。包括相互代为查找、辨认有关人员;查询、核实涉案财物、金融账户信息;获取并提供有关人员的证言或者陈述;获取并提供有关文件、记录、电子数据和物品;获取并提供鉴定意见;勘验或者检查场所、物品、人身、尸体;搜查人身、物品、住所和其他有关场所等其他事项。

(3) 安排证人作证或者协助调查。包括相互代为安排证人、鉴定人作证或者协助调查。证人、鉴定人可以赴对方国家作证,也可以通过视频、音频作证或者协助调查。

(4) 查封、扣押、冻结涉案财物。包括相互代为查封、扣押、冻结及解除查封、扣押、冻结在本国境内的涉案财物。

(5) 没收、返还违法所得及其他涉案财物。包括相互代为没收、返还违法所得及其他涉案财物及分享事宜。

(6) 移管被判刑人。包括外国向我国请求移管外国籍被判刑人,我国向外国请求移管外国籍被判刑人;我国向外国请求移管中国籍被判刑人,外国请求我国移管中国籍被判刑人。

六、国际刑事司法协助的程序

(一) 国际刑事司法协助的途径

国际刑事司法协助,依不同的情况适用不同的程序。一般有以下三种途径:

1. 依条约办理

在相互请求和提供刑事司法援助时,凡有条约(包括双边、多边、国际公约)关系,条约已明确规定联系途径和办法的,应当按条约的规定进行联系,移交材料或人员,办理有关事项。

2. 通过外交途径办理

双方没有签订条约(包括双边、多边和国际公约)的,可以按照互惠原则通过外交途径进行。即由请求国的司法机关将请求书交本国外交机关转请被请求国的外交机关,再由被请求国外交机关将请求书交给其本国有管辖权的司法机关。被请求国提供协助,如移交材料等,也同样应当通过上述途径办理。最高人民法院、最高人民检察院、公安部、司法部等中央机关都作出了关于同我国建交的国家在没有缔结司法协助协定的情况下,按照互惠原则通过外交途径进行刑事司法协助的规定。

3. 根据国际惯例,外国驻华使、领馆可以直接向该国在华公民送达诉讼文书和调查取证

这项活动不得违反我国的法律,不得采取强制措施,并且不得针对该国公民以外的其他公民进行。除此之外,未经我国主管机关准许,任何外国机关和个人不得在我国领域内送达诉讼文书,调查取证。

我国地方各级司法机关需要向外国提出刑事司法协助请求,应当逐级上报中央一级司法机关审查和办理,不能自行直接与外国司法机关联系、办理。

凡我国与外国缔结的条约,或者参加的国际条约(除签约时声明保留意见的条款外),对我国有法律上的约束力。这些条约都是经过我国立法机关批准,是一种特殊立法。因此,我国司法机关有遵守执行的义务。对于根据互惠原则进行的刑事司法协助,也应当认真执行。既要行使请求他国协助的权利,也要履行对他国提供协助的义务。

(二) 刑事司法协助司法文书的要求

请求国际刑事司法协助时,必须以请求书的形式向被请求国送达。请求书应包括内容是该请求所涉及犯罪事实的说明、证据情况,由请求机关签署并加盖公章。同时,还应附上该国法律规定等文件,并提供中文译本,说明“经证明无误”的字样。

参照我国《国际刑事司法协助法》第 13 条,请求书应当包括以下内容并附相关材料:(1)请求机关的名称;(2)案件性质、涉案人员基本信息及犯罪事实;(3)本案适用的法律规定;(4)请求的事项和目的;(5)请求的事项与案件之间的关联性;(6)希望请求得以执行的期限;(7)其他必要的信息或者附加的要求。

司法协助中使用何种语言文字,涉及相互尊重主权的问题。联合国《刑事事件互助示范条约》规定,应使用“被请求国语文或该国可以接受的另一种语文提出的译文”。《国际刑事司法协助法》规定,我国向外国请求刑事司法协助,“请求书及所附材料应当以中文制作,并附有被请求国官方文字的译文。”外国向我国请求刑事司法协助,“请求书及所附材料应当附有中文译文。”因此,在司法协助中,应在使用请求国本国文字的基础上,附有准确的被请求国使用的文字或指定的某种语言文字的译文。

(三) 刑事司法协助请求的执行和通知执行的情况

对符合有关条件的协助请求,在执行后应通过外交途径将执行情况通知请求国的主管机关,并附送达回证和所取得的证据材料。如因无法确定地址或其他原因不能执行请求的,应通过外交途径通知对方,并退回请求书及所有附件。

同样,我国司法机关向外国司法机关提出刑事司法协助的请求时,也应按照上述的程序要求办理。

国际刑事司法协助,请求协助的内容,不得有损于被请求国的主权、安全和社会公共利益。如果有这方面的情况,被请求国有权予以拒绝。凡拒绝进行刑事司法协助的,应当将拒绝的理由通知被拒的一方。

(四) 刑事司法协助的费用负担

联合国《刑事事件互助示范条约》第 19 条规定,除缔约国另有协议,执行请求的一般费用应由被请求国负担。如需大笔或特殊性质的开支,缔约国应事先进行协商,确定执行该项请求的条件和承付费用的开支。

我国司法机关在刑事司法协助费用负担问题上,根据《国际刑事司法协助法》第 8 条规定,我国和外国相互执行刑事司法协助请求产生的费用,有条约规定的,按照条约承担;没有条约或者条约没有规定的,按照平等互惠原则通过协商解决。

七、刑事司法协助的种类

根据司法协助主体的不同,可以分为国际刑事警察组织之间的司法协助和审判机关之间的司法协助两大类。

(一) 国际刑事警察组织之间的司法协助

我国是国际刑事警察组织的成员国。目前,我国与国际刑警组织之间相互提供司法协助的事务有:

1. 协助调查刑事案件

作为国际刑警组织的成员国,我国公安机关与国家安全机关需要追捕逃往国外的案犯时,可以请求国际刑警组织委托有关国家的刑警组织协助缉拿。同样,我国公安机关也负有责任,接受国际刑警组织的请求,侦缉逃到我国领域内的外籍案犯。

2. 收集刑事证据

我国公安机关在接受国际刑警组织的委托后,应按其要求代为收集有关证据材料,以及进行刑事科学技术鉴定等工作。同时,也可以根据案件的需要,委托国际刑警组织收集有关证据。

3. 代为送达诉讼文书

根据受送达人的不同情况,选择通过外交途径、直接邮寄或代为送达等多种方式来达到代为送达诉讼文书的目的。

4. 扣押财产

我国公安机关在接受国际刑警组织的委托后，可以扣押罪犯犯罪所得的赃款赃物以及与犯罪有关的其他个人财产，防止财产被非法转移或被挥霍浪费。

5. 逮捕和引渡

我国于 1983 年六届全国人大二次会议在批准日内瓦四公约的附加议定书时，对"关于引渡事项上的合作"的问题上声明保留。因此，我国公安机关在接到国际刑警组织的通缉令或协助委托书，在对潜入我国境内的案犯实施逮捕，是否向外国引渡的问题上，可以视国际关系而自由决定。

6. 办理其他司法协助事项

除了上述的司法协助事务外，还可办理其他的司法协助事项。如向有关国家的警方提供嫌疑犯的刑事情报，交流刑事科学技术信息等。

(二) 刑事审判机关之间的司法协助

刑事审判活动中的司法协助，是在各国审判机关之间通过外交途径或直接商请进行的，不存在国际组织居间协调的问题。

审判机关之间司法协助的内容，主要是：委托送达诉讼文书；传唤当事人和诉讼参与人；调查取证；扣押财产等。基本做法与国际刑警组织之间的司法协助大体相同。

思考题：

1. 什么是涉外刑事诉讼？涉外刑事诉讼的特点有哪些？
2. 涉外刑事诉讼的特有原则有哪些？
3. 根据最新修订的《刑事诉讼法》，对涉外刑事案件的管辖是如何规定的？
4. 在办理涉外刑事案件时，如何适用强制措施？
5. 什么叫刑事司法协助？其主要内容有哪些？

第二十三章
刑事赔偿程序

本章提要:本章对刑事赔偿程序相关问题进行系统的阐述。学习本章应当掌握以下要点:(1)刑事赔偿的概念和意义;(2)刑事赔偿的范围;(3)刑事赔偿的程序。

第一节 刑事赔偿程序概述

一、刑事赔偿的概念和意义

刑事赔偿是国家赔偿制度的一部分。国家赔偿,指国家对国家机关及其工作人员违法行使职权给公民、法人和其他组织造成的损害给予赔偿的活动。主要有行政赔偿、刑事赔偿、涉外赔偿、民事诉讼和行政诉讼中的国家赔偿等。刑事赔偿,指侦查、检察、审判、看守所、监狱管理机关及其工作人员,在行使职权时侵犯公民、法人和其他组织的合法权益并造成损害时,由国家承担经济赔偿的制度。

刑事赔偿作为一项先进的法律制度,是在 19 世纪末 20 世纪初随着社会的进步、法制的健全和人权思想的发展而发展起来的。因此,它是现代文明国家走向法治化、民主化的重要标志之一。在我国,确立和完善刑事赔偿制度,是民主和法治内在精神的体现和必然要求,具有非常重要的意义:一方面,它能使冤狱得昭、错案得以纠正,同时使无辜蒙冤者因刑事侵害所遭受的损失得到一定的经济赔偿;另一方面,可以预防和减少冤假错案,有效地促进司法机关依法行使职权,严肃执法。此外,这一制度还有利于化解矛盾,消解消极因素,维护和促进社会的安定。

1994 年 5 月 12 日第八届全国人大常委会第七次会议审议通过并于 1995 年 1 月实施《国家赔偿法》。这部法律的出台,扩大了公民权利的救济途径,健全了我国国家责任制度,标志着我国国家赔偿法律制度的全面确立,体现了"政府侵权同样承担赔偿责任"的宪法原则。2010 年 4 月 29 日第十一届全国人大常委会第十四次会议通过《关于修改〈中华人民共和国国家赔偿法〉的决定》,修改后的《国家赔偿法》2010 年 12 月 1 日起施行。2011 年 2 月,最高人民法院相继公布《关于适用〈国家赔偿法〉若干问题的解释(一)》和《关于人民法院赔偿委员会审理国家赔偿案件程序的规定》,2012 年 10 月 26 日第十一届全国人大常委会第二十九次会议通过《全国人民代表大会常务委员会关于修改〈中华人民共和国国家赔偿法〉的决定》，对其中涉及的刑事诉讼法的法律条文进行修改，修正后的《国家赔偿法》自 2013 年 1 月 1 日起施行。

二、刑事赔偿立法的主要形式

各国和有关地区对刑事赔偿的立法形式主要有以下几种：

(1) 法律上未对刑事赔偿作系统的规定，但在司法实践中确立了不少刑事赔偿的判例。属于此种情况的主要是英国。不过英国也在一些制定法中规定刑事赔偿的内容。例如 1964 年《警察法》中规定首席警察官“对于警察在执行职务过程中的违法侵权行为应当承担赔偿责任”，“损害赔偿金由警察基金中支出”。

(2) 在刑事诉讼法中规定刑事赔偿的内容，或者对刑事赔偿作专章规定。例如，法国、意大利、西班牙、罗马尼亚等国即采用此种形式。

(3) 在民事法律中规定刑事赔偿的内容。例如，瑞士《国家民事责任法》《蒙古人民共和国民法》中都有这方面的规定。不过，随着人们对国家赔偿的特殊性和它与民事赔偿的区别的逐步认识，已经开始改变这种方式。例如，1964 年《捷克斯洛伐克民法》第 426 条曾规定国家赔偿的内容，但在 1969 年颁布的《关于国家机关的决定或不当公务行为造成损害的责任的法律》中宣布废止此条。

(4) 制定专门的冤狱赔偿法或刑事补偿法。例如，德国 1898 年《再审无罪赔偿法》，1904 年修订为《羁押赔偿法》，1932 年制定《冤狱赔偿法》，1971 年制定《联邦德国刑事追诉措施赔偿法》。其他如奥地利、美国、日本等国家都有冤狱赔偿方面的法律、法规。我国以宪法为根据，在国家赔偿法中统一规定刑事赔偿。

三、刑事赔偿责任的构成要件

我国《国家赔偿法》第 2 条规定：“国家机关和国家机关工作人员行使职权，有本法规定的侵犯公民、法人和其他组织合法权益的情形，造成损害的，受害人有依照本法取得国家赔偿的权利。”根据这一规定，结合该法第 17、18 条的规定，构成刑事赔偿要具备以下要件：

(一) 主体要件

刑事赔偿责任的侵权主体是行使侦查、检察、审判、看守所、监狱管理职权的机关及其工作人员。

只有具有侦查、检察、审判和看守所、监狱管理职权的国家机关及其工作人员才是刑事赔偿责任的侵权主体。在我国行使侦查权的国家机关为公安机关、国家安全机关、军队保卫部门和检察机关，行使检察权的国家机关为人民检察院，行使审判权的国家机关为人民法院，行使看守所和监狱管理职权的国家机关为公安看守所以及劳改队、少管所、监狱等司法行政机关。其他任何国家机关、企事业单位和个人均不能构成刑事赔偿责任的侵权主体。

(二) 行为要件

刑事赔偿责任侵权主体的行为是行使职权的行为,也就是说,作为侵权主体的行为只能是在行使职权时的行为引起的损害后果才能产生刑事赔偿,与行使职权无关的个人行为、民事行为所造成的损害,不在刑事赔偿之列。

职权行为,指客观上与行使职权相关联的行为,这里不能狭窄地理解为职权内的行为。例如,刑讯逼供并不是司法工作人员职责权限内的行为,但它是司法工作人员在办理案件过程中,与其行使职权有联系的行为,因此法律规定应予赔偿。

(三) 损害结果要件

必须有损害事实,并且行使职权的行为与损害事实的发生具有因果关系。

赔偿是以损害事实的存在为前提,没有损害结果,就无需赔偿。刑事诉讼中因行使职权造成的损害可能是多方面的,如既包括人身自由被限制或剥夺、身体伤害、死亡,财产遭受损失,也包括名誉权、荣誉权的损害,上学、参军、就业、提干等机遇的丧失。就损害程度来说,也有轻重之分。但需要指出的是,刑事赔偿中需要赔偿的损害后果必须是特定的。法律明确规定,限于侵犯公民、法人和其他组织人身权、财产权所造成的损害,对机遇损失则无法予以赔偿。

此外,损害后果的造成与行使职权的行为之间必须有因果关系。因此,因公民、法人和其他组织自己的行为致使损害发生,国家不予赔偿。

第二节　刑事赔偿范围

一、侵犯人身权的赔偿范围

《国家赔偿法》第 17 条规定了行使侦查、检察、审判、监狱管理职权的机关及其工作人员在刑事诉讼中侵犯人身权应予赔偿的五种情形,它可以分为两类:一类是羁押判刑赔偿;另一类是侵犯公民生命健康权的赔偿。

(一) 羁押判刑赔偿

(1) 违反刑事诉讼法的规定对公民采取拘留措施的,或者依照刑事诉讼法规定的条件和程序对公民采取拘留措施,但是拘留时间超过刑事诉讼法规定的时限,其后决定撤销案件、不起诉或者判决宣告无罪终止追究刑事责任的。我国《刑事诉讼法》第 82 条规定了拘留的条件,因此,没有证据证明公民有正在预备犯罪、实行犯罪或者在犯罪后即时被发觉的;被害人或者在场亲眼看见的人指认他犯罪的;在身边或者住处发现有犯罪证据的；犯罪后企图自杀、逃跑或者在逃的；有毁灭、伪造证据或者串供可能的；不讲真实姓名、住址，身份不明的；有流窜作案、多次作案、结伙作案重大嫌疑等上述情形之一，而对公民进行了拘留的，受害人有权请求国家赔偿。

（2）对公民采取逮捕措施后，决定撤销案件、不起诉或者判决宣告无罪终止追究刑事责任的。有证据证明有犯罪事实是适用逮捕的首要条件，因此，没有证据证明某人实施了犯罪行为就批准或者决定并执行了逮捕的，随后决定撤销案件、不起诉或者判决宣告无罪终止追究刑事责任的，应当承担赔偿责任。

（3）依照审判监督程序再审改判无罪，原判刑罚已经执行的。这里的"原判刑罚"是指原判剥夺人身自由或者生命的刑罚，不包括管制、拘役和有期徒刑缓刑及剥夺政治权利。因为管制是在社会上监督改造的刑罚，没有剥夺犯罪嫌疑人的人身自由；拘役和有期徒刑缓刑，是有条件地不执行原判刑罚。"已经执行"包括已经全部执行或者部分执行。原判刑罚生效执行后，如果经审判监督程序再审改判无罪，就确认了已经执行的刑罚是错判，理应予以赔偿。

上述羁押判刑赔偿的共同特点在于：

（1）一般要以公安司法机关依法定程序作出的生效司法文书为前提，对认定为有罪的人羁押、判刑的不能予以赔偿；

（2）一般指对受害人实际剥夺了人身自由，进行了羁押。因此，对于办案过程中对犯罪嫌疑人、被告人采取了拘传、取保候审、监视居住的强制措施，结案后认定无罪的，由于没有羁押，不属于赔偿的范围。另外，对于没有犯罪事实的人错误作出逮捕决定，但由于各种原因没有执行，后来纠正的，由于没有造成实际损害，也不予赔偿。

（二）侵犯公民生命健康权的赔偿

（1）刑讯逼供或者以殴打、虐待等行为或者唆使、放纵他人以殴打、虐待等行为造成公民身体伤害或者死亡的。这是指行使侦查、检察、审判、看守所、监狱管理职权的机关的工作人员使用肉刑和变相肉刑亲自或者放纵他人摧残虐待犯罪嫌疑人、被告人或者罪犯，造成其身体伤害或者死亡。

（2）违法使用武器、警械造成公民身体伤害或者死亡的。武器、警械是指枪支、警棍、手铐、警绳和其他警械。关于武器、警械的使用条件及其强度，国务院《中华人民共和国人民警察使用警械和武器条例》、公安部《关于贯彻实施〈人民警察使用警械和武器条例〉的通知》，最高人民法院、最高人民检察院、公安部、国家安全部、司法部《关于人民警察执行职务中实行正当防卫的具体规定》等文件都作了明确而严格的规定。

如果人民警察和国家审判机关、检察机关、公安机关、国家安全机关和司法行政机关及其他依法执行职务的人员违反有关法律规定使用武器、警械造成公民身体伤害或者死亡的，应当予以赔偿。

侵犯公民生命健康权的赔偿和无罪羁押判刑赔偿的区别在于：

(1) 它不以受害人是否有罪为必备条件，因为生命健康权是公民最基本的人权，即使是罪犯，其生命健康权也是受法律保护的，因此，对其刑讯逼供、殴打以及违法使用武器、警械的，也要赔偿；

(2) 它必须以对受害人的生命健康造成特定的损害后果为前提，即必须造成公民伤害或死亡。

二、侵犯财产权的赔偿范围

根据《国家赔偿法》第 18 条的规定，刑事诉讼中违法行使职权侵犯公民、法人或其他组织的财产权应予赔偿的有以下两种情况：

一是违法对财产采取查封、扣押、冻结、追缴等措施的。这是指查封、扣押、冻结了与案件无关的财物或存款，超出法定范围查封、扣押财物或冻结存款，追缴的财物不是犯罪分子的违法所得，而是其合法的收入，没收的财物不是违禁品，不是犯罪分子用以作案的个人物品等。

二是依照审判监督程序再审改判无罪，原判罚金、没收财产已经执行的。罚金是人民法院判处罪犯向国家缴纳一定数额金钱的财产刑罚，它主要适用于惩罚贪财图利的罪犯。如果公民、法人和其他组织无犯罪事实而被错误判处罚金并已经执行的，受害人有权请求获得国家赔偿。没收财产，指人民法院判处的强制将罪犯个人所有财产的一部分或全部无偿收归国家所有的财产刑罚。如果公民、法人和其他组织无犯罪行为，而对其财产加以没收，就构成了对其财产权的侵犯。受害人已被人民法院依照审判监督程序改判无罪，原判决已被依法撤销，而原判的没收财产的刑罚已经执行时，受害人就可以要求国家赔偿。

三、不适用刑事赔偿的情形

根据《国家赔偿法》第 19 条的规定，在刑事诉讼中，属于下列情形之一的国家不承担赔偿责任：

(1) 因公民自己故意作虚假供述，或者伪造其他有罪证据被羁押或者被判处刑罚的。这是指公民在意志自由的情况下，以使侦查、起诉、审判发生错误为目的，或为他人承担罪责，使真正的犯罪分子逃脱法律制裁而故意作虚假的有罪供述，或者伪造其他有罪证据的情况。对这种情况不予赔偿是各国刑事赔偿的通例。但是，由于司法工作人员刑讯逼供、威胁等行为迫不得已、屈打成招、承认自己有罪或者提供所谓“证据”而被羁押或者被处刑罚的，不能认定为故意作虚假供述或者伪造有罪证据，国家对该公民受到的损害仍应承担赔偿责任。

(2) 依照《刑法》第 17 条、第 18 条的规定，不负刑事责任的人被羁押的。这是指实施了刑法所禁止的危害社会的行为，因其未达到刑事责任年龄或不具有刑事责任能力而不负刑事责任，但公安司法机关在未弄清行为人的年龄和实际责任能力前曾对其羁押的，行为人不能请求赔偿。

(3) 依照《刑事诉讼法》第16条、第177条第2款、第284条第2款、第290条规定不追究刑事责任的人被羁押的。这是指对于情节显著轻微，危害不大，不认为是犯罪的，犯罪已过追诉时效的，经特赦令免除刑罚的，依照刑法告诉才处理，没有告诉或者撤回告诉的，犯罪嫌疑人、被告人死亡的，其他法律规定免予追究刑事责任的人曾被羁押的，国家不予赔偿。对于犯罪情节轻微，依照刑法规定不需要判处刑罚或者免除刑罚的，人民检察院依法作出不起诉处理的，国家不予赔偿。此外，对附条件不起诉的未成年犯罪嫌疑人，在考验期内没有法律规定情形，考验期满人民检察院作出不起诉决定的，国家不予赔偿。

(4) 侦查、检察、审判、看守所、监狱管理机关的工作人员实施的与行使职权无关的个人行为。

(5) 因公民自伤、自残等故意行为致使损害发生的。

(6) 法律规定的其他免除国家赔偿的情况。

这主要是指民法总则、刑法等法律规定的国家对特定情况下的损害不承担赔偿责任。其中包括：不可抗力和意外事件；第三人的过错行为；正当防卫行为；超过赔偿请求时效，等等。

第三节　刑事赔偿程序

一、刑事赔偿请求人和刑事赔偿义务机关

(一) 刑事赔偿请求人

受害的公民、法人和其他组织是赔偿请求人，有权要求赔偿。受害的公民、法人和其他组织是指合法权益因行使侦查、检察、审判、看守所、监狱管理职权的机关及其工作人员违法行使职权的行为而遭到损害的公民、法人和其他组织。

受害的公民死亡的，其继承人和其他有扶养关系的亲属有权要求赔偿。

受害的法人和其他组织终止的，承受其权利的法人和其他组织有权要求赔偿。

(二) 刑事赔偿义务机关

《国家赔偿法》第21条对刑事赔偿义务机关的确定作了如下规定：

(1) 行使国家侦查、检察、审判、看守所、监狱管理职权的机关及其工作人员在行使职权时侵犯公民、法人和其他组织的合法权益造成损害的，该机关为赔偿义务机关。这是确定刑事赔偿义务机关的一般原则，体现了谁侵权、谁承担赔偿义务的精神。根据这一原则，违法对财产采取查封、扣押、冻结、追缴等措施，作出该决定的机关为赔偿义务机关；司法工作人员刑讯逼供或者以殴打等暴力行为或者唆使他人以

殴打等暴力行为造成公民身体伤害或者死亡的和违法使用武器、警械造成公民身体伤害或者死亡的，该司法工作人员所在的公安司法机关为赔偿义务机关。

(2) 对公民采取拘留措施，依照本法的规定应当给予国家赔偿的，作出拘留决定的机关为赔偿义务机关。根据刑事诉讼法的规定，公安机关、国家安全机关、军队保卫部门和人民检察院有权决定拘留，因此对于错误拘留的，上述机关就是赔偿义务机关。

(3) 对公民采取逮捕措施后决定撤销案件、不起诉或者判决宣告无罪的，作出逮捕决定的机关为赔偿义务机关。按照这一规定，如果逮捕是由人民法院决定的，人民法院是赔偿义务机关；如果逮捕是由人民检察院批准或者决定的，人民检察院为赔偿义务机关。

(4) 再审改判无罪的，作出原生效判决的人民法院为赔偿义务机关。二审改判无罪，以及二审发回重审后作无罪处理的，作出一审有罪判决的人民法院为赔偿义务机关。按照这一规定，再审改判无罪的，作出原生效判决的人民法院为赔偿义务机关。如果原生效的是一审判决，那么该第一审人民法院为赔偿义务机关；如果原生效的是上诉审判决，那么该上诉审人民法院为赔偿义务机关。

二、刑事赔偿程序

刑事赔偿程序是在违法行使侦查、检察、审判和看守所、监狱管理职权的侵权事实被确认之后，提起赔偿和审查解决赔偿问题的步骤和方法。

赔偿请求人要求赔偿，应当先向赔偿义务机关提出，也可以在申请行政复议或者提起行政诉讼时一并提出。刑事赔偿按照以下程序进行：

（一）赔偿义务机关先行处理程序

刑事赔偿由赔偿义务机关先行处理，既便于赔偿请求人提出请求，及时取得赔偿，减少不必要的周折，又能够在社会公众面前树立认真履行赔偿义务的良好形象。

1. 赔偿义务机关对符合规定的应进行赔偿

根据《国家赔偿法》第22条第1款的规定，赔偿义务机关对有该法第17条、第18条规定情形之一的，应当给予赔偿。

2. 赔偿请求人提出赔偿请求

赔偿请求人要求赔偿的，应当先向赔偿义务机关提出。

要求赔偿应当递交申请书，申请书应当载明以下事项：

(1) 受害人的姓名、性别、年龄、工作单位和住址，法人或者其他组织的名称、住所和法定代表人或者主要负责人的姓名、职务。受害公民已经死亡的，申请书中除应载明受害人的上述事项外，还应载明赔偿请求人的上述事项，并提交与受害人有继承或扶养关系的证明。受害的法人或者其他组织终止，由承受其权利的法人或者其他组织提出赔偿要求的，还需载明其承受已终止的法人或者其他组织权利的事实，并提交有关证明。

(2) 具体的要求、事实根据和理由。赔偿要求包括赔偿方式和赔偿数额。赔偿请求人因不同的侵权行为造成多种损害后果的，例如，既被错误拘留，又因刑讯逼供而致伤，合法财产被追缴等，可以同时提出数项请求。“事实根据”是指提出所受损害状况的证明，如医院诊断证明、医疗费单据、病假证明等。“理由”是根据受损害状况对赔偿要求加以论证或说明。此外，赔偿请求人有确认行使侦查、检察、审判、监狱管理职权的机关及其工作人员违法行使职权造成损害的书面决定的，应当提供。

(3) 申请的年、月、日。赔偿请求人书写申请书确有困难的，可以委托他人代书，也可以口头申请，由赔偿义务机关记入笔录。对于二审改判无罪，作出一审判决的人民法院和批准逮捕的人民检察院为共同赔偿义务机关的，赔偿请求人可以向其中的任何一个赔偿义务机关要求赔偿，该赔偿义务机关应当先予赔偿。

3. 赔偿义务机关受理、审查和作出决定

赔偿义务机关收到赔偿请求人的赔偿申请书或者口头申请后，应当进行审查，分别不同的情况予以处理。

(1) 经过审查，对事实清楚、符合法定赔偿条件、应予赔偿的，赔偿义务机关应当自收到申请之日起 2 个月内，作出是否赔偿的决定。赔偿义务机关作出赔偿决定，应当充分听取赔偿请求人的意见，并可以与赔偿请求人就赔偿方式、赔偿项目和赔偿数额依照《国家赔偿法》第三章的规定进行协商。赔偿义务机关决定赔偿的，应当制作赔偿决定书，并自作出决定之日起 10 日内送达赔偿请求人。共同赔偿的案件，赔偿请求人可以向共同赔偿义务机关中的任何一个赔偿义务机关要求赔偿，该赔偿义务机关应当先予赔偿。

(2) 对赔偿请求已过法定时效或请求人不具有法定资格的，通知其不予受理；对不属于本机关赔偿的，应告知请求人向负有赔偿义务的机关提出申请；对申请材料不齐备的，可以告知请求人补充有关材料。对本机关负有赔偿义务的，还需进一步查明侵权的起止时间和造成损害的程度。在审查中，必要时可以调取有关的案卷材料。认为证明材料不足或不能证明有关赔偿的事实时，可以要求赔偿请求人补充证明材料，也可以自行调查。赔偿义务机关决定不予赔偿的，应当自作出决定之日起 10 日内书面通知赔偿请求人，并说明不予赔偿的理由。赔偿义务机关在规定期限内未作出是否赔偿的决定，赔偿请求人可以自期限届满之日起 3 个月内，向人民法院提起诉讼。

(二) 赔偿复议程序

赔偿义务机关如果逾期不予赔偿或者赔偿请求人对赔偿数额有异议的，赔偿请求人可以自期间届满之日起 30 日内向其上一级机关申请复议。逾期不予赔偿，包括赔偿义务机关作出了不予赔偿决定、受理后到期不予答复和不予受理等情形。对赔偿数额有异议，包括对赔偿方式、赔偿项目和对具体的赔偿金额有异议。

复议机关收到复议申请后，应及时调取案卷和有关材料进行审查，对事实不清的，可以要求赔偿义务机关补充调查，也可以自行调查。对赔偿请求人尚未向赔偿义务机关提出赔偿要求的，告知其先向赔偿义务机关提出。对赔偿义务机关作出赔偿决定的期间尚未届满而请求人提出复议申请的，应告知赔偿请求人督促赔偿义务机关在期间届满前作出赔偿决定，待期间届满后再提出复议申请。

复议刑事赔偿申请，实行一次复议制。

复议机关对复议申请进行复议后，应分别情况作出复议决定：原决定事实清楚，适用法律正确的，予以维持；原决定认定事实不清，适用法律或赔偿方式、数额不当的，作出新的赔偿决定。

复议机关应自收到复议申请之日起2个月内作出决定。

赔偿义务机关是人民法院的，如果逾期不予赔偿或者请求人对赔偿数额有异议，赔偿请求人可以在2个月期间届满之日起30日内直接向上一级人民法院赔偿委员会申请作出赔偿决定，而不必经过复议程序。

（三）赔偿委员会的决定程序

1. 赔偿委员会决定程序的启动

赔偿请求人不服复议决定的，可以在收到复议决定之日起30日内向复议机关所在地的同级人民法院赔偿委员会申请作出赔偿决定；复议机关逾期不作决定的，赔偿请求人可以自期限届满之日起30日内向复议机关所在地的同级人民法院赔偿委员会申请作出赔偿决定。应当明确，赔偿委员会不具有确认侵权事实的职权。请求人要求确认侵权事实的，赔偿委员会应当不予受理。

2. 赔偿委员会的设置

中级以上的人民法院设立赔偿委员会，由人民法院3名以上审判员组成。

3. 赔偿决定程序

赔偿决定程序是解决刑事赔偿争议的一种非诉讼的特殊程序，不适用民事诉讼法或者行政诉讼法规定的诉讼程序。在赔偿决定程序中，没有原告、被告，只有申请人和被申请人；不实行开庭审理，而是书面审理，必要时可向赔偿义务机关或赔偿请求人调查了解情况；采取特别的审理组织——赔偿委员会，既不能独任审理，也不采取合议庭的形式；赔偿委员会审理终结，不用判决和裁定结案，而是采用赔偿决定结案；不实行两审终审，而是一次终局，赔偿委员会作出的赔偿决定，是发生法律效力的决定，必须执行。

赔偿委员会作赔偿决定，实行少数服从多数的原则。赔偿委员会认为重大、疑难的案件，必要时由赔偿委员会主任报请院长提交审判委员会讨论决定；对于审判委员会的决定，赔偿委员会应当执行。

人民法院赔偿委员会处理赔偿请求，赔偿请求人和赔偿义务机关对自己提出的主张，应当提供证据。被羁押人在羁押期间死亡或者丧失行为能力的，赔偿义务机关的行为与被羁押人的死亡或者丧失行为能力是否存在因果关系，赔偿义务机关应当提供证据。赔偿委员会分别下列情形依法作出决定：赔偿义务机关决定或者复议机关复议决定适用法律正确，赔偿方式、赔偿数额适当的，应当决定予以维持；赔偿义务机关决定、复议机关适用法律不当的，应当撤销原决定，依法作出决定；赔偿方式、赔偿数额不当的，应当作出变更决定；确有《国家赔偿法》第 17 条、第 18 条规定情形之一，赔偿义务机关或者复议机关逾期未作出决定的，应当依法作出赔偿或者不予赔偿的决定；赔偿请求人申请赔偿事项属于《国家赔偿法》第 19 条规定的国家不承担赔偿责任的情形之一，或者已超过法定时效的，应当作出不予赔偿的决定。

(四) 刑事赔偿中的追偿制度

刑事赔偿中的追偿制度又称求偿权制度，指刑事赔偿义务机关在赔偿请求人损失后，对具有法定情形之一的工作人员的一种经济上的惩罚，其目的在于督促其司法工作人员严格执法，增强责任感和负责精神，恪尽职守，同时还可以减少国家因赔偿所遭受的损失，减轻财政负担。

根据《国家赔偿法》第 31 条的规定，刑事赔偿中的追偿对象是：

(1) 有《国家赔偿法》第 17 条第 4 项、第 5 项规定的行为的司法工作人员，具体指：刑讯逼供或者以殴打等暴力行为或者唆使他人以殴打等暴力行为造成公民身体伤害或者死亡的；违法使用武器、警械造成公民身体伤害或者死亡的。这两项规定的行为是法律明令禁止的，司法工作人员明知故犯，造成公民身体伤害或死亡，应当由他们承担部分或全部赔偿费用。

(2) 在处理案件时有贪污受贿、徇私舞弊、枉法裁判行为的司法工作人员。这些行为是执法犯法，以权弄法，是司法活动中的一种腐败现象，它损害了法律的尊严，破坏了司法的廉洁和公正，因此应当对其进行追偿，实行经济上的惩罚。

此外，对于具有上述情形的责任人员，有关机关应当依法给予行政处分；构成犯罪的，应当依法追究刑事责任，以制裁违法、渎职行为，促进公安司法机关依法行使职权，严格执法。

三、刑事赔偿方式和计算标准

(一) 赔偿方式

1. 支付赔偿金，指向赔偿请求人支付一定数额的货币。主要适用于对人身造成损害的赔偿，对应当返还的财产，因损毁无法恢复原状或者已经灭失的以及侵犯财产权造成其他损失的，也应支付赔偿金。支付赔偿金这种方式适用范围广，便于计算，在具体执行上简便易行，所以是国家赔偿的主要方式。

2. 返还财产，指赔偿义务机关将财产归还给对该财产享有所有权的受害人的赔偿形式。返还财产既可以使损害得到直接赔偿，有时还可以避免或减少精神损害，是一种比较简便易行的赔偿方式。返还的财产可能是金钱，也可能是原物，但必须以原财产存在为前提。侵犯财产权，能够返还财产的，应当返还财产。

3. 恢复原状，指赔偿义务机关对应当返还的财产造成损毁，能够进行修复的，通过修复使之恢复到受损害前的形状和性能。除上述方式以外，根据《国家赔偿法》第

35 条的规定，赔偿义务机关对于依法确认有该法第 3 条或者第 17 条规定情形之一，并造成受害人名誉权、荣誉权损害的，应当在侵权行为影响的范围内，为受害人消除影响，恢复名誉，赔礼道歉，造成严重后果的，应当支付相应的精神损害抚慰金。

（二）赔偿计算标准

1. 侵犯公民人身自由赔偿的计算标准

《国家赔偿法》第 33 条规定，侵犯公民人身自由的，每日赔偿金按照国家上年度职工日平均工资计算。这一规定，考虑到能使受害人所遭受的损失得到适当弥补，又能为国家的经济状况和财政承受和负担，同时便于计算和简便易行。

"上年度"，指赔偿义务机关、复议机关或者人民法院赔偿委员会作出赔偿决定时的上年度，复议机关或者人民法院赔偿委员会决定维持原赔偿决定的，按作出原赔偿决定时的上年度执行。复议机关或者人民法院赔偿委员会改变原赔偿决定，按照新作出决定时的上一年度国家职工平均工资标准计算人身自由赔偿金。国家上年度职工日平均工资数额，应当以职工年平均工资除以全年法定工作日数的方法计算。年平均工资以国家统计局公布的数字为准。

2. 侵犯公民生命健康权赔偿的计算标准

（1）造成公民身体伤害的，应当支付医疗费，护理费以及赔偿因误工减少的收入。减少的收入每日的赔偿金按照国家上年度职工日平均工资计算，最高额为国家上年度职工年平均工资的 5 倍。

（2）造成部分或者全部丧失劳动能力的，应当支付医疗费、护理费、残疾生活辅助具费、康复费及残疾赔偿金。残疾赔偿金根据丧失劳动能力的程度确定。部分丧失劳动能力的最高额为国家上年度职工年平均工资的 10 倍；全部丧失劳动能力的为国家上年度职工年平均工资的 20 倍。造成全部丧失劳动能力的，对其扶养的无劳动能力的人，还应当支付生活费。

（3）造成死亡的，应当支付死亡赔偿金、丧葬费，总额为国家上年度职工年平均工资的 20 倍。对死者生前扶养的无劳动能力的人，还应当支付生活费。前述生活费的发放标准参照当地最低生活保障标准执行。被扶养的人是未成年人的，生活费给付至 18 周岁止；其他无劳动能力的人，生活费给付至死亡时止。

3. 侵犯财产赔偿的处理

（1）处罚款、罚金、追缴、没收财产或者违反国家规定征收财物、征用财产的，返还财产。

（2）查封、扣押、冻结财产的，解除对财产的查封、扣押、冻结，造成财产损坏或者灭失的，依照下列(3)、(4)两项规定赔偿。

（3）应当返还的财产损坏的，能够恢复原状的恢复原状，不能恢复原状的，按照损害程度给付相应的赔偿金。

（4）应当返还的财产灭失的，给付相应的赔偿金。

（5）财产已经拍卖或者变卖的，给付拍卖或者变卖所得的价款；变卖的价款明显低于财产价值的，应当支付相应的赔偿金。

(6) 吊销许可证和执照、责令停产停业的，赔偿停产停业期间必要的经常性费用开支。

(7) 返还执行的罚款或者罚金、追缴或者没收的金钱，解除冻结的存款或者汇款的，应当支付银行同期存款利息。

(8) 对财产权造成其他损害的，按照直接损失给予赔偿。

四、赔偿费用的来源和支付

(一) 赔偿费用的来源

《国家赔偿法》第37条规定，赔偿费用列入各级财政预算，具体办法由国务院规定。国家赔偿费用由各级人民政府按照财政管理体制分级负担。各级人民政府应当根据实际情况，安排一定数额的国家赔偿费用，列入本级年度财政预算。当年需要支付的国家赔偿费用超过本级年度财政预算安排的，应当按照规定及时安排资金。国家赔偿费用由各级人民政府财政部门统一管理。国家赔偿费用的管理应当依法接受监督。

(二) 赔偿费用的申请与支付

财政部门收到赔偿义务机关申请材料后，应当根据下列情况分别作出处理：(1)申请的国家赔偿费用依照预算管理权限不属于本财政部门支付的，应当在3个工作日内退回申请材料并书面通知赔偿义务机关向有管理权限的财政部门申请；(2)申请材料符合要求的，收到申请即为受理，并书面通知赔偿义务机关；(3)申请材料不符合要求的，应当在3个工作日内一次告知赔偿义务机关需要补正的全部材料。赔偿义务机关应当在5个工作日内按照要求提交全部补正材料，财政部门收到补正材料即为受理。

财政部门应当自受理申请之日起15日内，按照预算和财政国库管理的有关规定支付国家赔偿费用。财政部门发现赔偿项目、计算标准违反国家赔偿法规定的，应当提交作出赔偿决定的机关或者其上级机关依法处理、追究有关人员的责任。

赔偿义务机关赔偿损失后，依据《国家赔偿法》第16条和第31条向责任者追偿的国家赔偿费用，应当上缴同级财政机关。

五、刑事赔偿请求时效

(一) 赔偿请求时效的概念

国家赔偿请求时效，指赔偿请求人向赔偿义务机关请求国家赔偿的法定期间。在法律规定的期间内，赔偿请求人行使赔偿请求权，就能得到法律保护，反之，就丧失依法定程序获得赔偿的权利。规定赔偿请求时效，有利于督促权利人及时行使赔偿请求权，使赔偿义务机关和人民法院及时处理国家赔偿案件，稳定社会关系和社会秩序。

（二）赔偿请求时效的规定

赔偿请求时效既不能太长，造成权利长期不行使，社会关系长期处于不稳定状态，也不能太短，使赔偿请求人来不及行使自己的赔偿请求权。《国家赔偿法》第39条根据我国的实际情况，规定赔偿请求人请求国家赔偿的时效为2年。这一请求时效自自其知道或者应当知道国家机关及其工作人员行使职权时的行为侵犯其人身权、财产权之日起计算，但被羁押等限制人身自由期间不计算在内。在申请行政复议或者提起行政诉讼时一并提出赔偿请求的，适用行政复议法、行政诉讼法有关时效的规定。

（三）赔偿请求时效的中止

时效中止是指在时效进行过程中，出现了特定的法定事由阻碍权利人行使权利，法律规定暂时停止时效的进行，待阻碍时效进行的原因消除后，时效期间继续进行。根据《国家赔偿法》第39条第2款的规定，赔偿请求人在赔偿请求时效的最后6个月内，因不可抗力或者其他障碍不能行使请求权的，时效中止。从中止时效的原因消除之日起，赔偿请求时效期间继续计算。

思考题：

1. 我国确立刑事赔偿制度有什么意义？
2. 怎样理解我国刑事赔偿的归责原则？
3. 刑事赔偿的范围是什么？
4. 国家不承担刑事赔偿的情形有哪些？
5. 刑事赔偿应当按照什么程序进行？
6. 我国国家赔偿法规定的赔偿方式、适用范围及计算标准是什么？
7. 你认为应当怎样完善我国的刑事赔偿制度？

第二十四章
未成年人诉讼程序

本章提要：本章对未成年人刑事案件诉讼程序的立法、实践及相关理论问题进行概括阐述。学习本章须重点掌握以下知识点：(1)未成年人犯罪案件诉讼程序在整个刑事诉讼程序中的地位；(2)未成年人刑事诉讼的方针和原则；(3)未成年人刑事诉讼的程序。

第一节 未成年人犯罪案件诉讼程序概述

未成年人犯罪案件刑事诉讼程序是指由法律专门规定处理未成年人犯罪案件的特别刑事诉讼程序。

未成年人犯罪，是世界各国普遍存在的一个严重的社会问题。因此，世界各国刑事实体法对于未成年人的刑事责任和处罚原则都作了明确的规定，以确定未成年人犯罪和处理方法。虽然各国的这些规定不尽相同，但它们都是根据未成年人正处在成长发育的过程之中，生理、心理等方面尚未完全成熟，辨别是非能力和自我控制能力差，缺乏社会经验，富于幻想，容易受外界事物和环境的影响，具有较大的可塑性和接受教育的可能性，所以，刑事实体法对未成年人犯罪作出特别的规定。然而，只有刑事实体法的特别规定，而无与之相适应的特别程序法的规定，仍不能实现对未成年人犯罪予以特别处遇的目的。正因为如此，从19世纪末20世纪初以来，一些国家相继公布了处理未成年人犯罪的特别程序法。例如世界上第一个关于未成年人的专门立法——1899年美国伊利诺伊州少年法庭法、1905年英国儿童法、1912年法国青少年保护法(1945年改名为少年犯罪法)、1974年德国青少年刑法、1948年日本少年法和1949年少年审判规则，以及现今许多国家刑事诉讼法中有关未成年人案件诉讼程序的专门规定，虽然它们的法律名称不尽相同，其内容有各自的特色，但也具有共同的特点。这就是在内容上冲破了传统的分类法。从未成年人专门法规来看，既有处理未成年人违法的规定，又有处理未成年人犯罪的规定；从刑事诉讼法中规定的未成年人犯罪的诉讼程序而言，也不拘限于传统的刑事诉讼程序，而特别设置刑事诉讼前的处理程序。

根据我国《刑法》第17条的规定，已满16周岁的人犯罪，应当负刑事责任。已满

14 周岁不满 16 周岁的人,犯故意杀人、故意伤害致人重伤或者死亡、强奸、抢劫、贩卖毒品、放火、爆炸、投毒罪的,应当负刑事责任。因不满 16 周岁不予刑事处罚的,责令他的家长或者监护人加以管教;在必要的时候,也可以由政府收容教养。因此,我国少年犯罪的诉讼程序,是指对于已满 14 周岁未满 18 周岁的人犯罪案件的处理程序。它包括对于已满 14 周岁未满 18 周岁的人犯罪的侦查、起诉、审判和执行等刑事诉讼程序,也包括刑事诉讼程序前的收集证据和处理程序。这一程序,不仅从法律上确定行为人是否犯罪,更重要的是考虑到行为人是未成年人这一特点,着眼于对未成年人最适宜的处置。

在处理未成年人犯罪的问题上,党和国家制定了正确的方针,采取了适合我国实际情况的措施,我国有关法律在对未成年人犯罪的处理程序上也作出了一些规定,从 1985 年党中央提出"抓紧制定有关保护青少年的法律"之后,据 1991 年 4 月统计,已有上海、福建、湖南、北京、辽宁、贵州、河南、广东、山西、内蒙古、山东、黑龙江、天津、河北、宁夏、四川 16 个省、自治区、直辖市相继颁布、实施了地方性的未成年人保护条例,有的称《青少年保护条例》。

《中华人民共和国未成年人保护法》已由七届全国人大常委会第二十一次会议于 1991 年 9 月 4 日通过,自 1992 年 1 月 1 日起施行,并于 2006 年 12 月 29 日由十届全国人大常委会第二十五次会议修订通过,2007 年 6 月 1 日起施行。最高人民法院 1991 年 2 月 1 日施行《关于办理少年刑事案件的若干规定(试行)》,2001 年 4 月 12 日施行《关于审理未成年人刑事案件的若干规定》,2006 年 1 月 23 日施行《关于审理未成年人刑事案件具体应用法律若干问题的解释》。最高人民检察院 2007 年 1 月 9 日发布《人民检察院办理未成年人刑事案件的规定》。2012 年《刑事诉讼法》也增设专章"未成年人刑事诉讼程序"加以特别规定。这些法律、司法解释及规定不仅包括实体法、组织法方面的内容,也规定了未成年人犯罪如何审理、处置和如何教育、改造等程序法方面的一系列问题。与此同时,人民法院、人民检察院和公安机关在司法实践中也积累了丰富的经验。

第二节　未成年人刑事诉讼的方针和原则

一、未成年人刑事诉讼方针

《未成年人保护法》第 54 条规定:"对违法犯罪的未成年人,实行教育、感化、挽救的方针,坚持教育为主、惩罚为辅的原则。"最高人民检察院《人民检察院办理未成年人刑事案件的规定》第 2 条规定:"人民检察院办理未成年人刑事案件,实行教育、感化、挽救的方针,坚持教育为主、惩罚为辅的原则。"最高人民法院《关于审理未成年人刑事案件具体应用法律若干问题的解释》也明确了"教育为主,惩罚为辅"的原则。

《刑事诉讼法》也秉承这一理念，第 277 条第 1 款规定："对犯罪的未成年人实行教育、感化、挽救的方针，坚持教育为主、惩罚为辅的原则。"

我国是人民民主专政的社会主义国家，对于未成年人犯罪的处理，一贯实行"教育、感化、挽救"的方针。这从新中国成立初期党中央和中央人民政府法制委员会、最高人民检察院、最高人民法院和司法部历次有关批复、指示中得到具体的反映。特别是党的十一届三中全会以来，随着加强社会主义民主和健全社会主义法制，根据社会治安中出现的新情况，未成年人犯罪中出现的新问题，党和国家进一步明确了对于违法犯罪的未成年人的方针。

1979 年 8 月 17 日，在中共中央转发中央宣传部等 8 个单位《关于提请全党重视解决青少年违法犯罪问题的报告》的通知中，明确地指出："对于违法犯罪的青少年，我们的方针应着眼于教育、挽救和改造。"1981 年 8 月，彭真在视察河北秦皇岛市劳动教养所时，针对大多数劳动教养对象是青少年的情况对该所的干部说："你们对待劳教人员要像父母对待患有传染病的孩子一样，像老师对待有错误的学生一样，像医生对待病人一样，满腔热情地教育、感化和挽救他们，使他们养成学习习惯、劳动习惯。不要嫌弃他们。"并说："你们把这项工作做好了，把他们教育好了，他们中间可能出很多人才。"

1983 年 9 月 20 日，彭真在第六届全国人大常委会第二次会议上的讲话中，在说明会议决定严惩严重危害社会治安的犯罪分子，对有关的部分法律规定作了修改、补充的同时，明确指出："至于对那些有轻微违法犯罪行为的青少年孩子，还是要着重感化、教育、改造，把他们挽救过来。"

由此可见，我国对于犯罪的未成年人，无论是过去、现在或将来，无论是在什么样的情势下，都要坚持教育、感化、挽救的方针。

为什么对于未成年人犯罪必须始终采取教育、感化、挽救的方针呢？

首先，基于未成年人是我们的希望，是祖国的未来。十年树木，百年树人。按照德育、智育、体育全面发展的要求，把我国下一代培养成为有社会主义觉悟的、有文化的劳动者，这是全党和全国各族人民的共同任务。这一工作的好坏，不仅关系到安定团结政治局面的长期巩固、关系到社会主义现代化建设的加速发展，而且直接影响着新一代人的成长，关系到我们党和国家的前途，关系到我们民族的盛衰。因此，关怀、爱护和教育包括有违法犯罪行为在内的未成年人，是我们党、国家和人民应尽的责任。

其次，根据未成年人具有较大的可塑性和接受教育的可能性的特点，相信并争取其中的绝大多数能够改好。从实践来看，犯罪的未成年人，大多数是属于轻微的或者一般的犯罪行为，这就需要我们对犯罪的未成年人进行教育、感化和挽救，一方面满腔热情地在生活上关心、体贴他们，在政治上爱护他们，在学习文化技术上帮助他们，使他们消除疑惧心理和对立情绪，真正相信党和政府是在教育、挽救自己；另一方面，对他们严格管理，严格要求，不做无原则迁就，这样，他们中的绝大多数是可以改造过来的。

第三，对犯罪的未成年人着眼于教育、感化、挽救，绝不是说对犯罪可以不作严肃认真的处理。邓小平指出："对于绝大多数破坏社会秩序的人应采取教育的办法，凡是能教育的都要教育，但是不能教育或教育无效的时候，就应该对各种犯罪坚决采取法律措施，不能手软。"这就是说，坚持教育、改造为主，惩罚为辅，对极少数有严重罪行的犯罪分子，则必须依法严肃惩罚。这一点，对于未成年人犯罪同样适用。因为不这样办，就不利于社会主义民主和社会主义法制的加强，也难以教育、挽救绝大多数。当然，惩罚的目的之一，也是为了教育、改造犯罪分子，使之成为对社会有用的人。

教育、感化、挽救的方针，是我们党和国家处理违法犯罪青少年的方针，也就是说，它既适用于处理一般违法的青少年，也完全适用于处理未成年人的犯罪。根据司法实践，仅就未成年人犯罪而言，在处理程序上，这一方针主要表现在如下三个方面：

（1）处理程序始终贯穿着教育、感化、挽救。无论是刑事诉讼程序前的调查和处理，还是侦查、起诉和审判，直至执行，始终都贯穿着对犯罪的未成年人的教育、挽救和改造的工作。

（2）对于犯罪的未成年人，坚持教育、挽救为主，惩罚为辅的原则。《刑事诉讼法》第280条规定："对未成年犯罪嫌疑人、被告人应当严格限制适用逮捕措施。人民检察院审查批准逮捕和人民法院决定逮捕，应当讯问未成年犯罪嫌疑人、被告人，听取辩护律师的意见。"第282条规定："对于未成年人涉嫌刑法分则第四章、第五章、第六章规定的犯罪，可能判处一年有期徒刑以下刑罚，符合起诉条件，但有悔罪表现的，人民检察院可以作出附条件不起诉的决定。人民检察院在作出附条件不起诉的决定以前，应当听取公安机关、被害人的意见。"

（3）注重维护犯罪的未成年人的身心发育和保护他们的合法权益，以有利于他们将来的发展。无论是在刑事诉讼前的处理程序上，还是在刑事诉讼的各个阶段上，有关法律都作出相应的规定，立法的基本精神就在于保护未成年人的身心健康和他们的合法权益，并在实践中得到切实的执行，体现了对犯罪的未成年人的教育、感化和挽救的方针。

二、未成年人刑事诉讼特有原则

未成年人刑事诉讼是一种特殊的刑事诉讼，除了应当遵循刑事诉讼法所规定的基本原则外，还应当根据未成年人案件诉讼的特点，规定贯穿于整个未成年人犯罪的诉讼程序中的基本准则，这就是未成年人案件诉讼的特有原则。

（一）全面调查的原则

全面调查的原则，指公安机关、人民检察院、人民法院在办理未成年人案件的全过程中，既要对未成年人的犯罪进行调查，也要对未成年人进行特别调查。所谓对于未成年人的特别调查，可分为社会调查和生理调查。社会调查是就未成年人的成长经历、社会交往、犯罪原因、监护教育和犯罪后的表现等情况进行调查，以分析其犯罪的原因；生理调查是就未成年人的智力、体力发育状况和精神障碍的程度等进行调查，以分析促使其犯罪的生理因素。通过这一系列调查，以便为对犯罪的未成年人作出最有效的处置提供科学的依据。

全面调查的原则，不仅应当根据犯罪行为的严重程度而且应当根据他本人的情况，对未成年人犯罪行为的严重状况作出公正的估量，采取最恰当的处理方式，以达到教育、挽救、改造未成年犯罪人的目的。

（二）分案处理的原则

分案处理的原则，指在刑事诉讼过程中对未成年人和成年人犯罪分别适用不同的诉讼程序，区别对待、分别羁押和分别执行。分案处理原则的内容包括三个方面：包括分案侦查、分案起诉和分案审理。

分案适用不同的诉讼程序，指未成年人和成年人共同犯罪或者有牵连的案件，只要不妨碍诉讼，必须将未成年人和成年人在诉讼程序上分开进行。对于这一点，实践中做法不一，有分离处理的，也有合并处理的。而在合并处理的案件中，虽然也考虑到未成年人的特殊性，但诉讼程序往往是按照普通刑事案件的程序进行。为了在诉讼活动中，贯彻教育、感化、挽救的方针，切实保护未成年人的合法权益，以利于其今后的发展，必须确立分案处理的原则，并在侦查阶段尽可能将未成年人与成年人分离开来。

分别羁押，指对于未成年人适用拘留、逮捕等强制措施时，要把未成年人与成年人分开羁押看管。

分别执行，指对于未成年罪犯生效的判决、裁定的执行，不能同成年罪犯在同一场所执行，以防止未成年罪犯受到来自成年犯罪人的不良影响。《未成年人保护法》第 57 条规定："对羁押、服刑的未成年人，应当与成年人分别关押。"《刑事诉讼法》第 280 条第 2 款规定："对被拘留、逮捕和执行刑罚的未成年人与成年人应当分别关押、分别管理、分别教育。"我国在执行中设有少年犯管教所。

（三）保障未成年犯罪嫌疑人、被告人诉讼权利原则

保障未成年犯罪嫌疑人、被告人诉讼权利原则，是指公安司法机关在处理未成年人刑事案件的过程中，应当充分保障未成年犯罪嫌疑人、被告人依法享有的各种诉讼权利。人民法院、人民检察院和公安机关办理未成年人刑事案件，应当保障未成年人行使其诉讼权利，保障未成年人得到法律帮助，并由熟悉未成年人身心特点的审判人员、检察人员、侦查人员承办。在严格遵守法律规定的前提下，按照最有利于未成年人和适合未成年人身心特点的方式进行，充分保障未成年人合法权益。

在刑事诉讼中，未成年犯罪嫌疑人、被告人除享有成年犯罪嫌疑人、被告人享有的各项诉讼权利外，还享有一些特殊的权利。例如，未成年人被讯问和审判时有法定代理人或者其他合适成年人在场的权利。又如，原则上不得对未成年犯罪嫌疑人、被告人使用戒具。

(四) 审判不公开与保密原则

审判不公开原则,指人民法院在开庭审理未成年人刑事案件时,不允许旁听,不允许记者采访,新闻媒体报道不得公布未成年被告人的姓名、年龄、职业、住址及照片等。对未成年人犯罪案件,新闻报道、影视节目、公开出版物、网络等不得披露该未成年人的姓名、住所、照片、图像以及可能推断出该未成年人的资料。未成年人刑事案件的诉讼案卷材料,除依法查阅、摘抄、复制以外,未经审理案件的人民法院院长批准,不得查询和摘录,并不得公开和传播。《刑事诉讼法》第 285 条规定:“审判的时候被告人不满十八周岁的案件,不公开审理。但是,经未成年被告人及其法定代理人同意,未成年被告人所在学校和未成年人保护组织可以派代表到场。”但是《刑事诉讼法》又规定:“宣告判决,一律公开进行。”对未成年人案件不公开审理是为了更有利于对他们的教育、感化、挽救,防止由于公开审判给他们造成不必要的精神创伤等。不公开审理的案件,并不意味着不公开宣判。根据刑事诉讼法的上述规定,不公开审理的未成年人案件,也要公开宣判。但是,为保护未成年人,我国目前实行的是相对不公开宣判原则。根据最高人民法院在 2001 年 4 月 12 日施行的《关于审理未成年人刑事案件的若干规定》第 31 条规定:“对未成年人刑事案件宣告判决应当公开进行,但不得采取召开大会等形式。”同时,对于依法不应当公开审理的未成年人刑事案件却公开审理的,人民检察院应当在开庭前提出纠正意见。同时,《刑事诉讼法》第 286 条还增加规定:“犯罪的时候不满十八周岁,被判处五年有期徒刑以下刑罚的,应当对相关犯罪记录予以封存。犯罪记录被封存的,不得向任何单位和个人提供,但司法机关为办案需要或者有关单位根据国家规定进行查询的除外。依法进行查询的单位,应当对被封存的犯罪记录的情况予以保密。”这一犯罪记录封存制度对于未成年人将来的发展有积极的意义。

第三节　未成年人案件的诉讼程序

一、立案前的程序

对于未成年人案件在刑事诉讼立案前的处理程序,指公安机关(包括派出机构)在接受未成年人犯罪的材料,经过必要的调查后,认为有犯罪事实,但犯罪事实轻微或者较轻,不需要追究刑事责任而不经过刑事诉讼程序作出处理的程序。

对于未成年人案件的调查,根据司法实践和有关法律规定,公安机关(包括派出机构)在接受未成年人犯罪的材料,进行审查后,认为有犯罪事实,但犯罪事实轻微或者较轻不追究刑事责任的,往往不予立案,根据具体的犯罪事实作出诉讼前的处理,而在处理之前,对于未成年人的特别调查,由于其范围和内容没有明确的规定,往往进行得不够充分、确实,有些甚至影响到对于犯罪的未成年人作出最有效的处理。根

据实践经验,特别调查的范围和内容,可以归纳为如下四点:

(1) 未成年人的年龄(出生年、月、日)。查明未成年人的确切年龄,是为了解决他是否应当对所犯的罪行负刑事责任,可以对他采用的处理方法或者适用的刑罚方法。需要强调的是,未成年人案件的案卷中必须附有证实未成年人的确切年龄的书面文件,不能只根据未成年人的供述和法定代理人的证词。对于未成年人是否够一定的年龄,不是从他的生日起算,而是从生日的第二天起算。

如果没有证实未成年人年龄的书面文件,则应当通过法医鉴定,以确定他的年龄。由于法医鉴定往往只能确定大致的年龄,而无法测定具体的出生年月日,对于年龄的起算,应以鉴定所判断的该人最小年月份的最末一日为依据。对于没有充分证据证明被告人实施被指控的犯罪时已经达到法定刑事责任年龄且确实无法查明的,应当推定其没有达到相应法定刑事责任年龄。

(2) 未成年人的生活和教育条件。为了解未成年人的生活和教育条件,必须查明:他的性格和爱好;他现在和过去在哪里学习、工作;他在家庭、学校和工作单位的表现;他的生活环境;他参加过什么社会活动;他过去是否受过什么处分;他的父母或者其他法定代理人的职业,他们是怎样履行教育子女的义务的;在学校或工作单位是否受到不利于他健康成长的因素的影响。如果未成年人在犯罪之前,既不在学校学习,也没有工作,也应查明这种状况持续的时间和原因。

(3) 有无成年的教唆者和其他共犯。成年人用诱骗、授意、怂恿等方法,有意唆使未成年人犯罪和实施其危害社会的行为,是促成未成年人犯罪的因素之一。因此,对于有关教唆未成年人犯罪和实施危害社会行为的其他成年人的材料,应当作详尽的调查。查明这些情况,不仅对于解决教唆犯的刑事责任和确定对未成年人的处理方法是必要的,而且对于揭示和消除促成犯罪的具体原因也是必要的。

(4) 为了查明上述情况,需要解决案件中某些专门性问题的时候,应当指派、聘请有专门知识的人进行鉴定。这里主要是指为了查明未成年人的人格、经历、素质和生活环境,需要有关专家和专门部门提供有关医学、心理学、教育学、社会学以及其他专门知识的鉴定结果,用以说明未成年人的智力发育程度、精神障碍程度和控制自己行为的能力。对于这一点,许多国家的法律有明确的规定。例如日本《少年法》第9条规定,进行调查"务必调查少年监护人或者有关人员的人格、经历、素质、环境,特别要有效地运用少年鉴别所提供的关于医学、心理学、教育学、社会学以及其他专门知识的鉴定结果"。虽然我国在这方面进行鉴定和有效地运用鉴定结果都还很不普遍,但已受到越来越多的人的重视。随着我国科学技术的发展,社会主义民主和社会主义法制的不断加强,它必将广泛地被采用。

二、立案前的处理

在我国,立案前的处理,指对于不予刑事处罚的犯罪的未成年人,为了及时有效地制止其继续犯罪,而采取的教育、感化和挽救的处置方法。这种处理所采用的方法，是一种教育性的强制方法，主要有帮助教育、工读学校教育。

（一）帮助教育

对确有轻微犯罪事实，经教育没有悔改表现，可能继续进行违法犯罪活动，但还不够或者不必予以刑事处罚、劳动教养和工读学校教育处理，而需要重点做好教育挽救工作的人，以进行帮助教育为主。也就是把他们放在社会上，依靠社会力量，通过耐心细致的教育、感化工作，帮助他们认识并纠正过错，使之弃旧图新，改邪归正。

确定是否对某一未成年人进行帮助教育，由被帮教人所在街道、乡镇、学校或工矿等单位的党政组织会同公安机关审定。公安机关应当将被帮教人进行不正当活动的情况和材料及时告诉他们所在的学校、单位和街道组织，由它们进行认真严肃的批评教育，必要时可由公安机关出面责令其限期改过，促使他们改邪归正。

对于被帮教的对象，不要在群众中公布名单。对于有的已向群众公布过名单的，如不继续列入帮教对象时，应向群众宣布。

（二）工读学校教育

工读学校是一种教育挽救有轻微违法犯罪行为的学生的学校。对于有轻微犯罪事实，经多次教育不改，不适宜留在原学校学习，但又需要劳动教养的中学生（包括那些被学校开除学籍或自动退学、流荡在社会上的18周岁以下的未成年人），送入工读学校学习。工读学校坚持“挽救孩子，造就人才，立足教育，科学育人”的教育原则，在整个教学过程中，以转变学生的错误思想为主，同时进行文化知识和生产技能的教育，并让学生参加适当的生产劳动。通过工读学校教育，把受教育者改造成为有社会主义觉悟、有一定科学知识和生产技能，遵纪守法，身体健康的劳动者。

对需要进入工读学校接受教育的学生，由当地区、县教育局和公安机关共同审查批准。工读学校的学习期限一般为2—3年。

三、侦查程序

在纷繁复杂、形形色色的刑事案件中，当尚未发现行为人是未成年人的任何迹象之前，侦查工作是依照刑事诉讼法一般规定进行的。当确定被指控的人是未成年人时，侦查程序必须作出与之相适应的改变，除适用一般规定外，亦应按照特别规定进行。根据刑事诉讼法的规定和司法实践，下面仅就传讯未成年人的程序和未成年人的法定代理人的法律地位问题加以说明。

（一）传讯未成年人的程序

早在1962年12月，公安部的《预审工作细则（试行草案）》第2条规定：“对少年犯的审讯，必要的时候，可以邀请他的父母或监护人以及所在学校的代表参加讯问。”1979年8月20日公安部制定的预审工作细则第29条规定：“审讯不满18岁的未成年的犯人时，可以通知他的法定代理人到场。”《刑事诉讼法》第 281 条规定：“对于未成年人刑事案件，在讯问和审判的时候，应当通知未成年犯罪嫌疑人、被告人的法定代理人到场。”实践证明，讯问、审判未成年犯罪嫌疑人、被告人时，通知他们的法定代理人到场，一方面可以切实地保护未成年犯罪嫌疑人、被告人的合法权益，同时保证诉讼活动的正常进行；另一方面，由于未成年人走上犯罪道路，往往与家庭的教育和影响有着直接的关系，讯问、审判时通知犯罪嫌疑人、被告人的父母等到场，也使他们亲自了解自己子女的犯罪事实和怎样走上犯罪的道路，自己有什么责任，从中应吸取哪些教训，如何针对自己子女的情况进行教育，以取得他们的支持和配合，共同来教育、挽救和改造未成年的犯罪人。

关于传讯犯罪嫌疑人、未成年被告人的程序，许多国家的有关法律对此作出明确规定，但具体做法不同，大体上可分为两种。一是直接传唤。例如，日本《少年法》第 11 条规定，家庭法院进行案件调查或者审理的时候，如果认为需要，可以对少年或监护人发出传票，直接传唤。二是间接传唤。例如，在美国，按照一般规定，侦查员除必须在讯问少年之前通知其家长外，还必须将其所犯罪行的全部情况，详细告诉其家长。而在讯问少年的过程中，要求父母双方或一方出席讯问庭。

我国法律对于这一程序只作了原则性规定，在诉讼实践中，则往往是根据具体的情况，采取不同的做法，归纳起来，有如下三点：

(1) 当犯罪嫌疑人或被告人为未满 16 周岁的未成年人，或者 16 周岁以上但被认为是弱智的未成年人时，侦查机关认为必要，传唤、讯问未成年人时，一般都通知他的父母或者其他法定代理人到场。

(2) 当犯罪嫌疑人或被告人为 16 周岁以上的未成年人时，侦查中讯问未成年人时，一般不通知他的父母、养父母或监护人到场。如认为必要，往往是邀请该未成年人所在学校的教师或所在单位的代表参加。

(3) 无论上述何种情况，如果有材料说明未成年被告人的法定代理人是犯罪的教唆犯，或者他们的到场会带来隐匿或毁灭证据的危险的，则一律不通知法定代理人到场。

针对这一问题，《刑事诉讼法》第 281 条明确规定：“对于未成年人刑事案件，在讯问和审判的时候，应当通知未成年犯罪嫌疑人、被告人的法定代理人到场。无法通知、法定代理人不能到场或者法定代理人是共犯的，也可以通知未成年犯罪嫌疑人、被告人的其他成年亲属，所在学校、单位、居住地基层组织或者未成年人保护组织的代表到场，并将有关情况记录在案。到场的法定代理人可以代为行使未成年犯罪嫌疑人、被告人的诉讼权利。”由此，通知法定代理人将作为办案机关的法定责任而不能选择是否行使，实践中的做法将走向统一。

传讯未成年犯罪嫌疑人，可以采用较为缓和的方式；讯问时，可以选择其较为熟悉的场所，邀请其父母、法定代理人或者师长参加；在讯问语言的使用上，态度尽可能宽松，使未成年人能够更好地接受，避免产生对立情绪。

(二) 未成年犯罪嫌疑人、被告人的法定代理人的法律地位

由于讯问、审判未成年犯罪嫌疑人、被告人时,可以通知他们的法定代理人到场,必须正确认识未成年犯罪嫌疑人、被告人的法定代理人的法律地位的问题。

根据刑事诉讼法规定,未成年犯罪嫌疑人、被告人的法定代理人对于审判人员、检察人员和侦查人员侵犯公民诉讼权利和人身侮辱的行为,有权提出控告;有权要求审判人员、检察人员和侦查人员回避;不服地方各级人民法院第一审的判决、裁定,有权用书状或者口头向上一级人民法院上诉。但是,对于在讯问、审判时到场的未成年犯罪嫌疑人、被告人的法定代理人的法律地位,尚未作出明确的规定。既然法律规定对未成年被告人的法定代理人可以到场,那么,对于未成年被告人的法定代理人在诉讼时的法律地位,就有进一步加以明确的必要。

根据我国的刑事诉讼相关立法以及诉讼实践和实际情况,未成年人的法定代理人是对未成年人负有保护和教育责任的代理人。从原则上说,在诉讼活动中,未成年被告人的法定代理人到场,既要保护未成年人的合法权益,也应教育未成年人认清罪过,挽救自己的孩子。因此,法律既不能只规定法定代理人的权利而不规定他们的义务,也不能只规定他们的义务,不规定他们的权利,而应当对于他们的权利义务都作出明确规定,以便确定其在诉讼中的法律地位。根据一些司法机关的实际做法,除法律另有规定的以外,可将未成年被告人的法定代理人的实际诉讼地位(包括起诉、审判程序)归纳为如下几点:

(1) 未成年犯罪嫌疑人、被告人的法定代理人在接到公安机关、人民检察院和人民法院的到场通知后,应按照通知的要求出席。到场的法定代理人可以代为行使未成年犯罪嫌疑人、被告人的诉讼权利。

(2) 未成年犯罪嫌疑人、被告人的法定代理人有权利,也有义务对有关事项作出说明,提出要求,并对将要采取的措施提出建议。如对于未成年犯罪嫌疑人、被告人的性格、爱好和生活环境等作出说明,提出委托辩护人的要求,建议对有关情况作出鉴定等。

(3) 在必须作为证人而询问未成年犯罪嫌疑人、被告人的法定代理人时,其法定代理人应当如实地提供证据、证言。

(4) 在讯问、审判未成年犯罪嫌疑人、被告人时,他的法定代理人经侦查人员、检察人员和审判人员的许可,可以向未成年犯罪嫌疑人、被告人发问。

(5) 在讯问、审理终结时,到场的未成年犯罪嫌疑人、被告人的法定代理人有权了解讯问的笔录,并有权对笔录中所记载的是否正确和完整提出书面或者口头意见。到场的法定代理人或者其他人员认为办案人员在讯问、审判中侵犯未成年人合法权益的,可以提出意见。讯问笔录、法庭笔录应当交给到场的法定代理人或者其他人员阅读或者向他宣读。

(6) 审判未成年人刑事案件,未成年被告人最后陈述后,其法定代理人可以进行补充陈述。

上述的实际做法,不仅起到保护未成年犯罪嫌疑人、被告人的合法权益,保证诉

讼活动顺利进行的作用，而且维护了在讯问、审判中所获得的任何材料的最终效力，因而是行之有效的。

四、提起公诉程序

我国《刑事诉讼法》中“提起公诉”一章的规定，对于未成年人案件同样是适用的。当然，由于未成年人案件的特殊性，人民检察院审查案件的时候，也应当查明对于未成年人特别调查的内容，在讯问未成年犯罪嫌疑人、被告人时，也应当依照法律的有关规定进行。值得考虑的问题是：

（一）是否可以适当扩大相对不起诉的范围

一般来说，为了更有效地贯彻党和国家提出的“教育、挽救和改造”违法犯罪的未成年人的方针，在提起公诉阶段作出某项决定时，既要考虑犯罪的事实，同时也要考虑未成年人的品质和一贯表现，是可以适当扩大相对不起诉范围的。当然，这种“扩大”应当是有条件的，是相对于成年人案件而言的。根据以往的司法实践，所谓的“条件”可以归纳为：

(1) 这类案件是对成年人依法可判处 3 年以下有期徒刑的未成年人刑事案件；

(2) 根据犯罪行为的性质、犯罪时的环境，未成年人的品质和一贯的表现，人民检察院有充分的理由认为，“不起诉”可以收到应有的效果；

2007 年最高人民检察院《人民检察院办理未成年人刑事案件的规定》将某些“条件”加以明确，其中第 21 条规定：“对于未成年人实施的轻伤害案件、初次犯罪、过失犯罪、犯罪未遂的案件以及被诱骗或者被教唆实施的犯罪案件等，情节轻微，犯罪嫌疑人确有悔罪表现，当事人双方自愿就民事赔偿达成协议并切实履行，符合刑法第 37 条规定的，人民检察院可以依照刑事诉讼法第 142 条第 2 款的规定作出不起诉的决定，并可以根据案件的不同情况，予以训诫或者责令具结悔过、赔礼道歉。”

根据我国《刑事诉讼法》第 173 条规定，犯罪嫌疑人有本法第 15 条规定的情形之一的，人民检察院应当作出不起诉决定。对于犯罪情节轻微，依照刑法规定不需要判处刑罚或者免予刑罚的，人民检察院可以作出不起诉决定。第 271 条规定，对于未成年人涉嫌刑法分则第四章、第五章、第六章规定的犯罪，可能判处一年有期徒刑以下刑罚，符合起诉条件，但有悔罪表现的，人民检察院可以作出附条件不起诉的决定。人民检察院在作出附条件不起诉的决定以前，应当听取公安机关、被害人的意见。而根据《人民检察院办理未成年人刑事案件的规定》第 20 条的规定，对于犯罪情节轻微，并具有下列情形之一，依照刑法规定不需要判处刑罚或者免除刑罚的未成年犯罪嫌疑人，人民检察院一般应当依法作出不起诉决定：(1)被胁迫参与犯罪的；(2)犯罪预备、中止的；(3)在共同犯罪中起次要或者辅助作用的；(4)是又聋又哑的人或者盲人的；(5)因防卫过当或者紧急避险过当构成犯罪的；(6)有自首或者重大立功表现的；(7)其他依照刑法规定不需要判处刑罚或者免除刑罚的情形。

我国刑法对于未成年人犯罪追究刑事责任的，只有从轻或者减轻处罚的规定，而没有免予刑罚的规定，是否适当扩大未成年人刑事案件的相对不起诉的范围，有待通过今后立法来解决。

（二）对于已确定教育性强制处分的未成年人，是否应当起诉

在司法实践中，在个别地方出现过对于正采取教育性强制处分、而未撤销这一处分的未成年人，以及对于已解除教育性强制处分而尚未发现新的犯罪活动的未成年人，根据原有的材料要提起诉讼的情况。在这种情况下，是否应当提起公诉呢？

教育性的强制处分和刑事处罚都是带有一定强制性的处分方法，是一个完整的法律体系的组成部分。如果根据未成年人的犯罪事实和本人情况，按照有关法律规定，作出教育性的强制处分是正确的，就应当保持和维护这一处分的确定力；如果作出的处分是错误的，就应当撤销原处分，重新进行处理，以维护法律的尊严。因此，对于正采取教育性强制处分、尚未撤销这一处分的未成年人，或者对于已解除教育性强制处分、尚未发现新的违法犯罪活动的未成年人，根据原来的材料要求提起公诉，是不妥当的做法。它不利于维护教育性强制处分的法律效力和社会效果，也不利于维护社会主义法制的严肃性、统一性。人民检察院是法律监督机关，对于这类案件，除非原教育性强制处分已作出撤销的决定，否则，就有理由作出不起诉的决定。

五、审判程序

一旦决定提起公诉的案件，就要进入审判程序。未成年人刑事案件的审判程序，除适用刑事诉讼法的一般规定外，根据最高人民法院《关于办理少年刑事案件的若干规定》及《关于审理未成年人刑事案件具体应用法律若干问题的解释》，也有若干特别的规定。

（一）审理

1. 审理方式

人民法院受理未成年人案件后，应调查未成年被告人与案件有关的事实，被告人的品格、经历、身心状况、教育状况、家庭情况、社会环境和其他必要事项。特别要确定未成年人的年龄和评价其智力发育程度所必需的情况，要了解未成年人所处的环境和生活环境以及其他有关未成年人的情况。

如前所述，在诉讼的各个阶段应对未成年人进行特别调查。尽管这种调查在审判前已经进行过，人民法院仍应进一步进行这一调查，以便使这种调查做到确实、充分、广泛和周到。

在审理方式、方法上，应当根据未成年被告人的生理和心理特点，注意疏导，寓教于审，惩教结合，以有利于准确、及时、合法地查明被指控的犯罪事实，并且帮助他们认识犯罪原因和犯罪行为的社会危害性。

2. 切实维护未成年被告人的辩护权

我国《宪法》第 130 条规定："被告人有权获得辩护。"《刑事诉讼法》第 11 条规定："被告人有权获得辩护，人民法院有义务保证被告人获得辩护。"辩护，是被告人及其辩护人根据事实和法律，提出证明被告人无罪、罪轻或减轻、免除刑事责任的材料和意见，维护被告人的合法权益。由于未成年人在生理、心理上尚未成熟，受到教育的程度不高和社会生活知识不足，考虑到实际存在着的这种特殊情况，《刑事诉讼法》第 278 条进一步规定："未成年犯罪嫌疑人、被告人没有委托辩护人的，人民法院、人民检察院、公安机关应当通知法律援助机构指派律师为其提供辩护。"这就是说，未成年被告人不仅可以自己委托辩护人，如果未成年人没有委托辩护人的，人民法院、人民检察院、公安机关应当为他指定辩护人为其进行辩护。这样既保证未成年被告人在包括审查起诉、审判在内的各个阶段能够得到辩护人的帮助，使未成年人的合法权益得到切实的保护，也有利于公安司法客观地查明案件事实，正确地适用法律，以便作出公正、合法的处理。

我国《刑事诉讼法》已明确了对于犯罪嫌疑人，可以在审判程序以前聘请律师参加诉讼的问题。《人民检察院办理未成年人刑事案件的规定》第 16 条第 2 款进一步规定，对未成年犯罪嫌疑人、未成年被害人或者其法定代理人提出聘请律师意向，但因经济困难或者其他原因没有委托辩护人、诉讼代理人的，人民检察院应当帮助其申请法律援助。强调提出在审判前未成年犯罪嫌疑人聘请律师担任其辩护人的理由，一是未成年人的生理、心理上发育不成熟，思想不稳定，语言表达能力差，缺乏社会生活知识，往往不能正确地供述自己的犯罪行为；二是未成年人及其法定代理人缺乏法律方面应有的知识。基于上述情况，未成年犯罪嫌疑人、被告人在审判前的其他诉讼阶段便委托或由相应的司法机关为其指定辩护律师进行辩护，往往能有助于审理的正常进行和对他们的教育、帮助。

另外，法定代理人是可以作为未成年被告人的辩护人参加诉讼的，但对此应当有所限制，不能只是根据未成年被告人或者他的法定代理人的要求，就决定法定代理人为被告辩护人。更重要的是，对于未成年人的管教是否有利。如果对管教可能带来不利，尽管未成年被告人或者他的法定代理人要求，也不应该由法定代理人为被告人进行辩护，否则，就违背了规定少年案件特别诉讼程序的初衷。

3. 未成年人案件的不公开审理

人民法院对于未成年人犯罪的案件，不公开审理，是为了更好地教育、挽救未成年的犯罪人。同时，未成年人在生理、心理上尚处于发育阶段，辨别是非能力、意志控制力较为薄弱，思想不够稳定，易于受到外界环境的影响，如果公开审理，不仅会对未成年被告人身心造成不良的影响和后果，也有可能直接影响到被告人在法庭上的正确陈述，给法庭调查造成困难，不利于诉讼的正常进行。但对不公开审理的案件进行审理前，应当将不公开审理的理由当庭宣布。

未成年人犯罪案件不公开审理，指人民法院对于审判的时候被告人不满 18 周岁的案件，不向社会、群众公开，不允许群众旁听，不允许新闻记者旁听和报道审理的情况，也不应当在法制宣传中公布未成年犯罪人的姓名和照片。但是，不公开审理，不是不向被告人的法定代理人公开，因此，不能以未成年人犯罪的案件不公开审理为理由而不通知被告人的法定代理人到场。同时，《刑事诉讼法》还规定：经未成年被告人及其法定代理人的同意，未成年被告人所在学校和未成年保护组织可以派代表到场。

4. 审理未成年人犯罪的案件，态度和语言要适合于未成年人的特点

在讯问、审理过程中，审判人员应当根据未成年被告人的智力发育程度和心理状态，注意气氛要缓和，做到因案审理，因人施教。审判人员的态度既要平缓，又不失严肃；用词既要准确，又通俗易懂；既要注重疏导，又要防止诱供。讯问女性未成年犯罪嫌疑人，应当有女工作人员在场。

5. 设立专门审理未成年人案件的审判庭

从上海市长宁区人民法院于1984年底成立第一个专门审理未成年人案件的合议庭以来，少年法庭的覆盖面越来越广。最高人民法院《关于审理少年刑事案件的若干规定(试行)》第4条第4款规定："少年法庭的审判人员中应当有女审判员或者女人民陪审员。"

未成年人审判庭单独建制后的实践表明，它有利于审判人员集中精力专门审理未成年人案件，免受兼办其他案件等干扰，提高办案质量，也有利于审判人员加强生理学、心理学、教育学等相关知识学习，从事程序法和实体法的研究和探索，提高对未成年犯罪人进行教育、感化、挽救工作的水平和效益。总而言之，人民法院设立专门审理未成年人案件审判庭，是刑事审判工作中的一个改革，是我国审判制度上的一项新的建设，应当予以加强和进一步推广。

(二) 判决

未成年人刑事案件审理的结果，是依照不同的情况作出不同的判决。这里只谈谈经审理确定有罪的科刑判决及其有关的问题。

1. 不适用死刑

《刑法》第49条规定，犯罪的时候不满18周岁的人，不适用死刑。最高人民法院《关于审理未成年人刑事案件具体应用法律若干问题的解释》第13条更进一步规定："未成年人犯罪只有罪行极其严重的，才可以适用无期徒刑。对已满十四周岁不满十六周岁的人犯罪一般不判处无期徒刑。"这些规定，体现了尽量挽救和改造一切未成年犯罪人的精神。

2. 科刑应当从轻或者减轻

《刑法》第17条第3款规定："已满十四周岁不满十八周岁的人犯罪，应当从轻或者减轻处罚。"《未成年人保护法》第54条规定："对违法犯罪的未成年人，应当依法从轻、减轻或者免除处罚。"这一规定，不仅适用于主刑，也适用于附加刑，如《关于审理未成年人刑事案件具体应用法律若干问题的解释》第14条即规定："除刑法规定'应当'附加剥夺政治权利外，对未成年罪犯一般不判处附加剥夺政治权利。如果对未成年罪犯判处附加剥夺政治权利的，应当依法从轻判处。"这些条款不仅是对犯罪的未

成年人定罪量刑的法律依据，也充分体现了我们国家对未成年人历来坚持的教育、挽救和改造的方针。值得注意的是，若行为人在年满18周岁前后实施了同种犯罪行为，在量刑时也应当考虑对年满18周岁以前实施的犯罪，适当给予从轻或者减轻处罚。

3. 对未成年人的缓刑

缓刑，是属于传统的刑法范畴，但是，未成年人的缓刑和不定期刑，有的国家规定在刑法之中，有的国家规定在青少年刑事法律（包括刑法和刑事诉讼法）之中，有的则规定在少年法之中，呈现出多样化的状况。我国刑法对于未成年人适用缓刑没有特别的规定，但根据审判实践中提出的问题和参考外国法律的规定，根据未成年被告人的具体情况，作出最符合于该未成年人的实际的判决。对符合缓刑适用条件的未成年罪犯，应当依法适用缓刑。

六、执行

判决发生法律效力后，即应执行。这一点未成年人案件也不例外。为了更好地教育、挽救和改造18周岁以下的犯罪人，我国建立了少年犯管教制度，在省、自治区、直辖市一级设立少年犯管教所。几十年来，国家制定了一系列有关少年管教的法则，对少年犯管教所的设置、性质、任务、管教方针、教育改造的内容和方法、管教制度、对被管教人员的生活待遇，以及期满后的升学或就业等问题，都作了特别的规定，并在实践中不断地得到贯彻和执行。人民法院还根据实际情况，做好对少年犯的回访工作。

《未成年人保护法》第57条规定，对羁押、服刑的未成年人，应当与成年人分别关押。对少年犯应当设置少年犯管教所进行教育改造。设立少年犯管教所，专门管教犯罪的未成年人，是我国教育改造犯罪人的一个重要制度。这样做是为了避免将犯罪的未成年人和成年犯混在一起，从而有利于教育改造未成年人。少年犯管教所与其他劳动改造场所不同，贯彻对未成年犯罪人"教育改造为主，轻微劳动为辅"的原则，对于未成年犯罪人着重进行思想政治教育、道德法制教育、文化教育和生产技术教育，并且根据他们的年龄和生理发育的情况，组织他们从事轻微的体力劳动，以培养他们的劳动观念和劳动习惯，学会一定的生产技能，为刑满释放后继续升学或者谋取适当的职业打下基础。在安排学习和劳动时，从改造出发，从他们出所后就业着想，并根据他们的年龄大小，规定不同的学习、劳动时间。对于未满16周岁的，一般半天学习、半天劳动；对于16周岁以上的，一般劳动时间要多于学习时间，以便从生产技能上为其将来就业打下基础。少年犯管教所设有固定的劳动场所，以便被管教的对象都能参加一定的生产劳动，以树立劳动观点，培养劳动习惯，掌握一定的生产技能。

少年犯管教所有一套严格的科学文明的管理制度，并且有一定的强制性。但在管教中绝对禁止侮辱、打骂和虐待被管教的对象，禁止使用戒具，取消禁闭室、集训队、严管队，不使用武装看守，不设岗楼，不拉电网。

少年犯管教所对被管教的对象在生活上一律实行供给制，主、副食的供应应当按照国家规定的定量标准加强管理，伙食、被服和日用必需品的供应稍高于成年犯的标准，并保证按时供应。他们的食宿和劳动场所，要求符合卫生标准，并有一定的医疗、卫生设备和医务工作人员。对被管教的未成年人要适当地开展文娱、体育活动，有足够的睡眠时间，以保证他们的身体健康，并力求在他们之中树立起一种诚实、勤俭、严肃、活泼的风气。

思考题：

1. 办理未成年人犯罪的案件应当实行什么方针和原则？
2. 对未成年人犯罪案件的立案、侦查和提起公诉，应当特别注意哪些问题？
3. 对未成年人的犯罪案件的审判有哪些特点？
4. 对未成年人定罪处罚发生法律效力后应当怎样执行？

第二十五章
当事人和解的公诉案件诉讼程序

本章提要：本章主要对刑事和解的具体程序内容进行系统介绍。学习本章应掌握以下几点：(1)刑事和解的特征；(2)刑事和解的理论基础；(3)刑事和解的具体程序。

第一节　刑事和解程序概述

当事人和解的公诉案件诉讼程序是2012年《刑事诉讼法》新增的四种特别程序之一，其与刑事自诉案件程序、简易程序、速裁程序和民事案件中的当事人和解、调解有不少相似，但也有所不同。考虑到近年来学者、实务人士称呼的习惯，以及与境外有关司法区域比较借鉴的需要，本书将该程序简称为“刑事和解程序”。

一、刑事和解制度的起源与发展

现代意义上的刑事和解最早起源于西方，并作为恢复性司法的主要形式之一。一般认为，基于对传统刑事司法弊病的反思和被害人保护运动的兴起，刑事和解制度起源于20世纪70年代的加拿大。1974年，加拿大安大略省发生了一系列破坏性案件，受害人达到二十多人；在当地缓刑局和基督教“门诺派教徒中央委员会”的努力下，实现了首例“犯罪人—被害人的和解程序”。20世纪70年代前后的美国也在不同程度上实施刑事和解计划：在印第安纳州，“门诺派教徒中央委员会”与当地的“监禁者与社区共同者组织”联合进行“犯罪人—被害人的和解项目”；各地的缓刑局也在少年司法中建立了和解计划，让受过培训的社区志愿者在少年犯罪案件中充当调解人；明尼苏达州的赔偿中心实施犯罪人与被害人赔偿计划，以犯罪人的积极赔偿作为其是否假释的重要条件。

作为传统公权力领域的刑事司法，刑事和解中被害人的深度介入在开始并不受欢迎。随着20世纪90年代美国律师协会和新西兰的立法对刑事和解的认可，包括刑事和解在内的恢复性司法在世界各地逐渐得到发展，刑事和解已成为当前世界性的司法潮流。在新西兰，当地土著人的“家庭群体会议”是刑事和解的最早形式之一，其通过刑事执法机构、被害人和加害人家庭成员的共同参与以解决纠纷。1989 年,新西兰正式将这一制度纳入少年司法,此后也在成年人司法中引入。在美国,除了初期的教会组织、缓刑机构和社区团体等组织的积极参与,后来还发展出专门的纠纷与解决中心,多元的参与成为美国刑事和解制度发展的重要推手。此外,刑事和解的形式在发展之初就呈现多样性,使得在后来的发展中出现各种模式并存的格局,各地分别探索的力度更大。在最为典型的美式诉讼程序——辩诉交易中,刑事和解的理念得到充分的贯彻,被害人的意愿与被害、加害双方的谅解成为辩诉交易的重要考虑。在英国,发端于少年司法的刑事和解,通过执法官员在犯罪人与受害人之间的穿针引线,形成一个双方可接受的赔偿方案,从而避免未成年犯罪人受到审判。在法国,20 世纪 90 年代出现"和解普遍化"的运动,通过当事人之间的和解,从而快速处理案件,不再进行审判,以减轻法院负担;为此,这种和解主要在侦查程序中进行,由中立的第三方进行调解,检察官根据双方的和解协议作出不起诉或不立案决定。德国的刑事和解制度虽起步较晚,但发展最快,其立法规定也是最为全面的,少年法院法、刑法典和刑事诉讼法典中都有规定;只要犯罪人与被害人达成和解,为其行为的全部或大部分提供赔偿,或努力致力于去赔偿,就可以依法减免处罚。

现代意义上的刑事和解在中国的起源与发展要比西方晚。虽然还没有任何关于刑事和解最早雏形的具体考证,从当前有关刑事和解的地方制度看,2002 年北京市朝阳区人民检察院通过的《轻伤害案件处理程序实施规则(试行)》成为首例;从立法的一般常识看,只有经过一定的实践探索才会制度化,因此刑事和解的中国实践要早于这个时间。朝阳区人民检察院的轻伤害当事人协商处理模式,通过加害人主动与被害人联系,经双方自行协商达成赔偿协议并予以履行,被害人不再要求追究刑事责任,从而终结刑事诉讼。随后的 2003 年,北京市政法委员会发布《关于北京市政法机关办理轻伤害案件工作研讨会纪要》文件,从而将该制度在全市范围内推广,由此也引起全国不少地区的效仿。与此同时,在上海,杨浦区公安机关将加害方、被害方都有和解意愿的轻罪案件,委托给广布民间的人民调解委员会,由其主持调解;对于达成协议的,不再追究刑事责任。后来该种做法得到当地检察机关的认可与实施。另外,我国还广泛存在司法和解模式,即结合法律中规定的刑事附带民事诉讼,法官积极推动双方当事人和解,并对达成协议的案件犯罪人予以从轻处罚。

在各地公安司法机关积极推动刑事和解实践的同时,中央也在全局层次进行理论创新与司法政策的改变。2004 年,党中央在十六届四中全会上提出将"构建社会主义和谐社会的能力"作为党的执政能力建设的基本任务之一,从而为刑事和解制度在中国的开展提供了政策支持;2005 年,在中共中央举办的省部级主要领导提高构建社会主义和谐社会能力专题研讨班上,确定"和谐社会"的内涵,从而使司法制度与和谐社会直接联系,并成为和谐社会的标志之一。在此基础上,2006 年党的十六届六中全会确立"宽严相济"的刑事政策,从而为和谐社会下司法制度的建设提供直接指引;同年底,最高人民检察院通过贯彻该刑事政策的具体意见;2010 年最高人民法院发布《关于贯彻宽严相济刑事政策的若干意见》。刑事和解在"和谐社会"的执政党政策和“宽严相济”的刑事司法政策的指导下，不仅大大拓展实践的领地，也为其制度化提供了可能。2011 年，最高人民检察院发布《关于办理当事人达成和解的轻微刑事案件的若干意见》，对刑事和解的指导思想、基本原则、适用范围和条件、和解内容等进行了首次系统的规定；2012 年《刑事诉讼法》修改中，刑事和解程序被作为一个独立的特别程序予以确立，从而使我国刑事和解制度的规范化、程序化、司法化发展到新的阶段。

二、刑事和解的概念和特征

(一) 刑事和解的概念

刑事和解无论在国外还是在国内，其表现形式都是多样的。有刑事调解、刑事谅解与刑事和解等诸多定义，不过，鉴于我国刑事诉讼法已经对刑事和解制度作出了明确的界定，在此只讨论法律规定的刑事和解。

传统的刑事公诉案件诉讼程序主要是在公安机关、检察机关和法院主导下进行的。虽然被害人在刑事公诉案件中也是当事人，但其权利受到很大的限制，其对犯罪嫌疑人、被告人刑事责任的追究，基本体现在协助检察机关控诉、提供陈述以作为证据等方面，其独立的利益并不被重视。此外，对犯罪行为造成的损失，被害人可以在刑事诉讼过程中提出附带民事诉讼，也可以在刑事程序进行完毕后，单独提出民事赔偿；但较多的刑事犯罪中，犯罪嫌疑人、被告人本身经济上并不富裕，甚至不少就是因贫困而犯罪，自然无法提供相应的赔偿。由此，经过刑事附带民事诉讼或民事诉讼的判决，被害人的胜诉几无悬念，但判决的执行成为难题。被害人或其近亲属在受犯罪行为侵害后，在生产和生活各方面都受到一定的影响；特别是在遭受人身伤害的情况下，往往需要较大数额的钱款用于物理治疗和心理抚慰。民事赔偿的无法执行和被害人对赔偿的迫切需求往往逼迫被害人将矛盾转向司法机关，因此出现大量的上诉、上访事件，给公安司法机关造成较大的压力。刑事和解制度正是出于这种情况而产生。

在我国，刑事和解是指在刑事公诉案件诉讼过程中，犯罪嫌疑人、被告人与被害人达成协议，犯罪嫌疑人、被告人真诚悔罪，以赔偿损失、赔礼道歉等方式获得被害人的谅解，公安司法机关审查确定后，不再追究刑事责任或予以从轻处罚的案件处理方式。《刑事诉讼法》第 288 条规定：“犯罪嫌疑人、被告人真诚悔罪，通过向被害人赔偿损失、赔礼道歉等方式获得被害人谅解，被害人自愿和解的，双方当事人可以和解。”

(二) 刑事和解的特征

我国刑事和解的产生虽晚于西方，但也是自生自发的制度，是公安司法机关在司法实践中迫于被害人利益保护的现实需要而产生的，其具有自己的特征：

1. 刑事和解的主体是当事人

刑事和解是发生在犯罪嫌疑人、被告人与被害人之间的和解，不同于辩诉交易中控诉机关与被告人、辩护人之间的协商。当然，由于犯罪嫌疑人、被告人可能被羁押，其可能无法直接与被害人沟通，表达自己的和解意愿，因此，其近亲属可以在了解其和解意愿后代其进行和解；如果犯罪嫌疑人、被告人是未成年人，其法定代理人自然也可以主动进行和解；其委托或被指定的辩护人，也可以根据其意愿代为与被害人进行和解。同样，考虑到被害人也可能因犯罪行为而死亡或丧失辨认、控制能力，其近亲属、法定代理人可以代其进行和解，其诉讼代理人也可以根据其授权进行刑事和解。

2. 刑事和解的前提是认罪

我国法律中明确规定刑事和解需要犯罪嫌疑人、被告人"真诚悔罪"；既然是对自己罪行的悔恨、懊悔，自然要以承认该罪行为前提。刑事和解一方面是为了保障被害人的权益，另一方面也促进社会关系的重新恢复，从而真正解决纠纷。如果犯罪嫌疑人、被告人不承认犯罪行为，其就没有支付民事赔偿的义务，也就失去和解的事实基础；在加害人不承认犯罪行为是其所为的情况下的和解，被害人并没有得到应有的尊重，其接受的赔偿、赔礼道歉等不仅难以抚慰其受害心理，而且也是对其的新伤害。不仅如此，认罪也是犯罪嫌疑人、被告人和解自愿性的一种反映。当然，认罪只是前提，并非只要认罪就一定可以和解；在不具备事实的情形下，刑事和解可能导致对真正罪犯的放纵，因此，公安司法机关还要对刑事和解协议进行审查。

3. 刑事和解的案件限于轻微案件

刑事和解制度在我国的地方实践已有十多年，基本上也是以相对轻微案件为主。刑事和解制度在我国还存在众多的争议，例如，现实中的和解主要是加害人向被害人支付金钱赔偿，而且被害人出于报复，一般会提出较高的数额；加害人为了换取被害人的谅解，在案件处理上有利于自己，也会倾向于支付高额的钱款，从而使得刑事和解中花钱买刑的阴影不散；由此，通过支付一定的金钱可以在刑罚上获得一定的减免，也造成了对刑法中"法律面前人人平等"基本原则的冲击，刑法的一般预防目的也有所减弱。如此，刑事和解制度在我国初设，考虑到民众的接受程度，只限制因民间纠纷引起的、可能判处3年有期徒刑以下的人身、财产损害的案件，以及渎职以外的、可能判处7年以下有期徒刑的过失犯罪案件。

4. 刑事和解的协商是自愿的

刑事和解中公安司法机关虽然可以建议、推动当事人双方的和解，但和解应当出于当事人的自愿而非公安司法机关的压力。从刑事和解制度在我国的产生看，虽然公安司法机关主要是从避免自身的办案风险和维护社会稳定的角度考虑，但保障被害人的权益是这一制度的着力点，这是刑事和解制度正当性的基本要求。当事人是其自身利益的最佳判断者。在刑事和解中可能会出现被害人漫天要价和加害人坚决反对等现象，公安司法机关可以自己或委托其他机构对双方进行一定的调解，但不能为了和解而压制当事人的要求，否则，既可能无法平复受害人的受害心理，还可能使当事人产生司法不公的印象，埋下社会关系不稳的新种子。

5. 刑事和解的内容是非刑事事项

不同于刑事自诉案件和民事案件，刑事公诉案件正是因为其严重损害了社会公共利益、国家利益，检察机关才作为国家利益、公共利益的代表主动提起诉讼，要求审判机关对犯罪人予以刑事惩罚。在公诉案件中，检察机关代替自诉人承担指控者的角色，而被害人除了提供“被害人陈述”这一证据及协助指控外，没有其他职能；刑事惩罚的提请与确定都是国家机关的职权，被害人并不直接享有。因此，在刑事公诉案件中，被害人在刑事惩罚事项中已经没有任何主导权利，自然也不可能以刑事责任的追究与否与犯罪嫌疑人、被告人进行协商。我国刑事和解协商的主要内容就是民事责任。

6. 刑事和解协议对案件处理影响的有限性

刑事和解是当事人双方对刑事案件中的非刑事事项的协商，主要涉及民事赔偿问题，不能涉及对犯罪嫌疑人、被告人的刑事惩罚。对当事人双方达成的和解协议，公安司法机关经过自愿性、合法性审查后，依法予以确认，并作为案件处理的依据之一。从刑事和解适用的案件范围看，最高可能判处的刑期达到 7 年；如果仅仅因当事人双方和解而对这些案件一律不起诉、不处罚或定罪免罚，不仅导致司法机关的自由裁量权过大，而且刑罚减免的幅度也过大，可能会严重损及司法公平。为此，我国的刑事和解协议只是众多法定的从宽处罚情节之一，一般不会直接导致诉讼的终止。

三、刑事和解的理论基础与价值

（一）刑事和解的理论基础

1. 国外关于刑事和解的理论基础

刑事和解制度成为显学之后，不少学者对其理论基础进行研究；当然，对外国刑事和解的理论进行介绍是不可缺少的环节。根据有关学者的介绍，美国学者约翰·R.戈姆在《刑事和解计划：一个实践和理论构架的考察》中提出了刑事和解的三种主要理论，即平衡理论、叙说理论和恢复正义理论。

（1）平衡理论。

该理论将被害人假设为经济上的理性人、被害人对公平正义有合理的期待两方面作为前提，认为刑事和解只是被害人选择的一种平衡公平正义的方式。

在一般情况下，任何人包括被害人都有对公平正义的合理期待；但当公平正义被犯罪行为破坏后，被害人总希望予以恢复或再平衡。这种平衡有很多方式，包括诉讼方式；但各种平衡方式的成本和收益是不同的，因此，被害人需要在各种方式之间进行选择，如私了、诉讼或刑事和解。考虑到现代社会下私了的可能性越来越低，公力救济的诉讼成为主要的方式；但这种方式下被害人的地位难以得到保障，而且诉讼存在的冗长程序、社会公开等问题，都可能为被害人的平衡期望增加不确定性。刑事和解通过被害人与犯罪嫌疑人、被告人之间的直接协商，为被害人对公平正义的期待提供了一条渠道，平衡的风险和效率都较高，因此，刑事和解成为被害人的一种选择。

（2）叙说理论。

该理论将叙说作为被害人自我疗伤的方式，通过在加害人面前的叙说，从而宣泄负面情绪，也让加害人分担这一痛苦，从而达到恢复心理创伤。

相对于平衡理论更多从经济学的角度来论证刑事和解的合理性，叙说理论则将刑事和解的过程视为被害人心理治疗的过程。被害人被犯罪行为侵害后，其心理总会留下不同程度的创伤；施加于加害人的刑事惩罚是对被害人心理的间接治疗，参加心理医生的治疗也是一种方式，但这些方式都不及直接面对加害人的叙说对被害人心理的抚慰。在刑事和解下，加害人自愿认罪、真诚悔罪；被害人通过叙说伤害的过程，从而重构犯罪事件。两个亲历者通过这种叙说进行互动，从而达到情绪渲染、心灵沟通，最终使加害人与被害人产生共鸣，既使得加害人重新认识自己行为给他人造成的伤害，感同身受，也使得受害人的痛苦得到加害人的体会、分担，从而使情绪得到释放，心理创伤得到不同程度的缓解。

（3）恢复正义理论。

该理论将犯罪视为对社会和被害人的侵害，而刑事和解就是致力于加害人、被害人与社会三者关系的平衡、恢复与优化。

犯罪不仅是对法律的违反，是对国家权威的藐视，更是对受害者的侵害。相对于传统的报应性正义，恢复正义关注的面更广，不仅顾及社会利益，也照顾到受害者利益的恢复；不仅关注对犯罪人的惩罚，更是关注其回归和未来。施加于犯罪人的惩罚，不再仅仅强调国家的强制，也强调受害人的参与，更强调犯罪人的接受。刑事和解则是这种恢复正义的实现手段。加害人与受害人的协商，不仅使受害人的物质损失与心理创伤得到弥补，也使得加害人与受害人的关系得到缓解、修复，甚至比以前的关系更为改善；通过和解后的惩罚，既维护了法律的必要权威，也增强了这种惩罚的可接受性，从而更有利于加害者的回归；无论是加害者与受害者的关系，还是加害者与社会的关系，都会因这种和解而得到恢复，甚至优化，是一种更为优越的正义。

2. 我国刑事和解的理论基础

现代意义的刑事和解制度在我国发展较晚，还没有纯粹的中国式的原创理论。从中国刑事和解产生的现实来看，其理论基础更类似于平衡理论。

较为公认的事实是，中国的刑事和解制度与中国传统的和合文化、调解等具有契合性，但刑事和解也并不是源于此；近十多年对西方刑事和解及恢复性司法的介绍，为我们推广刑事和解提供了理论基础，也为我们的借鉴改革提供了实践经验方面的参考。当然，中国的刑事和解制度也并非是西方制度直接移植的结果，更大程度上是自生自发的中国司法实践的产物。

不可否认的是，犯罪行为具有严重的社会危害性，不仅给既定的秩序造成破坏，也使得法律权威受到损害，更对直接的侵害对象造成人身、财产等方面的损害。如果说社会秩序、法律权威的损害可以通过对犯罪人予以刑事惩罚，以重新彰显这种权威、恢复社会秩序，但对被害人的损害却远远不够。被害人提请国家的保护，要求惩罚犯罪人，这对其报复心理有一定的回应，对其心灵的创伤也有一定程度的弥合；但这是一种暴力方式的回应，可能会加重被害人的暴戾心理，弥合的程度是有限的。物质损失虽可以通过刑事附带民事诉讼或民事诉讼解决，但现实中许多犯罪人并没有多少财物可以用于这种赔偿。在国家补偿制度还没有建立或补偿较为有限的情况下，被害人常常因犯罪侵害而处于困境，上诉、上访是其不得已的救济行为，既造成国家资源的损耗，也使其本人长期处于非正常的生活状态。更为严重的是，部分被害人长期上访、多次上访，给社会秩序造成一定的影响，甚至还有部分被害人因此走上了犯罪道路。无论是上诉、上访造成的社会关系不确定，还是犯罪引起的秩序破坏，其结果都将增加公安司法机关的办案压力；在构建“和谐社会”治国政策和实施“宽严相济”的刑事政策指引下，各级公安司法机关一方面积极进行对被害人补偿的试点，另一方面也默默推动刑事和解制度的试验。

刑事和解制度通过被害人与加害人的和解，可以达到三方利益的平衡。一般加害人主动认罪，赔礼道歉，对被害人的心理起到一定程度的补偿，这是金钱补偿所无法替代的，也会为金钱赔偿数额达成一致提供一定的帮助；加害人给予被害人的金钱赔偿，不仅使得被害人的物质损失得到弥补，也使得其得到额外的心理补偿，关键是这种和解下的赔偿一般是立即执行或及时执行的，这是当前的刑事附带民事诉讼所不具备的。对加害人来说，真诚悔罪不仅是对其自身的反省，更重要的是，其通过赔偿损失、赔礼道歉等，很可能获得被害人的谅解，从而在案件处理上更为优惠，甚至可以避免牢狱之灾，显然非常乐意。对公安司法机关来说，被害人得到赔偿，加害人刑罚得到一定程度的减免，双方都更易于接受公安司法机关作出的处理，刑罚的执行也更容易，社会关系也更易稳定。

（二）刑事和解制度的价值

刑事诉讼的基本价值无非是公正和效率，刑事和解制度对这两方面的价值都有促进作用。

从公正价值角度看，刑事和解制度无论对实体公正还是程序公正都有积极意义。刑事和解下，犯罪人虽因赔偿与赔礼道歉等，在刑事责任上得到一定程度的从宽处理，似乎违反了罪行法定、罪责刑相适应原则，也对刑法面前人人平等原则有一定的冲击，但犯罪人的主动认罪本身就反映了其主观恶性相对较小；对犯罪行为造成的损害积极弥补，也减少了犯罪的危害程度，这些都是刑罚必须考虑的因素。不对这些因素予以适当考虑，反而是对刑法基本原则的违反。的确，对于经济条件较为困难的犯罪人来说，其可能获得被害人谅解的方式相对较少，这也是刑事和解的不足，但这绝不是关键。刑事和解也不是以赔偿为唯一方式，即使是赔偿，也准许分期支付；而且随着刑事和解制度的发展，应当会出现更多的和解方式，从而为所有人都能提供合适的条件。对被害人的经济赔偿，不仅是对其精神的一种安慰，对其物质损失的尽快赔偿，也是实体公正的重要表现；而在许多没有和解的情况下，附带民事诉讼的判决无法得到执行，将使被害人的利益无法得到保障。

在刑事和解下，犯罪人、被害人参与的程度更深，其主体地位更得以体现，也是其当事人地位的一次深化。犯罪人虽然在普通刑事程序中也有较好的保障，但其主动挽回损失、积极弥补自己过失的机会相对较少，特别是在羁押的情况下。被害人虽处于“当事人”地位，但在公诉案件中主要是协助控诉，对犯罪嫌疑人、被告人的定罪量刑影响较小。在刑事和解中，被害人则可以通过与犯罪嫌疑人、被告人的协商，从而对其的定罪量刑产生一定的影响。刑事和解为当事人提供了参与诉讼、影响诉讼的新途径，也是其诉讼主体地位的扩张，增强了案件处理结果的可接受性。

从效率价值角度看，刑事和解对诉讼效率的直接作用并不明显，但从长期来说，还是有积极意义的。刑事和解下，无论是否会造成不同诉讼阶段期限的延长，但至少会使得公安司法机关投入更多的精力去调解、审查等，因而从个案处理角度看可能并不经济。但这只是刑事效率的一部分，不能因此而“不见森林”。在刑事和解下，双方当事人都不仅在民事责任上一致，在刑事责任上也有一定的预期；公安司法机关也对协议予以认可，并在作出决定时给予考虑，从而使得整个案件的处理体现了三方利益，增强了案件处理的可接受性，因此，检察机关抗诉或当事人上诉、申诉、上访的可能性大大减小，从而使得社会关系尽快恢复，社会秩序尽快稳定，对刑法的一般预防起到很好的作用。不仅如此，在刑事和解下，被害人的利益得到较好的保障，容易使其从犯罪侵害中恢复，也不至于从被害变成加害；犯罪人由于在刑罚上的从宽处理，更容易回归社会，有利于降低重新犯罪率。这两方面都将有利于减少社会的犯罪率，对司法效率的提高起到了积极作用。

第二节　刑事和解的程序

刑事和解并非是与刑事司法程序并列的纠纷解决制度，其仍然是司法程序的一部分，刑事和解的协议要受到公安司法机关的审查确认，并将对公安司法机关的案件处理产生一定的影响，因此，作为特别诉讼制度，刑事和解也具有法治化、程序化的特点。

《刑事诉讼法》对刑事和解作了专门的规定，涉及第 288—290 条。此外，公安部《规定》、最高人民检察院《规则》和最高人民法院《解释》中也有相应规定。其大致内容如下：

一、刑事和解适用的案件范围

根据《刑事诉讼法》第 288 条的规定，刑事和解适用的案件总体较为轻缓，具体包括下列两类：

第一类：涉嫌《刑法》分则第四章、第五章规定的犯罪案件，也即侵犯公民人身、民主权利和侵犯公民财产权利的犯罪。但这类案件也并非都可以刑事和解，还必须是由民间纠纷引起、可能判处 3 年有期徒刑以下刑罚的。只有同时符合这些条件，案件才可以刑事和解。

该类犯罪主要是针对故意犯罪而言的。由于故意犯罪中,犯罪嫌疑人、被告人体现的主观恶性更强,产生的社会危害相对更大;为了起到应有的警示效果,故意犯罪中的刑事和解只限制在很小的范围内。

第二类:除渎职犯罪外的过失犯罪案件,且这类案件应当是可能判处7年有期徒刑以下刑罚的。过失犯罪相对于故意犯罪,犯罪嫌疑人、被告人的主观恶性较小,对犯罪结果也没有积极的追求,事后也积极去防止危害的发生,因此,相对较为严重的过失犯罪也允许刑事和解。这个条件要比故意犯罪下的案件范围更宽。渎职犯罪是《刑法》分则第九章规定的犯罪,主要指国家机关工作人员利用职务上的便利,徇私舞弊、滥用职权、玩忽职守,妨害国家机关的正常活动,损害公众对国家机关工作人员职务活动客观公正性的信赖,致使国家与人民利益遭受重大损失的行为。渎职犯罪妨害国家机关的正常职能,严重损害国家形象和人民利益;对渎职犯罪不予和解、从严掌握,体现了国家从严治吏的决心。

当然,既然是犯罪嫌疑人、被告人与被害人的和解,则该类犯罪必须有直接的侵害对象,即被害人;如果属于没有被害人的案件,则案件自然也无法和解。检察机关虽可以代表国家侦查、起诉犯罪嫌疑人、被告人,但检察机关不可以作为被害人;即使在一些涉及国家财产、集体财产遭受损失的犯罪案件中,检察机关可以提起附带民事诉讼,但作为被害人与犯罪嫌疑人、被告人进行和解并不合适。

二、刑事和解的条件

根据《刑事诉讼法》第288条的规定,刑事和解一般需要满足下列条件:犯罪嫌疑人、被告人真诚悔罪;犯罪嫌疑人、被告人向被害人赔偿损失、赔礼道歉等;被害人谅解犯罪嫌疑人、被告人;被害人自愿和解。

对于该规定,可以从两个方面去理解:

从态度上来看,首先是犯罪嫌疑人、被告人要真诚悔罪,这是犯罪嫌疑人、被告人对自己所犯罪行的态度,也是刑事和解的前提性条件;没有对罪行的很好认识与反思,其不可能获得被害人谅解。其次是被害人要愿意:一是愿意接受对方的悔罪态度,即谅解,二是愿意和解;针对犯罪嫌疑人、被告人的认罪及其态度,被害人只有谅解了,才可能与其协商和解内容;但即使接受了其态度,也不见得愿意与其协商或向公安司法机关请求对其从宽处理,因此愿意和解也是被害人和解的前提条件。

从行动上来看,首先是犯罪嫌疑人、被告人应当通过赔偿损失、赔礼道歉等方式表达自己的认罪和对罪行的反思。赔偿损失、赔礼道歉是犯罪嫌疑人、被告人对其犯罪行为给被害人造成损害的纠正方式,是和解的基本内容;但和解的行动不限于这两种形式,只要不违反法律和公序良俗,具体的形式可以根据需要由双方协商。结合《侵权行为法》的规定,犯罪嫌疑人、被告人可以采取停止侵害;排除妨碍;消除危险;返还财产;恢复原状;赔偿损失;赔礼道歉;消除影响、恢复名誉等方式。其次是被害人应作出明确的谅解表示。被害人受到犯罪侵害后,可能义愤填膺,也可能沉默不语；针对犯罪嫌疑人、被告人的和解意愿与行动，被害人也可能有同样的反应。如果明确反对，自然不能和解；如果没有表示，也不能视为默认谅解。只有在明确表达谅解的基础上，当事人双方才可能进行和解；当然，和解的意愿可以不用明确表示，和解的协商就是和解意愿的表示。

此外，刑事和解还需要案件事实清楚，证据确实、充分。虽然刑事诉讼法对该条件并没有明确规定，但公安司法机关就刑事和解的各自规范中都明示或默示要求具备该条件。对犯罪嫌疑人、被告人在刑事程序上作出的任何处理都是国家刑罚权的一种体现，应当以基本的犯罪事实为基础，这是国家权力行使具备正当性的前提。刑事和解虽不是就刑事责任进行的协商，但一方面以刑事犯罪的存在作为前提，另一方面协商的结果也将对刑事惩罚产生一定的影响；如果犯罪嫌疑人、被告人的认罪及其争取被害人谅解的各种行为都不是对自己犯罪事实的反思、回应，不仅是对刑事司法的亵渎、对法律权威的侵犯，更有可能涉及对其他公民权利的侵害，使真正的罪犯逍遥法外。

三、刑事和解协议的达成

刑事和解是在犯罪嫌疑人、被告人与被害人之间协商。被害人死亡的，其法定代理人、近亲属可以与犯罪嫌疑人、被告人和解；被害人失去行为能力或部分失去行为能力的，其法定代理人可以代为和解。犯罪嫌疑人、被告人是限制行为能力人的，其法定代理人可以代为和解；犯罪嫌疑人、被告人如果被羁押的，其法定代理人、近亲属在征得其同意的情况下，也可以代为和解。考虑到刑事和解的内容都是民事内容，不涉及刑事责任等问题，这里的无行为能力者与限制行为能力者应当按照民法的有关规定予以认定；在未成年人具备完全民事行为能力的情况下，其与对方当事人的和解，其法定代理人或其他成年亲属应当在场。

其他社会主体也可以适当介入刑事和解。虽然刑事和解主要是当事人之间的协商，但在侦查阶段，当事人的和解需要经县级以上公安机关负责人批准。在符合条件时，检察机关可以建议当事人和解，告知其相关权利义务，还可以提供法律咨询。人民法院在案件符合和解条件时，也可以告知当事人自行和解的权利，并在必要时主持和解。人民调解委员会、村民委员会、居民委员会、当事人所在单位或同事、亲友等组织或个人也可以参与调解，促成和解。

刑事和解的协商内容主要是民事事项。双方当事人可以对赔偿损失、赔礼道歉等事项协商，也可以对被害人及其法定代理人或者近亲属是否要求或同意公安司法机关对犯罪嫌疑人、被告人的从宽处理进行协商，但对涉及刑事案件证据的采信、事实的认定、法律的适用、罪名的确定和刑事责任的量化等不得商量，即使商量了，也不具有任何法律效力，不应对公安司法机关的案件处理产生任何影响。

公安司法机关必须对刑事和解进行审查。刑事和解需要符合规定的案件范围和条件，也需要遵循一定的程序，这是保障刑事和解正当性、当事人权利以及刑事案件处理公正的基本要求。公安司法机关对刑事和解进行审查,应着力于刑事和解的自愿性与合法性等刑事和解的条件,如双方是否自愿和解;犯罪嫌疑人、被告人是否真诚悔罪,是否向被害人赔礼道歉,经济赔偿数额与其所造成的损害和赔偿能力是否相适应;被害人及其法定代理人或者近亲属是否明确表示对犯罪嫌疑人予以谅解;是否符合法律规定;是否损害国家、集体和社会公共利益或者他人的合法权益;是否符合社会公德等。

公安司法机关审查时,应当告知当事人刑事和解后的案件处理,以及当事人双方在案件处理中享有的权利义务,听取双方当事人的意见,必要时还需要听取双方当事人的亲属、当地居民委员会或村民委员会以及其他了解情况的相关人员的意见,并制作相关的笔录。作为例外,当事人在审前程序中达成和解协议的,除非当事人提出异议,否则人民法院并非必须审查。在审判阶段当事人达成的刑事和解,人民法院还要听取起诉检察机关的意见。

经过审查后,如果符合刑事和解的条件,公安司法机关应当主持制作和解协议书。协议书的内容①一般包括案件的基本情况;犯罪嫌疑人、被告人对自己的罪行予以承认、反思并接受指控,向被害人赔偿损失,或赔礼道歉等;赔偿损失的,应有确定数额、履行方式及期限等可行性内容;被害人对犯罪嫌疑人、被告人予以谅解,并要求或同意公安司法机关对其依法从宽处理。

对于由公安机关主持下达成的和解协议,应经县级以上公安机关负责人批准。和解协议由参与的当事人及其他参加人员签名,公安司法机关一般不盖印章。② 和解协议应附卷备案。

四、刑事和解的影响

双方当事人达成和解协议的,犯罪嫌疑人、被告人应及时履行。考虑到公安机关对案件的处理并没有裁量的权利,只能将当事人达成协议的情况及协议附卷,并移送检察机关作出处理,犯罪嫌疑人在侦查阶段可以没有履行或完全履行,但原则上仍应尽快履行。由检察机关作出处理的案件,犯罪嫌疑人最迟应在检察机关作出从宽处罚的决定前履行;一次性履行有困难的,应在被害人同意并提供有效担保的情况下,分期履行。审判阶段的和解协议,被告人应当即时履行。

刑事和解协议对当事人有约束力。依法自愿达成的刑事和解协议对双方当事人有约束力;当事人在检察机关作出不起诉决定前反悔的,可以另行达成和解;无法达成和解的,视为没有和解。当事人在检察机关作出不起诉决定后反悔的,或和解协议

---

① 在公安部颁布的部门规章、最高人民检察院和最高人民法院颁布的司法解释中,关于刑事和解协议的内容其实都不相同,但主要内容是一致的。在此只关注其中的共同的和主要的内容。

② 和解协议书的签名和盖章问题在公安部的部门规章、司法机关的解释与《刑事诉讼法》中的规定并不一致。《刑事诉讼法》和部门规章中都没有规定,但在最高人民法院的司法解释中,和解协议要审判人员签名,但不加盖法院印章;在最高人民检察院的司法解释中,检察人员不签名,也不加盖单位印章。

已经履行完毕后反悔的，除和解违反自愿、合法原则，协议应当履行。

刑事和解协议对公安司法机关有约束力。自愿合法的刑事和解协议达成后，公安机关可以在移送检察机关审查起诉时，向其提出从宽处理的建议。人民检察院在审查逮捕或审查起诉时，对公安机关的从宽处理建议应当充分考虑。对于审查逮捕的，可以作为犯罪嫌疑人社会危害性大小的考虑因素，经审查不需逮捕的，可以作出不批准逮捕的决定。在审查起诉阶段，检察机关可以据此依法变更强制措施，也可以作为是否需要判处刑罚或免除刑罚的考虑因素，从而作出不起诉决定，或提起公诉时，向法院提出从宽量刑的建议。当然，如果犯罪嫌疑人或者其亲友等以暴力、威胁、欺骗或者其他非法方法强迫、引诱被害人和解，或者在协议履行完毕之后威胁、报复被害人的，检察机关应当认定和解协议无效；对已经作出不批准逮捕或者不起诉的决定，人民检察院根据案件情况可以撤销原决定，对犯罪嫌疑人批准逮捕或者提起公诉。对法院来讲，对于双方当事人在审前阶段达成的和解协议，当事人提出异议的，法院应当予以审查；和解协议达成并履行完毕的，不再支持当事人的反悔，也不再受理被害人提出的附带民事诉讼，除非和解协议本身违反自愿性、合法性；受理附带民事诉讼后双方愿意和解，但被告人又无法即时履行全部赔偿义务的，法院应制作民事调解书。法院在作出裁决时，应当根据和解协议对被告人从轻处罚；被告人符合非监禁刑适用条件的，法院应当适用非监禁刑；判处法定最低刑仍然过重的，法院可以减轻处罚；在综合全案后，认为犯罪情节轻微不需要判处刑罚的，法院还可以免除被告人的刑事处罚；不过，对于共同犯罪案件，如出现部分被告人与被害人达成和解协议的，在对该部分被告人从宽处罚的同时，应注意全案的量刑平衡。

思考题：

1. 刑事和解的理论基础是什么？
2. 如何理解刑事和解制度的价值？
3. 刑事和解制度的特征是什么？
4. 刑事和解的条件是什么？
5. 刑事和解协议如何达成？

第二十六章

犯罪嫌疑人、被告人逃匿、死亡案件违法所得的没收程序

本章提要：违法所得的没收程序是2012年《刑事诉讼法》修订新增加的特别程序，是对特定案件中犯罪嫌疑人、被告人逃匿、死亡的，依法没收其违法所得的程序。本章学习的重点是：(1)违法所得没收程序的涵义；(2)适用条件；(3)申请主体；(4)没收违法所得案件的管辖与审判。

第一节 违法所得的没收程序概述

一、违法所得没收程序的涵义

违法所得的没收程序，指对于贪污贿赂犯罪、恐怖活动犯罪等重大犯罪案件，犯罪嫌疑人、被告人逃匿，在通缉一年后不能到案，或者犯罪嫌疑人、被告人死亡，依照刑法规定应当追缴其违法所得及其他涉案财产的，由人民检察院向人民法院提出没收违法所得的申请，并由人民法院审理的特别程序。该程序主要规定了没收程序的适用范围、没收条件以及没收案件的管辖、审理以及救济等内容。

该特别程序的没收与没收财产刑应加以区分：

首先，两者适用的法律依据不同；该特别程序的没收属于程序法的范畴，即对依照刑法规定应当追缴的违法所得及其他涉案财产，通过“违法所得没收”这一特别程序来进行处置，没收的法律依据为《刑事诉讼法》第298条。而没收财产刑是实体法的范畴，是对被告人适用的刑罚，其适用的法律依据是《刑法》第34条附加刑种类的规定。

其次，没收的性质不同；特别程序中没收是特殊情形下对犯罪嫌疑人、被告人违法所得及其他涉案财产的处置方式，而非刑罚处罚。没收财产刑在性质上是刑罚附加刑，是对犯罪分子所犯罪行的惩罚，它只能适用我国刑法分则明文规定可以判处没收财产的犯罪类型。没收财产刑的方式主要有两种：一种是对犯罪分子科处生命刑或自由刑的同时判处没收财产刑的并科制；另一种是由法官根据刑法的规定，对某种犯罪酌情选择是否适用没收财产刑的选科制。

最后，两者适用的程序和审理方式不同；前者的没收是适用违法所得没收特别程序。人民法院应当组成合议庭对申请没收违法所得的案件进行审理，利害关系人申请参加诉讼的，人民法院应当开庭审理。没有利害关系人申请参加诉讼的，可以不开庭审理。后者适用普通刑事诉讼程序，审理必须采取开庭审理的方式，即在控辩双方参与并在场的情形下，通过审理并判处没收财产刑。

二、违法所得没收程序的特点

违法所得没收程序具有以下特点：

第一，适用案件范围的特定性。刑事诉讼法应当充分保障当事人的诉讼参与权，尤其是犯罪嫌疑人、被告人的辩护权，在犯罪嫌疑人、被告人缺席的情形下通常不得对其实体权利进行处分。违法所得没收程序是在犯罪嫌疑人、被告人逃匿、死亡的特殊情形下处理其财产归属问题的特殊程序，该程序仅适用贪污贿赂犯罪、恐怖活动等重大犯罪案件。

第二，审理对象的特定性。违法所得没收程序的适用对象仅针对财物。这一特别程序有别于缺席审判程序，该没收程序虽然也是在犯罪嫌疑人、被告人缺席（不到庭）的情形下适用的程序，但该程序仅针对被追诉人的财物进行处置，并不解决被追诉人的罪和刑问题。而缺席审判程序是针对特定案件，即使被追诉人在境外，缺席（或不到庭）的，仍然可以对其涉嫌的犯罪进行侦查、起诉，并移送人民法院审理、判决。审理的对象不仅包括涉案财物，还包括被追诉人的行为是否构成犯罪及应否适用刑罚。

第三，违法所得没收程序涉及主体及诉讼权利的多样性。违法所得的没收程序不仅涉及犯罪嫌疑人、被告人的诉讼权利及实体权利，而且还涉及犯罪嫌疑人、被告人的近亲属和其他利害关系人的诉讼权利及实体权利，因而该程序不仅规定了犯罪嫌疑人、被告人的诉讼权利，还规定了近亲属和其他利害关系人的诉讼权利，如申请参加诉讼权；委托代理人参加诉讼权；上诉权等。

三、设立违法所得没收程序的必要性

（一）完善我国刑事立法体系的需要

我国《刑法》第 64 条规定："犯罪分子违法所得的一切财物，应当予以追缴或者责令退赔。""违禁品和供犯罪所用的本人财物，应当予以没收。"根据《刑事诉讼法》第 245 条的规定，对查封、扣押、冻结的犯罪嫌疑人、被告人的财物，公安机关、人民检察院和人民法院在审前阶段有妥善保管和及时返还被害人的义务，在执行阶段有没收上缴国库和返还被害人的义务。根据《刑事诉讼法》第 16 条的规定，对于死亡的犯罪嫌疑人、被告人，公安机关、人民检察院和人民法院应当不予追究其刑事责任，已经追究的，应当依据不同的诉讼阶段分别作出撤销案件、不起诉、终止审理或者宣告无罪的处理。而对犯罪嫌疑人、被告人潜逃或死亡时，其财产如何处理则没有作出相应的法律规定，导致司法实践中贪污贿赂犯罪、恐怖活动犯罪等类型的犯罪嫌疑人逃匿或者死亡后，其犯罪所得的巨额财产无法及时追回，从而给国家造成巨大的经济损失。2012 年《刑事诉讼法》修订增设违法所得没收程序解决了因犯罪分子缺席或不到庭而无法处分其财产的司法困境，防止并避免给国家造成难以弥补的经济损失。

此外，实践中许多贪污贿赂犯罪、恐怖活动犯罪涉案人员外逃后，其涉案财产大量流落到境外。我国司法机关在请求司法协助时，境外司法机关一般会要求出具相应的法律文书作为协助依据，由于 1996 年《刑事诉讼法》中并没有相关的财产处置程序，因而无法出具相应的法律文书也造成实践中请求境外司法协助时出现诸多困难，增设这一特别程序使我国在国际及区域司法协助问题上也有法可依。

（二）在国内法层面落实我国签署的有关国际公约的需要

科技的发展和全球一体化趋势的加强在给人们经济活动和生活带来极大便利的同时，也为犯罪分子隐匿财产创造了条件，尤其是腐败犯罪、恐怖犯罪等重大犯罪的跨国性、国际性因素不断增多，流动性增强，加大了对犯罪的打击难度。腐败犯罪、恐怖犯罪等重大犯罪对社会稳定与经济发展构成了严重威胁，已成为全球需要加强合作及应对的严峻挑战。近些年来，我国不断参与国际刑事司法事务的合作与交流，陆续签署和批准了一系列国际公约。例如，1999 年 12 月 9 日批准的《制止向恐怖主义提供资助的国际公约》；2003 年 8 月 27 日批准的《联合国打击跨国有组织犯罪公约》；2003 年 10 月 31 日批准的《联合国反腐败公约》。之前由于缺乏处置逃匿或死亡的犯罪嫌疑人、被告人财产的程序性规定，因而给司法实践中打击该类型犯罪带来较高难度，尤其是对其涉案财产的处置，这一没收程序的增设对于落实国际公约中的相关规定，惩处、打击腐败犯罪、恐怖犯罪等重大犯罪具有重大意义和作用。

第二节 违法所得没收程序的适用

一、违法所得没收程序的适用条件

（一）违法所得没收程序只适用于贪污贿赂犯罪、恐怖活动犯罪等重大犯罪案件

（1）贪污贿赂犯罪的范围：贪污贿赂犯罪主要是指刑法分则第八章规定的国家工作人员的重大贪污贿赂犯罪。包括贪污、受贿、挪用公款、行贿、巨额财产来源不明、隐瞒境外存款、私分国有资产、私分罚没财物等涉案金额巨大的重大犯罪案件。

（2）恐怖活动犯罪的范围：根据 2011 年第十一届全国人大常委会第二十三次会议通过的《全国人大常委会关于加强反恐怖工作有关问题的决定》第 2 条的规定，恐怖活动是指以制造社会恐慌、危害公共安全或者胁迫国家机关、国际组织为目的，采取暴力、破坏、恐吓等手段，造成或者意图造成人员伤亡、重大财产损失、公共设施损坏、社会秩序混乱等严重社会危害的行为,以及煽动、资助或者以其他方式协助实施上述活动的行为。"恐怖活动犯罪"除以上实施恐怖活动的重大犯罪行为外,还包括《刑法》第120条规定的组织、领导、积极参加恐怖组织罪、帮助恐怖活动罪,也包括恐怖组织和恐怖分子个人实施的,带有恐怖性质的具体犯罪,如以制造社会恐慌为目的实施的爆炸、故意杀人、绑架等重大犯罪案件。

(3)其他重大犯罪案件范围。贪污贿赂犯罪、恐怖活动犯罪对社会稳定与安全、经济发展危害严重,且又是我国参加缔结的一系列国际公约所打击的犯罪行为,因而该特别程序当前主要适用于这两类重大犯罪案件。由于该特别程序毕竟是在犯罪嫌疑人、被告人不在场的情况下进行,被告方无法行使对质权,其权益的保障难免具有局限性,因而实践中不宜随意扩大其他重大犯罪案件的适用范围,以防止和避免程序的扩张与滥用。

(二)犯罪嫌疑人、被告人必须是逃匿后经通缉1年仍不能到案的,或者犯罪嫌疑人、被告人死亡的

一般情形下,犯罪嫌疑人、被告人逃匿的,应中止诉讼,待其归案后再继续进行诉讼。但依据违法所得没收特别程序,犯罪嫌疑人、被告人逃匿后通缉1年内不到案的,或者犯罪嫌疑人、被告人死亡的,则可以依法对其违法所得及其他涉案财产进行审理并作出裁定。"通缉"是指发布通缉令进行通缉。"1年"的起止时间,应是指从发布通缉令的第2日起,至人民检察院向人民法院提出没收违法所得申请之日止。

(三)依照刑法规定应当追缴其违法所得及其他涉案财产

根据《刑法》第64条规定,犯罪分子违法所得的一切财物,应当予以追缴或者责令退赔;对被害人的合法财产,应当及时返还;违禁品和供犯罪所用的本人财物,应当予以没收。没收的财物和罚金,一律上缴国库,不得挪用和自行处理。

二、违法所得没收程序的申请主体、申请方式

(一)申请主体

《刑事诉讼法》第298条的规定,没收违法所得的申请由人民检察院向人民法院提出。公安机关认为有相关规定情形的,应当写出没收违法所得意见书,移送人民检察院。因此,有权申请没收违法所得的主体是人民检察院,公安机关不能直接向人民法院提出没收违法所得的申请。没收违法所得的申请,应当由与有管辖权的中级人民法院相对应的人民检察院提出。

(二)申请方式

1. 公安机关向人民检察院移送没收财产的意见书,由人民检察院审查决定是否向人民法院提出申请

对于公安机关移送的没收违法所得案件，人民检察院经审查认为符合违法所得没收情形的，应向人民法院提出没收财产的申请。经审查认为不符合《刑事诉讼法》第 298 条第 1 款规定条件的，应当作出不提出没收违法所得申请的决定，并向公安机关书面说明理由。认为需要补充证据的，应当书面要求公安机关补充证据，必要时也可以自行调查。此外，人民检察院还应对公安机关启动违法所得没收程序的活动进行监督，人民检察院发现公安机关应当启动违法所得没收程序而不启动的，可以要求公安机关在 7 日以内书面说明不启动的理由。经审查认为公安机关不启动理由不能成立的，应当通知公安机关启动程序。人民检察院发现公安机关在违法所得没收程序的调查活动中有违法情形的，应当向公安机关提出纠正意见。在审查公安机关移送的没收违法所得意见书的过程中，在逃的犯罪嫌疑人、被告人自动投案或者被抓获的，人民检察院应当终止审查，并将案卷退回公安机关处理。

2. 人民检察院直接向人民法院提出没收违法所得的申请

人民法院在审理案件过程中，被告人死亡而裁定终止审理，或者被告人脱逃而裁定中止审理，人民检察院可以依法另行向人民法院提出没收违法所得的申请。

三、违法所得没收程序的强制性措施

《刑事诉讼法》第 141 条规定，在侦查活动中发现的可用以证明犯罪嫌疑人有罪或者无罪的各种财物应当查封、扣押。对查封、扣押的财物要妥善保管或者封存，不得使用、调换或者损毁。公安机关根据侦查犯罪的需要，可以依照规定查询、冻结犯罪嫌疑人的存款、汇款、债券、股票、基金股份等财产。因此，对贪污贿赂犯罪、恐怖活动犯罪等重大犯罪中的涉案财产，公安机关在侦查阶段就可对有关涉案财产采取查封、扣押、冻结等强制性措施。公安机关移送审查起诉时，应当将有关涉案财物及其清单随案移送人民检察院。人民检察院提起公诉时，应当将有关涉案财物及其清单一并移送受理案件的人民法院，并提出处理意见。法院在审查过程中，若发现申请没收的财产尚未被采取强制性措施的，为保障诉讼的顺利进行，在必要的时候，也可依职权采取查封、扣押、冻结的措施。人民法院经过审理，对经查证属于违法所得及其他涉案财产的，除依法返还被害人的以外，应当裁定予以没收；对不属于应当追缴的财产，应当裁定驳回申请，解除查封、扣押、冻结的措施。

第三节　没收违法所得案件的管辖和审判

一、没收违法所得案件的管辖

《刑事诉讼法》第 299 条规定，没收违法所得的申请，由犯罪地或者犯罪嫌疑人、

被告人居住地的中级人民法院组成合议庭进行审理。由此可见,没收违法所得案件的管辖包括两个方面:一是地域管辖,没收违法所得的案件管辖地是"犯罪地或者犯罪嫌疑人、被告人居住地"。"犯罪地"既包括犯罪预备地、犯罪行为实施地,也包括犯罪结果发生地和销赃地。"居住地"包括犯罪嫌疑人、被告人户籍所在地或者经常居住地。经常居住地是指公民离开户籍所在地最后连续居住1年以上的地方。二是级别管辖,审理没收违法所得案件的法院为中级人民法院。

没收违法所得案管辖的规定主要出于以下考虑:一是贪污贿赂案件大多为犯罪嫌疑人、被告人利用职务之便实施,流窜作案的可能性较小,犯罪嫌疑人、被告人的居住地大多为犯罪地,因而规定犯罪地和犯罪嫌疑人、被告人居住地均有管辖权便于及时收集证据;二是该特殊程序的案件适用范围是贪污贿赂犯罪、恐怖活动犯罪等重大犯罪案件,由中级人民法院管辖符合级别管辖的规定,也体现了程序适用的慎重性。

二、没收违法所得案件的审理

(一)审判组织

人民法院审理没收违法所得案件的审判组织形式为合议庭。若犯罪嫌疑人、被告人的近亲属和其他利害关系人参加诉讼的,人民法院应当组成合议庭开庭审理。若无利害关系人参加诉讼的,人民法院可以不开庭审理。

(二)人民法院对没收违法所得申请的审查及处理

人民检察院尚未查封、扣押、冻结申请没收的财产或者查封、扣押、冻结期限即将届满,涉案财产有被隐匿、转移或者毁损、灭失危险的,人民法院可以查封、扣押、冻结申请没收的财产。

(三)公告程序

由于该类案件的审理是在犯罪嫌疑人、被告人不到场的情形下进行,为了保证利害关系人及时知悉审理活动,及时参加诉讼,依法维护其自身的合法权益,人民法院在受理人民检察院提出的没收违法所得申请后,应当向社会发出公告。人民法院决定受理没收违法所得的申请后,应当在15日内发出公告,公告期为6个月。公告应当写明以下内容:(1)案由;(2)犯罪嫌疑人、被告人通缉在逃或者死亡等基本情况;(3)申请没收财产的种类、数量、所在地;(4)犯罪嫌疑人、被告人的近亲属和其他利害关系人申请参加诉讼的期限、方式;(5)应当公告的其他情况。发布公告的作用一方面是敦促逃匿的犯罪嫌疑人、被告人主动归案,主张自己的合法财产权利;另一方面也是告知其他与申请没收的财产有利害关系的人有权在公告的期间内提出异议,并依法向法院提出参加诉讼的请求。

公告应当在全国公开发行的报纸或者人民法院的官方网站刊登,并在人民法院公告栏张贴、发布;必要时,可以在犯罪地和犯罪嫌疑人、被告人居住地,申请没收的不动产所在地张贴发布。人民法院已经掌握犯罪嫌疑人、被告人的近亲属和其他利害关系人的联系方式的，应当采取电话、传真、邮件等方式直接告知其公告内容，并记录在案。

（四）有权申请并参加诉讼的主体

犯罪嫌疑人、被告人的近亲属和其他利害关系人有权申请参加诉讼，也可以委托诉讼代理人参加诉讼。申请参加诉讼的，应当在公告期间提出。犯罪嫌疑人、被告人的近亲属应当提供其与犯罪嫌疑人、被告人关系的证明材料，其他利害关系人应当提供申请没收的财产系其所有的证据材料。犯罪嫌疑人、被告人的近亲属和其他利害关系人在公告期满后申请参加诉讼，能够合理说明原因，并提供证明申请没收的财产系其所有的证据材料的，人民法院应当准许。"近亲属"是指夫、妻、父、母、子、女、同胞兄弟姐妹。"其他利害关系人"主要是指犯罪嫌疑人、被告人近亲属以外的与涉案财产有利害关系的人。由于该程序中犯罪嫌疑人、被告人缺席，且不涉及定罪量刑的问题，因此无需辩护人参与诉讼。财产的利害关系人应当在法庭上举证，提出证据证明该财产不属于违法所得，否则其提出的异议得不到法庭的支持。通过开庭审理，控方和提出异议的利害关系人各自举证、质证，充分证明自己的主张，最终促使人民法院依法判定该财产的性质，如果属于违法所得，应当裁定予以没收，并驳回利害关系人的异议和请求；如果利害关系人的异议成立，应当驳回公诉机关的没收申请，并将财产归还合法所有人。对于无主财产，其合法所有人为国家，也应当收归国有。人民法院对违法所得没收的申请进行审理，人民检察院应当承担相应的举证责任，证明该财产属于违法所得。

（五）庭审时间及庭审程序

庭审时间为公告期满后，开庭审理申请没收违法所得的案件，按照下列程序进行：

（1）审判长宣布法庭调查开始后，先由检察员宣读申请书，后由利害关系人、诉讼代理人发表意见；

（2）法庭应当依次就犯罪嫌疑人、被告人是否实施了贪污贿赂犯罪、恐怖活动犯罪等重大犯罪并已经通缉 1 年不能到案，或者是否已经死亡，以及申请没收的财产是否依法应当追缴进行调查；调查时，先由检察员出示有关证据，后由利害关系人发表意见、出示有关证据，并进行质证；

（3）法庭辩论阶段，先由检察员发言，后由利害关系人及其诉讼代理人发言，并进行辩论。

利害关系人接到通知后无正当理由拒不到庭，或者未经法庭许可中途退庭的，可以转为不开庭审理，但还有其他利害关系人参加诉讼的除外。因为在这种情形下，缺少讼争和对抗，开庭并无实质意义。不开庭审理的，合议庭成员必须认真阅卷、审查全部证据材料，必要时，还应依法对相关疑点问题进行调查核实后依法作出裁定。如果有利害关系人参加诉讼的，人民法院应当开庭审理，审理必须组成合议庭进行。人民法院对没收违法所得的申请开庭审理的，人民检察院应当派员出席法庭。

三、没收违法所得案件的裁决及其救济

（一）人民法院的裁决

人民法院审理后对涉案财产的处理是采裁定的形式。根据《刑事诉讼法》第 300 条的规定，人民法院经审理后应当作出以下裁定：一是经查证属于违法所得及其他涉案财产的，除依法返还被害人的以外，应当裁定予以没收；二是对不属于应当追缴的财产的，应当裁定驳回申请，解除查封、扣押、冻结措施。这两种裁定均涉及对涉案财产这一实体内容的处理，因而均属于实体性裁定。

（二）对裁决不服的上诉、抗诉

由于对涉案财产的裁定涉及犯罪嫌疑人、被告人和其他利害关系人的实体性财产权益，因此，《刑事诉讼法》第 300 条规定犯罪嫌疑人、被告人的近亲属和其他利害关系人或者人民检察院对人民法院的裁定不服可以提出上诉、抗诉。对没收违法所得或者驳回申请的裁定不服的，犯罪嫌疑人、被告人的近亲属和其他利害关系人或者人民检察院可以在 5 日内提出上诉、抗诉。最高人民检察院、省级人民检察院认为下级人民法院按照违法所得没收程序所作的已经发生法律效力的裁定确有错误的，应当按照审判监督程序向同级人民法院提出抗诉。检察院除了对法院裁定抗诉外，还可对法院的审理活动以及没收财产的裁定的执行进行监督。人民检察院发现人民法院或者审判人员审理没收违法所得案件违反法律规定诉讼程序的，应当向人民法院提出纠正意见。

对不服第一审没收违法所得或者驳回申请裁定的上诉、抗诉案件，第二审人民法院经审理，应当按照下列情形分别作出裁定：

（1）原裁定正确的，应当驳回上诉或者抗诉，维持原裁定；

（2）原裁定确有错误的，可以在查清事实后改变原裁定；也可以撤销原裁定，发回重新审判；

（3）原审违反法定诉讼程序，可能影响公正审判的，应当撤销原裁定，发回重新审判。

四、没收违法所得案件的终止审理与救济

终止审理，指人民法院在审理过程中，遇到法律规定的情形致使审理不应当或者不需要继续进行时终结案件审理的诉讼活动。《刑事诉讼法》第 301 条规定，在审理过程中，在逃的犯罪嫌疑人、被告人自动投案或者被抓获的，人民法院应当终止审理。值得注意的是，违法所得没收程序的终止审理与《刑事诉讼法》第 16 条的终止审理有

所不同，根据《刑事诉讼法》第 16 条的规定，对于犯罪嫌疑人、被告人死亡的，在审理中若确认有罪的应当终止审理。二者的主要区别在于：前者是终止对被告人涉案财产是否没收的审理，后者是终止对犯罪嫌疑人、被告人罪与刑问题的审理；前者终止审理后，与犯罪有关的刑事诉讼活动并不终止，而是转为普通刑事诉讼程序进行追诉，后者的终止审理意味着与被告人有关的刑事诉讼活动终结，被告人的刑事责任不再追究。

在逃的犯罪嫌疑人、被告人自动投案或被抓获的，人民法院终止违法、所得的审理。案件转为普通刑事诉讼程序，对没收犯罪嫌疑人、被告人财产方面有错误的，应当予以返还、赔偿。

思考题：

1. 违法所得没收程序的没收与没收财产刑有何区别？

2. 试述违法所得没收程序与缺席审判程序的区别。

3. 简答违法所得没收程序的诉讼参与主体。

4. 简答违法所得没收程序的终止审理与《刑事诉讼法》第 16 条终止审理的主要区别。

第二十七章
缺席审判程序

本章提要:本章对刑事缺席审判程序作系统的阐述。学习本章应掌握以下要点:(1)刑事缺席审判程序的概念和特点;(2)缺席审判程序适用的案件情形;(3)对“在境外”的被告人的缺席审判具体程序。

第一节 刑事缺席审判程序概述

所谓刑事缺席审判程序,是指对法律规定的特定案件中不在庭审现场的被告人所进行的特殊审判,以解决其刑事责任的特别程序。我国 2018 年《刑事诉讼法修正案》新增“缺席审判程序”,作为我国刑事诉讼法的五项“特别程序”之一;《刑事诉讼法》第 291 条至第 297 条分别规定了缺席审判程序的适用情形和具体程序。我国刑事诉讼法修正案规定缺席审判程序,主要是落实党中央关于反腐败和国际追逃追赃工作以及相关法律制度建设的要求。①

缺席审判程序是特别程序,与通常的刑事审判程序比较,最大特点是被告人不在庭审现场的情形下对案件进行审理和裁判。我们知道,刑事审判是三方组合结构,法庭现场有“控、辩、审”三方,控方为公诉人(检察官)或自诉人,辩方为被告人及其辩护人,审方为审理案件的法官和人民陪审员。在缺席审判程序中,真正辩方主角的被告人是缺席的,这不同于刑事诉讼法规定的普通审判程序,也不同于简易程序和速裁程序。在普通审判程序、简易程序和速裁程序中,被告人必须在庭审现场才能进行审理,被告人要见证、参与全部的审理进程,被告人缺席之时的审理结果是无效的;这也是直接言词审判原则的基本要求。

被告人不在庭审现场,造就了缺席审判程序一些天然性的缺陷,如:法庭上事实调查可能打折扣,辩护权可能无法保障,等等;我们的制度设计应该尽可能予以补救和调节,以更好地发挥缺席审判程序的法律价值,减少其负面因素的影响。鉴于此,我国刑事诉讼法一方面严格规定了缺席审判程序适用的案件情形,该程序仅限于贪污贿赂、严重危害国家安全、恐怖活动等特定犯罪案件;另一方面法律规定了被告人

---

① 王爱立主编:《中华人民共和国刑事诉讼法修改条文解读》,北京:中国法制出版社 2018 年版,第 187 页。

特殊的权利保护，如严格的法律文书送达、扩展的委托辩护、特殊的上诉权、案件的重新审理等。

第二节 缺席审判程序的适用情形

根据我国《刑事诉讼法》第291条、296条、297条的规定，缺席审判程序适用的情形包括以下四类：

（1）贪污贿赂犯罪案件，以及需要及时进行审判，经最高人民检察院核准的严重危害国家安全犯罪、恐怖活动犯罪案件，犯罪嫌疑人、被告人在境外的情形（《刑事诉讼法》第291条）。

贪污贿赂犯罪案件是指刑法分则第八章规定的国家工作人员犯罪，以及其他章节中规定按照刑法分则第八章贪污贿赂罪的规定定罪处罚的犯罪。危害国家安全犯罪主要是指刑法分则第一章规定的危害国家安全犯罪；可适用缺席审判程序的案件为“严重”危害国家安全犯罪，并非所有的此种犯罪。此处的恐怖主义活动犯罪，不仅包括组织、领导、参加恐怖组织罪，帮助恐怖活动罪，准备实施恐怖活动犯罪，宣扬恐怖主义、极端主义、煽动实施恐怖活动罪等刑法明文规定的恐怖活动犯罪，还包括具有恐怖主义性质的放火、爆炸、投放危险物质、破坏交通工具、破坏电力设备、劫持航空器等恐怖活动犯罪。[①]严重危害国家安全犯罪、恐怖活动犯罪案件要适用缺席审判程序，人民检察院向法院提起公诉之前，需要经最高人民检察院核准；此两种案件适用缺席审判程序，与贪污贿赂犯罪案件比较，要受较为严格的限制。“犯罪嫌疑人、被告人在境外”是此类案件适用缺席审判程序的必要条件之一。“在境外”是指犯罪嫌疑人或被告人犯罪后潜逃境外，或者因其他原因出境后滞留不归情形。此处的“境外”是指我国领域之外的外国区域以及我国领域之内的台湾地区、香港特别行政区、澳门特别行政区。“犯罪嫌疑人、被告人在境外”是需要证明的条件，人民检察院提起公诉时应当有证据证明犯罪嫌疑人（被告人）“在境外”，才符合适用缺席审判的条件[②]；此即意味着，犯罪嫌疑人、被告人在我国内地藏匿的情形，或者检察机关无法证明犯罪嫌疑人（被告人）“在境外”，缺席审判程序是不能适用的。

此类案件要适用缺席审判程序，调查机关或侦查机关、检察机关、审判机关要履行前期的审核工作，具体有如此三方面：（1）拟适用缺席审判程序的案件由监察机关、公安机关移送起诉；贪污贿赂犯罪案件由监察机关移送起诉，严重危害国家安全犯罪、恐怖活动犯罪案件由公安机关移送起诉。（2）人民检察院经审查起诉，认为犯罪事实已经查清，证据确实、充分，依法应当追究刑事责任的，可以向人民法院提起公

① 李寿伟主编：《中华人民共和国刑事诉讼法解读》，北京：中国法制出版社2018年版，第717—718页。

② 李寿伟主编：《中华人民共和国刑事诉讼法解读》，北京：中国法制出版社2018年版，第718页。

诉。(3)人民法院进行严格的立案审查,对于起诉书中有明确的指控犯罪事实,符合缺席审判程序适用条件的,应当决定开庭审判。

关于此类案件的管辖,法律规定由犯罪地、被告人离境前居住地或者最高人民法院指定的中级人民法院组成合议庭进行审理。依据《刑事诉讼法》第21条规定,危害国家安全、恐怖活动案件,依照普通刑事诉讼一审程序,原本就是中级人民法院的管辖范围;缺席审判程序的此两种案件依然由中级人民法院管辖。由于缺席审判程序的特殊性,贪污贿赂犯罪案件也纳入中级人民法院管辖,亦是情理之中的。在我国各级法院中,中级人民法院承担了基层法院案件的二审,又承担了重要案件(死刑、无期徒刑案件等)的一审。

此类案件地域管辖的"犯罪地",包括犯罪行为地和犯罪结果地;"被告人离境前居住地"是指被告人的户籍所在地或者经常居住地;此类案件还可以由最高人民法院指定的中级人民法院管辖,这与《刑事诉讼法》第27条规定的指定管辖相一致。

(2) 因被告人患有严重疾病无法出庭,中止审理超过6个月,被告人仍无法出庭,被告人及其法定代理人、近亲属申请或者同意恢复审理的,人民法院可以在被告人不出庭的情况下缺席审理(刑事诉讼法第296条)。

此类案件的缺席审判与《刑事诉讼法》第291条规定的缺席审判有很大的不同,具体来说有如此几个区别:(1)第291条规定的缺席审判情形针对的是特定案件,且嫌疑人或被告人在境外、不在司法机关的掌控之下;而第296条规定的缺席审判情形,没有限定案件类型,且被告人是在案的,在司法机关的掌控之中。(2)第291条规定的缺席审判程序的启动是司法机关的依法主动决定,无需征求嫌疑人、被告人的意见;而第296条规定的缺席审判情形,需要经过被告人及其法定代理人、近亲属申请或者同意。(3)第296条规定的缺席审判实际上可视为被告人的一种程序选择权,在"因被告人患有严重疾病无法出庭,中止审理超过六个月,被告人仍无法出庭"的情形,被告人可以选择缺席审判程序,尽快对案件进行法律的裁判,也可以继续保持中止审理状态;第291条规定的缺席审判情形嫌疑人或者被告人是没有如此选择权的。①

(3) 被告人死亡的,但有证据证明被告人无罪,人民法院经缺席审理确认无罪的,应当依法作出判决(《刑事诉讼法》第297条第1款)。

(4) 人民法院按照审判监督程序重新审判的案件,被告人死亡的,人民法院可以缺席审理,依法作出判决(《刑事诉讼法》第297条第2款)。

第三节　对在境外的被告人的缺席审判具体程序

我国《刑事诉讼法》第292条至第295条规定了关于"在境外"的被告人(贪污贿

① 参见李寿伟主编:《中华人民共和国刑事诉讼法解读》,北京:中国法制出版社,2018年版,第739页。

赂犯罪案件,以及需要及时进行审判,经最高人民检察院核准的严重危害国家安全犯罪、恐怖活动犯罪案件)的缺席审判具体程序,其内容如下:

(一)向被告人送达传票和起诉书副本

《刑事诉讼法》第292条规定,人民法院应当通过有关国际条约规定的或者外交途径提出的司法协助方式,或者被告人所在地法律允许的其他方式,将传票和人民检察院的起诉书副本送达被告人。人民法院送达传票和起诉书副本的方式有三种,即有关国际条约规定的司法协助方式、外交途径提出的司法协助方式、被告人所在地法律允许的其他方式。送达传票和起诉书副本是为了保障被告人的知情权,其法律效果是很清楚的:传票和起诉书副本送达后,被告人未按要求到案的,人民法院应当开庭审理(缺席审判程序),依法作出判决。

(二)委托辩护和指定辩护

《刑事诉讼法》第293条规定,人民法院缺席审判案件,被告人有权委托辩护人,被告人的近亲属可以代为委托辩护人。被告人及其近亲属没有委托辩护人的,人民法院应当通知法律援助机构指派律师为其提供辩护。缺席审判案件的基本特点是被告人不在庭审现场,其辩护权应该给予特别的保护,辩护权由辩护人来行使;辩护人要么由被告人委托或者近亲属委托,要么由法院通知法律援助机构指派律师担任。可见,缺席审判案件,必须有辩护人代表"控、辩、审"结构中的辩方角色,代表被告人行使诉讼权利,辩护人角色是必不可少的。

(三)判决书的送达

《刑事诉讼法》第294条规定,人民法院应当将判决书送达被告人及其近亲属、辩护人。对被告人送达判决书,要参照《刑事诉讼法》第292条规定的三种方式。

(四)上诉和抗诉

《刑事诉讼法》第294条规定,被告人或者其近亲属不服判决的,有权向上一级人民法院上诉;辩护人经被告人或者其近亲属同意,可以提出上诉。与通常审判程序比较,缺席判决程序增加了近亲属的上诉权;刑事诉讼法的近亲属,包括夫、妻、父、母、子、女、同胞兄弟姊妹。

《刑事诉讼法》第294条同时规定,人民检察院认为人民法院的判决确有错误的,应当向上一级人民法院提出抗诉。

(五)被告人归案后的重新审理

《刑事诉讼法》第295条规定了两种情形的"重新审理":(1)在审理过程中,被告人自动投案或者被抓获的,人民法院应当重新审理;这意味着案件审理放弃缺席审判程序,改为普通的刑事审判程序。(2)罪犯在判决、裁定发生法律效力后到案的,交付执行刑罚前，人民法院应当告知罪犯有权对判决、裁定提出异议；罪犯对判决、裁定提出异议的，人民法院应当重新审理，按照一审普通刑事审判程序进行；此种情形如果罪犯没有提出异议，案件就不能“重新审理”，其裁判结论具有既判力和执行力。

根据《刑事诉讼法》第 291 条规定，被告人在境外的案件由犯罪地、被告人离境前居住地或者最高人民法院指定的中级人民法院组成合议庭进行审理；此类案件的“重新审理”依然由原中级人民法院负责。由于我国刑事诉讼法规定，简易程序和速裁程序仅适用于基层人民法院，因此，此类案件的“重新审理”只能改为普通审判程序，不得采用简易程序和速裁程序。

经过法院的“重新审理”，发现依照生效判决、裁定对罪犯的财产进行的处理确有错误的，应当予以返还、赔偿。

思考题：

1. 刑事缺席审判程序和普通的刑事审判程序有哪些区别？

2. 如何理解缺席审判程序中对“在境外”的被告人依法送达传票与起诉书副本的法律效果？

3.《刑事诉讼法》第 295 条第 2 款规定的“重新审理”与再审程序是什么关系？

第二十八章

依法不负刑事责任的精神病人的强制医疗程序

本章提要:本章对依法不负刑事责任的精神病人的强制医疗程序相关的问题进行系统阐述。学习本章应当掌握以下要点:(1)强制医疗程序的适用条件;(2)强制医疗程序的决定机关、决定程序及决定期限;(3)强制医疗的救济和解除程序;(4)强制医疗的监督程序。

第一节 强制医疗程序概述

一、强制医疗的概念及其性质

强制医疗,指国家通过法定程序,对患有精神疾病且具有一定人身危险性,同时又不承担刑事责任的人采取强制隔离医疗,以帮助其康复并防止其继续危害社会公共安全或他人人身安全的一种保安处分措施。强制医疗的构成要素由主体要素、对象要素和程序要素构成,主体要素分为决定主体和执行主体,决定主体为代表国家履行强制医疗裁定职能的法院,执行主体通常是受托履行强制医学治疗的专业医疗机构;而对象主体要素是被确定不负刑事责任且具有一定人身危险性的精神病人;程序要素是由法律所规制的审理、决定和执行强制医疗的程序规则。这三项要素必须同时具备,缺一不可。

从强制医疗的性质看,其既不是刑罚,也不是刑事强制措施。刑罚的适用对象是依法应当承担刑事责任的主体,而强制医疗针对的是不负刑事责任的具有一定人身危险性的精神病人;刑事强制措施的目的旨在保障诉讼活动的顺利进行,表现为一种程序性措施,而强制医疗并不是为了保障诉讼的顺利进行,而是为了实现对不负刑事责任的精神病人的人身自由的限制和强制其接受治疗,其更多地体现为一种实体性措施。由此,强制医疗实际上具有保安处分的性质。所谓保安处分,通常的理解是国家通过刑事法律和有关行政法规规定的,对实施了危害行为的无刑事责任能力的人、限制刑事责任能力以及其他有相当人身危险性的人所采取的代替或者补充刑罚而适用的，旨在消除行为者的危险状态、预防犯罪、维护社会安全的各种治疗、矫正措施的总称。一般理解，保安处分是实现社会安全防卫的一种刑罚的替代手段，具有特殊的刑事保障措施属性，其保障功能是双向的，既通过限制有人身危险性的精神病人的人身自由使其接受强制医疗，防止其危害社会的公共安全和公民的人身安全；同时，也可以防止强制医疗被错用或滥用，确保真正有精神疾患的病人能够及时获得有效的治疗。由此可见，强制医疗是一种在刑事诉讼过程中适用的保安处分措施。

二、我国的强制医疗程序及其特征

我国的强制医疗程序是公安、检察和法院对在刑事诉讼过程中所发现的具有暴力危害性、经鉴定依法不负刑事责任的精神病人，经审理后认定其具有继续危害社会可能的，由人民法院决定强制交付相关医疗机构进行治疗的一种特别程序。该项特别程序主要由审前约束程序、审理决定程序和强制执行程序以及法律监督程序四部分构成，其程序最核心的部分是审理决定程序。有关规制该项特别程序而设定的适用条件、决定主体、决定程序、决定期限以及异议救济等规则所构成的体系即为强制医疗制度。

2012 年《刑事诉讼法》在特别程序中新增了“依法不负刑事责任的精神病人的强制医疗程序”。该项特别程序从其功能属性分析，其具有以下法律特征：

(一) 程序适用对象的特殊性

该项程序及相关的制度以解决依法不负刑事责任的精神病人交付相关医疗机构强制医疗的程序为特定的规制对象，这一对象首先是依法不负刑事责任的精神病人，其次是具有一定人身危险性的精神病人。这就决定了这项程序具有不同于一般诉讼程序的要素特征，其所要解决的是不负刑事责任的精神病人交付医疗机构强制治疗的问题，这一问题并不是典型的诉讼争议问题，但该程序的启动将直接决定强制医疗手段是否可以作用于某个特定的自然人，在被强制医疗的过程中，该特定的自然人的人身自由将直接受到限制或剥夺，因此，需要从法律上对该项程序加以严格规制。

(二) 程序多元主体的参与性

从刑事诉讼法规定的参与该项程序的主体来看，除公安、检察和法院等司法主体外，该项程序还允许被申请人或者被告人及其法定代理人参与，且允许其聘请诉讼代理人。如果被申请人或被告人没有委托诉讼代理人的，人民法院应当通知法律援助机构为其指派律师参与到审理程序中，为其提供法律帮助。而在诉讼过程中，公安机关及人民检察院都可以对诉讼中出现的符合条件的精神病人提出强制医疗的意见或申请，并最终由法院决定。

（三）程序结果的可救济性

根据刑事诉讼法相关条文规定，虽然经人民法院审理后作出的强制医疗是一种立即发生法律效力的决定，即可以立即启动一项特别的医疗程序，但被决定强制医疗的人、被害人及其法定代理人、近亲属对强制医疗决定不服的，可以向上一级人民法院申请复议。在强制医疗执行期间，执行强制医疗的机构有义务对被执行强制医疗的人进行定期评估检查，并根据情况向作出决定的人民法院提出解除意见。被强制医疗的人及其近亲属，也有权向作出决定的人民法院提出解除强制医疗的申请。

（四）程序运行的正当性

强制医疗程序是一种限制公民基本权利的程序，因此，该项程序不能随意启动和运行，必须体现程序的正当性，具体来说包括两个方面：一是强制医疗的适用条件和范围以及相应的方式都必须按照刑事诉讼法的相关规定执行，即所谓程序法定，实践中不能随意创设程序或违背程序；二是强制医疗必须符合程序正义要求，即体现出对人权的尊重和维护。人身自由是公民的基本权利之一，依法获得宪法和法律的系统保障。因此，联合国《公民权利和政治权利国际公约》第 9 条第 1 款规定："人人有权享有人身自由和安全，任何人不得加以任意逮捕或拘禁。除非依照法律所确定的根据和程序，任何人不得被剥夺自由。"由此可见，强制医疗程序作为一种特殊的医疗程序，必须符合程序的基本正义。我国《刑事诉讼法》所规定的强制医疗程序所具有的多元主体参与性，尤其是被强制医疗主体的参与性及程序结果的可救济性，就体现了程序的正当性要求。

（五）程序执行方式的专业性

强制医疗程序虽然是以限制人身自由的方式进行，但是该程序的执行却主要表现为一种专门的医学治疗方式。这种方式必须遵循医学上的精神病治疗规则执行，这是尊重科学的表现。因此，强制医疗方式的专业性体现在以下三个方面：其一，强制医疗应当建立在专门的鉴定机构作出的精神病鉴定的基础上；其二，强制医疗应当在特定的医疗机构进行，这种医疗机构具有法律所规定的约束被强制医疗人的权力；其三，强制医疗的手段和方法应当符合精神病治疗和评估的医学标准。

（六）程序运作的可监督性

我国《刑事诉讼法》规定，人民检察院对强制医疗的决定和执行均可实行法律监督。这是我国检察机关对强制医疗程序进行监督的直接规定，明确了检察机关对强制医疗的决定程序和执行程序均可以实施必要的法律监督。监督的目的是为了保障强制医疗程序不被随意启动和滥用、错用，以确保该项程序的合法运行，并使该项程序的决定主体和执行主体始终处在一种有约束的状态下。

三、我国强制医疗程序的确立

针对具有暴力危害性的精神病人影响社会公共安全和公民人身安全的社会治安问题,我国的法治管理是从一般行政管理逐步过渡到了当今的司法管理。从法制化的进程可以看出我国立法和司法所追求的尊重和保障人权的价值观。

我国对精神病人的管理最初主要依赖行政治安管理,即主要依靠一些部门规章。2013年1月1日施行的《人民警察法》第8条规定,公安机关的人民警察对严重危害社会治安秩序或者威胁公共安全的人员,可以强行带离现场、依法予以拘留或者采取法律规定的其他措施;第14条进一步规定,公安机关的人民警察对严重危害公共安全或者他人人身安全的精神病人,可以采取保护性约束措施。需要送往指定的单位、场所加以监护的,应当报请县级以上人民政府公安机关批准,并及时通知其监护人。上述规定明确了公安干警可以对具有严重危害社会治安的精神病人采取约束性措施,同时在报请县级以上公安机关批准的前提下,将有关的精神病人送往指定单位、场所加以监护。但上述规定只是明确了公安机关对精神病人采取约束性措施的权力和送交有关监护单位或场所的权力,并没有设定可以采取约束措施和送交有关单位或场所监护的条件,也没有明确提出强制医疗的规定。

我国《刑法》第18条对精神病人不负刑事责任的实体条件作了规定:"精神病人在不能辨认或者控制自己行为的时候造成危害结果,经法定程序鉴定确认的,不负刑事责任,但是应当责令他的家属或者监护人严加看管和医疗;在必要的时候,由政府强制医疗。"但上述规定主要还是解决精神病人不负刑事责任的实体条件问题,并没有具体规定交付强制医疗的条件,更没有具体规定强制医疗的程序。

而在实践操作层面,强制医疗程序存在的立法不足和规则不统一现象也造成实践中的执行条件、方式把握上的不一致。因此,基于我国精神病人暴力危害社会公共安全和公民人身安全的情况以及随意采取强制医疗而侵权的事件的时有发生,我国亟须制定统一规范的强制医疗规范,以确保该项具有限制人身自由的医疗手段能够按照程序正当的原则,由严格的适用条件和程序规则来加以规范。

《刑事诉讼法》第五编"特别程序"专门设立了第五章"依法不负刑事责任的精神病人的强制医疗程序",规定对于实施暴力行为,危害公共安全或者严重危害公民人身安全,经法定程序鉴定依法不负刑事责任的精神病人,有继续危害社会可能的,可以由人民法院决定予以强制医疗。该章对强制医疗的适用条件、决定主体、决定程序以及执行程序、监督程序都作出了规定,从而在立法上确立了我国的强制医疗程序,使强制医疗成为一项有法可依的程序。

四、强制医疗程序的价值功能

我国《刑事诉讼法》设定强制医疗程序的价值功能,主要表现在以下两个方面:

（一）有助于保障公众的生命和财产安全以及被强制医疗人的合法权益

强制医疗程序有助于从法律上落实精神病人的强制医疗程序，维护社会的公共安全与秩序，保障公众的生命与财产安全。同时，精神病人在排除刑事责任的同时，能够被及时交付强制医疗，使其人身自由受到限制的同时，也能获得必要的治疗机会。

精神疾患是影响人们生活质量的一大病症，其不仅影响患者本人的身心健康，也会影响周围人甚至不特定的社会大众的安宁生活。精神疾患的类型很多，但一个共同的病症就是患者对自己的行为无法辨识、无法控制，或完全无法辨识和控制，或部分无法辨识和控制，或间断性的辨识和控制，等等。其中有一些精神病患者往往具有暴力攻击性的行为特征，但这种精神病患者虽然实施了具有现实危害性的行为，由于其行为并不是受其主观犯意的支配，因此其不具有犯罪的主观要件，从刑法上不具有追究刑事责任的条件。因此，需要从法律上对这种加害行为作出非刑化的特别处理，因为往往这种人既是加害者，自身又是被害者，需要社会给予特殊的关心和照顾。我国《刑法》第 18 条规定，精神病人在不能辨认或者不能控制自己行为的时候造成危害结果，经法定程序鉴定确认的，不负刑事责任，但是应当责令他的家属或者监护人严加看管和医疗；在必要的时候，由政府强制医疗。这一规定既明确对精神病人的管控责任，防止他们继续危害社会，同时也体现了对精神病人的关怀和保护。

虽然我国《刑法》明确了精神病人的管控责任，但由于精神病人的管控及医疗成本都非常高，需要投入大量的人力、物力和财力，因此，一般的家庭根本无力承受，这也就导致一些存在严重暴力危害倾向的精神病人往往处在失控状态，对社会的公共安全造成严重的隐患。另一方面，虽然我国《刑法》已经作出上述规定，但其规则过于概括和抽象，实践中的可操作性并不强，一些程序性的规则需要通过立法来加以细化，以落实强制医疗程序的启动条件、决定主体、审理程序、执行和救济解除程序等。

（二）有助于保障强制医疗程序的合法运行

强制医疗程序有助于防止强制医疗程序的随意启动，防止该项程序的错用和滥用，避免无精神疾患的人被决定和被执行强制医疗程序，同时也可以防止将应当交付强制医疗的人错误追究刑事责任。

如前所述，强制医疗虽然不是刑罚，也不同于刑事强制措施，但毕竟是一种可以将一个作为公民的自然人强制交付相关医疗机构进行强制医疗的保安处分措施，在强制医疗的过程中，被强制医疗人的人身自由将同样受到一定的限制，而且其还要承受各种强制性的医疗手段。如果一个无辜者被随意决定进入强制医疗程序，其所承受的肉体和精神上的痛苦同样会非常巨大。因此，我们通过在刑事程序中设定具体的规则，将该项强制医疗决定的过程作一种特殊的程序化规制，使其需经历特别的审查决定程序才能将某个特定的人交付强制医疗；同时规定，在强制医疗程序的执行过程中，医疗机构有义务定期审查评估被强制医疗人的情况，并及时作出医疗手段的调整或直至解除强制医疗；而被强制医疗人及其近亲属也可以参与案件的审理过程，或者获得必要的法律援助,并在程序的执行过程中提出解除申请。此外,通过刑事程序规定,检察机关对强制医疗的决定和执行均有权实施法律监督。刑事诉讼法对强制医疗的程序化规制,有助于保障该项程序的规范化运作,使程序发挥应有的功能和作用,保障程序中的相关当事人的合法权益。

第二节　我国强制医疗程序的具体内容

一、强制医疗程序适用的实体条件

《刑事诉讼法》第 302 条规定:"实施暴力行为,危害公共安全或者严重危害公民人身安全,经法定程序鉴定依法不负刑事责任的精神病人,有继续危害社会可能的,可以予以强制医疗。"该条是关于强制医疗程序适用条件的规定。强制医疗程序的启动和适用应当同时具备上述条文所规定的以下三项实体条件:

(一) 行为人必须实施暴力行为,并且行为已经危害公共安全或者严重危害公民人身安全

"暴力行为",指以人身、财产等为侵害目标,采取损害性的暴力加害手段,对被害人的身心健康和生命财产安全造成严重损害,已经危及公共安全秩序稳定的行为。"危害公共安全",指以不特定的社会公众的生命健康和财产安全为加害对象的危害行为,通常这种危害行为的社会危害性更加凸显。条文中所指的"严重危害公民人身安全",一般是指杀人、伤害、绑架等严重侵害公民生命健康安全的行为。

(二) 行为人经法定程序鉴定,确定为完全无刑事责任能力人

明确实施暴力行为的人因精神疾患而丧失了刑法所要求的承担刑事责任所必需的辨认或控制自己行为的能力。可以确定,并不是所有的精神病人都可以适用强制医疗,间歇性的精神病人在其精神状况正常时实施的行为,或者是限制责任能力的精神病人实施的行为,则不能适用强制医疗程序,而是追究其相应的刑事责任,并适用刑罚处罚。

(三) 行为人有继续危害社会的可能

如果某精神病人在实施了危害公共安全或严重危害公民人身安全的暴力行为且不负刑事责任时,其本人已经丧失行为能力,没有继续危害社会可能的,则不能适用强制医疗程序。

上述三项条件必须同时具备,缺一不可。

二、强制医疗程序的提起

《刑事诉讼法》第 303 条第 2 款规定:“公安机关发现精神病人符合强制医疗条件的,应当写出强制医疗意见书,移送人民检察院。对于公安机关移送的或者在审查起诉过程中发现的精神病人符合强制医疗条件的,人民检察院应当向人民法院提出强制医疗的申请。人民法院在审理案件过程中发现被告人符合强制医疗条件的,可以作出强制医疗的决定。”规定明确了公安、检察及法院在相应的诉讼阶段,一旦发现犯罪嫌疑人、被告人符合依法不负刑事责任的精神病人的认定条件时,均可依职权启动强制医疗的审查程序。

(一) 公安机关强制医疗程序的提起

一般而言,公安机关的职责是在发现精神病人符合强制医疗条件时,写出强制医疗意见书,移送人民检察院。但《刑事诉讼法》的这项规定与《人民警察法》第 14 条规定的公安机关可自行决定强制医疗的权力规定存在冲突,但从两法的立法背景及立法本意考量,作为一种直接限制人身自由等宪法性权利的措施,由法院依照诉讼化模式完成最终的审查决定程序,更符合现代法制文明的发展规律及应有之义。《刑事诉讼法》的上述规定有利于通过司法审查程序控制直接限制人身自由的强制性措施的启用,公安机关针对具有危害公共安全或者严重危害公民人身安全的暴力行为,不具有刑事责任能力且有继续危害社会危险的精神病人,不能自行决定强制医疗,而是写出强制医疗意见书,移送检察机关审查。

考虑到精神病人存在危害社会危险扩大的可能性,《刑事诉讼法》第 303 条第 3 款规定,公安机关可以采取临时的保护性约束措施。

(二) 人民检察院强制医疗程序的审查和提起

人民检察院在履行检察职能过程中自行发现,或者对公安机关移送的精神病人强制医疗意见进行必要性审查过程中发现,某精神病人符合强制医疗条件的,应当制作强制医疗申请书,向人民法院提出强制医疗的申请。

人民检察院应当在接到公安机关移送的强制医疗意见书后的 30 日内作出是否提起强制医疗申请的决定。若经审查认为不符合申请条件的,应当作出不提起强制医疗申请的决定,并向公安机关书面说明不提起的理由;若认为需要补充证据的,应当书面要求公安机关补充相关证据,必要时也可以由检察机关自行调查。

在审查起诉阶段,检察机关对经鉴定系依法不负刑事责任的精神病人,应当在审查后依法作出不起诉的决定。如果认为符合《刑事诉讼法》第 302 条规定的条件的,则应当向法院提出强制医疗的申请。

（三）人民法院强制医疗程序的提起

人民法院在履行审判职能过程中自行发现，或者对检察院移送的强制医疗申请进行审理过程中发现，某精神病人符合强制医疗条件的，应当依法作出强制医疗的决定。

由此可见，公安机关、人民检察院以及人民法院都可以成为强制医疗程序的提起主体。

三、强制医疗程序的决定主体

《刑事诉讼法》第 303 条第 1 款规定，根据本章规定对精神病人强制医疗的，由人民法院决定。根据该规定，对于依法不负刑事责任的精神病人适用强制医疗的决定主体是人民法院。公安机关、人民检察院均无权对该类精神病人作出强制医疗的决定，只能提出强制医疗的意见或申请。由此可见，强制医疗决定的性质并不是一种程序性决定，故只能由人民法院作出。但人民法院只能对依法不负刑事责任的精神病人作出适用强制医疗的决定，对于其他适用强制医疗的情形则无决定权。

四、强制医疗的审理程序

（一）审理组织形式

《刑事诉讼法》第 304 条第 1 款规定："人民法院受理强制医疗申请后，应当组成合议庭进行审理。"由此可见，审理强制医疗申请的审理组织应当是合议庭，即通常情况下，针对检察机关提出的强制医疗申请，应当由审判员三人组成合议庭进行审理。但是，如果人民法院在以独任庭的组织形式审理有关案件的过程中发现某被告人符合强制医疗条件的，应当将审理组织及时调整为合议庭方式。

（二）被申请人或被告人在场权及获得法律援助的权利

人民法院审理强制医疗案件，应当通知被申请人或者被告人的法定代理人到场，被申请人或者被告人没有委托诉讼代理人的，人民法院应当通知法律援助机构指派律师为其提供法律帮助。法律之所以赋予被申请人和被告人的法定代理人参与审理的权利，主要是为了充分体现《刑事诉讼法》第 2 条所规定的"尊重和保障人权"任务，同时也是为了保障案件的审理质量；考虑到被申请人或被告人是依法不负刑事责任的精神病人，通常这些精神病人往往缺乏必要的诉讼行为能力，无法为自己提供有效的保护，因此规定，法院有义务通知其法定代理人到场，同时规定，应依法给予其必要的法律援助。这是审理程序正当化的必然要求。

（三）审理方式

《刑事诉讼法》第 304 条第 1 款规定："人民法院受理强制医疗的申请后，应当组成合议庭进行审理。”

(四) 开庭审理程序

强制医疗程序作为一种可能限制公民人身自由的特殊程序,需要进行严格的程序设计,以防止强制医疗程序的不当运行和决定的随意作出。为此,应当以开庭作为案件审理的主要方式,以体现对当事人及其监护人、代理人参与权的尊重。

对于开庭审理的强制医疗案件,被申请人要求出庭,人民法院经审查其身体和精神状态,认为可以出庭的,应当准许。出庭的被申请人,在法庭调查、辩论阶段,可以发表意见。此外,检察员宣读申请书后,被申请人的法定代理人、诉讼代理人无异议的,法庭调查可以简化。

(五) 审理后对案件的处理决定

依据最高人民法院《解释》第 531 条的规定,对申请强制医疗的案件,人民法院审理后,应当按照下列情形分别处理:

(1) 符合《刑事诉讼法》第 302 条规定的强制医疗条件的,应当作出对被申请人强制医疗的决定。

(2) 被申请人属于依法不负刑事责任的精神病人,但不符合强制医疗条件的,应当作出驳回强制医疗申请的决定;被申请人已经造成危害结果的,应当同时责令其家属或者监护人严加看管和医疗。

(3) 被申请人具有完全或者部分刑事责任能力,依法应当追究刑事责任的,应当作出驳回强制医疗申请的决定,并退回人民检察院依法处理。

(六) 审理程序的转化

人民法院以第一审程序或第二审程序审理的案件,发现被告人可能符合强制医疗条件,应适用强制医疗程序的,应当依法转化审理程序。

(七) 审理期限

人民法院经审理,对于被申请人或被告人符合强制医疗条件的,应当在一个月内作出强制医疗的决定。

(八) 审理裁决形式及生效

《刑事诉讼法》第 305 条第 1 款规定,人民法院对强制医疗事项经审理后作出的裁决形式是决定,即一经作出,立即生效,没有生效期限制。

(九) 决定作出后的救济程序

《刑事诉讼法》第 305 条第 2 款规定:“被决定强制医疗的人、被害人及其法定代理人、近亲属对强制医疗决定不服的,可以向上一级人民法院申请复议。”被申请人、被害人及他们的法定代理人或者近亲属均有权向作出决定的人民法院的上一级法院提起重新审查的申请。这里的法定代理人及近亲属的范围执行《刑事诉讼法》第108条第3项和第6项的规定,而被害人一般是指其人身权利、财产权利或其他合法权益受到被强制医疗的人实施的暴力行为直接侵害的人。

对不服强制医疗决定的复议申请,原审理法院的上一级人民法院应当组成合议庭审理,并在1个月内,按照下列情形分别作出复议决定:

(1) 被决定强制医疗的人符合强制医疗条件的,应当驳回复议申请,维持原决定;

(2) 被决定强制医疗的人不符合强制医疗条件的,应当撤销原决定;

(3) 原审违反法定诉讼程序,可能影响公正审判的,应当撤销原决定,发回原审人民法院重新审判。

复议是一种重新审查程序,其不应该影响决定的生效。但是,通过设置该项具有救济功能的复议程序,使相关决定能够有机会经历再审查机会,这既是尊重程序主体权利的表现,也是强制医疗案件能够得以正确处理的有效保障。

五、强制医疗决定的执行和解除

《刑事诉讼法》第306条第1款规定:"强制医疗机构应当定期对被强制医疗的人进行诊断评估。对于已不具有人身危险性,不需要继续强制医疗的,应当及时提出解除意见,报决定强制医疗的人民法院批准。"

(一) 强制医疗决定的交付执行

人民法院决定强制医疗的,应当在作出决定后5日内,向公安机关送达强制医疗决定书和强制医疗执行通知书,由公安机关将被决定强制医疗的人送交强制医疗。

(二) 强制医疗决定的执行主体

由于强制医疗是一项集强制措施和医疗手段为一体的司法活动,因此,其专业性决定了强制医疗决定的执行机构不能是一般的执行机构,应当是特定的具有专业医疗能力的医疗机构。

(三) 强制医疗机构的义务

强制医疗机构在执行强制医疗决定期间,其法定义务有两项:一是定期对被强制医疗的人进行诊断评估的义务,即根据治疗需要确定定期诊断评估的方案;二是对经诊断评估已不具有人身危险性、不需要继续强制医疗的人,及时提出解除意见,并报决定强制医疗的人民法院批准的义务。《刑事诉讼法》虽然没有规定"及时提出"的时间,但理解上应当是诊断评估结论出来的同时,立即制作解除意见书,并在完成文书制作后立即报决定法院批准。

(四) 强制医疗决定解除的法理依据

本条规定是由强制医疗的目的所决定的,如前所述,强制医疗的目的并不是给予被强制医疗的人处罚,也不是为了保障一定期限的诉讼活动顺利进行而采取的强制措施,而是一种强制医疗手段,手段的目的是为了让精神病人能够及时获得治疗,同时防止其患病期间继续危害社会公共安全或公民人身安全。如果被强制医疗的人经过治疗已经得以康复,或者经诊断评估,其不再具有继续实施危害行为可能的,不再具有人身危险性的,就没有必要继续对被强制医疗的人强制医疗,这一方面可以保障被强制医疗人的合法权益,另一方面也可以减少不必要的治疗成本,节省有限的司法资源和医疗资源。

(五) 被强制医疗的人及其近亲属提出解除申请

被强制医疗的人及其近亲属有权在强制医疗决定执行期间,向决定强制医疗的人民法院提出强制医疗解除申请。被强制医疗的人及其近亲属提出的解除强制医疗申请被人民法院驳回的,6个月后再次提出申请,人民法院应当受理。

法律上赋予被强制医疗的人及其近亲属有权向决定强制医疗的人民法院提出解除申请,是为了在执行程序中形成一种救济机制,从而可以有效提示强制医疗的执行机构积极履行诊断评估义务。

(六) 强制医疗解除意见或申请的审查

1. 受理强制医疗解除意见或申请前的程序性审查

强制医疗机构提出解除强制医疗意见,或者被强制医疗的人及其近亲属申请解除强制医疗的,人民法院应当审查是否附有对被强制医疗的人的诊断评估报告。如果强制医疗机构提出解除强制医疗意见,未附诊断评估报告的,人民法院应当要求其提供;如果被强制医疗的人及其近亲属向法院申请解除强制医疗,强制医疗机构未提供诊断评估报告的,申请人可以申请人民法院调取。必要时,人民法院可以委托鉴定机构对被强制医疗的人进行鉴定。

2. 审查强制医疗解除意见或申请后的处理

强制医疗机构提出解除强制医疗意见,或者被强制医疗的人及其近亲属申请解除强制医疗的,人民法院应当组成合议庭进行审查,并在1个月内,按照下列情形分别处理:

(1) 被强制医疗的人已不具有人身危险性,不需要继续强制医疗的,应当作出解除强制医疗的决定,并可责令被强制医疗的人的家属严加看管和医疗;

(2) 被强制医疗的人仍具有人身危险性,需要继续强制医疗的,应当作出继续强制医疗的决定。

3. 强制医疗解除审查决定的送达及执行期限

人民法院在作出是否解除强制医疗的决定后5日内,将决定书送达强制医疗机构、申请解除强制医疗的人、被决定强制医疗的人和人民检察院。人民法院作出解除强制医疗决定的,应当通知强制医疗机构在收到决定书的当日解除强制医疗。

六、强制医疗的检察监督程序

为了保障强制医疗程序的合法运行,《刑事诉讼法》第 307 条规定:"人民检察院对强制医疗的决定和执行实行监督。"该法律条文明确了以下两点:

(1) 强制医疗的决定和执行程序需要法律监督。法律监督可以有效监视督促当事人主体合法行使法律规定的权力,防止权力的滥用和错用。这里包括强制医疗的决定权和执行权,均需要从合法性角度进行必要的监督,因为这两项权力都与相关当事人主体的宪法性权利密切相关。

(2) 强制医疗程序合法性监督的主体是人民检察院。《宪法》规定,检察机关是国家专门的法律监督机关,同时依据《刑事诉讼法》和《人民检察院组织法》,检察机关也是法定的诉讼监督机关,对诉讼活动实行全面的监督。这一监督同样也包括人民法院对强制医疗的决定程序和有关医疗机构对强制医疗决定的执行程序。法律设定监督程序的目的,是为了有效保障强制医疗程序运行的合法性和正当性。

思考题:

1. 试述我国设立强制医疗的价值功能。
2. 试述我国强制医疗程序的特征。
3. 试述我国强制医疗程序提起的主体和程序。
4. 试述我国强制医疗决定的审理程序。
5. 试述我国强制医疗的执行和救济程序。

图书在版编目(CIP)数据

刑事诉讼法学/叶青主编.—4版.—上海:上
海人民出版社,2019
新世纪法学教材
ISBN 978-7-208-16234-1

Ⅰ.①刑… Ⅱ.①叶… Ⅲ.①刑事诉讼法-法的理
论-中国-高等学校-教材 Ⅳ.①D925.201

中国版本图书馆CIP数据核字(2020)第000833号

责任编辑 屠玮涓 罗 俊
封面设计 王晓阳

新世纪法学教材
刑事诉讼法学(第四版)
叶 青 主编

出 版 上海人民出版社
(200001 上海福建中路193号)
发 行 上海人民出版社发行中心
印 刷 常熟市新骅印刷有限公司
开 本 787×1092 1/16
印 张 35
插 页 4
字 数 733,000
版 次 2020年2月第4版
印 次 2020年2月第1次印刷
ISBN 978-7-208-16234-1/D·3536
定 价 98.00元

新世纪法学教材